十二五国家重点出版物出版规划项目

新文学的先驱

——欧化白话文在近代的发生、演变和影响

主　编　袁　进
顾　问　胡志德（Theodore Huters）
撰　稿　刘　云　严维巍　狄霞晨
　　　　武春野　袁　进

复旦大学出版社

目　　录

前　言 /1
绪　论 /1

第一章　近代欧化白话文的历史渊源 /11
第一节　古代文言文和白话文的互相对立与渗透 /11
第二节　晚明清初新出现的语言欧化迹象 /34

第二章　近代欧化白话文的发生 /74
第一节　新教传教士用白话和欧化的原因 /74
第二节　传教士和汉语罗马化 /111
第三节　传教士事业与白话语言运动 /119

第三章　西方传教士带来的汉语语言的变化 /135
第一节　"官话"工具书的编纂和拉丁语法的介入 /135
第二节　从对古白话的改写看欧化 /147
第三节　翻译与欧化 /163
第四节　"生新"：新词的创造与传播 /185
第五节　新的腔调 /198

第四章　西方传教士带来的汉语文学变革 /205
第一节　传播媒介的变革 /205
第二节　诗歌的欧化 /221
第三节　散文的欧化 /234
第四节　新小说的崛起 /257
第五节　新剧和新型儿童文学的问世 /285

第五章　西方传教士欧化白话文的影响 / 301
　　第一节　晚清文字改革与白话文运动 / 301
　　第二节　从"官话"到"国语运动" / 318
　　第三节　否定西方传教士影响的辨别 / 332
　　第四节　为什么新文学家会否定西方传教士的影响 / 357

结　论 / 366

附　录　新教传教士在华出版目录(1876年前) / 385

主要参考书目 / 460

后　记 / 476

前　　言

　　我们的文学史一直认为：新文学是五四时期方才诞生的，现代汉语也是五四时期问世的。文学是语言的艺术，五四新文学新就新在运用现代汉语。它是五四一代作家运用现代汉语创作的新型文学作品，正是这样一批新文学作品奠定了现代汉语的地位。按照胡适等五四新文化运动倡导者的说法，两千年来的中国文学，走的是言文分离的道路，正是五四白话文运动，才确立了"言文一致"的状态，这几乎已经是常识了。这种说法由五四新文学家所提出，后来被各种中国现代文学史认同，现在成为各种中国现代文学和现代汉语教材使用的历史叙述。

　　但是，这种文学史、汉语史叙述有一个重要的疏忽，它忽视了一个重要的语言现象：在任何社会，一种书面语言的转换都需要整个社会的响应与支持，这是需要时间的！因为语言是整个社会交流的工具，它不大可能只由少数人在短短几年时间内支配决定，尤其是书面语言。如果按照五四新文学家对历史的叙述，五四新文学靠着那么几个作家振臂一呼，办了那么一点杂志，在短短几年内，就能够转变中国这么大一个社会、一个几亿人口的民族共同体的书面语言，把原来的书面语言文言变成了白话，可以说是创造了世界语言史上的奇迹，值得人们去进一步深究，从而得出世界语言学上的新结论，改变现在语言学对语言转换的认识。如果不是，那就很可能只是一个编织出来的神话。

　　这是一个必须解释清楚的难题，胡适正是意识到这一难题，才写了《国语文学史》、《白话文学史》，试图把新文学的白话与中国历史上的白话文本连接起来，梳理出中国白话文发展的历史线索，寻找出五四新文学白话文的历史依据。他试图说明新文学所使用的白话，实际上是从古代文学传统中一直延续下来的，中间并无明显断裂与剧烈转型。因此，胡适之后又写作了

《中国新文学运动小史》,试图在肯定新文化运动的历史变革功绩的同时,将五四后的"新文学"的渊源追溯到历史上的"白话文学",在二者之间梳理出一条绵延不绝的文学主线①。按照他在《中国新文学运动小史》中的解释,白话文运动的历史背景有二:一是古文即使经过士大夫的勉力改造,仍然不能担负起表达传播新思想的重任;二是在开民智的强烈呼求之下,士大夫中的一部分人开始试图改汉字为拼音文字以降低语文教育的难度并缩短其时间,而拼音文字得以推行的前提自然只能是白话文的推广。这两种潮流的促合,使得文学革命成为解决现实难题的唯一方式。白话文必须成为唯一具有权威地位的民族语言。胡适认为,新文学所使用的白话基本上是在汉语悠久的历史传统与实践中自发产生的,他为其追溯了三种历史渊源:一是中国古代文学中由"引车卖浆者流"所创造的通俗白话文学作品;二是官话经过长期的推行已成为国语;三是西方近现代以来"国语文学"的历史的影响与启示。由此三大渊源,加上"胡适之陈独秀一班人"所发动的文学革命的推动,白话文学便在短短数年内风行全国,并最终成为文学的正宗,彻底替代了文言的权威地位②。

在《白话文学史》中,胡适更加明确提出,他所谓的"明白清楚近于说话"③的"白话"有三个意思:"一是戏台上说白的'白',就是说得出、听得懂的话;二是清白的'白',就是不加粉饰的话;三是明白的'白',就是明白晓畅的话。"④尽管此处对"白话"的定义有任意扩展之嫌,但其核心思想很清楚,就是"白话"之为文,其根本特点是明白晓畅、接近口语、易于为民众所接受。

同时,胡适试图理出一条脉络,寻求语言变革的历史渊源,树"白话文学"为数千年来中国文学之正宗。尽管《白话文学史》只写至宋朝,但如果我们将它与作为其蓝本的《国语文学史》以及胡适的其他论述参照起来看,可以发现,胡适心目中"白话"的历史脉络,当是由《国风》开始,通过《史记》、

---

① 《中国新文学大系·建设理论集》,上海良友图书公司,1935年,第17页。
② 参见胡适《中国新文学运动小史》,《胡适文集》第一卷,北京大学出版社,1998年,第106—139页。
③ 胡适《白话文学史》,《胡适文集》第八卷,北京大学出版社,1999年,第147页。
④ 胡适《白话文学史》,《胡适文集》第八卷,第147页。

《汉书》、乐府歌辞的延续,至佛经译本和唐人绝句而有了较大的发展,在宋朝之后,随着白话的语录、话本、戏曲和小说的勃兴,最终蔚为大观。他自己明确指出,理出这样一条历史脉络的目的,是为了"要大家知道白话文学不是这三四年来几个人凭空捏造出来的;我要人人都知道白话文学是有历史的,是有很长又光荣的历史的。我要人人都知道国语文学乃是一千几百年历史进化的产儿。国语文学若没有这一千几百年的历史,若不是历史进化的结果,这几年来的运动决不会有那样的容易,决不能在那么短的时间内变成一种全国的运动,决不能在三五年内引起那么多的人的响应与赞助"①。胡适在此处的论断,可以部分地看作是对他在《中国新文学运动小史》和《逼上梁山》两篇文章中所阐释的对于新文学运动的"首倡之功"引起彻底的言文变革一说的修正和补充。也正是在拥有了足够的历史渊源之后,"白话文学"才能上升至"国语文学",将"文学革命"和"建设国语"这两大目标统合起来②,为"新文学的语言"上升为现代汉民族书面共同语这一国族主义的根本目标确立合法性基础。

然而,胡适在这样解释之后,仍旧是处在进退两难之中,他的《国语文学史》、《白话文学史》都没有做完,《国语文学史》只做到唐代,《白话文学史》只做到宋代。大家都认为那是因为胡适太忙,各种事情太多,所以没有功夫做下去。在笔者看来,这种看法都没有从胡适本人的立场、利益来考虑。我们只要为胡适设身处地地想一想,就不难发现:胡适是没有办法把这两本文学史做下去的。他幸好没有做下去,因为做下去的结果与他的初衷正好适得其反,那是搬起石头砸了自己的脚。假如他按照这样的白话文发展线索一直做到五四,那么,五四新文学就不是中国白话文学的正宗,当时与新文学对立的鸳鸯蝴蝶派才是白话文学的正宗,因为他们作的白话才是按照中国古代白话章回体文学传统一直发展下来的白话。不仅是小说,还有诗歌,像晚唐派诗人易顺鼎就是擅长写白话诗的诗人。他们作为旧文学的继承人正在被新文学批判。新文学作的白话其实是"欧化白话",它受到的主要是外

---

① 胡适《白话文学史》,《胡适文集》第八卷,第149页。
② 参见吴晓峰《国语运动与文学革命》,中央编译出版社,2008年。

文的影响,它在问世的时候就不为鸳鸯蝴蝶派所认同。只要查一查当时的报纸,就不难发现鸳鸯蝴蝶派当时对新文学"欧化白话"的攻击。鸳鸯蝴蝶派的领袖人物袁寒云曾经在商务印书馆的《小说月报》改组之后写文章抨击《小说月报》:"海上某大书店出的一种小说杂志,从前很有点价值,今年忽然也新起来。内容着重的,就是新的创作,所谓创作呢,文法,学外国的样,圈点,学外国的样,款式,学外国的样,甚而连纪年也用的是西历——一千九百二十一年。他还要老着脸皮,说是创作,难道学了外国,就算创作吗?"①其对新文学欧化白话的对立情绪,由此可见一斑。抗战时期,张恨水曾经以《三国演义》为例说明五四以来新文学欧化句式与当时一般读者的美感距离:

> 现在又有许多人在讨论通俗文字运动。我以为文人不能把欧化这个成见牺牲,无论如何运动,这条路是走不通的。许多文人,有这么一点意思,觉得写出来的文字,如不带点欧化,会被人家笑他落伍。假如欧化文字,民众能接受的话,就欧化好了,文艺有什么一定的型式,为什么硬要汉化?无如这欧化文字,却是普通民众接受智识的一道铁关。他们宁可设法花钱买文白相杂的《三国演义》看,而不看白送的欧化名著。你有仙丹治病他不吃,仙丹也是枉然。试举两句《三国演义》为例:"阶下有一人应声曰,'某愿往',视之,乃关云长也。"这种其实不通俗的文字,看的人,他能了然。若是改为欧化体:"'我愿去',关云长站在台阶下面,这样地应声说。"文字尽管浅近,那一般通俗文运动的对象,他就觉着别扭,看不起劲。②

张恨水说的其实是鸳鸯蝴蝶派代表的中国传统通俗文学的白话与五四新文学欧化白话之间的语言差距。因此,我们在本书中把按照中国文学传统发展下来的白话称作古代白话,在鸳鸯蝴蝶派看来,他们才是古代白话的正宗继承者。如果检视新文学语言的发展史,我们会发现瞿秋白在30年代甚至以更为激烈的态度,称由胡适首倡的"新文学"所使用的白话语言只是

---

① 寒云《辟创作》,载《晶报》1921年7月30日。
② 水《通俗文的一道铁关》,载重庆《新民报》1942年12月9日。

一种"新文言","(知识分子的)新文言的杜撰许多的字眼,抄袭欧洲日本的文法,仅仅指根据与书本上的文言文法的习惯,甚至违反中国文法的一切习惯"①,他认为这样的白话书面语言并不比传统的文言好多少,依然是普通劳动人民所无法懂的,是"死语言"而非"读出来可以听得懂"的"活人的话"。

所以,在我们看来,胡适的做法是解决他的两难处境的最佳选择:他提出新文学与古代白话文学的联系,撰写《白话文学史》和《国语文学史》,以强调新文学白话与古代白话的连接;但是他又不把两本白话文学史写完,以回避谁是古代白话文学的正宗继承者,回避新文学白话的"欧化"问题。直到今天,我们都想不出比胡适更好地解决他两难处境的方法。但是,胡适的方法虽好,毕竟不是学术。我们若把它看做真实的历史,那就不免要上当。所以,我们今天还是有必要在学术层面上重新审视这段历史。

张恨水所举的是一个非常重要的例子,它在今天尤其值得我们注意。我们必须看到,张恨水所举的"欧化体"例子:"'我愿去',关云长站在台阶下面,这样地应声说",它能够使当时的通俗文运动的对象——也就是当时的识字大众看着别扭,看不起劲,却无法使今天的大众读者觉得"别扭",看不起劲;因为今天的大众读者不再把"'我愿去',关云长站在台阶下面,这样地应声说"看作是欧化白话,相反,他们会认为这样的叙述很自然,代表了中国土生土长的白话,中国的白话原来就应该是这个样子叙述的。这个例子能够证明:由于1949年以来数十年语言变迁,政府在中小学教育上一直以新文学作品作为课文训练学生,在40年代曾经使民众觉得别扭的"欧化白话",在今天已经是中国大陆无数文学作品中常用的叙述语言,成为当下现代汉语叙述的一部分。这件事实本身或许已经可以证明今天的汉语欧化程度,已经远远超过了40年代,以致让我们在阅读上已经感觉不到当年读者曾经强烈感觉到的语言"欧化"的存在。"欧化白话"在中国潜移默化的力量,改变中国语言的能力,或许可以通过这个例子得到证明。这一事实本身,也大大增加了今天的学者重新审视近现代语言文学变革的历史、研究欧化白话的难度。

---

① 宋阳《大众文艺的问题》,《文艺大众化问题讨论资料》,上海文艺出版社,1987年,第54页。

要了解新文学与古代白话文学所使用的语言之间的差异何在，我们必须回头审视古代白话文学所表现出的语言特点。古白话文学与新文学所使用的语言之间的差异，就是今天语言学上的近代汉语和现代汉语之间的语言差异，通过实例对比，我们可以看出，在语言风格方面，古白话更加接近口语，缺乏严密的逻辑语法结构；而相比之下，新文学的语言则更加逻辑清晰，经常使用长修饰语、分句、复句以及倒装形式，注重语法结构的完整。而按照彼得·伯克在《语言的文化史——近代早期欧洲的语言和共同体》一书中提出的理论，对于某一种特定的语言，我们在进行审视时必须对如下问题给予特殊的关注：是谁（特定的个人或共同体）在使用这一语言？在何种语言领域（speech domain）中使用这一语言？使用者通过这一行为试图表达何种意图或达到何种效果[①]？

当我们按照以上的视域来检视古白话时，我们将会发现，正如胡适自己所总结的，古白话的语言风格主要可以概括为通俗易懂、接近口语，因此作品的受众群体大多是"引车卖浆者流"，这也使古白话的适用范围长期局限在通俗文学作品和语录上。而在中国传统"文"的概念之中，恰恰是不包括这些文学类型的。我们很难看到用古白话写作的中国传统意义上的严肃文体，尤其是论说文。这使文学革命之后白话散文的勃兴尤难寻找到历史渊源，这从一个侧面证明了新文学所使用的白话并不是完全由古白话的传统自然发展而来的。参照欧洲各国的语言文化史我们可以看出，一种语言的语言领域转换往往要经历一个长期的过程，它绝不是在短短数年之中可以迅速完成的。一个具有讽刺意味的证据是，即使像胡适和陈独秀这样热衷于提倡白话文的精英知识分子，他们为白话文争取权威地位的论说文《文学改良刍议》和《文学革命论》却恰恰使用的是浅近文言而非白话。

通过对作为古典白话小说经典的《红楼梦》和五四文学经典《阿Q正传》之间语言实例的分析，我们或许可以部分地总结出古白话与新文学所使用的"新式白话"之间的重要差距：在语言风格上，古白话通俗易懂、接近口

[①] 参见彼得·伯克《语言的文化史——近代早期欧洲的语言和共同体》，北京大学出版社，2007年，第8—10页。

语，缺乏严密的语法结构；而在语言领域层面上，古白话主要用来写作通俗文学作品，所面对的读者群是文化水平不高的普通读者，被视为"村言俗语"，很少用来写作严肃的文学作品或进行理论阐释，他们很难得到士大夫的认可，进入他们的阅读书目。而"新式白话"则逻辑严密，条理清晰，相对注重语法结构，适于写作进行说理论辩的严肃文章，在表现形式上往往受到外国语言文学的影响，目标读者也往往是受过一定教育的群体，并且逐渐为现代知识分子所广泛运用。两者之间的差异，无论在语言风格还是语言领域上，都是难以忽视的。

我们再回到上文历史的叙述，新文学的白话受到古代白话影响，但是它们显然不是鸳鸯蝴蝶派所用的古代白话，它们并不被当时继承传统白话的鸳鸯蝴蝶派作家所认同。它们主要是一种带有欧化色彩的白话。如果说20年代新文学与鸳鸯蝴蝶派在文学语言上有什么区别，那区别主要就在欧化的程度上。鸳鸯蝴蝶派也受到西方文学的影响，但它还是从古代章回体小说的发展线索延续下来的，以古代白话为主，更重要的是鸳鸯蝴蝶派作家都没有有意借助外语改造汉语的意图；新文学则不然，它们有意引进欧化的语言来改造汉语，以扩大汉语的表现能力。我们从五四新文学家的翻译主张上，尤其可以看出这一点。如五四时期，林语堂、傅斯年、钱玄同都曾提出过用外语改造汉语的主张，后来鲁迅主张的"硬译"，更是一种有意借助外语改造汉语的尝试。中国古代的白话文，发展到《红楼梦》，已经很发达了，构成了完备的古白话系统；但是《红楼梦》不是现代汉语，近代汉语和现代汉语的差别至今语言学界还没有做出详细的分析。在我们看来，其最重要的差别，就在于"欧化"上，《红楼梦》的白话还没有受到"欧化"的影响，而现代汉语则是自觉地寻求"欧化"的影响。新文学的语言之所以在语法、风格、文学形式等方面和传统白话存在重要的差别，根本原因在于它是出于对传统汉语表达能力的不满足，而希望借用印欧语系语言严密的语法结构，来表达精密的逻辑思想和复杂的思维过程。而这一点，恰恰是古白话所无力承担的。傅斯年就此说得很清楚，他要求试图学习写作白话文的作者"直用西洋文的款式，文法，词法，句法，章法，词枝（filigree of speech）……一切修辞学上的方法"①,以此来打破古白话本身的程式,用强制性的欧化来改造汉语。鲁迅对此有精辟的解释:"欧化文法的侵入中国白话中的大原因,并非因为好奇,乃是为了必要。……但他要说得精密,固有的白话不够用,便只得采些外国的句法。比较的难懂,不象茶淘饭似的可以一口吞下去是真的,但补这缺点的是精密。"②

欧化白话与传统白话文的主要区别并不仅仅表现在语言的形式上——长修饰语、长句的出现,倒装句的频繁使用,以及诸如此类的语言欧化表现——更重要的是,欧化白话与古白话的根本区别在于使语言成分联结为整体的思维方式发生了变革。已经有研究者正确地指出,在清代白话小说中长句并非是极为罕见的,如果仅从长度而论,有些古白话长句甚至较欧化长句更为极端,如《儿女英雄传》中最长的句子甚至可以达到八十至一百二十个字;但这些古白话长句与现代长句真正的区别在于语法结构的不同:古白话长句更多的是将并列的叙述内容作为插入成分嵌入句中,形成单调的延长;而现代欧化长句则是通过一种严密的组织结构,将具有相关性的语法成分尽可能完整地连接起来③。现代欧化长句的这一特点,实际上是反映了说话者的思维方式的变革——他开始追求句子的"完整性"和严密性。在他看来,句子作为一个独立自足的客体,应当而且在绝大多数情形下必须包括主语(主体)、谓语(提供主语动作或状态的讯息)和宾语(受词),以及对主语、谓语和宾语起到相关修饰和限定作用的成分,以使通过主语+谓语+宾语结构所表述的事实状态更加明确清晰。这样的一个句子是一个完整的逻辑命题。它的结构不再是洪堡对古代汉语所下的判断——"意合式"的,而是以逻辑来联结的。

吕叔湘指出,汉语语法的重要特点之一,在于句子与词组之间存在着一种灵活的相互转换关系;而判断是短语还是句子的标准,则不在于其是否具有完整的结构,而在于"语调":"句子说出来必得有语调,并且可以用不同的语调表示不同的意义;而词和短语,如果不单独作为一句话来说,则只有一

---

① 傅斯年《怎样做白话文》,《新潮》第一卷2号,1919年。
② 鲁迅《玩笑只当它玩笑》,《鲁迅全集》(5),人民文学出版社,1973年,第577页。
③ 参见卢惠惠《古代白话小说句式运用》,学林出版社,2007年。

种念法,没有几种语调。虽然从结构上说,句子大多具有主语和谓语两部分,可是这不是绝对的标准。即使只有一个短语或一个词,只要用某种语调说出来,就是句子,听的人知道这句话完了;即使已经具备主语和谓语,只要用另一种语调说出来,就不是句子,听的人就等着你说下去。书面上,句子终了的符号用句号、问号、叹号来代表,有时也用分号。"①可以看出,这里以"语调"作为判定是否是句子的标准,主要指的是在特定的语境中,该对象是否能包涵一个相对完整的意义。换言之,"语义"取代"结构"、"内涵"取代"形式"成为最值得关注的对象。因而姜望琪认为,汉语里的"句子"并不等于英语里的 sentence,而更相当于 utterance,也就是在特定语境中按语法规则组织起来的意义片断②。

王力在《中国现代语法》中指出了中国现代欧化语法的几项重要特点,其中尤其值得注意的是主语和系词的增加、记号的欧化和联结成分的增加:在中国传统句法中依照语言习惯可以省略的部分,如"可无而欲其有,可省而不省"的主语、作为描写句谓语的系动词,都依照西文的习惯加以补足;而记号的欧化和联结成分的增加,则在绝大多数情形下,是为了起到分别词类、标明时态、区分句子成分、标示逻辑关系的作用③。王力认为,中国现代白话中所出现的这些欧化语法现象,是由翻译而来的。我们可以明显地看出,这些新出现的欧化语法,其主要作用是使句子的结构更加完整、成分之间的逻辑关系更加清晰、修饰与限定更加严密,换言之,更接近西文中对"句子"的定义——一个具有结构独立性、能相对完整地对实体/主项(subject)的状态(statement)进行阐述/判断(predicate)的逻辑命题④。对于"句子"的这一定义,构成了西方语法研究和逻辑研究的基础⑤,同时也对西方思维体系的构建产生了极为深远的影响。而这样一种欧化语法形式,在其进入中国并得到广泛传播之后,又将对中国人的思维产生何种影响?这将是我

---

① 吕叔湘《汉语语法分析问题》,商务印书馆,1979年,第28页。
② 姜望琪《汉语的"句子"与英语的 sentence》,《解放军外国语学院学报》2005年第1期。
③ 王力《中国现代语法》,商务印书馆,1985年,第324—364页。
④ 姜望琪《汉语的"句子"与英语的 sentence》。
⑤ 姜望琪《汉语的"句子"与英语的 sentence》。

们在下面的章节中所着重讨论的问题之一。

其实,欧化白话文在五四新文学问世之前已经出现,我们在五四新文学家的叙述中也可以发现一些蛛丝马迹,胡适在叙述他提倡白话文的原因时曾经提到:

> 提起我们当时讨论"文学革命"的起因,我不能不想到那时清华学生监督处的一个怪人。这个人叫做钟文鳌,他是一个基督教徒,受了传教士和青年会的很大的影响。他在华盛顿的清华学生监督处做书记,他的职务是每月寄发各地学生应得的月费。他想利用他发支票的机会来做一点社会改革的宣传。他印了一些宣传品,和每月的支票夹在一个信封里寄给我们。他的小传单有种种花样,大致是这样的口气:
> "不满二十五岁不娶妻"。
> "废除汉字,取用字母"。
> "多种树,种树有益。"①

胡适自己承认,正是钟文鳌"废除汉字,取用字母"的口号刺激了他,促使他进一步思考这一问题,胡适把他受到这一传单的影响,作为文学革命讨论的最初动因。一直到晚年,他与唐德刚一起完成《胡适口述自传》时,仍然延续这一说法。我们把用罗马字母为汉语白话注音这一做法也作为欧化白话文的一个特征,因为它显然是汉语欧化的结果。而且"废除汉字,取用字母"是欧化语言"语音中心主义"的思维,它的前提就是要从汉语的"文字中心主义"的文言,回到"言文一致"的白话去。所以钟文鳌所写的通知文告都用白话。我们在下面将会看到:钟文鳌所提的"废除汉字,取用字母"并不是他个人的建议,其实也是来自于更早时期一些西方传教士们的建议,他们已经在中国做了许多实践,获得了极大的成功。但是胡适并没有进一步了解钟文鳌主张的背景和源流,或是了解了没有说出来;这样,文字改革和提倡白话的主张就变成是五四时期胡适们才提出来的。

另一个例子来自于文学的叙述语言,茅盾在他的自传《我走过的道路》

---

① 胡适《逼上梁山——文学革命的开始》,见《中国新文学大系·建设理论集》。

中说到1923年,他给伍光建翻译的《侠隐记》和《续侠隐记》做标点工作:

> 伍光建是根据英译本转译的,而且不是全译,有删节,可是他的译本有特点:第一,他的删节很有分寸,务求不损伤原书的精采,因此,书中的达特安和三个火枪手的不同个性在译本中非常鲜明,甚至四人说话的腔调也有个性;第二,伍光建的白话译文,既不同于中国旧小说(远之则如"三言"、"二拍",近之则如《官场现形记》等)的文字,也不同于"五四"时期新文学的白话文,它别创一格,朴素而又风趣。[①]

茅盾在1923年做的只是《侠隐记》白话译本的新式标点,伍光建用白话翻译的《侠隐记》、《续侠隐记》其实早在1908年就已经出版问世了,其文字与茅盾看到的一模一样,只是运用圈点,没有运用现代标点而已。也就是说,伍光建运用的不同于中国古代白话的白话早在晚清时期就已经问世了。如果说语言风趣是大仲马《三个火枪手》小说原有的特点,人物的不同个性也是原作的特点;那么,与古代白话文不同的朴素简洁的白话文语言风格是哪里来的?那时还没有五四新文学的白话,伍光建所用的白话是怎么形成的?受谁的影响还是他自己的独创?很可惜,茅盾没有追问下去。

茅盾对伍光建译著的评介与胡适一致,胡适也认为"近年译西洋小说,当以君朔所译诸书为第一。君朔所用白话,全非抄袭旧小说的白话,乃是一种特创的白话,最能传达原书的神气。其价值高出林纾百倍"[②]。胡适也发现了伍光建所用白话"全非抄袭旧小说的白话",但是很遗憾,他也没有追问下去:这个"乃是一种特创的白话"究竟是怎么来的?

那么,我们今天不妨提出这一问题:古代白话何时开始转换为欧化白话文的?欧化的白话文又是何时问世的?它是在五四新文学问世时方才问世吗?显然不是。根据我们的研究,欧化白话文在中国已经存在了一个漫长的时段,到五四时期,它至少已经存在半个多世纪,如果再追溯其源头,它们的存在已有数百年的历史。这就是五四白话文能够很快取得成功的秘诀。对于欧化白话文在中国古代、近代的存在,它们的发展线索,它们对后来国

[①] 茅盾《我走过的道路》(上),人民文学出版社,1981年,第234页。
[②] 胡适《论短篇小说》,《中国新文学大系·建设理论集》第272页。

语运动的意义,我们似乎还缺乏研究,学术界也未重视。因此,本书的写作目的,就是要梳理近代欧化白话文的存在,追问它们是如何发生的?经历了怎样的演变?发生过什么影响?近代欧化白话的语言主要特点是什么?它是通过怎样的权力斗争和博弈,在何种目的之下在《圣经》的翻译行动中诞生的?近代欧化白话的产生对中国的语言转型和社会文化转型产生了怎样的影响?这便是本书写作的缘起。

绪　　论

当我们确立以"欧化白话文在近代的发生、演变和影响"作为题目,作为本书书写内容的时候,我们首先必须明确什么叫做"白话文",什么叫做"欧化"。明确了这两个概念,才可以进一步明确我们所要讨论的内容。这两个概念看似简单,其实要解释起来,还是颇为复杂的,并不是三言两语就可以解释清楚。

从字源的角度说,"白话"的"白"字就有口语的意思在,这意味着"白话"的来源应该是口语,它是口语的记载。而古代的口语有着官话和方言的区别,于是,最初的"白话"包括"官话(官白)"和"方言(土白)",西方传教士在西文中用的 mandarin 指的是官话,vernachlar 指的是方言。"白话文"顾名思义,应该是口语怎么说,文章就怎么写。但事实上,"方言(土白)"在白话写作中一直不占重要地位,许多方言甚至没有相应的文字符号来表示。"白话"一直指的是以"官话(官白)"为主的书面语言。五四白话文运动时,胡适提倡话怎么说,文章就怎么写,说的也是以官话为主的口语。但是古代没有录音机,古代的口语也就无法用语音直接保存下来。从现存的古代白话文献来说,它们都是一种口语经过加工后的书面语言,并不是直接流传的口语。流传下来的古代白话文,都是不可能做到"话怎么说,文章就怎么写"的,就是胡适自己也不可能真正做到"话怎么说,文章就怎么写"。因为口语和书面语毕竟不可能等同,口语只能在书面语中出现,而不大可能整本书或者整篇文章全部都是口语组成,口语和书面语之间总是会有一些区别的。因此流传下来的白话文不能说就是当时的口语,只能说它们具有当时口语的成分,一般说来,它们倒是当时的一种书面语。所以今天的语言学界在《辞海》中给"白话"所下的定义之一是:

> 汉语书面语的一种,中国古典文学中,如唐代的变文,宋、元、明、清

的话本、小说，以及其他通俗文学作品大都采用白话。宋元以后，部分学术著作和官方文书也有用白话写的。其特点是基本上以北方话为基础，与一定时代的口语相接近，容易为当时及以后的大众所接受和运用。①

《辞海》这样阐释"白话"的词条，突出它与"官话"的关系当然很有道理，口语主要是以方言为主，本来"白话"确实有话怎么说文章就怎么写的字面意思存在，但是在当时中国，还没有发生后来的"国语运动"和"推广普通话"运动，在各种方言遍地、而许多方言都有音无字的情况下，遗留下来的白话文，事实上是以北方话为基础的那一部分，也就是明清时的"官话"，虽然其中也掺杂了少量的方言，并且只能做到与一定时代的口语相接近，而不可能完全做到"话怎么说，文章就怎么写"。所以它实际上是一种含有口语的书面语，"白话"也就成了一个专有名词。

由此我们可以看到，在《辞海》里，"白话"和"白话文"的意思是一样的，因为作为单纯口语的"白话"并没有流传下来，流传下来的"白话"只是含有口语成分的书面语，它已经不是当年的口语了，所以"白话"和"白话文"一样，都是指以"官话"为主的书面语言，"白话"在这里不是作为口头语言。正因为这样，《辞海》不再另给"白话文"单设词条，因为"白话"既然是书面语，就可以代替"白话文"了。其他词典给"白话文"所设的定义，与《辞海》"白话"的定义也差不多。胡适所说"话怎么说，文章就怎么写"，那必须是在"国语运动"已经普及以后，大众只说一种口语，写成文章大家才能看懂，没有交流的障碍。中国古代并没有现代语言学上的"国语"一说，这是后来晚清从日本的语言变革中借来的日语词语。在日本的国语运动影响下，才有了中国的国语运动。在各地方言还是主要口语的情势下，白话文能够做到的，是借用当时在全国已经比较流行的"官话"，作为书面语言，以"北方话为基础"，它也只能是"与一定时代的口语相接近"。白话的特点就是"容易为当时及以后的大众所接受和运用"，这也是它的力量所在。在大众参与文学活动的时候，"白话"就成为大众的主要书面语言交流工具。这也是本书主要

---

① 《辞海》缩印本，上海辞书出版社，1999年修订，第2125页。

考察的"白话文"概念。

中国在近代"国语运动"推广之前,全国各地的语音并不统一,各地都有着自己的方言。按理说,方言也是直接的口语,把它们写成文字,也是"白话"。然而全国各地的方言很少发展为书面语言,像官话那样。因为汉语是以文字为中心的语言,而不是其他以语音为中心的语言,有许多方言的用词,缺乏相应的文字符号表达,往往是有音无字,语音构成了口语的句子,却找不到相应的文字来表达,需要写作者自己根据语音去造出字来,才能变成书面语言。韩邦庆在晚清创作《海上花列传》时就碰到这种情况,他必须根据苏州方言的语音,造出苏州方言特有的字词。这在外国以语音为中心的文字大概没有什么关系,根据语音用字母造出单词就行;但在中国以符号为中心的文字就不同了,一种方言按照自己的语音造出的文字,往往不能在其他方言中流通,韩邦庆自己创造的用于吴语方言的文字,后来在书面语言中并不流行,就是一个典型的例子。这大概就是中国方言文学往往难以开展的重要原因,而方言的区域局限性也影响到方言书面语言的传播,阻碍了各种不同方言书面语言的形成。中国古代的书面语言主要是文言,这也使方言书面语言缺乏产生的必要。

什么叫做"欧化"?按照张星烺先生的说法:"中国与欧洲文化有形上与无形上,皆完全不同,上至政治组织,下至社会风俗,饮食起居,各自其数千年之历史辗转推演,而成今日之状态。""自中欧交通以来,欧洲文化逐渐敷布东土,犹之长江、黄河之水,朝宗于海,自西东流,昼夜不息,使东方固有文化,日趋式微,而代以欧洲文化。""兹不论其高下,与夫结果之善恶,但凡欧洲人所创造,直接或间接传来,使中国人学之,除旧布新,在将来历史上留有纪念痕迹者,皆谓之欧化。"[①]具体到语言上,"欧化"就是指汉语受到欧洲语言文学、日本语言文学的影响,改变了汉语原有的表现形态。"欧化"是有一个过程的,"欧化"当然不是说汉语就变成了欧洲语言或者日本语言,这是不可能的。汉语再"欧化",它的质的规定性决定了它总归是汉语,就像日本语言再"汉化",也不可能成为汉语一样。"欧化"原来是语言学的名词,但是随

---

① 张星烺《欧化东渐史》,商务印书馆,1934年出版,2000年重版,第3—4页。

着欧风的普及,它也渗入了其他领域,它是"西方化"的同义词。我们还应该看到:在19世纪末和20世纪上半叶,"欧化"其实还包括了"全球化"、"现代化",它也是它们的同义词。在那个时代,对于中国来说,现代化就是西方化,现代化也就是"世界化"、"全球化";因为那是一个以"西方中心主义"为特征的全球化时代,西方的标准代表了世界的价值标准。不妨在此举一个语言学的例子:一直到20世纪70年代末,经过"文革"之后,有幸在大学课堂接受高等教育的时期,笔者所在大学中文系的现代汉语课程还在继续强调汉字的最终出路在于"拼音化",这是全国高校当时统一的教学内容,也是当时汉语学界所强调的内容,甚至是中国政府当时文字改革方针决定的内容,是由当时专门推行这一方针的政府机构——全国文字改革委员会宣传贯彻实行的内容。因此这个观点也不时见之于当时的报刊,成为全国高校甚至中小学的教学内容。形成这个结论就是"欧化"给汉语带来的后果。当时政府继承五四新文化运动,根据"西方中心主义"的标准,就是要把中国传统文字中心主义的方块汉字式的汉语,改变为欧化的语音中心主义拼音文字式的汉语。当然,我们在下面将会说到,要在现有汉语体系上做到这一点是十分困难的,几乎是不可能的,现在的中国政府大概已经意识到汉语的独特性,也解决了汉字输入电脑的技术问题,不会再这样认为了,上述的这些内容也已从高校教学中被取消了。因此,在我们看来,"欧化"就是以欧洲中心主义为核心的全球化,汉语的"欧化"是与中国进入"西方中心主义"的"现代化"、"全球化"过程联系在一起的,是这一过程的一部分。

那么,究竟怎样来判断"欧化"呢？如果仅仅从语言文学来考察中国白话文的"欧化",把"欧化"只局限在白话文及其表现形态之中,我们认为汉语受到欧洲语言的影响,发生了相应的变化;无论它是在语音、词汇还是语法以及表现形式等方面,都可以视为汉语的"欧化"。它涉及语言、语言场域、文学等方面的内容,大致包括以下若干方面:

1. 外国语法进入白话文本。这一时期的欧化语法特色主要表现为:(1)在传统语言习惯中可省略的主语被大量补足,句子中的"主、谓、宾"比过去清晰;(2)描写句、判断句中的系动词使用频率增加;(3)长修饰语与长句的频繁出现;(4)被动句的进一步发展;(5)记号的欧化和联结成分的增加。

这些欧化语法特点,其共同作用是使句子结构更加完整、逻辑性更强。

2. 外国词汇进入白话文本。大量新兴词汇被运用,这是目前研究最多的领域,海内外已有一批研究著作。

3. 外国语言习惯进入白话文本。

4. 外国表达方式进入白话文本。

5. 外国叙述视角、叙述技巧进入白话文本。

6. 外国诗歌韵律、形式、意象、表现手法进入白话文本。

7. 外国文学体裁形式进入白话文本,改造了中国的文学体裁。

8. 复音词取代单音词,成为句子的主要叙述单元,音节、节奏发生了类似西方语言的变化。

9. 用罗马字母拼音方式或其他字母拼音方式使读音进入汉语字词的认知,试图用字母取代中国传统的文字,改变汉语的文字符号。

10. 标点符号等西方语句表达符号进入中国语言的语句表达,文章采取分段的方式叙述。

11. 外国的时间观念、空间意识进入白话文本,如袁寒云所说的纪年,公元的时间观念是"全球化"的重要标志。现代的世界意识改变了古代的天下意识,新的空间意识改变了传统的空间意识。

12. 其他,如外国横排的由左往右的文字排列,代替了原来中国传统由于毛笔书写所造成的直排的由右往左的文字排列。又如:外国语音进入白话文本,如"德律风"等等,直接从外语语音直译的词汇,一直到现在还有,如"杯葛"等等。还有外国语言文字直接进入白话文本,如用外语字母作为地名、人名等等,这在五四新文学作品中很多。

这里所讲的"外国",主要是以英语为代表的西方各国,其中也包括日本,当然,日本的变革其实也是学西方。众所周知,在近代,中国吸收西方的思想学说,经常是以日本为中介的。这些中国传统语言的变化主要是在西方语言影响下进行的,其中也有日本语言文学变革的影响。我们不要小看日本的影响,它在近代对中国的影响几乎是指导性的,大致说来,中国近代的语言文学变革同日本近代的语言文学变革在时间上大概相差了十年到三十年。日本语言文学变革的影响重要到如此程度:中国的语言文学变革在某种程度上几乎可以说是亦步亦趋地学习日本的语言文学变革,几乎是在重复日本语言文学所发生变革的各个阶段。但是如果仔细考察日本语言文学变革的源头,会发现它其实也是受西方的影响,甚至受当时在中国传播西学的西方传教士的影响。因此本书也将提到日本的语言变革对中国的影响,同时也指出它所接受西方影响的源头。这种梳理当然是粗糙的,我们也不可能指望在这样篇幅有限的一本书中对此作出详尽的梳理;但是我们从中可以看到大致的方向、变革的轨迹,从中也可以看到作为当时领导世界文化主流的西方文化在全球化过程中是如何影响整个亚洲文化的。

在这里需要特别指出:中国近现代有一些语言文学的现象在古代曾经出现过,但它们在古代仅仅是作为个别现象出现,如流星般划过星空,一闪而过,犹如昙花一现,并没有得到中国语言文学界的继承,成为语言文学界的普遍现象;而它们后来在近现代成为语言文学界的普遍现象,反倒是当时的中国作家受到外国语言文学的影响。我们把这种现象,也看成是"欧化",因为这些语言文学现象后来能够在中国语言文学中扎下根来,其实是受到外国语言文学影响的结果,并不是它们直接继承中国传统语言文学然后加以发展的结果。

"欧化白话文"研究的就是近代时期出现的一种白话文,它们受到"欧化"影响,从传统的白话文发生新的变异,形成一种类似于五四新文学白话文的新型白话文,在一定程度上造成了中国书面语言的变革。为此,我们运用了两个已有的概念,一个是"古代白话文",即中国古代延伸下来的传统形态的白话文,简称"古白话",用以区别受到"欧化"的影响,以现代汉语为基础的新型白话文;我们把这种受到"欧化"影响的新型白话文称之为"欧化白话文",简称"欧化白话",用以突出它们所受到的"欧化"影响,说明它们之所以出现变异的根源。其实在前面袁寒云和张恨水的引文中也可以看到这种分野。这两个概念都是前人在语言学上已经用过的,"欧化白话"的概念在五四时期就已经有人运用了,就像"古代白话"被黎锦熙在《国语运动史纲》中运用过一样,只是在1949年以后,由于中央政府认同胡适的说法,"欧化白话"概念的运用,反倒是大大减少了。本书运用这两个概念都是用来分析说明"白话文"在近代发生的变革,以及它们的出现所造成的后果。

"古代白话文"也被语言学界称为"近代汉语",从现有的资料来看,它在古代具有这么几种文本存在形态,按照语言学家徐时仪的论述,"历代记载当时实际语言而反映汉语白话发展"的文献资料主要有下列作品:

(1) 用口语体写的文学作品,如敦煌曲子词、敦煌变文、宋元话本、金元时的诸宫调、元杂剧、明清白话小说等。

(2) 为某种特定需要而记载下来的当时口语的实录,如禅宗语录、理学家语录、外交谈判记录、司法文书、直讲体、会话书等。

(3) 散见于文言作品中的白话资料,如诗、词、曲中反映口语的语句或笔记、史传和碑帖中反映口语的片断。①

但是在这些白话文献资料中,由于口语在不断变化,保存口语资料的"白话"也就在不断演变,早期的"白话"随着时间的推移也会变成后代的"文言",例如《尚书》中的一些演讲,如《盘庚》很可能就充满当时的口语,应该算上古时期的"白话",但在后代人读来,它已成为艰深的文言。《诗经》之中,这样的例子也是很多的。刘坚编的《近代汉语读本》所选《世说新语》、《百喻经》等片段,有许多当时的"白话",今天看来,文言色彩也大于白话色彩,当时的口语已经大部分转化为文言。我们在下文将要说到,由于文言和白话之间的互相渗透,出现了文言和白话混合而又显示出独特特点的"浅近文言",作为语言的中间层次,在社会上广泛流行,我们试图把它作为文言、白话对立的两极之外的另外一极,这在古代遗留的白话资料中不乏它们的踪迹,尤其是在韵文之中,许多被归为"白话"的韵文,其实是可以归为"浅近文言"的。理学家的语录当时是白话,但是与当时的章回小说的白话相比,就要艰深得多。今天看起来,它主要是浅近文言,其中夹杂有白话。

在这些古代白话文本存在的形态中,很少有论述文、说明文、散文、游记等文体,因为当时社会对白话文的运用,只限于不懂文言的社会下层,他们的文化水平较低,有许多文体对他们来说并不适用。懂文言的社会上层,只是在娱乐消遣时偶尔涉及白话文,或者在口语运用场合才涉及白话。他们

---

① 徐时仪《汉语白话发展史》,北京大学出版社,2007年,第28页。

也会高度评价白话文学的艺术性,如金圣叹等对《水浒》的评论,把《水浒》列为古代文学经典、六大"才子书"之一,与士大夫公认的文言文经典《庄子》、《离骚》、《史记》、《杜诗》等并列。清朝末年著名学者俞樾,就认为白话文学写得好,小说《三侠五义》的语言"方算得天地间另一种笔墨"[①],可以与文言的笔墨并立;但是他们都不认为白话是可以取代文言的书面语言。白话文的这种限制使用,造成了它在社会运用功能上的局限性,从而也就限制了它的社会存在形态。"白话文"在社会上发挥广泛的作用,那是在白话文出现变革,"欧化白话文"出现之后,是"欧化白话文"推动着"白话文"的发展,加强了"白话文"的社会功能,决定了它在社会上起着越来越大的作用,直到它取代文言文成为最主要的书面语言。

然而,古代白话文在中国古代出现的时间已经很长了,如果从宋元话本算起,它至少也有一千年的历史,如果从寒山、拾得的诗歌算起那就更早。为什么古代白话文一直没有能够取代文言文,而近代欧化白话问世的时间并不早,问世不久就能够兴起"白话文运动",最终取代了文言文呢?它的力量何在?这是我们必须面对和回答的问题。

文学是语言的艺术,要探讨中国文学的近代变革,语言是极为重要的一环。古代文学运用的是古代汉语,五四以后的新文学运用的是现代汉语,它们之间是怎样过渡的?为什么古代汉语要变成现代汉语?它在文学上造成了怎样的变化?这是研究中国文学近代变革的关键。

语言是在不断丰富的,在某种意义上,文学可以说是情感与语言的结合体。文学是表现情感的,它表现情感的方式又是运用语言。因此,人们称文学是语言的艺术。对于任何一位作家来说,在情感和语言这一对矛盾中,情感总是比较活跃的因素,有了各种各样的情感,然后运用各种各样的语言加以表达。作家在表现他的情感时,必须寻找社会基本能够接受的词汇语句,而不可能完全自铸新词,他可以创造新的词和词组、新的用法,但它们不可能脱离原有的语言系统,他只能在这个舞台上导演有声有色的话剧。因此,语言总是相对稳定的,它是社会约定俗成的产物,对语言的运用总有一定的

[①] 俞樾《七侠五义序》,文明书局,1925年排印本。

限度。作家的情感与语言,往往有一定的距离,绝非每一种情感都能够用语言表达,我们承认有些情感是无法用语言表达的,所谓"只可意会,不可言传",道理也在这里。所以,作家不能完全自由地表达自己的情感,它只能运用社会约定俗成的语言。正是在这两方面的意义上,语言对作家是有束缚作用的。

人类在进化,人类的情感在不断地丰富发展,它要求表达情感的语言也不断丰富发展。文学史上的许多杰作,之所以成为杰作,往往也是运用更丰富的语言,更加细腻地表现了前人所没有表现的情感。因此,作家必须不断创新,不断探索运用新的语言,来丰富和发展语言的表现力,这是作家创作的原则,决定了他能取得的艺术成就。然而,语言又有着强大的保守性,它深深浸透着传统,有着约定俗成的规范,它往往只有微小的渐变,而难以出现巨大的质变。后来自铸伟词的作品,也未必一定能超过前人的创作。所以才会有作为经典的文学作品的存在,作为经得起时间检验的文学,垂范后世,供人学习。语言一旦出现巨大的变化,往往与外部的变动有关。"如果民族的状况猝然发生某种外部骚动,加速了语言的发展,那只是因为语言恢复了它的自由状态,继续它的合乎规律的进程。"①

然而,我们过去一直有一个误区,我们相信五四一代的新文学家所说,白话文取代文言文是一大进步。这也意味着我们确信,语言是在不断进化的。笔者本人过去也是持这样的观点。其实,这种看法未必正确。根据语言学研究,语言很难说是进化的,语言是在不断发生变化,但是这种变化结果很难说是进步还是退步。简·爱切生在研究了语言的变化后指出:"并无迹象可以说明有语言进化这回事","语言跟潮汐一样涨涨落落,就我们所知,它既不进步,也不退化。破坏性的倾向和修补性的倾向相互竞争,没有一种会完全胜利或失败,于是形成一种不断对峙的状态。"②正因为语言是约定俗成的,是适应了社会的需要,不同的时代有着不同的表达方式,有时会很难确定究竟哪一种是进步的。马克思曾经肯定古希腊神话是人类童年时

---

① 见索绪尔《普通语言学教程》,商务印书馆,1980年。
② 爱切生《语言的变化:进步还是退步》,语文出版社,1997年,第282页。

期的产物,它所达到的境界,后来的人类很难再能达到。语言也是如此,就看你用什么样的标准来观照。"叶斯帕森认为:'能用最少的手段完成最多的任务这种技艺方面做得越好,这种语言的级别也越高。换句话说,也就是能用最简单的办法来表达最大量的意思的语言是最高级的语言。'"①假如按照这一标准,中国的文言文无疑要比白话文更为高级,因为它的字数、表达方式都比白话简单,文言在相同字数内所包容的意义无疑要比白话大得多;著名翻译家傅雷便曾指出:用文言翻译比用白话翻译更为准确,因为文言的字词包容量更大,更能适合翻译外语的特点②。假如我们按照其他的标准,例如语言分工更细,更加精确,更加细腻的为高级,中国的白话文就无疑要比文言文更加高级。五四白话文问世后,并不是没有出现反对声音,这就是评判语言的价值标准不同造成的。我们过去按照五四新文学的标准,把新文学白话视为语言的进步,把反对白话的声音视为反动,这多少同当时的"欧化"潮流有关。我们今天如果承认国外语言学家对语言学的研究成果,承认语言的变化并没有进步与退化,只是在适应社会演变的需要,我们对五四以来的白话取代文言的语言变化,便会采取多元化的标准,分别看到不同语言不同的长处与短处,不再执著于进化论的单一思维方式。

倘若翻阅一下清末与20世纪20年代末中国的书面文字,我们便不得不承认两者在语法、词汇、语音(由单音词为主变为以双音词为主)等方面都发生了重要的变化。语言的变化是如此巨大与重要,以致它成为五四文学革命最重要的标志之一。只是这场变化早在五四之前就在酝酿,它已经酝酿了半个多世纪,并且在晚清已经发生过"白话文运动"。在某种意义上,五四时期的文学语言革命,是晚清以来白话文运动的高潮,由此它才具有极大的气势,在短短十几年内,中国知识分子的书面语言就发生了一场革命。下面,我们就来具体探究这场语言文学变革。

---

① 爱切生《语言的变化:进步还是退步》第281页。
② 傅雷《致林以亮论翻译书》,《翻译研究论文集》,外语教学与研究出版社,1984年,第83页。

第一章　近代欧化白话文的历史渊源

第一节　古代文言文和白话文的互相对立与渗透

　　文学语言是一种书面语言,但是它最初的问世,往往与口语关系密切。白话成为书面语的历史其实是很悠久的,《尚书》中的《盘庚》就带有一些当时口语的成分,《诗经》的许多作品中也出现不少口语。大概从两汉开始,书面语同口语的界限变得分明起来,口语进入书面语的现象比较少见;不过我们从《史记》中还是可以看到口语的进入,如书中对周昌口吃的描绘,对陈涉的农村伙伴来看他的记载,都运用了口语,这些口语也加强了对人物的描绘和对气氛的渲染。从唐代的"变文"开始,原来作为口语的白话进入了专门的书面语言的行列,这不是口语成分进入书面语,像先秦、西汉那样,而是作为口语的白话就成为专门的书面语,它发展为古白话,形成了记载口语的古白话文本。古白话不是当时社会流行的书面语言,当时社会流行的书面语言依然是文言文,绝大多数出版物、文告,都是用文言文。但是古白话既然作为一种文本问世,它也变成了一种书面语言,虽然在书面语言中不像文言文那么流行。然而,口语同书面语不同,口语是在不断演变的,其变化速度远远超过相对稳定的书面语言。古白话虽然是当时的口语演变而成的,但是随着时间的推移,一些过去的口语也发生了变迁,原来记录下来的口语因为口语发生了变迁,这时就变得不再是口语,而仅仅成为书面语。假如我们再考虑到方言的问题,中国地方大人口多,各个地方自然产生了不同的方言区,方言主要是一种口语,那时的人们由于方言的隔阂,不同地域人们口语的差别也是很大的。这种方言的隔阂在古代首先是通过文字被打破的。因为各种不同的方言区域,流通的书面语都是汉字,都是文言文,而文言文的变化不大,这也就是说即使是在不同方言区,由于不同方言难以做口语交流，只要付诸文字，通过书面语的文言就可以产生交流了。仅从这一面来看，汉字和文言文对于我国不同方言区的统一，就是立下了大功的。但是在唐宋以后古白话也是流通的文字，只是其影响不如文言文那么大。古白话是以北方方言为基础形成的书面语言，全国各地虽然有着众多的方言区，各个方言区的人们要看小说消遣，还是只能看古白话的小说。尽管它不同于本地流行的方言，各地方言对于古白话文字的读音也各有不同，但是只要认识古白话的文字符号，也就自然理解了古白话文本的意义。北方方言体系内部各地方言也有不同，如陕西方言和山东方言同属北方方言，但是内部的许多字词发音仍不相同；还有北方方言之外的其他方言也有进入古白话的叙述，从中留下作者所在方言地的痕迹，常被研究者用来作为考证小说作者籍贯和活动区域的资料，如考证《金瓶梅》的作者是谁等等。但是专门用方言作为书面语来写的小说，大概一直要到晚清的《何典》《海上花列传》问世。所以在中国，书面语——也就是文字，同口语之间的距离一直是比较大的。

口语是语言中变化比较大的因素，由于书面语的变化不大，中国的文言文两千年来变化不大，直到清末，文言文的最高典范依然是形成于先秦的经籍与先秦诸子的文章。从传播媒质对文学的影响来看，在先秦时期，文章是写在钟鼎碑碣上，写在竹简上的，这些媒质既沉重，又不便于翻阅携带，写作在这样的媒质之上，制作本身就是一件比较艰难的工作。这时的文学，就不可能说什么写什么，它必然要求字句简约，在简短的句子里包括尽可能多的内容。它不可能像后来的白话小说那样长篇铺叙。因此，写作也就特别讲究"炼字"，一个字往往包含了许多内容。在评判文章时，"炼字"常常成为最重要的价值标准之一。刘勰所说的"善为文者，富于万篇，贫于一字"[1]便是代表。古代作文对于语法、词的顺序并不重视，因为词序颠倒，大致上仍可猜出意思，而且有助于句子的变化，增加语言的丰富感。假如按照西方的词性标准衡量，中国古代汉语是不大讲究词性的，往往一个词既是动词，也可以是形容词、名词，就看它在句子中所处的位置。这种价值标准随着先秦文

---

[1] 刘勰《文心雕龙·练字》，人民文学出版社，1958年。

第一章　近代欧化白话文的历史渊源

章延续下来,成为中国文学的修辞典则。尽管在两千年中,实际运用的口头语言早已发生了巨大的变化,竹帛木简早已变成纸张,手抄变成雕版或活字印刷,可是这条记事修史写作的准则,在正统士大夫中间依然不变。它对文学创作自然产生了重大影响。

> 昔欧阳公在翰林时,与同院出游,有奔马毙犬。文公曰:"试书其事。"一曰:"有犬卧于通衢,逸马足而杀之。"一曰:"有马逸于街衢,犬遭之,毙。"公曰:"使子修史,万卷不足矣。"曰:"内翰公何?"公曰:"逸马杀犬于道。"诸人皆服。①

这是一则流传甚广的故事,陈望道先生在《修辞学发凡》中,还引用了它的几种不同说法。本书并不想做进一步考证,只觉得这一修辞方式,颇能显示古人的文学修辞观念。今天看来,"有犬卧于通衢,逸马足而杀之"的重点在描绘犬上,"有马逸于街衢,犬遭之,毙"的描绘重点在马上,它们都能给读者以比较形象具体的感觉,描绘了马和犬的神态。唯有"逸马杀犬于道",只说明了这件事的发生,在字数上虽然精练一些,在文学形象上,却几乎不能给人以形象的感受。倘若以此作为记事的标准,用它去衡量司马迁的《史记》,其中有许多地方便不符合这一标准。但是这一标准却恰恰体现了孔子主张的"辞达而已矣"的修辞标准,为宋以后的史家所崇奉。所以,司马迁《史记》的文学形象性和洋溢在字里行间的情感,在宋欧阳修以后所修的史书中便极少见到。正统的文学家不作形象文学的文章,这种文章便在小说戏曲家手中发展起来。在不得入于"文学"之林的小说戏曲中,才有积极的形象情感的描绘,这些描绘主要是用的白话,如同俞樾所说:"方算得天地间另是一种笔墨。"②

文言文也注重描绘,汉代就有专门描绘的长赋。六朝注重文采,是对先秦简约文章的反叛。"文笔之辨"就是根据语言的骈俪来决定它是否是文学。"凡文者,在声为宫商,在色为翰藻。"③作家利用汉字音、形、义的特点,

---

① 见张岱《琅嬛文集》卷一,岳麓书社,1985年。
② 俞樾《七侠五义》序,文明书局,1925年排印本。
③ 阮元《文韵说》,道光文选楼本《揅经堂续集》卷三。

一个字一个音节,规定必须是对仗而又讲究音节的整齐的华丽句子,才可算作文学。由此形成了一个骈文创作的时代,这种文章初创时也是讲究感情的,华美的词章,铿锵的音调,工整的对仗,令句子极富美感和音乐感,为了在简约的句式中包容更多的意思,文章往往大量运用典故,这些典故大多在唐朝以前的文本中寻找。骈文后来发展到不讲感情、只问辞藻的路子,一味铺陈排比,堆砌华丽辞藻,在用典中卖弄学问,反而失去了文学交流情感的本意,变为一种文字技巧和游戏。这种作文的法则,后来渗透到"八股文"之中,变为明清两代文人的必修课。因此,到近代当人们试图寻找进一步表现人性的语言时,就觉得文言文的文字游戏束缚太多,而白话文反倒有许多积累,如《水浒传》中鲁智深拳打镇关西的描绘,绘声绘色,是主张炼字的文言文很难做到的。

文言文写作不讲究语法,看似很自由,其实在遣词造句上束缚极多。"世有精炼小学拙于文辞者,未有不知小学而可言文者也。"[1]不明训诂,焉可言文?宋以后的诗人崇拜杜诗的"无一字无来历",作诗者须讲究字字有"出典",而且要"用典浑成","夺胎换骨","点铁成金"。这样,弄文学的人从小就必须钻在故纸堆中,从名物训诂到遣词造句,文气笔法,思想精神,细细揣摩,烂熟于胸,方能修炼得可以运用先秦的语言创作文学。所谓"古于文者,必先古其心与谊"[2],就在这一番揣摩钻研之际,人的思想、语言都进入到传统文化之中,不知不觉地钻入古人的躯壳之内,作者的知识结构是古代的,真实的性情要找到古人语言的包装。即使仍然保留了自己的真情,也难以用自己活生生的语言表达,只能将它穿戴上古人的衣冠,因而难免"千部一腔,千人一面"。尽管明清以来,也有不少有识之士提倡创新,反对模拟;提倡真情,反对矫饰:"满眼生机转化钧,天工人巧日争新。预支五百年新意,到了千年又觉陈。""李杜诗篇万口传,至今已觉不新鲜。江山代有才人出,各领风骚数百年。"[3]然而赵翼等人虽然在理性上认识到创新的重要,却并没有感觉到语言对他们的束缚,他们仍然使用陈旧的古人的语言抒发自己的

---

[1] 章太炎《国故论衡·文学说例》,上海古籍出版社,2003年。
[2] 林纾《赠姚君懿序》,见《畏庐续集》,商务印书馆,1916年。
[3] 赵翼《论诗绝句》,嘉庆寿考堂本卷二十八。

心情,终究无法创作出"各领风骚"的杰作。

文言文过分追求简约,一个字包含了多重意思,有时候就会影响到意思表达的精确性。这方面在现代文学有一个著名的笑话:春秋时期,齐国的晏婴曾经设计过一个"二桃杀三士"的计谋,利用三个武士争抢待遇的心理,用两只桃子杀掉了三个武士,去掉了齐国的一个隐患。"二桃杀三士"成为一个著名的典故,两只桃子杀掉的是武士。但是,不知道这个典故而又在与新文学争论、努力为文言文张目的章士钊,却仅仅从字面上误解了它的意思,把"二桃杀三士"称作"两个桃子杀了三个读书人",用于提倡文言,作为例子。因为"士"在古代既可以解释为武士,也可以解释为读书人、士大夫,而且后者用得更为广泛;这种一词多义、词义宽泛使得提倡文言文的章士钊闹了一个大笑话。鲁迅就曾经以此为例,用章士钊的笑话证明文言文应该变为白话文,文言文确实有其词义宽泛、不够精确的缺陷。

语言作为思想的表现形式也制约着思想,维护着士大夫队伍的纯洁。士大夫把文言视为他们的专用语言,小说《镜花缘》描写一个酒保大谈"之乎者也",讽刺的就是下等人侵犯了士大夫的专利,在口语中使用了士大夫才可以使用的文言,仿佛《儒林外史》中的商人戴了士大夫专用的方巾,冒充士大夫一般。即使面对中国小说巨著《红楼梦》,士大夫虽然也为之倾倒,有所谓"开谈不说《红楼梦》,纵读诗书也枉然"之说,但是小说的内容、词句依然不得进入诗文。士大夫阅读的书目,也不会列入这类白话小说。袁枚曾经讥讽"崔念陵进士诗才极佳,惜有五古一篇,责关羽华容道上放曹操一事,此小说演义语也,何可入诗。何屺瞻作札,有'生瑜生亮'之语,被毛西河消其无稽,终身惭愧。某孝廉作关庙对联,竟有用'秉烛达旦'者,俚俗乃尔"①。白话小说的内容作为典故一旦进入诗文,便为文人所不齿,在士林中沦为笑柄,甚至还有丢官的危险。清代雍正时期,护军参领郎坤在奏折中引《三国演义》小说中的内容作典故,受到"著革职,枷号三个月,鞭一百发落"的严惩②。看的人既然知道这是小说中的典故,自然也看过这部小说,只是没人

---

① 袁枚《随园诗话》卷十三,乾隆刻本。
② 王利器编《元明清三代禁毁小说戏曲史料》,上海古籍出版社,1981年,第36页。

敢去责问皇帝。文言的纯洁性得到最高统治者的维护,连素来被人视为个性解放的"性灵"诗人袁枚也注重维护文言的纯洁性,当时社会上的文学观念对语言的保守程度也就可想而知了。

　　从唐朝的变文开始,在现在流传下来的古代文本中,出现了与文言文不同的另一种语言,它发展为古白话,形成了古白话文本。古白话不是当时社会流行的书面语言,当时社会流行的书面语言是文言文,绝大多数出版物、文告都是用的文言文。但是古白话既然作为一种文本,它也变成了一种书面语言,虽然在书面语言中不像文言文那么流行。这些文本都与当时的口语有着密切的关系,实际上是当时人在社会交往中常用的语言,尤其是学者的语录,虽说大量是浅近文言,却常有口语进入。我们可以看到那些学富五车的思想家们,对学生讲学也常常用到口语。可见即使在士大夫中,白话也是重要的交际工具。其实,口语是在不断演变的,其变化速度远远超过相对稳定的书面语言。古白话虽然是当时的口语演变而成的,但是随着时间的推移,一些过去的口语也发生了变迁,变成了书面语。

　　于是,"雅俗之分"成为划分"文学"与"非文学"的重要标准。人们写的是一种语言,说的是另一种语言。民间的口语,如果不是士大夫为了"采风"记载下来,便成不了书面语言。就连讲学的和尚、理学家们也会感到文言文的不便,他们用近乎浅近文言的白话讲学,其中会夹杂口语,门人弟子记录下来,汇编成册,成了"语类"一类的书。唐代开始,尤其是北宋以后,随着印刷术的发展,市场机制在文化领域发挥作用,瓦舍勾栏在汴梁的林立,促使白话文学蓬勃发展起来,白话也成为书面语言。宋以后的士大夫小说可以不读,"语类"却不能不看,大抵也都接触过白话文字,但是却无人提出文学应当推倒"雅"的标准,用白话来代替文言。没有人提出,是因为这个时代还不需要这样的变革。用"白话"取代"文言",注定是要到大量产生同外国语言文字进行交流的情形下,在外国语言文字的对照下才会产生的设想。又由于近代建立"民族国家"的需要,教育普通老百姓成为国家的生存需要,只有大量减少花在文言上的教育时间,才能适应现代社会学习数理化科学知识以及学习外语的教育需要,才会形成和落实用"白话"取代"文言"的设想。

　　五四新文化运动时期,胡适、刘半农等人为了推动"白话文运动",提出

第一章 近代欧化白话文的历史渊源

"文言文是死文学","白话文是活文学"的口号,强调文言文和白话文之间的对立,文言文代表了中国封建落后的思维方式,成为僵死的文学;白话文代表了现代的思维,代表了平民大众的有生命力的文学。这种批判在历史阶段的更替时代是可以理解的,也是必要的,但是它后来成为我们从事语言文学研究的指导思想,就难免导致片面。这是一种二元对立的思维模式,未必合乎当时社会的实际语言状况。因为在中国古代这样一个庞大的社会中,语言其实可以划分为多个层次,文言文和白话文之间的关系也是非常复杂的。我们在看到文言与白话的对立之外,也许还能通过另外的视角来观照文言与白话,它们之间的关系并不完全对立,其中也有调和与相互影响的一面。其实,"雅"、"俗"在对立之间,一直存在着"雅"与"俗"的互相渗透、互相融合,从而形成了一个处在文言、白话,雅俗之间庞大的中间地带。文言与白话除了对立之外,也有互相渗透、互相融合的一面。吕叔湘先生曾经写过一篇《文言与白话》的论文,列举古籍中十二段文字作为例子,说明文言和白话的界限,有时并不清楚。试看:

> 中黄门田客持诏记,盛绿绨方底,封御适中丞印,予武,曰:"取牢宫令舍妇人新产儿。婢六人,尽置暴室狱。毋问儿男女、谁儿也。"武迎置狱。宫曰:"善臧我儿胞,丞知是何等儿也?"……后三日,客复持诏记,封如前,予武,中有封小绿箧,记曰:告武,以箧中物书予狱中妇人,武自临饮之。武发箧,中有裹药二枚,赫蹏书,曰:"告伟能,努力饮此药。不可复入,女自知之。"伟能即宫。宫读书已,曰:"果也,欲姐弟擅天下。我儿,男也;额上有壮发,类孝元皇帝。今儿安在? 危杀之矣。奈何令长信得闻之?"宫饮药死。(《汉书·外戚·孝成赵皇后传》)

> 景宗谓所亲曰,我昔在乡里,骑快马如龙,与年少辈数十骑,拓弓弦作霹雳声,剑如饿鸱叫。平泽中逐獐,数肋射之;渴饮其血,饥食其肉,甜如甘露浆。觉耳后风生,鼻头出火。此乐使人忘死,不知老之将至。今来扬州作贵人,动转不得。路行开车慢,小人辄言不可。闭置车中,如三日新妇。遭此邑邑,使人无气。①

---

① 《梁书·曹景宗传》。吕叔湘文见《国文杂志》三卷一期,1944 年出版。

这只是其中两个例子,从中我们可以看到,引文句子中有的具有口语白话色彩,这些具有口语白话色彩的句子和文言的句子混杂在一起,显示出白话对文言的渗透。只是这些当时的口语,由于随着时代发生变化,已经变得比较难懂,对于后代来说,它与文言已经区别不大,这种口语后来已经不再被运用为口语。

其实,不仅存在吕叔湘先生指出的白话向文言的侵入,在文言叙述之中,有与白话接近的段落;就是在白话叙述之中也存在着文言向白话的侵入,白话叙述中也有文言的段落,语录不要说它,就是白话小说也常有文言的篇章,如《三国演义》中的《铜雀台赋》《前后出师表》、陈琳治好曹操头风病的讨伐檄文,诸葛亮气死曹真的书信;《红楼梦》之中,也有贾宝玉悼念晴雯的诔文等等。甚至在章回小说的白话叙述之中,有时也会具有文言色彩,本书绪论所引《三国演义》"温酒斩华雄"一段:"阶下有一人应声曰,某愿往,视之,乃关云长也。"这段话如果出现在文言叙述中,它就是文言。现在它出现在白话文叙述中,成为白话,就很难说是当时口语,其中没有文言的成分,这应该被视为文言向白话的侵入。从古白话的角度看,《三国演义》与《红楼梦》的白话语言相比,《三国演义》的文言气息显然要更浓厚一些,理学家语录中的文言色彩也比当时的白话小说要浓厚得多,因而也可以看作是浅近文言。最初来到中国翻译《圣经》的新教传教士马礼逊,就把《三国演义》视为文言文的典范,作为翻译《圣经》时运用的语言。马礼逊的这种误解固然与他文言程度较低有关,在某种程度上也是与语言的相互渗透有关,这种语言间的互相渗透并不奇怪,语言的运用本来就是阶梯式的,在对立的事物之间,总会存在着某种交流,从而变得你中有我,我中有你。到了它们最接近的时候,什么是文言,什么是白话,就会变得模糊起来。

胡适在五四白话文运动的发难之作《文学改良刍议》里提出了他的"八不主义":"一曰须言之有物,二曰不摹仿古人,三曰须讲求文法,四曰不作无病之呻吟,五曰务去滥调套语,六曰不用典,七曰不讲对仗,八曰不避俗字俗语。"[1]胡适在他的日记中早已说明他要提倡白话文,可以说提倡白话文是他

---

[1] 胡适《文学改良刍议》,《新青年》1917年第1期。

的宗旨；但是这篇发难之作作为白话文运动的宣言主张是那么的不明确，在今天看来几乎没有一条是旗帜鲜明地提倡白话。下面我们不妨作些分析。胡适是主张"文学进化论"的，在这个"八不主义"里，没有一条标准是直接赞美白话："须言之有物"讲文章应该具备情感和思想；"不摹仿古人"讲文学随时代而变迁，一个时代有一个时代的文学，不应该照抄古人。这两条标准其实是任何文学都应该具备的，是衡量任何文学的价值标准，不管它是文言文，还是白话文。翻一翻《中国古代文学批评史》，古代的文论家们早就提出不能摹仿古人，要求文必己出，一代有一代之文学。只是古代的文论家们还没有"进化论"一说，没有得出后来的文学一定比前人好的结论。但是从今天的观点看，胡适的这个结论恰恰是有毛病的，后来的文学未必一定就是文学的进化，也可能是文学的退化。王国维就很清楚地在看到文学进化的同时也看到了文学的这种退化，如某一种文体在经过漫长的历史阶段之后，它的创新能力逐渐退化，被新的文体所取代。在王国维看来，一种新文体取代旧文体是文学的进化，这种进化恰恰是建立在旧文体创新能力的逐步退化的基础上。胡适的论断相比王国维对"一个时代有一个时代之文学"的论述，王国维无疑要全面得多。而王国维恰恰是所有文学的推崇者，既肯定文言文，也赞美白话文。因此，这两条标准"须言之有物"和"不模仿古人"也同样是文言文的衡量标准，而这种论点，同白话文并没有特别的关联，它不是白话文所独具而文言文并不具备的特点。"须讲求文法"是近代才有的汉语"欧化"，是在外国语言尤其是西方语言的对照下意识到汉语缺乏"文法"的不足才产生的要求，"文法"的意识和内容最初都是在外文的启发下形成的，古代的汉语语法，主要是词法，而缺乏全面研究句子的句法；全面研究句子的句法，是西洋语法的特点。我们在下面将会看到，明清的西方传教士早就写过论述中国语法的书，这些书供西方传教士学习中文。近代的马建中也正是在西方传教士著作的启发下，撰写了《马氏文通》，力求用外文的语法来规范汉语。胡适强调"讲求文法"，正是显示了他主张"欧化"的特点。而如果按照"欧化"的观点，文言文也需要"讲求文法"，并不是说只有白话文需要"讲求文法"，文言文就可以不"讲求文法"。"不作无病之呻吟"，"务去滥调套语"也是所有的文言文和白话文都应该具备的，我们并不能说文言文是专作无病之呻吟,专写滥调套语;而白话文则不写滥调套语,不会作无病之呻吟。胡适在这篇白话文运动发难之作中的感慨,提出的对文学的要求,是针对当时文坛的某些状况,并不能说他是在批判文言。他内心里或许是指望白话文能够成为一股崭新的动力,推动文学的发展。但是就理论上说,这些弊病并不是为文言文所独有,白话文天生就能抵抗这些弊病。"不用典"、"不讲对仗"、"不避俗字俗语"这三条标准倒是专门针对文言的,因为文言文才"用典","讲对仗","避俗字俗语"。但是,文言文当中其实也早就存在"不用典"、"不讲对仗"、"不避俗字俗语"的浅近文言的文章,它们并不是白话文。因此,胡适的这三条标准,很难说是能够区分白话与文言的标准,是明确提倡白话文的标准。鲁迅说胡适有遮遮掩掩的毛病,这或许是一个典型的例子。到钱玄同主张"言文一致",刘半农提出白话和文言可以处在相等地位,这时的《新青年》才亮出了提倡白话文的宗旨。当然,胡适写作此文的目的是要提倡白话文,白话文也因此成为运动,这是历史事实。我们只是要指出这篇文章在理论上的模糊性所带来的缺陷。从理论上看,直到后来胡适提出"文学的国语,国语的文学",才真正明确了提倡白话文的目的,可以作为白话文运动的纲领。

　　文言发展了两千多年,典雅的文言始终以先秦、两汉的语言、叙述为准则。尽管从价值标准上看,先秦、两汉一直是古代文章的楷模,后来出现的骈文,也是在这一基础上从追求用典、讲究音节对偶等典雅方向上发展的。因此士大夫把它作为自己的资源、安身立命的依据。我们知道,文言阅读最难处就在理解作者的用典,文字不认识可以查字典,但是用典就不同了,文字你都认识,意思却不一定能够了解,因为它是作者浸透在字里行间的弦外之音,没有相应水平的学问,就难以理解它们在字面外的真正意思。但是两千年来的文言,还是出现了一种浅近化的趋向。最明显的证据就是明清时期的文人集子,其中的大部分文章比起先秦、两汉的文章,无疑要浅近得多,读起来容易得多。这时在客观上已经存在一种与先秦两汉典雅文言不同的"浅近文言"。什么是"浅近文言"? 所谓浅近文言,就是用典用得很少,几乎不用古字难字,不讲究音调对仗,语法也比较随便,比较接近于白话,比较容易理解。这是因为生活变化了,人们之间交往的语言变化了,士大夫要作先秦、两汉的文章也已不像先秦、两汉时代那么轻松，而需要寻求先秦、两汉的语言，正襟危坐，认真思索。于是，当他们撰写那种抒发自己情感、轻松随便的随笔时，就不愿意再花费那么多的功夫，寻找典雅的词汇和前人的表述方法，况且那样做也会影响情感的抒发；这时他们所写的随笔，往往是运用比较浅近的文言。这种浅近文言，到明清时期，已经在文坛上占据了主要地位。

我们在明清张岱、袁枚等人的随笔中，都不难发现这类浅近文言。试看张岱《四书遇序》：

> 六经四子，自有注脚，而十去其五六矣；自有诠解，而去其八九矣。故先辈有言，六经有解不如无解，完完全全几句好白文，却被训诂讲章说得零星破碎，岂不重可惜哉。余幼遵大父教，不读朱注。凡看经书，未尝敢以各家注疏横据胸中。正襟危坐，朗诵白文数十余过，其意义忽然有省。间有不能强解者，无疑无义，贮之胸中。或一年，或二年，或读他书，或听人议论，或见山川云物鸟兽虫鱼，触目惊心，忽于此书有悟，取而出之，名曰《四书遇》。盖"遇"之云者，谓不于其家，不于其寓，直于途次之中邂逅遇之也。古人见道旁蛇斗而悟草书，见公孙大娘舞剑器而笔法大进，盖真有以遇之也。古人精思静悟，钻研已久，而石火电光，忽然灼露，其机神摄合，政不知从何处着想也。举子十年攻苦于风檐寸晷之中，构成七艺，而主司以醉梦之余，忽然相投，如磁引铁，如珀摄芥，相悦以解。直欲以全副精神注之，其所遇之奥窍，真有不可得而自解者矣。推而究之，色声香味触发中间无不有遇之一窍，特留以待深心明眼之人，邂逅相遇，遂成莫逆耳。①

古代的文章，通常议论文要比记叙文用词典雅，语句深奥，用典也多，因此比记叙文难读。但是阅读这篇议论文，我们明显可以感觉到它比韩愈、柳宗元的序言要浅近得多，更不要说和先秦、两汉的文章相比了。几乎不用典，不讲对仗，绝大部分字句无须注释就可以直接理解，其中如"完完全全几

---

① 张岱《琅嬛文集》，岳麓书社，1985年，第25页。

句好白文,却被训诂讲章说得零星破碎",句型更与口语相接近,即使放到现在也可以作为白话文中的句子。这就是介于文言与白话之间的"浅近文言"。文章既有抒情又有议论,这种文体也是当时的一种时代风气。我们再看清代袁枚的《黄生借书说》:

> 黄生允修借书,随园主人授以书,而告之曰:书非借不能读也,子不闻藏书者乎?七略、四库,天子之书,然天子读书者有几?汗牛塞屋,富贵家之书,然富贵人读书者有几?其他祖父积子孙弃者,无论焉。非独书为然,天下物皆然。非夫人之物而强假焉,必虑人逼取,而惴惴焉摩玩之不已,曰:今日存,明日去,吾不得而见之矣。若业为吾所有,必高束焉,庋藏焉,曰:姑俟异日观云耳。余幼好书,家贫难致。有张氏藏书甚富,往借不与,归而形诸梦。其切如是。故有所览,则省记。通籍后,俸去书来,落落大满,素蟫灰丝,时蒙卷轴。然后叹借者之用心专,而少时岁月为可惜也。今黄生贫类予,其借书亦类予。惟予之公书与张氏之吝书若不相类。然则予固不幸而遇张乎?生固幸而遇予乎?知幸与不幸,则其读书也必专,而其归书也必速。为一说,使与书俱。①

虽然作者运用的还是文言,但是有思想,有观点,有感情,有叙述,有议论,可以说是"言之有物"。文章很少用难字僻字,虽然有个别地方不太好懂,但是绝大部分语句可以说是一目了然。它也是属于"浅近文言"一类,几乎不用典,不讲对仗,其表达的意思已经接近口语,也就是接近胡适说的"话怎么说,文章就怎么写",只是披着文言的外包装,用了一些文言的词汇和表述的词法句法。

文言文通常会避开俗字俗语,因为俗字俗语太俗,与文言文的"雅"不相吻合。但是也有例外。吕叔湘列举的白话向文言侵入的例证就是例子。明清文言文中也有俗语口语进入,我们试看王思任的《游惠锡两山记》:

> 越人自北归,望见锡山,如见眷属,其飞青天半,久喝而得浆也。然地下之浆,又惠泉首妙。居人皆蒋姓,市泉酒独佳。有妇折阅,意闲态

---

① 袁枚《小仓山房诗文集》,上海古籍出版社,1988年,第1620页。

远,予乐过之。买泥人,买纸鸡,买木虎,买兰陵面具,买小刀戟,以贻儿辈。至其酒,出净磁,许先尝论值。予丐洌者清者,渠言燥点择奉,吃甜酒尚可做人乎?冤家,直得一死。沈丘謦语:若使文君当垆,置相如于何地也。入寺礼佛后,揖泉而酌之。①

"冤家,直得一死"就是俗语口语,我们可以看到,这些文章并不避开俗字俗语,因而能够做到绘声绘色。但是俗字俗语的进入,并不一定就通俗易懂,对于不懂那个地方方言的读者,俗语依然难懂。俗字俗语的进入,也带来了另一个结果,那就是方言进入书面语言。这一点我们放到下面再来讨论。

事实上,浅近文言不仅在士大夫中流传,也在普通百姓中流传,例如明代流传的一些中篇文言小说,如《风流十传》,还有被视为淫书的《痴婆子传》等等,都是运用浅近文言创作的小说,其读者大多也是普通百姓,这或者可以证明阅读浅近文言的读者群远远超过了士大夫阶层。它们的浅近程度更加接近于白话,这里就不再一一举例了。

由此我们可以看到古代的书面语言即文言,以前被描述为是与白话对立的另一极,它们之间距离很远,白话是给老百姓看的,文言是给士大夫阅读的,白话与文言之间是一条不可逾越的阶级鸿沟。这是五四新文学家的描绘和论述,这个论述当然不能说它完全错,但是这个结论显然是把古代的书面语言简单化和绝对化了,并不能涵盖当时社会使用语言的具体情况,实际社会使用书面语言的情况显然要远远比它复杂得多。倘若我们把文言和白话看作两片不同的水域,文言主要适合于处在文化高层的士大夫,白话主要适合于处在文化低层的普通老百姓,从阶级对立的角度看,它们似乎是截然对立的两极。但是其实不然,由于社会结构不是只存在这两个文化程度相差很大的阶层,他们之间还存在大量的中间阶层,如中下层文人和商人、工匠、小贩等等,还有许多粗识文句的社会人群,构成了整个社会文化层次的金字塔阶梯式形状;所以在文言和白话之间,还存在着一大片中间水域,那就是浅近文言。对于浅近文言的研究,以往的语言学研究是忽视了的。

浅近文言基本上不用典(不是绝对不用典,其实白话文也不是绝对不用

---

① 《王季重小品》,文化艺术出版社,1996年,第95页。

典,"成语典故"就是白话文所用的典),不用古字、僻字、难字,不讲究音节对偶,有时也不避俗字、俗语,它的语法介于文言和白话之间,叙述比较自由、随便,禁忌也比较少。这是文言、白话两片水域对流产生的中间地带,也显示了当时社会各个不同阶层基于自己的文化水平,对书面语言产生的不同需要。我们应该看到,一个社会的语言需要适应这个社会的需要。因为文言与白话的二元对立只是代表了社会的两极,而一个社会的存在不可能只有两极,两极之间必定存在着一个中间地带,这个中间地带也需要适应它们的语言,浅近文言就是适应它们的语言。正是这个中间地带,后来成了接受西方影响的中国近代文学语言变革的重要突破口。中国近代的报刊,从它问世时开始,主要运用的就是浅近文言,浅近文言的重要性就在这些地方突显出来。一直到20世纪20年代末,中国的主要报刊才从浅近文言改为白话。浅近文言在中国社会的存在是一个客观事实,早在明末清初的耶稣会士书简中,西方传教士就已经发现:"在中国人中可以区分三种层次的语言:老百姓的语言,体面人的语言和书面的语言。"[①]他们专门作了研究,19世纪来华的西方传教士们,继承他们的前辈又作了进一步研究。1890年,在华新教传教士在上海举行集会,会上决定成立三个翻译《圣经》的委员会,选定三个翻译小组成员,用文言、浅近文言、白话三种不同程度的语言翻译《圣经》,以保证更多的中国人了解《圣经》。这个决定本身,就是根据当时中国现实社会的书面语言的主要状况作出的。从近代中文报刊诞生开始,中国近代报刊所用的书面语言,绝大部分都是浅近文言,这种浅近文言在报刊中作为主要叙述语言的状况,差不多一直延续到1930年前后,前后有一百多年。所以浅近文言成为中国近代语言变革最早的突破口,在近代语言变革方面起过极为重要的作用。如果我们仅仅用"文言—白话"的二元对立观点来看问题,就会忽略"浅近文言"在近代社会所起的重要作用,对白话取代文言的过程,也会产生错误理解。

然而,文言和白话之外,还有一个问题是方言。文言是书面语,而白话具有很强的口语色彩,也就与方言联系紧密。其实官话也是一种方言,明清白话

---

① 《耶稣会士中国书简——中国回忆录》(Ⅲ),大象出版社,2001年,第282页。

小说在官话中大多夹有其他方言,不过主要也是北方方言语系,它们也被学者们用到考证小说,如考证《金瓶梅》的作者是谁。专门的南方方言小说可能也出现过,因为流传不广,不为人知。现在所知的南方吴语方言小说,大概以下面将要提到的《何典》为最早。北方方言尤其是北京方言成为官员们必须学习的语言,因为古代的官场有一个规则,为了防止腐败,规定官员们在家乡须遵循"回避制度",即士大夫们考中科举以后都不能在自己的家乡做官,而只能到自己不一定都听得懂方言的外地做官。由于各地不同的方言存在隔阂,他们必须学会能够在全国通用、广泛交流的口语,能够在全国各地交流。元明清三代的京城主要都在北京,北京成为官员们聚集的地方,北京方言也就成了官话。南京一度也是首都,南京方言也形成了南京官话,不过由于它与北京官话差别不大,都城北迁北京之后,影响渐小,但是它和北京官话都曾在全国各地流传。明代的官话主要是南京官话,而清代则是北京官话。官话的影响虽不能与今天的"普通话"相比,但当时在官界、商界也还是流行的语言,因为方言毕竟难懂,尤其是南方方言,社会需要有一种适合大家口语交流的语言。这或许也是当时北方方言小说较多的原因,因为北方方言懂的人多,书印出来销路好,影响大,卖得出去,书商愿意出版,作者要扩大自己的影响,也最好运用大家都能看懂的语言。尽管南方方言保存了更多的古音,更符合汉民族语音的原始形态,但是无法抗拒政治的力量、社会的需要。中国古代的入声字就是这样在官话语音中消失,而在南方方言中保留的。

中国的地方太大,方言太多,各种方言又相差太大,以至于在一个国家,甚至在一个共同的民族之内,相互之间的语言交流就发生了很大的困难。幸好有着汉字的存在,文言文的存在,每一个汉字的读音由于方言不同而产生不同,但是它们的意思却是在各地通用的,它们的书写也是相同的,这就使得中国文化的书面交流没有因为地域广阔而产生问题,这样的文字也成为中国形成大一统国家的基础。这就是中国语言的"文字中心主义"。利玛窦发现:"甚至在中国的各个省份,口语也大不相同,以致他们的话很少有共同之点。然而共同的书写却构成彼此接触的充分基础。"[①]但是口语耳听的

---

① 利玛窦《利玛窦中国札记》,中华书局,1983年,第30页。

相互交流，问题就比较大了。"官话"的问世，就是因为方言太多，需要有一种大家都能够听得懂、可以沟通的口语。官话何时起源？确切时间已很难考证，但是在现今流传的唐、五代资料中，已经可以看到介于后来的"浅近文言"和官话之间的书面语言。南北割据时期，以北方方言为基础的官话当然很难成为统一全国的官话。尤其是南方各地到底流行怎样的由方言产生的各地都能听得懂的口语，由于口语资料的缺乏，现今已经很难确认。根据从国外寻回所流传下来的元代《蒙古秘史》的口语译本，其中的北京口语与后来的官话已经颇为接近。推想起来，当时蒙古人在全国各地做官，也需要有一种沟通的口语。官话流行全国，最晚应该在元代。明朝虽然推翻了蒙古人的统治，定都南京，但是由于明成祖迁都北京，北方方言作为官话被保留下来，但是它也融合进南京的官话。根据何良俊记载："雅宜不喜作乡语。每发口必官话。"[①]而他周围的人们，也能听得懂。按照利玛窦对当时中国口语的观照：

> 除了不同省份的各种方言，也就是乡音之外，还有一种整个帝国通用的口语，被称为官话（Quonhoa），是民用和法庭用的官方语言。这种国语的产生可能是由于这一事实，即所有的行政长官都不是他们所管辖的那个省份的人，为了使他们不必需学会那个省份的方言，就使用了这种通用的语言来处理政府的事务。官话现在在受过教育的阶级当中很流行，并且在外省人和他们所要访问的那个省份的居民之间使用。懂得这种通用的语言，我们耶稣会的会友就的确没有必要再去学他们工作所在的那个省份的方言了。各省的方言在上流社会是不说的，虽然有教养的人在他的本乡可能说方言以示亲热，或者在外省也因乡土观念而说乡音。这种官方的国语用得很普遍，就连妇孺也都听得懂。[②]

从这些记载当中，我们可以知道明朝后期官话大概的流行程度。不过，利玛窦认为"各省的方言在上流社会是不说的"则未必，因为明清时期，"同乡"是官员来往中一个极重要的社会关系，这个时候，同一省份出来的官员，

---

① 何良俊《四友斋丛说》，中华书局，1959年，第132页。
② 利玛窦《利玛窦中国札记》第30页。

第一章　近代欧化白话文的历史渊源

在外地听到乡音倍感亲切,各省的方言就成为同乡官员之间联络感情的一种非常重要的连接纽带,依然在起作用。明朝的官话是南京话和北京话混合的,这或许是因为朱元璋首先定都南京,后来明成祖迁都北京时,又带了大批的南京官员迁到北京,所以后来的官话分为两种:一种是南京官话,一种是北京官话。它们其实都是北方方言,并且都掺杂了北京话,在明代差别并不大。北京官话后来掺杂了一些满语的发音和词汇,与南京官话有一些不同。日本早稻田大学六角恒广教授《日本中国语教育史研究》摘录了唐通事子弟练习唐话(日本江户时代将中国语称为"唐话",江户时代大致在明末到清中叶)的教科书《小孩子》中的一段话,可以作为当时中国官话流行程度的参考资料:"打起唐话来,凭你对什么人讲,也通得了,苏州、宁波、杭州、扬州、绍兴、云南、浙江、湖州这等的外江人,是不消说,对那福州人、漳州人讲,也是相通的了。他们都晓得外江说话,况且我教导你的是官话了,官话是通天下,中华十三省,都通的。"①我们在下面将会看到:这条材料或许有些夸张,只在一定程度上说明当时中国的官话流行程度已经相当普及。

官话的流行,比较起来,清代比明代更厉害,朝廷也更加重视。清兵入关以后,满族人占据了统治地位。北京是清朝的统治中心,北京官话也就占据了中心位置。随着满族人打下天下,散布到全国各地做官,他们对官话的学习、运用也就更感兴趣。官话之中,也融入了许多满语的成分,形成了"北京官话"和"南京官话"的差异。当时,南方各省是北京官话流行最少的区域,为了更加方便清朝对南方各省的统治,清朝统治者曾经通过行政手段来推行北京官话在南方各省的流行。根据清代学者俞正燮的考证:

> 雍正六年,奉旨以福建、广东人多不谙官话,着地方官训导。廷臣议以八年为限,举人、生员、贡监、童生不谙官话者,不准送试。福建省城四门设立正音书馆。十三年,奉旨展限四年。乾隆二年,驰其令,令州县与士民相见,及教官实心教导,保荐时列入政绩。十年,裁福州四门书馆。四十八年,通政司行文各直省,本章俗字字典所无,难以翻清,嗣后随本音释揭送内阁,以便翻译对音。嘉庆十一年,奉旨:上书房行

---

① 转引自宋莉华《明清时期的小说传播》,中国社会科学出版社,2004年,第29页。

走者,粤东口音于授读不甚相宜。①

我们从这则资料上可以看到,南方两个省的官话推行,竟然要惊动朝廷,而且直接惊动皇帝,由皇帝下旨在两省推行官话,还要朝廷大臣讨论,提出推广官话的具体方略,把能否说官话和科举考试、能否做官联系在一起,让地方管理科举的机构来监督官话的推行程度,以逼迫读书人学习官话,其措施不可谓不严密、不严厉。这一讨论和具体措施贯彻从雍正一直延续到乾隆、嘉庆,也可见清朝政府对此事的重视程度。这种重视不见于明朝时期,可见对于推行官话,清朝政府要比明朝政府重视、认真得多。这也证明日本早稻田大学六角恒广教授《日本中国语教育史研究》所摘录的唐通事子弟练习唐话的教科书《小孩子》中的那段话,还是有着夸张之处。

但是,即使是清朝政府如此花费力气推广官话,广东、福建等南方省份依然坚持着它们的方言,一直延续到民国,只是要做官的士大夫和商人们必须学习官话。我们要注意避免当今学者很容易犯的一个错误,那就是千万不要将今天在中华人民共和国境内流行的"普通话"去等同于当时的官话。须知当时官话的流行程度远远不能和今天的普通话相比,今天的普通话既是书面语,也是全国流行的普遍口语。在今天的社会,没有比它更高级的语言,也没有比它用得更多的语言。由于1949年以后中国的教育普及,推广普通话被视为建立新中国的一个重要措施,20世纪50年代被列入政府的教育工作中。从50年代中后期开始,至少是在当时的城市里,小孩子上小学,甚至从托儿所、幼儿园就开始接受普通话训练,中小学教师不得用方言授课,必须用普通话授课。不会说普通话的教师,还必须接受政府的普通话培训。在这样大规模的训练下,经过一两代人,普通话就普及了。古代的政府组织机构注定了古代的官话推行不可能具有现代国家这样的组织和规模的学习,因此官话只能是在官员和商人以及一部分百姓中流行。但是,能够说官话的人数在不断增长,这也是事实。到19世纪末的时候,能够说官话的区域已经很大,人数也很多。古代官话的地位也不能跟今日的普通话相比,明清的官话只是一种流通的口语,在它之上有着典雅的文言和浅近文

---

① 《俞正燮全集》第二卷《癸巳存稿》卷九"官话",黄山书社,2005年,第369—370页。

言,它并不是流行的书面语言。此外,我们还要看到,当时人一般都能够阅读古代白话小说,这并不是因为他们都能够说官话,而是因为他们看的都是由汉字组成的小说,无论方言的发音如何,南方的各个省份所用的依然都是汉字,只是发音不同,因此南方人虽然不会说官话,只会说当地方言,但是他们只要能够认字,阅读古代白话小说并不困难。所以阅读白话小说和说官话并不是同一回事,不存在说官话是阅读白话小说的先决条件。汉字的符号中心主义特点之一,是作为保障中国社会大一统的工具;因为共同使用的文字,是处在方言林立的情况下,所以它的认知成为中国社会统一的基础。按照基督教在清末民初对中国官话流行区域的调查,"官话本身分为北部官话、南部官话和西部官话三种。这三种官话很相似,所以讲某一种官话的人只要稍加训练就可以听懂另一种官话。全国各省中讲官话的人大约共有三亿,约占全国人口总数的四分之三。沿海地区的方言在发音和虚词方面与官话很不相同,但在书写上却很相近"①。这是当时基督教教会做过认真调查后得出的结论,应该是比较可靠的。

于是,古代这个统一的社会形成了不同层次的文字基础,它们以"雅俗"为标准。在社会上层的,阅读的是典雅的文言,在社会下层的,阅读的是古代白话。当然也有例外,那就是在社会上层的,也有人阅读古代白话,如阅读语录,尤其是阅读优秀的古代白话小说。《红楼梦》问世时,在京师引起士大夫的阅读兴趣,一时有"开谈不说《红楼梦》,纵读诗书也枉然"的说法,就是例子。当然在社会下层的,那是不大可能去阅读典雅的文言的。因此,"雅俗"标准是当时非常重要的阅读标准,也是使用语言的标准和文学批评的标准;虽然也可能会出现一些模糊,但是它却是士大夫阶层坚持其身份认同的一个重要依据。由此,我们也就可以理解为什么在小说《镜花缘》中,当酒保发问"酒要一壶乎?菜要一碟乎"会引起士大夫酒客的愤怒;可以理解为什么鲁迅笔下的孔乙己在酒店里说"多乎哉?不多也"会引起酒客们的哄笑。因为前者不符合说话者的身份,后者不符合使用这样的语言所在的场域。这就是语言使用的"雅俗"标准。

---

① 《1901—1920年中国基督教调查资料》(上卷),中国社会科学出版社,1987年,第55页。

然而，对于这一标准的认同，在近代西方文化影响进入之前，虽然尚无人敢于公开提出文学应当根本推倒"雅"的标准，却有文人对这一标准提出反叛，加以嘲讽，从事"捣鬼"的勾当，其代表是《何典》。《何典》是小说，用的却是南方的吴语方言，它很可能是后来大量运用吴语方言的第一部小说，出自一位文人之手，显示了一种观念上的变化。《何典》作者张南庄的生卒年已不可考，只知他是乾嘉时人，位居当时上海"怀才不遇"的十位布衣文人之首，工书法，善写诗，诗学南宋的范成大与陆游，诗稿有十余册之多，著述颇丰，后人称其"著作等身，而喜好藏书"①。只是很可惜，这些著作都没有保留下来，只流传下来一部小说《何典》。这样一位文人竟然能创作出《何典》这样一部离经叛道的作品，不能不说是一大奇迹。这样的小说不可能用文言去写，这也可以证明语言的场域理论：文言本身的运用，就必须是士大夫在正襟危坐、按照礼教规范的情况下进行写作。而张南庄的《何典》是作者的游戏笔墨，也就是说，作者创作时并没有将它作为著述来写。所以把吴语方言口语用作典故，在当时，吴语方言口语本身就不是士大夫正襟危坐的语言，正因如此，作者可以随便驰骋想象力，不顾忌正式著述的清规戒律，随便插科打诨，流露真实情感。"无中生有，萃来海外奇谈；忙里偷闲，架就空中楼阁。全凭插科打诨，用不着子曰诗云；讵能嚼字咬文，又何须之乎者也。不过逢场作戏，随口喷蛆，何妨见景生情，凭空捣鬼。"②小说的宗旨就在于"捣鬼"。以"鬼"为题材的小说在古代并不罕见，明代就有以钟馗为题材的《斩鬼传》与《平鬼传》，它们也以鬼域暗射人间，称得上是"在死的鬼画符和鬼打墙中，展示了活的人间相，或者也可以说是将活的人间相，都看作了死的鬼画符和鬼打墙"③。然而《何典》与它们有很大区别，最大的区别就在《何典》的语言。《何典》用的是方言，而且以方言中大量涉及"性"的词作为"典故"。这些涉及"性"的词是中国的书面语言一直到今天仍在忌讳的。作者用方言土语字面上的意义连缀上下文，而将它们的实际含义作为"典故"隐藏在暗处。作者这样做的本意就是讥嘲那种语必有出典的庄严态度，扯下

---

① 海上餐霞客《何典》跋，见人民文学出版社 1981 年版《何典》。
② 过路人《何典》序，见人民文学出版社 1981 年版《何典》。
③ 鲁迅《何典》题记，见人民文学出版社 1981 年版《何典》。

第一章 近代欧化白话文的历史渊源

士大夫"用典"的庄严面纱。颇有意思的是,这些涉及"性"的极土极村的字眼一旦作为"典故"用入《何典》之中,反倒显示出一种特殊的幽默感,使人忍俊不禁,另有一种生动活泼的效果,自有一种独特的生气。

《何典》是运用方言土语作为典故的小说,在近代的《海上花列传》问世之前,它可以算是最早的吴语方言小说。语言的变化往往也显示出思想的变化。张南庄在《何典》中,"把世间一切事事物物,全都看得米小米小,凭你是天王老子乌龟虱,作者只一例地看做了什么都不值的鬼东西"①。即使是结尾所写的"功成名遂尽封官,从此大团圆",不仅没有一丝一毫的庄严隆重气息,反倒成了一出闹剧。这是一种超越了"高才不遇"的绝望心态,因为"遇"无非是建功立业、高官厚禄、封妻荫子这一套,这一套既然在小说中受到嘲讽和否定,"遇"不"遇"也就无所谓了。这种对传统价值所抱的一切无所谓的极端嘲讽态度,有点类似今日西方的"黑色幽默"。正由于作者抱着看破了"世上的一切没有不好买的"态度,看破了传统价值,所以才会以"放屁放屁,真正岂有此理"作为全书总的行文基调,才能具有"文章自古无凭据,花样重新做出来。拾得篮中就是菜,得开怀处且开怀"的自铸新辞的魄力。《何典》的语言不仅在中国古代小说中绝无仅有,就是在中国古代文学中也只此一家,它或许意味着中国文学已经萌发了变革语言的要求。它在突破传统语言规范的同时向方言寻找新的语言灵感和幽默感。

然而,《何典》毕竟是绝无仅有的作品,它在当时竟无法出版,大概是没有出版商肯印行这部作品。它的出版、为世人所知晓一直要到光绪年间,而且是由美查主持的《申报》馆作为小说丛书之一出版。当中国进入近代时,文坛上依然是用古人语言表达自己情感占统治地位。龚自珍和魏源都强调文章"务出己意,耻蹈袭前人"②。不过即使是强烈主张表现自我、反对压抑个性的龚自珍,也精于小学,主张"不能古雅不幽灵"③,"文心古,无文体,寄于古"④,所用语言仍是典雅的文言,而且引以为豪,并不想用口语来改变典

---

① 刘半农《重印〈何典〉序》,见人民文学出版社 1981 年版《何典》。
② 郭嵩焘《古微堂诗集序》,见《养知书屋文集》卷四。
③ 龚自珍《己亥杂诗》,见《龚自珍全集》,上海人民出版社,1975 年。
④ 龚自珍《文体箴》,《龚自珍全集》。

雅的书面语言。当时一般文人对文学语言的看法是："言必是我言,字是古人字。固宜多读书,尤贵养其气。气正斯有我,学赡乃相济。"①所以这些人尽管标榜"有我",却难以跳出古人的窠臼,摆脱模拟剿袭的弊病,真正创作出"有我"的作品。

不过,此时有一批士大夫对山歌、谣谚发生了兴趣:"山歌船唱有极有意义者";"音调悲惋,闻之令人动羁旅之感";"歌辞不必全雅,平仄不必全叶,以俚言土音衬之,唱一句,或延半刻,曼节长声,自回自复,词必极艳,情必极至,使人喜悦悲酸而不能已,乃为极善"②。还有人编辑了一部《古谣谚》,以为"言为心声,而谣谚皆天籁自鸣,直抒己志,如风行水上,自然成文,言有尽而意无穷,可以达下情而宣上德,其关系寄托,与风雅表里相符"③,肯定谣谚都有"天籁自鸣"的价值。只是这些论述赞赏民歌谣谚,还是从"采风"的角度,赞赏《诗经》国风的角度,他们并没有意识到士大夫语言的陈旧,要向谣谚民歌学习,用谣谚民歌取代士大夫的语言。这也意味着:方言本身还不能构成语言转换的动因和力量,汉语的转换变革需要有外语的刺激。

"语言是外在于任何个人的,虽然仅仅部分地是这样;但是,重要的是,一种特定的语言乃是说这种语言的那些人的集体意识的一部分,语言也使这种集体意识成为可能"④。文言文的训练形成的中国文人的集体意识,尤其是以文字为本位的语言特点,使得他们很难自己发现文学需要新的语言,直接表现自己的情感。这种发现必须在外国的参照之下。只有在外国以语音为本位的语言变化的参照之下,才能发现中国言文脱离和语言的其他弊病。汉语在经历佛经翻译的时候,曾经出现过重大变化,就是一个典型的例子。

语言的变化往往产生于不同民族之间的文化交流。不同民族之间,交流最多的应该是商业贸易来往,但是,世界上各个民族因为商业贸易来往而导致语言产生重大变化的例子却极少,这是因为商业贸易来往作为一种经

---

① 郑畯《论诗示诸生时代者将至》,见《巢经巢诗钞》卷七。
② 俱见梁绍壬《两般秋雨庵随笔》,上海古籍出版社,1986年。
③ 刘毓崧《古谣谚》序,咸丰刻本《古谣谚》卷首。
④ 祁雅理《二十世纪法国思潮》,中国社会科学出版社,1990年,第169页。

济活动,可以通过多种办法解决,例如以物换物、聘请翻译等等,而且商业贸易往来参加的人员并不多,需要的语言词汇数量并不大,不足以构成语言变化的社会基础。近代上海曾经在租界和华界之间因为频繁的贸易交流产生了一种"洋泾浜英语",用英语词汇和华语语法来进行交流,但是这种"洋泾浜英语"只在当地流传,并没有带来语言上的变迁。商业贸易往来不一定需要在文化上进行详细的大规模的交往,它对语言的需求量是很有限的,而语言因为是社会交流的工具,需要有一定的社会基础和社会需要才会产生重大变化。在中国历史上,唐朝曾经与阿拉伯人、西域人、欧洲人包括犹太人都有过贸易来往,这些变化在语言的词汇等变化中也有出现,但是汉语并没有因为这些贸易来往就发生重大语言变化。

相比商业贸易来往,文化交流尤其是宗教交流更加能够引起语言的重大变化。在中国古代最大的一次语言变动就是佛教的传入,对佛经的翻译引起汉语语言文学上的巨大变动,按照梁启超的看法:"自禅宗语录兴,宋儒效焉,实为中国文学界一大革命;然此殆可谓为翻译文学之直接产物也。"由于翻译佛经对中国社会产生影响,禅宗的兴起,"既以大刀阔斧,抉破尘藩,即其现于文字者,亦以极大胆的态度,掉臂游行。故纯粹的'语体文'完全成立;然其动机实导自翻译。"也就是说,由于佛经的翻译,启发了中国人,才有了白话文的确立,并且奠定了它们的地位。佛经的翻译还直接影响到中国义学的文学体裁,因此梁启超认为:"我国近代之纯文学——若小说,若歌曲,皆与佛典之翻译文学有密切关系。"①胡适在他的《白话文学史》中论述了佛经对文学的影响。在胡适看来,佛经的翻译正好是在骈文的高潮时期,它为中国文坛带来了一股清新的风气。"佛寺禅门遂成为白话文和白话诗的重要发源地。"中国的文学原来缺乏想象力,中国的浪漫主义是受到印度文学的影响。佛经如《维摩诘经》、《思益梵天所问经》都是半小说体、半戏剧体的作品。"这种悬空结构的文学体裁,都是古中国没有的;它们的输入,与后代弹词、平话、小说、戏剧的发达都有直接或间接的关系。"至于佛经翻译对认识汉语四声的影响,以及对汉语语句、逻辑的影响,那就更不用说了。佛

---

① 梁启超《翻译文学与佛典》,《饮冰室合集》第九册,中华书局,1989年,第29页。

经翻译所带来的对汉语的影响，造成的变化，后来也出现在基督教对汉语的影响上，这就是汉语语言的欧化。

第二节　晚明清初新出现的语言欧化迹象

最早的汉语语言欧化可以上推到什么时候？要回答这个问题，首先必须查考西方传教士在中国的传教经历。因为，汉语的欧化并不是汉语自觉产生的，并不是汉语发展到一定阶段产生了相应的表达需要，就产生了欧化的自觉要求；而是汉语和欧洲语言产生交流，由此形成了汉语欧化的结果。中国最早的汉语和欧洲语言的交流，由此形成汉语的变异，乃产生于基督教的传教，是与西方传教士在中国的传教紧密联系在一起的。

追溯历史，由于缺乏历史记载，基督教在中国的传教从何时开始，是一个谜，一直到明时唐代景教碑的出土。近年来经学者们考证，证明了基督教在中国的传播历史已经十分悠久。景教又称波斯教或波斯经教，是基督教的聂斯脱里派，基督教史将此派看作异端之一，唐时从波斯传来。唐景教碑文已经涉及天主的三位一体[①]。碑文中提到"翻经书殿"，又提到"旧法"、"真经"及"经二十七部"等等，可见唐时就组织翻译了《圣经》。按照近代来华西方传教士伟烈亚力的推论，在唐代，至少《圣经》中的"新约"是被译成中文了[②]，"旧约"的翻译情况还不清楚。景教在介绍基督思想上的重要特点，是将基督教的独特神学概念采用佛教、道教的语词翻译到汉语之中，如将"上帝"翻译为"天尊"[③]、"基督"翻译为"世尊"[④]等。对后世影响最大的译法，无过于由景教首创将《约翰福音》中的 logos 翻译为"道"[⑤]。同时，在经文中，景教也常常直接借用佛、道二教的思想，以其阐释基督教中的原有概念，使之更易为中国传统文化所接受，如在《宣元至本经》和《志玄安乐经》中，著述

[①]　可参阅朱谦之《中国景教》，人民出版社，1993年。
[②]　见贾立言《汉文圣经译本小史》，广学会，1934年，第4页。
[③]　参见翁绍军《汉语景教文典诠释》，三联书店，1996年，第85—86页。
[④]　参见翁绍军《汉语景教文典诠释》第137页。
[⑤]　《大秦景教流行中国碑颂》，见翁绍军《汉语景教文典诠释》。

第一章 近代欧化白话文的历史渊源

者直接将基督教中的"道"(logos)与道家传统的"道"的概念相杂糅,"以'虚通之妙理,群生之正性'来规定'道','道'的功能是'生成万物,囊括百灵',修'道'的实质是'复无极',内真而'无心',外真而'无事'。"①尽管我们不必因此便认为此处景教"道"的概念完全等同于老庄的提法,但作为基督教核心思想之一的 logos 概念在此处却并未体现出其独特性,而呈现了彻底的向中国文化思想"归化"的倾向。这样一种倾向,使得景教日益丧失其核心信仰的独特性,并在相当长一段时间内被误认为"佛教"的一支。

明朝《刘子高诗集》和李九功《慎思录》都记载了一个事实:明朝洪武年间,在江西庐陵曾经发掘出大铁十字架一座,上面铸有三国孙吴的年号"赤乌",刘子高特地作诗一首《铁十字歌》,记载此事②。可见从历史记载的实物上考证,基督教的传播还有可能从唐代上推到三国时期,但是三国时期的基督教传播情况除了明代发现的这一实物有可能是基督教的十字架之外,迄今似乎还没有留下任何其他三国时期关于这一铁十字架的文字记载,而且这一铁十字架实物也早已荡然无存,无法考证,我们也没有发现从三国到唐代这一时段基督教在华传教留下的关于基督教内容的文本和在华传教的史料,甚至在西方,也没有看到关于基督教在罗马帝国时期来华传教的具体记载,因此也就缺乏这一时段的基督教在语言文学方面影响汉语和文学的证据。唐代的景教文本留下了一部分,包括《大秦景教流行中国碑》在内都收在翁绍军校勘并注释的《汉语景教文典诠释》一书中,共有四篇颂文,四篇经文。但是流传下来的景教文典数量太少,也看不出它在当时对汉语的影响。我们从常理来推,这种影响应该存在,尤其是像唐代景教天主三位一体之类的教理,与汉民族的宗教差异很大,很可能会引起汉民族的注意。然而,我们不能凭空断定某一事件,对历史的判断,毕竟需要证据,猜想不能代替证据。由于史料缺乏,我们对于早期基督教传教对汉语语言文学的影响究竟有多少只能暂时存疑。

按照何兆武先生的总结,基督教传入中国,在历史上可以说有四次。

---

① 翁绍军《汉语景教文典诠释》第 30 页。
② 见孙尚扬、钟鸣旦《一八四〇年前的中国基督教》,学苑出版社,2004 年,第 63 页。

"第一次是唐代基督教聂思脱里派的传入,被称为景教。著名的西安出土的《大秦景教流行中国碑》就曾经经过明清之际这批耶稣会传教士的考订。元王朝的政权混一欧亚,基督教也因之再度传来,马可波罗在他的游记中就提到过中国有基督教教堂。利玛窦也记载说中国在五百年之间一直有基督教的信徒(汾屠立《利玛窦历史著作集》卷一,页344,352,469)。明清之际的耶稣会士是第三度传来基督教。"①这一次传教,因为教廷官方后来否定了利玛窦的传教策略:适应中国风俗,主要是不反对祭拜祖先的传教政策;加上清朝统治者恐惧天主教的在华影响,深恐危及他们的统治,于是造成中国朝廷和罗马教廷之间关系的决裂,清政府下令禁止传教。一直到19世纪,基督教新教再次来华传教,这已经是第四次了。这一次仅仅在1949年以后中断过一段时期(主要是"文化大革命"),一直延续至今。

元代的传教,是基督教在中国影响逐渐扩大的时期,大概在元代中前期,法国天主教的也里可温教派来华传教,僧侣梦特可维诺(Monte Corvino)于1293年到达元大都(今北京),用蒙古文译出《新约》和《诗篇》②。但是当时似乎没有用汉语翻译全部《圣经》的确切记载。根据马可·波罗的游记,忽必烈曾经解释过他为什么没有成为基督教的信徒:"你们自己一定看出来了,这个国家的基督徒都是些没有知识、没有能力的人,他们没有表现出任何神奇的能力。"这也许意味着在忽必烈看来,当时天主教的传教,主要是偏重于社会下层,基督徒缺乏知识和能力,难以打动统治者,招致忽必烈瞧不起基督教的传教。马可·波罗听了忽必烈的话之后,得出这样的结论:"教皇如果选派适当的人去传播福音的话,大汗一定会改奉基督教。因为大家都知道,他对基督教本来就有强烈的好感。"③忽必烈看到的基督教传教偏于文化水平较低阶层的状况,这也许是当时的传教口头较多,造成了元代对华传教的基督教文本非常稀少的原因之一。不过,因为传教的对象是普通人,如果有传教的文本,白话文本的可能性就很大。事实上,根据今天学者的研究,"元朝之天主教,其传播对象也限于蒙古人、色目人和边缘地区

---

① 何兆武《利玛窦中国札记》中译者序言,中华书局,1983年,第24页。
② 贾立言《汉文圣经译本小史》第10页。
③ 《马可·波罗游记》,梁生智译,中国文史出版社,1998年,第106页。

的其他少数民族,很少有关于汉人信奉天主教的记载。"①可见当时天主教主要面对元代少数民族传教,而不是主要面对汉族,我们今天也就很难确定当时的传教在语言文学上是否对汉语造成了影响。然而,根据以上材料,我们或许可以推论:当《马可·波罗游记》在西方流传,吸引教会再次向中国传教的时候,元代天主教因缺乏有知识、有能力的人传教,导致忽必烈不愿意信仰天主教,未能使天主教在中国社会上层造成应有的影响,它作为天主教在华传教的一个教训自会引起罗马教廷的注意,也会被新的来华传教士所接受。这很可能也是利玛窦他们这一批传教士改变元代对中国的传教政策,决定把士大夫作为主要传教对象的原因之一。

明末清初,由于史料比较多,从现有的学术研究中,已经可以看到基督教对中国文化的发展,发生了重要的影响。那么,这时的基督教传教是否对汉语的语言文学产生重要影响?如果产生了影响,这些影响表现在哪里?对后来的西方传教产生了怎样的作用?如果没有产生影响,那又是因为什么?这些问题都需要作出回答,学术界似乎还没有人做过梳理工作。

明末清初最早创建基督教传教团的是意大利传教士罗明坚,1584年,他写了第一本中文的教理问答《天主实录》,开创了问答体的教理宣传体例。罗明坚的传教指导思想是:"为了使中国人臣服在基督的足下,我们的表现就得像中国人。"②这个指导思想几乎支配了明末清初的天主教传教思想。它意味着西方传教士需要尽可能运用已有的中文语言来表达天主教的意思,对于一些天主教才有的概念,必须造出汉语对应的新词,其他的表达,也要尽可能适应汉语原有的语言。在《天主实录》中,罗明坚运用的是一种非常浅近的文言:

> 当信耶稣自愿在于十字架上,被钉而死,救援普世之灵魂。或曰:"耶稣,虽为天主降生成人,且仍为天主,然吾不明众人为何能让其钉十字架。"答曰:"耶稣虽为天主,但自天降于世,即为一人,且有一身体。身体被钉十字架,自然要死,而天主确然不死。"或曰:"耶稣一为天主,

---

① 孙尚扬、钟鸣旦《一八四〇年前的中国基督教》第99页。
② 转引自柯毅霖《晚明基督论》,四川人民出版社,1999年,第48页。

一为世人;故二性合一。然,身体之死为何不使天主死哉?"

耶稣复活后,带人之性与身上天,则得天主下之至尊位,而非诸天神与众圣人所得比也。当信天地终穷之日,则耶稣从天降来,将古来今人之生死者,公审判,从而赏罚之。人欲为善,思升天堂,必须遵信此十一条。①

罗明坚是明末清初基督教首次尝试在中国传播天主教教义的人。词汇的欧化是最常见的现象,他当时创造的一些汉语新词,如天主、宠爱、天堂、魔鬼、地狱等等术语,被当时西方传教士所认同,一直沿用至今。他所选择运用的浅近文言,是比《三国演义》的白话略深一点的浅近文言,这种浅近文言以后也一直为西方传教士所运用。可以说,罗明坚为西方传教士来华传教做出了一个良好的开端。

要说到明末清初的基督教传教,就必须说到利玛窦,因为明末清初的耶稣会传教活动,离不开利玛窦,正是由于利玛窦的努力,才真正打开了天主教在中国传教的局面。况且当时耶稣会传教的策略,都是利玛窦在传教的实践过程中制定的。利玛窦与罗明坚一起传教,但是在指导思想上略有不同,利玛窦更加注意在社会上层打开局面。起先他沿用传教士罗明坚的方式,穿着僧服传教,但是不久就发现当时的中国社会,并不尊重和尚,社会最为尊重的,是通过科举考试的士大夫。于是他脱下僧服改穿儒服,争取士大夫作为信徒。对于利玛窦的具体传教过程和他的传教策略,已经有许多人做过研究。当时欧洲文学与晚明清初的关系,台湾中研院李奭学先生的《中国晚明与欧洲文学》已经做了很好的梳理②,本书没有必要再重复这些叙述。因此本书的研究重点放在利玛窦传教士所用的书面语言上。

我们试看利玛窦的主要传教著作《天主实义》(原文俱是圈点,为方便读者阅读,加了标点,本书以下引文如不作说明,都是这种情况):

闻尊教道渊而旨玄,不能以片言悉。但贵国推崇奉天主,谓其始制

---

① 罗明坚《天主实录》。转引自柯毅霖《晚明基督论》第112页。该书译者说此文翻译时核对过原来的中文文本。

② 李奭学《中国晚明与欧洲文学》,台湾中研院、联经出版公司,2005年。

第一章 近代欧化白话文的历史渊源

乾坤人物,而主宰安养之者,愚生未习闻,诸先正未尝讲,幸以诲我。

西士曰:此天主道,非一人一家一国之道。自西徂东,诸大邦咸习守之。圣贤所传,自天主开辟天地,降生民物至今,经传授受,无容疑也。但贵邦儒者,鲜适他国,故不能明吾域之文语,谙其人物。吾将译天主之公教,以征其为真教。姑未论其尊信者之众且贤,与其经传之所云,且先举其所据之理。凡人之所以异于禽兽,无大乎灵才也。灵才者,能辨是非,别真伪,而难以欺之理之所无。禽兽之愚,虽有知觉运动,差同于人,而不能明达先后内外之理。缘此,其心但图饮啄,与夫得时匹配,孳生厥类云耳。人则超拔万类,内禀神灵,外睹物理,察其末而知其本,视其固然而知其所以然,固不能不辞其今世之苦劳,以专精修道,图身后万世之安乐也。灵才所显,不能强制以殉夫不真者。凡理所真是,我不能不以为真是;理所伪诞,不能不以为伪诞。斯于人身,犹太阳于世间,普遍光明。舍灵才所是之理,而殉他人之所传,无异乎寻觅物,方遮日光而持灯烛也。今子欲闻天主教原,则吾直陈此理以对,但仗理剖析。或有异论,当悉折辩,勿以诞我。此论天主正道,公事也,不可以私逊废之。

中士曰:兹何伤乎?鸟得羽翼,以翔山林;人禀义理,以穷事物,故论理惟尚理焉耳。理之体用广甚,虽圣贤亦有所不知焉。一人不能知,一国或能知之。一国不能知,而千国之人或能知之。君子以理为主,理在则顺,理不在则咈,谁得而异之?

西士曰:子欲先询所谓始制作天地万物,而时主宰之者,予谓天下莫著明乎是也。人谁不仰目观天?观天之际,谁不默自叹曰,"斯其中必有主之者哉?"夫即天主,吾西国所谓"陡斯"是也。兹为子特揭二三理论以证之。(下略)①

我们可以看到,这段对话的"西士曰"是一段完整的理论论述。相比罗明坚的《天主实录》,利玛窦的《天主实义》在文言的使用上要显得稍稍艰深典雅一些,这与利玛窦致力于引起士大夫对天主教的关注,无疑是分不开

---

① 利玛窦《天主实义》上卷首篇,《利玛窦中文著译集》,复旦大学出版社,2001年,第8页。

的。士大夫由于自身受过良好的文言训练,对于典雅的文言有着深厚的情感,往往会将运用典雅文言看成是士大夫安身立命的具体表现。把孔子说的"言之不文,行而不远"作为自己的信条,对于能够运用典雅文言的作品,往往颇具好感,愿意阅读,也愿意相信其中的道理。利玛窦的文言文水平相当不错,他曾经花了近二十年时间认真钻研中文,学会运用中国士大夫能够接受的书面语言表达方式。我们从《天主实义》中可以看到,作者论述的是西方天主教的思想,但其论述的行文方式却是类似于《荀子》以来的文言文体,虽然其语言还达不到《荀子》那么典雅,但是它采用的是中国式节奏短促的论述方式,而不是西方语言在论证时所常用的包含太多从句的长句子——就像我们今天在论述欧化白话文时的表述一样。

《天主实义》是一部对话体的论述著作,就这个对话体文体本身来说,采用白话其实是更自然的,但是《天主实义》却没有运用当时的口语白话;而是坚持运用浅近的文言文。利玛窦坚持运用文言文而不用白话文,大概主要考虑的就是该书的读者对象是士大夫,而不会是平民百姓,士大夫尽管也阅读语录,但是对他们来说,文言文无疑更显亲切,也是他们更加喜欢的语言。这种对话体的论述,对于宣传教义确实有很多便利之处,因此后来也被新教的来华传教士所运用。

我们再看利玛窦的其他论述。如《交友论》:

> 友之与我,虽有二身,二身之内,其心一而已。
> 相须相佑,为结友之由。
> 孝子继父之所交友,如承受父之产业矣。
> 时当平居无事,难指友之真伪;临难之顷,则友之情显焉。盖事急之际,友之真者益近密,伪者益疏散矣。
> 有为之君子,无异仇,必有善友。
> 交友之先宜察,交友之后宜信。[①]

这是一部箴言集式的论述,作者采用的也是浅近文言,而不是白话。但

---

① 利玛窦《交友论》,《利玛窦中文著译集》第108页。

第一章　近代欧化白话文的历史渊源

是它的表述却是中国式的,我们在下面将会看到它与 19 世纪基督教新教传教士翻译的官话《圣经》箴言的差别。又如《二十五言》:

> 物有在我者,有不在我者。欲也,志也,勉也,避也等,我是,皆在我矣。财也,爵也,名也,寿也等,非我是,皆不在我矣。在我者宜持,不在我者难致。假以他物为己物,以己物为他物,必且背情,必且拂性,必且怨咎世人,又及天主也。若以己为己,以他为他,则气平身泰,无所抵牾,无冤无怨,自无害也。是故凡有妄想萌于中,尔即察其何是。若是在我者,即曰"吾欲祥则靡不祥,何亟焉?"若是不在我者,便曰"与我无关矣。"

> 欲之期期于得其所欲也,避之期期于不过其所避也,故不得其所欲,谓不幸焉;遇其所避,谓患焉。籍令吾所欲得,惟欲得其所得之在我耳;吾所避,惟避其所不遇之在我耳;则其有不幸而稍微更患哉!尔冀荣禄、安佚、修寿,尔畏贫贱、夭病、死丧,固不免时不幸而屡患也。①

总而言之,我们可以看到,利玛窦的著作有几个特点:它运用的都是文言,但是它并不运用先秦时期的典雅文言,而是运用明代的浅近文言的语言,语言并不深奥,不用先秦时代的古字难字僻字,不去采用中国士大夫常用的方法:变换词序以增加语句文章的变化,尤其是几乎不用典故,不讲究对仗,不讲究音调铿锵,不追求文章气势,也不追求文章的起承转合,只求能够讲清楚问题。其论述方式尽量采用中国古代的方式,以便士大夫们接受。罗明坚著作的语言比利玛窦的更加浅显,看来是侧重的传教对象与利玛窦有所不同。利玛窦把士大夫作为传教的基本对象,这就需要他在传教的语言上能够吸引当时的士大夫。

罗明坚和利玛窦的传教方式为其他耶稣会传教士所采用,成为这个时期西方传教士在中国普遍采用的方式。

为什么罗明坚和利玛窦在中国传教,在语言上都走了一条折中的路,他们都选择了浅近文言,而不是当时的官话,或者是典雅的文言?要回答这个

---

① 利玛窦《二十五言》,《利玛窦中文著译集》第 128 页。

问题,我们就必须考察一下当时的西方传教士究竟是怎样认识中国语言的,看一看当时中国社会在语言运用方面的特殊情况。

明末清初时期,来华的西方传教士为了实现传教的使命,需要仔细研究当时中国的语言。为了学会中国的语言,他们花费了大量的精力。今天我们看看他们对当时汉语的研究成果,或许也可以明了当时汉语的状况,他们所面对的是一种怎样的传教语言场景。

当时西方传教士已经编撰了一些汉语语法著作,我们试看瓦罗的《华语官话语法》:

> 汉语有三种说话的语体:
>
> 第一种是高雅、优美的语体,很少使用复合词,怎么写就怎么说,这种语体只是在受过教育的人们中间使用,也只有他们才能懂。如果我们的教士能学会这种语体,那当然是一件很好的事情,因为那些有教养的中国人听到他用这种语体说话,把汉语说得很优雅时,必定把他看作一个学问渊博的人。然而事实上,由于我们每个人都受到环境条件的限制,用这种语体来说话对我们而言是极其困难的。
>
> 第二种语体处于高雅和粗俗之间的中间位置,它能够被大多数人所理解,也使用一些复合词;但在凭上下文能够确定意思的时候,就不用复合词。这一语体还使用某些优雅的文学词语,而且所有的人都能理解。对我们来说,在准备布道宣教时,无论面对的是教徒还是异教徒,掌握这种语体都是十分必要的。因为,如果我们不以粗陋鄙俗的语言令他们生厌,他们就能饶有兴致地听讲,从而使得我们传布的教义更容易为他们接受。
>
> 第三种是粗俗的语体,可以用来向妇人和农夫布道。这种语体虽说是最初级的,但是学起来最容易,所以也是我们开始学习的起点。①

这就是当时西方传教士所认识到的中国语言的状况,早在比瓦罗更早的明代耶稣会士书简中,西方传教士就已经发现:"在中国人中可以区分三

---

① 瓦罗《华语官话语法》,外语教学与研究出版社,2003年,第11页。

第一章　近代欧化白话文的历史渊源

种层次的语言：老百姓的语言，体面人的语言和书面的语言。"①可见这一看法确实体现了当时社会语言的实际存在状况，而这种社会语言也分别在书面语言中表现出来。这一认识不仅统治了明末清初的来华西方传教士，而且也统治了后来19世纪的来华西方传教士。我们把传教士所说的第一种语体称之为"典雅的文言"，把传教士所说的第二种语体称之为"浅近文言"，把传教士所说的第三种语体称之为"白话"或者"古白话"，"白话"体现了当时的口语，同时也是可以用来书写的"官话"；不同于也是口语、但是因为缺乏一些记载方言独特音调的文字、不能书写的方言。之所以称为"古白话"，是为了区别于后来受到西方传教士影响，接受外国语言文学影响的"欧化白话"。这三种书面语言涵盖了当时汉族社会的全部书面语言。这三种书面语言的划分值得我们重视，因为长期以来，我们的学术界一直是以"文言"和"白话"的二分法来划分古代语言的。这种"二分法"的划分，源于"二元对立"的思维，也源于五四文学革命。但是从当时实际的社会情况看，西方传教士对当时中国语言状况的分析，也许更加合乎实际社会状况。所以，本书运用的是西方传教士确立的"三分法"。

对于西方传教士来说，能够学会典雅的文言，无疑是最有利于天主教的传播，能够得到社会的尊敬，进入社会上层。这也是利玛窦所做的努力。但是，学会典雅的文言对于出身于不同文化环境的西方传教士毕竟是一件非常艰巨的事情！能够做到像利玛窦这样花费十余年功夫学习汉语文言的西方传教士毕竟是凤毛麟角，更何况就是利玛窦所写的传教篇章也很难说就完全达到了典雅文言的标准，尤其是从"用典"的标准来看。所以，对于绝大多数的西方传教士来说，运用典雅的文言实在是太难了，他们并没有"取法乎上得乎中"的设想，因为这几乎是不可能的事情，他们大多自己就放弃了学会典雅文言的追求。这从其撰写的语法书上也体现出来，他们不涉及典雅的文言，而把学习汉语的眼光倾注在学习浅近文言和古白话上。瓦罗的《华语官话语法》一开始就指出："对于典雅文言，由于我们每个人都受到环

---

① 《耶稣会士中国书简——中国回忆录》(Ⅲ)，大象出版社，2001年，第282页。

境条件的限制,用这种语体来说话对我们而言是极其困难的"①。瓦罗几乎是在劝说西方传教士们放弃追求运用典雅文言文写作、说话的努力,瓦罗自己也觉得他还不能论述典雅文言文的语言特征,因此该书也就对典雅文言文的语言特征不作论述。但是瓦罗对典雅文言的归纳值得我们注意:那就是"怎么写就怎么说",这是一语中的,在西方语言的对照下马上就抓住了两者的要害:典雅文言是典型的"文字中心主义",代表了中国古代文言文的特点。它与西方语言"话怎么说就怎么写"的"语音中心主义"正好相反。古代士大夫有运用文言作为口语的情况,那就是怎么写就怎么说,但是并不多;即使在他们讲学的时候,往往也不运用典雅文言,虽然文言文在讲学中应该是能够比较准确表达意思的。但是从那些传下来的语录看,讲学的高僧大儒们还是喜欢运用接近浅近文言的白话来讲学,因为它更符合口语的特点。

那么,当时的浅近文言和古白话究竟是怎样的一个语言难易程度呢?它们有什么特点呢?瓦罗给我们举出了具体的例证,让我们可以具体体会这两种语言在当时的难易程度:

欲升天者,可行真善路。若不然,岂得到。(第二种语体)

但凡人要升天,该当为善,若不为善,自然不会升天。(第三种语体)②

瓦罗认为,同一个句子分别以两种语体来表达,其差异一目了然。他试图通过此方式的运用,来说明这两种语言的不同和难易程度:

第一个句子用了"欲"和"者"这两个词,这是一种优雅明白的说法;凡是具有中等理解能力的人,或者说话说得相当好的人,都能够理解。在第二个句子里,用的是"但凡"和"要"这两个较通俗的词,任何一个能说或者能懂一点官话的夫人和农妇,都能够理解。第一个句子用了"可"、"真"和"路",这是优美文雅的说法;第二个句子则用"该当"表示必须的意思。

---

① 瓦罗《华语官话语法》第12页。
② 瓦罗《华语官话语法》第12页。

第一章 近代欧化白话文的历史渊源

我们可以看到,其"第二种语体"的语言难易程度,就相当于"浅近文言"的语言难易程度。但是其"第三种语体"则与古代白话文相当,它比起后来五四的白话文,其语言艰难程度无疑要高一些,后来近代的白话文,其艰难程度往往不如明清时的白话文。

我们还必须看到西方传教士对语言难易程度的理解,是以"词"为基础的,他们采取了极为简易的办法,把若干词作为典雅的标志,把另外若干词作为通俗的标志。就像我们到一个地方为了避免迷路,往往会寻找一些标志性的建筑一样。这种做法在文化隔阂很深的情况下,可以比较方便地通过若干作为标志的词,把握句子的难易程度,当然是一条区分难易程度的捷径,自有它的道理,起码是很容易学会;但是它又是不完整、不全面的,我们很难想象典雅的文言只需要有若干个典雅的词包装就可以了。正因为采用这种方式区分表述语句的雅俗,我们将在下面的若干引文中可以看到,西方传教士在行文时常常是把典雅的文言语句和不够典雅的直接表白的俗语组合在一起,形成一种亦雅亦俗的独特表述,加上一些典雅的包装词。这种表述很让士大夫瞧不起,以为它不文不白,不能避俗,文理不通,是语言修养不够的具体表现;其实反倒成全了它"浅近文言"的独特风格。这也是当时西方传教士不得不如此操作的实情,因为学习中国的文言文,熟练掌握和运用它对于西方传教士毕竟是太难了,而"措词和词序是汉语的精要所在,缺了它们就不可能精确的说这种语言"[①]。他们只能采取变通的方法。这种做法后来就在西方传教士中延续下来,一直延续到20世纪初,成为他们运用中文的一种行文风格,越是在文言论述中,越能看到这样的情景。

那么,为什么利玛窦他们较少直接用官话来写作传教著作呢?要回答这个问题,我们必须回到当时的风俗习惯,利玛窦看到的当时中国人写作的风俗习惯是这样的:

> 在风格和结构上,他们的书面语言与日常谈话中所用的语言差别很大,没有一本书是用口语写成的。一个作家用接近口语的体裁写书,将被认为是把他自己和他的书置于等同于普通老百姓的水平。然而,

---

① 瓦罗《华语官话语法》第16页。

说起来也很奇怪,尽管在写作时所用的文言和日常生活中的白话很不相同,但所用的字词却是两者通用的。因此两种形式的区别,完全是个人风格和结构的问题。所有中国的字词无一例外都是单音字,我从未遇到过双音或多音字,虽然有些字可能包含两个甚至三个元音,其中有些是双元音。①

利玛窦说得或许有点过分,"说有易,说无难",他是否作过考证,绝对没有一本用口语写成的书,恐怕也很难说。但是,利玛窦已经发现:即使是白话小说之类的书籍,也不能说是完全用口语写成的书面语作品。当时的社会风俗,也确实是不用口语写书而只用书面语写书,即使是古代白话文,也已经不是当时的口语,而是一种书面语。中国的文字不像西方那样是表音文字,而是表意文字,所以文言和白话可以运用同样的文字符号。利玛窦进一步发现:中文的同音字太多,读者不可能依靠听写来笔录一部书,因为发音相同的各种不同的中文书写符号不可能用耳朵听准,但是可以用眼睛把符号的形状和它们的意义分辨清楚。"事实上常常发生这样的事:几个人在一起谈话,即使说得很清楚、很简洁,彼此也不能全部准确地理解对方的意思。有时候不得不把所说过的话重复一次或几次,或甚至得把它写出来才行。如果手边没有纸笔,他们就沾水把符号写在什么东西上,或者用手指在空中划,或甚至写在对方的手上。这样的情况更经常地发生在有文化的上流阶级谈话的时候,因为他们说的话更纯正、更文绉绉并且更接近于文言。"②利玛窦已经意识到,汉语同西方的语言不同,是两种语言体系。用今天法国后现代理论家德里达喜欢用的理论术语来说:西方的语言是"语音中心主义"的语言,而汉语完全不是"语音中心主义"的语言,而是"书写中心主义"的语言,或者是"文字中心主义"的语言;前者是"音本位"的语言,后者是"字本位"的语言。利玛窦因为时代关系,虽然还不能区分"语音中心主义"和"书写中心主义",但是他已经凭着直觉认识到:"中国语言含糊不清的性质,乃是因为自古以来他们就一直把绝大的注意力放在书面语的发展上,而

---

① 《利玛窦中国札记》,中华书局,1983年,第27页。
② 《利玛窦中国札记》第28页。

不大关心口语。就是现在,他们的辩才也只见之于他们的写作而不在于口语。"①他凭着直觉已经意识到汉语的"字本位"和西方语言的"音本位"之间的差别。这种与西方语言完全不同的"书写中心主义"的语言和社会风俗,无疑促使利玛窦等西方传教士对于传教时用口语创作或者翻译持比较慎重的态度,尤其是在他们非常注重士大夫观感的时候,他们当然不愿意降低他们传教的品味,招致士大夫的反感。

但是这只是事情的一个方面,事情还有另外一个方面:西方传教士到中国来传教,为的是拯救中国人的灵魂,他们不仅要拯救士大夫的灵魂,也要拯救中国普通老百姓的灵魂。对于他们来说,这二者是没有区别的。只是因为士大夫是中国社会的领导阶层,为了扩大天主教的影响,所以西方传教士把向士大夫的传教放在首位,但是他们从来也没有放弃向普通老百姓的传教。要向普通老百姓传教,就不能仅仅用浅近文言,而必须运用他们更加熟悉的白话,来表达传教的内容。徐光启就曾经用白话写过传播基督教的文章,我们试看他的文章:

造物主垂像略说
吴淞　徐光启　述

造物主者,西国所称"陡斯",此中译为天主,是当初生天、生地、生神、生人、生物的一个大主宰。

且道天主为什么生天。天有两件。一件是我们看得见上面有日月星辰的天。造这天与我们作盖覆,造这日月星辰与我们照光。此乃是有形的天,为我们造的。一件是我们如今看不见的,叫作天堂,乃是天神及诸神圣见天主,享受无限无量的年,正福乐的居处。我们做好人为天主所爱,后来命终,身形造土,其灵魂亦得居于天堂,与天主神圣同享受无边无量永远真正福乐也。这就是看不见的天,是我们做好人才得上去的。

再说为什么生地。生地有两件。一件是我们看得见,上边有山川人物的地。造这地来承载我们,造这万物来养育我们,此乃看得见的

---

① 《利玛窦中国札记》第29页。

地,为我们造的。一件是我们如今看不见的,叫做地狱,乃是邪魔恶鬼及诸恶人受无量无限苦难的居所。我们作不好人,得罪于天主,后来命终,灵魂亦要坠入地狱,为魔鬼所苦,与他同受无量无穷,永远真正苦恼也。这就是如今看不见的地,是我们做了不好人定要下去的。

再说天主为什么生神。当初造天地的时节,造出许多神,用他奉了天主。听候使令,守护人类,扶植万物。这神至灵,亦纯是神体,无有形质,神数极大,总分作九品。天主造了这许多神,其大半诚心奉敬,屈服于天主,谢造他之恩,故天主赐之入天堂,永远享受真福乐。我们在世,赖他扶持,如今作好人,死后与他同住天堂受福。这善神就是如今众人说的天神。众神中有一个最尊贵,名曰"露际弗尔"。天神赐他大力量,大才能。他见这力量才能便骄傲起来,要似像天主一般。九品里也有许多神,乱从"露际弗尔"傲心,与他背天主,所以天主同罚他们下地狱,受无量无穷永远真正苦恼。这神独为恶,不为善常受苦,无福乐。这是众人所说的邪魔恶鬼。天主容他在此世界,阴诱世人的心。一则以炼善人的过失,增善人的功德;一则以罚恶人的罪,使改恶迁善。人不识认天主,不能力戒恶道,便要被他哄诱了去,做许多恶事,死后便与他同在地狱受苦也。

再说天主为什么生人。生人的意思与生天神的意思一般。也只要我们奉事天主,便立功德,得升天堂受福。后来我们不肯纯一为善,就分了两个路头,一路是善,一路是恶。世界上又有三件甚能哄诱我们为恶,叫做"三仇"。第一仇是肉身。我身上的耳目口鼻四肢,要被这声色香味安佚等件诱惑去,便为恶。第二仇是世俗外边这些风俗习惯的事情。大家喜欢的事,把个人埋没在里头,难跳出去,便是恶。第三仇是魔鬼他的计较又多。或把肉身世俗上的情欲引诱,或把功名富贵引诱人,或把阴阳术数诡说先知,谓可趋吉避凶引诱人。或造假经假像,说道祭祀他,奉承他,便可求福免祸引诱人。人才中了他的计较,便为恶。有此三恶,所以我们为恶最易,为善最难也。世人亦大概都被这"三仇"引去,入了地狱,岂不辜负了天主生人的圣意。所以古时天主降下"十戒"来使人遵守,使人不被这三仇引诱去。若人真能守定"十戒",无所干犯者,必定不被"三仇"引去,必定可升天堂,免坠地狱也。

那"十戒"在《天主教要》上只说得个题目,中间还有道理要晓得,毕竟要传教的仔细讲解,方得明白。古时天主虽然降下"十戒",有许多圣贤讲解劝人遵守,却因这圣贤都是人,他没有力量赦免得天下万世的罪过,到这圣贤子家身上曾有的罪过,更不是自家赦免得的。所以天主自家降生为人,传授大道,把自家身子赎了天下万世人的罪过,然后人得升天堂,其改恶为善,免于地狱都不难。

天主降生于一千六百一十五年之前。岁次庚申。当汉哀帝元寿二年,名曰耶稣,解曰救世者。上边供敬的,正是耶稣圣像也。降生为人,三十三年在世。言传经典,挑选宗徒十二人,显出许多圣迹,都在天主经典上,一时说不尽。及至后来功愿圆满,白日升于天堂。遗下教规,令十二宗徒遍行于世。教人知道天地之间只有一造物真主,至大至尊,生养人类,主宰天下。今世后世,赏善罚恶,乃人所当奉事拜祭的。其余神佛,天地日月众星,都是天主生出来的,不能为人的真主,不当拜祭。又教人知道,人的灵魂常在不灭。今世当守"十戒",为善去恶。虽曾犯有过失,如今闻了耶稣的圣教,从了耶稣的遗言,诵了耶稣的经典,却把从前的罪过悉祈天主赦免。主意赦免之后,必常守"十戒",遵行不犯。命终之后,其灵魂必得升天堂,不坠地狱也。

这十二宗徒,散布天下,传教于万国,自近及远,到今一千六百余年。天下许多国土,但是耶稣圣教大行的,其国中君臣士庶,老幼男女,一心为善者多,其地方永远升平和睦,所以人人得安意为善。其中读书学道者的,一心要推广天主圣教,使万国世人得升天堂,所以发心轻世,愿离了本乡,劝化远方。这是何意?一则为天主宣传圣教,是于天主位下立了功勋;一则天下人同为天主所立,就是骨肉一般,劝得识天主,攻恶为恶,以免入地狱升天堂,是又有益于人。所以虽出海外百千万里,亦所不辞也;所以虽遭了风波,虎狼蛮夷盗贼之灾,亦所不避也。

说有天堂、地狱,虽然不见,却是实理。且看古今善人为善,恶人为恶,世间何曾报得他尽。若非死后天主报他,岂不枉了善人,便宜了恶人?所以说天堂地狱不是虚无玄远的,今虽不见,待我们见时又翻悔不转了。所以要及今翻转来。只要真,天主自然赦罪。不要说如今,就是临终前一刻听从了天主的教法,也还是翻悔得转来的。直到气尽了罢了,万万无及矣。

但天主教中说个为善去恶,都要遵依了"十戒",从自己身心上实实做出来,方是说个改过悔罪。都要将自从来过失,真心实意痛悔力除,后来不敢再犯方是。若不是这等的真实,今世必定要被"三仇"引诱,后世必定下地狱,不得升天。天主岂是欺骗得的?天堂岂是侥幸到得的?地狱岂是侥幸免得的?如今释、道家,要然施舍些钱财,备办些斋饭,烧化些纸张,便是功果,便要升天堂、脱地狱,此必无之理也。

恐见者不察,谓天主圣像与释道二家的像一般,故略说其理如此。若要明白,还须细细讲解,兹不能尽述。

维皇上帝,语出《诗》《书》,学者信之,未有疑其天者。天主即上帝别名耳。今非疑为天,即骇为异。是知二五而不知十也;知鲁有孔子而不知即仲尼也。亦狃于积习之过矣。或者曰:吾所信者,无形无声之上帝,今绘之像,演之为教,不殊人类,似反亵之,故不敢信。曰上帝之灵,包乎天地之外,超乎万物之先。既可造无为有,化有为无,则宇宙之大,何所不有,正显上帝全能;安见执无形无声,必为上帝有形有声,必非上帝;而我以凡夫意见,反欲问过造物主宰也,独非亵乎?今奉天最虔,无如回回,亦不设像,不识儒者以彼为是为非耶?至释氏琳宫梵宇,俨然象数,又来自异域,至世习而安之何也?若曰佛教其来已久,久故不疑,是不问是非,唯计新故,已非通论。况久之先必有初矣;今之初后即久矣。不能充类,岂称达观。即积习之说,亦有所未通也。要之能测其理,说无亦可,说有亦可。不求其故,说有已非,说无亦非。

徐光启的这篇文章比较重要,所以这里把它的全文原貌展现在读者面前。文章的开头是白话,结尾却是浅近文言,在一篇文章中同时混杂两种语言,不是在语句中的混杂,而是在前后段落中的混杂(当时还没有分段一说,现在文章的分段,应该是后人加上的。当时只有圈点,现在转为逗号、句号),称得上是泾渭分明,这种现象本身就很有意思,也许它本身就意味着当时作者让它适应更多的读者需要。而这种需要本身又显然违反了古代社会

第一章 近代欧化白话文的历史渊源

士大夫或者书会才人作文的规范。它显示出一种过渡性的特征,它的突破性是显而易见的。

在中国古代,从文体上说,专门的白话议论文是极为少见的,因为阅读议论文的都是士大夫,他们崇尚"雅俗"的衡量标准,在正经阅读而不是消闲阅读的时候,要阅读文言,无需阅读白话。士大夫讲学虽然会用白话,那只是语录体,写起文章来依然是用文言文。徐光启的文章虽然不全部是白话,其中也掺杂了一些文言文所用的语气词,而且文章的最后部分也是文言;但是这篇文章的主体已经由白话文构成,这应该是毫无疑问的。这样的白话议论文,已经不同于古白话的叙述文,甚至也不同于文言的议论文。它显得朴素、简洁、明确,它的逻辑性强,论述很有现代议论文的层次感,逐层递进,步步深入,与文言议论文讲究的"一气呵成"不同。因为是徐光启创作的,而不是他的翻译,他在论述西方神学时,还是尽可能运用古白话和口语的句子,所以这篇文章在语言方面的欧化程度不是很高,虽然它论述的是天主教的神学。徐光启在论述时,有意把西方句式的从句变成两个句子的论述,如"一件是我们看得见,上边有山川人物的地"。这与后来西方传教士的翻译情况还是有所不同。但是也有不少方面已经表现出较为明显的欧化语法特色,如"一件是我们如今看不见的,叫作天堂,乃是天神及诸神圣见天主,享受无限无量的年,正福乐的居处"。该句中使用的定语长达二十字,按照古白话的传统语言习惯,应当拆分为数个短句;作者将其合并在一句当中,是为了尽可能地对"天堂"的性质进行相对完整的定义和描述。这是外语定语从句的要求,这种句法增加了句子的凝聚力,使语义更加严密,结构更加完整。这样的句子即使放在五四后的白话散文中,也可以被视为是相当典型的欧化句法。

尽管这已经是较早的欧化白话文,但是徐光启的做法当时对其他士大夫和书会才人的中文写作,似乎没有发生多大的影响。就连这篇论述因为没有被收入徐光启的文集,后来也被历史遮蔽了,一直到李天纲教授把它重新发掘出来[①]。徐光启的文集没有收入这篇文章的确切原因今天已经很难

---

① 徐光启的文章来自李天纲《徐光启轶文〈造物主垂像略说〉》,《中西初识》,中国中外关系史学会编,大象出版社,1999年,第59—70页。

考证,但是在我们看来,当时士大夫阶层对于白话文的鄙视应该是一个重要原因。

徐光启的白话论述对于西方传教士的写作产生了影响,西方传教士专写浅近文言、不写白话的做法到清初有了改变。这是由社会环境的变化引起的。随着明朝由鼎盛走向衰亡、战乱时期,士大夫的地位日趋衰落,向普通老百姓传教出现倾斜;到了清代,由于满族入住中原,大量的满族人成为全国各地的官员,他们需要与各地汉族官员交流,他们的汉语文化程度不高,大量的满族人还没有学会运用典雅的文言,更不可能学会运用各地的方言,作为口语的官话就成为他们必须认真学习、不可或缺的交流工具,北京官话与东北汉族的方言差别不大,他们学习起来并不十分困难。随着满族统治者在中国各地站稳脚跟,原来的南京官话也就更多地变为北京官话,而且融入了满族语音和词汇。北京官话在上层社会官商阶层的口语运用中占据了绝对统治地位。到了这一时期,传教士就是为了面向统治者传教,也必须在运用文言的同时,学会运用白话。

需要指出:满族人对于中国北京官话的形成与流行,在中国历史甚至在中国文学史上都起过极为重要的作用。迄今为止,学术界似乎还只是有人提及,但是很少有人做进一步研究。我们必须看到:古代、近代、现代的中国文学史有着一大特殊的景观,那就是一旦进入运用北京官话的小说表现领域,第一流作家是与满族有关的作家,满族人写的白话小说往往比汉族人写的白话小说运用的北京官话更为纯粹,更加熟练,更为传神,更显流畅,因而也就更具有语言艺术性,富于美感和感染力。我们不妨观照一下文学史:中国近代运用北京官话最为出色的小说《儿女英雄传》是满族人文康写的,其他近代小说在运用北京官话上都无法与《儿女英雄传》相比。中国现代运用北京官话最为出色的小说是满族人老舍写的,老舍因此被称为运用北京话的语言大师。中国古代运用北京官话最为出色的小说《红楼梦》虽然是汉族人曹雪芹写的,他的先祖是汉人,但是他家早在清兵入关之前就是满族人的"包衣",属"正白旗",是正宗的"旗人",从小就受到满族人的教育,是在满族文化熏陶下成长起来的,可以说是出生于一个祖辈充分受到满族文化影响的汉族家庭,也可以说他是半个满族人。古代、近代、现代的这些不同时代的第一流汉族作家,竟然在汉语的白话文运用上没有人能够超过这两个半满族作家。这个文学史现象是很值得我们注意的!我们不妨这样来看:如果有一个满族作家在汉语白话文的运用上超过汉族作家已经值得我们重视,古代、近代、现代三个时代都是由满族作家或者接受满族训练的汉族作家在白话文的运用上独占鳌头,这就更加值得我们去充分思考,寻找其中的原因了。因此我们在此作出一个对于白话文的基础——北京官话的猜测:在清兵入关以后,北京官话对于满族人的生存意义远远大于汉族人,满族人对北京官话的重视程度要远远超过汉族人,他们从小受到的官话训练也要超过当时的汉族人,因此,许多满族人对于北京官话的掌握程度确实超过了当时的汉族人。明代的官话主要是南京官话,因为明代定都先是在南京,迁都北京时也有大批南京官员来到北京,而且当时北京官话与南京官话的差别也不大。清兵入关以后,由于满族人不善于文言,他们比汉族人更加需要用白话交流,更加重视白话,因为白话对于他们来说是更为重要的交流语言。同时这时的北京官话,由于满族人的大量使用和作为满族人的交流工具,其中也有一批满语满音进入,如大量儿化音的进入造成北京官话与南京官话之间的距离拉大。满族人在运用北京官话时,也发展了北京官话,这种变化也就造成了满族人在北京官话的运用上超过汉族人。另外还有一个非常重要的原因:我们今天衡量古代、近代、现代白话文的水平,所用的标准都是普通话,它本来就是从清代的北京官话发展过来的,因此在"官话"之中,北京官话自然比南京官话处在更加有利的位置上。对于这个语言和文学史现象,我们在此只是提出自己的大胆猜测,还需要语言学家作进一步的考证。但是这个语言和文学史现象是很值得我们的文学史家和语言学家去好好发掘,提出合理解释的。

然而,尽管北京官话在满族统治下得到进一步发展,满族人要得到汉族士大夫的合作,依靠中国传统文化统治清朝,文言文依然是当时社会主要的书面语言,尤其是在上层社会,因此满族人也必须花费大量的时间学习汉族的文言文,特别是在一统天下之后。为了保证满族人的统治,清朝政府规定,满族人当文官也要参加汉语的科举考试,与汉族人一样通过写作文言文的开科取士方式来选拔官员,这种规定本身就说明了满族统治者对文言文随着满族人对于官话的需求,官话的进一步发展和在社会的流行,耶稣会传教士的传教文本在进入清代一定时段之后,也出现了由浅近文言向官话发展的状况,试看南怀仁的《教要序论》:

天主为何

凡人欲进天主圣教。先该知道天主谓何。天主者是生天地生神生人生万物大主宰。未有天地神人万物之先。止有一天主。无始无终其本性是。自有无所从生。若有所从生。便非天主。譬如数目。万从千来。千从百来。百从十来。十从一来。其一者无所从来。一原是百千万亿之根。天主惟一。是为万物根源。盖万物不能自成。必先有造之者而后成。譬如楼台房屋。不能自起。必有工匠。造作然后成。故盘古佛菩萨老君等。皆在有天地之后。皆是父母所生。岂可与生天地神人万物大主宰相比。

天主造天地为人

天主造天地神人万物。是什么意思。天主造天地万物。不是为自己用。天主纯神。用不着有形之物。又其本体有万物万福。全备无缺。不须外物。有天地神人万物。天主之福。毫无加增。无天地神人万物。天主之福。毫无减少。其造天地万物。都是为我们人用。天主爱我们人。如父母爱儿女一般。父母为儿女。先造房屋。预备田地家具财物。然后交与儿女享用。天主亦是如此。造天盖我们。造地载我们。造日月诸星光照我们。生五谷百果六谷禽鱼。养育服事我们。生金银铜铁棉麻等物。皆给与我们费用。①

这两段话已经非常接近白话,较之利玛窦的浅近文言,其文言程度显然已经大大减少。已经类似于《三国演义》,虽然还有"谓何"之类的文言字眼,基本上已经是一篇白话,尤其是第二段。而且所用语言不同于古代白话的叙述,它朴素、简洁、明确,逻辑性强,而且讲求文法,形成了不同于中国自己

---

① 南怀仁《教要序论》,该书原出于康熙九年,现据救世堂一千八百四十八年重刻本录。

第一章 近代欧化白话文的历史渊源

古代白话文的风格,所以徐宗泽在 1949 年问世的《明清间耶稣会士译著提要》一书中,评价这本书的语言为"文字浅易明白,颇合现代文法"①,充分肯定了它的白话文价值。

这时教会的传教士们也会像徐光启一样创作白话的议论文,但是由于白话文以前不用于写作论述文,他们在写白话议论文时,写到一半,往往会转到浅近文言,似乎不用文言就表达不清楚议论的意思。试看《朋来集说》引言:

> 我们圣教中,恭敬天主的道理与外教大不相同,因外教规矩俱系人立的,或勤或怠都由得他自己,故各教内虽有许多劝善惩恶的话,尽属空言,终不能实实的变化人心。惟有天主亲历之教,一言一行都要小心遵守,由不得自己的主见,若奉教之人始勤终怠,不守四规,岂特与外教人一样,更加一层背主忘恩的罪? 所望教中同友交相劝勉,推爱己之心以爱人,此哀矜中第一等哀矜之事。盖衣裸食饥等谓之形哀矜,诲愚责善等谓之神哀矜,今此肉身一日不食则饥,终岁不衣则寒,人所共知也,乃身为天主之人而斋期不守、经亦不念,一年之久并不行告解,并不领神粮,是灵魂之啼饥号寒更百倍于肉身。而恬然付之不问。独不思吾人之身原系灵魂、肉身两件相合而成,若单单管顾那必死必烂的肉身,不管顾那长生常在的灵魂,还算的是个完整的人么? (下略)②

这就造成了文言、白话夹杂在一起叙述议论的特殊现象。这种情况在当时也是一种普遍的现象。

不过,有的西方传教士,也能够写出非常流畅的白话文议论。试看冯秉正所著《盛世刍荛》:

> 各样物件,既知道都要查究它的来历,难道这样的大天地,这样的多人物,倒不该查究一个来历吗? 房屋器皿,系工匠所成;文章字画,系能人所作,从未有自然而有,自然而成之物;今尊家现住的房屋,现用的

---

① 徐宗泽《明清间耶稣会士译著提要》,上海书店出版社,2006 年,第 124 页。
② 徐宗泽《明清间耶稣会士译著提要》第 75 页。

器皿,有人说:"不是工匠造的",尊驾必笑其愚痴;读书人见了一篇好文章,博古的见了一篇好字画,必详看是何名人手笔,断不肯轻易放过。今高天厚地,岂不是复载吾人的大房屋么?天地内的万物,岂不是供给吾人日用的器皿么?日月星辰、山川草木、虫鱼鸟兽、充满两间,岂不是一篇绝妙的大文章,一幅绝奇的真字画么?平常人的手笔,尚要留心查问,这样的大文章、真字画,每日在眼前展玩,竟不查问一声,把有用之心,置之无用之地,如何使得?①

方豪先生给予该书的白话以极高的评价:"如此白话文,即与《老残游记》、《儒林外史》相比,亦无愧色,和清末民初出版的不少所谓华北土话教会书,判若天壤。""此书不仅文笔清晰,说理透彻,开白话运动的先声,即以内容言,亦可见作者读书之博。"只是该书语言虽然流畅,算得上是优秀的白话议论文,但是欧化色彩并不浓,即使它是出于西方传教士之手。它们基本是运用中国语句表达,基本上都是短句子;很少掺杂西方语言的语法,运用从句表述,改变中国传统的语句表述。这也是上面所举几篇文章例证的共同特点。但是它们也形成了不同于中国古代白话文的朴素、简洁、明确,逻辑性强,而且讲求文法的白话叙述议论特点。这也是伍光建翻译大仲马《三个火枪手》,当时译名叫《侠隐记》的白话文特点。

如果说南怀仁《教要序论》的白话还只是"浅易明白",它在词汇上有着不少"欧化"色彩,但是在句子的陈述上还谈不上是"欧化白话";那么,这时所出现的"欧化白话",就是像耶稣会士贺清泰翻译的官话《古新圣经》这样的。在序言中,译者指出:

《圣经》者,不是人说的平常话,乃是天主之意,天主之语。虽然自古以来,圣人们接踵将天主之意,将天主之语,记载书上,从无私意增减,故无丝毫差之处。天主特意开明他,用圣宠光照,使他们知道过去、现在、未来的事,比亲眼见的更明白、更清楚,不但如此,记载的时候唯恐记错,不随自己的意见,全用天主所定的,如亲耳听的真切话。为什

---

① 转引自方豪《中国天主教人物传》,宗教文化出版社,2007年,第439页。

第一章 近代欧化白话文的历史渊源

么缘故,因关系我们人的永远真福真祸,况且天地万物神人,万物终始,人类归向,在世何为,什么是真正善德,真正美功,甚么是罪,甚么是恶,甚么是卑贱,什么是过愆,这些紧要的事,《圣经》全全讲明,又有真切的凭据。天主亲爱我们至极,安排这样齐备,格外施恩,虽数千年来,经水火刀兵灾患,贤人名士书籍俱告埋没,但《圣经》常存,不但常存,还默行引动各国人心,将本地土语翻译出来。但翻译《圣经》的人,虔诚敬慎,惟恐背离《圣经》本意,《圣经》大道即错乱了,那翻译的名士也知道各国有各国文理的说法,他们不按各人本国文章的文法,完全按着《圣经》的本文本意,不图悦人听,惟图保存《圣经》的本文本意。自古以来,圣贤既然都是这样行,我亦效法而行,共总紧要的是道理,贵重的是道理,至于说得体面,文法奇妙,与人真正善处有何裨益?《圣经》有两样,一是"古经"一是"新经",吾主耶稣未降之先作的经谓之"古经",既降之后谓之"新经",虽说是两样经,却都是天主降的旨意,教训天下万万世人。(下略)①

序言用的是当时白话,却不是"欧化白话"。也就是说,作者没有运用根据外语来改造汉语的表述方式。然而这只是为了方便读者接受理解,翻译者贺清泰自己知道,要准确翻译《圣经》的原意,就不能照顾各国语言自身的文理,比如照顾汉语自身的文理,而只能按照《圣经》原有的语言系统,这就必须"欧化"。也就是说,贺清泰已经在序言中意识到他只能是运用"欧化白话"来翻译《圣经》,而不可能完全按照汉语固有的文理来翻译《圣经》。所以他在序言中说得非常明确,在《圣经》的翻译中,准确保持《圣经》的原意,这是第一位的。他把语言的"典雅"只看作是"说得体面,文法奇妙",其意义远远无法和《圣经》所包含的道理相比。然而,贺清泰显然马上就发现他的这一论述是显得太草率了,因为中国儒家有着"言而不文,行之不远"的作文规则,士大夫必须遵从;更重要的是:士大夫是以"雅俗"作为衡量文章价值的标准。因为文章表述的"雅",直接关系到"道"的传播。像这样说道理的经书,在中国士大夫看来,是必须用典雅的文言翻译的,这样它们才能为中国

---

① 贺清泰《古新圣经》序,徐宗泽《明清间耶稣会士译著提要》第15页。

的士大夫所接受。古代虽然也有士大夫讲学、讲道理的白话语录,但是那毕竟不是传道的正文,是比较随便的。这是中国古代的文化传统。贺清泰大概是觉得自己所写的序言在为什么运用官话翻译《圣经》上还不能说服士大夫,所以他又写了一篇序言,进一步阐述了他必须运用官话翻译《圣经》的道理:

> 看书有两样人,一样是诚心爱求道理,并不管话俗不俗,说法顺不顺,只要明白出道理来足足够了,也对他的意思,这样的人可不是贤人么?所该贵重的,他们也贵重,本来要紧的是道理,话虽是文采光辉,若无道理,算甚呢,一口空嘘气而已。还有一样人,看书单为解闷,倘或是读书的人,单留心话的意思深奥不深奥,文法合规矩不合,讲的事情或是从来没有见过的,或是奇怪的,或是多有热闹的,一见没有或书上没有修饰,就厌烦了,抛下书无心看了。论这样人,一定要不服我翻的《圣经》,但这不服的人原不图取神益而悦耳目,若是这样,一定显出他们不很明白懂得事情的来历。怎么说呢?《圣经》不是人本意作的书,是天主亲自说,圣人记载的,天主若要用奇妙的文法,既然他无所不知,一定能做绝美文法的书,他不肯,因他的意思是寡学道理,行道理的事,所以特用俗语说了一件事又重说,要高明的和愚蒙的都能懂得,也深深记得当紧的道理,天主贵重的不过是人的灵魂,聪明愚蒙,天主不分别,为几个懂文法的人,不忍耽搁了万万愚蒙的人不能懂文深的书,他们灵魂也不能得受便益。既然天主的圣意是这样,翻《圣经》的人敢背他的旨意么?译翻的书,合对本文,全由不得人,或添或减,或改说法,恐怕有错处,定不得有人说,为钦敬天主的言语,也为合读书人的心意,也不高也不低,用中等的说法,翻译使不得么,有何妨碍呢?答,起初圣教内有一极高的人名热罗尼莫,也这样想,他几十年看古时博学人的书,后头觉得外教的人轻慢《圣经》,因为话平常,说法太俗,定了主意要光荣《圣经》,挑选西瑟落作的书,以他为模样,照他的高文法翻译《圣经》,已经动手,不料一夜睡卧梦寐之中,天神执鞭显现责备他,用鞭浑身上下乱打,一面打,一面讥诮说:"你是西瑟落的门弟,我们特来酬报你。"热罗尼莫一醒,天神不见了,但圣人浑身觉得疼,也满身有鞭痕,才知道他的

工夫不合天主的圣意,就住了手。圣人寄书一相契友详细诉这件事,也说:"你不用想,我这是一虚梦的事,虽到如今已经几天,我还觉得疼,鞭痕未愈。前辙既覆,后车宜鉴,所以我敢不谨慎,敢不随天主圣意,致招天主义怒耶?"①

贺清泰的序言已经在北京官话运用上出现了重大突破,其中已出现一些"欧化"的句子,如"为几个懂文法的人,不忍耽搁了万万愚蒙的人不能懂文深的书",这不是中国人的习惯表达法,这样欧化的句子不见于以前的白话文表述,显然是外语的从句表达由于写作者的疏忽或者其他原因进入了汉语表达,是外语在改变汉语叙述形态上起作用。最重要的,用官话来写作一部讲述道理的经书的序言,这本身就是对官话运用的一种创造;在中国本土,即使是古代的白话小说,其序言也往往是用文言而不是白话来撰写的。

在序言中,贺清泰运用"上帝面前人人平等的道理",说明在上帝面前只有一个个人的灵魂等待上帝拯救,并没有聪明愚笨、上等下等的差别。为了拯救更多人的灵魂,必须运用官话来翻译《圣经》,这样可以让更多的人看得懂。对于基督教传教来说,在上帝面前人人平等,这是一个非常充分的理由。但是面对士大夫的文化传统,这个理由显然连贺清泰也觉得不够充分,未必能够说服中国的士大夫。面对中国士大夫根深蒂固的"雅俗"语言标准,贺清泰找不到可以在道理上说服中国士大夫的理由,为了进一步强调用官话翻译的重要性,他只好根据基督教对于"道与言"的理解,把必须运用官话翻译归结到这是上帝的旨意,翻译者必须遵守,如不遵守,就会受到上帝的惩罚来说明。贺清泰必须借助于神示的力量才能说明用官话翻译《圣经》的必要性和权威性,这本身或许已经可以证明西方传教士在面对中国士大夫文化传统时,说明必须用官话翻译《圣经》的难度。为了战胜中国固有的推崇文言的文化传统,贺清泰不得不借助于西方的典故,用神示的权威来压服中国士大夫。此外,白话文本在中国古代,是没有士大夫心目中的经典的,它往往用来叙事,很少用来论述,虽然也有评论的白话文,那些评论一般都很短,虽然也有语录,那些高僧大儒用白话讲学,但是很少有专门的白话

---

① 贺清泰《古新圣经》再序,徐宗泽《明清间耶稣会士译著提要》第16页。

论述文章。从这些方面考虑，贺清泰用白话翻译《圣经》和他的白话文序言自然有许多突破的地方。

其实，贺清泰坚持直译的思想代表了西方翻译《圣经》的指导思想。在《圣经》翻译活动中占主导地位的翻译思想成分内，应当说，"尽量直译"的呼求要高于"尽量意译"。支撑"直译"呼求的重要原则之一，则是自中世纪开始的"词序神圣"思想：无论是哲罗姆还是奥古斯丁都认为，《圣经》的语言"即使词序都是一种玄义"①。这一思想深深植根于对"逻各斯"的理解之中——因为逻各斯的本意，就是言说。它不是具体的"言辞"，而是同上帝永在的"语词"（Verbum）②，是隐藏在世界的表象背后的、固定不变的理念和范式。"正如我们的语言并不是我们内在思想的精确的复制一样，神的语言也保持着感性显现的、以外在形式出现的语词和作为其本身的上帝的语词的区分。然而，这种宣告是和上帝的智慧连在一起的，所以上帝实际上充分显现在他的道的表述中，而这只有对上帝才如此。"③奥古斯丁用这种奇异的方式保证了作为逻各斯的外在呈现的"圣言"和作为其本质的"圣言"之间的根本一致性，但这只能是针对上帝的而非人的。由于人本身的不完满，人甚至不能达到对这一点的完全理解，更无法针对其进行判断。因而对于译者来讲，在《圣经》的翻译活动中，他们唯一的目标只能是尽量模仿原文和避免谬误，而非主动地进行创造。故而最合乎逻辑、最保险的解决方式是"逐字直译"式的"保持原状"的翻译——但是随即而来的问题是，这样的译本，对于译入语来讲，只会因为其过分的生硬死板而归于无用，进而使翻译活动所试图达到的现实目标——传播福音也化为乌有。故而在19世纪之前的历史上，任何一位《圣经》翻译者的努力，都无法简单地归类于"直译"或"意译"的任何一方面；或者说，他们往往在理论上极力争求将译作变得"自然、流畅"、符合语言习惯的权力④，但是，在他们的翻译实践当中，采用更多的却往

---

① 参见任东升《圣经汉译文化研究》，湖北教育出版社，2007年，第86页。
② 参见J·格朗丹·奥古斯丁《内在逻各斯的普遍性》，何卫平译，《云南大学学报》2005年第4期。
③ J·格朗丹·奥古斯丁《内在逻各斯的普遍性》，何卫平译，《云南大学学报》2005年第4期。
④ 参见任东升《圣经汉译文化研究》第88—89页。

往是"直译"的方式。这一理论和实践之间的裂隙恰恰说明了他们所处的悖论境地的困难,而其间的摇摆和争斗,则在《圣经》汉译史上有着明显的表现,同时,也在有意和无意之间塑造了《圣经》的语言,使之成为我们今天看到的样子。

贺清泰怎么会运用白话来翻译《圣经》的?这就不能不说到他的经历。根据方豪的《中国天主教史人物传》介绍,贺清泰是法国人,但是在意大利长大,1756年进入佛罗伦萨耶稣会初学院就读。他来华的时间很晚,已经是在雍正禁教之后的近半个世纪——乾隆三十五年(1770)。贺清泰怎么会来到中国北京?雍正禁教之后,西方传教士已经被赶出北京、赶出中国,不肯走的西方传教士,只能躲在外地偏僻的乡间,偷偷摸摸地地下传教。但是,北京的清朝政府,需要有懂得外语的人来做翻译,以便于他们能够及时处理外交事务。因此,他们到澳门去寻找懂得汉语、最好还能懂得满语的西方传教士,把他们聘请到北京充当翻译。贺清泰精通汉语和满语,而且精通绘画,属于清朝政府需要应用的人才;正是在这样的情况下,贺清泰才被清朝政府招聘到北京,并且在第二年晋升为司铎。颇有意思的是:贺清泰的服务大约令乾隆皇帝很满意,以至于皇帝竟然特别允许他在雍正禁教之后重新在京城传教。据"《在华耶稣会士列传》法文原本966页记,乾隆四十五年(1780年)清泰曾获谕允可以为汉人(原注:疑以京城为限)讲道,并为愿奉教者授洗,但宗室与官员子弟,必须有家长许可"①。这就意味着,其实在雍正禁教之后的半个世纪,在乾隆后期就已经在北京有限制地重新开放了天主教的传教。这也意味着,在教皇及天主教并没有收回教徒不许祭拜祖宗的规定时,清朝统治者乾隆皇帝已经不像康熙、雍正那样,把这件事看做是危害统治的大事;而是可以适当通融,甚至允许宗室(也就是满族人,可见传教对象已经超越了"汉人")和官员子弟信奉天主教,只是要得到家长的同意。这也是一个妥协,在平民子弟之外,允许宗室与官员子弟进入"在上帝面前人人平等"的天主教时,必须得到家长的同意,意味着依然认可了宗法制的权威。看来清朝统治者已经不像康熙、雍正时期那样谨小慎微,唯恐因

---

① 方豪《中国天主教史人物传》第545页。

为天主教不祭拜祖宗的传教会颠覆清朝的统治。他们这时已经流露出一点自信,不再那么害怕天主教传教了。当然,这只是在一定小范围内的传教。对于天主教在乾隆年间传教的这个历史事实,我们以往是忽视了。对于当时传教限制的程度和传教的规模,以及天主教在当时的实际影响,我们似乎也缺少深入研究。

贺清泰既然承担了传教的使命,皇帝又允许他传教,他当然要利用这个机会。我们可以根据他选择用白话文翻译《圣经》推想,他当时面对传教的受众主要是一些满族人和文化程度不高的汉族人,为了向这部分受众传教,他必须用北京官话来翻译《圣经》。这部《圣经》的全名叫《古新圣经》,一共三十四卷。根据法国费赖士编写的《在华耶稣会士列传及书目》,已经译出的部分有"《造成经之总论》二卷(《创世纪》)。《求出之经》一卷(《出埃及记》)。《肋未孙子经》一卷(《利末记》)。《数目经》一卷(《民数记》)、《第二次传法度经》一卷(《申命记》)、《若稣耶之经》一卷(《约书亚记》)。《审事官经》一卷(《士师记》)。《众王经书》四卷(《列王记》)。《如达斯国众王经尾增的总纲》二卷(《历代志》)。《厄斯大拉经》一卷(《以斯拉记》)。《若伯经》一卷(《约伯记》)。《达味圣咏》三卷(《诗篇》)。《撒落孟之喻经》一卷(《箴言》)。《智德之经》一卷(《传道书》)。《厄格肋西亚斯第箇》一卷(《德训篇》)。《达尼耶尔经》一卷(《但以理书》)。《玛加白衣经》二卷(《马加比书》)。《圣史玛窦万日略》一卷(《马太福音》)。《圣史玛尔谷万日略》一卷(《马可福音》)。《圣史路加万日略》一卷(《路加福音》)。《圣若望圣经》一卷(《约翰福音》)。《诸徒行实经》一卷(《使徒行传》)。《圣保禄谕》一卷(《保罗书信》凡二札:曰《罗马书》,曰《哥林多前书》和《哥林多后书》)。《圣保禄谕》一卷凡五札:曰《与加拉漆亚札》,曰《与厄斐斯札》,曰《与斐理伯城人札》,曰《与各落梭城人札》,曰《与得撒落民加札》。《圣保禄谕》(凡四书三札,四书曰《与第莫德阿书》,《与第多书》,《与斐肋孟书》,《与嗳伯肋约斯书》;三札曰《圣亚各伯之札》(《雅各书》),《圣伯多禄之札》(《彼得前书》和《彼得后书》),《圣如达之札》(《犹大书》),共为一卷。《圣若望默照经》一卷(《启示录》)。北京遣使会图书馆所藏本较多《路得书》、《多比传》、《犹底特书》、《以斯帖书》,《智慧书》、《以赛亚书》、《约拿书》七经。则所缺者为《雅歌》,与除《以赛亚书》、《但

第一章 近代欧化白话文的历史渊源

以理书》、《约拿书》三经外之一切预言八经"①。从以上所列的目录看,《圣经》的旧约和新约都已有较大部分翻译,只是它的章节与拉丁文原文不太符合。据耶稣会士潘庭璋于1790年所写信札披露:贺清泰还曾经将《圣经》译为满语,附有注释。看来,这个满语译本很可能是在汉语白话译本之前就问世了;可惜,这个满语译本已经找不到了。由此也可看出,贺清泰出于传教对象的实际需要,当时很重视对《圣经》口语的翻译。由此也可以推断,他面对的传教对象,不是汉语文化程度很高的。按照我们的推测:他用满语和汉语白话翻译《圣经》,在当时的历史条件下,很可能并没有得到罗马教廷的批准。

贺清泰运用汉语白话翻译了部分《圣经》,而且是运用了忠实于《圣经》原意、不能避免"欧化"的"欧化白话",这从他的一再声明和努力说服读者的态度中也可以看出。这很可能是最早的"欧化汉语"文本。只是这本用官话翻译的《圣经》并没有刊行,只是作为抽屉文本而存在。就连它的传抄本数量也极少,据李奭学先生考察,曾经有几本被传教士带到西方,马礼逊看到过这本译本,并列为他的《圣经》翻译参考书之一。不过马礼逊是用文言翻译《圣经》的,贺清泰的白话译本有助于他理解中文,但是目前似乎还缺乏对贺清泰直接影响马礼逊翻译《圣经》的研究。贺清泰的《圣经》官话译本现在藏在上海徐家汇藏书楼,它在许多专用名词和句子的翻译上,与后来的《圣经》译本并不统一,差异很大,这是可以理解的,这时的口语和后来的口语发生了很大的变化。尽管贺清泰的《圣经》官话译本使用了"欧化白话",并且在当时对受众做了宣讲,但在当时却没有造成对改变汉语语言文学方面的影响。贺清泰翻译的官话《古新圣经》为什么没有刊行?按照方豪的解释:"或因无人审查,或即其太俚俗。"②尤思德也认为贺清泰译本未能刊行的重要原因之一可能是出于教会对"文字过于通俗"的忧虑,担心它会使《圣经》的神圣性、权威性受到削弱,因为按照中国传统的语言习惯,按照士大夫的文本观念,"白话"与"经典"是断然不能扯上关系的。直至官话和合本《圣

---

① 费赖之《在华耶稣会士列传及书目》,冯承钧译,中华书局,1995年,第1033—1034页。
② 方豪《中国天主教史人物传》第547页。

经》翻译时，同样的原因仍然困扰着传教士们，使他们质疑它"能否带来好的声誉和影响"①。可见在这时，"太俚俗"因为不符合儒家"言而不文，行之不远"的信条，仍然是一个教会的传教文本不能刊行的重要理由。这显然影响到"欧化白话"的发生和流行。

贺清泰卒于1814年（嘉庆十九年）②，方豪在《中国天主教史人物传》中，把贺清泰的卒年定为1841年，这是错误的，我们推测是编校排印的错误，不是原文的错误。他所翻译的官话《圣经》造成的"欧化白话"，也就成为一种"潜在写作"。虽然它是最早的"欧化白话"之一，但在当时很难对中国文坛发生影响，就像后来的新教传教士在19世纪所做的那样。贺清泰本人为清朝政府所做的工作非常出色，受到乾隆皇帝的信任。在耶稣会被罗马教廷取消后，贺清泰仍然在北京居留，直到1814年去世③。这时已经是新教的马礼逊来华传教的时代了。贺清泰的活动，在时间上已经可以同新教传教士如马礼逊的对华传教活动连接起来，他可以算是近代西方传教士对华传教活动的先驱。贺清泰的工作也许显示了基督教对华影响在雍正禁教之后到马礼逊来华传教之间的一个过渡。

除了翻译《圣经》之外，明末清初的西方传教士也创作了一些白话小说，如法国天主教耶稣会士马若瑟就曾经创作过北京官话的小说《儒交信》。马若瑟是1698年来到中国，1699年到江西饶州，曾在江西传教二十多年，1724年因雍正禁教被驱逐到广州，晚年在澳门潜心钻研汉学。马若瑟曾经撰写《中国语札记》，对汉语颇有研究，并且创作了白话章回小说《儒交信》。《儒交信》是一部六回的章回小说，这也许是西方传教士最早创作的向中国人宣传天主教的小说，其中有对话、讨论，但是白话章回小说既然要适应老百姓的阅读，就不大可能改变汉语的表达方式，运用欧化的句式；而只能是运用一些西方小说的写作技巧。《儒交信》没有刊刻出版，它只是作为抄本问世的。以后的传教士们可能受到过它的影响，但是在当时，它似乎也没有对中国的白话文写作造成什么影响。

---

① 尤思德《和合本与中文圣经翻译》，香港国际圣经协会，2002年，第219页。
② 费赖之《在华耶稣会士列传及书目》第1030页。
③ 费赖之《在华耶稣会士列传及书目补编》第514页。

第一章　近代欧化白话文的历史渊源

　　明末清初的西方传教士也创作了一些诗歌,这些诗歌在形式上依然遵守汉诗的基本规则,如七个字一句,四句为一首诗等等;但是也可以看到一些欧化的成分。试看罗明坚的《天主生旦十二首》:

其一

前千五百十余年　　　天主无形在上天
今显有儿当敬重　　　唐朝何不事心虔

其二

看伊下地一贫生　　　圣母仙人拜甚虔
何不敬尊天主大　　　人尊天主福无更①

　　罗明坚是怎样创作中国诗的?有没有中国助手?由于资料缺乏,这些问题已经很难回答。按照我们的猜测,应该是有中国助手的,从罗明坚创作的诗可以看出,为表示对天主教的信仰,罗明坚的诗用了个别欧化的概念,如"天主",但是,他的诗还是非常通俗,类似当时的山歌,适合普通老百姓对诗的理解。不过从古典诗的要求来说,他写的诗有的地方不合古诗的表达习惯,如"前千五百十余年";但是这种改动更适合普通百姓的理解,总的说来,罗明坚还是在努力适应汉诗的表现规则。我们在下面将会看到:他的这种努力很可能也影响到19世纪新教传教士最初翻译赞美诗的路径。

　　明末清初的西方传教士还曾经写过一些白话或浅近文言的对话体传教书籍,如罗儒望曾经用白话翻译过《天主圣教启蒙》等等,这些书因为是对话,所以都按说话者的不同而分段,不过仍旧按照中文著作的圈点来断句。这些白话的问答之中,都带有天主教的专用词汇,语词的欧化都是存在的。只是问答体的白话读本适应的读者都是文化程度较低的,不能运用较难理解的句子。我们在书中也可以看到一些长句子,某些成分是从外语的从句直接翻译过来的,显示出欧化的迹象。我们试看下面的句子:

世人都做魔鬼的奴。所以我们常常念谢基利斯多为人受苦的恩。
我信天主与天上之国。已预备长生之去处。充满万般之荣福。除

---

① 罗明坚的诗由台湾中研院文哲所李奭学先生提供,谨在此表示衷心的感谢。

空了诸般之苦劳。所以赏善人者。又信地心中已具备常死未不死的去处。塞满以万般之苦。无毫发之乐。所以刑罚恶人者。①

  这些句子都不是汉语的习惯表达,前者是把宾语从句装入汉语,后者的表述都是为了说明"我信",这不是汉语通常的表述习惯,而是基督教的表述习惯,显示了汉语表述受到欧化影响的迹象。

  明末清初汉语欧化的另一个重要迹象是运用拉丁字母的汉语拼音出现了。在中国历史上曾经出现过用字母拼音的做法,梁启超曾经指出:"盖自唐释守温始谋为中国创立新字母,直至民国七年教育部颁行注音字母,垂阅千年,而斯业乃成。而中间最能覃思而具其条理者,则献廷也。"②我们在上文已经说过,汉语本身是文字中心主义的产物,不是语音中心主义的产物,所以汉字本身为解决注音的需要,用的只能是"反切"的办法,也就是用前一个字的声母和后一个字的韵母相拼,来注出需要释音的字;或者就用同音字注音。汉字本来没有"字母"的概念,要运用字母注音,必须是受到语音中心主义的外语的影响,在"他者"的启发下才会出现这样的设想。释守温在唐代创立的字母是受到梵文的影响,只是这一字母注音体系早已失传了,我们今天只是凭借记载知道有这一件事,它的字母和拼音方法都已经烟消云散。明清时期,当西方传教士接触到汉语时,他们的第一个感觉就是汉语难学。汉语是文字中心主义的语言,同他们的母语语音中心主义的语言完全不同。他们在学习汉语时,很自然地会运用自己的母语来为汉语注音,由此也就会产生创造一套为汉字注音的汉语拼音系统的设想。我们在下面将会看到:19世纪的西方传教士们正是这样做的。为什么从唐代一直到明末清初才有西方传教士创造汉字拼音系统,为汉字注音?对于这个问题,今天已经很难回答。事实上,我们并没有办法肯定从唐代之后一直到明末清初才出现汉语拼音系统,我们只是没有找到宋元的汉语拼音系统的存在,和关于它们的记载;也许它曾经出现过,只是后来失传了,并且失去了记载,我们并

---

  ① 见罗儒望《天主圣教启蒙》,钟鸣旦、杜鼎克《耶稣会罗马档案馆明清天主教文献》,台北利氏学社,2009年。

  ② 梁启超《清代学术概论》第八条,复旦大学出版社,1985年。

不能排斥这种可能性的存在。

　　明末清初运用字母为汉字注音的方案也有几种,其中利玛窦的《西字奇迹》是比较著名的一种。"利玛窦初入澳门学习中文,便感到汉语比希腊文和德文都难学,吐字单音,同音异义,四声有别,字如绘画,言文不一,诸如此类,使他不得不用拉丁文给汉字注音,并力求寻找汉语发音的规则。"①其他还有金尼阁的《西儒耳目资》等等。这时的运用字母为汉字注音,基本上是为外国人学习汉语服务的,这与后来中国人自己的文字改革不是一回事;但是它也体现了汉语出现的欧化。一直到清朝康熙年间的刘献廷,才提出中国人自己的汉语拼音方案,帮助中国人自己学习汉语。这套方案没有造成多大影响,后来也失传了;晚清中国人自己提出的汉语拼音方案,也没有受到它的启发或者继承它的思路;但是它的问世,无疑是受到西方传教士创造的汉语拼音方案的启发。梁启超在他的论述中是有意不提西方传教士对此做过的贡献,为什么不提?我们放到下面再作专门论述。需要指出的是:虽然汉语拼音的字母注音这时已经出现,但是它们都没有取代汉字的反切注音方式,它们也没有在当时普及,不要说外国传教士为外国人学习汉语发明的注音字母体系没有得到普及,就连中国人自己在外国注音体系启发下发明的注音字母体系,如刘献廷的字母体系,也失传了,这表明它们没有得到当时社会的认同与支持,当时的中国社会还不具备汉语拼音流行的条件。社会的认同与支持决定了汉语拼音的命运,我们在下面将会看到:明末清初的社会环境与19世纪西方传教士发明字母的社会环境还是有很大不同,所以19世纪的西方传教士发明的汉语拼音系统,启发了当时的中国学者,促使他们发明了一系列取代反切的汉语拼音系统,并且得到社会的广泛认同和支持。

　　从迄今为止流传下来的明末清初天主教传教白话文本来看,这个时代已经存在一些受到欧洲语言影响的欧化白话文的创作翻译文本,它们在诗歌、散文尤其是论述文上已经显示出与中国古代传统诗歌、散文有所不同的变化,但是它们还没有形成新的欧化的白话文文体。它们也没有像19世纪新教传教士的白话文翻译创作那样,在它们问世之后,出现了一个中国人自

---

① 《西字奇迹》简介,《利玛窦中文注释集》第247页。

己发起的白话文运动,导致中国当时的文坛产生一批受欧化白话影响的作品,影响到中国的语言文学形态。换句话说,这也提出了一个问题:欧化白话文既然在明末清初的天主教传教时已经问世,为什么没有在明末清初的西方传教士传教活动中形成它们的社会影响,从而产生中国人脱离天主教传教、自己创作"欧化白话文"的倾向?即使它不能形成五四那样的白话文运动,至少可以形成"欧化白话文"的潮流,哪怕是在个别中国作家身上,改变当时中国的语言形态。这是一个很有趣的问题,值得我们追问下去。

我们对此的解释是:首先当然是西方传教士把传教的重点放在知识阶层,我们从上面的论述中已经知道,西方传教士所用的语言多为浅近文言,当时的西方传教士已经意识到,士大夫是当时中国社会的领导阶层,只有征服了士大夫的思想意识,才能真正扩大天主教的影响,从而促使更多的中国人信仰天主教。事实也确实如此。上海的徐光启成为天主教徒之后,带动了他的家乡许多人成为天主教徒,因为徐光启在官场上地位较高,后来一直做到兵部尚书、内阁大学士,在家乡拥有很大的号召力,上海的徐家汇地名,就是因为徐光启而得名。根据天主教会自己的统计,明末江南有五万教徒,十二座教堂,上海就有四万教徒,两座教堂。按照当时天主教的看法,上海教徒如此之多,就是因为徐光启的巨大影响力①。但是,当时西方传教士的传教,为了让中国人能够理解、信仰天主教,在华传教士往往根据中国文化,在基督教与中国文化的差异上做一些让步,其中最著名的例子就是利玛窦所画的世界地图,迎合中国人的心理,将中国的地理位置稍稍挪动了一下,画在世界的当中,以适应"中国"这个概念。还有当时在中国传教的耶稣会传教士为了尊重中国拜祭祖先的风俗,允许中国人在信仰天主教受洗之后,仍然继续祭拜祖先,而不顾天主教的"十诫"规定等等。这些事例都可以证明当时的天主教传教士在传教时,并不拘泥于天主教的规定,为了同中国文化沟通,他们是可以通融、愿意做出一定妥协的。

我们已经讨论过宗教对文化的影响远远超过商业贸易,因为宗教是文化的核心。一种文化对另一种文化的影响,影响的文化一定要处在强势的

----

① 参见史式徽《江南传教史》第1卷,上海译文出版社,1983年,第8页。

第一章 近代欧化白话文的历史渊源

地位,而且要在较大程度上坚持文化的原有形态。但是明末来华的西方传教士则不然,他们来华传教时为了传教的方便,对中国民俗文化有所妥协,这固然减少了传教时的阻力,有利于他们传播天主教;但这也是一把双刃剑,这种妥协做法本身同时也削弱了他们的传教力度,以及在文化上对中国的影响和改造。

其次,在欧化白话文的形成过程中,《圣经》翻译是非常重要的一环。因为《圣经》翻译必须忠于原作,严格保持《圣经》的内容不发生变化。它会形成一种欧化的语言暴力,影响和改变汉语的表述习惯,迫使中国教徒在接受《圣经》运用汉语时接受欧化。迄今为止,在近代西方传教士所用各种汉语文本中,最忠实于原著、翻译最为准确的是《圣经》,文本最为欧化的是《圣经》,欧化的文本不容许任何更改的也是《圣经》。对于基督教新教来说,对中国教徒作用影响最大的是《圣经》;因为《圣经》是基督徒的经典,每个基督徒都必须学习它、遵从它。它的翻译必须按照西方《圣经》的原文,准确地翻译出它的意思。而不可能像利玛窦所画的世界地图那样,改变原来的地理位置以适应读者的心理需要或者不同的社会风俗。19世纪新教传教士对华传教,往往把《圣经》的翻译视为首要任务。但是明末清初的西方天主教传教士则不然,在贺清泰翻译《古新圣经》之前,他们并不重视翻译《圣经》,天主教在明末清初只翻译了极为有限的几种《圣经》节译本。而贺清泰的白话《圣经》翻译,已经到了18世纪,他是否按照天主教的教规请示过罗马教廷,在我们看来是很有疑问的。尽管从16世纪末,西方天主教传教士已经来到中国传教,但是第一本天主教翻译的中文《圣经》全译本一直到1953年方才出版,比新教的《圣经》中文译本足足晚了一个多世纪。

为什么会出现这样的状况?因为对于天主教来说,他们传教的理念和方式与后来的新教并不相同,"十七世纪时,圣经在福音宣讲中的地位与今日的情况并不相同。比如说,在华的普通传教士并未携来一本袖珍版的圣经,因为(欧洲的)普通天主教徒当时也没有一本圣经。教士和信徒们通常都是通过弥撒书这类关于圣礼的书籍才得以接近圣经的"[①]。新教与天主教

---

① 孙尚扬、钟鸣旦《一八四〇年前的中国基督教》,学苑出版社,2004年,第376页。

在传教的理念上有所不同,新教是要求教徒直接与上帝沟通的,《圣经》的解释权就在每个个人,因此《圣经》对于教徒来说就非常重要,每个教徒几乎都需要直接阅读《圣经》,了解《圣经》的原意,接受《圣经》的指示,从而也就是新教教徒接受上帝的指示,直接与上帝沟通。但是天主教就不同了,对于天主教来说,《圣经》的解释权在罗马教廷,天主教徒是通过教堂里的神父来与上帝沟通的,教徒应该听从神父对《圣经》的解释,神父则应该听从主教对《圣经》的解释,一直到听从罗马教廷对《圣经》的解释。对于天主教来说,信徒们不需要每人一本《圣经》,甚至不需要拥有完整的《圣经》,每个信徒都阅读《圣经》会引起他们的独立思考,每个信徒都拥有自己对《圣经》的解释权只会引起教会系统的混乱,他们只要听罗马教廷的指示就行了。正因为这样,所以天主教会在中国传教并不重视对《圣经》的翻译。

17世纪10年代,在中国的西方传教士龙华民派遣金尼阁到罗马请求教皇批准用中文学习神学,举办弥撒,背诵每日祈祷书,并用中文安排圣礼。"教皇保罗五世的一封信准许将中文文言用于圣礼,同时,亦准许把圣经译成中文,但不是译成方言土语,而是要译成'适合于士大夫的学者语言'。"[①]这意味着利玛窦的运用汉语偏向于浅近文言的语言方针,是符合当时罗马教廷基本想法的,罗马教廷对于在华传教的对象是有所考虑的。这很可能是受了《马可·波罗游记》的影响。在翻译《圣经》还要罗马教廷批准的情况下,鉴于罗马教廷对于汉语的认识又是这样一个态度,在华的天主教传教士们要运用当时的口语官话来翻译《圣经》,几乎是不可能的。

那么,罗马教廷为什么会做出这样的决定,反对用方言土语去翻译《圣经》呢?这是因为当时的欧洲,有着与当时的中国比较相近的语言观念。当时欧洲流行的是拉丁文,拉丁文原来是罗马帝国的语言,到了公元9世纪,"已经不再是任何民族的母语。正因为这个原因,古典时代以后的拉丁语被称作'失去了民族的语言,或称作'失去了说话共同体'的语言"[②]。事实上,它成为当时欧洲上层社会和教会流行的语言。当时"在外交领域中使用拉

---

① 孙尚扬、钟鸣旦《一八四〇年前的中国基督教》第378页。
② 彼得·伯克《语言的文化史》,北京大学出版社,2007年,第61页。

第一章　近代欧化白话文的历史渊源

丁语的好处之一是精英阶层的成员大多数都懂拉丁语。第二个好处是拉丁语能显示地位的尊严。第三，相对于地方语言来说，拉丁语是中立的，而在那个时代，地方语言正在争夺文化霸权，尤其是意大利语、西班牙语和法语"①。我们从以上的论述中可以看到，拉丁文在当时西方社会担任的正是文言文在中国古代社会担任的社会交流任务，它成为欧洲流行的、代表了身份地位的书面用语，是一种典雅的语言。一直到19世纪，司汤达创作的小说《红与黑》写到主人公——一个穷木匠的孩子，正是由于跟着神父学会了拉丁文，竟然成为本地市长家教孩子拉丁文的家庭教师，同时也成为一个不顾一切、努力向上爬的野心家。所以，拉丁文在罗马教廷的观念，促使罗马教廷做出了只允许用文言文翻译《圣经》的决定。当时的罗马教廷歧视欧洲各国的方言俗语，因此也就必然歧视中国的方言俗语，而当时中国的官话，其地位也差不多类似于一种方言俗语。

第三，在满族人入关、清朝政府重视北京官话的时候，距离雍正皇帝禁止天主教传教的时间已经不远。由于罗马教廷与清朝政府发生文化上的冲突，清政府开始禁止传教，到雍正年间更是采取严厉措施禁止传教，天主教的传教活动完全转入地下，大批西方传教士被驱逐，他们转到广州、澳门继续进行传教活动，而这些地方是广东方言占据绝对统治地位的地方，官话在这些地方影响较小。于是，官话的欧化活动也就难以进行了。贺清泰的官话《圣经》已经翻译出来，却难以刊行，就是极好的例子。从他的序言来看，这时天主教罗马教廷原来的传教政策已经有所修改，已经不再禁止运用俗语翻译《圣经》，这很可能是受到新教崛起的冲击，各种不同民族语言的《圣经》翻译早已变为既成事实，罗马教廷也只能承认这一既成事实，修改了他们的规定，顺应这一潮流。然而，贺清泰的官话本《古新圣经》的翻译已经是在乾隆年间，而且翻译后并未刊行，只是作为稿本，这是时代造成的。

当时西方传教士传教经常运用"宣讲"的形式②，这是一种很有意思的传教方式，牵涉到近代才在中国发展起来的"演说体"这种新文体的鼎盛。遗

---

① 彼得·伯克《语言的文化史》第64页。
② 方豪《中国天主教史人物传》第545页。

憾的是笔者没有能够见到这些宣讲稿的印刷文本，无法加以具体的论述。我们推测宣讲所用的语言，大多是口语，而且很多是官话或者方言，否则即使是浅近文言，当时的公众仅凭听觉，也会很难接受这些演讲。应该说这些宣讲的语言大概免不了会有一点欧化的成分，至少在词汇方面，欧化是不可避免的；但是由于它们必须适应受众的需要，其欧化程度又不能太高，否则难以从听觉上立即被听众接受。因此它们在欧化白话的程度上肯定无法与《圣经》的翻译相比。只是这种宣讲的文本，在当时很少出版，因此也就难以在汉语书面语言的变革上发挥巨大的作用，它们在汉语的欧化语言上曾经起过怎样的作用，这里只能暂时存疑。由于宣讲受众的数量限制，以及宣讲稿主要依靠听众和抄本来扩大影响，根据徐宗泽《明清间耶稣会士译著提要》一书的介绍，除了贺清泰翻译的《古新圣经》之外，当时运用官话宣传天主教教义的书籍也只有《朋来集说》和《天主圣像略说》两种，而运用官话宣传的书籍因为要适应受众的需要，在官话的"欧化"程度上是无法和《圣经》相比的。因此，这一时期西方传教士的演说体和欧化官话的规模，只是在极小范围内存在的，它的规模和影响都不可能与19世纪的西方传教士的欧化白话相比拟。

最后还有一个非常重要的原因：那就是在这个时代，中国社会还没有出现普及文化、普及教育、提高国民素质、建立民族国家的需要，因此也就没有推广白话文，用白话取代文言的社会需要。这种需要是全球化、现代化的趋势造成的。这是一个非常重要的因素，可以说是决定性的。

总之，明末清初来华的西方天主教传教士，尽管在当时的传教工作上花费了大量的心血，他们"共刻印天主教的宗教书籍131种，历算类书籍100种，学术、伦理、物理类55种"，吸收的天主教徒达到245 000人[①]，他们带来的科学思想，科学技术，逻辑、数学知识，也对当时的中国士大夫产生了重要的影响；但是，他们在语言文学上对当时中国的语言文学发生的影响还需要进一步发掘，至少从目前所见的资料和研究来看，其影响还是比较微弱的。这个时代虽然也产生了为数不多的"欧化白话文"，但是除了一些基督教所

---

① 孙尚扬、钟鸣旦《一八四〇年前的中国基督教》第328页。

用的词汇,除了中国人自己写的极少数宣教的文章,几乎很少对中国人自己写作的白话文产生影响,造成"欧化"的文学趋势,当时的汉语文学作品似乎很少有发现欧化影响的痕迹。这里的原因是比较复杂的,但是西方传教士自身的传教方针,无疑是一个重要的原因。此外,当时世界以"西方中心主义"为主导的"全球化"趋势还没有 19 世纪那么强烈,而且西方也没有强大到足以称雄世界的程度,中国社会也没有产生近代那种建立"民族国家"的迫切感,从而形成语言变革的社会需要。于是,汉语白话文的欧化过程便只能延续到近代了。

第二章 近代欧化白话文的发生

第一节 新教传教士用白话和欧化的原因

除了贺清泰用白话翻译《圣经》之外,明末清初的西方传教士,也曾经有人尝试用浅近文言翻译《圣经》,"在整个十九世纪以前的时段里,天主教中似乎有过为数极少的系统翻译《圣经》的努力。""白日昇翻译了拉丁文本《新约》的绝大部分(四福音书,宗徒大事录,保禄书信),他卒于1707年,死前他还在翻译《希伯来书》的第一章,而他的译著从未得到印行。"①这也意味着,他的译著只能同贺清泰一样,以抄本的形式在较小的范围内流传,更不要说对中国的语言文学创作产生影响了。"当马礼逊于1807年首途中国时,他得到了这个文本的一份抄本,这个抄本成为他自己的《圣经》译本的重要参考。"②晚清的新教传教士,大都阅读过明末清初利玛窦等西方传教士对于中国的论述。正是从这些资料中,我们可以看到19世纪的新教来华传教,与明末清初天主教传教之间的承继关系。天主教在重新进入中国传教后,依然继续他们在明末清初的传教传统。虽然他们也大量运用白话传教,但是他们也仍旧按照天主教传教的传统,不把全部《圣经》作为翻译对象。天主教用中文完整地翻译《圣经》是很晚才完成的,这使得他们在近代中国语言文学变革上的影响,远远不如新教。

新教来华传教尽管同明末清初的天主教传教有着承继关系,但是19世纪的欧洲状况已经今非昔比,它已经不同于明末清初的欧洲,西方基督教本身已经发生了重大变化,来华传教的阵营也发生了重要的变化。首先是传教的宗派发生变化,宗教改革在欧洲掀起的一阵巨浪,造成新教国家在欧洲崛起,英国作为最主要的新教国家,凭着它的日益扩张,正在成为"日不落帝

---

①② 孙尚扬、钟鸣旦《一八四〇年前的中国基督教》第371页。

第二章　近代欧化白话文的发生

国",逐渐超越了天主教国家,在西方"列强"中占据了统治地位。德国作为后起之秀,开始崛起。美国作为英国的殖民地,在独立之后,发展迅猛,逐步成为"列强"之一。这些新教国家的崛起,决定了新教的传教将在全世界同原来在基督教占统治地位的天主教传教分庭抗礼,甚至超越它们。西班牙、葡萄牙等老的天主教殖民强国,已经处在衰退之中,法国、意大利等天主教国家虽然仍在发展,但是其总的势头也无法同英国、美国、德国相比。

其次是传教的方式、内容发生巨大变化。新教和天主教在传教方式上有很大的不同:在天主教里,信徒不能直接与上帝建立联系,他们必须通过神父和教会机构直至罗马教廷才能与上帝建立联系,罗马教廷就是上帝在世俗的代表,只有他们才具有《圣经》的解释权,所以天主教不重视《圣经》的翻译,他们对《圣经》能否从拉丁文本翻译成其他语言文本存有疑虑。在天主教里,拉丁文是语言的主宰,它的地位就像中国古代的文言文。各个民族的语言是被教会瞧不起的俗语,不登大雅之堂,就像中国古代的白话文和方言。但是宗教改革后产生的新教就不同了,新教强调信徒直接与上帝建立心灵上的联系,不需要通过教会机构的中介,《圣经》是信徒了解上帝旨意的最重要渠道,对《圣经》的阅读是每个新教教徒必不可少的课程。新教没有天主教那样对拉丁文的特别推崇,更没有对各个民族语言的歧视。随着新教的推行,各个民族纷纷运用本民族的语言翻译《圣经》,帮助本民族的信徒直接了解上帝的旨意,与上帝对话。到了 19 世纪之前,各个民族的语言在新教之中已经占据了重要地位,《圣经》的各个民族语言版本层出不穷。新教的传教对各个民族的语言和方言从来就是持一视同仁的态度。这一变化对于这些国家建立"民族国家"都起过促进作用。这种态度对于中国近代欧化白话文的崛起,起了重要的推动作用。也正因为新教和天主教之间这种态度的差异,使得新教在中国近代语言改革中起了重要的推动、促进作用,而天主教在中国这方面的影响,则无法与新教相比。

第三是如韦伯所说,新教伦理推动了资本主义精神的发展。欧洲社会正在经历资本主义的洗礼,经济上进入一个重大的飞跃。在马可·波罗和他死后相当长的一段时期,中国比欧洲先进,欧洲羡慕中国的经济发展,甚至羡慕中国的科举制度,打破世袭制,从平民百姓中选拔人才。因此法国启蒙运动的思想家们常常把中国作为西方社会启蒙的"他者",作为学习的对象,虽然其中也不乏他们对中国的想象和误解。但是到了19世纪,借助于新教伦理、科学的发展、工业化和资本主义化,欧洲已经大大超越中国的经济发展,并且正在统治世界,欧洲开始把中国视为西方殖民的对象。这时的西方由于中国闭关锁国,并不了解中国。而一旦当它们了解了中国的实际情况,中国在西方的眼里就成为愚昧落后的象征,输入西方文明,加速全球化,就成为拯救中国的一条出路。中国拥有的巨大人力资源同时也就成为西方殖民和传教的广阔天地,它对于西方传教士来说也是一种激励和鼓舞,用传教拯救中国人的灵魂,每增加一位上帝的选民也就增加了自己的一份功德。

最后,随着英国在欧洲战胜西班牙、荷兰和法国,夺取了海上霸权,成为世界上最强大的海上帝国,英国的新教也开始重视在国外传教。"英国国内于18世纪末开始纷纷成立对国外传教的基督教差会机构,其中较著名的有在1792年成立的浸礼会差会,1795年成立的伦敦会差会,1796年成立的苏格兰差会,1800年成立的基督教差会等,这些差会训练了一批传教士,并陆续地将他们派往非洲和亚洲的印度、缅甸等国活动。"[①]明末清初的西方传教士在华的传教活动是相对单纯的宗教传教,但是19世纪以来的西方传教确实存在把传教与商业、政治结合起来的状况,这个状况在1949年以后的中国是被大大夸大的,西方传教因此被视为一种"文化侵略",配合帝国主义对中国的侵略和占领,西方传教士也因此被视为文化侵略者,他们为促进中西文化交流所付出的辛劳得不到中国历史学家的相应表彰,这是很不公正的。但是实事求是地说,完全否定西方传教士传教与西方殖民主义商业、政治结合这种状况的存在也不符合事实。当然,说明这些情况的存在并不是本书的宗旨,本书只是想借某些材料说明进入19世纪以后的西方传教与明末清初西方传教的某些不同之处。

其实,新教进入中国传教在开始时也在明末清初阶段,只是略比天主教晚,而在17世纪初,可以说是紧跟着天主教进入中国传教的。传教的国家

---

① 顾长声《传教士与近代中国》,上海人民出版社,1981年,第23页。

第二章 近代欧化白话文的发生

是荷兰,可惜传教的地方不太重要,是台湾,那是中国最边远的地方之一,又是一个岛屿;因此它在当时对中国大陆的文化,几乎没有发生什么重要的影响。荷兰的殖民者在1624年入侵台湾,荷兰政府也在1626年派遣传教士到台湾活动。"这批传教士在台湾传教二十多年,招收了上千人入教,开办了一些初等教会学校。但后来由于荷兰的殖民势力在日本的基督教活动受到打击,因而限制了传教士在台湾的活动。"①官话在台湾的流行要推迟到很晚,如果说清政府感到福建、广东流行官话不力,那么,作为福建省的一个地区,台湾作为一个岛屿,处在比较封闭的位置,它的官话流行比起福建其他地区就更加稀少。所以这时新教传教的文字如同天主教一样,主要使用浅近文言。后来郑成功把荷兰殖民势力赶出台湾,新教在台湾的传教活动也就暂时宣告结束。此后由于清朝政府视西方传教士为异端,害怕他们传播的基督教教义与儒家学说冲突,造成清朝统治下民众的思想混乱,屡次颁布禁令。新教当时已经不可能在中国内地传教,甚至不能在中国的边境澳门传教,因为那里是来华天主教传教的基地,他们对新教保持着高度的敌意,千方百计地排挤新教传教。清朝政府,也因为担心危及自己的思想统治,对于澳门的传教活动格外关注。甚至连英国政府自己,也担心新教传教会遭到清廷的反对,影响英国在华贸易利益,并不支持他们来华传教,更不要说东印度公司等贸易机构。于是新教只能采取新的传教策略,在中国境外的边远地区寻找传教的突破口,再由边缘进入中心。这就是我们下面要说的马礼逊传教策略。

如果说我们在第一章所讲的瓦罗著作里已经看到,明末清初的一部分西方传教士,已经把学习和运用中文的重点放在浅近文言和古代白话上;那么,这时的西方传教士也同样做了与明末清初那些西方传教士相同的选择。晚清的西方传教士在学习汉语上也付出了巨大的努力,但是对他们来说,汉语实在太难学了,他们甚至很难做到像利玛窦那样花十几年功夫学习中文,能够熟练运用文言文。因此他们只能大量选择浅近文言和白话文作为书面

---

① 《荷兰在台湾传教概况》,载《中国丛报》1851年8月,转引自顾长声《传教士与近代中国》第22页。

语言。此外,我们从下面马礼逊和米怜的写作宗旨、编辑方针中可以发现,他们又回到天主教在元代中国的传教方针,尽可能地扩展教徒,向社会下层传播基督教的信仰,多吸收一位教徒,多积累一份功德;而不是把发展文化层次较高的教徒放在首位,以扩展基督教在社会中的影响。这里的原因或许是因为他们当时无法在中国本土的城市传教,只能在南洋设立传教的据点,那里不是中国文化的中心地带,很少有水平较高的读书人,他们对于中国社会也缺乏影响,这样他们就无法像明末清初的天主教传教士那样把注意力放在发展文化层次较高的精英信徒身上。但是他们面向社会下层传教的设想,正好与现代社会将社会组织和教育不再局限于贵族精英,而是扩展到社会下层的"全民化"、"世俗化"的历史发展趋势相吻合。

从本质上说,传教士是倾向于用白话的,白话更符合传教士的母语所体现的语音中心主义,也更符合基督教"道与言"关系的认识;所以马礼逊一度倾向用白话来翻译《圣经》,因为使用白话有很多好处:"第一,因为广大民众更易理解。第二,在人群中宣读的时候,它清晰易懂,而这是经典文言体无法达到的。折中体在公众场合宣读时也很清楚,但不如白话体容易理解。第三,在口头讲道时,白话体可以逐字引述而不用加上任何引申解释。"①但是,由于官话当时尚未普及,在南洋是广东话的天下,也因为当时的白话读物没有地位,受到读书人的鄙视,不切合《圣经》的地位,这种设想最终没有实现。

因此,颇有意思的是:当新教传教士们最初尝试翻译《圣经》时,他们所选择的是瓦罗认为西方人学不会的文言文,而不是瓦罗认为可以学习的浅近文言和白话文。这样选择的目的似乎很明确:在中国传统上,文言文的地位是"至尊"的,而用白话文写作的作品,大多不能列入"文"的范畴;《圣经》本身的崇高地位,不同于一般的宣教文本和杂志,也决定了它必须选择优雅的语言来翻译。正如我们前文所表述的,从语言场域来看,文言文不仅是对作品身份和目标受众的一种定位,同时,在这一时期,由于白话文长期被认为是"卑下"的,它的运用领域只限于通俗的文体,在表述内容、形式、能力上

---

① 艾莉莎·马礼逊《马礼逊回忆录》,大象出版社,2008年,第175页。

第二章 近代欧化白话文的发生

都受到诸多的限制。要使中国人尤其是中国士大夫们心悦诚服地同意：基督文明是一个可以与古老的中华文明相匹敌，甚至犹有过之的优秀文明，《圣经》在文化史上的地位并不逊于他们所信奉的儒家经典，文言文只能是唯一的选择。因此，无论是马礼逊还是马士曼，在他们最初试图进行《圣经》的翻译活动时，并未选择文言文之外的语言形式。促使他们作出这个决定的原因，与明末天主教传教士选择文言文作为主要传教语言的原因在本质上是相同的，也就是急切地希望获得中国人的尊重和进一步的认同。

新教的《圣经》第一个中文译本译者马士曼在他致大英圣书公会的信函中，对他和拉撒联合翻译《圣经》的方式有较为清晰的描述：

> 正如我已经告诉你的，翻译的第一步，是由拉撒先生坐在我的肘旁（他经年累月地坐在那里），并且由英文翻译过来，辅以他的亚美尼亚语知识。有很长的时间，在他开始处理所分配的部分之前，他先会和我一起阅读，直至他认为没有需要为止；所以他现在只是与我商量某些特别的用字和片语。①

尽管马士曼声称，他的《圣经》译文在最后定稿之前往往要经过拉撒、他本人以及其他不懂英文的中国助手的再三审阅②，但是，由于拉撒的文化程度和英文水平都并不是很高，该译本在"信"与"达"方面均受到后世传教士的诸多批评，仅仅是由于神学问题上的争端才使浸礼会始终采用这一译本③。而马礼逊的《圣经》译本《神天圣书》，尽管在上述方面所获得的评价远较前者为高，并且由于其译者所获得的崇高荣誉也随之"赢得了极大的声誉"④，但是也远非完美。

传教士把《圣经》的文言译本称作"文理本"，浅近文言译本称作"浅文理本"，白话译本名称不变，也是"官话本"。按贾立言的《汉文圣经译本小史》统计，在这一时期出版的文理本《圣经》，重要的译本共有九个，分别是马士

---

① *British and Foreign Bible Society*, Report. London, 1815, p.471. 本段译文根据尤思德《和合本与中文圣经翻译》，香港国际圣经协会，2002年，第36页。
② *British and Foreign Bible Society*, Report. London, 1815, p.471-472.
③ 参见尤思德《和合本与中文圣经翻译》第43页。
④ 尤思德《和合本与中文圣经翻译》第34页。

曼与拉撒译本，马礼逊译本，麦都思、裨治文、郭实腊译本，委办译本，裨治文与克陛存译本，高德与罗尔梯译本，胡德迈新约译本，怜牧师新约译本，湛约翰与沙牧师新约译本。而同期翻译的浅文理本只有三个，白话本四个，数量均大大少于文理本；就是两者加起来，也没有超过文理本。可见，由于当时文言在中文中的地位，文理本《圣经》在19世纪，是传教士们所关注的焦点；教会在翻译文理本《圣经》时投入的人力和物力，也大大高于其他版本。而由于文言文本身的高深和困难，对文理本《圣经》的翻译意见也最多、最难以统合，因而也造成了各种译本的层出不穷。但是瓦罗认为的实际上西方传教士很难学会中国文言的看法其实是很有道理的，尽管西方教会把马礼逊等九个译本作为"文理本"，但是中国学者只要稍通文言，阅读之后，不难发觉，在这九个"文理本"《圣经》译本之中，除了"委办译本"达到典雅文言程度之外，其他的译本都没有达到典雅文言的水平，它们在文言程度上其实只能算是达到"浅近文言"的水平。甚至连20世纪20年代方才问世的文理本和合本《圣经》译本，也没有达到典雅文言的水平，只能算是浅近文言。我们只要设想一下，马礼逊那么推崇《三国演义》的语言，他翻译的《圣经》也被作为"文理本"，我们就可以大致推测出英美教会衡量"文理本"的文言水平了。事实上，这些《圣经》"文理本"除了"委办译本"之外，在汉语的文言程度上并不比施约瑟的"浅文理"译本深。所以在我们看来，后来教会认为《圣经》的"文理本"和浅文理本差别不大，故而取消了"浅文理"译本。从语言功能上看，这其实不是中国的"典雅文言"和"浅近文言"的差别不大，而是传教士的《圣经》"文理本"基本上没有达到"典雅文言"的叙述水平，与"浅近文言"的叙述水平差别不大。而施约瑟之前的"浅文理"译本，其"欧化"程度也超越了中国人能够接受的程度。所以后来对《圣经》有兴趣的中国学者会尝试用文言重新翻译《圣经》，如严复尝试运用典雅文言翻译《圣经》，周作人在日本跟着章太炎学习古汉语时产生重新翻译《圣经》的设想，甚至为此而决定学习希腊文，在他学好希腊文回到中国来以后，因为白话文运动的开始，他最终放弃了用典雅文言重新翻译《圣经》的设想。他们都是因为不满意已有的文言《圣经》译本水平，因为这个论证不是本书的主要内容，所以这里从略。不过这是一个很有意思的现象，西方教会认为这些中文《圣经》已经达

第二章　近代欧化白话文的发生

到了典雅文言的水平,把它们称作"文理本";实际上它们距离中文的典雅文言水平还相距甚远。这或许也从一个方面证明了当时西方传教士需要用文言翻译《圣经》的迫切性和学会典雅文言对西方传教士们的难度。

"委办译本"的尊崇地位,从它一开始的翻译方式就可以看出来。在新教的《圣经》汉译史上,特意组成一个委员会以负责《圣经》的翻译工作,这种方式只在三个译本的翻译过程之中发生过,即委办译本、北京官话本、和合本。然而,委办译本的情形,较之后两者更为特殊,因为在翻译委员会的章程中明确指出:"凡传教士力能胜任作翻译的工作者,均须参加译事。"[①]贾立言在对这一条进行解读时指出,这样的工作在后世是无法进行的,因为在此条中明确地表示出,"在这代表译本之后有一很宏大的意念,就是这件工作,每个传教士,只须他有一份能力,就须作一份的贡献,而集每人所作的贡献,由一代表委员会加以订正及编纂"[②],换而言之,这等于是要求在中国的全体传教士,只要力所能及的,都具有参加翻译工作的义务。因此,委办译本实际上是集当时在华几乎所有的传教士之力所创造的翻译作品。这样宏大的计划,无论是在此之前或之后,几乎都是无法想象的,在翻译史上也是罕见的。

委办译本的《新约》部分于1894年作为慈禧太后的六十寿辰礼物而被敬献给她。选择委办译本的原因,刘禾认为:"传教士坚持不懈地努力要消灭本地的异教偶像,要用这部圣书的经文来取代本土经典,但他们所面临的艰巨任务是,与佛教经典的精深和儒家经典的权威相比,《圣经》翻译能否产生高水平的中文译本,并与之抗衡。于是,'新约献本'成为传教士们宣称他们在这方面取得辉煌成就的见证。"[③]实际上,选择"委办译本"的原因,一方面固然有以上的因素,另一方面也与权力的博弈有着十分密切的关联——否则,我们无法解释为什么在"献书"时选择的仅有《新约》部分而非《圣经》全书。实际上,委办译本所计划的集"在华所有传教士之力"的宏大翻译方式,仅在《新约》的翻译过程中得到实行;而《旧约》的翻译,则有更多的"自行

---

① 贾立言《汉文圣经译本小史》第33页。
② 贾立言《汉文圣经译本小史》第34页。
③ 刘禾《帝国的话语政治》,生活·读书·新知三联书店,2009年,第196页。

其是"的色彩,因而也产生了两个不同的《旧约》版本:麦都思的译本和裨治文的译本。然而大英圣书公会将麦都思的《旧约》译本和《新约》译本合并出版,形成了今天我们通常意义上所指的作为《圣经》全译本的"委办译本"。因此,"委办译本"的《新约》部分较之《旧约》部分,更能体现传教士们"集体行动"的色彩,更能获得各方面普遍的认同,更适宜作为宗教、权威和西方文明的隐喻符号,成为帝国的象征,因为其运作方式本身实际上不妨看作是对《圣经》普世性的一种隐喻和模仿。

然而"委办译本"可以通行全国达近半个世纪的时间,确实是与其较其他译本远为出众的文学色彩分不开的。在"委办译本"的翻译过程中,发生了两个对此后《圣经》的翻译思想至关重要的转变:一方面,"委办译本"的章程中,明确提出了"较之往日所出版的,更当注重普通,以求广布……凡经新教差会干部所核准任何汉文圣经译本,在意义上必须与希伯来及希腊原文相切合,而在成语、文体及体裁上可依照中国文字的样式"[①]。韩南在论及马礼逊与麦都思的不同翻译原则时曾指出:"不同翻译文本之间所存在着的差别,主要来自于'自由翻译'还是'直译'两种不同翻译模式之间所存在的难以根除的紧张冲突。"[②]换而言之,每一个试图翻译《圣经》的传教士都只能在"传播福音"的呼求和"维护圣言"的绝对律令这两者所构成的悖论境地中进行艰难的摇摆和抉择。然而对照日后和合本的翻译原则我们可以发现,在此处,对"维护圣言"的要求相对薄弱,而传播的重要性则被放在章程的第一条加以强调。这为"委办译本"的另一个重要的转变创造了条件——在这样的前提之下,中国士人得以更多地参与进《圣经》的翻译工作之中来,而翻译的文学性也受到了更多的注意、获得了更多的可能。而"委办译本"的中文合作者又是近代著名的作家王韬;因此,如果说"委办译本"单纯从中文的语言之美上超越了之前乃至之后的一切文理译本,这一判断应当说是并不夸张的。

但是,运用典雅的文言翻译《圣经》其实处在两难之中,它虽然可以提高

---

① 贾立言《汉文圣经译本小史》第32页。
② 韩南《作为中国文学之〈圣经〉:麦都思、王韬与"〈圣经〉委办本"》,段怀清译,《浙江大学学报》2010年第2期。

第二章 近代欧化白话文的发生

《圣经》的文学地位，获得士大夫的认同，但是它也必须为此付出代价：文言"委办译本"为了追求中文文言译文的流畅宁可牺牲对原文的绝对忠实[1]，贾立言曾经指出由于王韬的润色，"从文笔方面说，这译本比较从前的几种都大见进步"的同时，也特意强调："但是这也造成重要的缺点，其中主要的一项乃是有时为顾全文体起见竟至牺牲了原文正确的意义，其中所用的名词多近于中国哲学上的说法，而少合基督教教义的见解，有时单是因为文笔的缘故，掩蔽了文字所含寓的真实的意义。"[2]这一说法在韩南的引述中得到了佐证，而它也准确地描绘出了王韬以及一切试图用文言翻译《圣经》的人，在翻译过程中所遇到的重要困境。韩南教授在他较新的一篇论文中，详细地总结了"委办译本"在翻译过程中和问世之后所受到传教士质疑的焦点之所在：即使和马礼逊本身已经较为粗疏的译文相比，麦都思的译本仍然以"不忠实"、不够贴近原文受到批评——尽管，同时几乎所有人都承认，这个译本的中文水平和文学水准，要远远优于它之前的系列译本[3]。由于典雅的文言是儒家经典中产生的语言，它很难避免用儒家经典的词义去扭曲《圣经》原来的含义。典雅的文言处在中国文化的核心部分，要改造典雅的文言或者欧化典雅的文言都有很大的难度，西方传教士的文言基础很难承担这一任务。

在19世纪前期，《圣经》翻译以两种互补的翻译思路为主，即向精英化路向发展的文理译本和向大众化路向发展的方言译本。文理译本所强调的是《圣经》作为"经典"的一面，在语言上追求尽可能的优雅、高深、得体，在翻译理念上更为注重符合中国传统文化和语言习惯的重要性，其目的是希望借优雅端正的文言文向中国士大夫们表明：基督文明是一个可以与古老的中华文明相匹敌，甚至有过之而无不及的优秀文明，《圣经》的文化地位并不逊于他们所信奉的儒家经典。文理译本在19世纪前期所产生的最为重要

---

[1] 韩南指出："不少传教士发现，该译本（指委办译本）并不能作为原文本的忠实译本，部分原因在于为了确保译文的文学品质所采取的翻译方法。"参见韩南《作为中国文学之〈圣经〉：麦都思、王韬与"〈圣经〉委办本"》，段怀清译，《浙江大学学报》2010年第2期。

[2] 贾立言《汉文圣经译本小史》第39页。

[3] 韩南《作为中国文学之〈圣经〉：麦都思、王韬与"〈圣经〉委办本"》，段怀清译，《浙江大学学报》2010年第3期。

的代表作则是著名的"委办译本",它也是和合本诞生之前第一个能够为各个教派的传教士一致接受的联合译本和权威译本。而另一方面,方言译本则完全是由于向大众"传播福音"的急切需求而诞生的译本,其特色是语言力求通俗,基本上是对当地方言土语的直接摹写,由于大众识字率较低,19世纪的方言译本大多使用各种注音字母而非汉字。在19世纪前半叶,文理译本与方言译本面对完全不同的受众,彼此之间绝无交集;两者间存在的截然分割而又相互补足的关系,代表了《圣经》传播的精英化与大众化路向的截然分离。赵维本指出:

> 传教士认为以官话翻译圣经的好处之一,是当颂读官话圣经时,在说话的中国人之中的文盲大多数能够听得懂,而文言文则只有阅读者本人能够理解,明白的仅限于少数。在讲道时,译员要将文言文圣经转述成口语,而使用的若是官话圣经,便可以避免额外添加的一步。此外,使用文言文难免会涉及大量的儒家用语,以及书写语言有时出现的各种意义暗晦之处,两者也都可以避免。①

从19世纪中后期开始,一方面,文理译本《圣经》所固有的缺点——不便传播、与中国传统文化纠缠过甚愈发明显地表达出来,日益无法适应传教工作的需求;另一方面,文言文在中国社会文化中地位的变化,也影响到了传教士们对文言译本的评价,随着文言所具有的社会文化资本的降低,这一优势日益显得不足以抵偿它的固有缺点。因此,在这一时期,文理译本《圣经》的象征意义开始远大于其实用意义。而对于方言译本来说,由于中国所存在的方言数目太过于庞大,而彼此之间的差距又太过于明显,使得一种方言的译本只能通行在特定的地区,为与人口总数相较甚为有限的人群所理解。由此,对传统翻译思路的不满使得传教士开始趋向于寻找一种"中间语体"的努力。这种努力造就了19世纪中后期《圣经》汉译活动中两种极为重要的翻译思潮:浅文理译本的繁盛和官话译本地位的上升。

西方传教士用白话翻译《圣经》其实是在他们用文言翻译《圣经》之后,

---

① 赵维本《译经溯源——现代五大中文圣经翻译史》,香港:中国神学研究院,1993年。

第二章　近代欧化白话文的发生

要了解为什么新教传教士们最终将希望寄予了白话，我们必须对前文所提到的近代各种书面语言作一较为详细的回顾和分析。前文中我们分别提到了三种主要的书面语：文言、浅近文言和白话，并对它们主要适用的范畴进行了简单的讨论。实际上，对于任何一个近代文人来说，他都不可能只是单单使用其中的一种，而必须根据不同的场合、群体和他所希望表述的内容，来谨慎地选择自己在当时当地所使用的语言。最为典型的例子是梁启超，我们看到，他在写作严肃的奏折的时候选择使用"高雅精妙"的文言，在为报刊写文章的时候大多选择浅近文言，而在写作他所鼓吹的"新小说"的时候则使用白话。这是一种普通的常识，然而我们却不得不在此再次提出它，因为在进行研究的时候，这个简单的事实很容易被忽略，我们通常喜欢把近代人物和他们"最具代表性"的书面语言建立一种简单的等同关系，如严复与文言，梁启超与浅近文言，陈独秀与白话，而忘记了陈独秀的《文学革命论》本身就是以文言所写成，他们并不是"只"使用这一书面语言，而是在特定的场合"选择"使用这一书面语言。

"语言场域"是社会语言学的主要理论之一。按照赫德森在《社会语言学》一书中的概括，社会语言学的主要目的之一是反对如下的概念：在传统语言学中，"语言"与"社区"的观念被视为固定不变的，每个人在任何场合都按照同一种语言原则进行表述；而社会语言学则认为，每个人都生活在一个事实上的"多语社会"之中，他必须灵活地依据自己所处的不同情境、所属的不同集团，选择最适宜的表述方式①。语言不仅是交流的工具，它更是身份认同的重要依据，并且意味着不同的"象征资本"。人们选择语言的行动，本身也可视作一种"占位"。而语言在社会中所处的不同地位则是权力运作与博弈的结果。

我们可以用下面的图表来显示三种主要书面语言在近代社会中的不同定位：

---

① 赫德森《社会语言学》，华夏出版社，1989年，第6—10页。

	文言	浅近文言	白话
象征资本	高（可以显示使用者的文化修养）	中	低（会有被认为是"粗鄙无文"、"村言野语"的危险）
可流通性	低（只有在特定的士大夫群体中可以得到流通，但可以在高层次的场合流通）	中（适用于在有一定文化素养的读者，但不限于传统意义上的"读书人"中传播）	高（所有识字读者）
使用场合	严肃的或者文学性的场合	报刊媒体、商业交流	小说、戏曲等通俗文学形式

然而，每一种语言在语言场域中的地位虽然具有相对稳定性，但并非一成不变。伴随着社会发展和文化变革，语言的地位也会发生剧烈的变化，这包括了我们上文所列举的象征资本、可流通性和适用场合这三方面的转变。尤其在近代这样一个中国历史上最剧烈的变革时期，语言地位的转换也往往是相对迅速的。

最为典型的例子就是文言在近代所经历的迅速衰落。在中国历史上，文言一直具有独特的尊崇地位，是士大夫集团内部交流使用的主要语言，甚至被认为是在正式场合唯一可以使用的书面标准语。学会使用正确而优雅的文言，一直是"读书人"的身份标志和向上层社会流动的必备条件。直至嘉庆后期，作家们试图提高小说这一文学体裁的地位所采取的方式依然是改变小说所使用的文学语言，将其从白话变为典雅文言甚至六四骈文，以此来提升小说这一文体的象征资本，甚至不顾这一变革可能导致的对小说文学性的损害[①]。然而，随着晚清中国政治地位的下降和在文化比较中呈现的劣势地位，与传统文化联系紧密的文言成为一种象征性的符号而开始遭到批判，过去使其获得高额象征资本的那些特点，如今都成了"祸国殃民"的罪孽。较为典型的是裘廷梁在《论白话为维新之本》中的论述模式，他认为当今中国，民智不开，人民普遍文化程度低下，科学难以发展，均是因为文言文的难学难用导致的祸患："有文字为智国，无文字为愚国；识字为智民，不识

[①] 参见袁进《中国小说的近代变革》，广西师范大学出版社，2009年，第14页。

第二章　近代欧化白话文的发生　　　　　　　　　　　　　　　　　87

字为愚民:地球万国之所同也。独吾中国有文字而不得为智国,民识字而不得为智民,何哉？裘廷梁曰:此文言之为害矣。……二千年来,海内重望:耗精敝神,穷岁月为之不知止,自今视之,廑廑足自娱,益天下盖寡。呜呼！使古之君天下者,崇白话而废文言,则吾黄人聪明才力无他途以夺之,必且务为有用之学,何至暗没如斯矣？"①同时,文言文引以自傲的"文学美感"也被认为是追求繁巧、百无一用、于国计民生无益之事而遭到摒弃。这一趋势发展到五四时期更是蔚为大观,倡导白话文的理论家们继承了这一论述理路,简单地将中国的"落后"归于文言的"罪责",认为将社会通用书面语从文言变为白话,是强国智民的首要前提；而坚持使用文言的人则遭到批判和嘲讽,曾被奉为古文"正统"的桐城派被讥为"桐城谬种"与"选学妖孽"。坚持使用文言文,在此时更多地已经不是一种身份地位的象征,而是作为"不同于时"的反对派而存在。

　　与文言文相反,白话文在近代则经历了地位的急剧提升。用白话文翻译"权威"的《圣经》译本的行为,其本身在社会语言学上应当被视为一个重要的事件,因为它使白话文的应用领域从描述"村言野语"拓展到可以用来阐述"经典"的高度。我们前面曾经提到,《圣经》在西方文化中的地位和儒家四书五经在中国传统文化中的地位,具有相似的尊崇性。而北京官话本的翻译方式,是与文言的"委办本"翻译方式相似的,都是由教会组织一个翻译班子认真翻译的,它的翻译程序证明了它从一开始就是作为可以"通行全国"的"权威"译本而被生产的,其受众不再像方言《圣经》译本那样仅限于几乎不识字的村妇愚夫,而是刻意追求"雅俗共赏"。这样的一种行为,实际上是大幅增加了白话的象征资本,使它得以超脱传统"不登大雅之堂"的地位,进入到那些主张学习西方文化、承认西方文化的"优势"地位的士子们的视野中来,提示他们,白话作为一种书面语言,有着许多尚未被开拓的可能性；同时,以传教士为代表的西方学者对白话的推重,使其社会地位即使还不能和文言相比,但也获得了极大幅度的提升。实际上,由于中国的语言是"文

---

①　裘廷梁《论白话为维新之本》,见郭绍虞主编《中国历代文论选》第四册,上海古籍出版社,2001年,第168—169页。

字中心主义"而不是西方语言的"语音中心主义",中国士子本身难以意识到"言文分离"的不合理性,只有在"言文一致"的西方语言学观念传入中国并由于西方文化的优势地位得到普遍认可之后,"白话"才能取代文言成为最具合法性的书面语言,并与"国势"相联结,获得了强大的政治资本和象征资本。

  由于文言《圣经》较为高深,不易为下层民众读懂,而"官话"又没有完全普及,从19世纪前期开始,在翻译文言《圣经》的同时,传教士们也在着手进行其他语言形式的《圣经》翻译,方言《圣经》译本便是其中极为重要的一种。目前已经发现的《圣经》方言译本,既包括吴语、粤语、闽南语、客家话等多种汉语方言,也包括藏语、苗语、蒙古语等其他各民族的语言文字。由于方言通常存在着"百里不同音"的现象,在每种大方言区之内又有多种类别的地方方言,因而方言译本的数目极为庞大,超过了所有国语译本的数目总和。方言《圣经》译本的目标受众十分明确,即下层的困苦民众;由于其中很多人并不识字,而方言本身也大量存在有音无字的情况,故而大多数《圣经》方言译本均未采用汉字,而使用了不同的注音系统,也就是用字母给方言注音的拼音系统。其语言也力求通俗,争取做到"明白如话",便于宣讲和理解。方言《圣经》译本大大加快了福音传播的速度,降低了阅读《圣经》的门槛,据传教士报告,一个目不识丁的普通农民,在学习罗马拼音一个月后,就可以毫无困难地阅读、使用这种注音文字的《圣经》[①]。故而在一段时间内,传教士们对于拼音文字相对于汉字的优越性充满了信心,认为它一方面可以解决中国庞大的"文盲群体"的问题,另一方面可以为中国人节省大量的学习语言文字的时间,使他们有更多的精力学习其他知识[②]。甚至连一些和传教士来往密切的近代知识分子也受到这种情绪的感染,近于夸张地断言,如果不能实行汉字的拼音化,那么中国的落后状况便无解决之希望[③]。

  然而,方言《圣经》在《圣经》汉译史上,一直未能占有真正重要的地位。实际上,随着《圣经》翻译工作的进一步开展,传教士们便逐渐明白了,方言

[①] 丁韪良《花甲忆记》,广西师范大学出版社,2004年,第31页。
[②] 如丁韪良《花甲忆记》第29—31页。
[③] 如卢戆章《一目了然初阶》,文字改革出版社,1956年,第2页。

的优点同时也是它的最大缺点：由于中国所存在的方言数目太过于庞大，而彼此之间的差距又太过于明显，使得一种方言的译本只能通行在特定的地区，为与人口总数相较甚为有限的人群所理解。除非中国能够拥有一种通行全国的"民族共同语"，首先拥有一种全国统一的语音，那么汉字的拼音化将是无法作为有效的交流手段而加以实施的。尽管明清两代都曾大力推行"官话"，但其范围仅限"通行于上流社会、官场和读书人之间"①，与现代意义上的面向全民的"民族共同语"即"国语"迥然有异，后者的概念要到晚清才被首次提出。而对于普通民众而言，"官话"这一"官场共同语"是完全在他们的语言范围之外的，更何谈使用根据"官话"的读音所创设的拼音文字《圣经》向其传教。

那么，当方言《圣经》译本无法广泛传播，亦无法超越口语化、通俗化的界限，而文理本《圣经》却又太过深奥难以理解、同时无法保证对原文的忠实性的时候，传教士们将何以解决这一难题呢？通过对中国语言的进一步深入了解，传教士们发现，中国之所以可以存在多种差异极大的方言但却能够保证文化的同一性的前提，在于其一直有着较为稳定的共同文字和书面共同语。因而，寻找一种较之文言更为浅显易懂、不具有文言悠久而神圣的传统因而更为开放的书面共同语，便成为下一步《圣经》汉译中的重要任务。

近代《圣经》汉译史上出现的第一个白话译本是麦都思南京官话译本。这一译本并非由原文直接译出，而是由一个不懂原文的南京士子从文言委办译本改写为白话的②。这种翻译方式实际上是19世纪前半叶几乎全部方言译本的共同翻译方式。由此也可见，在这一时期，"官话"仍然只被作为一种"特殊的方言"看待，而非一种具有较高社会文化价值的通用语或书面语。南京官话译本翻译出版后，由于其相较文言更通俗易懂，而相较方言可流通范围更广，因而在流通价值和传播价值上远远高于后两者。从大英圣书公会的年度报告中可以看出，仅在1855年，南京官话译本的印数已经超过了文言《圣经》，并且在实际流通过程中成为颇受欢迎的一种《新约》译本③。

---

① 市川勘、小松岚《百年华语》，上海教育出版社，2008年，第24页。
② 贾立言《汉文圣经译本小史》第64页。
③ BFBS Report, 1855: VI.

1859年的年度报告显示,在这一年中,文言《新约》译本一共印刷了15 249册,而南京官话本则印刷了21 815册,明显后者的受欢迎程度要超过前者①。

然而,尽管南京官话本大受欢迎,对白话《圣经》译本的认识却仍然并未突破旧有的窠臼,南京官话本依然被描述为一种为没怎么受过教育的阶级准备的《圣经》译本,它的优点是更易使大众懂得《圣经》所传播的福音;同时,《圣经》公会在面对可能的质疑时,也小心翼翼地维护这本译本,指出这种出版《圣经》的模式,只是一种传播形式上的问题,而无关译本的特性②。这本译本最重要的作用之一被认为是可以在公开的讲道和宣读中使用,因而可以为传道的人们省略从文言到方言的转换过程,这一点,尤其对于一个外国传教士来说,无疑是极为宝贵的③。然而,这也说明了,在这一时期,白话依然被更多地当成一种口语语体而非书面语。这也造就了南京官话本与之后的几种官话译本均不相同的语言特色。如在南京官话本中包含大量采用方言土语的口语化表述与带有古白话色彩的表述方式,但这在北京官话本与和合本中几乎是看不到的。如《马太福音》1章22—23节④:

King James Version:Now all this was done, that it might be fulfilled which was spoken of the Lord by the prophet, saying, Behold, a virgin shall be with child, and shall bring forth a son, and they shall call his name Emmanuel, which being interpreted is, God with us.

南京官话本译文:有这件事,就应了上主托先知所说的话了。他说有个闺女,将怀身孕,生一个儿子,名字叫做以马内利,翻译出来就是上帝和我们一块儿的意思。

北京官话本译文:这事成就,便应验主托先知所说的话,他说,童女

---

① BFBS Report,1859:227.
② BFBS Report,1854:cxii.
③ BFBS Report 1861:168.
④ 正如在下文中将会指出的,南京官话本以"委办译本"为底本译出,而北京官话本则从希腊文直接翻译,但为读者易于理解起见,本文在此处列出英文 KJV 本的对立语句作为参考,并非表示上述译本均以 KJV 为底本。

将要怀孕生子,人将称他的名为以马内利,译出来,便是神与我们同在。

官话和合本译文:这一切的事成就,是要应验主藉先知所说的话,说,"必有童女,怀孕生子,人要称他的名为以马内利。"("以马内利"翻出来,就是"神与我们同在"。)

在上例中,南京官话本使用了口语化的流畅句式,它的表述方式尽管在某种程度上更加通俗易懂,但是确如《汉文圣经译本小史》中的批评,是"不庄重"的[①]。实际上,或许我们可以说,在《圣经》语言的普及性与庄重性之间的选择很难两全,语言的通俗易懂会增强它在下层教众中的传播力,但是必定会减弱《圣经》文本本身的庄重、权威与经典感。

南京官话本的另一特点是当直译可能会显示文化差异进而造成理解困难的时候,南京官话本往往直接采用意译的方式。此时,北京官话本和和合本却往往显得拘泥于原文,甚至有以词害义之嫌。如在马太福音的18章20节中,我们可以看到这样一句话:"For where two or three are gathered together in my name, there am I in the midst of them."(KJV)北京官话本和和合本都更为尊重字面地将"in my name"(εis το' ἐμòνòνομα)译为"奉我的名",而南京官话本则更为灵活地将之处理为"尊敬我的名"。无疑,后者是更为地道的中文表达方式,而前者则虽然最为接近对《圣经》"逐词翻译"的要求,在汉语中却颇为生硬,即使在今天的普通读者看来,"奉我的名"也不如"尊敬我的名"容易明白。

而在另外一些情形中,南京官话本倾向于添加原文所没有的解释性语句,以使其在中文的表达中更容易为一般读者所理解。当麦都思试图翻译"Follow me, and let the dead bury their own dead"(马太福音8:22,KJV)这句耶稣的名言的时候,他将其转换成:"你只管跟着我,有许多人虽生犹死,听他们去葬死人罢。"在这里,"许多人虽生犹死"是原文中并未出现的,实际应当视作是译者对《圣经》做出的阐释。它直译的形式应当如北京官话本或者和合本那样,是:"让死人埋葬他们的死人去,你跟从我吧。"

如果说这句的阐释性意味并不很明显,那么下面这个例子则更为典型:

[①] 贾立言《汉文圣经译本小史》第64页。

KJV: But he said unto them, All men cannot receive this saying, save they to whom it is given.(马太福音 19:11)

南京官话本译文:只有几个人,上帝赐他的心按捺得住的,才能够哟。

官话和合本译文:耶稣说,"这话不是人都能领受的,惟独赐给谁,谁才能领受。"

这里的"上帝赐他的心按捺得住的"是明显的解释性语句,它可能存有的最大问题在于,它将英文《圣经》文本可能存有的多种解释,包括加尔文式的预定论的解释,缩减为独一的一种。《圣经》的句子——"save they to whom it is given"(αλλ'οἶς δέδοται)——是一个包含有多种阐释可能的关系束,而官话和合本的翻译,通过谨慎地在字面上跟随原文,也在汉语中基本实现了这一点,尽管可能较为晦涩。但麦都思的做法,在追求简单流畅的同时,也将他的理解方式,通过翻译的转换,使这一关系束缩减为独一的一支,它是更为排他的,仅从中文来看,其意义是确定的,从而难以引发其他的、英文中可能允许的解释。

因此,南京官话本在广泛传播的同时,也引起了诸多的质疑。真正标志着传教士们对白话的认识和白话的面貌本身都发生了根本性变革的是北京官话译本。从19世纪中后期开始,教会对白话《圣经》的重视程度有了明显的提升。一个重要的表征是北京官话本《新约》的翻译,这一版本所采用的翻译模式,是我们在上文已经提到过的,由特意为该翻译工作组成的委员会进行总负责的模式。在北京官话本《新约》的翻译过程中,艾约瑟、丁韪良、包约翰、施约瑟、白汉理等五位来自不同教会背景的德高望重的传教士成为翻译委员会的主要成员;《新约》被划分成几个部分,每位委员会成员承担其中一部分的翻译任务,译成后将译稿提交委员会讨论订正;译者根据委员会的一致意见进行修改后,修改稿要再提交委员会评审一次,"然后全体委员聚集一处,详细逐节逐字地审阅,如遇不能全体同意之处,则由多数表决"[1]。

笔者之所以不厌其烦地详述这种特殊的翻译方式,是因为这一模式为

---

[1] 贾立言《汉文圣经译本小史》第66页。

第二章 近代欧化白话文的发生

北京官话本《新约》和和合本白话《圣经》赋予了充分的象征资本：由各个不同教会背景的代表所组成的翻译委员会，显示着这一翻译工作从一开始试图创造的就是一个具有"普世性"，能够为各教派一致接受、一致认可的《圣经》版本；译员的"个人工作"在反复的修订中其意义逐渐淡化，最终的译作将更多地被视为是"集体的产物"，这一事实加强了译本的"权威性"和普世色彩——我们不要忘记，对基督教本身来说，19世纪是一个关键的时期，伴随着帝国的扩张，基督教在帝国的政治秩序与想象中逐渐被归为一个整体，进而被政治性地赋予了权威与普世的色彩。因而，各种形式的"普世合一"的世界性协会和运动也应运而生[1]。在中国的传教运动是其中重要的一个组成部分，在面对强大的、同时来自政治与文化、政府与民间的多种形式的抵触之后，传教士们发现，他们必须联合起来，至少是部分地跨越"教派"的鸿沟，为在中国的传教运动创立一个能够为各教派所一致接受的中心权威象征，使之成为在面对"他者"时"我们"共同的身份认同标志。这一标志只可能是、也必须是一本为各教派共同认可、共同使用的中文《圣经》。委办译本、北京官话本、和合本三个译本不同于其他译本之处即在于此，它们不再是"个人"的工作，而是具有强大象征资本的"一致"行动。因而这三个译本的权威性是所有其他译本所无法比拟的[2]。

在19世纪前半叶，由于传教地区局限于中国南方地区，传教士们在此时对中国社会语言状况的认知往往还是局限在文言—方言的分裂之上：在他们看来，唯有文言是值得关注的、具有强势社会文化资本的"标准语"；而方言——包括作为"方言的特殊形式"的官话，都是粗俗无文的，只能作为向底层民众传播福音的一种替代手段，而远非翻译一部权威《圣经》译本的正确选择，相反，使用它翻译《圣经》只会给拥有话语权的儒家士大夫以错误的印象，使之认为《圣经》并非一部高雅而值得尊敬的经典。然而，在《北京条约》签订之后，随着传教士进入中国北方地区、特别是在帝国的首都北京建立了传教点之后，他们不但认识到了"官话"在北方地区的通用性，更发现由

---

[1] 参见霍华德·洛文《基督教普世运动》，《金陵神学志》2003年第4期。
[2] 参见尤思德《和合本与中文圣经翻译》第167页。

于这一语体可以在以满族人为代表的官场"上层阶级"之间通用,因此对其社会地位有了远较原先更高的认知。同时,另一批不同于"小说俗文"的白话也进入了传教士的视野,成为了他们对官话语言地位认知改变的另一个重要原因,这便是夏晓虹所提出的"来自于官方的白话",即"公文法典"与"直讲直译"。夏晓虹指出,白话文在清代一个重要的发展是其使用范围从俗文学扩展至帝王的御笔朱批,从而"酿成了一种风气,模糊甚至改变了白话原本隐含的阶级歧视,并浸染到官场中人某些特定的公文写作";而"明白晓谕"的白话文告、"家喻户晓"的《圣谕广训》,更是形成了一种别样的力量,由于其往往与官方甚至皇帝的谕令相连,故而"具备相当的权威性、能够顺利抵达各阶层,亦可想见。……毕竟,在语言的权力场中,官方占有更多的文化资本,其动用国家机器所造成的影响力,通常应在民间社会之上"①。夏晓虹此处的分析是很确切的,当传教士们刚刚接触到中国的不同语体时,他们将《圣谕广训》的文体单独列为一类,坚持认为它与明清白话小说所使用的文体不同,其理由便是从语言场域着眼,认为公文中所使用的白话借助官方的权威,占有了较高的文化资本。实际上,麦都思拒绝使用《圣谕广训》的文体的重要理由之一,是认为"并未看到除此之外,有任何道德性或劝勉性的著作,是以这种口语文体写成的"②,因此认为《圣谕广训》只是一个特例;但随着第二次鸦片战争之后传教士更多地进入内地,同时加强了与满清官员的交往,他们自然会发现白话文告的重要性,并由此部分改变了对白话的传统认识。艾约瑟在致大英圣书公会的信函中,具体地阐释了他对官话《圣经》译本的看法:

    现在,居住在一个以官话为当地方言的省份,我开始着手进行对1855年完成的、以委办译本为底本的官话口语译本的修订工作。那位负责将书面语体转译为本地方言的南京当地人被赋予了过多的自由,并且该译本依然需要由外国人来进行详细的审查。实际上,官话译本

---

① 夏晓虹《晚清白话文运动的官方资源》,《北京社会科学》2010年第2期。
② W. H. Medhurst, J. Stronach, W. Milne, letter to LMS, 13th March 1851, Central China, incoming, Box 1, folder 3. Council for WMA. London SOAS,引文译文参考了尤思德《和合本与中文圣经翻译》,国际圣经协会,2002年,第85页。

第二章　近代欧化白话文的发生

在此地是最有价值的,并且当它被修订完成后其价值还会增加。能够阅读理解这种译本的人,其数目是十分巨大的。当公开诵读福音时,在课上由不同教育程度的人依次朗读《圣经》时,尤其是对于那些仅仅受过四或五年学校教育的人来说,这种译本有着最为重大的优势。圣书公会是否会赞助这样一项事工呢?在中国北部和西部的省份之中,圣书公会渴望在中国分发的"百万圣经"中相当可观的一部分将以官话译本的形式提供给民众,该形式在那些地区具有无可比拟的优点。①

从艾约瑟的言论中可以看出,当他在中国北方地区居住了一定时间之后,他开始认识到"官话"的重要性,并且极为乐观地将其视为是一种不但只要"受过四五年学校教育的人"就可轻松理解的文体,并且也能通行于"不同教育程度"的各个阶层之间。如果说艾约瑟在强调白话的"可通行性"时还囿于旧有的观念,较为注重它适宜于"公开诵读"的特性,因而与麦都思、施敦力所持的"官话是一种传播范围较广的特殊方言"的传统观点尚有一定程度的相似性的话,那么慕维廉则对北京官话译本寄予了更高的期望,甚至一度认为它有可能成为一个新的通用译本(common version):

我们乐于见到一个能够被所有新教传教士一致接受的、可以通行于中国各地的《新约》统一译本。官话可以在中国北方地区通行,尽管其使用往往限制在书面形式之内。现在没有哪本文言译本可以得到普遍接受,并且恐怕在未来的很长一段时间里,指望出现一本能在所有传教士间通行的通用译本,依然是前景渺茫。然而,新的官话译本提供了一个折中的机会,那些对于"上帝"和"圣灵"的译名持有相异意见的人可以达成一致;关于译文文体而产生的矛盾,也在一种对原文的和谐呈现中得以调整统一。因此,在委办译本和美国传教士译本(紧随委办译

---

① *The British and Foreign Society Report*, London:1861:168.一部分研究者将北京官话译本视为对南京官话译本的改写,笔者推测这一看法可能受到了艾约瑟此信中称其在进行"对南京官话译本的修订工作"的影响;然而,从上文所述北京官话译本的翻译方式可知,应当将其视作是一部独立翻译的作品而非以南京官话译本为底本进行的修订。尤思德曾特别指出,北京官话译本的译者们对南京官话本的态度是颇为微妙的,而他们在提及自己所参考的中文《圣经》译本时,也故意略去了南京官话本(尤思德《和合本与中文圣经翻译》第141页)。

本翻译而成)翻译过程中存在的那些樊篱障碍,在现在这部官话译本中却不复出现。必须要说,迄今为止,这项工作已经完成的部分值得最高的赞誉。①

由于承担着这样的至高期许,北京官话译本在语言风格上也呈现出与南京官话译本大异其趣的面貌。实际上,在19世纪,作为一种书面语体,白话内部依然存在着诸多问题。最为明显的,乃是作为一种长期以来都只局限于在较为通俗的文学体裁中使用的文体,白话的表现力有着重要的缺陷。正如张明林在阐释五四时期的白话文倡导者们所面临的历史困境时所指出的:"在白话文的倡导者们推倒了文言的正统地位、身体力行做起白话文章之时,他们发现自己能下笔写出的,除了素常所说的官话,再就是从几部古代白话小说中学来的话语,很难充分地表达较之以往更加纷繁复杂的社会生活,更难表达西方输入的各种新知。"②换言之,"白话文使用的日益广泛与书写意义的不断上升",首先必须克服两项严重的困难,即"必须在口语的基础上实现书面化,必须在既有白话的基础上实现现代化"③。

在这一意义上,从19世纪后半叶开始传教士们试图以白话制造一部《圣经》权威译本时,他们所面对的困境和五四白话文的倡导者们是极为相似的,或许可以说,二者的选择也是"殊途同归",即通过对古文和外文语法的吸收,以达到改造白话、使之更加书面化、表达力更强、更适宜用来传播源于西方的思想,也就是邓伟所归结的"雅化"与"欧化"并行的思路④。而在这一点上,北京官话本的译者们做出了极为杰出的探索。

北京官话译本在语言面貌上与南京官话译本相区别的重要特点之一,就是它语言的雅驯程度更高,已经不再是简单的对于口语的摹写,而是试图将白话作为一种"更高格调和文学性的体裁"加以书写,正如尤思德所总结的,北京官话本的特点在于更为注重文体的雅洁,对原文的忠实,以及消除

---

① William Muirhead, letter to BFBS. Jan 19th, 1866. BSA/E3/1/4/4. Archives of the BFBS, Cambridge University Library, Cambridge.
② 张明林、尹德翔《汉语的欧化——历史与现状》,《宁波大学学报》2000年第1期。
③ 邓伟《试论五四文学语言的欧化白话现象》,《广东社会科学》2011年第2期。
④ 邓伟《试论五四文学语言的欧化白话现象》,《广东社会科学》2011年第2期。

第二章 近代欧化白话文的发生

口语的过多印记而使白话更加书面化。"这可以从北京官话译本删除了口语化的感叹虚词、采纳了语体更古典的字词,或减少使用代名词和量词中看出来。官话成为一种书写语体,不再被视为单纯只是口语官话的复制品,而越来越被看作是一种独立的文学体裁。"①在这里,我们以《新约》中最著名的段落之一、《约翰福音》第一章第 14 节为例,通过对几个重要的中文译本的文字比对,来具体检视北京官话本改造白话的努力:

南京官话本:起头有道,这道和上帝同在,道就是上帝。这道起头和上帝同在。万样的东西,被道造成。凡受造的东西,没有一个不是道造成功的。生命在道里面,生命就是人的光,这光照着黑暗,黑暗的人却不晓得他。有上帝所差遣的人,名叫约翰,他来替光做见证,叫众人信他。约翰并不是这光,只是替这光做见证。真光就是降下世界照万人的哟,这光在世界,世界是他造的,世界的人倒不晓得他。他到自己的地方来,自己的人不接待他。凡接待他的,就是信他的,可以得着权柄,做上帝的儿子。不是从血气生的,也不是从私欲生的,又不是从人意生的,是从上帝生出来的哟。这道成了个人身,住在我们当中,我们看见他的荣耀,果然是天父独生子的荣耀,用恩典真理装满的呵。

北京官话本:太初有道,道与神同在,道就是神。这道太初与神同在,万物是藉着道创造的,凡创造的,没有一样不是藉着道创造的。生命在道中,这生命就是人的光。光照在黑暗里,黑暗却不认识光。有一个人是神差来的,名叫约翰。他来做见证,就是为光做见证,叫众人因着他可以信。约翰不是那光,只为光作见证。那光是真光,普照凡生在世上的人。他在世界,世界是藉他创造的,世界的人却不认识他。他到自己的地方来,自己的人倒不接待他。凡接待他的,就是信他名的人,他就赐他们权柄,作神的儿女。这样人不是从血气生的,不是从情欲生的,不是从人意生的,乃是从神生的。道成了人身,住在我们中间,充充满满的有恩典,有真理。我们看见过他的荣光,正是父的独生子的荣光。

---

① 尤思德《和合本与中文圣经翻译》第 141 页。

和合本（初脱本）：太初有道，道与神同在，道就是神。这道太初与神同在。万物是藉着他造的，凡被造的，没有一样不是藉着他造的。在他有生命，这生命就是人的光，这光照在黑暗里，黑暗却不接受他。有一个人是从神差来的，名叫约翰。这人来要做见证，就是为光做见证，叫众人因着他可以信。他不是那光，乃是要为光作见证，那是真光来到世界照亮万人，他在世界，世界也是藉他造的，世界却不认识他。他到自己的地方来，自己的人倒不接待他。凡接待他的，就是信他名的人，他就赐给他们权柄，作神的儿女。这等人不是从血气生的，也不是从情欲生的，也不是从人意生的，乃是从神生的。道成了肉身，住在我们中间，充充满满的有恩典，有真理。我们也见过他的荣光，正如父独生子的荣光。

和合本：太初有道，道与神同在，道就是神。这道太初与神同在。万物是藉着他造的，凡被造的，没有一样不是藉着他造的。生命在他里头，这生命就是人的光。光照在黑暗里，黑暗却不接受光。有一个人，是从神那里差来的，名叫约翰。这人来，为要作见证，就是为光作见证，叫众人因他可以信。他不是那光，乃是要为光作见证。那光是真光，照亮一切生在世上的人。他在世界，世界也是藉着他造的，世界却不认识他。他到自己的地方来，自己的人倒不接待他。凡接待他的，就是信他名的人，他就赐他们权柄，作神的儿女。这等人不是从血气生的，不是从情欲生的，也不是从人意生的，乃是从神生的。道成了肉身，住在我们中间，充充满满地有恩典，有真理。我们也见过他的荣光，正是父独生子的荣光。

我们可以看出，北京官话本与南京官话本的区别，主要在于与口语的距离。南京官话本有意地使用了口语化的语词和感叹词，如"起头有道"、"用恩典真理装满的呵"；而在北京官话本中，"起头"被更为古雅、具有文言文色彩的"太初"代替，南京官话本频繁使用的感叹词"哟"、"呵"则均被删除。同时，为了追求表述上更加严谨，北京官话本对《约翰福音》中的诸多代词或省略成分也置换为未经省略的形式，如在"不是从血气生的"一句之前，加上承前略去的主语"这样人"，以避免可能存在的歧义。这些区别均说明了北京

第二章 近代欧化白话文的发生

官话本与南京官话本的不同，重点在于二者"起点"的差异：正如我们上文所述的，南京官话本仍旧将白话看作是典型的"口语语体"，因而更多地着眼于是否方便"念诵"，对译文的要求也是尽可能地"我手写我口"，是否接近口语被认为是是否方便使用的重要标准。而北京官话译本的着眼点则是"阅读"，可以说，它更希望藉着一些从文言文中借用过来的字词，来增加白话的优雅感。同时，北京官话本也更加注重译文的节奏韵律，如在"这样人不是从血气生的，不是从情欲生的，不是从人意生的，乃是从神生的"一句中，北京官话本删掉了第二与第三从句句首的连词"也"或"又"，以保持前三个分句的字数一致、断句节奏相同。在这里，我们可以明显看到传教士们试图从文言文中学习"语气之扬抑抗坠，轻重疾徐"①的努力。

北京官话本所追求的白话书面化、雅驯化，被官话和合本的译者们所接受，并成为了和合本所秉持的语言风格。而北京官话本对白话变革最为重要的贡献，则是在于欧化的尝试。要了解这一点，我们首先要对"欧化白话"的定义和历史地位做一个简单的回顾。何谓欧化白话？按照目前一般"约定俗成"的概念，欧化白话指的是近现代以来逐渐发展成型的、受到西语的影响而在词汇、语法等各方面都与古白话有了重要区别的一种现代汉语书面语言形式。王力在《中国现代语法》中指出了中国现代欧化语法的几项重要特点，其中尤其值得注意的是主语和系词的增加、记号的欧化和联结成分的增加：在中国传统句法中依照语言习惯可以省略的部分，如"可无而欲其有，可省而不省"的主语、作为描写句谓语的系动词，都依照西文的习惯加以补足；而记号的欧化和联结成分的增加，则在绝大多数情形下，是为了起到分别词类、标明时态、区分句子成分、标示逻辑关系的作用②。王力认为，中国现代白话中所出现的这些欧化语法现象，是由翻译而来的。实际上，欧化白话往往伴随着对汉语特别是古白话表达能力的不满足，进而希望通过对外文的模仿从而改变汉语的某些固有结构，提升汉语对新思想的表现力和对新事物的描述力。袁进曾经在对比了大量使用欧化句法的新文学语言和

---

① 邓伟《试论五四文学语言的欧化白话现象》，《广东社会科学》2011年第2期。
② 王力《中国现代语法》，商务印书馆，1985年，第341—346页。

使用较为传统的古白话句式的鸳鸯蝴蝶派语言后指出:"如果说二十世纪二十年代新文学与'鸳鸯蝴蝶派'在文学语言上有什么区别,那区别主要就在欧化的程度上。'鸳鸯蝴蝶派'也受到西方文学的影响,但是它还是从古代章回小说的发展线索延续下来的,以古白话为主,并且没有改造汉语的意图。新文学则不然,它们有意引进欧化的语言来改造汉语,以扩大汉语的表现能力。我们从五四新文学家的翻译主张上,尤其可以看出这一点。如鲁迅主张的'硬译',就是一种改造汉语的尝试。"①更进一步说,新文学的语言之所以在语法、风格等方面和传统白话存在重要的差别,根本原因在于它是出于对传统汉语表达能力的不满足,而希望借用印欧语系语言严密的语法结构,来表达精密的逻辑思想和复杂的思维过程。而这一点,恰恰是传统白话所无力承担的。傅斯年就此说得很清楚,他要求试图学习写作白话文的作者"直用西洋文的款式,文法,词法,句法,章法,词枝(Filigree of speech)……一切修词学上的方法"②,以此来打破古白话本身的程式,用强制性的欧化来改造汉语。

传教士们的著作中频繁出现欧化的句式,一方面自然是由于他们身为外国人、在写作汉语时很难排除母语习惯的影响;另一方面,语言所承载的新思想、新内容也要求有与古白话不同的表达形式,而在主观上传教士们也与五四新文学家们有不谋而合之处,即同样认为汉语的语法太过简单粗糙,因而以之作为"传播福音"的载体颇有不便,故此需要对汉语进行一定的改造。这种看法最为典型的是德国著名语言学家洪堡特的观点。在他看来,汉语最大的缺陷是:汉语没有屈折动词,甚至没有作为语法形式的动词,而只有动词性概念的表达。而在古典语言之中,屈折动词标示着句子的统一性。动词的特殊地位是由于,"作为两个概念之间一致或不一致关系的断言,每个逻辑判断都可以看做是一个数学等式。这种原初的思想形式由语言用它自己的形式做了装饰:两个概念以综合方式联系起来,借助屈折动词使其中的一个概念真正成为另一个概念的属性。而通过这样做,动词便成

---

① 袁进《中国文学的近代变革》第75—76页。
② 傅斯年《怎样做白话文》,《新潮》1919年第2期。

为语言的中心。"①思想最基本的形式就是逻辑判断,而语言通过屈折动词达成的对两个概念的连结则使思想披上了语言的外衣:"在每个句子里,都有一个观念的存在投入行动,或表现为被动状态;而构成判断的内在行为,与陈述所及的对象相关联。人们不说:'我发现最高存在的概念与永恒的概念相同一',而是置身于这个判断之外,说:'最高的存在是永恒的'。"②洪堡特认为,在这个转换的过程中,语言表现出一种拟人化的倾向,一个观念的存在"被想象为主体,或描述为主动行动者,或描述为被动接受者;而一个发生在心灵内部的行为,一个关于某事物的断言陈述,则作为其属性从外部附加到该事物上面"——这种"似乎极富想象力的拟人化"正是语言的本质之所在,但是每种语言对它的利用度是不一样的,在古典语言中它达到了极致,而在汉语中它只维持着"满足说话和理解的最低需要"③。

汉语最为明显的、也是最常被19世纪语言学家诟病的特点之一是缺少系动词。而如果我们了解系动词在西方语言学和哲学中的重要意义,便会知道为什么缺少系动词在洪堡特看来会造成对"中国人思想的重要影响"。谢遐龄在《康德对本体论的扬弃》一书中系统讨论了系动词"是"在构成本体论中的基础性作用。他指出,当巴门尼德提出最初的本体论命题时:

> 他大概是先把世界设想为浑然一体的不动变者,而后才寻找逻辑上的论证。单是那样设想,已是极大的创见——不过,实际上的发现过程不会这样简单。而转到思辨领域——更确切地说:是发现出蕴涵在语言中的逻辑规则——来论证所设想的观念,则是更大的创造。去除一切述语的步骤,先否定了事物的可变性——或者说,要满足事物不动变的结论,须不允许系以述语。而把主词绝对化的步骤,又取消了事物——或者说,要满足世界乃浑然一体的结论,须不允许有各种主词。最好的办法就是把系词的动名词拿来作为主词,规定它就是绝对。……巴门尼德在逻辑发展史上的创始地位,不仅在于提出第一个逻辑

---

① 洪堡特《论汉语的语法结构》,《洪堡特语言哲学文集》,姚小平译,湖南教育出版社,2001年,第108页。
② 洪堡特《论语法形式的通性以及汉语的特性》,《洪堡特语言哲学文集》第129页。
③ 洪堡特《论汉语的语法结构》,《洪堡特语言哲学文集》第108页。

问题,确立了同一律,而且在于他提出"在"这个范畴,把系词提升为迫使述辞、主辞围绕旋转并销融一切可能的述辞、主辞于自身的中心,为后日希腊逻辑学的发展确定了方向,注目于系于einai的主辞、述辞之上。逻辑学发展同本体论发展的密切关系,使主辞、述辞逻辑(通常称为主宾辞逻辑)成为逻辑学的主流。①

因此,汉语传统中判断句中系动词的淡化被19世纪以来以洪堡特为代表的西方语言学家们认为是几乎不可理解的,并被解释为中国一直未曾发展出西方式的逻辑学的根源之所在②。也正是在这一点上,北京官话译本体现出了最为明显的欧化特色。在北京官话译本中,具有"欧化语法"色彩的句子十分常见,如将定语、状语从句直接翻译为句中的长修饰成分,长句的广泛使用,因果复句的倒装,省略成分的大量补足等等。然而,如果我们同意"欧化"白话最为重要的是思想的"欧化",即通过对语言的改造进而达到改造思想的目的,那么北京官话本最重要的欧化特点则是系动词的大量使用,尤其是"是……的"结构频繁出现。如在马太福音中,我们可以看到如下的句子:"你在犹太的府县里并不是最小的"(2.6);"虚心的人是有福的"(5.2);"怜恤人的人是有福的"(5.7);"你们在天上的赏赐是大的"(5.12);"领到永生地方的门是窄的"(7.14);"我叫你们负的轭是容易的,叫你们挑的担是轻省的"(11.20)。

这种系动词的频繁使用或许在古白话中是相对少见的。实际上,按更接近于汉语口语的传统语言习惯,以上句子均可改写成不使用系动词的、以形容词作谓语的描写句。在这里,"是……的"结构并不具有实际意义,只是作为语法成分的补足而存在。而这一结构更重要的意义或许在于,按照洪堡特的理论,它是极其明显的那种作为逻辑判断的思想形式在语言中的体现——动词"是"作为数学等式中的等号,将两个概念连接起来,使一个概念成为另一个概念的属性。一个概念成为主体而另一个概念/断言判断/心灵

---

① 谢遐龄《康德对本体论的扬弃》,湖南教育出版社,1987年,第20—21页。
② 参见谢和耐《中华文化与基督教的冲撞》,辽宁人民出版社,1989年,第289页。

第二章 近代欧化白话文的发生

行为则"作为其属性从外部附加到该事物上面"①。在北京官话本中,大量不需要使用系动词的描写句都被补足了系动词,这使得这些句子看起来甚至生硬突兀。这一改动并不是出于意义上的需求,而是纯粹形式上的需求。同时,如果像20世纪的语言哲学家们那样着眼于语言和思维的同构性,它也具有重要的神学意义——否则,在一种系动词几乎不具任何重要性和意义的语言之中,如何来解释"存在"与本体论的意义?作为"being"的上帝又将何处容身?而另一方面,正如我们在上文中讨论过的,欧化汉语的本质特点之一实际上是希望用"形式逻辑"来完善汉语的语法结构。从这一点上我们或许可以发现传教士和新文学运动的倡导者们的相似之处:新文学的倡导者们都希望将科学引入中国,使用以"科学"为代表的"现代文化"来改造中国的"传统文化";这一宏大设想的核心必须是用科学的核心——逻辑来改造中国人的思维方式,而这一步的前提则是改造、重塑汉语,使汉语的语法结构能够在尽可能的范围内更合乎形式逻辑。在这一科学—逻辑—语言的推理链中,使用"欧化的形式"来改造汉语成为必然的选择。这一推理链与传教士们的推理方式并无不同之处,除了在后者的推理中具于中心地位的是"圣言"而非"科学"。因此,或许我们可以说,不管近代欧化白话与现代欧化白话之间是否有继承和模仿的证据,至少它们必然是按照同样的生产方式被塑造出来的,除了居于这一生产方式的核心地位的"绝对律令"有着"圣言"和"科学"的差别之外。

我们在前文已经讨论过,语言是具有重要的标识性意义的,它是身份认同、群体认同和文化认同的重要象征。彼得·伯克指出,语言在维护"想象的共同体"方面起着重要的作用,"想象的共同体如同想象出来的其他东西一样,有真实效应;而且,通过强制性地实施一种特定的语言或语言的变体来创造共同体的努力会产生重要的后果,即使这些后果并不总是它的计划者想要达到的。因此,我们在考察语言的作用时,把它看做是不仅表达或反映了共同体凝聚意识,而且建构或重构了共同体的手段。"②这一点在从"官

---

① 洪堡特《论汉语的语法结构》,《洪堡特语言哲学文集》第108页。
② 彼得·伯克《语言的文化史——近代早期欧洲的语言和共同体》,北京大学出版社,2007年,第8页。

话"到"国语"的发展历程中得到了最好的证明,中国现代国家意识的建立,正与"国语"的建构有着密不可分的联系。

而有的传教士们对《圣经》汉译行为中语言的选择,更带有强烈的政治色彩。他们对于自己的选择有着隐秘的标准:这种语言不但应该是现在通行于全国的语言,而且必须是"最有希望的语言"。施约瑟之所以在极为艰难的情形下坚持将北京官话本《圣经》独立改写为浅文理本,一个重要的原因即在于,他相信浅近文言会是将来"最有希望的语言"。考虑到清末浅近文言作为书面语言遍布当时报刊、一时无两的盛况,我们相信施约瑟的选择是有现实依据的。而在理一视(Jonathan Lees)写给友人的信中,关于什么是"最有希望的语言"作了更为清晰的表述:

> 我不认为文言现在是中国的通用语言,就像拉丁文也不是欧洲的通用语言一样。并且我也不相信我的这一表述有任何低估其真实价值的倾向。那些文学经典所使用的语言只是现代中国的书面语,而且是以一种改良的面貌出现的。它并不是我们所熟悉的口语。在帝国的大部分人之中,它甚至也不是唯一的书面语,尽管知识分子们仍然熟晓它。在这一方面,中国与欧洲颇有相似之处。在它的不同的省份(或者王国)之中人们使用不同的语言。但是,从另一方面讲,它又与欧洲并不相似。因为它有一种活语言——无论是在写或说方面——是如此地被广泛传播以至于它应该被认为是现代的民族通用语而非仅仅是一种方言。这种语言有着生命力和高雅的情趣,我怀疑其他的方言并不具备这一特征。这种语言注定要有一个其他方言不能望其项背的未来……如果中国今日有一种国语的话,那么肯定不是学究们所使用的半死的文言,而是官员与人民都同样熟悉的"官话"……使用它的文学作品数目众多,并且还在增加之中。可是,如果对过去的文学有着全面而准确的理解,而非仅仅把文言看作是知识和权力的象征——那么,我恐怕文言的消失将是值得遗憾的,就像神话中的巨人种族的消失一样。①

---

① Jonathan Lees, "Letter to a friend on Wen-li v. Vernacular", *The Chinese Recorder and Missionary Journal*, Vol. XXIII, #4(April 1892):178.

第二章 近代欧化白话文的发生

1895年,美国长老会牧师薛思培(John Alfred Silsby,？—1939)曾预言:"中国文言文学即将终结,'传统的'形式将被更为通俗易懂的浅近文言所取代,但是浅近文言也将被更通俗易懂的官话或方言所取代。"[①]传教士库思非(C. F. Kupfer)更是呼吁道:"每一个基督教工作者的心中都应该有一个燃烧的愿望:为所有长着耳朵的人培养这样一种语言。让所有的教科书、杂志、教会报纸和小册子都用官话来写吧;在所有的教育机构中都设立辩论会;说方言的地方也应该聘用官话老师,那么两代人之间的变化就会很显著了。官话在未来可以广泛地运用于十八个省,这样我们就能更好地获得成功。"[②]我们可以看到,在某些西方传教士的心目中,言文分离和文言的封闭性给传教带来众多困难,因此他们表现出统一中国语言的意愿。

很显然,传教士们对于"白话"的推崇是建立在文言即将"消失"这一推断的前提下的,而他们所试图寻找的"最有希望的语言"必须具备如下要素:首先,它必须在帝国中可以通用,为从官员到人民的所有阶层所一致熟悉;其次,它必须具备一定的社会影响力和标识度,使人们愿意使用;最后,很重要的,这种语言应当有成为未来民族通用语,即"国语"的可能。传教士们的目光不仅放在"现在",同时也投射向了"未来"。他们已经在中国未来可能的历史和他们所熟知的欧洲各国民族语言的建构之间建立了一种类比联系,同时他们也期望自己的行动能够像近代早期欧洲的《圣经》翻译者一样,通过将《圣经》翻译成未来将在现代民族国家的建构中发挥重要作用的民族共同语这一行动,而能够在未来的历史上继续发挥重要的影响力。我们知道,《圣经》的翻译从来就不只是一个单纯的文化性事件,它同时也必然是一个政治性事件。影响传教士们作决定的理由,不可能是单纯宗教的或单纯文化的,政治,或者说帝国,在其后发挥着重要的作用。

然而传教士们所希望做到的并不仅仅是"使用"未来的"民族共同语"翻译《圣经》而使其可以以更积极的方式在未来的民族国家建构过程中具有影

[①] "The spread of Vernacular literature", *The Chinese Recorder and Missionary Journal* (1895.11):508.

[②] "Our Attitude to the Literature of China", *The Chinese Recorder and Missionary Journal* (1897.6):285-286.

响力,他们更期盼的,当然也是更隐秘的,是在中西文化的碰撞中可以将中国纳入"自己"的体系,使中国接受"我们"的文化和价值观——当然,这本身就是传教行动的题中之义。在这一过程中,无论是从语言与思维的关系上来讲,还是从语言的社会影响力和"建构共同体"的标识性意义上来讲,语言都必然是其中首当其冲的方面。

当时的神学思想与文化思维,使得注重对原文字面和词序的忠实的翻译形式最终成了《圣经》汉译中绝大多数翻译者愿意接受的形式;而曾经出现过的一些更为自由、更注重译文的流畅性和口语化、更利于传播的形式,则最终被放弃了,并受到了当时部分传教士们的激烈攻击。那么现在,我们所面临的问题是:这一选择最终为近代的语言和文化造成了什么样的影响?而我们又应当如何评估这一影响呢?

两种不同的翻译思想,自然会造就不同的语言风格。最为典型的例子如《马太福音》8章28节的一个长句:

> KJV: And when he was come to the other side into the country of the Gergesenes, there met him two possessed with devils, coming out of the tombs, exceeding fierce, so that no man might pass by that way.

> 南京官话本译文:耶稣渡过了海,到革革沙的地方,碰着两个害鬼的人,从坟墓里出来,十分猛勇。这条路是没有人敢经过的。

> 北京官话本译文:耶稣渡过海,到了革革沙地方,遇见两个被鬼附的人从坟墓里出来,甚是凶猛,向来没有人敢从那条路上经过。

> 杨格非官话本译文:耶稣渡过海,到了对面岸上,革革沙地,遇着被鬼附的两个人,正从坟墓里出来,甚是凶猛。这条路是没有人敢经过的。

> 官话和合本译文:耶稣既渡到那边去,来到加大拉人的地方,就有两个被鬼附的人从坟茔里出来迎着他,极其凶猛,甚至没有人能从那条路上经过。

在这里,南京官话本和杨格非的官话《新约》译本都将原来的长句拆分为相对较为符合汉语阅读习惯的两个短句。而和合本的翻译方式，则是最为典型的欧化汉语的表达方式，即将汉语中习惯拆分为多个短句进行叙述的多重信息，按照比较严密明晰的逻辑关系组织起来形成一个长句，并用适当的连词予以定位①。类似的汉语欧化现象，如长修饰成分的频繁使用，因果倒装句的多次出现，以及连词重要性的提升等等，在官话和合本中可谓不胜枚举。王力曾经指出："从前汉语的条件式和让步式，都是从属分句在前，主要分句在后的。在西洋语言里，条件式和让步式的从属分句前置后置均可。五四以后，这种从属分句也有了后置的可能。"②我们注意到，和合本在翻译因果复句时，几乎总是严格按照原文的顺序，形成了欧化的倒装句式。如《马太福音》22章29节：

  KJV：Ye do err, not knowing the scriptures, nor the power of God.
  南京官话本译文：你们不晓得经书和上帝的能干，所以错了。
  北京官话本译文：你们错了。你们不明白圣经，也不晓得天主的大能。
  官话和合本译文：你们错了，因为不明白圣经，也不晓得神的大能。

后两个译本都按照原文语序进行翻译，惟有南京官话本将其调整为符合当时汉语习惯的因果句。在这里我们并不想一一列举分析各个官话译本中欧化汉语现象的多少，笔者只是想通过上述的举例分析，提请读者注意这一点：汉语的欧化现象，尽管它经常在翻译中出现，然而它并不是必然出现的，也不是必须的。南京官话本在以上两例中做出的改动，即使是最为挑剔的评论者，也未必会认为影响到原文的意义传达。和合本的选择，更多地可以认为是出于对原文语序的尊重，是一种努力复制"圣言"的形式的体现。如果你把《圣经》本身作为"上帝之言"本身来看待而非传播"上帝之言"的工具，那么"言"的形式，毫无疑问，是不能与"言"的内容剥离的，它同样是"圣言"不可分割的元素。即使我们不能完全忠实于它，我们至少可以尽量靠近

---

① 参见张卫中《汉语文学语言欧化的可能与限度》，《兰州学刊》2006年第7期，第77—78页。
② 参见王力《汉语语法史》，商务印书馆，2005年，第337页。

它,始终行走在向它朝圣的途中。当这种思想已经自然而然地形成了一种翻译律令的时候,译者不会停下来考虑它是否符合汉语的表达惯例并因此进行调整;在似乎"两可"之间,他们做出的选择,无疑只能是更加贴近原文的表达方式。而汉语,也就在此时悄悄发生了一些改变。这些改变每一个似乎都十分微小,但是合在一起来看,确是数目众多而规模宏大的——它几乎涉及后来研究者们总结的汉语欧化现象的每一方面:新的语词,规整的句子成分,长修饰语的叠加,系动词在句法中的重要地位,汉语句子的连接方式从意合转向形合,严密的复句的频繁使用,更符合印欧语系语言习惯的倒装句的多次出现,等等①。由于篇幅所限,在这里我们不能对和合本中的这些例子进行一一列举,仅仅挑出其中的一段来供读者检视:

> 我们为你们众人常常感谢神,祷告的时候提到你们。在神我们的父面前,不住地记念你们因信心所作的工夫,因爱心所受的劳苦,因盼望我们主耶稣基督所存的忍耐。被神所爱的弟兄阿,我知道你们是蒙拣选的。因为我们的福音传到你们那里,不独在乎言语,也在乎权能和圣灵,并充足的信心,正如你们知道我们在你们那里,为你们的缘故是怎样为人。并且你们在大难之中蒙了圣灵所赐的喜乐,领受真道,就效法我们,也效法了主,甚至你们作了马其顿和亚该亚所有信主之人的榜样。因为主的道从你们那里已经传扬出来,你们向神的信心不但在马其顿和亚该亚,就是在各处也都传开了,所以不用我们说什么话。因为他们自己已经报明我们是怎样进到你们那里,你们是怎样离弃偶像,归向神,要服侍那又真又活的神,等候他儿子从天降临,就是他从死里复活的、那位救我们脱离将来忿怒的耶稣。(官话和合本,帖撒罗尼迦前书,第1章2—10节)

可以肯定,如此数目众多而形式成熟的欧化汉语现象,在同时期的其他翻译活动之中,我们几乎找不到可以与之相比的对象。然而,在当时,它的意义要被人认识到并加以推广,可能还需要更多的时间。

---

① 参见贺阳《现代汉语欧化语法现象研究》,《世界汉语教学》2008年第4期,第19—26页。

第二章　近代欧化白话文的发生

一个更加有意思的问题由此被放到了我们面前。德国语言学家洪堡特曾经断定,语言的形式与一个民族的思维方式是密切相关的:

> 词不是事物本身的模印,而是事物在心灵中造成的图象的反映。任何客观的知觉都不可避免地混杂有主观成分,所以,撇开语言不谈,我们也可以把每个有个性的人看作世界观的一个独特的出发点。但个人更多地是通过语言而形成世界观,因为正如我们下面还要讲到的那样,词会借助自身附带的意义而重新成为心灵的客观对象,从而带来一种新的特性。在同一语言中,这种特性和语音特性一样,必然受到广泛的类推原则的制约;而由于在同一民族中,影响着语言的是同一类型的主观性,可见,每一语言都包含着一种独特的世界观。①

而西方传教士们,当他们陷入到传播福音的呼求和保证"上帝之言"的尽可能完整准确的这样一种悖论式困境、从而精疲力尽时,也曾经不满地抱怨:"汉语是这样一种不完美的、笨拙的传播神圣真理的工具!"②那么,这样一种欧化汉语现象的大规模出现,是否包含了某种不惜一切代价以改造汉语的主观意图在其中?我们不要忘记,那是在新文学将"欧化汉语"推上圣坛之前,因而对当时的中国人来讲它是更为陌生和困难的;如果在40年代,张恨水依然可以嘲弄,对普通民众而言,新文学的语言尚且不如半文半白的《三国演义》容易理解③,那么我们可以部分地想象和合本《圣经》在当时较为特异的语言形式给一般的读者所造成的阅读与传播的障碍。

或许这并不是一种过分的想象,因为从某种意义上讲,译本差异的中心就是那些可能被忽略、被认为无关紧要的是否与原文语序相同的问题,也就是语言形式的问题。在洪堡特的框架内,语言与内在精神活动是同构的,是内在精神活动不由自主的流射;民族的语言则是"民族精神"的同质物,本质上来源于太初之言——逻各斯④。语言的内涵——作为事物的名称和理解

---

① 洪堡特《论人类语言结构的差异及其对人类精神发展的影响》,姚小平译,商务印书馆,1999年,第72页。
② 转引自谢和耐《中华文化与基督教的冲撞》第289页。
③ 参见袁进《中国文学的近代变革》第76页。
④ 洪堡特《论人类语言结构的差异及其对人类精神发展的影响》第17—21页。

的媒介所起的作用是不重要的，重要的是语言的形式，也就是语言的构造原则；借助于它的构造形式，语言成为对普遍的人类精神力量的体现，而各民族的语言，则成为统一的构造进程中不同的阶段[①]。借助这一框架，我们可以进一步了解对语序的强调的意义；确实，翻译会提供汉语欧化的可能，但只有在"字句无误"成为一种绝对律令时欧化才是必须的。《圣经》中的字句与词序的问题，在路德或者更向前的经院哲学的时代，是一个具有神圣性的问题。因为在某种观念看来，《圣经》就是上帝之言，是圣言，是"太初有言"的"言"——逻各斯。而结构的形式不仅意味着"言"的形式，结构形式就是"言"本身，因为逻各斯意味着实在与心灵之间的结构原则[②]，而"言"（logos）—"人类精神"—"人类语言"正是通过同构性相连结的。

那么我们可不可以进行进一步的推断，当传教士对"圣言"的翻译陷入以上的困境时，他们采取的方式——不管是有意识的还是无意识的——意味着改变译入语本身，尤其是它的结构方式本身；而按 19 世纪的语言观看来，一种语言如果不能够适合于 logos——圣言的翻译，这种语言必定是有缺陷的，是绝对精神演进过程中一个不完善的产物，当然，它也就不能促进民族的精神活动，正如洪堡特所批判的："汉语的风格以其令人惊诧的效果束缚了形式表达的发展。"[③]所以人们才会不停地询问——即使到了今天还在问——要使中国人具有逻辑思维，进而能够建构起现代哲学和科学的思维，是否必须进行对汉语的改造？从某种意义上讲，对汉语的改造，对传教士们来讲，正是一种弥赛亚/救世主式的呼召。这种改造是对中国进行的拯救的不可分割的一部分，是救亡图存——使中国能够存在于现代世界之中，免于"亡国灭种"——的焦灼企图的一部分。或许我们可以说，它一直延续到新文化运动之中；只不过在后者中，进行呼吁的主体的更换，使它显得没那么刺目。这或许可以成为一个重新审视我们的语言乃至我们本身的新视角。

---

① 洪堡特《论人类语言结构的差异及其对人类精神发展的影响》第 25—26 页。

② 参见蒂利希《基督教思想史：从其犹太和希腊发端到存在主义》，尹大贻译，东方出版中心，2008 年，第 290 页。

③ 洪堡特《论汉语的语法结构》，见《洪堡特语言哲学文集》第 121 页。

第二节 传教士和汉语罗马化

如果说文言和白话之争还是汉字文化传统内部的革命，汉语罗马化则是对整个汉字文化传统的颠覆性革命。汉字难学难写，不仅是外国人学习中文的瓶颈，就连中国人自己也不得不承认。18、19世纪粗通文字的中国人中男性大约占百分之三十到四十五，女性则约有百分之二到十[1]。当时一半以上的中国人都是文盲，而文盲的比例在使用罗马文字的国家却非常低，这不得不让人反省汉字作为一种书写语言本身的问题。中国汉语拼音文字第一人卢戆章在他的《一目了然初阶》中写道："中国字或者是当今普天下文字之至难者……平常诗赋文章，所用者不过五千余字而已，欲识此数千字，至聪明者非十余载苦工不可。"[2]汉字之难，由此可见。西方传教士想要熟练地掌握汉字，不下几年的苦功夫是学不成的。即使学会了汉字，传教还是存在传播方面的困难，这些困难在方言区尤为明显。分布在上海、广州、福州、厦门、宁波等方言区的传教士发现，教徒受到自身文化水平的限制，他们不能阅读文言版的《圣经》，理解翻译成官白的《圣经》也很困难。方言中有音无字现象严重，许多土音都很难找到合适的对应汉字。例如，英国传教士巴克礼（Rev. Thomas Barclay, 1849—1935）在1875年曾表示在台湾传教过程中有三件重要的事："第一，若要拥有健康、又有生命的教会，必须所有成员不分男女都能自己读圣经。第二，使用汉字是不可能达成此一目标的。第三，只有使用罗马拼音的方言译本才可能达成此一目标。"[3]

客观需求加上主观因素使得在教会内部推广简单易懂的罗马字成为了最佳方案，汉语罗马化也成为了西方传教士几百年来追求的理想。字母学

---

[1] 李孝悌《清末的下层社会启蒙运动：1901—1911》，河北教育出版社，2001年，第24页。
[2] 卢戆章《一目了然初阶》，见倪海曙《清末汉语拼音运动编年史》，上海人民出版社，1959年，第22页。
[3] 张妙娟《开启心眼：〈台湾府城教会报〉与长老教会的基督徒教育》，台湾人光出版社，2005年，第160页。

有一条规律叫做"字母跟着宗教走"①，指一个国家信仰什么宗教，就采用什么宗教的通用字母。基督教的通用字母是罗马字母，因此罗马字母也伴随着西方传教士来到了中国。罗马字母为提高中国下层民众的文化程度和中西交流起到了积极的作用。近现代出现了"利玛窦—金尼阁"方案、教会罗马字、"威妥玛—翟理士"方案、邮电式、耶鲁式等汉语罗马系统。传教士们创建的种种汉语拼音文字虽然被历史淘汰了，但是如果没有他们的努力，也不会有五四时期的"国语罗马字"、"北方话拉丁化新文字"运动以及现在中国大陆通用并影响世界的《汉语拼音方案》。

中国古代很早就有了"释音"、"反切"、"四声"等注音方式，但是这些注音方式都是建立在汉字基础上的，并没有一套独立于汉字之外的注音系统。习惯了罗马字母的西方传教士来到中国以后，难学难记的汉字给他们带来了极大的苦恼，因此他们开始设计一种以罗马拼音为基础的注音系统。明末来华的天主教传教士利玛窦和金尼阁（Nicolas Trigault，1577—1629）率先尝试用罗马字母为汉字注音，编纂了《西字奇迹》、《西儒耳目资》等著作，是汉语罗马拼音的先驱之作。然而，西方传教士的汉语罗马化运动很快就被宗教禁令所打断了。自1720年康熙宣布禁教以来，传教在中国就成了非法活动。19世纪上半期的来华传教士也只能在远离政治中心北京的区域活动，他们面对的大部分宣教对象是不能读写汉字的下层百姓，并且使用各种差异极大的方言。注音字母的缺乏使得西方传教士学习汉语语音困难重重。外国人在学习发音知识的过程中特别尴尬，由于语音经验不足，他们一方面很难听出发音之间的微小区别，另一方面要准确地阐明自己的意思来让中国人听懂也很难。因此，他们改变中国文字的需要也就更为迫切。汉语罗马化运动虽然遇到了重重阻力，但始终没有中断过，从第一个来华的新教传教士马礼逊设计汉字注音法到到威妥玛（Thomas Francis Wade，1818—1895）的《语言自迩集》，再到五四时期的汉字拉丁化运动，一次又一次地证明了罗马字作为一种注音符号的活力。

---

① 周有光《21世纪的华语和华文·周有光耄耋文存》，生活·读书·新知三联书店，2002年，第98页。

第二章　近代欧化白话文的发生

　　由于近代西方传教士来自于不同的国家，其语言背景也各不相同，因此不同国家的传教士设计出的注音符号也都带有各自的母语特色。19世纪前期，中国影响最大的拼音系统是马礼逊创建的、1823年出版的《英汉字典》中附有他自己的汉字注音法，成为当时影响力最大的注音系统。

　　过去对传教士注音方案的研究重点主要是19世纪初期的马礼逊系统和19世纪晚期的威妥玛系统，这是远远不够的。在马礼逊和威妥玛之间还有一个不应忽视的注音法研究者——麦都思（Walter Henry Medhurst，1796—1857）。针对19世纪二三十年代存在的各种注音法混杂的现象，以麦都思为首的美国传教士号召统一注音法，以他为首的传教士发现了马礼逊注音系统中的缺点。从1835年8月到1842年1月期间，他们在《中国丛报》上发表了六篇专门讨论汉语罗马化的论文，对马礼逊注音系统进行修订和完善，最终形成了一套完整的注音方案。《中国丛报》是19世纪上半叶在中国影响最大的传教士英文报刊，因此这套注音方案的影响力不可小觑。他们发现：马礼逊注音法在实际运用的过程中出现了许多毛病，它不够简单明确，不能与英语中最常用的字母发音对应起来；罗马字母表中元音的数量比汉语元音发音要少，因此要使用区别性的符号。他们不愿照搬印度的注音体系，而是决定针对汉语本身的特点量身定做。他们在元音、区别性标志、双元音、辅音、表示声调的符号等方面都做出了详尽的调查研究，提出了更为完善的注音系统。麦都思是这一套新注音系统的主要设计者，他所创用的声调符号和假名拼音方案，被塔梅吉（Talmage）、多提（Doty）、道格拉斯（Douglas）、坎贝尔（Campbell）等传教士沿用，成为了教会传统。潮州、客家等方言词典也都用此作为调类符号，成为南方汉语方言的共同传统，对近代汉语方言罗马字记述贡献很大[①]。值得一提的是，《中国丛报》虽然是美国传教士办的杂志，他们却并不认为英语是最好的注音文字。在广泛的研究后，他们决定采用意大利语的元音作为汉语罗马化的基础，因为"在使用罗马字母的所有语言中，意大利语的元音是最确切的。意大利语找不到像在

[①]　《中国丛报》上大部分文章不署名，新注音系统的主要设计者为麦都思，这一观点来自《福建方言字典》中的《麦都思传》，参见麦都思《福建方言字典》，台湾武陵出版有限公司，1993年，第9—27页。

英语和法语中那样用同一字母表达两个或更多发音的现象"①。

在诸多传教士的努力下，新的注音系统终于形成了。在1842年1月的《中国丛报》上刊登了一篇论文，宣布在福建和广东方言中已经采用了罗马字的新拼音方案，这篇论文还将马礼逊拼音方案、广东话方案、福建话方案和新的福建话方案进行了详尽的对比。1842年以后《中国丛报》便采用了这一套方案，虽然这一系统要比马礼逊拼音系统要完善很多，但是它并没有解决《中国丛报》之前提出的方言问题，不同方言区的人依然使用不同的拼音，离开始时所构想的统一、推广还是有一段距离的。这也是这一系统渐渐被人所遗忘、影响力被后来的威妥玛拼音系统所盖过的重要原因。

威妥玛拼音系统是清末最有影响力的拼音系统，威妥玛在华任职期间（1841—1883）使用他根据北京读书音制订的拉丁字母拼音方案给汉字注音。这个方案以后被普遍用来拼写中国的人名、地名等，一般被称为威妥玛式拼音。威妥玛式拼音虽然保留了接近英文拼法的一些特点，但是并不完全迁就英文的拼写习惯。它的最大缺点是没有充分考虑汉语的语音特点，拘泥于国际习惯，沿袭了前人使用送气符号来表示声母的办法。在实际应用中，送气符号常常被省略，因而造成很大的混乱。威妥玛所编写的《语言自迩集》是其拼音系统的代表作。

汉语罗马化运动在晚清影响力极大，据统计，光是北京官话就有上百种不同的拼音方式②。在官话难以通行的地区，罗马字成为了传教士在教徒间传播知识的主要语言工具。英国长老会传教士汲约翰（John Campbell Gibson）说："文言对于中国的普通人来说是一种外语。……罗马字拼音是曾经发现过的传达思想的方法中最完美的一种。"③林语堂认为罗马拼音法是一种奇妙的东西，他的母亲可借罗马拼音法把全部《圣经》读通，此外也曾

---

① "System of Orthography for the Chinese Language", *The Chinese Repository* (1838.2): 480. 原文为英文，此处引文为本文作者所译，后亦同，不再一一注明。

② Lo, Karl K. and R. Bruce Miller, "Computers and Romanization of Chinese Bibliographic Records", *Information Technology and Libraries* (1991.9): 221.

③ "Christian Illiteracy-A Symposium", *The Chinese Recorder and Missionary Journal* (1918.9): 581.

借此自习汉字的圣诗,并用完全清楚的罗马拼音字给林语堂写信①。

为了推广罗马字,传教士采取各种各样的措施激励人们学习、应用。首先,他们编译了用罗马字书写的《圣经》和其他宗教类书籍,在各大方言区发行,哈佛燕京图书馆所藏的"中国与新教"(China and Protestant Missions)文献资料中就保存了相当一部分用罗马字书写的宗教类书籍。其次,他们印制罗马字的报纸在教会内部发行并在报刊上进行有奖征文活动,鼓励人们发现罗马字的好处。《台湾府城教会报》便是一份用罗马字记音的闽南语报纸,这份报纸延续了一百二十余年,使用白话字(即罗马字)长达八十四年。1884年,厦门的英国长老会牧师提出以《白话字的益处》为题的有奖征文活动,邀请厦门和台湾的教会会友参与讨论学习白话字的好处。1885年,《台湾府城教会报》创刊号中公布评审结果,在参赛的九篇作品中选出优秀的前四名,分别颁发五银元、三银元、二银元及一银元的奖励,并将前两名的文章分期连载在该报上以示鼓励。获奖征文指出,学习罗马字有以下好处:快读易懂、快写、人人可学、帮助教会兴盛、各行业的人都可受益得智慧、有助于学习汉字等②。第三,他们发行各种罗马字的教学书籍,反响热烈。传教士曾经对教育协会(Educational Association)1906年的畅销书进行过统计,销量最好的书是《标准罗马字初阶》(*The Standard Romanized Primer*)③。当时教会正在大力推行汉语罗马化,从中也可以看出当时民众对汉语罗马化的接受与热情。第四,他们还在教会内部开设罗马字教学班,举办罗马字研究会。1894年《台湾府城教会报》记载年林后教会的"小学"课程如下:"早上来先礼拜,将所读的圣经稍微查问并且解释给他们听,后来再祷告。结束之后就拿孔子书给他们读,快到中午时就背诵,再练习写孔子字,写一页后再教算术。……算完之后就让他们各自回去吃饭,吃完后立刻回来再读白话字,再抄写一两节圣经。结束后暂停一会儿,再教读白话字圣

---

① 参见林语堂《从异教徒到基督徒——林语堂自传》,陕西师范大学出版社,2007年,第22页。
② 张妙娟《开启心眼:〈台湾府城教会报〉与长老教会的基督徒教育》第163—166页。
③ "Our most Popular Books", *The Chinese Recorder and Missionary* Journal (1907.8):437.

经两章。"①这里的白话字就是罗马字。1917年,闽南地区基督教会通过几项决议来促进信徒学习罗马字;每一堂会须设立罗马字班,每周上课一次;每一教区每年应举行一次罗马字研究会,以指导工作人员如何教罗马字;设法使罗马字的书籍价格更便宜;传教士应在每年大会中报告其堂会学习罗马字的人数②。

汉语罗马字从教会内部开始,逐渐显现出了其作为一种语言工具的优势,教会外部的世俗社会中也开始接受认可罗马字,并出现了学习罗马字的热潮。传教士所推广的方言拼音文字在19世纪后半期广泛通行于东南沿海地区,在厦门,直到1980年还有五万男女老年人能够用这种白话字书写和阅读③。汉语罗马字在方言区展现出其无与伦比的影响力,在全国范围内也掀起了汉语罗马化的浪潮,到了五四新文化运动时期已经成为了文学革命的一面旗帜。

从1892年卢戆章创立《一目了然初阶(中国切音新字厦腔)》开始,中国学者自己创立的汉语拼音方案就不断问世,它们都是受到英法德等欧美文字和日文的影响,而且有许多是建立在传教士实践的基础上。正如胡适所说"最早创造中国拼音字母的人大都是沿海各省和西洋传教士接触最早的人"④。这时候的汉语拼音化,已经被维新者作为国家富强的策略之一;以至于清朝的最高统治者慈禧太后,都在1908年专门召见劳乃宣,听取他对于"合声简字"的意见,交"学部议奏"⑤。可见此事与统一国语、文化普及、教育国民、建立民族国家联系在一起,已经引起政府的高度重视。只是由于慈禧太后不久去世,清朝统治者在风雨飘摇之中,顾不上处理这件事,劳乃宣的建议也就不了了之了。

民国建立之后,汉语拼音化又被作为重要问题提出。南京临时政府成立仅过半年,就在北京召开的"临时教育会议通过《采用注音字母案》,决定

---

① 张妙娟《开启心眼:〈台湾府城教会报〉与长老教会的基督徒教育》第194页。
② 张妙娟《开启心眼:〈台湾府城教会报〉与长老教会的基督徒教育》第151—152页。
③ 周有光《汉语拼音 文化津梁》,生活·读书·新知三联书店,2007年,第40页。
④ 胡适《中国新文学运动小史》,台湾伟文图书公司,1978年,第9页。
⑤ 费锦昌主编《中国语文现代化百年记事》,语文出版社,1997年,第17页。

第二章 近代欧化白话文的发生

先从统一汉语读音着手,实施国语教育"①。这个"注音字母"就运用政府的行政力量推行,促进了中国学生的文化教育,它至今还在台湾地区使用。

汉语罗马化在五四新文化运动时期是新文学家们热议的话题,许多重要的新文学家都提倡汉字拉丁化运动。胡适在他的《逼上梁山——文学革命的开始》一文中提到他们清华学生在美国监督处书记钟文鳌,这位虔诚的基督徒每个月给他们寄送月费的时候都会夹一份传单,上面写着"废除汉字,取用字母"等标语②。虽然胡适并不认同这一观点,还回信骂他,但是这并不能代表所有赴美留学生的态度。很多新文学家都受到外语的影响,认为应当废除汉字,采用罗马字母。陈独秀认为中国文字无法承载新的事理,又是窝藏腐朽思想的洞窟,因此要废除汉文字,改为书写罗马字母;钱玄同说:"欲驱除一般人之幼稚的野蛮的顽固的思想,尤不可不先废汉文"③;瞿秋白主张新中国文字应当完全脱离汉字的束缚,用罗马字母拼音;鲁迅甚至喊出了当时汉字改革的最强音:"汉字不灭,中国必亡。因为汉字的艰深,使全中国大多数的人民,永远和前进的文化隔离,中国的人民,决不会聪明起来,理解自身所遭受的压榨,整个民族的危机。"④赵元任、钱玄同、刘半农、黎锦熙、林语堂、汪怡组、周辨明成立了"竹林七人会",来拟订国语罗马字。1922年《国语月刊》出版了"汉字改革专号",号召废除汉字。钱玄同、赵元任、黎锦熙等宣布汉字应该革命,并在封面注销漫画:汉字被画成一个个形态丑陋的牛鬼蛇神,被拉丁字母杀得东藏西躲,一败涂地。1935年,蔡元培、鲁迅、郭沫若、茅盾等688人还提出过《我们对于推行新文字的意见》,意见书中说:"中国大众所需要的新文字,是拼音的新文字。"⑤现代许多著名的语言学家诸如吕叔湘、周有光都将拼音文字看作是汉字改革的最终目标。汉语拼音化运动的发起者和支持者们心中有一个基本的预设:语言进化的基本规律是从表意文字到表音文字,作为表意语言的汉语是一种落后的语言,废除

---

① 费锦昌主编《中国语文现代化百年记事》第23页。
② 胡适《中国新文学大系·建设理论集》,上海良友图书印刷公司,1935年,第3页。
③ 钱玄同《中国今后之文字问题》,《钱玄同文集》(第一卷),中国人民大学出版社,1999年,第162页。
④ 刘运峰编《鲁迅佚文全集》,北京群言出版社,2001年,第507页。
⑤ 倪墨炎编著《鲁迅署名宣言与函电辑考》,书目文献出版社,1985年,第77页。

汉字是把中国从野蛮变为文明的必要途径。语言文字的确与民族精神、思想密切相关,五四白话文运动与汉语罗马化运动的根本目的都是为了救亡图存,保国救种。只是因为汉字的"同音字"太多,没有找到一个理想的方案解决"同音字"的问题,汉字的罗马字母拼音化才被搁置了下来。

轰轰烈烈的汉字拼音化运动最终虽然没有达到其废除汉字的目标,但也取得了一定成效。1918年国民政府的推出了一套"注音字母"(汉字化字母),在全国范围内通行,长期通用于中国台湾;中国大陆从1958年开始在全国范围内广泛推行《汉语拼音方案》,小学生三个星期就可以学会汉语拼音,大大提高了儿童对汉语语音的掌握速度,并且有利于普通话的推行。这套方案影响极为深远,盛名远播海外。"汉字的出路在于拼音化"也就在那时被定为政府的国策,由国家文字改革委员会不断宣传,期望通过改革汉字,促进国家的现代化。但是在漫长的岁月中,语言学界一直未能解决汉字的同音字问题,而中国的科技界反倒解决了汉字输入电脑的问题,汉字不再成为中国现代化的包袱,"汉字的出路在于拼音化"才不再成为国策。

汉语罗马化大大提高了中国下层的文化水平,昔日的文盲通过几个星期的训练就能够读写,不但普及了教育,而且提供了文学变革的一个契机:中国几千年来书面语垄断在少数知识分子手中的局面被打破,下层老百姓也可以用另外一种方式来书写,这为中国文学通俗化变革作了准备。鲁迅曾感叹:欧洲的著作家往往是平民出身,而中国作家里面恐怕未必有"村姑变成的才女,牧童化出的文豪"①。他把原因归结为欧洲文字容易写,中国文字不容易写。而汉语拼音文字促进的教育普及使得村妇农夫都能够阅读书写,很大程度上影响了中国文学自上而下的转移和近代文学的通俗化走向。

汉语罗马化也影响了汉语的写作,晚清有大量的教会文献是用汉语罗马字写下的,不同系统的罗马字也产生了不同的写作风格,甚至影响到主题和思想。1896年,李佳白发现了不同汉语罗马字和文章风格的关系:"我发现两种好的文章,里面有两种形式,每一种都可以被很好地使用,取决于主题特征和作者的思想。其中的一种是拉丁中文(Latin Chinese),还有一种

---

① 《鲁迅全集》第6卷,人民文学出版社,1973年,第336页。

第二章　近代欧化白话文的发生

是盎格鲁-撒克逊中文（Anglo-Saxon Chinese），前者形式清晰，后者简明扼要。前者受到 Culberson 版圣经的影响，后者受到代表译本（委办译本）版的影响。一种优雅，一种清楚。两种都很好，而且也受到中国人的好评。"①

　　罗马字母将中国方言口语转变为带有西方特色的表音文字，大大地扩展了书面语的涵盖面，提高了方言口语的地位，也为形成有地方色彩的、有生命力的现代文学做出了贡献。汉语用罗马字母来书写，这是一种现代性的"翻译"，罗马字母是现代化的象征和工具。然而语言涉及民族国家的建构，代表西方文化霸权的罗马字母引起了中国民族主义者的反感。如果说白话文运动还是为了沟通方便在汉语的语言体系内进行的局部革命，罗马字母则带有浓重的政治意味了。

第三节　传教士事业与白话语言运动

　　西方传教士有意识地推动中国书面语言的变革，大大提高了白话文的地位。要实现中国语言的最终转换，光凭几个传教士在英文报刊上的倡导和讨论是远远不够的，需要传教士各方面事业的支持。近代来华传教士事业可以大致分为布道事业、教育事业、文字事业（包括翻译、出版）、医疗事业、慈善事业等几大块。在传教士语言运动中，对提高白话文地位作用最大的事业是布道、教育、出版和翻译。

　　布道是最传统、最直接的传教方式，而要说服异教徒改变信仰则是极为复杂和困难的，需要动用修辞学等文学策略。基督教文化中有演讲的传统，来华西方传教士中有很多是雄辩家，凭借他们的三寸不烂之舌赢得了众多信徒。世界基督教学生同盟主席、著名美国布道家穆德（John R. Mott）从 1895 年至 1928 年间，曾六次来华布道，仅在 1913 年就在十四个城市对十三万人进行了以"基督教与科学"为题的演讲，在当时很有影响②。根据同行者艾迪（Sherwood Eddy）的回忆，他在中国受到了最热烈的欢迎。在天津，有

---

① "The Christian Literature Suited to the Educated Classes in China"，*The Chinese Recorder and Missionary Journal* (1896.8):384.

② 王美秀等《基督教史》，江苏人民出版社，2006 年，第 382 页。

两千名学生挤在会馆里听他作演讲,因容纳不下,另外还有数百人只得被劝离去。教育部长为了让学生们得以参加宣教大会还特批全体公立学校放假半天①。虽然并不是每一场布道都像这次演讲般受欢迎,然而我们可以从中感受到雄辩和口才的魅力。

西方传教士的演讲引领了明治维新后日本的演讲风气,也使得晚清的中国人认识到演讲的重要性。梁启超在《新中国未来记》中设想维新五十周年庆典中"处处有演说坛,日日开讲论会"②;"华北第一报"《顺天时报》认为白话演讲可以补学校之所未备,报章之所未及;1917年北京大学成立了雄辩会,各地学堂也都纷纷设立演说课程、组织演讲比赛……演讲得到充分关注和提倡,白话演讲更是得到高度认同,甚至有文人认为学堂的功效都不如演讲。

雄辩、演讲或是布道与白话关系非常密切。传教士何德兰(Isaac Taylor Headland,1859—1942)系统地阐述了雄辩和白话的关系,在他看来,传教士应该充分重视白话,使之成为全国通用的统一语言,这将帮助中国产生雄辩家和思想家。他说:"一种拥有全国性语言的文化有很多优势:解决当下分裂的状况,创造一门顺畅、丰富、会话型的语言,也将造就雄辩者。伟大雄辩家的影响人人皆知。为什么中国的雄辩家这么少?……在中国传统的语言中思想不能够自由、无畏、热情地流动(花言巧语不算在内)。火焰般的雄辩不可能产生在一种死亡的口语中。那些在学校里接受古代知识教育的人是不可能成为公众演说家和独立思想家的。传教士如果用单调的方式来上经文课,即使他读的是最感人的章节,听众也不会感动。如果人们不能热情地来阅读白话文,演讲白话文,我们的任务就很明显了。我们要耕耘白话文,完全掌握它,那么它就会像德摩斯蒂尼(Demosthenes)时代的希腊语和古罗马广场上激动人心的拉丁语一样,变得适合于热情的雄辩。"③

---

① 何凯立《基督教在华出版事业(1912—1949)》,陈建明、王再兴译,四川大学出版社,2004年,第37页。
② 梁启超《新中国未来记》,广西师范大学出版社,2008年,第7页。
③ "Our Attitude to the Literature of China", *The Chinese Recorder and Missionary Journal* (1897.6):285.

第二章 近代欧化白话文的发生

无论是在教堂内的礼拜讲经,还是教堂外的沿街布道,白话都是传教士主要的演讲语言。文言太过僵硬,不够灵活,因此不适合用于演讲和辩论。白话却充满了活力和感染力,成为传教士布道的首选语言。白话增强了布道的气势和影响力,布道又提高了白话的地位。用白话公开布道和用白话课堂教学一样,肯定了白话作为一种公众口头语言的地位。西方传教士的布道事业一方面成功地引发了中国人对演讲的热情,另一方面也大大提高了白话的地位。

人类智慧最重要的部分是社会遗传的结果,而教育是社会遗传的重要力量,早期的社会环境训练是人的文化心理结构形成的关键。传教士穆德曾对一些准备投身传教事业的人说,中国人迫切需要的是西方教育,如果教会能够将西方教育连同基督教一起给他们,他们就会接受①。

宗教需要是传教士在华教育事业的内部动力,而传统中国教育的落后也是他们决心在中国大兴教育事业的外部原因。在西方传教士看来,中国传统教育的目标只是为了培养学生通过科举考试,而对于从事其他职业的孩子并没有多少帮助;旧式的教育也不能满足人们对西方知识的需求,而教会学校则在一定程度上弥补了这一空白。马克思·韦伯相信,宗教教育最有可能克服传统主义②。新教传教士也相信基督教教育可以帮助中国人克服传统文化弊端,因此十分注重基督教教育的开展③。传教士希望通过教育,让每一个基督教徒都能读《圣经》,让每一个基督徒都成为文盲的教师。由于教会学校重西学轻国学,普遍推行英语教学和白话教育,否定传统读经教育,使得很大一部分毕业生都成为了白话文的拥护者。

新教传教士来华后,先后创办了许多教会学校,遍布全国各地,影响广泛而深远。马礼逊在马六甲创办的英华书院(Anglo-Chinese College,1818—1843)是新教传教士面对中国人开办的第一所教会学校。英华书院造就了一批为中西文化交流作出贡献的人,著名汉学家吉德(Samuel Kidd,

---

① 何凯立《基督教在华出版事业(1912—1949)》第39页。
② 马克斯·韦伯《新教伦理与资本主义精神》,陕西师范大学出版社,2002年,第36页。
③ 例如,义和团运动造成山西两百多名传教士的死亡,李提摩太处理赔款事宜的时候提出将赔款用于兴办大学,开导民智。

1799—1843)和理雅各(James Legge,1815—1897)都曾在英华书院学习、任教。吉德返回英国后成为伦敦大学第一个中文教授(也是英国第一个);理雅各则成为牛津大学第一个中文教授。华人学生毕业后也显示出优秀的素质:袁德辉在拉丁文、英文等西方语言方面都有造诣;梁发、屈昂、何进善等学生则在传教方面做出了贡献。开办在内地的马礼逊学校(Morrison Academy,1839—1850)则培养出了近代著名活动家容闳、洋务运动要人唐廷枢、著名的传教医生黄宽等重要人士。19世纪上半期新教徒对非宗教的教育普遍持否定态度,因此这一时期的教会学校宗教氛围比较浓厚。

1877年,新教传教士在上海举办了新教入华七十年来第一次传教士大会。传教士教育家狄考文在会上提出过去福音化办学模式是片面的和不完整的,教会学校的目标应是培养既受基督教影响又能在中国社会发挥重要作用的人才和领袖。1877年以后,教会学校发生了很大的变化。世俗知识所占比重增加,教师素质大大提高,招生对象也开始面向富家子弟。这次会议之后成立了由傅兰雅主持的益智会,截至1890年,该会编辑出版了八十四种课本,五十幅地图和图表,售出了三万多册书[①]。1890年益智会改名为"中国教育会",1907年该会拥有四百名会员,除了进行教科书的编辑出版之外,还为教会学校制定了十四年一贯制的综合性教学大纲[②]。

1902年清廷宣布外国人在内地开学堂无须立案,给传教士教育带来诸多便利。教会学校遍布全国各地,覆盖小学、中学、大学等现代教育层次。近代传教士所办的教会学校是相当可观的。有人统计,1877年有6 000人进入教会学校学习,1890年上升到16 836人,1906年又升到57 683人[③]。20世纪初最为著名的教会大学有上海圣约翰大学、南京金陵大学、广东岭南大学、四川华西协和大学和湖南湘雅医学院等。这些教会学校由于经费充足、师资优良、管理有序、教授西学,而且主张学术自由、信仰自由,并不强迫人们信奉基督教,因此吸引了许多中国学生入学。1842年马礼逊学校的

---

① 费正清、刘广京《剑桥中国晚清史》,中国社会科学院历史研究所编译室译,中国社会科学出版社,1985年,第637页。
② 费正清、刘广京《剑桥中国晚清史》第638页。
③ 费正清、刘广京《剑桥中国晚清史》第637页。

第二章　近代欧化白话文的发生

一位学生曾经用英文就"比较中西教育之不同"为主题给裨治文写信:"我在进这所学堂之前,曾浪费四年光阴学习中文,花了好多钱,除了认识几个汉字之外一无所获。但现在我已经在一所英国学校里学习了两年半,这段光阴要比我以前浪费的四年好上一百倍。……英国学校要比中国学校好得多,因为在英国学校里可以学到很多有价值的东西,比如天文学、几何、代数、真正的宗教以及其他很多我在信里没有提到的知识,但是中国学校却不讲授这些……"①除了正式的教会学校以外,传教士们还在中国办了许多图书馆和周末学校。他们发现,中国人对周末学校的热情很高。1911年传教士窦乐安(John Darroch)骄傲地宣称:"过去中国是没有周末学校的,现在中国的周末学校里至少有100000名学生。"②

基督教教育之所以能够提高白话的地位,其主要原因有以下几点:

第一,传教士否定中国传统的科举制度、读经教育,反对儿童背诵四书五经,使得传统的文言教育大打折扣。传教士认为中国传统的教育方式是失败的,培养出的文人无知而可悲。传统教育只能教会学生读文章,但一旦面对实际困难就会束手无策。传教士对中国教育提出许多批评,有的还相当激烈:1820年的《印中支闻》发文直斥科举考试是"杀人"的③;花之安认为中国书塾专为科举而设,只培养了一批没有真才实学的文墨小丑,是国家大弊④;林乐知认为科举不能选拔出真正的人才;著名汉学家理雅各认为中国典籍不适宜做小学教材。他打了一个比喻,把《圣经》和科学比作两匹拉着马车往前跑的马,而四书五经却像是在后面往相反方向拉的九匹马⑤。

西方传教士对中国教育的批评和建议引发了中国人的反省。1901年,一个名为袁留之(音译,Yü-AN LIU CHI)的中国人在《教务杂志》上发表文章呼吁推迟典籍的学习,认为中国典籍对于儿童来说过于难懂,背诵对于儿

---

① 史静寰、王立新《基督教教育与中国知识分子》,福建教育出版社,1998年,第66页。
② "Evangelistic Tracts and Literature", The Chinese Recorder and Missionary Journal(1911.6):342.
③ "Literature Kills Many in China", The Indo-Chinese Gleaner(1820.2):406.
④ 花之安《自西徂东》,上海书店出版社,2002年,第255页。
⑤ "A Protest Against the Teaching of Chinese Classics in Primary Schools", The Chinese Recorder and Missionary Journal(1903.8):405.

童来说是一件残忍的事，儿童不宜过早学习典籍。这股反思教育的风潮从教会蔓延到了整个晚清社会：王韬、郑观应、严复、康有为、梁启超都把八股文作为攻击的目标，许多晚清文人也开始反思教育问题；他们翻译外国教育小说、创办各类教育杂志，晚清作家也纷纷在小说中关注教育问题[①]。教会教育和新教育思潮对传统的科举考试制度产生了冲击，1905年9月2日，长达一千三百余年的科考制度正式被废除。废科举是为了兴新学，时空断层中的适龄学童大批地涌向了新式学堂，教会学校则承担起了更加重大的教育职责。

第二，教会学校培养西式师资，编写西式教材，教授最新的西方科学文化知识，促使更多的人重西学而轻国学。教会学校对于师资的选择非常严格，即使是中文课程，也由西籍教师担任教职，或者培养具有西学背景的中国教师。马礼逊创办的英华书院规定聘请欧洲教师和中国教师为中文教授，向本地的中国学生教授英语以及其他学问[②]。1900年，福开森（J. C. Ferguson, 1866—1945）牧师认为：中国目前没有能够教中国语言文学的好老师。要培养这样的老师，最好的办法是选两三个中国有志青年文人，教他们两三年英文，和他们一起翻译一些有趣的基础科学、历史和政治经济方面的外国书，再由他们教给孩子们[③]。教会学校的中文老师都偏重西学，可见培养出的学生是如何了。

教会学校普遍教授各种西学课程，教授最新的西方科学文化知识。李提摩太主持的山西大学的课程设置中，要求学生学习以下专业科目：法律、科学、医药学、机械工程学、语言学以及文学[④]。值得一提的是，近代教会学校中也普遍开设文学课程，并且对教材的选择具有决定权。例如，燕京大学开设有"新、旧约文学"、"希伯来民族的历史与文学"、"中国古诗中的宗教观

---

① 例如，李伯元在《文明小史》中曾反复提到废八股、取新学的科考改革。
② 吴义雄《在宗教与世俗之间——基督教新教传教士在华南沿海的早期活动研究》，广东教育出版社，2000年，第319页。
③ "How Shall We Teach the Chinese Language and Literature in Our Christian Schools and Colleges?" *The Chinese Recorder and Missionary Journal* (1900.2):88.
④ 李提摩太《亲历晚清四十五年——李提摩太在华回忆录》，李宪堂、侯林莉译，天津人民出版社，2005年，第286页。

念"等课程,重视宗教与文学的研究①。由于在学校的文学教育中,学生只能接触有限数量的作家、作品,因此这些选入教材的作家、作品就有一种神圣性,是精英文学与高尚文学的代表。学生往往会根据这些作家、作品而进行延伸的阅读,而没有被选入教材的作家、作品则更容易被忽略。因此,教材的编选为原本在中国文化中处于边缘、弱势位置的西方传教士创造了一次进入主流文化的机会。可以说,教会学校是中国最早的现代学校。

教会学校对西学的重视和推广使得晚清文人对西学的热情高涨,加略特牧师认为:"毫无疑问,教会学校是创造人们对科学、历史和类似知识需求的最大因素。"②连状元都受到影响,产生了学习西法洋务的想法。《孽海花》第二回写冯桂芬对状元金沟说:"我看现在读书,最好能通外国语言文学,晓得他所以富强的缘故,一切声光化电的学问,轮船枪炮的制造,一件件都要学会他,那才算得个经济!我却晓得去年三月,京里开了同文馆,考取聪俊子弟,学习推步及各国语言……闻得近来同文馆学生,人人叫他洋翰林洋举人呢。"③第三回写到金沟受到时人影响,想道:"我虽中个状元,自以为名满天下,那晓得到了此地,听着许多海外学问,真是梦想没有到哩!从今看来,那科名鼎甲是靠不住的,总要学些西法,识些洋务,派入总理衙门当一个差,才能够有出息哩。"④一时间,学洋务,懂西文,成为了晚清中国文人的时尚,而教会学校始终引领着这种风气。

第三,教会学校的语言教育以英文为主,使得学生英文强而国文弱。教会学校的重点是英文教育,这也是它吸引中国学生的亮点。英语教学为中国培养了一大批翻译人才,也使得成千上万个没有条件出国的孩子拥有了和留学生一样开眼看世界的机会。林语堂的父亲没有能力送儿子去英国,于是决定送他到圣约翰大学,主要原因就是在于该校是当时中国最好的英语大学。在林语堂看来,圣约翰大学并不比英国一流名校差。他在圣约翰

---

① 吴梓明《基督宗教与中国大学教育》,中国社会科学出版社,2003年,第66页。
② "Chinese Translation of Western Literature", *The Chinese Recorder and Missionary Journal*(1907.6):301.
③ 曾朴《孽海花》,人民文学出版社,2006年,第15页。
④ 曾朴《孽海花》第25页。

大学打下了良好的英语底子，奠定了"两脚踏中西文化"的基础。

在教会学校中，学生接受传统经典教育的时间很少，因此学生英文水平很高，而中文水平较弱。之江大学校长李培恩指出："教会学校为便利外人教授计，所用书籍，大半用西文本，对于国文，不加注重。故其所培成之人材，以平素无适合本国国情之训练，遂不知本国一切情形。"①在语言的教学上，虽然是中英并重，然而学生的中文水平并不高。容闳曾在马礼逊学校学习，然而他对自己的汉语水平很不满意，他说："予之汉文，乃于一八四六年游美之前所习者，为时不过四年。以习汉文，学期实为至短，根基之浅，自不待言。"他从美国回国时，需要花时间在广州补习汉文，并且感觉"今日之温习，颇极困难，进步极缓"②。连容闳这样的优等学生中文水平都不佳，其他学生的中文水平也就可想而知了。不仅是马礼逊学校如此，在圣约翰大学中，即使连着几年中文课程考试不及格，仍可以拿到毕业文凭③。林语堂因为从小在教会学校读书，自认为缺点是书法很糟，对于中国历史、中国诗、中国哲学和中国文学的知识充满漏洞④。这样看来，教会学校培养出来的中国学生中文水平相对较低，对文言文没有多少感情，很容易成为推广白话文的新生力量。

教会学校限制了学生对语言信息的接受水平和吸收程度。传教士通过教会学校系统和课程制定出一套专制的西方文化规范，并设置了优先选择权，将他们的文化和思维再生产并使之合法化。这套文化规范凌驾于传统的中国文化规范之上，并诱导具有传统文化背景的学生接受这套文化规范，将中国传统文化视为次等文化。由于教会学校的封闭性，学生极少与外界接触，因此这套带有强制性的文化规则便呈现出了它的合理性与正当性。他们为中国学生选择了教学语言、教学内容，通过各种精心的设置使得学生逐渐认同了西方文化和语言价值观，并不认为英文教学是一种带有歧视的文化偏见，反而认为传统的文言教育是不重要的，产生了厚此薄彼的文化心

---

① 黄新宪《基督教教育与中国社会变迁》，福建教育出版社，1996年，第206页。
② 容闳《西学东渐记》，钟叔河主编《走向世界丛书》，岳麓书社，1985年，第68页。
③ 林语堂《从异教徒到基督徒——林语堂自传》第20页。
④ 林语堂《从异教徒到基督徒——林语堂自传》第27页。

第二章 近代欧化白话文的发生

态。而本来不太认同这种文化观念的学生也在"成功"的引诱下改变自己,通过付出努力来为自己赢得更多的文化资本,以求在教会学校中立足。文化主义的规则在教会学校中得以很好的发挥,白话与其代表的通俗文化也在这种文化规则中占据了上风。

第四,教会学校进行白话教学,培养了一大批能读白话而不能读文言的学生。除了英文教育外,白话也是教会学校的教学用语和教学内容。教会学校对白话教学的倡导也影响了官办新式学堂,蔡元培在与林纾的论战中指出:"大学教员所编之讲义,固皆文言矣。而上讲坛后,决不能以背诵讲义塞责,必有赖于白话之讲演。岂讲演之语,必皆编为文言而后可欤?吾辈少时,读《四书集注》,《十三经注疏》,使塾师不以白话讲演之,而编为类似集注,类似注疏之文言以相授,吾辈其能解乎?"①白话教育大大提高了白话的地位,使得白话从"引车卖浆之言"成为堂堂正正的课堂用语,对培养新文学家起到了积极作用。

教会学校培养出来的中国学生由于文言水平较低,又长期接受西式教育,从而成为推广白话文的新生力量。像容闳、林语堂这样能够接受高等教育的幸运儿毕竟是少数,大部分学生则为生计所迫,读了三四年书就辍学谋生了。他们没有能力阅读文言文,然而教会学校教给他们的白话却使得他们拥有了继续学习的能力。因此,社会上出现了一大批能读、爱读白话书的人。这不仅是基督教教育所产生的客观影响,也是传教士有意识采取的白话推广措施。传教士窦乐安认为教会教育有助于白话读者群的形成,他说:"那些不能读用文言文写作的书的人可以用白话来读福音。这一阶层一直在增长。中国现在的学府和高校普遍教授西学,因此学生们对中国典籍的熟悉程度远远不及他们的前辈。其结果是:即使要为学生准备书籍,那也必须用一种更简单的语言,而不是原来那样的深奥难懂。"②

西方传教士在近代教育的普及上功不可没,他们创办教会学校、公共图

---

① 蔡元培《答林君琴南函》,见《文学运动史料选》(第一册),上海教育出版社,1979年,第145页。

② "Evangelistic Tracts and Literature", *The Chinese Recorder and Missionary Journal* (1911.6):339.

书馆、假日学校和女子学校,培养与输送留学生,在中国教育史上留下了不可磨灭的功绩,对培养新一代具有世界视野的知识分子起到了积极的作用。戊戌以后崭露头角的一批近代作家绝大部分都是教会学校、"洋学堂"的毕业生,或者是海外留学生,教会学校的影响力开始凸现。新教育不仅给新一代的作家带来了新学识,还培养了他们的气质、情感和志趣。近代教会学校的教育为中国培养了大批新式人才,也成为近代市民社会重要的组成部分。他们能够流利地使用白话和英语,阅读广泛,逻辑严密。他们既植根于中国,又了解西方,他们的语言能力和文化立场影响了新文学的基本面向。白话文经过教会学校的推广、晚清白话运动和新文化运动,最终迫使北洋政府看到白话取代文言已是大势所趋,进而进行了教育改革。1920年起,全国小学课本改用白话文。至此,白话文正式代替文言文成为中国的第一语言文字。

　　翻译是传教士文字工作的重要组成部分,他们在翻译上颇下功夫,成就不凡。李提摩太在山东青州时曾为自己制定了一张时间表,每天有四个半小时是用在英译汉的翻译上面的①。正是因为大量时间和精力的投入,传教士在翻译上做出了令人惊叹的事业。传教士所办的墨海书馆、广学会、美华书馆、益智书会、中华浸会书局、青年协会书局等出版机构都承担了相应的翻译任务。他们译著丰富,涉及各种不同领域和学科。傅兰雅(John Fryer,1839—1928)一个人就翻译了一百二十九种作品,包括基础科学、应用科学、军事科学、社会科学等各个方面。洋务运动以来,全国各地纷纷成立了翻译和外语教学机构,由于传教士语言精通、聘金合理,京师同文馆、上海广方言馆、广州同文馆、天津水师学堂、福建船政学堂等都聘请了传教士担任语言教习并进行翻译活动。

　　早期新教传教士的翻译活动以宗教类文献翻译为主。据统计,1811年至1860年期间,新教传教士译介的西书总数约572种,其中宗教类书籍达434种,占总数的81%,非宗教类只有138种,占总数的19%左右②。英美

---

① 李提摩太《亲历晚清四十五年——李提摩太在华回忆录》第90—91页。
② 何绍斌《越界与想象:晚清新教传教士译介史论》,上海三联书店,2008年,第105页。

第二章　近代欧化白话文的发生

传教士几乎垄断了这一时期的西学输入。这一现象到19世纪末20世纪初得到了很大的扭转，1887年至1911年，广学会出版各类书籍461种，纯宗教书籍占总数的29.93%，非宗教性书籍占51.63%；既有宗教内容也有世俗内容的占18.44%[①]。广学会是当时基督教新教在中国最大的出版机构之一，它的出版情况具有一定的代表性。基督教翻译书籍风行一时，参与翻译的中国文人也受到了科学精神的熏陶。

翻译基督教经典是西方传教士最重要的工作之一，他们的翻译以直译为主，十分重视语言的通俗易懂，虽然基督教书籍大多都拥有文言和白话两种译本，但是基督教的平等观念决定了西方传教士并不希望基督教因阶级的差异而被分割成两种宗教。他们在中国的主要传教对象主要是下层阶级，而文言是一种辅助性的传教语言。因此，为了服务于占绝对多数的下层信徒，又要努力维护基督教的整体性，他们采取了通俗化的传教策略，虽然这牺牲了一部分的知识分子信徒，然而他们获得了更为广大的大众信徒。《圣经》是西方传教士最重要的翻译文本。为了表意清楚、简明易懂，《圣经》的翻译以直译为主，侧重于使用通俗易懂的白话。马礼逊在翻译《圣经》时就曾经明确表示过这一点："在我的译本中，我考虑了译文的准确性、明晰性和简洁性。我宁可选用普通词汇，也不用罕见的词和古词。我也避免采用在异教的哲学和宗教中出现的技术用语。我宁可选择似乎不雅的词，也不让人觉得晦涩难懂。"[②]美国小说家贝米拉的《回头看纪略》的白话译本连载于1904年的《绣像小说》上。在传教士的努力下，许多中国北方教徒学会了阅读用简单白话写成的基督教书籍，但是他们并不能理解较难的白话书籍[③]，因此继续翻译简单的白话书籍成为了新教传教士的重要任务。

然而，能够独立从事英译中翻译的西方传教士极少，大部分都需要中国助手的润色。这也形成了中西合璧的翻译文化现象，傅兰雅曾描述过这种独特的翻译过程："西人先熟览胸中而书理已明，则与华士同译，乃以西书之

---

① 熊月之《西学东渐与晚清社会》，上海人民出版社，1994年，第554页。
② 汤森《马礼逊——在华传教士的先驱》，王振华译，大象出版社，2002年，第98页。
③ "Translating into Mandarin", *The Chinese Recorder and Missionary Journal*（1876.9）: 380.

义,逐句读成华语,华士以笔述之;若有难言处,则与华士斟酌何法可明;若华士有不明处,则讲明之。译后,华士将初稿改正润色,令合于中国文法。"①这样的翻译形式可以节省时间,并且使文句通顺;但是由于受到译者本身外语水平的限制,加上助手的理解,往往会对原文产生误读,不忠实于原文。另外,由于这种翻译方式需要通过口语来转述,使得译作也不可避免地带上了通俗化的色彩。值得注意的是,传教士自己写作的文章往往更通俗,而与中国助手合作的作品却更典雅。中国助手大都会在典雅和通俗之间选择前者,这也是许多教会出版物使用文言的原因之一。传教士的翻译不图名利,无私地奉献他们的劳动。他们翻译的内容、风格都与中国翻译者有所不同。虽然传教士的翻译文白兼备,然而白话常常是主流。

翻译是政治性很强的活动,翻译的过程也是一个权力应用的过程。在翻译策略的选择上,强势文化在翻译弱势文化的文本时往往会采用归化的策略,而弱势文化在翻译强势文化的文本时则常常使用异化的策略②。简单地说,翻译只有两种方法,要么译者尽可能让原作者安居不动,让读者去接近作者;要么译者尽可能让读者安居不动,让作者去接近读者③。翻译作为一种话语的交流从来都不是在平等对话的条件下进行的,只要有翻译,就存在着文化权力的不均。传教士大多来自英美等强势文化,拥有先进的科学技术知识,能够在文化交流中获取说话的权力;而失去自信心的中国文化则处于弱势地位,在翻译等文化交流活动中常常会陷入失语的状况。在晚清中西文化的交流中,西学东渐的强度要大大高于东学西渐,英译中的文本数量远远大于中译英的文本数量。在晚清,"著不如译"的思想一直存在,图书市场上翻译作品和原创作品几乎平分秋色。在传教士的心中,也往往存在着西方文化优于中国文化的偏见,体现在翻译中则表现为西方文化的强势

---

① 黎难秋主编《中国科学翻译史料》,中国科技大学出版社,1996年,第419页。

② 归化是以目标语文化为导向的翻译,这种翻译往往撇开原文的语句和形象,进而把源语文化中的异质成分转化为目标语中人们所熟知的内容。而异化是以源语文化为归宿,要求译者向作者靠拢,采取相应于作者所使用的源语表达方式,来传达原文的内容,这种翻译保留源语中特有而目标语中没有的语言表达形式或文学形象。

③ Schleiermacher, "on the different Methods of Translating", in *Translation/History/Culture*, e.d. Andre Lefevere, New York: Routledge, 1992, pp.149-150.

第二章　近代欧化白话文的发生

渗透。翻译不仅是语言间的转化，还是世界观间的转化。早期新教传教士还比较注重在翻译过程中对中国文化的归化，常常为了照顾中国人的文化心理使用一些中国化的形式和语言，然而西方传教士终究要通过异化中国文化进而改变中国人的宗教信仰。因此，西方传教士在翻译语言选择的过程中也伴随着一种文化权力的使用，中国文人出于对强势文化的恭敬和迎合，也往往会跟随其翻译潮流。传教士的白话翻译则引导了晚清的白话翻译潮流。

传教士的白话翻译对中国翻译的影响很大。白话之所以能够取代文言成为文学翻译的第一语言，施蛰存做出了很好的解释。他说："当各阶层知识分子在茶余酒后的闲谈中间，或在报刊上发表评论及题诗，一致赞扬《茶花女》和《黑奴吁天录》的时候，阅读古文小说有困难的小职员、小市民更有向隅之叹。他们不了解这些读书人为什么大惊小怪，把一本外国小说夸奖到这么好！他们去买来看，可是不很懂，有语文障碍。于是有好心人出来，把一本《黑奴吁天录》改写为白话文本，解决了问题。当翻译家发现白话文译本有更大的读者群，他们就不跟林纾走，而用白话文翻译了。"[①]许多现代作家也对传教士的翻译做出了肯定。郭沫若说："今译一法，基督教徒运用得最为敏活，一部《新旧约全书》不知道有多少译本。单是我们中国所有的便有文言，有官话，有甬白，有苏白，更有注音字母的。他们广事翻译，惟恐其不普及，惟恐一般人难于接近。基督教所以能传播于全世界，这种通俗化的办法实在是最有力的因素。"[②]朱自清认为"近世基督《圣经》的官话翻译，也增富了我们的语言，如五四运动后有人所指出的，《旧约》的《雅歌》尤其是美妙的诗"[③]。传教士在翻译基督教经典时将欧化的语法和句法也带进了官话，长句子、新术语层出不穷。新术语是欧化白话文区别于传统白话文的重要标志之一，是新观念的载体，新术语的流行给近代文学注入了新的活力，

[①] 施蛰存《中国近代文学大系·翻译文学集·导言》，见《中国近代文学大系》(1840—1919)第26卷，上海书店出版社，1990年，第24页。
[②] 郭沫若《沫若文集》第10卷，人民文学出版社，1957年，第56页。
[③] 朱自清《朱自清全集》第2卷，江苏教育出版社，1988年，第372页。

谭嗣同的《金陵听说法诗》中有"纲伦梏以喀私德,法会极于巴力门"①,如旧瓶装新酒,极有冲击力。虽然西方传教士在学习官话的时候尽量模仿传统的白话,但是在翻译的过程中不可能不出现欧化。这种欧化白话文又被西化的新文学所接纳,从而成为现代文学的语言现象。

出版发行也是传教士传播福音的重要手段,并深深影响了白话作为一种书面语的形成。基督教的经典是《圣经》,《圣经》是近代中国发行数量最大的出版物。义和团运动之后,《圣经》每年均有百万本以上的销量。民国以后,中国人对《圣经》的需求量迅速增加,以至于美国圣经公会无法满足所有的订单。《圣经》及各类节本的总量从 1912 年的 4 665 116 册增至 1923 年的 7 564 494 册②。有人统计,三家圣经公会(英国圣经公会、美国圣经公会、苏格兰圣经公会)在中国出版《圣经》的全部产量超过 2 亿册③。

《圣经》影响了一代又一代中国教徒,它的影响也从宗教领域辐射到世俗领域,中国语言的现代化也与此有关。《圣经》虽然被翻译成许多种版本,然而最受欢迎的还是白话版《圣经》。《教务杂志》曾经对 1894 年的《圣经》出版情况做了统计:《圣经》被翻译成各种语言版本:白话版《圣经》的数量要远远超过其他版本,比其他版本的《圣经》总量加起来还要多,可以料想其影响之广泛;浅近文言和文言(深)的《圣经》的数量分别位于第二、第三,方言版本和罗马字方言版本位居第四、第五④。这也基本代表了西方传教士的语言方针:大力推广白话,辅之以文言和方言。

除了《圣经》,宣传教义的小册子也是教会所重视的宣传品。由于当时教会财力雄厚,又接受各种捐赠,因此他们可以印制出精美的《圣经》和各种布道小册子广泛散播。为了能让大部分人读懂,这些印刷品大部分都是用白话写成的。《教务杂志》对此曾有记录:布莱克斯都(W. E. Blackstone)牧师编写了十本白话和文言所写的小册子,在洛杉矶"免费散发基金"(Free

---

① 喀私德即 Caste 音译,指印度的等级制度;巴力门即 Parliament 音译,指英国议员。
② 陈建明《激扬文字、传播福音:近代基督教在华文字事工》,台湾:宇宙光全人关怀机构,2006 年,第 60 页。
③ 何凯立《基督教在华出版事业(1912—1949)》第 126 页。
④ "The Spread of Vernacular Literature", *The Chinese Recorder and Missionary Journal* (1895. 11):509.

第二章　近代欧化白话文的发生

Distribution Fund)的支持下发行。这些小册子选文仔细,装帧一流,印刷精良,德国印制,每一本都有一个漂亮的封面插图,首印就有125万册①。

传教士的各种协会也在进行出版工作,编辑各种白话图书和教科书②以及白话报刊。传教士所办的中文报刊用语普遍较为浅白,最早的中文报刊《察世俗每月统记传》序中说:"无中生有者,乃神也。神乃一,自然而然。当始神创造天地人万物。此乃根本之道理。神至大,至尊,生养我们世人。故此善人无非敬畏神。但世上论神多说错了。"③《小孩月报》用语更几乎无异于现代白话文。例如,该报创刊号上登了一篇名为《遗言慰友》的故事说:"有一位老年人,是敬奉天主的,一日手里拿着圣书,从他家里往会堂里去,在路上遇见一个朋友,彼此问好,那老人说,我是一面走着,一面看我父的遗言。朋友说,你父给你留下的是什么?他说,就是赐我百倍的福,并且得着永生。他这朋友,正因为自己家里的事,心里难过。一听他这话,便觉安慰了许多。欢欢喜喜的仍旧行路。北京来稿。"④传教士中文报刊的内容是西方传教士和中国教徒共同编写的,为中国培养了一批白话文字工作者⑤。

出版印刷大大促进了白话文学的发展。印刷革命导致的大众媒介的兴盛,使书写语言成为面向社会广大民众的大众话语。书面语一向被看作比口语更正确,因此印刷语言的发明赋予白话一种新的稳定性,使之成为有主导权的语言形式。从形式和词汇上接近主流印刷语言的口语是最有权威的,因此口语白话常常是根据它与书面白话的相似程度而得到社会评估。

---

①　"Evangelistic Tracts and Literature",*The Chinese Recorder and Missionary Journal*(1911.6):340.

②　例如《圣谕广训》用语浅白,试看其中一段:"万岁爷意思说,人生在世,吃饭穿衣,交接来往,都要用度。既然要用度,就一日也少不得这个钱了。但要用度,也有每日一定的,也有出于意外的。如一年穿几件衣服,早晚两餐茶饭,这是一定的规矩,算计得来的。至于生儿养女、男婚女嫁、害病死丧,这些事体是出于意外,算计不定的。你若不把钱财,常留些有余,若是遇着这样不测的事,却拿甚么去用呢?"

③　博爱者纂《察世俗每月统经传》,嘉庆乙亥年全卷,见台湾中研院胶卷资料,无页码。

④　《小孩月报》1876年第7期,第43页。

⑤　分布在各省的西方传教士受到当地方言的影响,甚至形成了不同的白话风格。西方传教士所欣赏的好白话并不是单一的,他们既欣赏山东传教士雄辩风格的白话文,又欣赏北京传教士简明风格的白话文。

在这种评估过程中,方言、口音、词语、语法的选择和使用都在书面语中被类型化,都被根据语言的社会惯例来加以评价和分级。这样一来,原本流动而多变的口语白话被出版印刷固定住了,白话文也逐渐被定型化。在晚清的中国,能读懂文言文的人口只占全国人口的一小部分,大部分人都只懂自己的方言,精英的文言市场已经饱和,出版业则必然将目光转向读白话作品的广阔大众市场。新教和印刷资本主义的结盟,通过廉价的白话书籍,迅速地创造出众多的白话阅读大众。语言经历了一次实用主义的选择,白话成为文言的竞争者,最终跃升为权力语言。印刷语言为白话读者创造了统一的交流和传播流域,数百万甚至千万人被语言的纽带所联结,并感觉到了彼此的存在。语言和印刷的完美结合是晚清历次革命的重要工具,也是促使中国文学通俗化的动因。

第三章　西方传教士带来的汉语语言的变化

第一节　"官话"工具书的编纂和拉丁语法的介入

到19世纪中期,不只是传教士,外国人学习中国语言时的首选都是"北京官话"。他们之所以要学习"北京官话",并为此编撰了大量教材和工具书,原因不是别的,正是因为"北京官话"在帝国内部的口头沟通中,已经具有不可替代的普适性。在地域辽阔的清帝国版图之内,除了南方几省,掌握"官话"成了与中国人进行沟通——不管是有关灵魂还是世俗事务方面——的前提。

"北京官话"的流行,是中国语言历史上的重大事件,其重要性毫不亚于白话取代文言。只是后者的变化急而促,前者的变化缓而久,所以前者不如后者引人注目罢了。

"北京官话"作为一种通行的标准口语——在不同时期,它被称为"官话"、"国语"或"普通话"——沿用至今。这不仅对维系中国这样一个多民族大国在政治上的统一和文化上的认同十分关键,也对白话文取代文言文这一书面语的革命,产生了重要影响。

欧洲近代历史上,宗教改革、民族语文和民族国家这三件事几乎是同时发生的。在意大利和德国,以当地语言翻译出版《圣经》,差不多是革命性的事件,因为这意味着意大利民族和德意志民族有了典范的民族语言,从而得以在文化上自立。当然,欧洲地方语言取拉丁语而代之的过程并不容易。彼得·伯克在论述近代欧洲地方语言如何战胜拉丁语的时候,曾说:

> 语言的标准化除了实现跨越空间的统一之外,它的另一个目的就是获得跨越时间的稳定性。如果一种语言要获得拉丁语那样高贵地

位,它必须是稳定的。……获得稳定性的愿望也是某些科学院成立的重要原因之一……这些科学院都负责词典的编纂。……在这个时期,有关欧洲地方语言的语法书大批出版,但往往是用拉丁语写成,以方便学习该语言的外国人使用,同时也是为了向说本民族语言的人提出一种规则。……当然,某种地方语言的语法书的出版并不意味着说这种语言的人当中哪怕会有一少部分人会在实际上遵守这些规则。尽管如此,语法的传播是一个明显可见的过程,在某些地方语言当中,这些规则显然得到了精英阶层的认真对待。①

一种语言趋于"标准"、规范、通行,甚至优美,往往要经历这样一个过程——编纂标准通行语的工具书、总结语法并提供写作的范例。显然,编写工具书,总结语法和提供写作的范例,并不仅是发现"标准的"语言,也是创造"标准的"语言。

中国的情形与欧洲不同。在中国,最早的"北京官话"语法书是来华传教士编写的,其目的是学习中国语言。传教士编写的"官话"语法都有较为统一的编写目的、语言材料和语法研究方法。当然,虽然他们心目中的受众大多是学习中文的外国人,但一旦被传教士在中国兴办的学校所采用,也就成了中国学生学习中文的教材,产生了程度不一的影响。

西人研究中国"官话"语法,产生了一些名作,例如马若瑟(Joseph de Prémare)的《汉语札记》(*Notitiae Linguae Sinicae*,1728),艾约瑟(Joseph Edkins)的《官话口语语法》(*A Grammar of the Chinese Colloquial Language Commonly Called the Mandarin Dialect*,1857),威妥玛(Thomas Francis Wade)的《语言自迩集》(*A Progressive Course Designed To Assist The Student of Colloguial Chinese:As Spoken In the Capital Anol The Metropolital Department*,1867),高第丕(Tarleton Perry Crawford)、张儒珍合著的《文学书官话》(*Mandarin Grammar* ,1869),司登得(George Carter Stent)编写的《汉英合璧相连字典》(*A Chinese and English*

---

① 彼得·伯克《语言的文化史:近代早期欧洲的语言和共同体》,李霄汉、李鲁译,北京大学出版社,2007年,第126—127页。

第三章　西方传教士带来的汉语语言的变化

Vocabulary in the Peking Dialect,1871),狄考文(Calvin Wilson Mateer)的《官话类编》(*A Course of Mandarin Lessons*,1892),鲍康宁(F. W. Baller)的《中英字典》(*An Analytical Chinese-English Dictionary*,1900),赫美玲(Korl Hemeling)编的《南京官话》(*The Nanking Kuan Hua*,1903)、《英汉官话口语词典》(*English-Chinese Dictionary of the Standard Chinese Spoken Language*(官话) *and Handbook for Translators, including Scientific, Technical, Modern, and Documentary Terms*,1916),富善(Chauncey Goodrich)编写的《北京方言袖珍词典》(*A Pocket Dictionary and Pekingese Syllabary*,1907)、《官话萃珍》(*A Character Study in Mandarin Colloquial*,1916),禧在明(Walter Hillier)编的《英汉北京话字典》(*An English-Chinese Dictionary of Peking Colloquial*,1910,1918年出新版增加新词),季理斐(Donald MacGilliray)编写的《英华成语合璧字集》(*A Mandarin-Romanized of Dictionary Chinese, including New Terms and Phrases, with New Supplement*,1911),高本汉(Bernhard Karlgre)编写的《北京方言发音读本》(*A Mandarin Phonetic Reader in the Pekinese Dialect, with an Introductionary Essay on the Pronunciation*,1918),等等。

　　根据柯蔚南(W. South Coblin)和利维(Joseph A. Levi)的研究,第一部"官话"语法书应该是多明我会教士高母羡(Juan Cobo)编写的《汉语语法》(*Arte de la lengua China*);第二部系多明我会教士徐方济(Francisco Díaz)编写的,1640年或1641年在菲律宾付印,书名不得知;第三部为多明我会教士黎玉范(Juan Bautista de Morales)编写的,书名亦不得而知。目前能看到的第一本"官话"语法书,是西班牙传教士瓦罗(Francesco varo,又译作万济国)1703年编撰的《华语官话语法》。国外研究者一般称此书为"一本关于汉语口语的小册子"[①]。瓦罗在此书中说明了写作动机:

　　　　我考虑过这本册子对一个新来的教士有什么用处。以往,当他向一个老教士请教学习汉语的方法和途径时,会被告知既没有方法也无

[①] 龙伯格《清代来华传教士马若瑟研究》,李真、骆洁译,大象出版社,2009年,第83页。

所谓途径。然后,老教士们会教给他错误的发音和声调。于是,当这个新教士被派到一个可以帮助他学习或者教他的中国人那里时,却发现彼此之间根本不能交流!这难道不会引起内心的烦恼吗?而借助于这本简单的册子,他就能避免这样的事情。①

他要用语法教学的方式教人们学习"中华帝国的通行语言"。而在他的目力所及之内,当时也并没有一本被传教士群体认可、以供他们学习这种通行语的工具书。这是因为,中国从来没有一本讲汉语语法的书。在瓦罗同时代的人看来,汉语是没有语法的。瓦罗编写此书的方针就是"要把中国人的语法翻译成我们的语法":

> 过去和现在,总有一些教士认为,中华帝国的通行语言即汉语没有语法和规则可言,其形式也不适合优美的文体。……另外还有一些教士,他们下判断时非常谨慎,承认中国人无论在说话还是著文时都是很懂得语法和修辞的。然而他们补充说,要把中国人的语法翻译成我们的语法非常艰难。可是不管怎么说,再难的事也并非不可能做到!其余的人同意后者的看法。但是他们说,汉语中有许多约定俗成的规则,再加上一些诫律(monitions)和注解,就能编成一部语法书或手册,以供新来的教士学习。有鉴于此,我便利用从别的教士那里搜集来的材料,再加上我个人学习和研究的成果,花了 20 年的时间来编成这部小小的读本。我相信这本小册子已使很多教士受益。②

汉语中每个音节都有一定的意义,词没有语尾的变化,每个词在句子中的功能依靠词序来决定,按照语言学的划分汉语属于孤立语。而拉丁语却是依靠语尾变化来决定每个词在句中功能的屈折语。瓦罗要把拉丁语法移植到没有形态变化的汉语上,他首先给汉语中的词分类——名词、代词、动词、分词、感叹词、连词、介词、副词③。八大词类的划分起源于公元前 1 世纪

---

① 弗朗西斯科·瓦罗《华语官话语法》,姚小平、马又清译,外语教学与研究出版社,2003 年,第 11—12 页。
② 弗朗西斯科·瓦罗《华语官话语法》第 3 页。
③ 弗朗西斯科·瓦罗《华语官话语法》第 100 页。

第三章 西方传教士带来的汉语语言的变化

迪奥尼修斯·色拉克斯(Dionysios Thrax)的希腊语法书《语法术》(*Techné grammatiké*),这本书一直被奉为希腊语法的主流拉丁语法的源头。

接下来《华语官话语法》谈到汉语学习的五个戒律,其中说到为了说好这种语言,有三件事要牢记于心:

> 第一,词项或音节(term or syllable)本身固有的意思;第二,我们说出来的一个词项的声调,要与我们打算表达的意思相一致;第三,一个要素在句子里必须有适当的位置。这三点都是必要的,尤其是词序(word order),因为如果词不在适当的位置上,句子就会变得不能理解。①

重视词序,通过词序建立语法的做法也正是拉丁语法的精髓。瓦罗说:

> 在汉语里,所有的名词都没有词尾变化,也没有格变。它们只能通过一些前置的小词(particles)来区分,或者通过其前、其后的词加以区分。……通过将一些词项跟另外一些词项并列起来,再按照其句法位置来加以使用,我们就能把它们理解为格变,并根据我们的八大词类来表示,即名词、代词、动词、分词、介词、副词、感叹词,以及连词。②

西方语言学者认为:"瓦罗语法的重要性在于,它在汉语语法研究的发展史上起过至为关键的作用。瓦罗提供的样板(template)不仅在以后的语言学探索中被其他传教士所遵循,而且可能还决定了日后整个中国语言学的历史发展……这种影响不但及于传教士,而且施及后来编著汉语语法的中国人和欧洲人。瓦罗的著作强烈地影响了欧洲学者、多明我会和耶稣会的传教士以及中国学者。"③

在中国印行的最早北方"官话"口语语法书是高第丕、张儒珍1869年的《文学书官话》。其"原序"说:

---

① 弗朗西斯科·瓦罗《华语官话语法》第12—13页。
② 弗朗西斯科·瓦罗《华语官话语法》第30页。
③ 白珊(Sandra Breitenbach)《〈华语官话文法〉导论》,转引自弗朗西斯科·瓦罗《华语官话语法》第21—22页。

文学一书，原系讲明话字之用法，西方诸国，各有此书，是文学书之由来也久矣。盖天下之方言二千余类，字形二十余种，要之莫不各赖其各处之文学，以推求乎话之定理，详察乎字之定用，使之不涉于骑墙两可也……故无论设教者、读书者、传道者、通言者，皆宜于是书潜心默会，触类旁通，玩索而有得焉，以免夫启口支离之弊，行文差谬之失，而得乎话字之真旨也已。①

"终言"说：

　　学生要用一本官话书讲，直到这本文学书里的事情，都熟记在心里。②

可见是用"西方诸国"语言工具书写作传统来编写此书，目的是使"话字"能"启口"和"行文"。其操作方法就是用五十五个音母，按照上半音和下半音组合的方式拼出每个字的唯一正确读音。用划分词性的方式给每个词归类。由此确定其在句子应有的位置和语法作用，用语序的方式论述句子的结构，划分句子的"根本"、"靠托言"、"尽头"，即主谓宾。其"论话色"一章论述了汉语修辞，其中说道："话色有婉转灵巧的说法，其中最要紧的，叫如生的、借喻的、过实的、讥诮的、比方的。"③相当于今天的拟人、比喻、借代、夸张、反讽等修辞手法。这些研究方式都是借自拉丁语法，也是目前已知最早关于汉语修辞问题的论述。

此书传到日本后，由大槻文彦用日语加以注释改名为《支那文典》（1877年），在日本流行开来。日本汉学权威牛岛德次说："此书是我国现代汉语语法研究的滥觞……从广义上看是敲响了汉语语法近代研究闭幕的钟声。"④

日本人自19世纪后期开始编纂"北京官话"的工具书和教材，以资教学。他们的工作很明显受到了来华传教士的影响。

---

①　张延俊、钱道静《〈文学书官话〉语法体系比较研究》，崇文书局，2007年，第201页。
②　张延俊、钱道静《〈文学书官话〉语法体系比较研究》第233页。
③　张延俊、钱道静《〈文学书官话〉语法体系比较研究》第231页。
④　牛岛德次《日本汉语语法研究史》，甄岳刚编译，北京语言学院出版社，1993年，第38—41页。

第三章　西方传教士带来的汉语语言的变化

1876年4月初,东京外国语学校高等四级学生中田敬义、颖川高清和上等六级学生富田政福启程赴中国学习。很快,文部省要求"东京外国语学校从9月新学年开始实施北京官话教育"①。送走了中田敬义等人后,东京外国语学校的老师们,开始四处打听有没有这种新语言的教科书。终于,他们在日本桥三町目的丸善七书店里,发现了一本西洋人编的"北京官话"教本,那就是英国驻北京公使威妥玛1867年编写的《语言自迩集》:

> 该书分4册,第1册是北京官话教科书,第2册是第1册的注释和说明,第3册是按北京官话发音配上的汉字,第4册是汉字的写法练习。因教科书只有一部,颖川重宽等只好分别抄下来,也让学生抄下来。教科书解决以后,颖川重宽等虽知道北京官话与南京官话语音不同,但不知怎样读,只好等新学年中国人教师来了以后再说。②

对已经有"南京官话"基础的日本学生来说,"北京官话"与"南京官话"只有读音上的区别,意义差别不大,转换起来并不困难③:

> 开学,薛乃良开始教授北京官话,颖川重宽、蔡、石崎、川崎等教师与学生一起听课。与学生不同的是,北京官话的意思他们基本都懂,只是发音不同,需要好好学习。……由于南京官话与北京官话差别不大,高级班的学生进步很快,仅一年就学完了《语言自迩集》的"散语"和"问答"部分。④

教材仍然是日本人学习"官话"的首要困难。不但在日本国内学习"北京官话"没有现成的教材,即便是在北京,也只有英国驻中国公使威妥玛编

---

① 六角恒广《日本近代汉语名师传》,王顺洪编译,北京大学出版社,2002年,第24页。
② 六角恒广《日本近代汉语名师传》第24页。
③ 从"南京官话"到"北京官话"的转变之所以在中国没有留下更多记录,也与两者大同小异有关。此事可以参照当时在华传教士的记载,特别是把1857年麦都思和施敦力合作翻译完成的"南京官话"《新约全书》,与1861年由艾约瑟、丁韪良、施约瑟、包约翰、白汉理五人翻译的"北京官话"《新约全书》做一对比,我们不难发现,撇开欧化的部分("南京官话本"是改写文言而来,"北京官话本"是翻译英文而来),除了个别词汇(如登时、抄……路、久后、那(nǎ)个、把[动词]等)留有南方方言的特色,总的看来两个版本没有多少差别。当然,由于翻译策略的不同出现的差异不包括在内。
④ 六角恒广《日本近代汉语名师传》第24—25页。

的《语言自迩集》。被派到北京的中田敬义回忆说：

> 来到北京一看，没有语学书，只有当时英国驻支那公使威妥玛编的大本的《语言自迩集》。这本书的确是珍贵的书，价钱非常高，买不起。于是，找支那的笔工抄写，由叫作英绍古的人任教师，进行语言的学习。①

托玛斯·威妥玛的《语言自迩集》加上《文件自迩集》是日本人编写"北京官话"教科书的基础，1879 年被日本学者广部精稍作调整，编成适合日本人学习汉语的《亚细亚言语支那官话部》，此书到 1907 年 6 月出到了第六版，是公认的明治时代使用最广的汉语教科书②。日本学者内田庆市说："这部著作给近代日本的汉语教学也带来了很大的影响，在 19 世纪汉语研究，以及近代汉语教学史研究方面占据着极其重要的位置。"③

至"明治末期，出现了以现代汉语为研究对象的'官话文法研究'"④。1877 年大槻文彦《支那文典》是日本第一部"官话"语法书。在《支那文典》的例言中，作者说："本书有原本，支那出版，题为《文学书官话》，登州府美国高第丕、中国张儒珍著，同治八年订。虽然是支那官话语法书，非高雅之文言，但其语法与文言无大区别。"就是说，《支那文典》是用日语加以注释后改名出版的《文学书官话》。仿照此书的体例，在此之后，日本出现了一系列名为《支那文典》的语法书。较有代表性的是 1887 年冈三庆编的《冈氏之支那文典》，冈三庆在《编次》中说："英语有英语之语法，支那语有支那语之语法，二者不相同。"冈三庆并没恪守西方语法，而是尊重了汉语本身的语法。这本书把汉语词类分为九类：名词、代名词、形容词、动词、歇止词（断歇词"也、矣、焉"/不断疑歇词"欤、乎、耶"/问疑歇词"乎、耶"）、副词、前后置词（前置

---

① 六角恒广《日本中国语教育史研究》，北京语言学院出版社，1992 年，第 86 页。
② 《语言自迩集》的原版在中国已不存，日本保存有此书。日本学者普遍认为它是"北京官话"的第一本教科书。正是因为它的存在，以及日本近代汉语教学经历了一个从"南京官话"到"北京官话"的转变事实，中国语言学界才知道中国通行语经历过从"南京官话"到"北京官话"的转变（见鲁国尧、耿振声、张卫东等人的相关研究）。
③ 内田庆市《关于〈语言自迩集〉的若干问题》，日本关西大学亚洲文化交流研究中心编《亚洲语言文化交流研究》，上海辞书出版社，2009 年，第 26 页。
④ 牛岛德次《日本汉语语法研究史》第 34 页。

词"自、由、放、于、乎、为"/后置词"也、乎、哉")、接转词(接词"故、则、而、仍"/转词"及、至、不若、纵")、感词("岂、其、嗟、噫")①。"歇止词"相当于现在的"语气词",是英语里没有的。"前置词"相当于现在的"介词",是英语语法中有而当时汉语语法中所没有的,这是基于英文而结合汉语实际的成果。

到了1898年,马建忠编《马氏文通》时说:"凡字有事理可解者,曰实字。无解而惟以助实字之情态者,曰虚字。实字之类五,虚字之类四。"②他把实字分为名字、代字、静字(即形容词)、动字、状字(即副词),虚字分为介字、连字、助字、叹字(叹词),共九类。冈三庆的分类与马建忠的分类相比,没有大的差异。他的这个分类法比马建忠在《马氏文通》提出相同观点,要早十一年。

以出版时间论,传教士和日本人编写的"官话"工具书和教材,都早于中国。中国民国六年以前的小学教科书,都是文言,到1920年,北洋政府才命令"小学一、二年级的国文改为语体文(白话),并规定于1922年废止旧时的小学文言教科",各地才着手编辑白话文教科书③。

当然,日本人编写的"官话"教科书仍是以学习口语为目的,而"五四"后中国人编写的白话文教科书,是包含了言文一致的目标。1920年以来,白话文教科书既是口语教材,也是书面语教材。

至于中国国语语法书的编纂,公认以黎锦熙所著《新著国语文法》为开端。此书出版于1924年。而根据统计,在《新著国语文法》出版前,日本北京官话文法书有:1877年大槻文彦《支那文典》、金谷昭《大清文典》,1893年村上秀吉《支那文典》,1896年石附省吾《支那语学文法》,1905年张廷彦《官话文法》、信原继雄《清语文典》,1908年石山福治《支那语文法》,1912年宫锦舒《最近言文一致支那语文典》,1919年阿么徒《北京官话文法》、宫胁贤之肋《北京官话支那语文法》,1921年宫岛吉敏《支那语语法》、宫胁贤之助

---

① 牛岛德次《日本汉语语法研究史》第43—44页。
② 马建忠《马氏文通》,商务印书馆,1983年,第19页。
③ 陈学恂主编《中国近代教育史教学参考资料》中册,人民教育出版社,1987年,第446页。

《支那语文法作文教本》，1922年米田祐太郎《支那语文法研究》①，共有十三部之多。

对西方式语文教材的编撰者来说，总结和表述汉语的语法是一个没有前例可以参考的工作。胡适说：

> 中国语言孤立几千年，不曾有和他种高等语言文字相比较的机会。只有梵文与中文接触最早，但梵文文法太难，与中文文法相去太远，故不成为比较的材料，其余与中文接触的语言，没有一种不是受中国人的轻视的，故不能发生比较研究的效果。没有比较，故中国人从来不曾发生文法学的观念。②

在《马氏文通》出版前夕，梁启超还说"中国以文采名于天下，而教文法之书，乃无传焉"③。

《马氏文通》的作者马建忠受到传教士工作的启发，也继承传教士的方法。马建忠出生于天主教家庭，就读于上海徐汇公学（College Saint Ignace），它是由耶稣会办的，教会学校。据法国学者贝罗贝（Alain Peyraube）考证，当时该学校的天主教父就是采用法国耶稣会士马若瑟的《汉语札记》作为教材④。

马若瑟这本书将汉语分文言、"官话"两个体系论述。将字（Littera）作为基本语法单位，既采用实词、虚词的汉语传统研究法，又按照西方词类划分法，将词分为体词、代词、动词、副词、介词、连词、助词⑤。

尽管《马氏文通》研究的是文言文的语法，但这本书对五四时期主张白话文的人士有巨大的影响。通过发展或者是批评这本语法著作，人们开始把语言的变迁作为现代化的一部分来加以讨论。在马氏开创的体系之内，

---

① 牛岛德次《日本汉语语法研究史》第64—65页。
② 胡适《国语文法概论》，见《胡适文存》第1集卷3，黄山书社，1996年，第325—326页。
③ 梁启超《变法通议》，见《饮冰室合集》文集1，中华书局，1936年重印本，第52页。
④ 姚小平《〈马氏文通〉来源考》，见《〈马氏文通〉与中国语言学史——首届中国语言学史研讨会文集》，外语教学与研究出版社，2003年，第120—121页。
⑤ 贝罗贝《20世纪以前欧洲汉语语法学研究状况》，见北京大学中国传统文化研究中心编《文化的馈赠：汉学研究国际会议论文集》，北京大学出版社，2000年，第467—473页。

第三章　西方传教士带来的汉语语言的变化　　145

后来者又撰写出了"国语"的语法书,如黎锦熙所著《新著国语文法》——这时候,撰写者的目的已经非常清楚,"国语"语法书的目标就是尽快地扩张白话文的影响力,以取代文言文。

西人编撰"官话"工具书时,方法和框架是先定的,他们毫不犹豫地借用了自己熟悉的、用来研究拉丁语的那一套语法工具。当瓦罗通过"天主生天地万物"这个句子讲解汉语中的词性时,可以见出这种拉丁语法研究方法的使用:

> "天主"这个词是主格名词,"生"是动词,后面跟着的就是宾格。也就是说,主格永远不会处在它所支配的动词后面。①

威妥玛在《语言自迩集》中虚拟出中国人与外国人对话的语境,讲述西文语法规矩:

> 我们英国话文限制死些儿,没有汉字那么活动。且将英文分两大端论之:一为单字(the single words),一为句法(the laws of sentences)。那单字共分九类(nine categories, the Parts of Speech)。是为单字之一端。至于连字成文,那就是句法之一端。
>
> 敝国向来作文章(essays),也有分股(theku, pairs of sentences even in length)分段(thetuan, odd sentences)的规矩。阁下刚说这句法,或者是那么样罢?
>
> 贵国作文讲究的是句法 chü fa,专管那个字句的长短;我们成句之理,就是无论何句,必须"纲 kang"(a subject 主语)"目 mu"(a predicate 谓语)两分,方能成句。何为"纲"?几句内所云人、物、事等字眼儿为"纲";何为"目"?论人、物、事的是非、有无、动作、承受,这都为"目"。看起这个来,仅有"死字",没有"活字",难算成句;较比起来,仅说"人""雨""马"这三个字,不添"活字",实属有头无尾,焉能算是话?若是仅有"活字",没有"死字",其理亦然,不待言矣。"那人是好""下雨""那马快",这三句无剩义(intelligibility is complete 语义完整),所以才成

---

① 弗朗西斯科·瓦罗《华语官话语法》第34页。

句。分其"纲""目",就是这头一句里,那"人"字为"纲",论"人"的"好不好"是"目"。第二句"下雨","雨"字是"纲",论起"下雨不下"是"目"。第三句"马"字为"纲",论起"走得快"为"目"。

　　句段分为"纲""目"一层,中国也不是总没有此说,但是阁下所说的,单字分有九类,那是从前总没听见提过的。①

从这个虚拟的对话中,我们可以看到威妥玛认为拉丁语法是"限制死"的,规矩严格,汉语本身是"活动"的,用死的规矩套用灵活的汉语后,表达出的汉语就变得规规矩矩,"纲目"完整,写出来如同小学生作文,每句话都是主谓宾兼具。

将拉丁语法套用在"官话"上的做法,即便是在传教士内部,也有反对的声音。狄考文在其修订版的《官话类编》前言中说:"The subjects were not evolved by the application to Chinese of Western grammatical principles and ideas, but were gathered directly from the mandarin colloquial by a careful observation of its peculiar forms and methods."②他认为,关键并不在于通过西方语法分析来学习"官话",而是要仔细体会"官话"本身的组合形式和方法来学习它。这种看法与他的前辈和后辈完全不同。

对于一般的语言学习者来说,通过拉丁语法学习汉语并不是一个好的选择。于19世纪中前期来到中国的法国人老尼克,在学习中文时发现:

　　中文句法即使有法,也是最模糊不清的规则。没有足够的词缀或虚词来表示单复数、词格、语态、时态,通常只能通过词在句子中的位置来判断。同一个字词可以从名词变成动词,从动词变成副词,诸如此类,但没有任何书面标示可以加以区分。③

实际上,这个问题至今仍然困扰着中国的语言学界。《马氏文通》出版

---

① 《语言自迩集》第一版序言,见威妥玛《语言自迩集——19世纪中期的北京话》,张卫东译,北京大学出版社,2002年,第405页。
② Rev. C. Mateer, D. D., LL. D, *A Course of Mandarin Lesson*, *Based on idiom*, Revised 1906, Shanghai: American Presbyterian mission press, 1909, p. 1.
③ 老尼克《开放的中华:一个番鬼在大清国》,钱林森、蔡宏宁译,山东画报出版社,2004年,第161页。

第三章　西方传教士带来的汉语语言的变化　　　　　　　　　　147

之后,虽然一直有众多语言学者反思一味用拉丁语法套用汉语的过失,但是,至今没有拉丁语法之外的成体系研究汉语语法的著作诞生。

尽管威妥玛和狄考文都强调了拉丁语法与中国"官话"语法的不同,但欧洲历史上曾发生的情形——"有关欧洲地方语言的语法书大批出版,但往往是用拉丁语写成,以方便学习该语言的外国人使用,同时也是为了向说本民族语言的人提出一种规则"①——同样在中国发生了。以拉丁语法研究中国"官话"的工具书出版之后,这些工具书自然而然地意味着"一种规则"。这种规则毫无疑问影响到了书面语的表达。

19世纪后期,一种新的书面语——不同于文言文和古白话,也和现代白话文有差异的文体开始出现。这种过渡形态的文体保留了若干古白话乃至文言文的元素,但更多地吸收了通行口语也即"北京官话"的成分,同时具有某些欧化的特征。来自拉丁语法的新规则,正是新文体能够出现的推动力之一。

第二节　从对古白话的改写看欧化

在中国古代书面语系统中,文言文属于主流地位,白话文则作为旁系而存在。但早在汉代,就有比较成熟的白话文学作品,其代表作如汉乐府中的部分篇章。随着佛教的传入,白话书面语系统大大繁荣,佛经中大量说教内容具有鲜明的口语特色。唐宋时期,白话文学作品进一步繁荣,以话本、戏剧为代表,作品一般以叙事为主,其中大部分使用的是来自北方方言区的语言。这类作品的读者通常文化程度较低,它们发挥的主要是文化娱乐功能。

明清时期是中国白话小说的繁荣期,此时产生的众多优秀作品常常被外国人用来作为学习中国"官话"的教材。不仅外国人学习中国"官话"时常常引用,甚至到了国语运动时期,在很多国语词典中还能看到出自这些小说的例句。

---

① 彼得·伯克《语言的文化史:近代早期欧洲的语言和共同体》第126—127页。

明清的白话文学是延续了中国古白话的传统而来。与现代白话文学相比，两者有差别。这种差别已被很多研究者论及。蒋绍愚认为："不论是宋元话本还是《三言》、《二拍》，那里的'白话'毕竟和现代汉语还有相当的不同。"①

"白话"与"官话"的区别是显然的。"白话"有闲谈之意，其与口语关系密切。方言也可以白话。《海上花列传》使用的是吴方言，属白话而非文言，即是一例。晚清推行"官话"拼音的裘廷梁于1898年5月创办《无锡白话报》，次月即更名为《中国官音白话报》，以免读者将"官话"与"白话"混为一谈。

1907年创刊于广州的《广东白话报》、次年创办于香港的《岭南白话报》，虽名"白话"，其语言形态却是广东方言。

到五四时期，"白话"这个概念才被用来指一种通行语，之后渐与"国语"、"普通话"混用。至于周祖谟所说"白话，是从13世纪以来以北方话为基础而逐渐发展起来的民族语言的加工形式，也就是现代的文学语言"②，则是更晚近的事情。

明清白话小说的雏形是话本。用于说唱的话本，其来源多是流行于某个方言区的地方戏，话本因为方言的不同有北曲、南曲之别，北曲又分中州调、冀州调，南曲的区分则更为复杂。这不可避免地使得话本小说中充斥着方言俗语。例如，《水浒传》是用山东方言写的，又夹杂了很多吴方言③。实际上，不用说《海上花列传》、《九尾龟》、《何典》之类方言小说，就连被胡适认作"中国白话文的标准教材"的《今古奇观》、《水浒传》、《红楼梦》、《儒林外史》、《儿女英雄传》等④，也有大量方言、俗话存在——《红楼梦》虽说是用北方话写的，但却夹杂了很多南京话、扬州话⑤；《金瓶梅》是用山东方言写的，

---

① 蒋绍愚《近代汉语研究概况》，北京大学出版社，2001年，第3页。
② 周祖谟《从文学语言的概念论汉语的雅言，文言，古文等问题》，载《北京大学学报（社会科学版）》1956年第1期。
③ 见胡竹安《〈水浒全传〉所见现代吴语词汇试析》，载《吴语论丛》第1辑，上海教育出版社，1988年。
④ 胡适《活的语言·活的文学》，《胡适全集》第12卷，安徽教育出版社，2003年，第450页。
⑤ 见王世华《〈红楼梦〉语言的地方色彩》，载《红楼梦学刊》1984年第2期。

第三章 西方传教士带来的汉语语言的变化

也夹杂了吴方言①。

对学习中国语言的日本人来说,古代白话中的方言一直是他们的阅读障碍。文政六年(1823年),日本学者曾对当时中国"得泰"号上的船员说:

> 贵邦载籍极多,不惟五车二酉也。而群籍中俗语无译语者有不可句者矣……《聊斋志异》、《今古奇观》皆尝之者,吾乐读之。但《奇观》多俗语不可解者,故不卒业而止。愿乞借,以请教。②

《聊斋志异》是文言短篇,对日本学者来说没有阅读障碍。《今古奇观》由《喻世明言》、《警世通言》、《醒世恒言》以及《初刻拍案惊奇》、《二刻拍案惊奇》中的四十篇小说构成,作者"姑苏抱瓮老人"是苏州人,白话中夹杂了大量的南方方言、俗语,所以颇多"不可解"之处。

《续急就篇》是20世纪初日本最为重要的汉语教科书,编者宫岛大八曾说:

> 阁下既学过官话。四声什么的想必知道了。单是会话的书不下有百八十种。似乎得挑好的念。这才不枉费工夫。比方水浒三国志红楼梦儿女英雄传什么的。这些书文笔很好。话也适用。其中虽有不兴时的话。倒也没有什么妨碍。③

"不兴时"云云,正表明古代白话文中与19世纪中期通行的"北京官话"不同之处已经被国外学习者所注意。

为了能学到"兴时"的"官话",传教士与日本人用"北京官话"改写了一批旧小说,其中的书面语与现代白话文——"既不同于古代白话小说的'说书'语言,又有别于日常口语"的"文学语言的白话"④——近似,但又有若干不同的特征。尽管仍然有文言文和古白话的某些成分,但因为其鲜明的口

---

① 见周振鹤、游汝杰《方言与中国文化》第2版,上海人民出版社,2006年,第170—171页。
② 《清水笔语》,转引自春风文艺出版社编《明清小说论丛》第3辑,春风文艺出版社,1985年,第101页。
③ 宫岛大八编《续急就篇》,善邻书院,昭和十七年,第11—12页。
④ 刘纳《1912—1919:终结与开端》,载《中国现代文学研究丛刊》1998年第1期,第21页。

语色彩,吸收了西方语言的特点,有了欧化色彩,与古代白话文有显著的差别,具有某种过渡时代的特征。

传教士之所以尝试以"官话"写小说,最重要的原因是小说有利于传播教义。传教士所作"官话"小说的种类繁多,有用"官话"改写的中国旧有的白话文学,有用"官话"翻译的外国文学,还有一些完全是从头构思的新作品。大多数"官话"小说的创作者都是外国人,但他们中的很多人都有中国助手。

传教士们的母语大多属印欧语系,为了写出中国人能够接受的作品,他们都会非常注意汉语的特性,两种限制下,使得他们的作品既不同于中国旧白话文学,也不同于现代白话文,很明显是一种过渡的语言形态,其表现为使用少量的新词、新表达态,有欧化的雏形。这种语言形态显然是刻意选择的结果。在传教士模仿中国古代白话小说的第一本章回小说《儒交信》(1872年)里,已经可见这种过渡特征。

《儒交信》是目前已知由传教士创作的最早的章回小说。原书现藏法国国家图书馆,署名"无名先生述",讲的是中国人李光皈依天主教的故事①。书前有马若瑟写的拉丁文内容简介,书中还引用了马若瑟的《信经直解》,并出现了马若瑟本人给小说中人物施洗的场面。另外,书中暗示作者居住地的府城是"南昌府",这也符合马若瑟在江西传教二十年的史实,此书即便不是马若瑟亲自写就,他也应该是非常重要的参与者。

这个小说是对中国古代白话章回小说的模仿,表现为:

1. 以诗词总结文意。一种写法是将诗词置于章回之首,用作点明章节主旨,如第一回前置《右调踏沙行》:"嗔天教员外逞花唇。揭儒宗。孝庶开另眼。道贵寻源。学宜拯世。如何伦竖终身昧。乍闻天道便猖狂。徒劳攘□终无趣。端有真儒。敖百陈大义。群伦谁不由天帝。漫言西海与中华。此心此理原同契。"(页1)一种出现在文中,总结前一段故事,如对不信耶稣教的杨员外尽管家财万贯,却了命于一伙打劫的贼,论道:"正是:西陵冢上青青草。不见春分哭二乔。"(页47)

---

① 此处引北京大学宗教研究所2000年整理《明末清初耶稣会思想文献汇编》第45册之无名氏《儒交信》。

第三章　西方传教士带来的汉语语言的变化　　151

2. 叙述语用白话。如第一回中介绍人物杨顺水:"话说康熙年间。有一员外姓杨。名顺水。字金山。他虽然富厚有万金家事。却是个俗人。但恃着几贯钱财。也攀交乡宦。依附明士。不过是图个虚名。"(页3)

3. 充斥全书的说书人口吻。如"且听下回分解"、"……不在话下,且说……"、"……不题,且说……"。

4. 依据人物身份不同,士子间谈话用文言,平民之间用白话。如第五回李举人与妻子吴氏的对话——吴氏:"你这天杀的。敢是遇了邪。疯癫了不成。为什么把我的一堂佛菩萨。打得稀烂。这个了得么。"李举人:"姐姐你女人家。不晓得这些木头菩萨。只好做饭。你去拜他。没一点意思。"(页31)第六回李举人问西师马若瑟,则变为文言。李举人:"如何方劝得人奉教。"西师:"劝人以言。不若感人以德。"(页43)

这部小说,也出现了一些不同于中国传统小说的成分:

1. 出现许多新名词。由于涉及中国所没有的耶稣教的内容和地理知识,小说中用了大量新名词:如音译词(耶稣、沙勿略、伯多禄、保禄、加理勒亚、欧罗巴),音译加意译词(大西洋、儒德亚国、儒德亚话、儒德亚书、儒德亚京师),旧汉字造的新词(圣经、天主、人类、灵魂、原罪)。

2. 出现了欧化的表达。如"先前做了一任官。极是清庶。如今林下。养性修德。人人都爱敬他。"(页3)其中"人人都爱敬他"是一个主谓宾完整的句子,汉语的表达讲究的是音节协调,此句符合汉语习惯的表达应是四字句,如"为人所敬"。"此皆天主的特恩。皆是超人性的美。"(页12)少用系词是汉语的表达习惯,此句"是"在汉语表达里可以省略,定语"超人性的"显系欧化的表达。

这些不同于中国古白话小说的成分,在《儒交信》中表现得还不够充分。此后传教士创作的小说,越来越多地变为一种以通行口语为基础,打破说书传统,不按章回行文的文体,本书称之为"官话小说"。

"官话小说"的出现与"北京官话"地位的上升有明显的关联。除了以上所述传教目的之外,传教士写作"官话小说"还有供外国人学习中国语言的目的。因为小说这种融合了诸多文化因素又有趣味的文体,非常适合作为学习"官话"的教材。当时中国古代白话小说中不符合通行语的地方越来越显得碍眼,威妥玛曾指出:"尽管中国的通俗语言深深地根植于她的文学,但是，我们正在论及的小说著作中仍有很多成文太古典了，并不适用于日常生活。"①尽管某些部分常常被当作学习"官话"的教材，但中国古代的白话文，仍夹有大量"不兴时的话"，要学会"官话"，还要看"会话的书"。

"官话小说"是"会话的书"中的一种，大量存在于"北京官话"教科书中。在《语言自迩集》第二版中，威妥玛就以《西厢记》的故事作为框架，以"北京官话"全面改写了这个中国传统戏曲经典作品，构成第六章《秀才求婚，或践约传》。对比原来的杂剧，我们可以更进一步了解古代白话作品与传教士"官话"写作的差异。

元杂剧《西厢记》第二本第一折：

（净扮孙飞虎上开）自家姓孙，名彪，字飞虎。方今上德宗即位，天下扰攘。因主将丁文雅失政，俺分统五千人马，镇守河桥。近知先相公崔珏之女莺莺，眉黛青颦，莲脸生春，有倾国倾城之容，西子太真之颜，见在河中府普救寺借居。我心中想来，当今用武之际，主将尚然不正，我独廉何为？大小三军，听吾号令：人尽衔枚，马皆勒口，连夜进兵河中府，掳莺莺为妻，是我平生愿足！（法本慌上）谁想孙飞虎将半万贼兵，围住寺门，鸣锣击鼓，呐喊摇旗，欲掳莺莺小姐为妻。我今不敢违误，即索报知夫人走一遭。（下）（夫人慌云）如此却怎了？俺同到小姐卧房里商量去。（下）②

这段话，在《语言自迩集》中为了教学的方便，被分成短句来教授，小说用第三人称视角来叙事，涉及说话内容时则转换为第一人称叙述：

这且不题，单说离此不远有一座山，内中有伙强盗，占踞多年。寨主名叫孙飞虎，带领着偻儸有一千多人，到处抢夺。

他那一天也在普救寺看见莺莺烧香，回到寨里合他手下人说：刚才庙里那女子长得十分好看，我意欲娶他做个压寨夫人，你们大家伙儿谁能立这个头功？……（第十六段）③

---

① 《语言自迩集》第一版序言，见威妥玛《语言自迩集——19世纪中期的北京话》第20页。
② 王实甫《西厢记》，人民文学出版社，1995年，第65页。
③ 威妥玛《语言自迩集——19世纪中期的北京话》第298页。

第三章 西方传教士带来的汉语语言的变化

> 孙飞虎大喜,以为此去定能得胜。第二天带着可山的偻㑩,嘴里吹着喇叭,蜂拥的来了,把那庙团团围住,围的水泄不通,口口声声要莺莺出来答话。
>
> 法本知道了,吓得慌慌张张,就跑到老太太院子里喊叫说:老太太听见了吗?外头来了一大股贼,那贼头儿孙飞虎,是个最凶恶的强盗,大不通情理,常是图财害命,带了那么整千整万的人来,擂锣擂鼓,大喊着要莺莺姑娘出去答话。哎呀!这个祸事可从没有经过呀!
>
> 老太太听了这一番话,吃这一惊非同小可,赶紧的蹀蹀躞躞跑到莺莺屋里,告诉他。……(第十九段)①

威妥玛认为,用新的"官话"改写中国已有的通俗文学,"其形式的改进是一种并不比扩大词汇量更次要的职责"②,他的确也是这样做的——元杂剧中"人尽衔枚,马皆勒口,连夜进兵河中府,掳莺莺为妻,是我平生愿足!"孙飞虎说出这样文雅的话,显得不合身份相当怪异,威妥玛改写时以口语化的描写——"刚才庙里那女子长得十分好看,我意欲娶他做个压寨夫人,你们大家伙儿谁能立这个头功?"——代替了这些文绉绉的文言,更符合孙飞虎"强盗"的身份。"人尽衔枚,马皆勒口,连夜进兵河中府,掳莺莺为妻。"这种由多个短句连接起来,靠着声气构成一种有力的描绘,将复杂的意思淋漓尽致地表达出来,是汉语特有的表达方式。申小龙先生将这种中国特有的句法称为"结构气韵之法"③。这不同于西方语言以动词为核心,其他成分通过修饰它而构成一个长的意思复杂的句子。威妥玛的改写就完全摈弃了这种"主题"+评语的中国句式④。原文中的文言典故如"倾国倾城"、"西子太

---

① 威妥玛《语言自迩集——19世纪中期的北京话》第301页。
② 威妥玛《语言自迩集——19世纪中期的北京话》第20页。
③ 申小龙认为"汉语句子不以某个动词为核心,而是用句读段散点展开,流动铺排,有头有尾、夹叙夹议、前因后果地表达思想。"见申小龙《汉语与中国文化的结构通约》,载《光明日报》1993年12月13日。
④ 汉语结构中"主题"成分的特点,见申小龙《中国语文研究的句法学传统》,载《暨南大学研究生学报》1989年第1期。申小龙认为汉语的句子往往靠词组的铺排来体现。如《红楼梦》中"嘴甜心苦,两面三刀,上头笑着,脚底下就使绊子,明是一盆火,暗是一把刀,他都占全了!"前面六个短语构成了句子的"主题",最后一个短语是句子的评论。

真"也一律不用。

中文的表达不像拉丁文讲究句法完整,中文更注重意会,往往几个词连接在一起就能构成一个完整的情节,如马致远的《天净沙·秋思》:"枯藤老树昏鸦,小桥流水人家,古道西风瘦马,夕阳西下,断肠人在天涯。"元杂剧中"谁想孙飞虎将半万贼兵,围住寺门,鸣锣击鼓,呐喊摇旗"。"鸣锣"、"击鼓"、"呐喊"、"摇旗"几个相互间没有语法关系连接的动词,中国人读来立刻就能体会到激烈的战争场面。西方语法,则必须指明"实施者",威妥玛的改写就指明是"偻㑩"蜂拥地来了,是用"嘴"吹喇叭,且使用了补语"围的水泄不通"。这种讲究语法关系的表达使得中文句子长度增加,层次复杂了,在现代小说里,这种有复杂层次的长句处处可见。

元杂剧《西厢记》叙述的顺序是按照书面表达的逻辑,"谁想孙飞虎将半万贼兵,围住寺门"已经将事情叙述完毕,后面"鸣锣击鼓,呐喊摇旗"是对场面的描写,又倒叙回去了。而在口语中,叙事往往要按照时间顺序展开,威妥玛的改写即是按照事件发展的先后顺序来的。另外,他将有地方色彩的词"俺"改为更为通用的"我",且使用了北京官话词汇"大家伙儿"、"贼头儿"、"老太太"、"赶紧的"。

威妥玛的改写,实现了对口语的创造性转化,既推动了新的书面语的产生,又能够丰富口语的表现力。威妥玛是有意为之的——"用最少的时间学会这个国家的官话口语,并且还要学会这种官话的书面语"[①]。这证明了胡适的洞见,"真正有功效有势力的国语教科书,便是国语的文学"[②],也能够解释为什么他要在新文化运动中提出"国语的文学,文学的国语"的口号。这种口语和书面语互相发生作用的语言现象,在言文一致的情形下,才有可能发生。

传教士用"官话"创作小说的努力一直延续到20世纪初。官话和合本《圣经》的翻译者之一鲍康宁在20世纪前十年间,还撰写了好几部"官话小说"。1904年鲍康宁创作了小说《司布真记》,他明确在书前提出此小说是用"官话"写成。全书共十八章,有章节名,每章正文开始前都有诗文作"入

---

① 《语言自迩集》第一版序言,见威妥玛《语言自迩集——19世纪中期的北京话》第12页。
② 胡适《建设的文学革命论》,《新青年》1918年4月18日。

第三章 西方传教士带来的汉语语言的变化

话",这些都遵守了中国传统小说的样式。但书中又有大量不同于旧章回小说的因素。全书第三人称叙事与第一人称叙事混用,采用了大量西方小说的叙事技巧。

传教士在19世纪后期用"官话"写作的作品是多种多样的,除了小说,还有大量宣教书。

自利玛窦起,传教士们就观察到口头宣讲对传教来说是远远不够的,中国人更注重书籍。1610年,利玛窦在写给朋友高斯塔的信中说"在中国,通过写书能做许多事情"①;1611年,在写给耶稣会总会长的信中,利玛窦再次说道"写书起到的作用要胜于语言"②。正是这个原因,传教士才会把口头宣讲的内容记载成书并印刷散发。19世纪末鲍康宁所著《司布真记》中描述了这个经过:

> 讲的时候、有人听着入耳、随就提笔、用省写的法子、一句一句的、把拢总的话暂且记下、底下有了余空、就再誊真、叫先生改正、改正、便叫摆的摆上、印刷、③

对用什么样的语言进行写作,传教士是高度自觉的。在1733年北京出版的天主教护教书《盛世刍荛》中,作者谈到宣教书是为一般愚夫愚妇所作,要用"常言":

> 若欲得心应口,必须俗语常言。此《刍荛》之所由作也。……语甚简明,事皆紧要。……况穷乡僻壤,安得人人而口授之?得此一篇,各人自己披阅,即与听讲无异。若系不识字之人,或妇人女子、或衰老病躯,欲闻圣道而无人能讲,只须一位识字之亲友,看书朗诵,又与讲道无异。正所谓书中有舌,如获而谈也。④

---

① ② 邓恩《从利玛窦到汤若望:晚明的耶稣会传教士》(*Generation of Giants:The Story of the Jesuits in China in the Last Decades of the Ming Dynasty*),余三乐、石蓉译,上海古籍出版社,2003年,第79页。

③ 鲍康宁《司布真记》,汉口、上海:中国基督教书会印行,1904年,第51页。

④ 此书现收入北京大学宗教研究所2000年整理的《明末清初耶稣会思想文献汇编》,列于第22册。由法国人冯秉正(字端友,Joseph Marie Anne de Moyrica de Mailla)指示,高尚德、雷孝思、宋君荣校阅,戴进贤(字嘉宾,Ignatius Koegler)鉴定,任伯多禄付梓,杨多默(字通明)纂录。标点为整理者所加。

费赖之（Louis Pfister）在《在华耶稣会士列传》中将此书名译为拉丁文"Saeculo aureo humilis tractatus"，意思是"黄金时代的卑论"，又译成"Sententiae hominis rudis ad litteratos"，意思是"愚夫对学士们的浅说"①，无论是"卑论"还是"浅说"，都意在指明此书的文字非常接近口语。实际上，记载下来的文字是一种浅文言与"官话"的杂糅体：

> 太阳昼夜长短，年年不错；月亮自望而弦，月月如此。星宿之多，云霞之美，空际中的飞虫鸟雀，海山内的鳞甲兽蹄，以及寒暑温和，应时而至，风雷雨雪，顺意而来。这样的事情，若说没有主儿经管、没有主儿安排，怎么肯自往自来、自生自长？又怎么肯听我们使用？故自一身以至万物，应该首先慎思审问，查究他的来历。（第14页）

此段文字没有方言成分，如"长短"、"不错"、"太阳"、"月亮"、"飞虫鸟雀"，都是通行语的表达。语法结构上尊重了汉语表达的特点，如"太阳昼夜长短，年年不错；月亮自望而弦，月月如此"，这是两个由主题+评价构成的句子。而这两个句子与"星宿之多，云霞之美，空际中的飞虫鸟雀，海山内的鳞甲兽蹄，以及寒暑温和，应时而至，风雷雨雪，顺意而来"，又构成一个长的主题，这个长主题中每个短句两两对仗，音节和谐。这段表达可以证明，传教士当时已经有撰写"官话"宣教书的能力，但是在实际操作中，还是有文言成分的夹杂，如：

> 我今不避嫌怨，痛切直陈，是虚是实，是假是真，当信不信，天下之大，兆民之众，必有能辨之者，亦必有拨乱反正，以熄此邪说者。（第75—76页）

及至19世纪中期"北京官话"通行时，传教士即以"北京官话"撰写宣教书。1876年，京都灯市口美华书院印"美国谢卫楼口译，中国教友赵如光笔述"的《神道简略》，是用"官话"写作的问答体解释《圣经》的宣道书。北通州公理会赵如光的序，论及此书采用"官话"写作的独特贡献时说：

---

① 见郑安德《盛世刍荛题解》，北京大学宗教研究所2000年整理《盛世刍荛》，第2页。

第三章 西方传教士带来的汉语语言的变化

> 若夫载籍、以繁赜为尚、言语以富丽为工、故染翰操觚者、每多博采旁搜、不惮修饰润色、试观此帙则不然、是书第用官话、申明真谛、既无寻章摘句之劳、又奚事藻饰乎哉、取其辞达而已矣、且也即稍识文墨者、目之便可了然、抑或妇女之流、孩提之辈、闻之亦易领会、仰阅者、勿以糟粕不韵为哂、实予之望也、亦其道之幸也、

赵如光指明此书不同于中国经籍,采用"官话"书写,不"寻章摘句"只求"辞达而已"①。

之后传教士又改革报刊,以"官话"行文,其尝试远早于《新青年》改用白话。

《通问报·耶稣教家庭新闻》于1906年1月,明确提出开始用"官话"作为讲解《圣经》、撰写小说寓言的工具:

> 华人学习传道。每苦于无书学习。本报每回均由中西名人。以勉励会所用圣经题目。用官话演出。段落分明。层次清楚。如人仿此题目。再参己见。细为详解。自可与著名传道者相仿佛。此特色九。本报每回均用官话。演成小说寓言等。清新浅显。意味深长。而且寓有劝惩之意。足可消愁解闷。醒世破迷。②

即便五四运动之后,新的白话文,对很多人来说还是要通过学习琢磨才能慢慢适应,上世纪30年代,夏丏尊就发出白话文不易作的感慨,他说:

> 白话文最大的缺点,就是语汇的贫乏。古文有古文的语汇,方言有方言的语汇,白话文既非古文,又不是方言,只是一种蓝青官话。从来古文中所用的词类,大半被删去了,各地方言中已有的词类也完全被淘汰了,结果,所留存的只是彼此通用的若干词类。③

---

① 当然,尽管表达了对"官话"写书的赞赏,并参与了此书由口头到书面的工作,赵如光的序文还是典雅的文言。这种有趣的现象能够让我们更深刻地理解当时中国语言的现状。在受过教育的中国人当中,文言文仍然是他们最熟悉和亲近的。
② 《耶稣教家庭新闻》,载《通问报》1906年1月,第181回。
③ 夏丏尊《先使白话文成话》,载《申报·自由谈》1934年6月27日。

在《通问报》中,已有用"官话"翻译中国成语的诸多尝试。如"齐人相狗"、"星火燎原"等,"齐人相狗"本出自《吕氏春秋·士容论》,原文为文言:

> 齐有善相狗者,其邻假以买取鼠之狗,期年乃得之,曰:"是良狗也。"其邻畜之数年,而不取鼠,以告相狗者。相者曰:"此良狗也!其志在獐麋豕鹿,不在鼠。欲其取鼠则桎之!"其邻桎其后足,狗乃取鼠。①

《通问报》的"官话"译为:

> 齐国有一人。善看狗的美恶。他的邻舍。就请他代买一条会捉鼠的狗。过了一年其人乃得了一条狗。送给邻舍。也对他说。这是一条良狗。邻舍养这狗好几年。未曾捉过一鼠。就告诉齐人。齐人说。这是良狗。他的志。实在獐麋豕鹿。不在鼠。你如要他捉鼠。必要桎(械也。着足曰桎。着手曰梏。)他起来。邻舍就桎了狗的后足。果然后来就捉鼠了。②

对比原文,"官话"本除了大量使用双音词外,最重要的改动即是将文言的省略句补充为主谓宾完整的句子。

除了小篇幅文字的"官话"翻译,传教士们还有很多长篇"官话"译本,其中以德国传教士安保罗(Pastor P. Kranz)的四书"官话"翻译最为有名。他在《论语本义官话》的序里表达了用"官话"翻译的动机,他说:

> 四书五经本来不是为小孩子乃是为长大的人编的……在那书上虽然有许多好道理、乃是那书上的文法、是于孩子们太深奥、孩子们不能懂得那文理的意思……希望他们可以急速明论语之真本、而且也有许多约略识字的人、比如妇人以及农夫、若是他们用这本书、他们也可以明白孔子的大道、③

---

① 转引自蓝开祥、胡大浚选注《先秦寓言选》,人民文学出版社,1983年,第220页。
② 《齐人相狗》,载《通问报》丙午正月第185回。
③ 安保罗《论语本义官话》,上海美华书馆,1910年,第1—3页。

第三章　西方传教士带来的汉语语言的变化

安保罗认为,文言对孩童来说太难,不利于教育的普及,他的书每页上栏为原文,下栏为"官话"翻译。如《论语本义官话》中《学而》篇"学而时习之,不亦说乎。有朋自远方来,不亦乐乎。人不知而不愠,不亦君子乎",安保罗的释文为:

> 孔夫子说、学而常常温习、这不是叫人喜悦么、有朋友从远处来领教、这不是叫人快乐么、倘若一个人、虽别人不认识他、然心里不动气、这样的人不是君子么、①

安保罗将文言省略句,改写为主谓宾兼备的句子,且用"倘若"、"虽"、"然"这样的连词,将短句连接成逻辑层次复杂的长句。

还有很多宣道书,在撰写之初采用的是文言文,后来也随着"官话"普及而重新改写为"官话"。其原因,不外乎上海《时兆月报》在1909年的《辩谬序》中对为何要用"官话"重新改写文言版《安息日辩谬》的解释:"此书先前刊印的是文话、因有许多人爱读官话、所以刊成官话、使读的人容易清楚。"②《时兆月报》馆的"官话"改写文言宣教书的工作一直持续到五四后。

传教士们的这些文字工作,进入了中国底层社会,并且"收了很大的效果"。俞遥写在上世纪30年代、提倡大众语的文章《"大众语"不能离开"写什么"的问题》中谈到传教士早在五四前就用白话文传教了:

> 我的故乡虽是个距离都市极远的荒僻冷落的农村;但替帝国主义负有特殊使命的先锋队——牧师,的确很早在那里树立了十字架。那班聪明的先锋,不等我们"五四"运动的发动,已先用白话翻印新约和赞美诗了。……那时候,聪明的牧师们除了用他们特殊的政治,经济力量宣传教义外,更用大众听得懂,大众讲得出的话来宣传,实收了很大的效果,基督教在最荒僻的农村里,也渐渐蔓延扩展,几乎与土著佛教有并驾齐驱之形势。③

---

① 安保罗《论语本义官话》第1页。
② 时兆月报馆《安息日辩谬:官话》,上海时兆报馆印,1921年,第5页。
③ 转引自任重编《文言 白话 大众话论战集》,民众读物出版社、民众教育书局,1934年。

虽然对《今古奇观》中诸多方言惘然不解,但在1876年日本人开始学习"北京官话"之前,此书一直是日本人学习汉语口语的教科书。① 在日本汉语教学界转而学习"北京官话"后,曾由金国璞将《今古奇观》改写成《北京官话今古奇观》,1904年由文求堂出版②,以利学习。

金国璞是中国人。他自1899年到1903年在东京外国语学校教汉语,任期结束后回国。日本著名汉籍书店文求堂的主人田中庆太郎,也是金国璞的学生,他曾这样回忆自己的老师:

> 金国璞的教学方法,也比较注意四声……他们认为有"应世之文"和"传世之文",自己教的语言是"应世之文","传世之文"是另外的东西。③

尽管认为"北京官话"写作的文章是"应世之文",金国璞还是用这种语言认真地改写了《今古奇观》。他把每个故事前后的文言诗,以及故事中用来总结情节喻意的文言诗都尽数删去,按照故事发展顺序用"北京官话"重新叙述。

以《沈小霞相会出师表》这一故事中两段文字为例,对比两个文本,原文百分之九十以上的文字都被改写了。

> 世蕃假醉,先辞去了。沈炼也不送,坐在椅上,叹道:"咳!'汉贼不两立!''汉贼不两立!'"一连念了七八句。这句书也是《出师表》上的说话,他把严家比着曹操父子。众人只怕严世蕃听见,倒替他捏两把汗。沈炼全不为意,又取酒连饮几杯,尽醉方散。睡到五更醒来,想道:"严世蕃这厮,被我使气逼他饮酒,他必然记恨来暗算我。一不做,二不休,有心只是一怪,不如先下手为强。我想严嵩父子之恶,神人怨怒,只因朝廷宠信甚固,我官卑职小,言而无益。欲待觑个机会,方才下手,如今

---

① 根据六角恒广研究,在学习"北京官话"前,东京外国语学校汉语的教学中,"翻译是把《申报》等译成日文,作文是把日本政府的布告、告示等译成中文,讲读是讲中国小说《古今奇观》,教学内容和方法都是沿用唐通事时代的"。见六角恒广《日本近代汉语名师传》第23页。
② 见伯希和、高田时雄编《梵蒂冈图书馆所藏汉译》,郭可译,中华书局,2006年,第1935种。
③ 转引自六角恒广《日本近代汉语名师传》第138页。

第三章　西方传教士带来的汉语语言的变化

等不及了。只当张子房在博浪沙中椎击秦始皇,虽然击他不中,也好与众人做个榜样。"就枕上思想疏稿。想到天明已就,起身焚香盥手,写起奏疏。疏中备说严嵩父子招权纳贿、穷凶极恶、欺君误国十大罪,乞诛之以谢天下。圣旨下道:"沈炼谤讪大臣,沽名钓誉,着锦衣卫重打一百,发去口外为民。"①(《今古奇观》)

　　严世蕃假装着醉了、就告辞走了、沈炼也不送他、就坐在椅子上叹息说、汉贼不两立、一连念了好几句、又拿过酒来、喝了几杯、一脑门子的气回家去了、赶睡到五更天醒了、心里一想说、严世蕃这个东西、叫我赌气子拿酒灌了他、他必怀恨我、打算害我、不如我先下手倒好、这么着他就起来、洗完了脸、写了一个奏折、那折子里头就说、严嵩父子揽权纳贿、欺君误国、十条大罪、请皇上把他杀了、以戒天下、赶这个折子递上去、旨意下来说、沈炼谤毁大臣、沽名钓誉、着发交锦衣卫、重杖一百、发到口外去为民②(《北京官话今古奇观》)

"北京官话"本的特征有如下几点:

1. 文中的典故——以曹操父子喻严嵩父子、张子房椎击秦始皇,都删去。

2. 把原来没有外在语法形态相连的短句,或是通过连词或是通过动词建立起明显的关联,构成长句。如"世蕃假醉,先辞去了。"→"严世蕃假装着醉了、就告辞走了",这是通过连词相连。如"那奸臣是谁? 姓严名嵩,号介溪,江西分宜人氏。"→"那奸臣是谁? 他姓严、名字叫嵩、号叫介溪、是江西分宜县的人。""那人姓沈名炼,别号青霞,浙江绍兴人氏。"→"这个人姓沈、名字叫炼、号叫青霞、是浙江绍兴府的人"。"就枕上思想疏稿。想到天明已就,起身焚香盥手,写起奏疏。"→"这么着他就起来、洗完了脸、写了一个奏折"。这三句是通过动词连接。

3. 通过增加逻辑关联,使得词语间、短句间逻辑更为明确。"室中到处粘壁"→"把屋里墙上都贴满了"。"见严家赃秽狼藉"→"看见严家父

---

① 抱瓮老人辑《今古奇观》,上海古籍出版社,2005年,第133页。
② 燕京金国璞译《北京官话今古奇观》,东京文求堂印行,昭和八年,第36—37页。

子、心中毒狠、残害好人"。"好生打个出头棍儿,不甚利害。"→"他极力的关照、打了一百棍、可不很厉害"。"户部注籍,保安州为民"→"然后就把他发到保安州去为民"。这就把不强调逻辑关系的汉语,变成了逻辑严明的表述。

4. 用口语直接翻译文言文。"天性绝饮"改为"生来的点酒不闻","巨觥"改为"大酒杯"。

5. 一些北京语汇的使用。大量用儿化词(女孩儿、点儿、小买卖儿、门口儿),"呢"、"呀"等叹词的使用,使用了第二人称代词的敬称"您"①,包括式"咱们"的使用等。这些口语成分如今很多仍然保留在现代白话文中。

6. 人物对话都一律用"北京官话"。例如沈炼与贾石的对话,原文为:"沈炼道、虽承厚爱、岂敢占舍人之宅、此事决不可、贾石道、小人虽是村农、颇识好歹、慕阁下忠义之士、想要执鞭坠镫、尚且不能、今日天幸降临、权让这几间草房与阁下作寓、也表得我小人一点敬贤之心、不须推逊",在"北京官话"本中改为:"沈炼就说、虽然蒙您这么厚爱、我怎么敢占您的宅子呢、贾石说、我虽然是农庄人家、可很认得好朋友、我是久已仰慕阁下忠义、如今可喜、光临敝处、就让给您这几间草房住处、不过表一点儿敬贤之心、请您不必推托"。沈炼是浙江绍兴人,贾石是宣府保安州的人,两人此时一律说起"北京官话"来了。

具备鲜明的口语色彩,不使用文言典故,加之一些欧化的表达,是"官话小说"、"官话"宣教书和"官话"本《今古奇观》共同的特征,同时也将书面"官话"的文本与旧白话文学区别开来。

狄考文曾说中国没有纯粹的"官话"书面作品,所有的书籍都追求一种"文人气"(pedantic),他将中国已有的白话文学称为"所谓的官话书"(so-called Mandarin books)。狄考文认为,其中的小说,虽然作者是用"官

---

① 江蓝生认为,"您"字当作第二人称代词的礼貌用语,最早出现在汉语会话课本《燕京妇语》(1906)、小说《小额》(1906)中,反映了清末北京话的特色。见江蓝生《〈燕京妇语〉所反映的清末北京话特色》,载《语文研究》1994年第4期至1995年第1期。

第三章　西方传教士带来的汉语语言的变化　　　　　　　　　163

话"写的,却克制不住在其中引经据典、展示他们的书面语才能①。狄考文把这些古白话作品比喻为 17 世纪的英语——掺杂了不少拉丁语。

本章所述的改写也好,创作也好,虽由于各作者对中国语言——口语和书面语——的掌握程度不同,这批作品的水平和风格并不一致,但因为目的或为了作为学习"北京官话"的材料,或为了向普通人宣扬教义,因此都无不尽力贴近口语,而刻意去除古白话的"文人气"。

由于处处刻意贴近口语,这批文本另一个共同特征是显得有些繁琐。这是由于口语和书面语的关系非常复杂。书面语要具备口语生动活泼的语感,吸收其易于理解的长处,同时又要富有修辞之美——更不用说精练传神的风格了——需要长期的学习,才能掌握其中微妙的平衡。

以今时今日的写作习惯和标准去衡量这批作品,它们的行文已经显得陈旧。语言在变化,19 世纪和 20 世纪之交的口语,与今天的口语有很大的差别,在书面语中,这种差别只会更大。而导致这种差别的主要原因,就是欧化。

第三节　翻译与欧化

我们都知道,现代汉语和古代汉语存在巨大差别,这种差别达到如此程度:在中国的大学中文系里,教古代汉语的是一批老师,教现代汉语的是另一批老师,这两批老师很少有人跨越,也就是说,很少有人既能教古代汉语,又能教现代汉语。现代语言学家如王力和吕叔湘等人,正是从语言的差别出发,来阐述新文化运动特别是五四运动给中国书面语带来的深刻变化——尤其是在王力看来,五四之后,欧化的表达就成了中国书面语的主流。这是现代白话文与文言文的主要区别之一。

---

① 狄考文《官话圣经的风格》,载《教务杂志》1900 年 7 月,第 31 卷,第 332 页。狄考文说:"The Chinese have hitherto written very little pure Mandarin. Their so-called Mandarin books nearly all contain more or less of Wên expressions and style. The writers of their novels, though intending to write Mandarin, could not resist the temptation to set off their style and display their learning by the frequent use of book language."

王力界定的欧化标准,在语言学界影响很大。王力说:

> 五四以后,汉语的句子结构,在严密性这一点上起了很大的变化。基本的要求是主谓分明,脉络清楚,每一个词、每一个仂语、每一个谓语形式、每一个句子形式在句中的职务和作用,都经得起分析。①

这种"很大的变化"即欧化。他认为词汇和风格所占欧化的成分最多,语法的欧化成分较少。从语法的角度,王力总结了欧化语法的六种表现:(1)复音词的创造;(2)主语和系词的增加;(3)句子的延长;(4)可能式、被动式、记号的欧化;(5)联结成分的欧化;(6)新替代法和新称数法。

王力为"欧化"拟定了一整套标准。这套标准显然主要是从语法——准确说是从句法的角度提出来的。在很长一段时期内,这套标准为中国语言学界提供了分析欧化问题的主要框架和工具,至今也仍然频频被引用。

根据王力的标准,欧化的情形较多。有些用法为西方语言独有,汉语本来没有,因为受西方语言的影响而开始使用,这是一种欧化。但更常见的欧化情形是,一种表达方式在汉语中虽有但少见,而在西方语言中却很常见,受其影响,汉语中也开始大量使用。对欧化做精细的分析,尚需专门的数学统计为前提。《圣经》汉译依据的外文原本是希伯来文、希腊文本,这里为了简单说明欧化,也便于读者阅读,选用了《圣经》的英文译本,作为汉译的对照。施约瑟在翻译官话《圣经》时,英文《圣经》译本也是他的参考文本(官话和合本《圣经》根据的英译本是1881年的English Revised Version,简称ERV,此前的汉译本则更多依据1611年的King James Version,简称KJV)。本书以《圣经》中《马太福音》一章从文言到"官话"的翻译历史变化为线索,重在通过几个版本之间的比较,获得近代文体变化和欧化的一种直观印象②。

---

① 王力《汉语史稿》,《王力文集》第9卷,山东教育出版社,1988年,第628页。
② 这里所说的"官话"《圣经》,分别为"南京官话本"、"北京官话本"、"官话和合本"。其中,"南京官话本"《新约全书》为麦都思与施敦力在《新约全书》一文言委办本基础上的改写,出版于1856至1857年间。"北京官话本"《新约全书》由艾约瑟、丁韪良、施约瑟、包约翰、白汉理翻译,出版于1872年。"官话和合本"《新约》由狄考文、宫善、鲍康宁、文书田、鲁伊士翻译,1906年译完。下文"官话和合本"《马太福音》,引自上海美华圣经会1930年出版的"官话和合本"《新约全书》。

第三章 西方传教士带来的汉语语言的变化

一、复音词的创造

王力认为欧化的一个重要内容是复音词的创造,这些复音词接受了西文的涵义,与古代中国语里的涵义有所不同①。他认为受欧化影响而产生的复合词,如"行为"、"脱离"等首次出现在《马太福音》的"北京官话本"中,"和合本"给予保留。

"南京官话本"中"所做的事",在"北京官话本"与"和合本"中则译为名词"行为"。如:

> 南京官话本:人子得了天父的荣耀、和自己的使者一同降临、将要依人所做的事去报应他.(16:27)
>
> 北京官话本:人子必得天父的荣耀、同着众天使降临、那时候必要照着个人的行为报应他.
>
> 和合本:人子将要得他父的荣耀、同着他的众使者降临、那时候、他要照着各人的行为、报应各人.

又如:

> 南京官话本:他们所吩咐你守的、应该守着、但不要学他们所做的事、为的是他们能够说、不能够做的呵.(23:3)
>
> 北京官话本:他们所分付你们遵守的、你们就当遵守、但不可效他们的行为、因为他们能说不能行.
>
> 和合本:所以凡他们所吩咐你们的、你们都要遵行、谨守、但不要效法他们的行为、因为他们能说不能行.

"南京官话本"中动词"出",在"北京官话本"与"和合本"中译为"脱离":

> 南京官话本:不要由我入迷、原你救我出恶、(6:13)
>
> 北京官话本:不叫我们遇见试探、救我们脱离凶恶、
>
> 和合本:不叫我们遇见试探、救我们脱离那凶恶的、

---

① 对此问题的详细论述见王力《欧化的语法》,《王力文集》第2卷,山东教育出版社,1985年,第464页。

动词"认识"在"北京官话本"中出现,有时还译为"认得",在"和合本"中统一为"认识":

南京官话本:我只得明明白白的告诉他道、你们做不好事的人、我未曾认得你、离我去罢.(7:23)

北京官话本:我就明明告诉他们说、我不曾认得你们、你们这些作恶的人、离开我去罢.

和合本:我就明告诉他们说、我从来不认识你们、你们这些作恶的人、离开我去吧.

又如:

南京官话本:我告诉你们、以利亚已经到了、人不认得、就随便的款待他、照这个样儿人子也将受他们的害了.(17:12)

北京官话本:我告诉你们、以利亚已经来了、人都不认识、任意待他、这样、人子也要受他们的害.

和合本:只是我告诉你们、以利亚已经来了、人却不认识他、竟任意待他、人子也将要这样受他们的害.

动词"帮助"出现在"和合本"中:

南京官话本:那妇人来拜耶稣说道、主呵、请你助我.(15:25)

北京官话本:妇人来拜耶稣说、求主拯救.

和合本:那妇人来拜他、说、求主帮助我.

因为"南京官话本"是对文言"委办本"的改写,因此,这些复合词只有在直接翻译外文本的"北京官话本"与"和合本"中才会出现.

二、助词的新用法

英文本:Then Joseph her husband, being a just man, and not willing to make her a publick example, was minded to put her away privily. (KJV 1:19)

And Joseph her husband, being a righteous man, and not

第三章 西方传教士带来的汉语语言的变化   167

willing to make her a public example, was minded to put her away privily.(ERV)

委办本:其夫约瑟、义人也、不欲显辱之、而欲私休之、

南京官话本:马利亚的丈夫约瑟原是个义人、不肯显明辱没他、意思要暗暗的休他.

北京官话本:他丈夫约瑟是个义人、不肯明明的羞辱他、想要暗暗的将他休了.

和合本:他丈夫约瑟是个义人、不愿意明明的羞辱他、想要暗暗的把他休了.

助词"的"、"地"在中国古代就有,但现代书面语中形容词的词尾用"的",副词的词尾用"地"是受"西洋语法的影响"①。当然,在很长时期内,"的"、"地"也存在混用情况。尤其是用在副词词尾的"地",常写作"的"。这种情形是一个逐渐区分、规范的过程。而这种区分和规范本身,最能够说明欧化的动力——此处用"析句带动造句"来形容,倒也恰如其分。

三、系词的新用法

英文本:Enter ye in at the strait gate: for wide is the gate, and broad is the way, that leadeth to destruction, and many there be which go in thereat.(KJV 7:13)

Enter ye in by the narrow gate: for wide is the gate, and broad is the way, that leadeth to destruction, and many be they that enter in thereby.(ERV)

委办本:当进窄门、引而之死、其门也阔、其路也宽、入之者多、

南京官话本:你应该从窄门里进去、那引人到死地去的、门儿是阔的、道儿是大的、进去的人多、

北京官话本:你们要进窄门、因为领到灭亡地方的门是宽的、路是

---

① 见王力《汉语史稿》,《王力文集》第9卷,第422页。

大的、进去的人多、

和合本：你们要进窄门.因为引到灭亡,那门是宽的、路是大的、进去的人也多.

系词的大量出现是汉语欧化的一个重要现象,因为翻译英语,有些句子本不需要借助系词的也加入了系词。"wide is the gate, and broad is the way"在汉语"委办本"中翻译为"其门也阔、其路也宽",这是一种主语+形容词的描写句。两种"官话"本中,将英文中系词"is"翻译出来,变成主语+系词+形容词的句式,这句话就成了一个判断句。这与王力所说"发出的声音是很沉重"、"发出的声音是非常大"之类"不合中国语法的"句子[①],是一个逻辑下的产物。我们从"many there be which go in thereat/many be they that enter in thereby"的官话本翻译(进去的人多/进去的人也多),算是一种并不彻底的欧化,如在五四之后,这一句很可能会被译成"进去的人是很多"。

王力认为,汉语判断句在主语后面不用平行的两个名词或名词性词组做宾语[②]。反之,用两个名词或名词性词组做宾语是一种欧化的现象。这种欧化句在官话和合本《马太福音》中已经大量出现,如：

这约翰身穿骆驼毛的衣服、腰束皮带、吃的是蝗虫野蜜.(3:4)

这是我的爱子、我所喜悦的.(3:17)

耶稣在加利利海边行走,看见弟兄二人、就是那称呼彼得的西门、和他兄弟安得烈、(4:18)

又看见弟兄二人、就是西庇太的儿子雅各、和他兄弟约翰.(4:21)

他的名声就传遍了叙利亚.那里的人把一切害病的、就是害各样疾病、各样疼痛的.(4:24)

四、数词的新用法

汉语本身就有数词+量词的表达,但在表示种类,而不强调数量的情况

[①] 见王力《欧化的语法》,《王力文集》第2卷,第476页.
[②] 王力《汉语语法史》,《王力文集》第11卷,山东教育出版社,1985年,第471页.

第三章　西方传教士带来的汉语语言的变化　　　169

下,则很少使用数词。如今已然欧化了的汉语表达中,"一+量词"修饰名词表示种类的用法却呈现出高频趋势。这种表达在"北京官话本"《马太福音》中已经大量出现。

英文本:And she shall bring forth a son, and thou shalt call his name JESUS. (KJV 1:21)

she shall bring forth a son; and thou shalt call his name JESUS. (ERV)

委办本:彼必生子、可名曰耶稣、

南京官话本:必定养个儿子、名字可叫耶稣、

北京官话本:他必要生一个儿子、你可以给他起名叫耶稣、

和合本:他将要生一个儿子.你要给他起名叫耶稣.

英文本:for out of thee shall come a Governor, that shall rule my people Israel. (KJV 2:6)

For out of thee shall come forth a governor, Which shall be shepherd of my people Israel. (ERV)

委办本:将有君于尔是出、

南京官话本:后来有个王、在你的地方生出来、

北京官话本:将来有一位君王从你那里出来、

和合本:将来有一位君王、要从你那里出来、

这两例"一+量词"的表达,都是对应英文定冠词"a"的翻译(a governor)。这种表达,到了"和合本"《马太福音》中变得多起来,如"一座城、一根头发、一个人、一朵花、一个文士、一个门徒、一个会堂、一只羊、一个家主、一匹驴、一个比喻、一个葡萄园"等。

五、被动句的新用法

英文本:And being warned of God in a dream that they should not return to Herod, they departed into their own country another way. (KJV 2:12)

And being warned of God in a dream that they should not return to Herod, they departed into their own country another way. (ERV)

委办本:博士梦中得默示、令勿反见希律、则由他途而归、

南京官话本:那好学问的人在梦中被上帝戒他、不要再见希律、醒时只得抄别条路儿回去.

北京官话本:博士因为主在梦中指示他们、不要回去见希律、就从别的路上、回本地去了.

和合本:博士因为在梦中被主指示、不要回去见希律、就从别的路回本地去了.

"南京官话本"、"北京官话本"都是由几个动词按照时间顺序展开(戒/指示→不见→回)构成长句。"和合本"中,"在梦中被主指示,不要回去见希律"作为状语修饰"博士",这个长句是以动词"回"为中心,各成分按逻辑关系紧密结合在中心动词"回"的周围。汉语的结构一般通过内部逻辑关系体现,英语各语法单位间的关系常靠连词表示,汉语重意合(parataxis)而英语重形和(hypotaxis)[1]。"being warned of God in a dream"在英文中是个被动句,"南京官话本"用"被"字句翻译,"北京官话本"没有采用,可能还是尊重了"被"字句在汉语习惯上的用法——用作说明主语遭受了不幸的事[2]。"和合本"采用了"南京官话本"的译法,随着语言接触的频繁发生,汉语被动句的用途扩大了,现在已没有表达不幸事件的意义了。

王力说,"我们被欺负"这样的句子是不大符合汉语习惯的表达,在汉语表达里,需要加上实施者——"我们被你/他欺负",而英语中实施者经常不出现,因为翻译的原因,现代汉语中没有实施者的"被"字句大大增多[3]。以

---

[1] 如王力所说:"西洋语的结构好像连环,虽则环与环都联络起来,毕竟有联络的痕迹;中国语的结构好像无缝天衣,只是一块一块的硬凑,凑起来还不让它有痕迹。"见《中国语法理论》,商务印书馆,1951年,第141页。

[2] 丁声树、吕叔湘等语法学家对此均有一致看法,见丁声树、吕叔湘《现代汉语语法讲话》,商务印书馆,1979年,第6页。

[3] 王力《汉语语法纲要》,《王力文集》第3卷,山东教育出版社,1985年,第252页。

第三章 西方传教士带来的汉语语言的变化　　171

王力所举的例子为证,在"汉语语料库"的古代汉语部分中,不指明实施者的"被欺"有三十条,"被+实施者+欺"的用法,实施者在四个字以内(包括四个字)的则有二百多条。在"官话"和合本《圣经》中不加实施者的"被"动表达明显有了上升的趋势。以"和合本"《马太福音》为例,这一章共有四十八个"被"动句,其中二十五处没有实施者,二十三处是有实施者的被动,两者出现的频率几乎达到了一比一。

六、时态的新表达

英文本:A bruised reed shall he not break, and smoking flax shall he not quench.（KJV12:20）

A bruised reed shall he not break, And smoking flax shall he not quench.（ERV）

委办本:已伤之苇不折、燃余之炷不灭、

南京官话本:已经伤损的芦荻、他是不去折断的、点过的灯草、他是不去吹灭的、

北京官话本:受伤之芦苇、他不折断、将残之灯火、他不吹灭、

和合本:压伤的芦苇、他不折断.将残的灯火、他不吹灭.

事实上,"将"字表示将来意,在文言文中是有的,如"君将若之何",但在白话中表示将来意,则用"将来"、"将要",一般不会单独用"将"。文言之外,"将"单独用表示将来,确实是在欧化之后。"北京官话本"已经单独用"将"表示将来时了,这比五四新文学要早得多[①]。

英文本:for out of thee shall come a Governor, that shall rule my people Israel.（KJV 2:6）

For out of thee shall come forth a governor, which shall be shepherd of my people Israel.（ERV）

---

① 认为"将"在白话文中单独使用表示将来,是到五四新文学中才出现,见老志钧《鲁迅的欧化文字》,台湾师大书苑,2005年,第108—109页。

委办本：将有君尔是出、

南京官话本：后来有个王、在你的地方生出来、

北京官话本：将来有一位君王从你那里出来

和合本：将来有一位君王、要从你那里出来、

吕叔湘说："明明是未来的事情，可是我们不感觉有标明的必要，我们就不标明，这是汉语异于印欧语言的地方。"①印欧语表示将来，多以"shall"、"will"这样的语法记号标明。因为受到翻译的影响，如今汉语中此种用法越来越普遍。

英文本：The men of Nineveh shall rise in judgment with this generation, and shall condemn it. （KJV 12:41）

The men of Nineveh shall stand up in the judgment with this generation, and shall condemn it. （ERV）

委办本：尼尼微人、当审判时、将起而罪此世之人、

南京官话本：尼尼微人、到审判的时候、要起来定这世人的罪、

北京官话本：尼尼微的人、当审判的日子、要起来定这世代的罪、

和合本：当审判的时候、尼尼微人要起来定这世代的罪、

王力认为，"当……时"置前的翻译，是五四之后的欧化句②。但在"和合本"中已经出现了这种欧化的句子。

七、增加语言外在形态

英文本：And Jesus answering said unto him, Suffer it to be so now: for thus it becometh us to fulfil all righteousness. Then he suffered him. （KJV 3:15）

But Jesus answering said unto him, Suffer it now: for thus it becometh us to fulfill all righteousness. Then he suffereth him. （ERV）

---

① 吕叔湘《中国文法要略》，商务印书馆，1982年，第227页。
② 王力《中国现代语法》，见《王力文集》第2卷，第502页。

第三章 西方传教士带来的汉语语言的变化

委办本：耶稣曰、今姑吾许、吾侪当如是以尽礼、乃许之、

南京官话本：耶稣道、现在权且依了我、我们应该这样做、尽尽各样的礼、约翰只得依他.

北京官话本：耶稣回答说、你暂且许我、我们应当如此尽各样的礼、约翰就许了他.

和合本：耶稣回答说、你暂且许我.因为我们理当这样尽诸般的义.于是约翰许了他.

"和合本"将"for this"（因为）"Then"（于是）这样的关联词翻译了出来，加强了短句间的逻辑关系，外在形态上将几个独立成分构成了一个复句。

英文本：Jesus saith unto him, Thou hast said: nevertheless I say unto you, Hereafter shall ye see the Son of man sitting on the right hand of power, and coming in the clouds of heaven. (KJV 26:64)

Jesus saith unto him, Thou hast said: nevertheless I say unto you, Henceforth ye shall see the Son of man sitting at the right hand of power, and coming on the clouds of heaven. (ERV)

委办本：吾语汝、此后、尔将见人子坐大权者之右、乘夫云而来、

南京官话本：我告诉你、后来将见人子、坐在全能上帝的右边、驾着天云而来.

北京官话本：耶稣说、你说的是了、只是我告诉你们、后来你们要看见人子、坐在有大权柄的主的右边、驾着天上的云降临.

和合本：耶稣对他说、你说的是.然而我告诉你们、后来你们要看见人子、坐在那权能者的右边、驾着天上的云降临.

"power"的翻译由"大权者"、"全能上帝"、"有大权柄的主"到"权能者"，这个"者"字是翻译词缀-er 而来，如今现代汉语中频繁使用，如读者、作者、消费者、牺牲者[①]。

[①] 王力在《中国语法理论》里具体分析了"者"字的产生，他说："'者'字大概用来翻译由动词转成的名词，等于英文词尾-er，或-or，例如'reader'译为'读者'，'creator'译为'造物者'."

英文本:Again, the devil taketh him up into an exceeding high mountain. (KJV 4:8)

Again, the devil taketh him unto an exceeding high mountain. (ERV)

委办本:魔鬼复携彼登峻峭之山、
南京官话本:魔鬼再拉耶稣到一座顶高的山上、
北京官话本:魔鬼又领他上最高的山、
和合本:魔鬼又带他上了一座最高的山、

"北京官话本"是一个最高级句式,它是欧化而来。"南京官话本"译为"顶","顶"既可作方位名词,也能加重程度,与被加重者"山"还是有意义上的关联的。而"北京官话本"就用"最"这个与所加重者没有意义联系,只表示程度的副词来翻译了。"最……",成为最高级表达的外在标志。

八、联结成分的欧化

由于欧化,文章里联结词、关系末品以及近似联结词的动词使用增加①。这就导致了联结成分的欧化。

1. 连接词"和"的新用法。

王力认为:"当三个以上的人或三件以上的事物联结在一起的时候,按汉语的老办法,是先把它们分为两类或三类,然后把连词插在这两类或三类的中间。……五四以后,由于西洋语法的影响,渐渐把连词限定在最后两个人或两件事物的中间。"②

在"和合本"中已经出现了连词限定在最后两个人或事中间的新用法:

凡遵行我天父旨意的人、他就是我的弟兄、姐妹、和母亲了.(12:50)

有许多人到他跟前去、带着瘸腿的、瞎眼的、哑巴的、有残疾的、和好些别的病人、都放在耶稣脚前、他就治好他们.(15:30)

---

① 见王力《欧化的语法》,《王力文集》第2卷,第496页。
② 见王力《汉语史稿》,《王力文集》第9卷,第614—615页。

第三章 西方传教士带来的汉语语言的变化

但是,"和合本"还是显示出了一种欧化的过渡状态,在译文中同时并存了汉语原先的表达习惯。如:

> 他的名声、传遍了叙利亚、凡害病的人、就是那有各样症候、各样疼痛的、和被鬼附的、疯癫的、瘫痪的、有人把他们都带来、耶稣就治好了他们.(4:24)

此句中联结词"和"并不是出现在最后,而是插在两类事物之间。

2. 欧化的条件句。

王力认为:"中国的条件式,不用'若''倘''如'一类的字的,最为常见;在欧化的文章里,'若'一类的字是条件式里所必需的关系末品,因为英文里的条件式也不能缺少关系词'if'。"①

英文本:And Peter answered him and said, Lord, if it be thou, bid me come unto thee on the water. (KJV14:28)

And Peter answered him and said, Lord, if it be thou, bid me come unto thee upon the waters. (ERV)

南京官话本:<u>彼得道</u>、果然是主、便吩咐我、也在水面上、走到你那里.

北京官话本:<u>彼得说</u>、果然是主、请叫我也从水面上走到你那里去.

和合本:彼得回答说、主、如果是你、请叫我从水面上、走到你那里去.

英文本:If thou be the Son of God, come down from the cross. (KJV 27:40)

If thou art the Son of God, come down from the cross. (ERV)

南京官话本:你若是上帝的儿子、可以从十字架上下来.

北京官话本:你果然是上帝的儿子、可以从十字架上下来、

和合本:你如果是上帝的儿子、可以就从十字架上下来罢.

---

① 见王力《欧化的语法》,《王力文集》第2卷,第500页。

九、"们"字的新用法

"们"字表示复数时,汉语习惯上以人伦称呼为限。近来因为翻译,"们"字渐渐超出这个限制。王力称此现象为"记号的欧化"①。

英文本:And being warned of God in a dream that they should not return to Herod, they departed into their own country another way. (KJV 2:12)

And being warned of God in a dream that they should not return to Herod, they departed into their own country another way. (ERV)

南京官话本:那好学问的人在梦中被上帝戒他不要再见希律、醒时只得抄别条路儿回去.

北京官话本:博士因为主在梦中指示他们、不要回去见希律、就从别的路上、回本地去了.

和合本:博士们因在梦中、被主指示、叫他们不要回希律那里、就从别的路上回本地去了.

比起日后更加显著的欧化,"和合本"还是有更多的汉语的特色。如"有一个童女、将要怀孕生子、人要称他的名为以马内利(1:23)",这句中"人"并没有欧化为"人们"。"人子将要得他父的荣耀、同着他的众使者降临(16:27)",这句中"众使者"也没有欧化为"使者们"。这些译文的存在显示了"和合本"在欧化上的过渡状态。

十、新的标点对句子结构的改造

狄考文根据英文的标点,给汉译本增加了新的标点。这些新标点的使用,改变了汉语主要的特征,使得本来主要依赖节奏气韵的汉语,变得重视内部结构,句子长度也相应增加。

在"官话和合本"中点号"."常常用来表示长句中的小层次划分。如

---

① 对此问题的详细论述见王力《欧化的语法》,《王力文集》第2卷,第489页。

第三章 西方传教士带来的汉语语言的变化　　177

"耶稣回答说、你暂且许我.因为我们理当这样尽诸般的义.(3:15)"(But Jesus answering said unto him, Suffer it now; for thus it becometh us to fulfill all righteousness.)"虚心的人有福了.因为天国是他们的.《马太福音》5:3)"(Blessed are the poor in spirit, for theirs is the kingdom of heaven.)在其他三个译本中,并没有表示句子二级层次的标点。联合圣经公会1988年修订的《新标点和合本》中,这两处的"点号"都被"逗号"所取代了,译文为"你暂且许我,因为我们理当这样尽诸般的义。""虚心的人有福了,因为天国是他们的。"新的标点,在因果关系的复句中,分担了长分断句的作用。且"由于有标点符号以为辅佐,则不完全的句子插在中间,便不会有上下文不相衔接之感。不整齐的句子错落杂用,也不会有诘屈聱牙之感"①。这种表达在日后被认为是现代书面汉语欧化的一个重要特点。

十一、一些固定的新表达

用"官话"翻译《圣经》时,出现了诸多古代汉语中极为罕见,而现代汉语中常见的新表达。

1. 新的疑问句:"可以不可以?"

"可以不可以"这个用法,在"官话"《圣经》翻译中,最早见于"北京官话本",如"有人问耶稣说、安息日治病、可以不可以"(《马太福音》12:10)。但在"北京官话本"中还同时有"合适不合适"、"应当不应当"这种旧白话小说中常用的疑问句。到了"和合本",就基本统一为"可以不可以"。"和合本"中出现"有人问耶稣说、安息日治病、可以不可以"(《马太福音》12:10),(英文:Is it lawful to heal on the sabbath?)"请告诉我们、你的意见如何.纳税给该撒,可以不可以."(《马太福音》22:17)(英文:Is it lawful to give tribute unto to Caesar, or not?)"可以不可以"是现代汉语中使用频繁的问句。"汉语语料库"中收录的古代汉语语料中,这种表达仅有七例,其中最早的一例出现在明代瞿佑《剪灯新话》中。接下来的两例出现在几乎与"和合本"同

---

① 见申小龙《汉语与中国文化》(修订本),复旦大学出版社,2008年,第166页。

时诞生的晚清小说《官场现形记》和《老残游记》中。

2. 新的比喻:"以牙还牙"、"披着羊皮"。

正如耶稣所说:"我要开口用比喻,把创世以来所隐藏的事发明出来。"(《马太福音》13:35)《圣经》中很多表达采用了借喻的修辞方式,一些常用的意象被现代汉语所吸收。如"以牙还牙"的比喻在古代汉语中是没有的,它来于"官话和合本"《圣经》:"以眼还眼、以牙还牙.""(《马太福音》5:38)(英文:An eye for an eye and a tooth for a tooth.)需要注意的是,在"北京官话本"中还是"牙还牙","南京官话本"中为"有人打坏你的牙齿、你也将他的牙齿打坏"。

"披着羊皮的狼"的比喻来自"官话和合本"《圣经》:"外面披着羊皮、里面却是残暴的狼."(《马太福音》7:15)(英文:Beware of false prophets, which come to you in sheep's clothing, but inwardly are ravening wolves.)"北京官话本"为"外面像羊、里面是豺狼","南京官话本"为"外面装作绵羊的样儿、里面却是豺狼的心肠"。

3. 新的时间表达:"直到永远"。

"直到永远"是现代汉语中常见的时间表达方式,表示时间上的无止境。在古代汉语中是没有的,它来自"和合本"中对英文"for ever"的翻译——"国度、权柄、荣耀,全是你的、直到永远,"(《马太福音》6:13)(英文:For thine is the kingdom, and the power, and the glory, for ever.)"南京官话本"中"for ever"译为"直到世世代代","世代"表示人类繁衍延绵不断,其时间标准乃由人类社会限定,显然有限得多。而在"北京官话本"中,"for ever"被译为"世事无穷",这是通过否定的方式表达时间上的无限。

4. 新的判断句式:"这是因为……"

这个判断句,"北京官话本"中已出现:"门徒彼此议论说、这是因为我们没有拿饼罢."(《马太福音》16:7)(英文:And they reasoned among themselves, saying, It is because we have taken no bread.(KJV)/Ard they reasoned among themselves, saying, we took no bread.(ERV))"和合本"中沿用了这种表达。查"汉语语料库"可知,在古代汉语中这一表达仅

第三章　西方传教士带来的汉语语言的变化　　　　　　　　　　　　　　　　179

出现八例,均为白话小说。其中只有文康的《儿女英雄传》早于"北京官话本"①。

综合以上各版本中用词和句式的比较,可见,"南京官话本"采用的词语,有不少是方言词汇,因为是改写文言文的委办本,不是对英文原文的翻译,所以某些表达方式借鉴了古代白话的表达,更接近汉语的表达习惯,欧化色彩较少。"北京官话本"在词汇上极少采用方言词,又因是从英文原文译出,欧化句式开始大量出现。"官话和合本"在词汇上基本沿袭了"北京官话本",而句式欧化的程度又高于"北京官话本",作为译文更重视忠实于原文。这种比较不能不给我们留下一个深刻的印象:作为一种与现代白话文是高度接近的语言形体,"官话和合本"的语言并不是少数人在短时间内发明出来的,而有一个逐渐演化的过程;各种语言因素——文言文、古代白话文、方言以及各类流行程度不一的"官话"——都在这个演化的过程中,留下了自己的痕迹。如同古生物学上的化石和标本,不同时期的《圣经》译本可以让我们看到语言演化的线索,不同于自然进化的是,《圣经》译文的不同语言形态是人为选择的结果。这些选择建立在译者对19世纪中后期以来中国语言和社会、政治、文化的理解与判断之上。

与王力先生不同,申小龙先生代表了另一种分析的路径。申小龙提出"印欧语的句子组织是以动词为中心的,句中各种成分都以限定动词为中心,明确彼此关系"②,受此影响,汉语的句子趋向于以动词为中心,其他成分紧密地联系在一起构成长句,这是汉语欧化表达形成的关键。

《左传》、《水浒传》和《井》是三个风格迥异的文本,创作时间相去很远,其语言风格则分属文言文、古代白话文和现代白话文。通过对这三个文本所做的详尽分析,申小龙先生从中发展出一套对中国书面语进行语法分析的新框架。他倡导的文化语言学更强调汉语与西方语言的区别,并将这种区别上升到了文化和思维方式的高度。他认为中国语言与西方语言有着重大区别,以至于建立在西方语言学基础上的现代汉语语法学无法有效地分

---

① 这种表达可能是来源于北京语。在"南京官话本"中没有这种表达,且"汉语语料库"显示在《儿女英雄传》后,这种表达出现在《八仙得道》中,此书是作者无垢道人游历到北京期间创作的。

② 申小龙《汉语与中国文化的结构通约》,载《光明日报》1993年12月13日。

析汉语作品①。

申小龙强调汉语在句法和风格上的巨大弹性。通过对《井》的句法所作的分析,他指出,和文言文一样,现代白话文仍然可以保持汉语的特性,根据流动的多个视点组织词组,以表达意义。这和西方语言有明显区别。后者的特色在于,句子以核心动词为中心,由此构造了一个单一焦点的意义结构②。

所谓欧化,在他看来,最明显的特征在于那些以动词为中心、往往具有复杂结构的长句。他也承认,在中国书面语中,欧化的表达的确越来越多,越来越常见。但这种欧化的表达更符合西方语言特征,而多少扭曲了中国语言的特性③。

根据我们的理解,申小龙的理论中蕴含了这样一种历史观念:现代白话文并不必然趋于欧化。他多次提到,欧化其实是"析句带动造句"的产物——即欧化文体并不是先于语言学界的研究而存在的客观事实,而是语言学界提倡的结果。

的确,有很多历史事实可以说明,语言学界对现代白话文的形成和发展,起到了非同寻常的作用。19世纪后半期以至整个20世纪,语言学家是一个非常活跃的群体。语言学著作常常被用作改造中国书面语的依据,而从《马氏文通》出版以来,中国语言学的主流分析工具,又大多是从西方语言学那里继承来的。凡是不适应这套分析框架的语言现象,就很容易被看作是"旧"文体,从而变成改造的对象。

辞旧迎新的激情以新文化运动时期为最。在此期间,欧化是白话文取代文言文的历史进程的一部分。很多人认为,只有吸收西洋语言的若干特色,才能革新中国原有的书面语——所谓"旧文体",不但指文言文,也指旧白话。郑振铎就说:

---

① 有关论述见申小龙《〈左传〉句型系统发展的现代模型》,载申小龙《中国句型文化》(东北师范大学出版社,1988年)以及申小龙《汉语与中国文化》修订本。
② 有关论述见申小龙《汉语之流块结构》、申小龙《中国句型文化》。
③ 有关论述见申小龙《人文精神,还是科学主义?——20世纪中国语言学思辨录》,学林出版社,1989年,第31—32页。

第三章　西方传教士带来的汉语语言的变化

> 中国的旧文体太陈旧而且成滥调了。有许多好的思想与情绪都为旧文体的成式所拘,不能尽量的精微的达出。不惟文言文如此,就是语体文也是如此。所以为求文学艺术的精进起见,我极赞成语体的欧化。①

胡适则说:

> 只有欧化的白话方才能够应付新时代的需要。欧化的白话文就是充分吸收西洋语言的细密的结构,使我们的文字能够传达复杂的思想,曲折的理论。②

胡适的学生傅斯年则将欧化的修辞作为造就"国语的文学"的途径:

> 直用西洋文的款式,文法,词法,句法,章法,词枝(Figure of Speech)……一切修辞学上的方法,造成一种超于现在的国语,欧化的国语,因而成就一种欧化国语的文学。③

如果把"造句"中"造"字理解成对中国书面语的改造,当不为过。

欧化也是翻译的产物。1922年,一位鸳鸯蝴蝶派作家何海鸣谈到著名文学杂志《小说月报》中的翻译小说时,忍不住抱怨说:

> 一篇很好的外国小说、里面含着很好的精义、被那几位译者译得太不明显、碰着一句话、有一两行之长、三四十个字之多、而什么、之什么、底什么、转了又转、说是直译的妙法、我又想我这个人或者尚不十分笨、但要我去看这种直译的文字、总得看了又看、连猜带想的、费上好几秒钟、才得看明白那一句又长又啰嗦的句子、若是碰着比我更笨的人、岂不更是费事吗、看小说如此费事、这或者太不经济罢。④

所谓"有一两行之长、三四十个字之多、而什么、之什么、底什么、转了又

---

① 郑振铎《语体文欧化之我观(二)》,载《小说月报》1921年第7号。
② 胡适《中国新文学大系·建设理论集·导言》,见赵家璧主编《中国新文学大系·建设理论集》,上海良友图书公司,1935年,第24页。
③ 傅斯年《怎样做白话文?》,载《新潮》1919年1卷2号。
④ "求幸福斋主人"《小说昏》,载《晶报》民国十一年四月十五日。

转",说的就是欧化长句。何海鸣显然认为,翻译——特别是直译,是这种欧化长句出现的主要原因。

读者对欧化长句的价值评判,与欧化表达的提倡者是不同的。但他们都认识到,翻译是欧化的重要动力。所以胡适说:

> 他(指周作人)用的是直译的方法,严格的尽量保全原文的文法与口气。这种译法,近年来很有人仿效,是国语的欧化的一个起点。①

的确,为了忠实于原著,很多新词和欧化句式都是翻译西书时不得已的发明。使用欧化的语言变成一种刻意追求的语言实验,是相对较晚的现象②。

早期以中文翻译西书的,不管是外国人还是中国人,首选文体都是文言文。其中影响最大的两位中国翻译家——严复和林纾,他们使用的都是文言文。他们译文的特点,可以用"意译"来概括。有趣的是,严复为翻译制定的高标准(信、达、雅)流行至今,其本人的译作向来被认为是信、达、雅皆备的典范,但后来的研究却一再指出,严译对原著并不忠实。

以严译《天演论》为例,原书"广义"一节有这样一句:

> That the state of nature, at any time, is a temporary phase of a process of incessant change.

原文意为:"在任何时候自然都是不断变化中的过程",主旨在阐扬科学义理。严复则翻译为:

> 自递嬗之变迁。而得当境之适遇。其来无始。其去无终。曼衍连

---

① 胡适《五十年来中国之文学》,转引自欧阳哲生编《胡适文集》第3卷,北京大学出版社,1998年,第257页。
② 瞿秋白写给鲁迅的《关于翻译的通信》中说:"翻译——除出能够介绍原本的内容给中国读者之外——还有一个很重要的作用:就是帮助我们创造出新的中国的现代言语。中国的言语(文字)是那么贫乏,甚至于日用用品都是无名氏的。中国的言语简直没有完全脱离所谓'姿势语'的程度——普通的日常谈话几乎还离不开'手势戏'。自然,一切表现细腻的分别和复杂的关系的形容词,动词,前置词,几乎没有。宗法封建的中世纪的余孽,还紧紧地束缚着中国人的活的言语(不但是工农群众!)。这种情形之下,创造新的言语是非常重大的任务。"见鲁迅《二心集》,1932年。这恐怕更接近"析句带动造句"的意思。

第三章 西方传教士带来的汉语语言的变化

延。层见迭代。此谓世变。此之谓运会。运者以明其迁流。会者以指所遭值。①

严整的文言正是严译的特色之一。他的译作,尽量避免"翻译腔"也即外语词汇和句法的痕迹,译文中用词多是中国文言文中固有的,而句式也严格符合文言规范。但严复的翻译是否做到了忠实于原文?用现代翻译的职业观点来看,严复用人事盛衰解释自然科学,导致赫胥黎生物哲学的本旨完全看不出来,这很难称得上是忠实的翻译。很多人认为严复的翻译其实是对西方思潮的一种评述②。

这种翻译方法的优劣得失另当别论,严复的确自创了一套西方新词的翻译准则,译文由文言传统而来,文字非常雅正,后来却并不流行。对此,后世的争议很多。王国维说:"侯官严氏所译之名学。古则古矣。其如意义之不能了然何。以吾辈稍知外国语者观之。毋宁手穆勒原书为快也。"③言下之意,懂英语的人看严复的翻译,不如直接看原文来得易解。近人则认为,翻译西书时如果不突破文言文的表达传统,是很困难的:

> 严复在着手翻译西书时,除了外语知识和新科学知识体系的建构等社会基础的问题以外,用以移译外语的媒介"汉语"本身,也存在着很多必须解决的问题。这些问题存在于三个不同的层次:即,篇章、句子、语词。篇章、句子是语言形式,即外语的语言结构及其所表达的"内容"能否置换成某种为中国读者所接受的"形式"的汉语?如果能,是何种形式?语词是译名,即概念对译关系的建立。外语的每一词都需要在汉语的词汇体系中找到一个与之对应的"要素"。这种"要素"可以是词(译名),也可以是短语或一个大于短语的小句。④

鲁迅兄弟是卓有成就的翻译家。和严复不同,他们最早尝试翻译时就

---

① 严复《天演论·导言二·广义》,赫胥黎著、严复译《天演论》,商务印书馆,1939年,第4页。
② 对这一问题的论述可见黄克武《自由的所以然:严复对约翰弥尔自由思想的认识与批判》,上海书店出版社,2000年,第69—103页。
③ 王国维《论新学语之输入》,《教育世界》第96期,1905年4月。
④ 沈国威《近代中日词汇交流研究:汉字新词的创制、容受与共享》,中华书局,2010年,第152—153页。

提倡直译,鲁迅认为,翻译应当"装进异样的句法"、"保存着原作的丰姿"。但周氏兄弟共同翻译的第一本书《域外小说集》,用的是文言。《域外小说集》一、二册的销量各只有二十本,周作人后来评价此书说"句子生硬","配不上再印"①。这一时期周作人另一本译作也被《小说月报》退稿,原因在于"行文生涩,读之如读古书,颇不通俗"②。

尽管试图摆脱文言的局限,"纯用"俗语翻译西书,但早期的翻译者发现,这样做的困难很大。梁启超在翻译《十五小豪杰》时就说:"原拟依《水浒》《红楼》等书体裁,纯用俗话,但翻译之时,甚为困难。参用文言,劳半功倍。"③鲁迅在翻译《月界旅行》时,"初拟译以俗语,稍逸读者之思索",但随后发现"然纯用俗语,复嫌冗繁",最终不得不折中,"因参用文言,以省篇页"④。

用什么样的文体翻译西书的问题,在传教士那里也引起了争议。以花之安(Ernst Faber)、卜舫济(Francis Lister Hawks Pott)等为代表的传教士认为,汉语与英语属于两类语言,两者之间不可能做到真正互译。傅兰雅(John Fryer)在《江南制造总局翻译西书事略》(1880)《论译书之法》一章中对他们的意见有一个概括:"中国语言文字最难为西人所通,即通之亦难将西书之精奥译至中国。盖中国文字最古最生而最硬,若以之译泰西格致与制造等事几成笑谈。"⑤

他们的策略是通过汉语"生新"来解决忠实反映西文原意的问题:

译西书第一要事为名目若所用名目必为华字典内之字义不可另有解释则译书事永不能成然中国语言文字与他国略同俱为随时逐渐生新实非一旦而忽然俱有故前时能生新者则后日亦可生新者以至无穷⑥

为翻译而"生新"——也即对"名目"的"另有解释",是晚清书面文中新

---

① 周作人《域外小说集》,中华书局,1936年,第3页。
② 陈福康《中国译学理论史稿》,上海外语教育出版社,1992年,第175页。
③ 罗新璋编《翻译论集》,商务印书馆,1984年,第131页。
④ 鲁迅《月界旅行·辨言》,转引自陈平原、夏晓虹编《二十世纪中国小说理论资料》第1卷,北京大学出版社,1989年,第51页。
⑤ 傅兰雅《江南制造总局翻译西书事略》,载《格致汇编》1880年第5期。
⑥ 傅兰雅《江南制造总局翻译西书事略》。

第三章 西方传教士带来的汉语语言的变化

词大量出现的主要原因。翻译也是书面语从文言演化成白话的动力之一——因为不管如何"生新",从文言文中产生新词、新表达方式的动力都有限。马礼逊对此深有感受,他在完成中文《圣经》翻译的当天,写了一份报告给伦敦传教会,其中就说:

> 中国文人对于用俗话,即普通话写成的书是鄙视的,必须用深奥的、高尚的和典雅的古文写出来的书,方受到知识分子的青睐,因此只有极小一部分中国人才看得懂。……中国古文的经典或语句,除了复古之外,极难推陈出新。①

傅兰雅、李佳白(Gilbert Reid)、狄考文都是来华传教士中非常优秀的语言人才,都能使用文言文,对中国语言的历史和现状有深刻的同情和理解②,但感到文言文难以适应翻译的需要,所以提倡"生新"和用"俗语"(也即"普通话"——"北京官话")进行翻译。在这两方面,传教士都做出了杰出的贡献。

第四节 "生新":新词的创造与传播

晚清以来,新词的出现对中国书面语的改变之大,现在看来,"无论从规模上还是在影响的程度上,都是前所未有的。它几乎在语言经验的所有层面上都根本改变了汉语,使古代汉语几乎成为过时之物"③。19世纪晚期和20世纪初期显然是新词不断涌现和被接受的关键时刻:"从词汇的角度看",这几十年间,"汉语发展的速度超过了以前的几千年"④。

这些新词,包括变化了词义的旧词、扩展了词义的旧词以及翻译创造的全新词。新词是新思想的代表。王国维在1905年撰写的《论新学语之输

---

① 转引自顾长声《马礼逊评传》,上海书店出版社,2006年,第82页。
② 傅兰雅深知中国语言与中国文化的关系,极为反对"废除汉语"的极端主张。他说:"中国书文流传自古,数千年未有或替,不特国人视之甚重,即国家亦赖以治国焉。有自主之大国弃其书文,而尽用他邦语言文字者耶?"(见傅兰雅《江南制造总局翻译西书事略》)
③ 刘禾《跨文化研究的语言问题》,中央编译社,2000年,第276页。
④ 王力《王力文集》第11卷,第690页。

入》中就指出,"近年,文学上有一最著之现象,则新语之输入是已。言语者,思想之代表也。故新思想之输入,即新言语输入之意味。"①

新词的出现不单单意味着语言表达的丰富,更有着改变我们认识事物的方式、规范思维以及改变伦理和价值体系的重大意义。新的知识附着于这些新名词传播到中国,改变了人们对周围世界的基本认知。可以说,这些新词是新知传播的基础。新词的增加,对中国书面语的欧化,有关键的作用。

论者历来注重新词从日本传入中国的路线。光绪二十七年(1901)慈禧下诏变法,张之洞、刘坤一上奏《江楚会奏变法三折》,其中涉及教育方面改革的,就有"奖励游学"一项,其中说道:"教法尤以日本为最善. 文字较近. 课程较速."②总教习吴汝纶认为,学务一事应该效仿日本,并东渡考察学务,当时清廷制定了奖励政策鼓励学生留学日本。"1905年末,留学于日本者增至八千余人。"③学习日本成为了"师西"的捷径,清末民初更是掀起了留学日本和翻译东书的热潮。

日本书籍大量使用汉字,中国人翻译它就比较容易。梁启超说:"学日本语者一年可成。作日本文者半年可成。学日本文者数日小成。数月大成。"④借着甲午之后留学和从日文转译西学的风气,日制新词像潮水一样涌入中国,时人即称:"溯我国新名词之起源,于甲午大创制后,方渐涌于耳鼓。"⑤

日本人翻译西方名词时,采用音译、日本训读、日本语、日本字造词、汉语造词。其中汉语造词对中国语言影响最大,它的造词方法是"将中国古典词原义放大、缩小、改造,以对译西洋概念",或者"运用汉字造词法创制新

---

① 王国维《论新学语之输入》,《教育世界》第96期,1905年4月。
② 张之洞、刘坤一撰《江楚会奏变法三折》,见沈云龙主编《近代中国史料丛刊续编》第48辑,台湾文海出版社,1977年影印版,第40页。
③ 王辑五《中国日本交通史》,商务印书馆,1998年影印版,第224页。
④ 梁启超《论学日本文之益》,载《清议报》第10册,1899年。
⑤ 彭文祖《盲人瞎马之新名词》,(东京)秀光社,1915年,第4页。

词,以对译西洋术语"①。这些新词都是汉字组成的,即便是意思发生了变化,但是结合上下文还是容易理解。

正因为有这一条明显的语言传播途径,对于现代汉语中的新词来源于日本,在研究界几成定论。但是随着对传教士翻译工作的发掘,越来越多的证据表明,很多新词乃是来华传教士首创,日本学者将其传入日本,再经中国留日学生传回中国的。

17世纪,当天主教传教士有意进入日本时,江户幕府十分担心,采用了锁国的政策,天主教的书籍一律禁止传入日本。1720年,德川吉宗放宽了禁书令,除宗教之外的西书被允许进入日本。由于对西方的锁国政策,直接翻译西书对日本人来说困难很大,而汉文却是日本大多数知识分子所熟悉的,汉译西书因此大受欢迎。日本学者土井赘牙在训点汉译英国传教士合信(Benjamin Hobson)的《全体新论》时说:

> 今喝兰(指荷兰)之学②,未经汉译,而我以吾所学以译之。徒以其卷帙众多,指受紊乱,往往有隔靴搔痒之感。此在专门学习者,犹感其入之难,而引以为苦,遑论常人。其由何在,无他,盖无汉译以为据也。③

日本学者大庭修总结日本接受西洋文化的基础时说:

> 事实上明治初期的日本人,却是得益于汉学在知识阶层中的深度普及,并以汉译作为阅读欧美人著作媒介的,所以如果没有汉学普及的基础,就不可能有欧美文化的传入。④

近代以来,日本大量购买中国所译的西书,"19世纪初叶以降入华的欧美新教传教士与中国士人合作的'晚期汉文西书',是日本幕末及明治洋学的重要参照系"⑤。韦廉臣(Alexander Williamson)则说:"上海制造局所刻

---

① 冯天瑜《新语探源——中西日文化互动与近代汉字术语生成》,中华书局,2004年,第27页。
② 在江户时代,荷兰人最早将西方文明传入日本,当时所谓的"兰学"指的就是西洋学术。
③ 转引自汪向荣《日本教习》,生活·读书·新知三联书店,1988年,第27页。
④ 大庭修《江户时代中日秘话》,徐世虹译,中华书局,1997年,第5—6页。
⑤ 冯天瑜《新语探源——中西日文化互动与近代汉字术语生成》第424页。

各种西书亦系日本人买去最多。"①所谓"上海制造局",指的是在1865年由曾国藩、李鸿章在上海创办的江南制造局,目的是生产军事武器,并于1868年5月始设翻译馆,专事译介西书。江南制造局的翻译馆是晚清最大的格致类书籍的翻译机构,由传教士如傅兰雅、林乐知(Young John Allen)等与中国人(如徐寿、华蘅芳、徐建寅、舒高第、李凤苞等)同共主持,传教士们口译,中国人笔述。译书范围包括数学类、化学类、地学类、医药卫生类等。从1870年到1896年,译书馆翻译的西书有129部之多②。

虽然当时中国人的习惯还是"以造字之权利。让之古圣先王。后人不许杜撰一字。亦不许自著一新名词。必稽诸陈旧之经典。方为雅驯"③。但这些格致类书中涉及大量中国不曾有过的知识,对此必须创新名词、术语。傅兰雅为译书制定了标准:

  中西诸士皆知名目为难欲设法以定之议多时后则略定要事有三

  一华文已有之名 设拟一名目为华文已有者而字典内无处可察则有二法 一可察中国已有之格致或工艺等书并前在中国之天主教师及近来耶稣教师诸人所著格致工艺等书二可访问中国客商或制造或工艺等应知此名目之人

  二设立新名 若华文果无此名必须另设新者则有三法一以平常字外加偏旁而为新名仍读其本音如镁钟硒矽等或以字典内不常用之字释以新义而为新名如铂钾钴锌等是也二用数字解释其物即以此解释为新名而字数以少为妙如养气轻气火轮船风雨表等是也三用华字写其西名以官音为主而西字各音亦代以常用相同之华字凡前译书人已用惯者则袭之华人可一见而知为西名所已设之新名不过暂为试用若后能察得中国已有古名或见所设者不妥则可更易

  三作中西名目字汇 凡译书时所设新名无论为事物人地等名皆宜随时录于华英小簿后刊书时可附书末以便阅者核察西书或问诸西人而

---

① 《东洋刻印格物探源》,载《万国公报》1877年3月17日。
② 马西尼《现代汉语词汇的形成——19世纪汉语外来词的形成》,黄河清译,汉语大词典出版社,1997年,第73页。
③ 林乐知、范祎《新名词之辨惑》,载《万国公报》第184册,1904年。

第三章 西方传教士带来的汉语语言的变化

> 各书内所有之名宜汇成总书制成大部则以后译书者有所核察可免混名之弊①

1872年,傅兰雅在《化学鉴原》里使用表意加表声的方式,用汉字写出了四十八个化学元素,如用"钙"翻译Calcium,用"铀"翻译Alumnium,用"砷"翻译Uranium,其中四十六个沿用至今。这个译法随后被日本化学界所借用。

包括江南制造局翻译馆所译西书在内,大量西书的中文译本流入日本,为明治维新后的日本社会提供了新的知识动力。许多汉译新词在日本流传日广,日后又经中国留日学生移译回中国,读者知其一不知其二,常将本由传教士最早为汉译而使用的新词,误认为是日本的创造。此处举数例以资证明。

日本人麟祥君在19世纪70年代翻译法律书籍,从丁韪良(William Alexander Parsons Martin)汉译、1864年出版的《万国公法》里借用了"权利"和"义务",随后日本教育部将麟著公之于世②,随着1905年京师译学馆出版的《汉译新法律词典》在中国出版,这两个词日益在中国流传,向来被认为是日本译者的创造。被王力引为日本造的新词"银行"③,来自理雅各1848年为香港英华书院翻译的课本《智环启蒙塾课初步》中《论通宝》(on money)一课,其中把"Bank-notes"译为"银行钱票"。而"文法"这个被认为是日译的新词,实际上是丁韪良在1627年《名理探》中对"grammar"的译法。④ 另据周振鹤先生考证,"阳极"、"阴极"由美国人合信在广州出版的《博物新编》中译出,1870年前后传入日本,若干年后再传入中国。

周振鹤说:

> 中国在十九世纪、二十世纪之交曾从日本接受了大量新词语,这些词语都是汉语固有或用汉字组成。许多人遂以为这些新词语都是日本学者从西文直接翻译过来,再输入中国,其实并不尽然。有些词语是在

---

① 傅兰雅《江南制造总局翻译西书事略》。
② 实藤惠秀《中国人留学日本史》,谭汝谦、林启彦译,生活·读书·新知三联书店,1983年,第282—283页。
③ 王力《欧化的语法》,《王力文集》第2卷,第466页。
④ 户水宽人《〈新法律典〉序》,转引自实藤惠秀《中国人留学日本史》第325页。

中国产生(或由中国人翻译,或由在华传教士翻译,或双方合译)再进入日本,而后又返回中国。①

另据意大利学者马西尼考证,"权利"、"主权"、"民主""世界"、"学校"、"大学"、"中学"、"物理"、"博士"、"解剖"、"资本"、"会计"、"几何"、"数学"、"微分"、"积分"、"方程"、"警察"、"自主"、"自护"、"自治"、"伦理"、"方法"、"进步"、"意见"、"电池"、"电器"、"电报"、"动物学"等,都乃由来华西人首创,又经过日本返传回中国的新词。

"权利"、"主权"、"民主",以及一系列以"自"为前缀的词——"自主"、"自护"、"自治"来源于《万国公法》;以"电"为前缀的词——"电池"、"电器"、"电报"来源于《格致入门》;"几何"、"数学"、"微分"、"积分"、"方程"来源于《续几何原本》;化学、矿业、地理、医学类术语新词来源于江南制造翻译馆②。

沈国威新近的研究表明,以往被认为是日本创译的"化学"、"陪审"、"热带"等词,均是来华传教士与中国助手(如王韬、蒋敦复等)首创,传入日本,再反传至中国。"化学"是来华传教士戴德生(Hudson Taylor)首创,经过王韬传给伟烈亚力(Alexander Wylie),而被用在《六合丛谈》,随着传入日本的《官版删订本六合丛谈》,"化学"被日本学者采用③。"陪审"是传教士裨治文(Elijah Coleman Bridgman)首创,郑观应等少数精英借此理解了陪审制度,而"陪审"在中国的普及却是借助"日本知识"④。被高名凯等当作日本借词"热带",是来华耶稣会士首创的译名,被新教传教士延用后,借助《六合丛谈》等传入日本⑤。

冯天瑜总结了新词"中→日"与"日→中"两个阶段:

> 19世纪初叶以降入华的欧美新教传教士与中国士人合作的"晚期汉文西书",是日本幕末及明治洋学的重要参照系。美国传教士祎理哲撰《地球说略》,裨治文撰《大美联邦志略》,丁韪良译《万国公法》、撰《西

---

① 周振鹤《逸言殊语》增订版,上海人民出版社,2008年,第75—76页。
② 马西尼《现代汉语词汇的形成——19世纪汉语外来词的形成》第40—83页。
③ 沈国威《近代中日词汇交流研究:汉字新词的创制、容受与共享》第509—533页。
④ 沈国威《近代中日词汇交流研究:汉字新词的创制、容受与共享》第481—507页。
⑤ 沈国威《近代中日词汇交流研究:汉字新词的创制、容受与共享》第458—479页。

第三章 西方传教士带来的汉语语言的变化

学考略》和《格物入门》,英国传教士慕维廉、艾约瑟与中国士人蒋敦复、王利宾合译的《六合丛谈》,合信撰《博物新编》,理雅各撰《智环启蒙初步》,德国传教士花之安撰《德国学校论略》等,都有和刻本或训点本,被日本人视作西方知识的窗口。卫三畏的《英华韵府历阶》、麦都思的《英华字典》、罗存德的《华英字典》、卢公明的《华英萃林韵府》等入华新教传教士编纂的汉外辞书,成为幕末、明治间日本人以汉字词翻译西洋概念不可或缺的借鉴。总之,直至19世纪70—80年代,翻译西洋概念的汉字新语的传播方向,基本上还是"中→日"。当然,这决不是说,幕末至明治初中期,日本全然依赖来自中国的汉字新语。事实上,19世纪50—80年代的日本已在用汉字词对译西洋概念方面做了系统、大量的工作,不过当时尚未引起中国人的注意。"溯我国新名词之起源,于甲午大创制后,方渐涌于耳鼓。"(彭文祖《盲人瞎马之新名词》,(东京)秀光社1915年版)具体言之,是1896年开始兴起的中国留学日本及翻译日籍的热潮,使中国人骤然发现这个东方邻邦竟然创制了如此之多的对译西洋概念的汉字词,正可满足译介西学之需,于是汉字新语的传播方向急剧地转变为"日→中"。①

传教士对新词的创造,是基于改变中国语言以适应西文翻译。傅兰雅在《江南制造总局翻译西书事略》中说:

> 译西书第一要事为名目若所用名目必为华字典内之字义不可另有解释则译书事永不能成②

而据林乐知统计,他与傅兰雅主持江南制造局译书馆期间,所创新词的数量已经非常可观:

> 试观英文之大字林。科学分门。合之名词不下二十万。而中国之字。不过六万有奇。是较少于英文十四万也。……故新名词不能不撰。如化学医学地质学心理学等科学。中国字缺乏者更多。余前与傅

---

① 冯天瑜《新语探源——中西日文化互动与近代汉字术语生成》第423—424页。
② 傅兰雅《江南制造总局翻译西书事略》。

兰雅先生同译书于制造局。计为中国新添之字与名词。已不啻一万有奇矣。①

新词的创造与传播过程对中国语言的变化至关重要，正如王国维所言：

> 十年以前西洋学术之输入。限于形而下学之方面。故虽有新字新语。于文学上尚未有显著之影响也。数年以来形上学渐入中国。而又有一日本焉。为之中间之驿骑。于是日本所造译西语之汉文。以混混之势而侵入我国之文学界。……至于讲一学治一艺。则非增新语不可。②

此处以"物质"一词的出现为例，略作梳理，由此可窥19世纪汉译新词从创制到传播的一般过程。

"物质"一词是英文"matter, substance, busshitsu"的汉译，现今一般认为，此词是对可见之物及可见之物所构成的可见世界的总称③。论者目力所及，"物质"一词作为 matter 一词的固定译法，最早出现在香港英华书院所编《智环启蒙塾课初步》一书中。

1818年，马礼逊在马六甲创办了英华书院，聘请华人和西人共同担任教习。这是近代史上由传教士开办的第一所中文学校。在鸦片战争以前，它是传教士开办的最有名的教育机构。书院一面旨在向中国人介绍西方文化，一面向外国学者介绍中国文化。1843年，英华书院迁往香港，香港英华书院的第一任院长是最为有影响的基督教来华传教士之一理雅各，他归国后成为牛津大学第一任汉学教授。

1848年，香港英华书院从贝克（Mr. Baker）给英国少儿编写的教育课本 *The Circle Of Knowledge*，译出《智环启蒙塾课初步》作为英华书院的课本。此书尽管没有署译者名，但前言署名为"J. L."，即理雅各姓名的缩写。

《智环启蒙塾课初步》第二十一篇 Of Matter, Motion（物质及移动等论）中有九章内容——"物质可以细分"、"物质不能灭"、"物之相引"、"物之

---

① 林乐知、范祎《新名词之辨惑》。
② 王国维《论新学语之输入》。
③ 见《现代汉语词典》、《辞海》等的"物质"条释义。

第三章 西方传教士带来的汉语语言的变化

体质异性"、"物之移动"、"物之形象"、"物之大小"、"量物之法"、"物色"。

这些篇什涉及了"物质"的定义:"宇宙之间、所有者惟二样、以有形无形而别焉、有形者、概可谓之物。"(第166课"物质可以细分论")

"物质"从何而来:"而凡所见之物、皆积质而成者也。物质可以分而又分、至于极细之地、此则名为物质之纤尘、其可分如此。"(第166课"物质可以细分论")

"物质"的特性:"凡物之本质、俱不能灭。人能捣石为粉、但其尘粉犹存。人能煮水使干、但其变为蒸气而去、得遇冷气、遂凝结而复变为水矣。人烧炭及柴纸等物、但其烟尚在、此所谓物质之不能灭。"(第167课"物质不能灭论")"物质有相引之势、故恒结聚。"(第168课"物之相引论")

总之,既有定义,又有描述,全面介绍了"物质"的概念。从此,"物质"一词就成了英文 matter 的约定俗成的译法。

在《智环启蒙塾课初步》出版的前半年,英华书院停办了他们创办了四年的汉语刊物《遐迩贯珍》①。《遐迩贯珍》中也使用过"物质"的说法,如"考地上之万物、乃知所成物质总有五十四样"(1855年第10号"热气理论"论热长物)。但大多数时候,用来表达"物质"概念的,是"物"、"物类"、"万物"、"物象"、"物像"等词,散见于《遐迩贯珍》各篇。

"物"、"物类":"且夫热之为热、其物最要、其理甚广、其力至大至妙、常流通于众物之间、或能变物之形势、或能定物之形势、其用不一而已、故物类化生制器运动、风云之行、火轮之机、皆资所有之热气而成。"(1855年8号"热气之理总论"小引)

同期《论热气迹象之理》:"夫物之蓄力有多少、蓄力多则为健质、蓄力少则为重流质、蓄力尤少则为轻浮质、至热气之力则与物之蓄力相反。"

"物类":"中国内、虽各省各府各州县村乡、言语礼仪亦皆有别、物类不齐风俗各异难以画一是处皆然。"(1855年第5号《京报》)

---

① 《遐迩贯珍》是来华新教传教士创立的一份汉语定期刊物,1853年在香港英华书院创办,麦都思、奚礼尔(Charles Batten Hillier)、理雅各三人先后担任主编,1856年5月停刊。1855年理雅各开始任主编,直到停刊。本书采用的为松浦章、内田庆市、沈国威编著《遐迩贯珍:附解题·索引》,上海辞书出版社,2005年。

"物象":"此水导引目珠束聚之物象、至于脑筋衣、而转达于脑者。"(1855年7号"眼官部位论"大房水)"人身之宝无逾于目能查阴晴别五色辨物像分大小。"(同期"眼官妙用论")

这些篇章多在描述"物质"的特性,但"物类"、"物象"等文言旧词杂用,显然作者和编者心目中,对这些特性,并无一个固定而精确的命名。

译定新词,是翻译中最困难的工作之一。严复对此即深有体会,曾说"一名之立,旬月踌躇",而一个新词能够被接受,乃至流行,与译者对原文和译文的理解和熟练掌握密不可分。

《智环启蒙塾课初步》出版后,"物质"渐成约定俗成的说法。传教士创办另一本汉语刊物《六合丛谈》①较《智环启蒙塾课初步》晚出一年,其中已经多次出现"物质"②,显出此词不仅固定,而且已经流行开来。

《智环启蒙塾课初步》只是在香港英华书院中使用的教材,《六合丛谈》则是在香港、上海、宁波、福州、广州、厦门等内陆通商口岸发行的杂志,"物质"一词(包括其定义和描述),正是经由这样的渠道,实现了扩散。

《智环启蒙塾课初步》在明治维新前传入日本,"是江户末期、明治初期在日本广泛阅读的汉译西书之一。包括福泽谕吉在内的许多明治时期的思想家、启蒙家都曾以该书为学习英语的入门书,该书的内容和词汇对日本产生了重大的影响"③。

随着人类对世界的了解不断深入,不断有新的观察和总结,词语的内涵和外延也在不断变化。19世纪中期以来,自然科学对物质的属性、结构、形态等的新认识,不断证实和丰富物质的范畴,到19世纪后期,"物质"的定义已经从可见、可触、可感的事物进入到抽象的领域。例如,梁启超在光绪二

---

① 《六合丛谈》由伦敦传道会传教士伟烈亚力在上海创办,是上海第一家中文报刊,1858年停刊。本书采用的为沈国威编著《六合丛谈:附解题·索引》,上海辞书出版社,2006年。

② 它们分别是1857年1卷1号"地理"篇:"盖地质自地面至地中、压力渐重、在地面至轻之物、入地深数百里、上为物质重压、亦成坚密。"1857年1卷2号"地理"篇:"陆地之边、常为气水侵蚀、地势因之渐溃、碎石为沙泥、流水冲移、沉于洋海之底、以上压之重、及热气变化物质之力所凝结、成磐石新层。"1858年2卷1号"泰西近事述略"篇:"有一书,论此道可凿,并群究海底物质土性、备言宜如何垦掘之法。"

③ 沈国威《近代中日词汇交流研究:汉字新词的创制、容受与共享》第460页。

第三章 西方传教士带来的汉语语言的变化

十二年(1896年)《变法通议》中已经使用了"物质"一词:"使吾稍讲农学.繁荣其物产.虽物质稍次.而西人制造家必以其廉而争购之."①

及至1903年,语言工具书《新尔雅》中有"物质所含之量。谓之质量"②之说。

人类知识范畴的扩张,不得不借助一套稳定而又不断发展的符号体系而进行。自始至终,那些基本的概念和定义——如"物质"——是现代知识体系的基础和骨干。没有这些作为知识体系的基础和骨干的词语所构建的那个实体和思维的框架,现代知识体系(包括建立在这一体系之上的世界和人生观念)就很难实现持续的积累和突破。正如夏济安所言:"我们固然很可惜的丢掉了一部分旧有的字和词,但是我们的字汇在另一方面也扩大了。这些新添的词,可能也是我们新思想的基本。"③

在这个意义上,"物质"并不仅仅是一个普通的汉语词汇。它的出现和流行,也代表了一个物质的世界和以物质为基础的现代世界观,将在中国出现和流行。

作为知识体系扩张的基础,字典和词典扮演了重要角色。新词在中国的出现,传教士既是开创者,也是收集者和传播者,后一种角色正体现在他们所编撰的字典和词典中。

在鲍康宁1900年出版的《中英字典》中,已经出现少量的新词,例如:选举(the elect)、选民(to decide/as a candidate)、法律(laws/statutes)、法制(laws; rules/restrictions)、议事厅(a council chamber/a senate/a ministry)、议事会(a council)、议政国会/议院(parliament)、保险(to insure against-as fire)、煤气(gas)等等。1913年,狄考文夫人(Julia Brown Mateer)出版了《表达新思想的新词语》(*New Terms of New Ideas*),1913年,莫仁安(Evan Morgan)出版了《新词语及其意义》(*Chinese New Terms and Expressions*)等等,这些都是专收新词的词典。

根据赵晓阳的研究:

---

① 梁启超《变法通译》,见《饮冰室合集》文集1,中华书局,1936年重印本,第87页。
② 汪荣宝、叶澜《新尔雅》,国学社,1903年,第121页。
③ 夏济安《白话文与新诗》,见《夏济安选集》,台湾志文出版社,1971年,第64页。

（加拿大传教士季理斐[Donald MacGilliray]）读了司登得的《汉英合璧相连字典》，觉得十分有帮助。但他发现其中有些错误，而且词汇有些陈旧，对社会前进中出现的新词也需要补充增加。他买下了司登得的著作权加以修订和补充。1896年，他开始全力以赴修订此词典，改正书中的若干错误并增收了当时中国受西方文化的影响而出现的大量新词……例如：爱国、债权、常备军、真空、侨民、殖民地、治外法权、警察局、劝业场、法制、选举权、红十字会、议员、公益、国债、国际法、留学生、保险、博览会、博物馆、三权鼎立、社会主义、德育、唯物主义、有限公司和运动会等。①

虽然这些新词的创制和传播路径还需更深入的考辨，但这些新词，的确大量充实了中文的词汇库。这一点很快被传教士所注意。他们在编撰词典的时候，就特别注重吸收这些新词。

在赫美玲1916年编写《英汉官话口语词典》中，词分"俗"、"文"、"新"、"部定"四类②收录。其中"新"一类即是收录新词，赫美玲说这些新词来源于"古典汉语和日语"。沈国威对此研究后发现，至今还在使用的新词，大部分是中日词汇交流中形成的中日同形词③。

曾帮助威妥玛编辑《语言自迩集》的禧在明，在其《英汉北京话字典》1918年新版中吸收了大量新词，并在改版序中对这些新词的出现做了说明。笔者所见为1953年版，收录了作者写在北京的1918年3月的新版序——"Preface to Englarged Edition"，其中说：

> The eight years which have elapsed since the firet edition of this dictionary was publish have witness the advent of a Republican régime in China, followed by a development of a parliamentary and legal institutions and of the press, all of which event have had a

---

① 赵晓阳《19至20世纪外国人研究北京方言的文献资料》，载《北京档案史料》2005年第4期。
② "俗"指俗语词，用于口语；"文"指书籍、公文、报刊等书面用词；"新"指新词；"部定"指被中国学者们使用的标准科技术语。
③ 沈国威《近代中日词汇交流研究：汉字新词的创制、容受与共享》第438—440页。

第三章　西方传教士带来的汉语语言的变化

marked effect on the language … recourse should be had in the first instance to the kindred language of the neighbour Japan, where large stocks of expressions coined in recent years to give currency in the East to the ideas of the West were ready at hand. So marked has been the Japanisation of modern Chinese vocabulary as a result of this borrowing that it is hardly too much to say that a Japanese dictionary has become almost an essential in the study of the language in its present form.①

禧在明认为，自其书1910年第一版出版到1918年第二版出版前，八年时间里汉语发生了重大变化，这个变化的原因是中国社会出现了政权的变革、建立了共和政体和新的法律制度，语言为了适应这个变化，从与之亲缘关系最近的日语那里借用了大量词汇。

这部字典1918年版中所收入的新词，有一些到如今还是常用词，如信用、常备军、真空、殖民地、派出所、法定代理人、选举、选举之权、保险公司、博览会、博物馆、三权鼎立、社会主义、煤气等。有一些带有明显过渡性特点的（括号内是现在用法）：山口子（峡谷）、物体/实体（物质）、阳灰（水泥）、旋风儿/暴风（台风）等等。

新词的出现对于旧有书面表达的改变到底有多大？历史学家葛剑雄先生在近期的一篇短文中谈到一件旧事：

> 二十多年前，胡道静先生为新编的《松江县志》写序，是典雅的文言文，但先师季龙（谭其骧）先生看后，却对文中的称谓提出异议，因为胡先生称县长为"邑侯"，对县委书记就直接用了"书记"。先师以为，如果此文放在称"邑侯"的年代，"书记"的功能和地位至多只等于秘书长，连放在"邑侯"的前面也没有资格。但要为今天的县委书记在古代社会找一个相应的名称，无论如何都会不伦不类，因为古代根本没有这样一类

---

① Walter Hillier, *An English-Chinese Dictionary of Peking Colloquial*, London Routledge & Kegan Paul Ltd., 1953.

的地方长官。①

葛剑雄认为:"这正是传统的文体、包括诗词曲在内,往往无法确切地表达现代社会的内容的原因。由于押韵或字数的限制,不少现代词汇无法运用,或者根本找不到对应的词汇。"②更困难的是,即便有现代词汇,但放在文言文的语境中,却"不伦不类"。事实上,往往一两个新词就能弄坏一篇优美的文言文。如果要大量使用新词,就必须换掉整个语言风格。

因此,19世纪中后期新词源源不断地出现,对书面语产生的影响,也就不难想见了。

第五节 新的腔调

一种语言会有自己独特的腔调,《圣经》的翻译,在白话文的叙述上,带来了与古代白话文不同的新的腔调,这种腔调是与《圣经》本身的特点联系在一起的,无论怎样翻译,怎样适合中国人的欣赏口味,只要你忠实于《圣经》原文,都无法避免、无法掩盖这样的腔调。《圣经》的"委办译本"问世后,麦都思觉得光有文言的《圣经》不行,对下层社会成员的传教还需要有白话的《圣经》,但是他当时没有力量再组织翻译白话本《圣经》的翻译班子,就想了一个比较简便的法子,不是从外文的《圣经》来翻译成白话文本,而是直接从文言的"委办译本"《圣经》翻成白话,用的也不是北京官话,而是南京官话。这大概是最早的官话《圣经》译本,而且只翻译了《新约》,时间是在1856年,1857年由墨海书馆出版。所以,这个白话《圣经》译本历来不受宗教界、学术界的重视,因为"这部工作第一次草稿系由一中国的青年文人写成,而他并不了解原文。据惠志道说,这文体虽然颇多成语,但并非是很好的作品,夹杂着地方的土语,并且它的语法也有不庄重与不适宜之处"③。它是从文言翻成白话,而不是直接从外文翻译过来。这也许是一个最适应汉

---

① 葛剑雄《诗歌为什么衰落》(上),载《sohu 小报》2010 年第 3 期。
② 葛剑雄《诗歌为什么衰落》(上)。
③ 贾立言等《汉译圣经小史》第 64 页。

第三章　西方传教士带来的汉语语言的变化

语需要而放弃译经原则的《圣经》译本,因为翻译者只看见《圣经》的文言译本,并不了解《圣经》原文,更不要说了解翻译《圣经》的游戏规则。显然,在这个文言翻成白话的过程中,它存在许多为了适应白话文的习惯而牺牲了《圣经》原有的语言规则。然而,即便如此,我们仍然可以从这个译本中看到许多《圣经》所独有的腔调。

我们试看《马太福音》第五章(原文是圈点,这里遵照原样):

> 耶稣看见许多人、就登山坐着、学生到他面前、耶稣开口教训他们道、虚心的人是有福气的、因为天国就是他们的国、悲惨的人是有福气的、因为他们将来得安慰、温柔的人是有福气的、因为他们将来得土地、羡慕仁义好像饥渴的人、是有福气的、因为他们将来得饱、可怜人的人是有福气的、因为他们也将得可怜、心里清净的人是有福气的、因为他们将来得看见上帝、和平的人是有福气的、因为他们将被人称作上帝的儿子、为着仁义被人赶逐的人是有福气的、因为天国就是他们的国。

我们如果把这段话同大英圣书公会与美国圣书会在1872年联合翻译的北京官话《新约》译本对照,就会发现它们之间的变化并不大(原文是圈点,这里遵照原样):

> 耶稣看见这许多人、就上山坐下、门徒进来前、耶稣开口教训他们说、虚心的人是有福的、因为天国就是他们的国。哀恸的人是有福的、因为他们必要受安慰。柔和的人是有福的、因为他们必要得地土。羡慕仁义、如饥如渴的人是有福的、因为他们必要得饱。怜恤的人是有福的、因为他们必要得见天主。劝人和睦的人是有福的,因为他们必要称为天主的儿子。为义受逼迫的人是有福的、因为天国就是他们的国。

我们可以看到,这里的句号用得多了,不像墨海书馆本要到一节的结尾,才用句号结束。可见标点符号的运用,也是在发展的。文句要比墨海本顺畅,如"为义受逼迫的人是有福的、因为天国就是他们的国",要比"为着仁义被人赶逐的人是有福气的"顺口得多,不过也显得文言化一些,雅一些。

这段译文如果再对比一下1919年问世的"和合本"《圣经》,这是当时最标准的《圣经》译本,一直到现在还在使用:

> 耶稣看见这许多的人，就上了山，既已坐下，门徒到他跟前来。
> 他就开口教训他们说，
> 虚心的人有福了，因为天国是他们的。
> 哀恸的人有福了，因为他们必得安慰。
> 温柔的人有福了，因为他们必承受地土。
> 饥渴慕义的人有福了，因为他们必得饱足。
> 怜恤人的人有福了，因为他们必蒙怜恤。
> 清心的人有福了，因为他们必得见神。
> 使人和睦的人有福了，因为他们必称为神的儿子。
> 为义受逼迫的人有福了，因为天国是他们的。

我们可以看到，译文的差别并不大，"和合本"的文言色彩比起1857年的白话本更浓，这说明1857年的南京官话本在翻译的准确性上尽管不太符合西方传教士的要求，但还是能够大致准确地传达《圣经》原意的，当时译者力求通俗，也是做到的。

正是在这一段表述中，我们可以看见《圣经》之中一种传统白话表述罕见的腔调："因为"在汉语表述中，通常都是在语句前面的，"因为"放到句子中间往往同"欧化"有关，还有"是……的"系词句型，这一点我们前面已经说过。这一段的独特之处在于它用了一连串的相似句型，一下子达八句之多。层层排比，加重表述的语气，句句都是斩钉截铁的预言，显示出一种豪放的魄力，也显示出一种救世主的腔调。虽说中国古代佛教、道教都有神，或者类似于上帝的佛祖、元始天尊，佛祖或者菩萨也常常讲经说法，他们也用排比句，但是佛教道教的经籍都是文言的，在白话之中这样八个句子层层排比，斩钉截铁的救世主腔调还是很罕见的。佛教、道教的传教方式与基督教不同，它们的经籍中罕有这样的救世主腔调。我们在下面论述散文变革中的演说体时将会看到，这种救世主的腔调与《圣谕广训》里中国帝王的威权规训恐吓也不同，它是一种说话者认为自己拥有巨大的力量，自己的力量在于自己掌握了真理，得到上帝的支持，或者以为自己就是上帝，自己能够支配命运，而且能够带领大家一起支配自己的命运，代表了未来，所以自己所做出的预言是一定会实现的。这种态度和腔调的背后也显示出一种强烈的自主性，上帝就是我，我就是上帝。这种腔调后来在中国近现代常常被启蒙者所用，启蒙者不一定是直接从《圣经》学来的，但是中文白话著作中大量出现这样的腔调，我们以为是从《圣经》翻译开始的。今天看来，中国近现代的启蒙实际有两种，一种是康德式的启蒙，强调个人运用自己的理性；一种是跟着我走，不容讨论的启蒙。中国近现代的启蒙真正按照康德对启蒙的定义，即"启蒙就是有自主独立之精神状态，是依于个人有勇气使用其理性的自由"，也就是"在一切事情上都有公开运用自己理性的自由"[①]（这也是陈寅恪所说的王国维"自由之思想"、"独立之精神"）所进行的符合启蒙精神实质的以个人为本位的独立思考的启蒙实在是太少了。近现代中国大量的所谓"启蒙"实际上宣传的是：人类社会的发展规律已经被先知者掌握，从原始社会到奴隶社会到封建社会到资本主义社会，然后到社会主义社会到共产主义社会，形成了一部人类社会发展史，这就是人类社会发展的规律。这就意味着人类社会发展的规律已经掌握在说话人手中，未来社会的蓝图将按照说话人预告的意图发展，受众们你们要看清这一点，用不着自己独立思考，我也不容你来同我讨论，只要跟着我前进就能摆脱苦难状态和蒙昧状态了。

从语言形式上看，这八个句子层层排比，尽管并不押韵，也没有平仄，不讲究每句要有多少音步，但是将它分行之后，确实有一种新的语言节奏，从而产生一种现代诗的感觉。"和合本"《圣经》1919年问世时，这些句子还没有分行，现今的"和合本"《圣经》译本在版式上重新做了分行处理，将这一段每一句单独分行，以获得一种诗的感受。本书为了让读者阅读时获得这种感受，用的是分行的"和合本"《圣经》。古代汉语的诗歌韵律是建立在以单音节词为主的语言上；但是现代汉语改变古代汉语的一个重要变化就是复音节词取代了单音节词，这就很难再运用平仄等古代汉语适应单音节词的诗歌韵律，必须形成现代汉语自身的诗歌韵律。从语言节奏上看，"和合本"的《圣经》翻译要比1857年的南京官话本《新约》和1872年的北京官话本《新约》的节奏感整齐得多了，这毕竟是成熟的翻译。也正是这种翻译，奠定了中国新诗的雏形。

我们不妨再举一个例子，看看《圣经》的翻译是如何提高白话表达的艺

[①] 康德《历史理性批判文集》，商务印书馆，1986年，第24页。

术水平的。我们试看《旧约》"约伯记"第 12 章,我们先以 1874 年施约瑟翻译的白话本《旧约》为例:

> 智慧、能力、智谋、知识都为天主所有。他若拆毁、不得再建立、他若将人拘索、便不得解释。将水禁止水便竭涸、使水流出水就翻地。权能智慧都为他所有、被诱惑的和诱惑人的都属他管辖。使冢宰陷在错谬、使士师癫狂。解开君王捆人的绳索、反倒缧绁君王的腰。使祭师陷在错谬、使掌权的颠覆倾倒。使素有口才的言语迟钝、使年老的糊涂见解。使侯伯蒙羞被辱、使强健有力的反倒疲软。使深妙的事从暗中显露、使阴翳的黑暗变为光明。使列族兴盛、又将他们灭绝、使万邦开廓、又使他们衰蹙。使掌国的领袖无智慧心、使他们飘荡在无的路旷野。使他们暗中摸索没有光亮、使他们如同酒醉失迷道途。

翻译的语言浅显明白,但是主语和系词用得不多,欧化程度还不够,有的句子缺主语,主语谓语和宾语并没有像现代汉语那么鲜明,不够明确。这时北京官话大约还不够规范,或者施约瑟的北京官话掌握得还不够熟练,译文的表达也缺乏文采,难以体现《圣经》原有的艺术水平。"使他们飘荡在无的路旷野"甚至是病句(也可能是排印错了),中国的白话文似乎没有这样的用法。总而言之,我们看这一段的翻译,不难看出它与我们今天的现代汉语,还是有一定距离。

我们再来看"和合本"《圣经》这一段的翻译:

> 在神有智慧和能力,他有谋略和知识。
> 他拆毁的,就不能再建造。他捆住人,便不得开释。
> 他把水留住,水便枯干。他再发出水来,水就翻地。
> 在他有能力和智慧。被诱惑的,与诱惑人的,都是属他。
> 他把谋士剥衣掳去,又使审判官变成愚人。
> 他放松君王的绑,又用带子捆他们的腰。
> 他把祭司剥衣掳去,又使有能的人倾败。
> 他废去忠信人的讲论,又夺去老人的聪明。
> 他使君王蒙羞被辱,放松有力之人的腰带。

第三章 西方传教士带来的汉语语言的变化

他将深奥的事从黑暗中彰显,使死荫显为光明。
他使邦国兴旺而又毁灭,他使邦国开广而又掳去。
他将地上民中首领的聪明夺去,使他们在荒废无路之地漂流。
他们无光,在黑暗中摸索,又使他们东倒西歪,像醉酒的人一样。

我们可以看到:这已经是比较成熟的现代汉语,语句要比 1874 年的《圣经》译本严密、明确得多。主语用得很多,主语、谓语和宾语十分清楚,翻译者有意追求简洁明白,用动词把要表达的内容突显出来。这都是现代汉语的表述方式,而不是古白话习用的方式。我们以前只看到五四新文学家探索白话文的运用,那是由于新文学家自己的叙述;其实,在他们之前,西方传教士们已经做了许多这样的探索。从语法来看,1919 年问世的"和合本"在现代汉语的运用上,已经比较成熟。因此在 1919 年除极个别新文学作品外,它已超过当时绝大多数新文学作品,它已经是相当成熟的现代汉语作品。所以沈从文学习创作时,时时阅读"和合本"《圣经》,它给沈从文以很大的指导,就是因为它是成熟的现代汉语作品。"和合本"《圣经》之所以至今还能在全世界的汉语世界到处流传,不被历史所淘汰,也正是因为它体现了成熟的现代汉语。

从语言艺术上看,这段译文并不是诗歌,它虽然没有平仄,也不押韵,甚至也没有明确的音步;但是它相似的排比句式,相对整齐的长句子,形成一种新的语言的节奏,体现了现代汉语的特点,有点像诗化的语言。郭沫若的新诗正是在这种汉语诗化语言的基础上成长起来的。以后的汉语新诗,也不再凭借传统的古汉语单音节词的音乐性,如音调、平仄,对仗等等,而是依靠一种新的语言节奏,在句式之中显示音乐感。这是一种源自外语的动力,我们在论述诗歌变革时将再行论述。这里试看郭沫若的《匪徒颂》:

一

反抗王政的罪魁,敢行称乱的克伦威尔呀!
私行割据的草寇,抗粮拒税的华盛顿呀!
图谋恢复的顽民,死有余辜的黎塞留呀!
西北南东去来今,一切政治革命的匪徒们呀!
万岁!万岁!万岁!

二

鼓动阶级斗争的谬论,饿不死的马克思呀!
不能克绍箕裘,甘心附逆的恩格斯呀!
亘古的大盗,实行共产主义的列宁呀!
西北南东去来今,一切社会革命的匪徒们呀!
万岁!万岁!万岁!

三

反抗婆罗门的妙谛,倡导涅槃邪说的释迦牟尼呀!
兼爱无父,禽兽一样的墨家巨子呀!
反抗法王的天启,开创邪宗的马丁路德呀!
西北南东去来今,一切宗教革命的匪徒们呀!
万岁!万岁!万岁!

四

倡导太阳系统的妖魔,离经叛道的哥白尼呀!
倡导人猿同祖的畜生,毁宗谤祖的达尔文呀!
倡导超人哲学的疯癫,欺神灭像的尼采呀!
西北南东去来今,一切学说革命的匪徒们呀!
万岁!万岁!万岁!

(第五段略)

　　如果说胡适"两只黄蝴蝶,双双天上飞"是新诗的发端,它的腔调其实还是老的。郭沫若的新诗才摆脱了古代诗歌的平仄、押韵,显示出现代汉语、现代诗歌新的语言节奏,也显示出那种豪放的魄力,流露出那种救世主的腔调。此外,郭沫若《女神》中的诗剧,也很可能是受到《圣经》"雅言"的启发。当然,我们并没有证据说郭沫若的新诗是直接从《圣经》获得的灵感,虽然郭沫若也强调他的诗体现了一种自然神论,他也曾肯定《圣经》翻译对新文学的作用。我们只想指出:在探索北京官话书面化成为全国通用俗语时,西方传教士的翻译也渐渐运用了一种新的腔调,它们为现代汉语的形成和新诗的问世,做出了重要的铺垫。

第四章　西方传教士带来的汉语文学变革

第一节　传播媒介的变革

中国文学的近代变革是与它的生产传播方式的变革连在一起的,定期出版的现代报刊和机器生产的平装书是一种现代性媒体,机器生产印刷和商业化销售方式大大加快了它们的生产速度,降低了它们的生产成本,体现了它们不同于传统文学传播媒体手工业线装书生产的现代性,这种现代化生产传播方式决定了文字读物的廉价销售和面向社会普通读者,报刊与后来出现的平装书从一开始就把读者群定位在普通老百姓身上,这就必然促使它们追求"俗"而不是"雅",从而改变了文学的面貌。在传统农业社会中,社会结构由"士农工商"社会阶层组成,文学语言掌握在社会精英士大夫手中,自然是越"雅"越好,士大夫十年寒窗,用功苦读,学的就是如何运用典雅的文言,这典雅的文言也就成为士大夫的专利,文学的作者和读者都由士大夫构成。报刊和旧平装书的问世改变了作家的创作形态、创作方式,也改变了中国传统农业社会士大夫掌控文学的状况。它是一只看不见的手,从根本上决定了中国近代语言和文学的变革[①],中国近现代文学变革正是随着报刊和平装书的蓬勃发展而兴旺发达起来,西方传教士创办的新型媒体正是中国近代传播媒介变革的领头羊。

在中国历史上,除了报道官场升迁、皇帝谕令的"邸报",罕有其他的报刊。中国第一份现代型期刊是由在马六甲的西方传教士创办的,名字是《察世俗每月统记传》,创办者米怜是英国早期对华传教士中的一个重要人物,

---

[①]　参阅袁进《中国文学的近代变革》第一章。

虽然他早在1822年就去世了。1815年4月,马礼逊、米怜带着由马礼逊发展的中国最早一位新教传教士梁发和其他几位雕刻和印刷的工人来到马六甲,建立学校,筹建英华书院和印刷所,以及创办杂志①。为了传教,1815年8月,马礼逊和米怜一起在马六甲创办了华人学校"立义馆",这是一所免费的学校;同时也创办了月刊《察世俗每月统记传》,这本杂志的名称就来自英文,比较拗口,不符合中国著述所习惯用的名称。其实"每月统记传"就是"每月出版的杂志",也就是"月刊"的意思。这是一本非常重要的中文杂志,这不仅因为它是中国近代第一本中文杂志,预告了一种近代中文新型媒体的问世;而且因为它有意面向中国社会的基层读者群,体现了现代文学的精神。中国古代只有传播官方消息的"邸报",其读者对象是官员或者和官场有关的成员,是与中国传统以"士、农、工、商"为社会结构的社会阶层相适应的。《察世俗每月统记传》则不同,它是一种近代新型媒体,适应现代社会层次的读者。现在我们不妨来分析一下1815年问世、由米怜主编的《察世俗每月统记传》的序言,从中可以看到这本杂志的办刊方针:

> 无中生有者,乃神也。神乃一,自然而然。当始神创造天地人万物,此乃根本之道理。神至大,至尊,生养我们世人,故此善人无非敬畏神。但世上论神,多说错了,学者不可不察。因神在天上,而现著其荣,所以用一个天字指着神亦有之。既然万处万人,皆由神而原被造化,自然学者不可止察一所地方之各物,单问一种人之风俗,乃需勤问及万世万处万种人,方可比较辨明是非真假矣。一种人全是,抑一种人全非,未之有也。似乎一所地方,未曾有各物皆顶好的,那处地方各物皆至臭的。论人论理,亦是一般。这处有人好歹智愚,那处亦然。所以要进学者,不可不察万有,后辨明其是非矣。总无未察而能审明之理。所以学者要勤功察世俗人道,致可能分是非善恶也。看书者之中,有各种人,上中下三品,老少愚达智昏皆有,随人之能晓,随教之以道,故察世俗书,必载道理各等也。神理人道国俗天文地理偶遇,都必有些,随道之重遂传之,最大是神理,其次人道,又次国俗,是三样多讲,其余随时顺

---

① 见叶再生《中国近代现代出版通史》第一卷,华文出版社,2002年,第92页。

讲。但人最悦彩色云,书所讲道理,要如彩云一半,方使众位亦悦读也。富贵者之得闲多,而志若于道,无事则平日可以勤读书。乃富贵之人不多,贫穷与工作者多,而得闲少,志虽于道,但读不得多书,一次不过读数条。因此察世俗书之每篇必不可长,也必不可难明白。盖甚奥之书者,不能有多用处,因能明甚奥理者少故也。容易读之书者,若传正道,则世间多有用处。浅识者可以明白,愚者可以成得志,恶者可以改就善,善者可以进诸德,皆可也。成人的德,并非一日的事,乃日渐至极。太阳一出,未照普地,随升随照,成人德就如是也。又善书乃成人德之好方法也。

此书乃每月初日传数篇的。人若是读了后,可以将每篇存留在家里,而俟一年尽了之日,把所传的凑成一卷,不致失书道理,方可流传下以益后人也。①

《察世俗每月统记传》基本上是由米怜主办的月刊,但是其编辑方针应该是米怜与马礼逊共同商量确定的。从作者主观的办刊方针看,面向最大多数读者是其基本宗旨,把他们都列为本刊的读者。从这篇序言中,我们已经可以看到办刊者强烈的平等意识。基督教强调"在上帝面前人人平等",在它的教义中就很注意人的平等意识,进入新教改革之后,这种平等意识又进一步得到加强。"马礼逊曾在1827年创刊的英文《广州文摘》(*The Canton Register*)上发表过一篇《印刷自由论》,阐述天赋人权,强调所有人均得享有发表及印行自己意见的自由。政权无权减缩或干涉人们知识的沟通,除却最危险的罪犯以外,无一人所用的纸、笔、墨可被剥夺去。而印刷机者,可令人之心灵,虽有时间和空间的距离,仍能交换思想,对有理性的人提供精神享受的贡献。而禁止书报的印行,即是侵犯天赋的人权。"②这种办刊观念从一开始就是现代的,它是从英国弥尔顿的论"出版自由"思想发展过来的,所宣扬"天赋人权"的理想已经具有启蒙意识。这个想法虽然发表于

---

① 《察世俗每月统记传》第一卷第一期,1815年8月5日,转录自《中国新闻史文集》,上海人民出版社,1987年。

② 转引自叶再生《中国近代现代出版通史》第一卷,第85页。

1827年,是在《察世俗每月统记传》停刊之后,但是料想马礼逊和米怜当年,也正是本着这一设想创办《察世俗每月统记传》这本杂志的。有一条材料也许可以作为旁证。米怜也曾经在1819年用英文撰写的《基督教(新教)在华最初十年之回顾》一文中谈到他创办《察世俗每月统记传》的宗旨:"最初设想这个小型出版物应将传播一般知识与宗教、道德知识结合起来;并包括当前公众事件的纪要,以期启迪思考与激发兴趣。其首要目标是宣传基督教;其他方面的内容尽管被置于基督教的从属之下,但也不能忽视。知识和科学是宗教的婢女,而且也会成为美德的辅助者。要唤起一个民族已经沉睡的力量,不是件容易的任务;两千多年来,这个民族的心理活力在单调乏味的束缚下被塑造得一成不变。若要有效地唤醒他们,需要所有各种适用的工具、各种各样有才能的工作者、供此项极其昂贵的道德事业运作的充足经费,以及好几个世代的光阴。"①这意味着至少是一部分西方传教士在中国传教的同时,确实具有运用西方现代文化如科学和天赋人权等自由意识唤起中国人的良知,激发他们的理性,推动中国政治变革,帮助中国人民挣脱封建奴役的枷锁,提出改造中国社会的设想。而这种设想,与后来中国的启蒙学者们推进中国现代化的目的其实是相近的,与五四时期新文化运动所高张的两面旗帜——民主与科学有着一致之处。过去在相当长一个时期内,受中国传统的看法和意识形态的影响,我们往往从侵略的角度来看待西方传教士的传教行为,把它们与西方的殖民主义等同起来,将其视为西方殖民主义者侵略中国的助手,甚至直接把这些刊物视为一种文化侵略;忽视了它们也有传播现代文化、推动启蒙、改造中国封建社会、推行"全球化"的一面。传教士主办的刊物除了传教,往往传播西方现代的科学民主知识,这种启蒙行为固然有当年利玛窦用科学技术以吸引中国知识分子信教的一面,但是从米怜的宗旨中也显示了新教传教士有意推行启蒙,用西方文化改造中国落后封建文化的一面,西方传教士之所以能够在晚清近代启蒙中发挥作用,往往就是由他们这一方面的动机决定的。从《察世俗每月统记传》到《万国公报》的启蒙传统就是在这一目的下形成的。

---

① 米怜《新教在华传教前十年回顾》,大象出版社,2008年,第72页。

第四章 西方传教士带来的汉语文学变革

《察世俗每月统记传》是一本中文杂志,每期篇幅为六到七页,按我们现在的标准应为六到七张,一张两面。每期印五百册,后来有所扩展,印到一千册,最高曾经印到两千册。这是一本免费赠阅的刊物,由教会出资印行,在马来西亚、印度尼西亚、新加坡、越南、泰国等地传播,也曾经流入中国大陆。但是该刊的目标始终是对准华人。我们从《察世俗每月统记传》序言说的办刊方针中可以看到,该刊所要讲述的内容主要是三个方面:一是神理,也就是传播基督教的教理;二是人道,讲述人应该怎样生活;三是国俗,介绍西方国家和全世界其他国家的状况和民俗。该刊不主张用纯粹理论或枯燥的话语讲述,它要求这些内容的讲述,应该有趣,吸引读者阅读。之所以需要这样,是因为编者对该刊的读者有一个不同于寻常的基本考虑:该杂志考虑的就是要吸收"上、中、下"三品的读者,这也意味着编者认为需要吸收更多的读者,尤其是如何面向低收入的劳动者,它是把低收入的劳动者作为自己主要读者群的。为此产生了一些新的中文名词,如"工作者",查《汉语大词典》,"工作"一词在古代本来就有"从事各种手艺的人"的意思,如宋代孟元老的《东京梦华录·酒楼》,便有"东西两巷,谓之大小货行,皆工作伎巧所居","工作者"这个概念大概因为"work"已经译成"工作","worker"就应该细化,译成"工作者"。它的用法,已经与今天普通话的"工作者"用法差不多,后来就在汉语中扎下根来,成为现代汉语的一个专用词。这在中国文学史上其实是非常值得记录的一笔,十分重要!因为在此之前似乎还没有写作者或办刊物者这么明确地把工作的人,把靠薪金收入的劳动者作为自己写作媒体的阅读对象,宣称自己是为他们写作,为他们办刊,为他们服务的。这是一种全新的一直到现代社会才有的文化观念,它完全打破了中国古代农业社会"士、农、工、商"的传统观念,预示了传统社会阶层的解体,预告了"国民"的观念即将问世,也预告了写作的语言和文学形式由于读者发生了变化,而必然出现变革①。这种做法本身,也可以看作是西方传教士用西方文化改造中国传统封建社会文化的一个例子。为了适应"工作者"的阅读需要,刊物所载的文章和信息,必须短小精悍。另一方面,为了便于华人读者

---

① 对这种变革造成的文学变革,可参阅袁进《中国文学的近代变革》。

的接受,该刊在传播基督教教义时,往往会与儒家的理论对应,大量引用儒家的语录,以印证儒家与基督教并不矛盾,增强读者的亲近感。然而《察世俗每月统记传》在叙述时显然也碰到一些困难,那就是要适应广大读者群体,杂志应该选择什么样的语言。相对于中国古代的文本语言,《察世俗每月统记传》选择了一条独特的语言道路,该杂志所用的语言既不是士大夫所用的文言,也不是白话小说中的古代白话,而是一种接近口语、掺杂文言而又含有外来词汇和语法的书面语言。它看上去像浅近文言,但是这种浅近文言已经非常接近于白话。我们或者可以说它是介于浅近文言和白话之间的一种书面语言,类似于《三国演义》的语言。这种做法本身就意味着在马礼逊和米怜看来,运用这种介于浅近文言和白话之间的书面语言,可以既适应有文化的人,也可适应贫穷的劳动者。我们试看一个例子:

圣经之大意

圣经之全意者,乃包有五件。今说与看官听。第一件,说止有一真活神,其乃自然而然,全能而原造天地万物至公而爱善恶恶,无所不知,而观我世人之各事者也。第二件,说神既为万万人之主,所以降下圣律教万人,不拘何国人,都知道所该念,该言,该行也。此律要万万人以心、言、行、尊畏神,而常行善义于他人也。第三件,说普天下未有不得罪神之人,上中下三等之人,或心,或讲,或为,都是有罪的,个个屡次犯过神之法律也。神乃至公,所以我们罪人该在今世受难致死,又该在来生受祸至永远,这是我们获罪于神之关系。第四件,说神乃恤怜之极,过爱我们世间人,因有免我们受永祸之意,所以遣耶稣救世者降世,教人,代我世人受难赎罪也。凡信耶稣者,不论何国之人,都可以获各罪之赦,并纳天上之永福。不肯信者,必定受罪也。信耶稣之道理者,一生该拜真活神,不可拜假神,该守人伦,不可犯分。该行善于人,不可踰义。该进诸德,不可任私意。该望向天上之真福,不可贪世间之虚乐也。第五件,说在死后必有报应之事,盖神乃公道故也。为善者,神将报之以福。此死后之福与生前之福大不同。生前之福不足满心,得一少二,死后之福乃能足心,而无愿不遂,此真福无穷于世世也。为恶者,神将报之以祸,此死后之祸与生前之祸亦大不同。生前之福乃暂时不长久的。死后之祸无变无尽于世世也。到世间之末日万死者必定复活,致善者得此真福,而恶者受此永祸也。①

我们需要注意的是:它运用一种独特的近乎白话的浅近文言,不用典,不用艰深的汉字,其中又显然掺杂外来思想和语气,这是一种带有欧化色彩的浅近文言。"说与看官听"、"者也"本是古代白话小说常用的语言标志,这是源自"话本"、后来用于"拟话本"的专用名词,是古白话的专用术语,也被西方传教士用到这里,以图切合古白话的叙述习惯,引起读者的兴趣和注意。运用这种语言固然是因为西方传教士的中文书面语知识结构,促使他们去摹仿古白话;同时也是因为他们面向读者的需要。这时的编者已经从适合读者需要出发,不以士大夫为报刊的主要读者。这时的教会报刊往往是非营业性的,是教会向信徒或者准信徒们赠送的宣传品,所以办报刊的西方传教士们用不着考虑如何适应市场问题,他们只需要考虑如何加大基督教的吸引力,鼓励更多的人成为基督教的信徒,帮助那些已经成为信徒的人加强对基督教的信仰。因此刊物的文章讲的是西方的道理,逻辑性很强,但是论述非常通俗,便于普通老百姓理解。这种汉语的运用,用在论述上,与编者考虑的办刊方针——面向普通人、面向"工作者"是联系在一起的,在此之前的中文传媒中则十分罕见,它为后来的中文报刊提供了新的书面语言,可以说是后来"报章体"文体的先导。后来的报章文章大多是浅近文言,在开始时也会运用"看官"等白话小说词汇,早期《申报》就有这样的例子,随着报章站稳了脚跟,读者熟悉了报章的文体,这些白话小说的专有词汇也就逐渐从报章文体中消失了。

《察世俗每月统记传》的连载作品很多,在此之前,中国古代作家大多是写好作品然后发表出版,报刊的问世提供了另外一种写作方法,由于是在报刊上连载,作者可以把写作放在漫长的连载时段中进行,只要它不妨碍报刊的连载。尤其是小说的创作。作者在开始创作时,也许只有一个朦胧的设想,他到最后写完作品时,也许都没有将整部作品完整地看过一遍。每一期作品的登载,需要吸引读者看下去,追问下面究竟发生了什么。这种写作方

---

① 《察世俗每月统记传》第一卷第一期,1815年8月5日。

式的改变,是与近代媒体连载文学的变革连在一起的。

《察世俗每月统记传》最初还是运用雕版印刷,一直到1818年10月以后,马礼逊才在他的英华书院印刷所装备了一副中文铅字,可以用活字印刷。那是澳门东印度公司印刷所制造出第一批铅活字,挑选了一万枚送给他们。1821年(道光元年),米怜病重,《察世俗每月统记传》难以为继,终于停刊,一共延续七年,出了七卷。1823年,马礼逊翻译的《圣经》和《英华字典》都全部出版了,尤其是《英华字典》,那是一个十分浩大的工程,从1815年到1823年,足足花了八年时间才全部出齐。为了排印这部词典,"东印度公司印刷所制造出了中国,也是世界上最早的一副中文铅合金活字,数量多达10万枚。那时还没有发明制造中文字模,没法大量生产汉文铅字。这第一批中文铅活字是用古老的办法,一个一个地用刀刻在一枚枚预先制备好的铅合金或锡上的"[①]。它是第一部中英文合并排版的字典,解决了排版的一系列技术问题。因此它的排版印刷都是在欧洲现代技术的条件下进行的,完全不同于中国当时流行的手工业作坊性质的雕版印刷和活字印刷。也就是说,这些物质文本的生产制作方式都是"欧化"的,也是"现代化"的。这种金属活字和机器印刷的生产方式,以及字典的与中国古代线装书完全不同的装帧印刷,成为中国近现代印刷工业的基本特点。而这一物质文本制作生产方式最初就是由西方传教士传入的。

1816年,伦敦教会派传教士麦都思到爪哇传教,筹建另一所印刷所。麦都思1796年出生于伦敦,年幼时曾在伦敦圣保罗教堂学习,他十四岁就在印刷厂当学徒,熟悉印刷业务。他在1816年自愿报名,应伦敦教会派遣,到马六甲传教,当时他只有二十岁。麦都思在马六甲一面学习中文,一面与马礼逊、米怜一起从事印刷工作,成为米怜的重要助手。后来,马礼逊扩大传教点,麦都思独立负责一方的传教,与米怜分开,定居在巴达维亚(即今天的雅加达),在巴达维亚和槟榔屿一带推行传教活动。在巴达维亚,麦都思创立学校,创办印刷所,建立出版机构,大大推动了在印度尼西亚华侨中间的传教活动,并且与马六甲、新加坡的教会印刷所一起,成为鸦片战争前基

[①] 叶再生《中国近代现代出版通史》第一卷,第90页。

督教中文印刷的三大基地。1822年米怜去世,《察世俗每月统记传》停刊后,1823年麦都思创办的《特选撮要每月记传》在印度尼西亚的巴达维亚出版,在序言中,麦都思宣布他就是要继承米怜《察世俗每月统记传》的办刊事业,"书名虽改,而理仍旧矣"①,走的仍然是《察世俗每月统记传》的办刊路子,用的是类似《察世俗每月统记传》的语言。只是《特选撮要每月记传》的办刊时间更短,1826年就停掉了,其影响也不如《察世俗每月统记传》。无论是《察世俗每月统记传》还是《特选撮要每月记传》,这时的办刊者其实都已经感觉到运用明末清初西方传教士所用的浅近文言同他们预想的贫穷工作者读者群之间文本与受众的矛盾,他们在写作和编辑中不断地降低浅近文言的文言程度,并且努力准备各种不同文化层次的语言文本,以适应当时社会各个不同阶层的文化需要,特别是运用类似于章回小说的古代白话体,这或许也是后来问世的郭士立创办的《东西洋考每月统记传》更多运用古白话来叙述的原因。

作为西方传教士,郭士立在中国文化发展上做了一件比较重要的事情,马礼逊曾经千方百计要在广州创办基督教传教的杂志,都没有成功;但是郭士立不知用什么办法,竟然做到了打破清政府的禁令,在广州办成了基督教杂志。1830年,他在广州创办了中国境内第一家中文杂志《东西洋考每月统记传》。《东西洋考每月统记传》基本上是沿袭了《察世俗每月统记传》的路子,篇幅不大,语言以浅近文言为主,夹杂古代白话。《察世俗每月统记传》主编米怜署名"博爱者纂",《东西洋考每月统记传》主编郭士立署名"爱汉者纂",显示了二者的承继关系。但是《东西洋考每月统记传》相对于《察世俗每月统记传》有了较大的变化。首先在内容上已经不再把传播宗教作为主要内容,虽然宗教仍然是该杂志的重要内容,但它已经把对于世俗生活的关注置于比传播宗教更为重要的地位。这或许也是因为该杂志要在广州出版,不得不适应清朝政府的有关规定,避免激怒广州的地方当局。郭士立关于该杂志的创办,对于当时的英国人有一个交代:"本月刊现由广州与澳门的外国社会提供赞助,其出版是为了使中国人获知我们的技艺、科学与准则。它将不谈政治,避免就任何主题

---

① 《特选撮要每月记传》第一期,藏英国牛津大学图书馆。

以尖锐言辞触怒他们,可有较妙的方法表达,我们确实不是'蛮夷';编者偏向于用展示事实的手法,使中国人相信,他们仍有许多东西要学。"①根据这一宗旨,《东西洋考每月统记传》设置了专栏,分类编纂文章,开始分为序、东西史记和合、地理、新闻,以后又陆续增加了天文、煞语、市价、文艺、科技等专栏。这种编撰方法大大扩展了杂志的内容,对后来的中文报纸杂志影响很大。此外,该刊也介绍了大量西方国家的各方面知识,在中国读者对西方世界还不甚了然的情况下,《东西洋考每月统记传》对于促进当时读者对西方的了解有着极为重要的意义。从中国近代文化的变革来看,《东西洋考每月统记传》的文化交流意义,要超过《察世俗每月统记传》。后来魏源编撰《海国图志》时,大量采用了《东西洋考每月统记传》的材料,证明了这份杂志在当时对于中国人了解世界的重要性。魏源介绍的西方资料和《海国图志》在日本引起很大的反响,成为日本了解西方的重要读物,对推动日本的"明治维新"也起了一定的作用。这也意味着郭士立创办的《东西洋考每月统记传》对于东亚了解西方世界,起到了重要作用。

郭士立在语言上有一个尝试,他将中国用于小说叙述的古代白话文进一步运用到新闻的叙述中来,如在《东西洋考每月统记传》中:

> 在广州府有两个朋友,一个姓王,一个姓陈,两人皆好学,尽理行义,因极相契好,每每于工夫之暇,不是你寻我,就是我寻你。且陈相公与西洋人交接,竭力察西洋人的规矩。因往来惯了,情意浃洽,全无一点客套,虽人笑他,却殊觉笑差了,不打紧。忽一日,来见王相公说道:"小弟近日偶然听闻外国的人,纂辑《东西洋考每月统纪传》,莫胜欢乐。"②

这个语言,比起《察世俗每月统记传》所用的浅近文言,要通俗得多,但是它主要不是当时的口语,而是古白话的书面语,如"笑差了,不打紧",其实是古代白话小说中的语言,它一度可能是口语,这时已经不是当时的口语,而是书面语。中国古代的白话文一般不会运用到新闻叙述上,在叙事作品中,它通常

---

① 转引自《东西洋考每月统记传》导言,中华书局,1997年。
② 《东西洋考每月统记传》道光癸巳年六月,八上。

运用于小说。现在它被运用到新闻叙述之中,这不仅大大扩大了新闻的影响,促进了新闻的传播,帮助下层社会的成员了解新闻;同时它也扩大了古白话的运用范围,扩充了古白话的运用能力、适应范围。王韬在香港办《循环日报》时,借鉴了西方传教士办的报刊所用的受到"欧化"影响的浅近文言和白话,后来问世的《申报》,在它早期报道新闻时,也常常会运用类似古代白话文的语言,叙述新闻。早期西方传教士办的报刊,所用的白话和浅近文言,后来在中国人所办的中文报刊中进一步发展为最早的"报章体"。

在西方传教士中,郭士立的传教活动与政治、殖民是联系比较紧密的一个。从1831年到1833年,郭士立受东印度公司之托,三次对中国沿海地区进行考察。1832年,东印度公司派遣林赛、郭士立随英商船"阿美士德"号顺着中国的海岸线北上勘探,寻求新的通商地点。他们到达上海,躲在黄浦江复兴岛的芦苇荡里,偷偷清点黄浦江内的来往船只。他们发现上海一周内有四百多艘从一百到四百吨位的大小船只入港,这些船只大多数来自中国北部的天津和奉天等地,装载着那些地方出产的面粉和大豆;还有大量的福建船只涌入上海,平均每天计三十到四十艘,其中也有来自台湾、广州以及越南、暹罗和琉球的船只。后来他们认为:如果这个计算可以代表全年货运量的话,它并不亚于欧洲的主要港口,这意味着上海已经是世界主要港口之一了。上海享有中国南北贸易中转站的地位,"上海地位的重要,仅次于广州。它的商业十分活跃。如果欧洲商人准许来上海贸易,它的地位更能大为增进。外国商品在上海的消耗量很大。这样大的商业活动区域,以往一直被人忽视,实在太令人奇怪了"①。由此,上海被列入英国要求的首批通商口岸之一。

这次考察,郭士立还作为密探,曾经混入吴淞口炮台,调查炮台上清军大炮的状况,他发现清军不懂炮台工事的技术,"全都依赖壁垒和围墙的厚度","火药的质量低劣,炮的保养和使用都极差,点火口太宽,制造不合比例"。以至于郭士立得出这样的结论:"如果我们是以敌人的身份到这里来,

---

① 转引自南木《鸦片战争以前英船阿美士德号在中国沿海地侦察活动》,见列岛《鸦片战争史论文集》,生活·读书·新知三联书店,1958年,第110页。

整个军队的抵抗不会超过半小时。"①郭士立的报告引起英国当局的强烈兴趣,对于东印度公司和英国当局对中国可以作为殖民地的了解,起了促进作用。郭士立也参与了英军进攻中国的鸦片战争,并且一直在鸦片战争中鼓吹以武力进攻中国,英军占领宁波、舟山之后,郭士立曾经一度被任命为舟山的民政官,直接指挥屠杀中国百姓。英军攻打上海时,郭士立凭借他对上海的熟悉,为英军充当向导,协助英军指挥作战。在讨论签订中英《南京条约》时,郭士立作为英国最高谈判代表璞鼎查的翻译,常常直接与中国官员谈判,讨价还价。他已经直接成为英军侵略中国的成员,他的这种积极介入政治的态度即使在西方传教士中,也是属于比较极端的。

清政府的闭关锁国、严厉对待在华传教士的做法,使得对华传教的西方传教士,在鸦片战争爆发的时候,对英国当局用武力打开中国国门,都是持支持态度。不仅是新教如郭士立之流,天主教当时也是如此。1842年2月14日,一个在澳门传教的天主教传教士在给另一个传教士的信中写道:

"大炮在天朝呼啸。""城市在征服者面前一座接着一座陷落。""这是政治提出的要求,是大炮迫令其实现的。"

"一次我信步走到一个城门口,城墙上似乎永恒地写着:'洋人莫入'""我是一个洋人,又是一个传教士,我看到了墙上写的那句话,可是我不顾一群在场中国人的惊诧,闯进了城门。"

"时候已经来到,我们已沉默到今天,现在是可以到中国城市的大街上,提高我们的嗓门大喊大叫的日子了。"②

我们从这段文字中可以看到西方传教士的狂喜,借助于战争和侵略,基督教教徒终于打开了中国的国门,实现了他们在中国自由传教的愿望。在整个中国的近代社会,西方传教士在中国的自由传教,一直是与西方列强对中国的侵略联系在一起的,这说来也是迫不得已。西方传教士在中国传教,在许多地方由于文化的隔阂,造成许多误解。如民间流传传教士收养孤儿

---

① 转引自顾长声《从马礼逊到司徒雷登》,上海人民出版社,1985年,第55页。
② 卡里-埃尔维斯《中国与十字架》第189页,转引自顾长声《传教士与近代中国》,上海人民出版社,1981年,第47页。

是为了用孩子的眼睛做药,就是一个流传很广的谣言,不仅在鲁迅的杂文中有记载(那是在中国南方),而且因为这个谣传确实激起过天津教案等事件。中国民间社会当时歧视西方传教士,包括他们的中国信徒。义和团运动是一个典型的事例:洋人被叫做"洋毛子",信仰基督教的中国信徒被叫做"二毛子",义和团不仅杀"洋毛子",也杀"二毛子"。西方传教士为了维护基督教的信仰,维护教徒的生命安全,就必须借助西方殖民主义、帝国主义的侵略势力,逼迫清朝政府保护教民的生命财产安全。信仰基督教的教民由于受到外国势力的保护,成为中国社会的特权阶层,信教的中国人鱼龙混杂,有的就欺压百姓,鱼肉乡里。近代无数教案的记载,近代作家李涵秋的《广陵潮》、李劫人《死水微澜》等小说的描绘,都叙述了在当时中国,确实存在着一种教民的特权,于是便有一些中国人,并不是为了真正信仰基督而入教受洗,而是为了享受这种教民的特权,入教之后为非作歹,官府无法追究。结果造成当时中国信仰基督教的教民在西方传教士的庇护下,成为欺压当地人民的一股势力。而民间因为不能忍受教民的欺压,自发组织反抗,也就有了它存在的合理性。中国近代社会错综复杂的斗争状况就是这样错综复杂地搅和在一起,因而也就很容易引起人们对基督教传教的误解。也正是因为这种原因,导致中国的先进知识分子,尽管认同西方传教士对民主和科学的介绍,却不愿承认西方传教士对启蒙、对历史所起的推动作用。

马克思曾经从"全球化"的角度描绘过鸦片战争后西方殖民主义侵略下的中国:

> 一个人口几乎占人类三分之一的幅员广大的帝国,不顾时势,仍然安于现状,由于被强力排斥于世界联系的体系之外而孤立无依,因此竭力以天朝尽善尽美的幻想来欺骗自己,这样一个帝国终于要在这样一场殊死的决斗中死去。在这场决斗中,陈腐世界的代表是激于道义的原则,而最现代的社会的代表却是为了获得贱买贵卖的特权——这的确是一种悲剧。甚至诗人的幻想也永远不敢创造出这离奇的悲剧题材。①

---

① 马克思《鸦片贸易史》,《马克思恩格斯全集》第2卷,第137页。

与外界隔绝曾是保存旧中国的首要条件,而当这种隔绝状态在英国努力之下被暴力所打破的时候,接踵而来的必然是解体的过程,正如小心保存在密闭棺材里的木乃伊一接触到新鲜空气便必然要解体一样。①

从鸦片战争以来中国的侵略与反侵略斗争,也是一场资本主义新文明与封建专制主义旧文明的较量。在这场斗争中,平英团、义和团的拳民是英勇的,但是他们并不代表先进的生产力,其客观效果却是维护和延续清朝政府在中国的封建统治;西方传教士是站在西方殖民统治一边的,但是其客观效果却是输入了新的西方文化,引进了西方资本主义新文明,促进了封建专制社会的解体。历史的发展之不能用道德评价,由此得到了例证。

其实,帝国主义侵略之所以能够得逞,只是因为中国的封建社会扼杀着资本主义的发展,因为中国的其他地方比它更落后、更黑暗。是的,中国人向租界缴纳捐税,不能过问自己的血汗钱用在何处,但在中国其他地方,将捐税缴纳给中国官府,纳税人又何尝有权利过问自己的血汗钱用在何处? 中国的平民百姓又岂能跟王公贵族在一个车厢内平起平坐? 他们又岂能进入王公贵族的禁地? 中国人能够忍受外国人不平等的种族歧视,是因为中国当时的现状就是不平等和充满等级歧视的。正如鲁迅所说:历史上的中国人,只有做稳了奴隶和想做奴隶而不得两种境况②。当他们想做奴隶而不得时,帝国主义统治的租界至少提供了一个可以使他们做稳了奴隶的安全环境。说到底,做中国人自己的奴隶和做外国人的奴隶,对于奴隶来说不是一样的吗?

鸦片战争之后,上海开埠,随着租界的建立,原来在马六甲的传教士基地搬到上海,继承马礼逊和米怜的麦都思在上海创立了新型出版机构——墨海书馆。王韬在他的笔记《瀛濡杂志》中记载了他第一次看到墨海书馆机器印刷时所发出的惊叹。墨海书馆出版了一份杂志《六合丛谈》,在此之前

---

① 马克思《中国革命和欧洲革命》,《马克思恩格斯选集》第2卷,第3页。

② 鲁迅《且介亭杂文·关于中国的两三件事》,《鲁迅全集》第6卷,人民文学出版社,1981年,第7页。

第四章　西方传教士带来的汉语文学变革　　　　　　　　　　　　　　219

香港出版了杂志《遐迩贯珍》，接着又有《中外新报》、《中西闻见录》等杂志出版，他们大多与西方传教士有关。西方传教士的出版机构和傅兰雅主持的江南制造局译书处出版了大批翻译的西方书籍，介绍世界地理、西方国家的历史与社会、天文知识、数学、物理、化学、生物、医学等这些现代科学知识。它们不同于中国人所写的介绍西方见闻的书籍，它们真正改变了中国人的知识结构，帮助中国人适应全球化、世界化的需要。

　　在所有西方传教士创办的杂志中，特别值得一提的就是《万国公报》，这是中国近代影响极大的杂志，中国的洋务派、改良派、革命派很少有人没有看过这份杂志。不过这是一份文言文的杂志，不在本书的讨论范围之内。但是它是一份关注中国当时政治社会格局的重要杂志，其中发表了许多西方传教士的长篇论文，中国报刊大量登载长篇论文，《万国公报》是代表性杂志。尽管它们是文言的，但是对于后来的白话长篇论文的形式问世，还是起了很重要的推动作用。对于《万国公报》在近代的贡献，已有许多论文著作论述过，本书不再展开论述。

　　在新型的报刊媒体中，时间的记录是一个是否"欧化"、"全球化"的标志，显示了新型的时间观念。中国古代非常重视皇帝的年号，无论是一个新朝代的建立还是一个老皇帝去世、新皇帝即位，确定年号都是一件头等重要的大事。因此，中国出版物的纪年就变得非常重要，它有时甚至能决定出版物是否被政府所容忍，如果采用被政府认为是错误的纪年，会被政府认为是非法出版物而遭到取缔。虽然是在南洋，可能考虑到在大陆流传的问题，《察世俗每月统记传》问世时，非常谨慎地采用中国的皇帝年号和农历的组合，如嘉庆己亥年，而完全没有采用当时在西方已经普遍使用、也是教会一直使用的公历。其后麦都思和郭士立所办的杂志基本上都沿袭了《察世俗每月统记传》的做法。一直到鸦片战争之后，英国在香港建立了殖民地，在香港创办的杂志《遐迩贯珍》才开始运用世界通用的公元纪年，而且不用农历陪衬。《遐迩贯珍》能够这样做，很可能就是因为它在香港的关系，那里由英国人管理，不会弄出麻烦。在它之后出版的《六合丛谈》，尽管是在上海租界问世，采用的也是《察世俗每月统记传》的做法。一直到19世纪60年代，租界在上海的独立性已经无可置疑，公元纪年和清朝年号加农历纪年并用、以公元纪年为主的格式在教会出版物中开始普遍化。因此,中文报刊最早的公元纪年是西方传教士引进的,其后才有了《申报》等中文报刊运用公元纪年,这是没有疑问的。这是时间观念的"欧化",也是"全球化"的一个重要标志。从本书前言中的引文我们可以看到:一直到五四之后还有袁寒云等人跳出来反对新文学报刊采用公元纪年,可见这个问题在中国文人的时间观念中纠结之深。公元纪年也算欧化白话文新文学的一个特点,这个特点其实是西方传教士最先采用的。

在传教士创办的报刊等新型媒体中,一个非常重要的内容是向读者提供新型的空间观念。中国古代的空间观念是"天下",中国处在"天下"的中间,是"天下"最重要的国家;所以中国的皇帝是"天子",中国之外的人群和国家都是落后的"夷狄"。这种创造中国皇帝存在的合法性、维护中国大一统的"天下"空间观念延续了两千年,一直延续到晚清。正是出于这样的空间观念,中国人瞧不起外国人,保持着夜郎自大的心态,甚至在近代已经被外国人打败之后,仍然认为,外国人只是技术高明,能够生产厉害的火器,在文化上比中国落后很多。这种心态显然不适合"全球化"的发展,也不利于中国人接受基督教教义,成为基督徒。所以,向中国读者输入新型的空间观念,把真实存在的"世界"、"地球"的空间观念介绍给中国读者,就成为传教士所办的报刊宣传的内容。我们在下面将会看到:从米怜创办《察世俗每月统记传》开始,马礼逊就创作了小说《西游地球闻见略说》,引进了"地球"的概念,介绍了世界各国尤其是欧美各国的实际状况。从马礼逊开始,西方传教士在他们的报刊中不断传播现代地理知识,也不断报道当下的世界各国新闻,从而改变中国读者传统的"天下"空间观念,也纠正他们对外国人的偏见。在他们之后创办的中文现代媒体,继续了他们的这一做法。我们应该实事求是地承认:改变中国人延续千年的古老的空间观念,使之进入现代的空间观念,是从近代西方传教士开始的。

中国原来的书籍刻印都是从上而下的竖排,而且行与行之间的递进,是从右往左排列的,现在的繁体字本印刷的古籍,还保留了这种版式形态,这是因为中国古代书写用毛笔,它比较适合从上往下的书写。中国古代的书籍刻印没有从左往右的横排,因为从左往右的横排,适合用硬笔书写的字母，所以它成为欧美各国书籍印刷的特点。中国后来的书籍印刷也出现了采用欧美各国的从左往右式，它最早也与采用汉语拼音字母有关。中国最早的汉字拼音文本是19世纪产生的各种方言《圣经》，在厦门的拼音《圣经》曾经卖掉四万多部，它们像欧美书籍一样，主要是从左往右横排的。汉语拼音的成功运用甚至产生了完全用罗马字母拼音构成的方言报纸，这是中国最早的汉语拼音小报。西方传教士用罗马字母为汉字注音给中国学者打开了思路，启发了他们，1892年，卢戆章的《一目了然初阶（中国切音新字厦门腔）》在厦门出版，只要联系西方传教士的注音活动就不难看出，中国人自己想到用字母为汉字注音是受了西方传教士的影响。厦门是西方传教士开展罗马字母为汉字注音活动的重点地区，注音主要面对的就是厦门方言。《一目了然初阶》也是为厦门方言注音，它在厦门出版不是偶然的，它是建立在西方传教士为汉字注音的基础之上。卢戆章就住在厦门，熟悉西方传教士在厦门的罗马字母注音，他在1878年成为西方传教士马约翰的助手，具有在传教士指导下用罗马字母注音的实践。《一目了然初阶》采用西方"左起横行"的形式书写，这也许是中国人自己写的第一本横排的汉字书。此后，中国的书籍报刊也逐渐走向由左往右的横排，与世界的出版物接轨了。

由此我们可以看到：中国现代媒体所发生的许多不同于古代媒体的变化，其实是从西方传教士所创办的中文媒体开始发端的。

第二节 诗歌的欧化

我们的文学史一直沿袭胡适的说法，把用白话作的新诗看作是五四时期胡适等人试验的产物，这也是胡适自己一直所标榜的。但是我们如果不带偏见地重新观照近代的文学和翻译，就会发现来华的西方传教士，他们在翻译基督教诗歌上，已经做过大量运用白话翻译新诗的尝试，形成了汉语新的诗歌形式，这些尝试迄今为止还没有得到文学史的承认，它们被历史遮蔽了。

在白话文学当中，最难攻克的堡垒就是白话诗，胡适当初花了很大力气去写白话诗，他的诗被新文学的许多新诗人看作是缠了脚又放的小脚女人，可见此事之难。然而从19世纪初开始，西方传教士重新恢复来华传教，他们运用汉语白话来翻译西方的诗歌，对汉语诗歌的韵律现代化，做了非常有益的尝试。今天探讨他们为什么做这样的尝试，这些尝试有什么意义，对后来的文学发展起过怎样的作用，应该是必要的。

为什么在白话文学中，最难攻克的堡垒会是新诗？因为诗歌是语言的皇冠，它把一种语言最美好的一面体现出来，体现了一种语言的韵律，这种韵律往往是内在于语言之中，为这种语言形成了音乐美。诗歌的语言美和音乐美是语言长期使用中形成的，诗歌韵律的改变，往往是它受到音乐或者外来语言影响的结果。但是这种改变能否在语言中扎下根来，还要看它是否能成为语言内在的韵律。我们如果从文学转型的角度看，西方传教士在汉语诗歌的写作上，还是做出了十分有益的尝试。

其实，西方传教士最先运用汉语翻译西方诗歌时，也是运用的浅近文言，因为其时白话诗歌很少，而且这时的白话诗歌不同于后来现代文学的白话诗歌，这时中国的白话诗在形式上跟文言诗歌差别不大，它们受文言诗歌的影响，主要是五字句和七字句。如唐代寒山、拾得、王梵志的诗，或者如一些山歌。因此，最初的译诗也以七字句为主要特点。马礼逊在翻译《养心神诗》时，也努力适应中国传统诗歌的特点，由于他自己的中文运用能力还达不到写诗的水平，他采用了请中文助手改写的方式："这些赞美诗先由马礼逊译成散文形式——基督教国家赞美诗的通常形式，再由其助手改写为韵文。"[①]我们试看这时的译诗：

神主恤怜实堪奇　　尘世罪人那得知
若非反心思索理　　怎识公义怜恤施
耶稣降世本甘心　　肯受天怒救世人
代求神代人为保　　悔罪之人可近神
罪恶污秽已浑身　　全赖耶稣救拔能
由罪恶中施普救　　恶行感化人善新

---

① 伟烈亚力《1867年以前来华基督教传教士列传及著作目录》，广西师范大学出版社，2011年，第12—13页。

第四章　西方传教士带来的汉语文学变革　　　　　　　　　　　　　　223

救世主恩怎可忘　坚持善义效主方
修心养性存仁义　报主鸿恩在上苍
每日清晨仰望天　祷主神风助我年
令吾热心常事主　并爱弟兄尊信贤①

行善修持品最高　随时检点用心劳
恶人道路休趋向　敬畏圣神莫侮污
默想主神真律诫　免教魔鬼诱泥涂
从兹灵种栽河畔　结实枝荣永不枯
为恶之人念弗良　譬风吹簸稻糠扬
罔知敬畏存修者　惟恋邪酗自损伤
安得超生长福地　终宜坠入杳冥场
主神在上常临格　报应分明万古扬②

　　这些译诗在形式上与中国古代的汉诗基本相同，但是外语赞美诗的内容硬性装到传统汉诗的句子之内，显得有点勉强。然而，这样的翻译也有一个问题：对于西方传教士来说，这样翻译的歌词符合古代汉诗的特点，符合当时中国歌谣的特点，容易为中国信徒所接受，但是它未必符合基督教赞美诗歌词的特点；更重要的是，它未必合乎基督教赞美诗的音乐。我们今天已经不太注意，诗歌尤其是歌词，从它的起源来说，首先是要合乎音乐的，合乎音乐，才能具有音乐美；歌词如果不能合乎音乐，往往就会碰到难以歌唱的问题。中国古代的诗歌其实最初都与音乐有关，《诗经》中的诗最初是合乐的，《楚辞》也与音乐有关，六朝的许多诗与"乐府"有关，唐代的诗与音乐有关，任二北在《唐声诗》中作了详细的考证，宋词就更不用说了。中国古代的诗歌，是在与音乐的配合中练成了它们的韵律。中国古代的白话诗歌如戏曲曲词中的衬字，是口语白话，它能否在曲词中存在，取决于它是否合乎当时的曲词音乐，有许多衬字，都是根据当时音乐的需要加上去的。对于西方

---

①《续纂省身神诗》第一首，新加坡英华书院嘉道年间出版。
②《养心神诗》第一首，无出版年月，据版式看，应为嘉道年间南洋出版。

传教士来说,汉字是单音节的,而赞美诗的曲调是早已确定了的,它当初是为多音节的外语所配的乐曲,单音节的汉语,尤其是按照古代汉诗标准的七字句往往难以合乎来自外语的赞美诗乐曲旋律节奏的需要。瞿秋白翻译《国际歌》,用中文的"国际"不能合乎音乐,他最后用了音译"英特纳雄耐尔",才能做到完全合乎音乐,一直沿用至今,无人把它再改回到重新翻译的汉语程度,就是一个例子。因此西方传教士在重新翻译赞美诗的时候,往往会抛弃原来适应中国信徒口味的模仿文言诗的做法,让译诗口语化,用超过七字句的白话,来表达赞美诗,使其合乎赞美诗的音乐。这时的中国白话,已经出现以大量双音节词组成的词汇,形成古白话与文言的巨大差别,所以就在前面引用的两本赞美诗译本中,出现了都由两个中文汉字的双音节词为主组成句子的译诗,也就是八字句,虽然它只比七字句的译诗多一字,但是它的白话色彩大大加强:

第三十七首

救主耶稣神人备全　　赏善罚恶公道明宣
天心本自好生大德　　恶能迁善神怒亦转
基督至尊神天爱子　　恩惠慈怜兼乎一体
天地之权升降由汝　　福贵寿荣厥恩白施
天怒可惧天恩可喜　　重人笑辱轻视天主
贪恋世乐慢违正道　　地狱永居非神义子
万民视汝为师为主　　专心归向永福不已
愚者事亲过于事主　　魔鬼诱之远离福地

第二十七诗

万万民人在普天下　　以欢喜之声颂神主
乐服事事其美布告　　进来其前及快乐举
尔当知以至实为神　　是其造我而非我自
我等其群首其养我　　而以为其羊取我至
夫以颂言来进其门　　以愉乐之心迓其堂
常远颂赞其之圣名　　盖成如此乃应当扬

第四章 西方传教士带来的汉语文学变革

> 因何耶我主神怀恩　其慈悲永远而在焉
> 其真实常常立坚守　并将于世世得熙恬

这时的双音词构成还会有一些例外，如"以欢喜之声颂神主"，它的单音节词和双音节词交叉排列，并不像后来的译诗那么整齐。译诗之中文言的色彩还较浓，而文言则总是以单音词为主的。

中国古代也曾经出现过以偶字句构成的诗篇，如《诗经》中大量出现的四字句和六朝时也曾出现的六字句诗篇，但是它们后来都没有成为中国诗歌发展的主流。在这些诗歌的构成中，虽然句子是偶字句，其中也有双音节构成的词，但是单音节构成的词在其中往往占据主要地位。而西方传教士这时译诗所用的偶字句，则绝大多数是由双音节词构成的，而且随着时间的推移，他们运用双音节词越来越多，译诗也越来越通俗，越来越向现代汉语的诗歌发展。

随着西方传教士传教活动的深入，用白话传教越来越频繁，白话的书面文本也越来越多，用白话翻译赞美诗的文本也大量出现，而白话赞美诗也更合乎赞美诗的音乐曲调。中国古代的白话诗基本上是以七字句为主，较少运用双音节词，完全由双音节词构成的诗更是几乎没有。而西方传教士这时用几乎全部是双音词组成的句子翻译赞美诗，实际上为汉语白话诗的写作走出了一条新路。

> "万群圣徒一起聚会，尽心尽力同唱高声。
> 颂扬感谢公义恩惠，荣华权势归于主名。"
> "早起看见轻霜薄雪，没到日中已经消灭。
> 花开满树眼前富贵，一阵风来忽然吹卸。"
> "仰望天堂一心向上，走过两边绊人罗网。
> 天使欢喜等候接望，大众赞美弹琴高唱。"①

我们在这里特别强调汉语的双音词取代单音词，因为中国的文言是以单音词为主，而现代汉语的白话则是以双音词为主，双音词取代单音词是白

---

① 狄就烈《圣诗谱序》，1873年潍县刻印。

话取代文言的一个重要标志。尽管后来的现代汉语诗歌,往往大多是由双音词和单音词的共同组合而成,完全由双音词组合的诗歌也不免有形式呆板的毛病,如上引这首诗歌,但是它完全脱离了中国传统文言诗歌的色彩,是一首完全白话形式的诗歌,而且是现代白话形式的诗歌。如果把《水浒传》中的白话诗"赤日炎炎似火烧,野田禾稻半枯焦。农夫心内如汤煮,公子王孙把扇摇"与之比较一下,我们不难发现,这首赞美诗是更加白话、更加口语化,也更加类似现代汉语的诗作。它甚至超过了胡适的《尝试集》中创作的白话诗。这样的白话诗,以笔者的孤陋寡闻,似乎还没有在以往的汉诗创作中出现过。而这样的双音词构成的赞美诗,在当时还有一批。例如:

第五十七首　论福音之筵席
上帝便办大大筵席　世间万国逐人着食
平安福气充满杯盘　恩典赎罪欢喜心肝
耶稣身躯替咱钉死　辟饼传授奥妙道理
宝血流出可救学生　葡萄红汁代代表明
教会众人相与食饼　传做一体大家相爱
兄弟姊妹饮杯坐筵　脚手头壳朗总相连
心内饥饿欣慕称义　功劳完全德行齐备
神魂嘴干爱得着救　倚靠救主永远享受

第五十八首　论赞美上帝
咱人来敬显赫上帝　父子圣神三位一体
恳求上帝降落恩典　帮助学生俱能相连
今求耶稣基督慈悲　天父爱痛赏赐福气
圣神站在咱人心内　教示大家来行仁爱[①]

这些诗句虽然只比中国常用的诗歌七字句多了一字,一句诗仍然是四个音步,而且不讲平仄,也不押韵,但是已经冲破了中国传统诗的束缚,显示

---

① 《养心神诗新编》,咸丰七年(1857)季春镌。

第四章 西方传教士带来的汉语文学变革

出早期白话诗的色彩,尽管其中也夹杂一些书面词语,如"饮杯坐筵";但是它的八字句四音步带来的双音词的感觉,其显示的口语性是传统诗的七字句所无法比拟的,它们的出现,推动了汉诗向双音词为音步的方向发展。其后也就出现了由双音词组合而成的十字句赞美诗:

第六首

一、愿主同住日头快要落山　与我同住时候黄昏将晚
　　朋友离散废完万样好处　扶助孤独恩主与我同住
二、今世可比潮水快要退尽　世间荣华喜乐如花凋零
　　一切万物常见变换过去　永不更改的主与我同住①

一、主与我至时候已经傍晚　与我同住即要黑夜昏暗
　　别人无助安慰亦全飞弃　助无力者与我同住一起
二、毕生日期二寸光阴渐歇　世事无常虚假荣华就息
　　四方万物恒见变坏损过　主无所变常要同住与我
三、必须要主时时在我身边　非你恩诱焉能克魔诱骗
　　谁人象你可依领行天路　主与我住经历日光云雾
四、勿怕仇敌靠你亲近祝福　灾难无碍忧愁亦无痛哭
　　死亡何害阴府焉能胜我　毕竟得胜赖主与我同住②

在这些句子中我们已经可以看到:诗句的双音词有时也与单音词组合表达,只是句子的长短非常整齐,而且句末通常是押韵的。在这整齐的诗句背后,其实是诗句的散文化。随着西方传教士在中国传教全面铺开,对赞美诗的翻译也进入了一个新的阶段,赞美诗的译本大量增加。大概在19世纪六七十年代之后,赞美诗的翻译越来越趋向自由。传教士的译诗出现了多种变化,它们不再像以前那么呆板,而是具有一定的灵活性,于是,就出现文言与白话结合形成的十一字句、单音节词和双音节词乃至多音节词的组合、句子字数长短不拘的自由体等多种形式。

---

① 《赞美歌词》,耶稣降生一千八百八十八年,光绪戊子岁,越城基督堂印,线装。
② 《颂圣圣篇》,耶稣降生一千八百七十六年,上海三牌楼礼拜堂印,线装排印。

　　　　第十七首　雅各高梯　十一字调

一、雅各朝离父家行至夜方休　身倦寻地而睡取石作枕头
　　梦中忽得异像见高梯一张　梯脚贴近地处梯头在天上
　　耶稣在架立功我等当归荣　佢起此张高梯系望人共升
　　急趋前急趋前必蒙他赐赏　定有荣光冠冕俾你戴头上
二、真好睇之异象有无数天使　不歇上落此梯心内极欢愉
　　至慈慈耶和华正立在梯顶　无异在郇圣山将天使欢迎
三、此梯虽系极高工作甚坚固　造了几千年耐全无废烂到
　　又无的多阻碍人人皆可升　好多天使扶持自梯脚至顶
四、此梯譬喻何人系帝子耶稣　钉在十字架上流出血甚宝
　　尽赎我等罪幸托举能升上　升后就俦天堂永远同歌唱①

　　　　　第二十八首　其二

一、请来大众圣徒，都该高兴快乐
　　请来请快快到伯利恒来
　　天使的皇帝　特地降生为人
　　请来好大家敬拜
　　请来好大家拜这位主基督②

　　在这些诗篇中，某些诗句还有文言色彩，但就形式而论，中国传统文言诗的格律形式都被完全打破了。在第一首诗中我们可以看到方言词语，第二首诗中我们可以看到口语的流畅运用带来的"大白话"效果。而所有这些翻译，其实不仅同赞美诗的内容，更是同赞美诗的音乐曲调密切联系在一起的。但是，除了上引第二十八首是基本显示了外文原诗的风格，其他所引各首诗，对中国诗来说已经很欧化，不过对于原来外语的赞美诗来说，它们的中文译诗，为了适应中国读者的阅读和歌唱，已经是很中国化了。

　　如果无须考虑合乎曲调，诗歌的翻译则更加自由。我们试看西方传教

---

① 《启蒙诗歌》，同治二年(1863)，羊城惠师礼堂镌。
② 赞美歌词，耶稣降生一千八百八十八年，光绪戊子岁，越城基督堂印。

第四章　西方传教士带来的汉语文学变革　　　　　　　　　　　　229

士在 19 世纪 70 年代用白话对《圣经》诗篇的翻译：

　　耶和华我主，
　　你的美名传扬全地，
　　你的荣耀显现在天。
　　因有抗逆你的，
　　你使方生的婴儿和吃乳的幼孩也极力赞美，
　　使敌人和报仇的闭口无言。
　　我观你手所造的天，看你所陈定的星月。
　　世人算什么，你竟垂念他；
　　人子算什么，你竟眷顾他。
　　你使他比天使微小一点，又加于他尊贵荣耀。
　　将你所创造的都归他治理，
　　使万物都伏在他足下。
　　就如群养猪牛野兽、空中鸟、海里鱼和游泳在海里的百物。
　　耶和华我主，
　　你的美名传扬全地。

　　这首译诗韵脚全无，不符合中国古代韵文的最基本规则。古代传统诗的平仄音调，在这里完全看不到了。音步包含的音节，有一字、两字、三字、四字的，完全不考虑中文诗歌应有的语言节奏。中国传统诗的格律，无论是"诗经体"还是"楚骚体"，六朝、唐宋的四句或八句所组成的近体诗结构，或者是古风式的结构，在这里是完全看不到踪迹；甚至连诗歌应该做到的最起码的押韵，都是有时押有时不押。如果不分行，它就是一段散文。（而当时的《圣经》翻译还没有把诗歌分行一说，"分行"这种形式，也是"欧化"的结果。现今这里的分行，是我们根据"和合本"现在的印刷本排列的，为了帮助大家看清它是诗。如果按照它原来的版式，它的句与句是连在一起的，更像散文。）这种散文如果是中国作家的创作、汉语创作的自发产生，人们很难会把它作为诗歌。因为它不符合汉语诗歌的特点，按照汉语内在的韵律、节奏、音调，没有人会把它们看作汉诗。在汉语的历史上，似乎也从来没有这样的散文体诗歌出现。在此之前,文言的《圣经》大多采用楚辞体翻译,"兮"字的存在成为它们的标志,它们大多是押韵的。但因为中国诗歌大多是文言的,西方传教士和他们的中国合作者们在翻译文言《圣经》时,还比较容易找到凭借的依据。古代的白话诗很少,又大多是整齐的五言、七言句式,加上白话的内涵容量无法同文言相比,用白话的五言、七言来翻译《圣经》诗篇就变得非常困难。并不是西方传教士喜欢用自由体诗,他们要用白话准确翻译出《圣经》诗篇的原意只能如此。但是这样的一段散文在中文里被作为"诗",在我们看来,是从白话《圣经》旧约译本开始的。

我们再看稍晚一些的西方传教士杨格非翻译的《圣经》诗篇:

> 我至義的上帝,
> 我呼籲時求你聽允。
> 我昔日遭困迫,
> 你使我得寬圄,
> 現在求你憐憫我,
> 俯聽我的祈禱。
> 你們這世人將我的榮耀變作羞辱,
> 到幾時呢。
> 你們喜愛虛妄,
> 尋求詭詐,
> 何時為止。
> 細拉。
> 當獻公義為祭,
> 又當仰賴耶和華,
> 有許多人說誰能施福與我們。
> 耶和華阿,
> 願你面上的光輝照臨我們。
> 你使我心得喜悅,
> 比這眾人得穀酒豐盛時的喜悅更勝。
> 我比安然躺臥,

因賜我坦然而居的惟獨耶和華。

它与施约瑟的《圣经》诗篇翻译一样,只是更带一些文言气息。

对于西方传教士来说,这是比较自由的汉语自由体诗,因为无须考虑合乎音乐,只要准确译出《圣经》的原文意思即可,而译出原意,这一点是不能马虎、不能苟且的,所以译者采取欧化的方式,用不着去考虑汉语诗歌原有的形式,无论是格律还是音韵。但是现在人们把它作为诗歌,因为它是对《圣经》"诗篇"的翻译,《圣经》规定了它是诗歌。所以这样的文体被规定为汉语的"诗歌",其实是《圣经》翻译带来的话语暴力的结果,而不是汉语自身内在的音乐性、它的韵律节奏发展需要产生的结果。这种结果改变了汉语传统的"诗歌"观念,反倒是显出一种打破束缚的"自由体诗"格式,创造了一种汉诗的新形式。于是,它们的问世也会造成中国读者对"诗歌"的全新认识,我们大概可以确定,这种翻译应该是汉语最早的"自由体诗"的形态,这种离开了中国古代诗歌韵律的散文式句子组合从这时开始在汉语中获得了"诗"的名分。如果没有《圣经》翻译的话语暴力,这几乎是不可想象的。从此汉语的"诗"可以和传统诗的音韵、格律甚至押韵、节奏分开来,可以不再讲究音韵、格律、押韵、节奏。这种翻译的"自由体诗"当然也会帮助汉语创作的"自由体诗"的形成。

所以最早的汉语自由体诗其实是从外语翻译中获得灵感而形成的诗歌形式,也是《圣经》翻译忠实原文的要求所造成的。这种欧化的汉诗也是以前中国历史上从来没有出现过的。我们不难看出,这样的诗歌恰恰与五四后新文学的自由体诗歌比较接近。其实胡适自己创作的新诗后来也是从英文诗歌中找到灵感的。他称"《关不住了》一首是我的'新诗'成立的纪元"[①],这恰恰是一首译诗,胡适没有把他的"两只黄蝴蝶,双双天上飞"作为自己创作新诗的新纪元,而把这首翻译英语诗的译诗作为自己新诗创作的纪元,这表明他后来正是在翻译英语诗歌时获得了创作汉语新诗的灵感,借鉴外文诗歌,对汉语的新诗组合有了一种全新的认识,摆脱了"两只黄蝴蝶"所受旧诗格律音韵的羁绊,从而才打开了他自己新诗创作的新局面。

---

① 胡适《尝试集》再版自序,《胡适文集》第九卷,北京大学出版社,1998年,第84页。

到了 19 世纪 80 年代，有的西方传教士采用更加欧化的诗歌形式，来创作赞美诗。我们试看下列作品：

赞 美 圣 诗

我眼睛已经看见主的荣耀降在世，是大卫子孙来到败了撒但魔王势。

应古时间圣先知预言将要来的事，圣徒高兴进步。

诸异邦在黑暗如同帕子蒙着脸，远远的领略到了一个伯利恒客店。

忽见有吉祥兆头东方明耀耀的显，圣徒高兴进步。

在加利利的海边困苦百姓见大光，天父救世的恩典传到犹太国四方。

瞎眼的看耳聋的听死去的再还阳，圣徒高兴进步。（下略）①

不去考虑这首诗的基督教内容，仅仅从诗歌的形式考虑，这首诗又回到了汉语诗歌的格律，不过这是一种中国古代诗歌所没有的崭新的格律，它是押韵的，句子又回到相对整齐讲究音节的句式，诗句普遍由长达十三、十四字的长句子组成，每句几乎都表达了外语从句的内容和形式，单音节和多音节的组合，一句诗普遍是六个音步，长长的节奏显示的都是欧化的中文诗歌，完全是受到外文的影响。但是它提供了一种崭新的现代汉语诗歌的韵律和节奏，这是中国古代诗歌所没有的韵律和节奏。这是西方传教士对汉语诗歌写作的重要尝试，因为这样的诗歌格律与中国传统的诗歌格律已经几乎没有关系，它不是由中国传统诗歌格律传承下来的形式发展，而完全是在外语和外国诗歌影响之下，根据汉语白话的节奏、音韵重新创造的产物。中国作家这样的诗歌创作，要到 20 世纪 20 年代以后才能问世，而且他们的创作与西方传教士的来源同样，都是在外语和外文诗歌的直接影响下创作的，甚至走得还没有这首译诗这么远。中国古代的诗歌形式就是这样在近代、现代转变为汉语的现代诗歌形式的。

《圣经》的翻译还产生了一种诗剧的形式，我们试看《雅歌》：

---

① 文璧《赞美圣诗》，《小孩月报》1880 年第 3 号。

第四章 西方传教士带来的汉语文学变革

新　　　娘

听阿,是我良人的声音。

看哪,他蹿山越岭而来。

我的良人好像羚羊,或像小鹿。

他站在我们墙壁后,从窗户往里观看,从窗棂往里窥探。

我良人对我说,

新　　　郎

我的佳偶,我的美人,

起来,与我同去。

因为冬天已往。雨水止住过去了。

地上百花开放。百鸟鸣叫的时候(或作修理葡萄树的时候)已经来到,

斑鸠的声音在 我们境内也听见了。

无花果树的果子渐渐成熟,

葡萄树开花放香。

我的佳偶,我的美人,

起来,与我同去。我的鸽子阿,你在磐石穴中,

在陡岩的隐密处。

求你容我得见你的面貌,

得听你的声音。

因为你的声音柔和,

你的面貌秀美。

要给我们擒拿狐狸,

就是毁坏葡萄园的小狐狸。

因为我们的葡萄正在开花。

这是《圣经》中文"和合本"中的《雅歌》译文,这已经是成熟的白话诗歌,也是成熟的白话诗剧。郭沫若大概可以算是新诗人中最早尝试诗剧创作的作家,它比郭沫若的作品问世的时间更早,虽然还没有直接证据证明郭沫若的诗剧创作受到它的影响。但是我们只要不带偏见,就应当承认:正是这样

的作品，奠定了五四新文学的基础。所以，朱自清曾经提到《圣经》翻译在语言文体创作上的贡献："近世基督《圣经》的官话翻译，也增富了我们的语言，如五四后有人所指出的，《旧约》的《雅歌》尤其是美妙的诗。"[1]这就指出了《圣经》翻译与五四新文学之间的联系，肯定了《圣经》的官话翻译对新文学所作出的贡献。

今人在评论新诗时，往往会觉得新诗不如旧诗更能体现汉语的音韵、节奏，难以体现汉语韵律的优美；换句话说，也就是汉语的文字的音乐性在新诗中不能像在旧诗中体现得那么充分。明确了新诗受外文影响的来源，我们就能理解新诗在这方面为什么不如旧诗了。

第三节　散文的欧化

研究现代文学的一般都会认为，在文学的各种文学体裁之中，五四新文学最大的贡献在于散文。这是对的。散文的变革，其实是所有文体中最能体现思想的变革、思维方式变革的文体，诗歌、小说、戏曲的变革虽然也含有思想的变革，但都不像散文那么直接，散文往往直接体现了思想的变革、思维方式的变革。从社会需要考察，广义的散文，更是包含了较大的文学对社会的应用功能。现代社会面临的是与传统社会不同的生活内容，需要扩大文学的表现功能和表现形态，相对古代文言的古文、骈文、八股文而言，现代社会需要一种能够适应广大社会成员阅读的白话散文，需要一种能够广泛表现、说明和论证现代社会复杂性，供现代社会所使用的白话散文形式，新文学的现代散文正是在这样的形势下应运而生的。

但是在五四新文学的白话散文问世之前，是否已经有类似新文学的白话散文问世？或者说从古代散文发展到五四新文学的散文，中间有没有过渡环节的散文问世？根据我们的研究，答案是肯定的，那就是西方传教士创作的中文散文。

现代媒体的变化、报纸杂志的出现对散文的语言和种类提出了更多的

---

[1]《朱自清全集》第二卷，江苏教育出版社，1988年，第372页。

要求,来华西方传教士是最早用中文创办杂志的,他们扩大中文散文的文体也进行得很早。下面我们就来看看西方传教士们对于中文散文所做的变革。

先看文言的散文。

钱基博在《现代中国文学史》中把严复、章士钊的文章归为"逻辑文",放在"下编　新文学"之中,"新文学"一共包括三派:新民体、逻辑文、白话文。"新民体"指的是梁启超创立的报章体论说文,其源头则可归结为康有为;"白话文"是胡适提倡的白话文运动,包括周氏兄弟的作品。钱基博认为:逻辑文的代表主要是章士钊:"惟士钊为人,达于西洋之逻辑,抒以中国之古文;绩溪胡适字之曰'欧化的古文';而于是民国初元之论坛顿为改观焉。然中国言逻辑者,始于严复,而士钊逻辑古文之导前路于严复,犹之梁启超新民文体之开先河自康有为也;故叙章士钊者宜先严复。"①钱基博把"逻辑文"作为"新文学"有他的道理:一是因为它是"欧化的古文",吸收了外来影响,加强了文言文的逻辑性,虽然钱基博也指出"逻辑文"与"八股文"也有师承关系;二是"逻辑文"是对逻辑的运用,它是对汉语文章"细密化"的加强,其背后也显示了思想的变革和思维方式的变革,体现了"新文学"对"旧文学"的改造,尽管这些"逻辑文"是用文言撰写的。

然而在中文创作中,近代最早撰写这三种文体的"新文学"其实是西方传教士,他们创办的中文报刊,产生了中国近代报刊最早的"报章体",这种报章体经《申报》等后来的中文报刊的发展,到了梁启超手里变成了"新民体"。"逻辑文"也是如此,西方传教士早在开始传教的嘉庆时期就已经用中文撰写逻辑性很强的文言论说文,来宣传、证明他们的教理。这是他们要成为牧师必须接受训练的看家本领,自然会灵活运用。我们试看下面的文章:

论有上帝　第一回

盖有一上帝。(见马可书第十二章三十二节),夫天地间有一真主上帝,此乃设教之原,万理之本也。知有上帝,则知该敬爱之,爱之事之,知上帝造我,则知该感其恩,从其命焉。倘无上帝,则不须敬之,爱

---

① 钱基博《现代中国文学史》,岳麓书社,1986年,第408页。

之，事之。但有上帝之理，可推论而知之，不容生疑矣。

凡有事物，必有所以，凡有改作，必有所因。倘无缘由，安有效验者？未有本，则不能有末，未有动作之人，则不能有动作之工，乃自然之理矣。

有物必有所造之者，不然不能有物也，要推托所造其物者，则要看能造之否，本无才能以造之者，则非之明矣。夫万物之间，有死的，有生的，有蠢的，有灵的，叫死物造生物，叫蠢物造灵物，必无斯理，比方石头、土泥，本无生活之气，不能自起动作，则万物非土石所造，不辨自明矣。又那些禽兽，本无通这心，不能画图计，则万物非禽兽所作，亦自然之理矣。至于世人，有能动作，得以思想，则请问万物争世人所作否，恐怕非也。常看世人造物者，必先有材料，则可能作，又其所作者，非作其物，自无变有，乃不过略，改其物之形貌样式而已。人可截长补短，投来弃去，惟不能令其物有在。又人所作之物，不过死物，如建屋造船，缝衣定鞋，不能使一东西活动生长，喘气明白，此皆人力之外矣，以是观之，则世人不造万物者明矣。

或有人曰，万人万物，没有所造之，乃有所生之者，人生人，禽生禽，兽生兽，草生草，木生木，各生其类，但我之间，人物禽兽草木，有常在否，查察史记，由伏羲，神农到今，未有之千年，三皇五帝，无甲子可考，无凭据可看，至盘古开天，不知有其事否，就有之天之，今不须辩论，只把那时为人类之开头，则那时之先必无人物矣，是也则当初之祖宗，人类之头一人，自那里来的，必非父母所生，那个时候，必非人生人，乃人类之外必有缘由，其所以来也。

就是现在是人物，为父母所生者。未必由父母得其生灵也。盖父母生子之时，只图自己之快乐，非有意以造个人灵，虽有意愿，不能定得，既得后裔，不能预料其何日出世，生男生妇女，美妙丑陋，有才蠢笨，都不能仍作主，乃俗语有云，生死由命，富贵在天，既然如此，则我世人，虽父母所生，非父母所造，亦明也。

有人曰，人是天生，混沌初开，清者升以为天，浊者降以为地，人生其中，遂有人焉。但此话无根，总无凭据，以理论之，亦论不来也。盖大

第四章 西方传教士带来的汉语文学变革

地不过两条物件,不能自动作成就,脚下之地,只一块土泥,把起来看,不过死物,无灵无通,不得生我世人,造化诸有,火烧火燎上之天,只一阵云霞,登山观云,却有其云霞布在下面,天云之上,还有明星,极高太远,惟其运流可算,其来云可知,有形有影,有大有小,亦只是物,日月星之外,有青仓之色,空空在那里,常人叙论以之为天,但此空空有何权势,能以生人,而成万物哉。

以此论之,所看之物,未能造化诸有,成就世人,乃天地外,诸有之上,必有一位无形无影,无色无臭,自永远而立,无所不能者,用其睿智,以其全能,自无物中,生出万物,则有此美妙之天地,众多之生灵,此高大大位无他,只真主上帝也。夫天地间,凡有事物,都有意思而做的,没有一件偶然成就,比方五谷做来为神人食,家畜生出为神人用,手脚便以走作,耳目便以见闻,日善照光,雨善润泽,就各样禽兽爬虫,无一不令其用,又做起来,都有意思,是则此大天地,此多生灵,非偶然而至,乃有一大主,斟酌立意,才造成出来,此主天地,至大上帝也。

以是观之,上帝浩大至荣,万物万人受造,独上帝自有,无始无终,先后一然,独在天地,只一天二也,云合诸有,使上帝而立,靡上帝助,则亡,天上地下惟上帝作主,人鬼阴阳在其手下,我等世人,最当敬重只一上帝,勿背至忘本,忘二心他归,乃日夜奉事,诚意敬爱上帝,亦爱其独子耶稣,信倚其名,从顺其道,以得满福焉。①

这是当时常见的论说"上帝"存在的文章,一篇传教士宣传教义的文章,我们不去考虑它宣传的教义是否合理,只从文章的写作上来考察它的逻辑运用:麦都思的文章首先提出上帝存在的必要,然后来证明上帝的存在,他把"万物"的存在应当追溯其起源作为前提,然后从上帝创造万物的因果关系上分析"上帝"存在的原因。其中"父母生子之时,只图自己快乐,非有意以造个人灵",倒是开了五四时期施存统主张"非孝"的先河,我们也许可以据此认为五四时期对封建礼教的批判还有另外的思想背景,这是我们过去忽视了的。从论说文形式上看,论证过程中概念清晰,如"土泥不过死物,无

---

① 见《真理通道上》,尚德者(Medhurst,麦都思)纂,墨海书馆,1846年,藏牛津大学图书馆。

灵无通,不得生我世人",从概念中抓住不通之处,加以反驳。因为万物必定有源,而儒家的说法和民间传说不能清楚地解释万物的来源,因此基督教的上帝创造万物更好地揭示了"上帝"的存在,万物的存在证明了"上帝"的存在。这是一篇形式逻辑十分清晰的浅近文言论说文,也是一篇"欧化"的文言文。

我们知道,"形式逻辑"本来就是古希腊文化的产物,它后来成为西方语言思维的重要方式。来华的西方传教士基本上都是受过大学教育的,他们都接受过严格的逻辑训练。西方语言比汉语更加重视语言的逻辑性。麦都思的文章很可能是他用英语先想好了,再同他的中国助手合作把它写成汉语文言。文章中英语的逻辑性也就转化成了汉语文章中的逻辑性,这同八股文的逻辑性是不同的,而后来中国的逻辑文发展趋势,显然不是继承中国原来八股文的逻辑,而是学习西方的形式逻辑,将其融入到现代汉语之中,现代汉语也由此走向"世界化"。19世纪的西方传教士们写作了大量宣传基督教教义的文言和白话的论说文和论著,它们绝大多数都是逻辑清晰,概念明确,论证鲜明,带有其原有语言的逻辑特点。它们是中国古代没有产生过的、在外语影响下的"逻辑文"。钱基博的《现代中国文学史》没有注意到西方传教士在中文发展的这方面贡献,不能不说是一件十分遗憾的事情。西方传教士不仅在文言文中运用了形式逻辑,而且很快就把形式逻辑的运用推进到白话文中,我们从下面演说体的例子中就可以看到逻辑白话文的实例,故在此再举一篇白话逻辑文。

米怜是比麦都思更早来到中国的传教士,他写了许多布道的议论文,这些文章拓宽了汉语议论文的语言表达。我们试看他的《崇真实弃假谎略说》:

> 圣书云,汝当弃谎,各人与己邻讲真,因吾辈相为肢也。这节是劝人常说真实的话,那假言谎语一声一句,都不可讲出口来也。呜呼世人多犯斯罪矣。
>
> 甚么是算得谎语呢。这个谎语有多般。各等人都是犯斯罪,或者我自己做甚么不好的事,就说是他人做的或说他人强我做,这是一等的谎语也。或者同某人有了口角,不相好,就立意去做出多少的假话,想

第四章　西方传教士带来的汉语文学变革

害他的名声,而令别人毁谤他,这又是一等的谎语也。或者我做人家的跟班,而私用家主的东西,就说不见了,或说某人偷了。或者自己失手,打坏了东西,因怕家主怒我,就说是他人打坏了,这又是一等的谎语也。或者同人家约信,讲定某时必定还他的工钱,或货物钱,而那定的时到了,却就说向来总未定一个时候,又未定着还这么多的钱,这又是一等的谎语也。或者明知道自己的货物有些毛病,就去说他是上等好的,想叫人家来买。或者自己有货物,又因恐怕价钱将落要人家快来买。就东去、西去,说今年必定没有别的洋船,拿这样货物来卖,这又是一等的谎语也。或者在官府衙门去做证,不肯讲真实乃因欢喜原告,则说他是有情理,而因又欢喜被告,就妄证他,这又是一等的谎语也。或者想使人家奇骇,就说某时某处,明明见了非常之兆,这又是一等的谎语也。或者见有外省外国的客,不知此处的规矩新来者,我就去谋多多得他的钱,日夜跟着他,出多少的礼貌待他,假出多少公道的话说他,要他到我货行,我本店,我铁铺,我的货物。而恐他去同别人买东西,就说这邻舍是不正经的人,那邻舍的货物、工夫,都有毛病,请客不要到他们那里去,独托小弟,照看小弟,弟果不敢哄人也。明知道这货物,这工夫,不过堪值一两银子,就说云实是堪值二三两银子,还是老老实实的是照规矩的价钱儿,这个话无非欲欺骗外客,损人益己的意思耳,又多人想能以骗外客而钱者,是好手也,这又是一等的谎话也。还有未尽的许多,这里讲的不过是大概而已。

　　人为甚么的缘故而不可讲谎呢。答曰,因为神常常听人的话,又实在恨恶百般的谎语,我嘴在隐处所讲的各声各句,无一神不明明听着,我若说一丝一毫的假言谎语,则神必定是恨我恶我,看我为在天之下最可恶之物,算我为他之敌也。神是真实之源,凡伪、假、谎、诡之时,都为神所极恶,故人断不可说,谎也。

　　凡人讲谎者,是以魔鬼,盖魔鬼为谎者,而谎之也,我若讲谎,我就然魔鬼之子也。在罪心中最似魔鬼者,莫如谎者,讲谎说假者,他不是神之子,又不是信耶稣之人,他正是魔鬼之像,故人断不可谎也。

　　我是同世人相为肢,故不可说谎也。世人皆一个始祖,即亚大麦所生下来。可比人身。他为体，万万人为肢，故曰吾辈相为肢也。我世人若相谎，就如一人体之肢相谎，而那有听见人用自己的舌谎言于脚，或把左手去害右手，或全耳目相哄者乎。世人皆如弟兄。他人不是用我父母所生，就是同我邻舍。不是同我邻舍，就是同国。不是同国，就是同一真话神所造养，又同一高祖所流下的人。若我说谎于他人，是弟兄对弟兄说谎，而相害，就是了。信实在人间是如灰在石墙。石墙无灰，则不能久。虽无大雨下，无大风飘，还自倾倒。石上有灰，则可久耐也。信实存在人间，则可以成个世界。信实失则尚能成个世界么。我若对这人说谎，你对那人说谎，而人人对人说谎，则人难生在世上也。我常欲他人说真不说谎于我，我亦当年说真不说谎于他，谎者之厉害，比水火利害严重，若在一乡一村里，有个谎者，他的利害处多得很，不能算得起。那乡那村里头的人，都不得安于也。

再者，凡信耶稣者，不拘何处人都同耶稣相为一体。其为首，而他们都结合相为肢也。万人以性相为肢。惟凡信耶稣者以信相为肢。性不比信分贵，故以性相为肢者，既然不可相谎，何况以信相为肢者乎。耶稣慈爱我们，降世救我们，流其宝血洗去我们诸罪，而我们相谎，这岂不是辜负他赎罪的恩乎。故信耶稣者不可相谎，又不可说谎于他人。若是世上人，因想得利，敢犯神之诫，而说谎，信者断不可。若以讲一句谎话，即可能得国住，治天下，信者亦断不可讲那一句。若自任说谎，就不算得信者也。

凡谎者必有恶报，盖圣书云，无信辈，可恶辈，凶手辈，突蝎辈，邪术辈，拜神像辈，及诸讲谎辈，俱将得其分于以火以硫磺而烧之湖。此言谎辈死，即落地狱，同凶手等们受一罚。看文载还敢谎载。岂不当自慎乎。

米怜用的是介于白话和浅近文言之间的语言，类似于《三国演义》所用的语言；假如去掉了其中的"之、乎、者、也"这些文言文的语气词，它其实与白话的差别并不大。值得注意的是，文章中也流露出句子的欧化色彩：如"就说是他人做的或说他人强我做"，这是英语选择句的表达，用"or"连接起来的，汉语的表达应该是分成两个句子，米怜在这里没有改掉英语表达的习惯,按照英语的习惯把它合并成一个句子。再如"或者自己有货物,又因恐怕价钱将落要人家快来买",也是英语从句表达的情形。不过这种状况不多,很可能是米怜的偶尔失误,因为他在后面的选择句中就不再采用英语的表述方法。还有"就说云实是堪值二三两银子","说云"二字连用,已如前述。米怜在这篇文章开始运用归纳逻辑,列举了各种说谎的现象,然后分析为什么不能说谎,再用演绎逻辑层层深入,说明说谎的危害,逻辑清楚。20世纪以来,新文学能够取代旧文学的一个重要方面,就是逻辑性的加强,尤其是形式逻辑的加强,它使中国人的思维和语言更加细密,更加清晰,更加体系化,从而与世界接轨,适应了中国社会发展现代化的需要,适应了"全球化"的需要。我们在肯定新文学的这一成就时,应该看到,西方传教士在19世纪用中文创作的逻辑文,是中国近代"逻辑文"的先驱,它对于改变中国人的思维和语言,也曾经起过重要的促进作用。

我们必须注意,介于白话和浅近文言之间的汉语语言,在古代很少用于书面论述,尤其是讲述一个道理的议论文,除了在雍正皇帝颁布的《圣谕广训》可以找到类似的文章。我们在下面论述"演说体"的时候,再将二者做比较详细的比较,分析二者的异同。这里只需指出:由于汉语论述运用介于浅近文言和白话之间这类程度语言的情况很少,前面介绍的徐光启的文章也是受到西方传教士的影响。这里西方传教士所写的论述文字,对于汉语论述文走向浅近通俗作了有益的尝试,推动了汉语论述文字向着通俗化方向发展。汉语原来的说理文字往往都比较典雅,因为它们的读者对象主要是士大夫。对于士大夫来说,介于白话和浅近文言之间的语言实在是"俚俗不堪",不符合士大夫的欣赏标准。士大夫一般也不会写论述文给普通老百姓看,除了皇帝认为有必要向普通老百姓所作的宣讲。而运用介于浅近文言和白话文之间的语言,其读者对象就是认识一些字的普通老百姓。我们从西方传教士所用的语言中可以看到他们出于传教的需要,写作面对的读者对象有了改变,而这种改变正是中国近代文学变革时写作面对的读者所改变的方向。套用一句"接受美学"的术语,也就是说,这时的西方传教士心目中的"期望读者"与后来新文学的"期望读者"是相似的。因此,西方传教士的这类写作,成为中国文学近代变革的先导,他们所做的写作实验,对于后来的文学变革,对于议论文体走向通俗化,面向大众读者,提升大众的思想品味,显然有着重要意义。

下面再来看近代演说体的诞生与发展。

从广义的散文概念来说,演说体也是散文的一个门类。演说体作为一种演说的记录,在中国其实是源远流长,这或许可以说明,演说活动在中国也是由来已久。早在夏代,启与有扈氏战于"甘",启在战前发表动员令式的誓词,就是一篇誓师演说。到了商代,当时的国王决定迁都,但是有许多贵族不同意,国王召集贵族大会,发表演说,劝说贵族赞成迁都。这些演说都被记录在案,收入古代最早的著名经籍《尚书》之中,这就是《甘誓》和《盘庚》。这或许就是中国最早的演说体。

国王运用演说的形式来说服贵族,这大概是奴隶社会的特点,那时还没有至高无上的皇权,国王不得不苦口婆心地劝说贵族。到了秦朝统一六国,皇权建立,最高统治者用不着再用演说的方式来说服大臣,演说体在权威著作的记载也就消失了。文言和白话的分离,造成演说体对演说的记载是否还是原样,成为一个疑问。但是演说在中国古代仍然继续发展,尤其是后来的说书、讲学、辩论等等,都可以说是一种演说,而且常常用的是当时口语——白话。到了清代,前朝聚众讲学的风气虽然大大减少,但是清政府为了加强控制,要求地方官宣讲"圣谕",这也是一种演说体。伴随着这种宣讲的,还有赠送书籍,大多是与宣讲有关的小册子①。当时的官方政府重视宣讲,王尔敏先生指出:"事实上,宣讲圣谕已经普遍推展至乡镇村里,虽无大吏从事,而地方上亦有知书小儒担当宣讲。"演讲在中国可谓一直延续下来,它们成为近代演说发达的基础之一。

当下学术界研究近代演说往往把近代演说的兴起归结为日本影响,由梁启超的《传播文明三利器》一文作为中介。这是有道理的。晚清的演说发达确实与晚清的改良运动有着密切的关系,晚清也确实把推动演说与推动中国改革的启蒙运动联系在一起,尤其是对士大夫鼓动民众的活动而言。

---

① 可参阅王尔敏《清廷〈圣谕广训〉之颁行及民间之宣讲拾遗》,《圣谕广训——集解与研究》,上海书店出版社,2006年,第633页。

但是,这个叙述也存在一些问题,它不仅忽视了在西方进入中国之前中国原有的演说活动,也忽视了一股推动晚清演说发达的力量,那就是西方传教士。其实当时的西方传教士不仅推广了演说活动的进行,更重要的是在近代的思想启蒙上具有重要的意义,成为晚清启蒙运动的先导。

基督教一直很重视演说,在传教士的诸项学习中,学会如何演说是其中之一。因此,西方传教士到中国来传教,运用演说来布道是他们很正常的方式。据王尔敏先生考证,西方传教士来到中国之后,看到清朝当时"宣讲圣谕"和"宣讲拾遗"的活动,就模仿这些活动,在城市的街头"当众宣讲","沿街逐户派送宗教小册",甚至到乡村宣讲基督教。因为这些活动符合当时中国人的习惯,"与宣讲善书无异,多数不加排斥"①。可见当时的演说活动在民间已经是一种常见的情形,普通百姓已经非常熟悉,所以并不抵制西方传教士的演说。西方传教士的布道活动则推动了演说活动在中国的发展。

推动演说活动的开展仅仅是一方面,西方传教士由于文化的不同,记载他们演说的演说体也就不同,它对中国的思想、语言、文体产生了某种影响。我们甚至可以这么说,最早的来自西方的启蒙是从他们开始的。

我们先来比较《圣谕广训》中的白话文宣讲和西方传教士的演说:

笃宗族以昭雍睦

如今讲第二条了,你们听着:什么叫做"宗族"? 就如一个人,父母生下了便有个兄弟,这个兄弟是嫡亲的,渐隔了一支便是堂兄弟,再隔了一支便是重堂兄弟,一层层隔下来,便一层层疏远去,所以期功缌麻,尊长卑幼各分个五服之亲。五服之外,就是个无服。那"无服"两字,不是远隔了,就当做路人一般,只因圣人制礼,朝廷设律,要把亲属等杀辨别分明,自五服之外无可设服,只得总说一个无服。不知原是一个始祖生出来的,那始祖传下就有个大宗、有个小宗,或迁到某处别居,或移住某处入籍,又各从某人起分出大小宗枝,追源支派、辨别根苗,或从某地分来,或系某房传下,血脉总是连贯,枝叶本是同根,近者年貌相习,远者昭穆可稽,虽然无服,终是不比路人一样,别是一姓,另为一族。如今宗法久已不讲,把古

---

① 以上所引,俱见王尔敏《清廷〈圣谕广训〉之颁行及民间之宣讲拾遗》。

来睦族的道理都撇开了,一家人家也有多至几千丁的,也有几百丁几十丁的,分散各所,吉凶庆吊竟不往来,岁时服腊全不聚会,昭穆长幼也不序列,比着异性的一样相看,或至相争相讼、相仇相杀,不知这个争讼仇杀只因为分了个你我,你不肯让我,我不肯服你,便生下许多事来,假如认定祖宗一体,便是仇也是自仇,杀也是自杀,争也是自争,讼也是自讼。总为平日不曾讲明,疏的疏了,远的远了,杯酒宴会不相通了,冠婚丧祭不相闻了,伦理也甘心去违,名分也甘心去犯,还要唆哄别人加害本宗,或至帮助外姓倾陷己族,何异禽兽自相残啮,迷却本源,不能点醒。如今你们百姓各有知觉,何不自思:一本传流,因甚到此地位?毕竟多一个人丁也是祖先的血食,出一个好人也是祖先的光彩。遇着高、曾祖、父的一辈,想他与我高、曾、祖、父实是一行;见那子、孙、曾、元的一辈,定与沃兹、笋、曾、元亦是一行,岂可看得疏阔,反生戕害。

当今皇上可怜你等百姓,所以叫你们先把宗族看得亲切,须认清了根本源流,五服之内是个近支,五服之外是个远支,在自己身上看去,虽有远近亲疏,若从祖宗位下推来,实供水源木本,即如浙省地面,一姓的人也有同住一村,相聚一块,然未免愚蠢的忘却源流,浇薄的视同陌路,穷困不相周恤,患难不相搭救,钱财不相通融,情意不相周浃,礼文不相绸缪,富者欺贫,强者凌弱,与陌路的人一样斗殴谋害,一样乱伦抢劫,只因不晓得笃宗族的道理。如今我把上谕讲与你们知道,无非劝化你割去浇薄,务从忠厚。(下略)

……如或不然,试读律上:凡骂缌麻兄姊笞五十,小功兄姊杖六十,大功兄姊杖七十,尊属又加一等,折伤以上各递加。凡斗伤一等,笃疾者绞,死者斩。凡同姓亲属相殴,虽五服已尽而尊卑名分犹存者,尊长犯卑幼减凡斗一等,卑幼犯尊长加一等。又谋杀缌麻以上尊长,已行者杖一百、流二千里,已伤者绞,已杀者皆斩。尔等细思,有服之宗族立法如此,即无服之宗族尚加于凡人一等,可知律例森严与皇上教人睦族其意一也。①

---

① 《圣谕广训直解》,王尔敏《圣谕广训——集解与研究》第15页。

第四章　西方传教士带来的汉语文学变革

《圣谕广训》各种版本的语言程度各有不同，有的文言，有的白话，白话文本的难易程度又有不同，呈阶梯式。这是白话中接近文言的一种，尤其是最后一段。我们从宣讲的内容来看，这是一种规训。它与后来近代崛起的演讲有所不同，这种不同最初不是体现在晚清末期的先进士大夫推动的演讲上，而是体现在西方传教士的演讲上。

晚清的西方传教士，运用演说体来布道的时间很早，早在嘉庆年间，这种中文的演说体已经出现。由于清朝政府的压制，基督教新教的传教只被允许在广州和澳门进行，而广州和澳门的天主教会对新教的抵制，使得新教很难在那里生存发展，于是马礼逊只好把传教的据点建立在马来亚的马六甲，在这里他和米怜、麦都思建立了在南洋传教的据点，创办了书院和印刷机构，还出版了杂志。当时的布道演说，有许多已经是失传了，没有留下文本。也有一些留下了文本，如米怜和麦都思所写的，这里以麦都思的《岁终自察行为》为例，我们试看这篇文章：

论年底自己察看行为

　　圣书上说道，日月容易过去，好象心里头转了个念头似的，(这是诗篇第九十篇九节上说的)。

　　可叹呵，人生在世上，好像日光过隙似的，光阴容易过去，岁月好比流光，就同那水泡的影儿，石头的光亮一样，镜里的花，水里的月，忽然现出，忽然灭掉，有一天死了，才力聪明，都付在一堆土里，荣光显赫，好像那浮云，人心里岂有不忧闷，自家伤感的呢。

　　我想除夕这一天，是三百六十天的尽日，七十二节气的穷时，在这个时候，应该揆度自己的过，查核自己的差，这是事体顶要紧的，若是喝椒酒，赏那馨香，用桃符，送那旧岁，风俗流转毫无用处，应该求耶稣赐我大恩，使我迁善改过，必定叫我罪孽全消，才算了，必定叫我过失被赎，才算了，必定使我信主称义，才算了，必定使我感神去欲，才算了。

　　这一年当中，转移不定，变幻无常，疾病死亡，屈指难算，兴衰贫富，转眼都没有了，时序的更换，阴阳的消长，寒暑的运行，古今的改变，这年当中有平靖擦乱，是不晓得的，有离开聚拢，也不晓得的，有欢喜忧愁，也不晓得的，有浸祥祸福，也不晓得的，这几件事，虽然看起来好象偶然，实在是上帝所主宰的，人岂可不敬德修业，祈祷谢恩，万事靠托上帝咯。

然而祸患是由自己招来的，祸气是不敢当的，我暗暗自想，一天里面，过失已经多了，何况到了一年，更加难数，罪孽陈列在上面，岂可不惧怕吗，必要自己肖察，不要使恶业贯盈，到了除夕，应该念着上帝养育我，保佑我，恩德无穷，只我深信耶稣，当日犯的罪过，望主怜悯饶赦。往年上帝，或是用小小的艰难试我，练达我的心志，或是把重重的责任给我，显明我的才能，从此以后，自然应该去旧更新，不敢藏非隐过，在年初一，诚心祈祷暗里呼求，格外的勉励，全行实意不用虚文，必定要有恒心，到底不改，后来可以升到乐园，得入天堂了，这年初一，是人间第一天，应该想人间第一件事，什么是第一件事，上帝把生命给我，我诚心服事他，这是第一件事咯。

我想想看，我有得生命的日子，就有失生命的时候，等到死了，富贵荣华，文章学问，那一样能够保住我的身体，不靠上帝，不信耶稣，罪过怎么样消，福气从何得来呢，到这田地，还不悔改，等到将终，虽然要悔罪，却不能够，要信主，无从入门，落地狱将受永刑，上天堂没有日子，抚心自问，能不悲痛吗。

我如今为着众人劝化，但凡你们年轻的人，应该想岁底的事，心里忖度，不要因为年少，以至于拖延时日，不看见春天的花草，荣华秀媚，不多几天，已经谢了，年少的人，也象这样，容颜肥胖，身子强健，人人羡慕他，不久就衰颓了，象花的零落，岂不可叹么。

你若起初奉事上帝，必要坚固了志向，不要在半路上丢掉了，若你自己想平常日子，并不曾行善，就在年初一，应该一心祈祷，常常恭敬天父，一生不改，象这么样，上帝必定看顾你，象父亲爱儿子似的，离世的日子，必赐福气，永远无穷。

但凡你们老人家，既然听了我的谈论，就该想想看，他们少年人还不能够长活在世，况你将晚的时候还说什么呢。后来的日子有限，晚年的景象不多，头发已经皓白了，眼睛已经昏花了，腰佗背折，形容老丑，业已现出将死的样来，愿你仰望救世的主，搭救你至贵的灵魂，因为到了明年,你或者死了,是未可料的,你念到这个事情,岂不应该急忙自家省悟吗。①

我们如果对比两篇文章,不难发现它们有着一系列共同之处。首先,它们的语言十分相近,都是完整流利的白话文,其白话已经不同于中国古代出现过的章回小说里的古代白话,没有古代白话的套语和专用名词,它是中国古代白话文形态中从未出现过的白话文,与现代汉语倒是比较接近,如果把它放在当下现代汉语的文章中,恐怕很难看得出它竟是18世纪和19世纪中叶发表的作品。《圣谕广训》从问世时间上说,与《红楼梦》十分接近,体现了那时的语言。其次,文章的论述视角比较特别,都是在讲道理,给"你"听,它是那样的直接,面对听众,用第二人称直接进入文体;这种论述视角正是"演说体"文章的论述视角。似乎主人公就在演说,用道理打动听众。然而,我们若是仔细分析,就会发现它们的演说态度、内在思想、演说理路都是不同的,这种差异是如此重要,几乎就体现了古代和近代的差异。

我们先看演说态度:如果说《圣谕广训》是宣讲,它是一种居高临下的宣讲,是政府非常明确的规训,像"当今皇上可怜你等百姓,所以叫你们先把宗族看得亲切",这种语气显示的是皇权的威力,是政府对百姓的要求。结尾对律例的介绍,更是对不服从圣谕的威胁。演讲者对于听众地位的看法,谈不上尊重,就是我讲你必须听的态度,听众没有选择,只能按照《圣谕广训》的要求去做。麦都思的演讲则不同,它是一种规劝,演讲者不具备宣讲《圣谕广训》的威权,因此他具有对听众的尊重,听众可以有自己的选择权利,演讲者通过第一人称"我"的思考,以情动人,诉诸理性,通过讲道理劝说听众反省自己。这种演讲态度,显然具有现代性,与古代的宣讲不同。

如果从演说的内在思想上分析,那么差异就更大了。《圣谕广训》的目标是维护宗法制、家族制,它力图通过维护尊卑有序的家族血缘关系,来保证封建社会的等级制度和它的社会秩序。清代标榜"以孝治天下",这就是《圣谕广训》这么宣讲的目标。麦都思的演讲则不同,它完全没有家族观念,听众的血缘关系对基督教来说无关紧要,因为基督教的信徒就是以个人为

---

① 麦都思《岁终自察行为》,墨海书馆,1853年出版,藏英国牛津大学图书馆。

本位,而不是以家族为本位的,家族在基督教内是被消解的,维护家族最重要的纽带——由血亲关系而产生的"辈分"在基督教内已经消失,即使是父母子女,甚至祖孙三代,在天父面前都成了兄弟姐妹,他们都是"平等"的,没有辈分的等级。正是这一点当初触犯了康熙、雍正,导致了"雍正禁教"。因为它不仅是一个家族是否要祭拜祖宗的问题,祭拜祖宗只是一个维护家族宗法制的仪式,标榜"以孝治天下"的清朝统治者需要考虑,皇权的合法性"忠"是从孝敬父母推演出来的,废除祭拜祖宗可能会颠覆封建家族制的思想观念和导致皇权社会秩序的崩溃。

也因为如此,"在上帝面前人人平等"的基督教观念,正是现代社会"人是生来平等的"人权观念的先导,以个人为本位是现代社会的一大特点。过去我们研究农民战争,从已经确立了的"平等"观念出发,强调古代农民也有平等主义思想,"王侯将相宁有种乎"就体现了这种平等意识。但是这种中国农民的平均主义意识,由于没有触及家族制、宗法制的伦理纽带,一旦农民们建立政权,新的家族制、宗法制就随之建立起来,所以农民起义不可能根本解决农民受压迫的处境,只能是封建社会的改朝换代。只有以个人为本位的社会观念,才会把自由选择的权利归结到个人,自由选择的个人权利与"人人平等"的观念结合起来,才会产生现代社会那种强调个人自由,但是以不妨碍别人的自由为界限的现代思想,才会产生相应的现代社会保障个人"权利和义务"的观念。当然,这些思想观念的发展变化在西方是有一个漫长的过程的,但是如果追溯这些思想观念的变化,我们会发现,它们往往与基督教的思想有关。晚清来华的传教士,已经处在西方近代思潮的影响之下。正是在这个意义上,晚清基督教新教的传教士,也是中文最早的启蒙主义者,他们提倡以个人为本位,宣传科学和民主,他们创办的《万国公报》,是晚清先进士大夫必读的杂志;他们的演讲和文章介绍西方社会和思想,对于中国来说,具有促进宗法制社会解体的作用,它们成为后来晚清启蒙运动在思想上的先导,是很自然的。

需要指出,本文所引的《圣谕广训》,是按照现在的文章格式,经过分段、标点等一系列整理,为了便于大家的阅读。它的原样是只有圈点的断句,不分段。而麦都思的文章则是完全按照它的原样,分段、标点都是原来的最初版本就有的。分段、标点在当时是英语等外语才运用的表达形式,当时中国的文言和白话除了划分回目,加上标题,一般都不分段,在文章的句子后面加上圈点,作为断句。当时还没有发明中文的标点符号,后来发明的中文标点符号,是在参照外语的标点符号的基础上制定出来的,体现了一种现代性。最早在中文叙述中运用标点符号和分段做法的很可能就是西方传教士了。麦都思在选择标点时运用的还是中国人已经熟悉的圈点符号,但是他运用了分段。这种把全文分段的做法当然不是麦都思的创造,而是他把英语等母语的表达形式运用到汉语中来,改造了汉语的表述习惯,这也是白话文"欧化"的根据之一。文章分段并不符合中国古代"一气呵成"的对文章写作的要求,但是后来在中国被广泛采用,其原因就是分段的文章层次比较清楚,表达比较明确,有助于显示文章论述的理路,能够帮助读者逐层思考,阅读理解文章的意思。有助于论述较大较深的论题。而在现代社会,古代散文讲究气势的"一气呵成"也变得不再那么重要了。

麦都思的文章有许多书面语,不能完全用口语来概括它。例如,"尽日"、"穷时"、"揆度"、"查核"、"迁善改过"等等都是书面语言,很难出现在口语之中;这些词汇文字典雅,文采飞扬,若是不看文字,只听读音,如何知道这些语言的妙处?其实我们都知道,当时的西方传教士中文水平并不怎么样,甚至不如明末清初的耶稣会传教士,他们必须依靠中文助手才能做好中文的翻译与创作。他们之所以要在文章中放上典雅的词汇语句,正是为了让跟更多的中国人接受他们的思想观点。值得注意的是,我们在《圣谕广训》的宣讲稿中也看到一些文言词汇,如缌麻、昭穆、睦族、周恤、绸缪等等。在当时的白话宣讲中夹杂一些文言的书面语言词汇,很可能是当时常见的现象。

在笔者看来,这篇文章的创作方式很可能是麦都思先用英文想好了,再通过他的中文助手用中文写作,两个人一起合力把它变成了这么一篇"欧化白话文"的演说体。这对于当时的西方传教士来说,是一种十分正常的创作方法,他们是用英语思维的。这篇文章一会儿"我"、一会儿"你们"的叙述习惯,与中国当时传统的议论文距离甚远,与《圣谕广训》的宣讲一味强调"你们"该当如何的习惯也有所不同,而更接近外国的演说体议论文。其内在的论证理路,也完全符合形式逻辑的标准,这也是一篇前面所论述过的"逻辑文",而且它是完全"白话"的,即使放到现在,也是一篇标准的"欧化白话文"论说文。因此这里就不再举其他白话论说文的例子了。这篇演说的叙述习惯也正好对应了前面已经论述的威权宣讲和以个人为本位演讲的差异。但是,我们应该注意到,麦都思在文章中没有采用英文充满从句的长句子,而是尽可能运用汉语的短句子,宁可把他的英文长句的意思分割成几句话来表达。因为演说毕竟不同于《圣经》等经典的翻译,需要适应读者听众的需要。这种做法应该是为了方便当时的读者和听众,帮助他们更方便地了解西方传教士所讲解的思想观念。

根据王尔敏先生的研究,我们可以看到,晚清戊戌变法之前,演说活动已经普及于中国民间。但是如何解释戊戌变法后中国的先进士大夫受到日本的影响,如此推崇演说的作用,而不是直接从《圣谕广训》的宣讲中获得启发？事实上,宣讲《圣谕广训》的士大夫是由官府或者有关机构指派的,它们已经作为一项官方的活动,带着威权的规训,而不是民间的自发组织。晚清有志于改革的先进士大夫与宣讲《圣谕广训》的"小儒"完全是两种人,鼓动民众起来救国也不可能带有威权的色彩,所以晚清的先进士大夫当然不会采用官府的宣讲方式去鼓动民众。但是,晚清先进士大夫也罕有人说明他们是从基督教牧师那里学来演讲,这又是什么原因呢？晚清的先进士大夫虽然对西方传教士的西学启蒙很感兴趣,他们从中学到了许多东西;但是,他们对于西方传教士的传教,大多持抵制态度。康有为、梁启超、谭嗣同都是典型的例子,他们读了大量西方传教士翻译的西书,开出了一批西学书目,但是对西方传教士传教的相关著作都不感兴趣。传教士的演说是一种传教活动,因此他们很可能从来就不参加基督教会的演说活动,也就谈不上向传教士学习演说。这或许是造成晚清的先进士大夫最后是从日本明治维新受到启发,才看到演说的作用,从而将演说与中国的政治改革联系在一起,掀起了近代知识分子演说高潮的原因。

尽管我们现在还没有找到直接证据说明西方传教士的演说体促进了中国作家写作演说体的发展,但是这些中文演说体已经不同于清代官府对民宣讲的《圣谕广训》,而是带有近代色彩。这一演说体文本的存在,可以作为

第四章　西方传教士带来的汉语文学变革

中国的演说体从清代《圣谕广训》宣讲发展到清末民初演说体之间的过渡。西方传教士的演说活动,无疑也推动了中国近代演说的开展。清末民初的改革演说很快就能兴起,在民间社会取得一定的影响,西方传教士的演说活动在民间社会是为这种兴起建立了社会基础、作了铺垫的。西方传教士的中文演说体,其实是借鉴西方的外文演说体,因为演说体在欧洲是源远流长、影响很大的文体。就是日本的演说体也是从欧洲借鉴过来的,有的还是从中国的西方传教士那里借鉴过来的。所以在华传教士的许多做法,不仅在中国有意义,就是在东亚,对于文体的突破,也有很大的意义。

再看序跋散文。

序跋一直是中国古代文人写作极多的散文,但是中国古代的序跋基本上都是用文言写作,极少出现白话的序跋,甚至连白话文学的典范——小说的创作,尽管其正文都是用的白话,但是序跋却必须用文言。这也可见当时的白话作为书面语言是受到轻视的,小说可以用白话写,但是序跋是正经文章,在文人看来,在正经场合还是只能使用文言。所以中国古代的白话序跋文章极少,中国近代改变中国传统序跋的写法,而又运用白话来写序跋的,应当首推西方传教士。

我们试看他们写的白话序跋文:

> 从前用功教导学生同教友们唱诗,因为没有合适的乐书,常觉累赘。因此就出上工夫,开清乐法的大略,并且考究定规要紧的名目。起先是单为自己的学生预备的,后来思想,不如印成一本书教众人便宜用。如是,又加细工,修改补全,编成这本乐书。
>
> 从前多年,有天主教的西国人,将西国乐法,大小规矩讲明,成一部书,叫律吕正义,都定在律历渊源里头。只是这部书,如今难得,而且说的也太繁数,并不是预备平常人学唱,乃是预备好学好问的先生,互为证验。再说作成这部书以后,又有人找出新理,添补在乐法之中,因此这部书,如今就算是旧的,其中多半,是些不合时的老套子。近来又有耶稣教的人,将西国的乐法,作成乐书。但是所作的,大概只是圣诗调谱,而乐中的各理各法,并没有详细讲明,更没有预备演唱的杂调和小曲。现在所作的这本书,是详细讲明,各理各法,并有演唱的杂调小区,

又有三百六十多首圣诗调谱。

此书所用的法子,原是西国的法子,不只一国两国用的,乃是西方诸国,共用的法子。再说这个法子,不是今年才兴起来的,乃是许多年,渐渐兴起来的。又不是一个两个人,找出来的,乃是许多有名的乐师,陆续添补造成的。因此如今所用的法子,可算极完全了。

乐中的理,是先找出来的,后来住了多年,才得了一个好写法。如今所用的写法,乃是几位有才情的人,集成的妙法,很为妥帖。中国乐法的短处,正在它的写法不全备,又不准成,不能使得歌唱的人,凭此唱得恰合式。

西国乐法的根基,就是一个七声的级子,大概与中国的相同。中国原起只有五声,就是宫、商、角、徵、羽。后来到汉朝,又补上了变徵变宫,就成了七声,此与西国属戊的级子一样。

倘若有人说,中国既然有中国的乐法,何必用西国的法子呢。可以说,中国乐法固然是有的,只是不及西国的全,也不及西国的精,而且中国所行的腔调,大概都属玩戏一类,若用它唱圣诗敬拜神,是不合适的,这不是说,中国的乐法,定然附就不上,只是直到如今,中国还没出这样有才的教友,能将中国的乐法变通,使得大众,可以用中国的腔调,唱圣诗敬拜神。这样说来,耶稣教中,唱圣诗一事,既然归于西国人身上,西国人自然就拿出自己所明白的,来教导人。再说中国人,既然学耶稣道理,进耶稣角,如是照着教中通行的法子,唱圣诗敬拜神,也很便当。

学唱,有两样定要紧的。一是要仔细效法乐师,因为书中的话,不论学得怎样明白,乐中的法子,不论看得怎样透彻,不效法乐师,总学不完全。二是要恒心演习,因为学唱原不容易,必得工夫到了,才能学成。倘若一面效法好乐师,一面用功演习,这样学乐,并不甚难,从小学,更是如此。虽说乐不甚难学,却不可看轻,以为乐是浅薄的。当知乐本是无穷无尽的,其中的妙趣,就是一辈子,也学不尽。

乐本是要紧的,是有许多用处的,不论男女老幼,都可以用。人当闲暇无事,正好唱诗,一来,省得虚度光阴,二来,也省得趁着闲时,去做坏事。乐最能激发喜乐的心,人若有喜乐的事,自然唱起诗歌来,表出

第四章　西方传教士带来的汉语文学变革　　253

他心中的意思,如是喜乐的心,更加喜乐。就是那不乐的人,听见这喜乐的乐声,也就生出快乐来了。乐也好解人的忧愁,人有了难事,心里忧愁,歌起诗来,便觉松散,心中的忧愁,不由得也就解去了。乐本是属于正事的,最能发作人的志气,引人好胜,人若喜欢唱诗,常用这样的工夫,他的心术,大约就端正了。乐的大用处,却是用它赞美神。凡众教友聚会敬拜神,就当唱圣诗,好归荣耀於神,如是众人虔诚的心,自然也就激动起来了。

此书所讲的乐法,既不是中国所原用的,所以书中定的名目,和字眼儿,难免有不妥当之处,虽然费的工夫不少,只怕还有些毛病,望用书的人,原谅一点。作此书的本意思,就是帮助各处的先生,教导学生和教友们唱诗,而且盼望中国会唱的教友们,得着一个好法子,能自己学,又能教导众教友们学,如是大众可以同唱圣诗,颂赞天父。果能如此,就完全了我的意思,实为万幸。①

这篇序跋文章的分段和标点都是原有,标点只有顿号和句号,也就是只有句逗,现在只是将原来的顿号换成了逗号。这是一篇用英文想好了的文章,然后再翻成中国白话的,行文方式是英国式的,它与中国传统的议论文序跋完全不同。其差异主要有以下几点:

一、中国传统的序跋有一套古文的写法,其中的起承转合非常复杂,而且不分段落,讲究一气呵成。现今古文的分段都是后人重新分的。英国议论文讲究分段,每一段一层意思,逐层递进,层层深入,显得逻辑清晰,层次分明。

二、古代的序跋文言富于弹性,词语可以前置后置,变化较多,有意通过这种变化增加散文的色彩。英国散文句子都讲究语法,各种词有着固定的位置,不容像中国古代序跋这样随便变化。

三、古代文言散文行文以单音节字词为主,现代散文行文以双音节词为主。该文以双音节词为主,而且用得十分自然流畅。

四、文章对音乐的理解,带有很强的西方色彩,这是站在西方音乐的立

---

① 狄就烈《圣诗谱序》,1873年潍县刻印,藏上海图书馆。

场上观照东方音乐,指出中国音乐的缺陷。

五、因为没有受过这样的训练,在晚清即使是与西方传教士合作翻译的士大夫也写不出这种文体的序跋,只有西方传教士因为受过西方专门的训练,才写得出这样的序跋,这就是一篇现代散文,一篇很成熟的白话序言。

这样的说理序跋在当时还有不少,如西方传教士丁韪良写的《天道溯源》,原是文言,后来英国牧师包尔腾在19世纪60年代将它翻译成白话,"其书屡见刊印广传",其序言也是用的白话:

> 《天道溯源》一书,是美国丁韪良先生作的,我看它说理透彻,行文精当,深为佩服。因想这书,讲论天道的根源,人事的始末,时在可作引人归道的法门,不但文人学士应当揣摩,凡农商工贾,男女老幼,无不应当遵奉,特恐文辞富丽,有非读书人,不能懂得的,现在用官话翻译出来,叫不晓文艺的人,都可明白。虽在道理上,不能多有阐发,或者与传道的事,可以少有帮助,至于话语中有不工之处,还求看这书的人,重其意,轻其文,就可以了。①

行文还带有一些文言气息,与五四白话文差不多。不过这篇文体不像上一篇那么西化。可见20世纪中国文学综合文言、白话、西方语言文化的汉语散文,其实早在19世纪就已问世了。

还有说明文。

中国古代的说明文很多,基本上都是文言文,有的文言文中夹杂了白话的句子,但是全篇都为白话的说明文却非常罕见。这时在传教士创办的杂志上,就有白话说明文:

论　象

> 世上顶大的兽是象、产的地方有两处、一在亚非利加、一在亚细亚南边印度国、高至九尺和十二尺、是寻常的象、还有顶大的、高至十六尺和十八尺的、象皮很厚很松、四条腿仿佛樑柱一般、脚的踪迹、至一尺有余、象有两个顶大的牙、公象的牙、比母象的大好些、母象的一对牙、有

---

① 丁韪良《天道溯源》,汉镇英汉书馆,1906年。

重二十觔到四十觔的、公象的一对牙、有重五十觔到一百觔的、象的鼻子很长、能屈能伸、可以卷起东西来、鼻尖儿上有一小指、如钩似的、用鼻拔草搆树枝儿吃、也能吸水搁在嘴里喝、象为什么有这样长鼻子、因为头很重、颈很短、搆不着吃的喝的、象牙有许多用处、雕刻器皿、在亚非利加、有人擒拿象、就卖他的牙、那里的人、也吃象肉、在旷野时、是厉害的兽、也是最灵巧的、人把他擒拿到自己家里来、养熟了、很老实的、听人的使唤、会替人作好些的事、或是扫地、或是看守孩子。①

这很可能是中国最早的白话说明文,而且是与中国古代文言说明文风格不同的白话说明文,它更加照顾到小孩子的特点,是一种新型的儿童文学。白话可以写说明文,传教士办的杂志做出了尝试。

再看游记散文。

古代文言散文中最常见的是游记,以笔者的观察,古代似乎没有专门的白话游记散文,游记散文都是文言的。但是在19世纪70年代,西方传教士的出版物却刊载了不少白话游记散文,试看一篇描写上海的游记:

上海是中西顶大通商口岸,生意茂盛,人烟稠密,各口岸都及不来。城西北门外,纵横四十里,都是外国租界,其中所居的各西国人,统计约有三千多。洋房几千件,有三层楼、五层楼,高大宽敞;也有纯石、纯铁、纯木建的房屋,牢固的狠。街道都用石子填成,宽四五丈,至少二三丈,往来马车、小车、东洋车终日纷纷不绝。路上遇尘土飞扬,自有许多工人,用水车汲水,沿路泼洒,而且随时有人打扫,真乃洁净之极的。煤气灯通衢悬照,从夜里到天明,没有定时。致于洋场中繁华景子,妓楼戏馆,酒肆、茶坊、烟室,都是宽大精致,闹热非常。一日不知有多少人,费多少万银子在那里,黄浦里轮船、帆船、沙船、客船停泊,真象星罗棋布,远远观望,胜如茂林。就是过渡小船,都用白漆红边,可知无事不以精洁华丽为主,给人受用。住在上海的人,胸中自多一番放浪浩荡的意思,其快乐岂独象人说,下有苏杭的快乐么。吴淞江口,连接四座大桥,

---

① 《小孩月报》第一部,1876年。

长二十多丈,宽约三丈。外桥浦滩一带,是西国花园,奇花佳卉,四时不断。每傍晚,当此炎天,西人都到园中散步纳凉,乐如何之。另有制造局、洋药局、格致书院、火轮车路,泰西各样制艺学问,在上海差不多已经都有了。致于上海城,本不算大,周围不过九里,高不过二丈,城隍庙后豫园有假山、九龙池、湖心亭、九曲桥、点春堂,都是极精致奇巧的。四城门上有丹凤楼、振武台、关帝殿、观音阁,分为楼台殿阁;更有小九华、小蓬莱、小天台、小武当、小穹窿,这许多古迹,人说是三国时孙权为母亲建造的。城西有龙华寺,寺内龙华塔有七层高。西北静安寺,寺内有泛水眼,水终年会自己涌出来。另有广福寺、积善寺、法华寺、安国寺、崇庆寺、庆宁寺共八大寺,这也是古迹,也是孙权建造的。上海的生意,当此丝茶新出的时候,很是热闹。别样洋货、南北货、海货、人参、药材以及各洋货物无不全备,真是通商的大口岸也。有七个教会在上海,礼拜堂大小十六个,大义塾六个,小义塾十几处,相信的人,七会共计约有五百多。(下略)①

这篇散文作为游记缺乏日本学者柄谷行人所说的现代性风景的描绘,这种风景描绘需要有相对固定的透视点,具有西欧绘画的焦点透视法②,它运用了科学的理论,因而具有现代性。这篇散文写游记用的是散点透视,因而更像是一种地理介绍、地图的说明,上海有多少景观,一股脑儿像流水账一般堆给你。这也就是说,从写景来看,它还没有达到西方现代游记的景物描写水平。不过虽然缺乏文采,而且是流水账式的叙述,但是它的行文语气已经摆脱了过去西方传教士所用的古代白话的行文语气,表现出新的气息,虽然其间还有文言的影子,如"每傍晚,当此炎天,西人都到园中散步纳凉,乐如何之"等等,但是,这种文言的影子在五四白话文中也存在,甚至要更加厉害。因此,在语言上,它显然比五四的白话散文更接近于今天的白话散文,假如把它与五四后的杂志上刊载的白话散文放在一起,我们会很难断定它是写于19世纪70年代。这些游记散文显示出它们的过渡性,它们的问

---

① 《小孩月报》第15号,光绪二年季夏之月出版。
② 参阅柄谷行人《日本现代文学的起源》,生活·读书·新知三联书店,2003年。

世,预示着中国的"新文学"正在登上历史舞台。

总之,在散文的各种门类中,西方传教士和他们的中国合作者们运用中国白话,在外国散文文体的影响下,尝试创作了一批与中国古代散文不同的现代白话散文,因为中国古代很少有白话散文,白话很少被用于正式的书写语言,因此古白话由于使用上的局限,造成了它语言自身的局限。晚清西方传教士把白话欧化,加强了白话的表现能力,用于各类散文的写作,使得中国白话在欧化的加强下扩大了它的使用能力,成为各方面都可以运用的书写语言,从而推动了白话全面进入中国书面语言的表达领域,为五四后的白话取代文言作了铺垫。这是中国最早的"新文学"实践,也为后来的新文学创作建立了它们的读者基础,体现了中国后来的文学发展方向。对它们的存在,我们的文学史应当有一个公允的评价。

第四节　新小说的崛起

西方传教士从一开始就意识到小说在宗教传播中的作用,他们有意识地利用小说来扩大西方影响,宣传基督教教义。马礼逊在撰写其传播基督教知识和科学知识的著作时,常常会运用一种比翻译《圣经》更加平易通俗的汉语语言来创作小说,以适应更多的读者。例如他的《西游地球闻见略说》:

前六年三月间,某独坐书房时,心下略想及天文,地理,人类等事,忽自道云,天下实有多少国,且人类确有多种,向来所见之书,西游东游等篇之内,多有不足信之言,何不自出门亲看世界各处乎,岂非更妙乎,果然免不得受些辛苦,惟要进博学之道,不以身苦为难真理一般,值得千万金之多矣,主意已定,即收拾行李西往。

某原来为西川人,故直西发至西藏,喇萨首城歇一会。

在西藏未几久,不甚考其喇嘛黄帽教若何,其内亦有混杂以佛教之语,但世间无根之言不少,学者不宜尽然去之,亦不宜尽然信之,用心试考,择其真理,而死守之,方成君子矣。

某歇了些时后,再往西发,欲到汉语所称五印度国,行路四十日,才到大城名呼加利古打是城今算京都,系大清一统志所呼榜葛剌之地,古称亦呼天竺,又号身毒国,是天竺乃佛氏所出之方,现在本处人不敬他,乃当为假神,自立的而废天上,上帝万有之原本也。

到加利古打后,即起意要学该处的字语,因早觉得以游学者,只用眼看,不甚济事,必要念一国之书,即同上一派之人交接叙晤,方可略明其处之得失,依斯看来,余即请人指教,并自家早晚攻书,如此学待过了一年有余,方可能颇晓该处各书内之义也。

学过了西域之书,某心内主意有些不定,或在陆路往西好,或驾洋船为妙,若在陆路则辛苦,若在水路则危险,两样皆难,只是世间凡事美险相近,倘要成功,不可困难缩手,缘此想来想去后,即立志漂洋西发。

船扬帆离岸远望而不见时,某心下略惶,惟过了数日,并未遇狂风,则渐着胆,昼食夜眠,如平地无异,船人以行船,名乎耕渊之词,其耕渊之快捷,真可叹美,其载物之多,认路之不差,冒风之不惊,皆可叹矣。

某飘行洋面五月之后,方至友罗巴之法兰西国,上岸后即往京都,名叫巴利士三个字,其京城有儒门最喜博学,伊闻有中华人至来,而颇会看西天之书,跃然礼接,遂在书院内让一所书房,供以日食,好使某得空,更进西学。①

这是一部类似说故事的小说,其实却是通过说故事介绍世界地理和社会状况的地理著作,改变中国人的空间观念。有许多地方,马礼逊自己也没有去过,他只是根据已知的书本上的地理知识,用第一人称叙述自己经历的方式,把它们介绍出来。这是当时西方传教士传教时常用的方法,以期通过这一表达形式的真实感,引起读者更大的兴趣,帮助他们理解和信任这些介绍的知识。游记不仅介绍西方的地理知识,也在游历西方时介绍了西方的科学技术。马礼逊心目中的读者对象是文化水平较低一些的商人或者其他较下层的社会成员,他在这里所用的浅近文言比起他翻译《圣经》所用的浅近文言,文言程度降低,已经可以说是近乎古代白话。我们假如把它放在白话小说中,除了章回等白话小说的常规体例它还不太符合外,其他差别已经

---

① 马礼逊《西游地球闻见略说》,清嘉庆刻本,约1819年,藏伦敦大学亚非学院图书馆。

不大了。因此它的语言介于浅近文言和白话之间,尽管还是用了一些文言词汇,但已经非常通俗易懂,接近于《三国演义》等白话小说的语言了。马礼逊在翻译《圣经》时所用语言比他的著作显然更为典雅,他心目中阅读《圣经》的读者文化程度是要比《西游地球闻见略说》的读者高一些。也许明末清初时期的教会对翻译《圣经》的语言有所限制,这时新教虽然已经不把它作为指令遵从,但是马礼逊在翻译《圣经》的语言和态度上,仍然受其影响。当然,这更有可能是为了适应当时社会的需要,要想获得士大夫的认同,则必须追求语言的典雅。因此马礼逊翻译《圣经》时是非常严肃认真的,所花精力也远远超过他的一般著述。此外,《西游地球闻见略说》的叙述语言非常精练,作者把文言文语词的精练融入白话文的叙述之中,形成一种简洁明了的叙述语言,这对于文言、白话二者的结合是一种颇有意义的尝试,这种尝试后来也影响到汉语的白话叙述,经过漫长的试验,一直到20世纪初。茅盾在商务印书馆做编辑时曾经发现,伍光建翻译的《侠隐记》所用的语言非常精练,它不是从中国古白话小说直接延续的白话,而是另一种结合文言形成的凝练的白话。这种语言在我们看来,就是从这里发展出来的,只是它的白话程度更为成熟而已。

《西游地球闻见略说》虽然是一部介绍西方地理知识的著作,其文化上的意义不及马礼逊翻译的《圣经》,但它还是有着非常重要的价值。这是一部介绍世界地理民俗的著作,特别介绍了当时西方国家的发达情景,对于当时中国人了解西方,有着重要的意义。这也很符合梁启超后来提出的、新小说应当"旁及彝情"的要求[①],介绍西方发达国家的地理人文知识。这部著作还有一些特点:它是在叙述中分段的,这在中国古籍当中除了对话体,一般是很罕见的,这显然是马礼逊按照英文的做法,把它应用到汉语叙述的结果。此外,马礼逊所用的一些翻译词汇,如将法国译成"法兰西",这在艾儒略《职方外纪》中则被译作"拂朗察",后来"法兰西"就被中国的近代翻译界作为翻译法国的固定名词。这些新词的运用,或许可以看作是明末清初之后新词大量涌入中文的一个开端。

---

① 梁启超《变法通议》,载《时务报》第16—19册,1897年。

《西游地球闻见略说》为引起读者的兴趣,采用的是说故事的小说方式,虚构了"某"这样一个主人公,他来自中国四川西部。我们在《西游地球闻见略说》的叙述中,可以看到它与中国白话章回小说不同的叙述方法:它基本是运用第一人称来叙述的小说,这在中国古代小说中是十分罕见的。明代小说《痴婆子传》是一部用浅近文言写的第一人称叙述的小说,唐代张鷟的《游仙窟》是用文言撰写的第一人称叙述的小说。但是在中国小说史上,用第一人称叙述的小说数量极少,而且仅见于文言小说。没有证据证明马礼逊看过这两部文言小说,其实马礼逊也无须去看这两部文言小说,接受它们的第一人称叙述的影响。因为这时西方充满了运用第一人称叙述的小说,尤其是写游记、写流浪汉的小说;因为游记叙述主人公在漫游过程中的感受和经历,运用第一人称叙述是最直接、最自然、最方便的,也最能赋予读者一种真实感。马礼逊在运用游记撰写地理普及读物时,采用第一人称叙述完全是受到西方文学传统的影响,是他的母语文学自然产生的结果。而这种第一人称叙述,对于后来的中国近代小说的变革,起到了很大的推动作用。马礼逊的这一游记,与中国古代小说的神话游记如《西游记》、《四游记》等写法完全不同,与文言游记如《大唐西域记》、《徐霞客游记》也不同。一直要到刘鹗的《老残游记》,其中某些部分才有些相似。

　　值得注意的是,除了写作文言之外,马礼逊也创作过一些白话小说,例如《古时如氏亚国列代各传》,说的是《圣经》旧约里诺亚方舟的故事,原书用的是圈点断句,我们把"点"改为逗号。

　　　　现在有一地方名叫如氏亚,该地方在西边约有二万余里路。那本地人古时比别国有些不同,故此我想依他们经书所载略传给看官听。他经开首有一句话说云,当始初神创造天地也,他们论神说独有一个神从永远至永远而在。天地万物人俱为神所原作的。依他们经书,神创造天地人是从前约有五千八百余年。始初神造人,一男一女,现在世上万国的人皆从这两个人生来的。所以各国的人皆为一字祖而来的。神造他们后,有示下一诫要他们遵造,若遵即有常生,若不遵即必要死。并连他们后裔亦有关系。可惜他们被魔鬼诱惑不遵神命致坏自己并连累我们后代。那时神责那两人又略言后来必有救者来,又当时神立祭

第四章 西方传教士带来的汉语文学变革

神之礼以表后来救世赎人罪者名耶稣。从那时恶人世间,且因一个恶字一个不遵神命,世上的万难兴起又终身死之辛,地狱之永苦,皆从此而有也。依如氏亚国人的经书,亚大么与以法生两个儿子,长子名加因,次子名亚比罗,长子为恶的,次子为善的,他们两个兄弟祭神时,神接悦亚比罗所献之祭,堆加因之祭神不接悦,盖恶人之祭在神为所可恶之物。故此加因恨他的弟亚比罗,且遇他在田外头起手杀死他。看官可见从古至今恶人不喜欢善人。如氏亚国经又云,当时人渐渐生多起来,并更为不好了,恶上加恶,致他们心里时时刻刻止为恶念而已。畏神做善之念皆无。故此神定个主意把洪水满地溺死万人。独留一个人,名妥亚同他本家几个人(下略)

在小说的结尾:

他们守每土日为安息礼拜,又专一把本身修德,善理本家。与世人相交诚信而心刻望得天上永福,有诗做证:

信耶稣辈临终日　汝作亲朋莫痛悲
盖彼暂辞归上国　如何伤悼哭噫噫
尔们弗学无望辈　战战兢兢勿自欺
平常赖依神子者　灵魂亦是作神儿
安宁永乐长生地　虽死之日若生时
神子降来尘世上　教我祈神改我非
代吾受难兼流血　亦曾自死转天墀
不久云从仍复至　地裂天开甚讶奇①

马礼逊在这里用的基本都是白话文,而且照顾到章回小说来自"变文",是白话散文和白话韵文的结合体。从这里我们可以看到:马礼逊展现出他的语言才能,从浅近文言到白话文,他能够同时运用不同文化层次的语言,写出不同的作品,以适应不同文化层次读者的需要。我们从这里也可以看到,当时西方传教士是如何努力适应中国读者的需要,运用不同社会层次的

---

① 《古时如氏亚国列代各传》,嘉庆时期刻本,藏伦敦大学亚非学院图书馆。

语言,在叙述中增加了许多说明,把基督教教义用简单的表述加以说明,尽量把基督教的内容,变成中国读者容易接受的内容。当然,马礼逊当时也有自己的中文合作者,并不一定都是他自己的中文创作,因为西方传教士早就学会天主教传教士用得颇为成功的"对译"方法,寻找一位中文程度较好、善于表达的中国合作者,一起翻译或创作,在中文语言上起到把关的作用。只是这些中文合作者的姓名,大多都被历史遮蔽了。这是一本介绍《圣经》内容的小说,通过叙述故事帮助更多的读者了解《圣经》,信奉基督。作者努力创作符合中国人欣赏习惯的小说,所以在结尾时还没有忘记要符合章回小说的表述习惯:用"以诗为证"来结尾,虽然这首诗写得太长,不是中国人早已熟悉的章回体七言绝句或七言律诗,作为小说每回的结尾,因此不太符合中国人的阅读习惯,这显然是由于当时的文化隔阂造成的,马礼逊还不太习惯用中文写诗。这段话其中也有个别文言掺杂的地方,如"云",把"说"和"云"放在一起用"说云"连用,似乎不太符合汉语的表述习惯。我们从马礼逊的这段白话文可以看到,它已经具有"欧化"的痕迹,除了该书所要叙述的内容,在语句形式上也呈现出外语表述的特点:"他们论神说独有一个神从永远至永远而在。"这种长句子的表述显然是为了完整地表达原作的意思,但是它把意思装在一句话里,显示出汉语表达受到外语从句的影响,不符合当时中国人的习惯表述。又如:"可惜他们被魔鬼诱惑不遵神命致坏自己并连累我们后代。那时神责那两人又略言后来必有救者来,又当时神立祭神之礼以表后来救世赎人罪者名耶稣。"也显示了同样受母语从句影响的问题,不符合当时汉语的表达习惯。但是,马礼逊还是尽量按照中国人的叙述习惯来介绍故事,以便于中国读者理解,因此这样的长句子在故事中很少。

创办《察世俗每月统记传》的米怜,也写过一系列传教的普及读物,如《进小门走窄路》、《乡训五十二则》、《天帝宗旨论》等等,其中最著名的是《张远两友相论》。这是一部小说,该书因为符合传教的需要,而且效果很不错,后来经过许多西方传教士的改写,改写成浅近文言、文言和方言、白话文本,并不断出版,是近代西方传教士出版最多的传教读物之一,也是晚清最著名的由来华传教士自己创作的中文传教读物。这是一部对话体的小说,小说描写姓张的和姓远的两人是好朋友,张是虔诚的基督教徒,远则对基督教很

第四章　西方传教士带来的汉语文学变革　　263

不了解，两人探询是否应当相信基督教，二人反复讨论争辩，最后得出应当相信基督教的结论，远也成为一名基督徒。这部小说可以说是体现了梁启超后来主张的新小说要"借阐圣教"的主题。在中国古代，宣扬因果报应主题的小说很多，也有一部分小说直接宣传阐释佛教、道教的成仙故事，宣扬劝善惩恶，或者阐释某种教理。《张远两友相论》可以说是提供了一个小说可以"借阐基督教"的范例。下面我们还可以看到，用小说"借阐圣教"在西方传教士的小说创作中是普遍的，因为他们创作中文小说的目的，就是为宣传基督教的教理。《张远两友相论》曾在《察世俗每月统记传》上连载。米怜基本上同马礼逊一样，主要运用浅近文言撰写他的传教著作，也运用近乎古白话的浅近文言来写小说，论证他要论述的内容。正因为这样，后来的西方传教士根据传教对象的文化程度，要么把《张远两友相论》改写成文言，出版新的版本，以获得士大夫的认同；要么把《张远两友相论》改写成官话或者方言，帮助文化水平较低的读者成为基督教的信徒。

我们试看最初创作《张远两友相论》的语言文学状况：

第一回

从前有两个好朋友、一名张、一名远、他们两个人同行路间、相论古今。远曰、我已听人说尊驾曾经受了耶稣之道理、而信从之。我看世人论说此事多有不同、且我自己不甚明白。今有两端、欲求尊驾解之。张曰、岂敢、相公智深、才盛、如何到来求于愚弟乎。但既是相公自所愿、则弟应当尽心、遵命、请相公说那两端出来。远对曰、好说了。第一、信耶稣者、是何样人、第二、信耶稣者、日日之行如何。烦尊驾解这两端。张曰、真信向耶稣者、比世人略不同。远问曰、有何不同。对曰、他所食的饭、所居的屋、所穿的衣、所行的工、所守的人伦等、大概都与世人的相同、在这各样未有什么不同、但其心、行二者、比世人大不同。远曰、其心行果若何、张曰、看下几件、方知其心行如何。①

文中所用圈点保留原样。我们可以看到，在这里作者所用的语言基本

---

① 《张远两友相论》，嘉庆年间刻本，现藏于伦敦大学亚非学院图书馆。

上是夹杂了浅近文言的古代白话,但是已经有一些变化。首先是偶尔会采用分段叙述,上文所引正是第一段。我们认为这偶尔发生的分段,正是基于英文的叙述是分段的,受到英文母语的影响,才造成米怜偶一为之的分段叙述。其次是作者所用的语言,说的是基督教的道理,但是所用语言,尽可能切合白话的要求,以便于读者理解。这种做法与《圣经》的翻译不同,《圣经》的原意必须准确传达,不能随便修改。所以,在西方传教士的中文创作和翻译中,其语言"欧化"的程度是不一样的,经典翻译的"欧化"要大于宣传教义的创作,这是一般的规律。

我们若是从文学的角度来考察,就会发现更多的"欧化"特点:首先,小说分节用的是"回",如"第一回";但是却没有中文章回小说惯用的"回目",这个回目应该是一对对子。中国的章回小说在开始问世时也有只有一句话回目、不讲对仗的小说回目,但是从没有回目出现只有第几回的小说回目标题。章回小说在成熟之后,叙述上有其独特的特点,叫做"花开两朵,各表一枝"。每回必须叙述两件事情,这两件事情的内容在回目的对子上表现出来。《张远两友相论》没有作为对子的回目,也就避免了"花开两朵,各表一枝"式的叙述。此外,《张远两友相论》每回的结尾,也没有按照传统章回小说的模式,说几句吸引观众看下去的话,制造悬念,然后"欲知后事如何,且听下回分解",再来一首诗,有诗为证。因此,《张远两友相论》自然没有按照章回小说的传统来撰写,没有"回目"的《张远两友相论》用的虽然是"第一回",但是已经与英文小说的"第一章"的题目和写作格式没有什么两样,完全不同于中国传统的"章回小说",这个写法,显然是受了作者自己母语小说的影响。

其次,《张远两友相论》中的主要人物都只有姓氏,没有名字。按照中国小说的叙事习惯,主要人物都应该有名字。小说中对话有称字号如"玄德"、"云长",如称姓需连带官职或先生等称谓,但没有只称姓如"刘"、"关"的情况,更不要说整部小说的主人公连名字也不出现,只有姓。《张远两友相论》的做法,显然是受到西方尊称时称姓的传统的影响,这无疑也是受到"欧化"的影响。

第三,《张远两友相论》是一部对话体小说,中国古代缺乏对话体小说,不要说章回小说中没有对话体小说，就连文言小说中也没有全部由对话构成的对话体小说。文言文中有对话形式的文章如"答客问"，著作有《盐铁论》，白话文本之中讲学语录是有问答的对话。但是《张远两友相论》是一种论辩式的对话，类似于《盐铁论》，并不同于"答客问"和语录中的问答。这种形式的问答体从未见之于中国小说，这种小说形式无疑是外来的，是"欧化"的结果；其对于中文小说来说，乃是一种形式上的创造。20世纪初，梁启超创作的"新小说"《新中国未来记》，其中第三回全部都是两个人的讨论，面对当时的形势，辩论是"改良"好还是"革命"好；双方进行了论辩式的对话，一直到该章结尾，也没有分出胜负。在小说中用"对话体"进行类似的讨论，在中国古代文言小说中没有先例，更不用说白话小说了。评点者狄葆贤说这一章像《盐铁论》，似乎是要说明它是受到《盐铁论》的影响。但在我们看来，《盐铁论》不是小说，它在汉代就问世了，但是一直没有中国作家尝试过用《盐铁论》辩论式的对话来写小说，它对中国古代小说完全没有影响。梁启超看过大量西方传教士写的读物，他在中国小说创作中作出这样的创造，就很可能是受到《张远两友相论》的启发，是看到《张远两友相论》才联想到中国也有这种对话文体《盐铁论》，然后狄葆贤把《盐铁论》作为《新中国未来记》借鉴的模本。对于《张远两友相论》在文学史上的意义，至少我们可以这么说：中文第一部对话体小说，是由西方传教士创作的，它改变了中国白话章回小说的结构，开创了一种新型的中文小说文体，在小说文体上的开拓性值得我们重视。

不仅是对话体小说，汉语第一部书信体小说也是西方传教士创作的，他就是传教士郭士立。

郭士立很可能是早期西方传教士中文创作比较特出的多产作家，写的小说和其他中文宣传品很多，如《常活之道传》《赎罪之道传》《悔漠训道》、《生命无限》、《诚崇拜类函》等等。他喜欢用小说来宣传基督教教义，也是一位用小说来"借阐圣教"的作家，在小说写作上也有所钻研。一方面，郭士立努力钻研中国文学体裁的写法，所写的小说比起米怜和马礼逊的作品，更加接近中国传统的章回小说；另一方面，他也采用极其"欧化"的小说形式，写作传教的小说。我们先看他写的小说《常活之道传》：

第一回　论骄傲人学谦逊

诗曰：世禄之家鲜由礼，缙绅之族多骄傲，谦光而尊卑自牧，皇天眷顾降遐福。

话说大清年间，有一科甲太常正卿，姓李名端，字铁砚，乃山西太原人氏，这李太常上无兄，下无弟，只有两姐，嫁出遥远去，他为人贪利骄傲，好登贵人之堂，每月趋迎权尊，指望进身高升，内多贪忌，外好滥交，又妄作强解事，往往取人憎恶，懒于逢迎贫贱，惟以交接尊长自娱，比不得沉静寡欢，享上帝所赐之物，颂赞崇拜天地万物之主宰，谦恭认自罪，求神主赦免也。慈悲救济穷苦，使人爱而敬之，盖真福由真神者而来，即是天地万物之原本也。今世之福及来生之乐皆其赐也。及耶稣所教皆齐备一端，亦无缺失。且李太常有功名大财业，其女色亦不少，只可惜其不会享福。原来离京城一百里，有一处民田，十分膏腴，李端甚欲得之，竟叫家人占奇了，此田青山环绕，四面一带清溪，从西过东，曲曲弯回，两堤上桃李芳菲，可观山水之趣，在园内有玉蝶梅、茶槐花、广西吊兰、红石榴花，亦有银鹤翎，盆盆种种深香，疏态散影，李端十分喜爱，每日香花玩赏之乐也。只是李端震惊威逼，自此夺业后，不能心安，夜思昼想。饮食睡卧皆废，观其树木枝叶茂盛，亦甚浓翠，想起昨日所行之事，自觉犯上帝律戒，书云获罪于天，无所祷也。此之谓自心之责，譬火起炎炎，至以久烈无尽无灭，真个李太常心极苦楚也。且正惮悲切间，忽报李通政使司来拜，原来此李通政使司，与李端同宗派之谊，名叫李公院，号糠几，与端公往来契厚，他为人最偏歪，以酒色自娱，李端公听见此人来拜，慌忙出来迎接，两人往来惯熟，情意浃洽，全无一点客套，接入内堂见礼作揖，李端道，贤兄请宽大衣，二人分宾主而坐，就叫左右奉茶，略谈几句叙话，不时就往园里而去，李公院向李端道，平兄苟恋于此，断非欢乐聚处之所。李端公道是也，说了就叫左右办酒，赏花陶情为快，李太常注目向花搜索枯肠道，若是花下怀忧，终不宜矣。僧言佛子在西空，道说蓬莱在海东，惟有孔明崇观事，眼前无日不春风，却是我们笑人便不差了，只是饮酒好色，争名夺利，何必溷迹于仁义，以博旁人之笑，今日饮酒食肉，明日受死，未可定也。二人就席坐下，将酒斟上，一尽欢饮而散。过了数日，不肯揽事，那有十分费力，以酒贾招祸也。且李端暗想道，书云见贤思齐焉，见不贤而内自讼也。解劝人没有良心，实是来不得也。每日所思言行，加苦增难，或闲日到静处坐下，左思可想，平日往过之罪恶，想出无数来，又想道，或者死日不远，亦未定也。虽身体有力，血气刚盛，面色未衰，酒能坏四肢经络，出入起坐动静，行止睡醒，皆是思想，只恐惧寿夭，虽有多业，有财宝，有妻妾，有仆婢，有爵尊禄厚，亦不能去身上罪行，又不能得长生之命，更不能使灵魂得永福，且不能撒神主之怒也。虽家巨富豪有何益乎。且说李太常离京到屋，每日往来纷纷，交接繁冗，忽一日李公拜客回来，临到门首，见一人手捧一封信，不一时长班进来禀道，乐安黄丽爷送来的书，李公进房解去衣服，便问此送书之人，几时到来，他答道，昨日已到，原来此黄丽爷与李公同乡之人，叫做德成，号胆子，先日二人共学同窗，他为人性巧，情欲恣意炽盛，又有一件事托他周旋，李公将书拆开观看，书内称荐举某儒姓张名现，李公看完了书，即叫长班请他进来，不一时一人从阶下进来，怎生模样，但看姿色美如冠玉，只有姿色，貌若潘安之像，嫉妒好譬之样，自是风流人物，接见之时，谦恭逊让，说话间左顾右盼，满面尽利，李公见了召到中堂迎入内厅，二人拜见礼毕，分宾主坐一，夫此张现为放肆的人，上不畏神天，下不守五伦，又不知耶稣戒禁日，凡视妇女致怀邪欲向之者，则心内已同之行奸，善者曰：吾不欲犯神天所禁，不可奸人之妻，不可淫人之妇，自古道万恶淫为首，虽有妻子好合，如鼓瑟琴。总是神主所合，相为骨肉，此理之所当然也。故此有命人该离父母，依合厥妻，且神主所为者，不可分之，吾压贵为贱，而升贱为贵，又于婚姻为重，及媾之床无污，但宿娼奸人妻者，将来神主必审办之，惟我暴怒苛求，神天未必肯听之，今人每日所言所行之事，神天昭然在望，一毫不差，善恶到头终有报，高飞远走也难逃，但张现自觉在身有福，内有苦难，善人怨恨，恶人远离，耗精费神，总没奈何也。只望李端太常为人纵情任欲，心齐相合，不知可否，但李公心下想道，忖知有万分苦难，不免改恶归善罢了。不可迟缓，只恐伏辜遭万难之苦，因此不能成事，心中思想，只是掩泪低头，自觉难为情，然事已至如此，张现不敢住也，使心

动火炎,只得拜别,有诗为证:

> 诗:我已多获诸般罪,神主恤怜医我灵。
> 曾食我冰而攻我,忘祖施恩及我们。

《常活之道传》一共六回,它的回目如下:

第一回　论骄傲人学谦逊
第二回　论错中错各不遂心
第三回　论繁难大加增
第四回　论从苦难大欢喜
第五回　论大才量受福
第六回　论患难之中大平安

我们可以看到,《常活之道传》小说回目完全是从基督教教义和传教需要出发的,回目用"论",并不符合中国人的习惯,这是欧化的句子,也是基督教传教的需要。小说的回目没有采用章回小说习用的对偶句子,小说的叙述也没有运用章回小说的"花开两朵,各表一枝"的叙述惯例,在一回里叙述回目上提到的两件事。单句的回目句子的字数也不整齐。这些都是《常活之道传》不符合中国传统章回小说体例的地方。但是,我们从郭士立所写的小说中也可以看到,西方传教士认真学习写作,也可以写得很像章回小说,郭士立的小说就有这样的特点。他的小说不分段,符合章回小说原有的传统;开头以诗引入叙述的话题,结尾"有诗为证",诗用的是绝句,这些都符合章回小说的传统体例。它的白话也用得比较成功,"欧化"的色彩比较少,几乎没有看到用几个汉语句子连接起来的长句子。这种叙述语言符合古代白话的特点,虽然也夹杂了一些文言词汇,但是并没有逾越古代白话小说的规范。我们假如把这一段放在古代白话小说之中,不去考虑它们叙述的内容,只看它的语言和表达方式,我们也许不会感到这是出于一个西方传教士的手笔。这种形式上对中国小说的适应和尊重,能够让当时的中国读者感到亲切,不会产生隔膜,有助于其作品的传播。郭士立小说的特点是在内容和章节上,都坚持了基督教的原则,也因此保持了"欧化"的特点;但是在小说的形式和叙述语言上,则显示了模仿传统章回小说的努力,构成一种"中西合璧"的独特形式,以求得到中国读者的接受。在当时的传教士中,郭士立所写的这一类小说或许是在形式上最接近于中国章回小说的,这种小说后来成为许多传教士写作的中文小说的特点。

然而,郭士立也写了一些极其"欧化"的小说。他并不是只有对中国白话小说适应、尊重以宣传基督教的一面,他也有引入外国小说形式推动中国小说发展的一面,这一面就是借助于西方小说,帮助中国小说"欧化"了。在这方面,郭士立还是作出了一些贡献。这个贡献首先表现在小说的形式上,他创作的《诚崇拜类函》,其章节由"刘幸命稿,李太白诗,寄双亲书,寄弟书,寄母亲书,寄先生书,寄姊书,寄妹书,寄侄书,寄朋友书,寄侄孙书"等部分组成,它是一部以书信构成的介绍西方基督教的书信体小说,这在中文小说的创作中是一个创造。应该指出,书信进入小说在中国虽然历史也很长,例如《三国演义》就有诸葛亮用书信气死曹营主将曹真的故事;但是小说完全由若干封书信组成的体例却是从未有过,无论是在文言小说,还是在白话小说,都没有出现过单独由书信构成的书信体小说形式。中国作家自己创作完全由书信构成的书信体小说,要到民国初年包天笑创作的《冥鸿》。就是在五四新文学运动发生之后,新文学创作书信体小说也很少。《诚崇拜类函》小说的创作,显然是受到西方小说的启发,因为在西方小说中早就有完全由书信构成的书信体小说的存在,18世纪英国理查生的小说《帕米拉》就是一个典范,《帕米拉》在当时英国引起很大反响,推动了书信体小说的流行。郭士立《诚崇拜类函》的创作当然是受到西方书信体小说的影响。虽然《诚崇拜类函》作为小说是用来讲基督教道理,小说也写得缺乏吸引力,从小说艺术来说简直是不值一提;但是它很可能是第一部中文的书信体小说。尽管目前还没有直接证据证明它曾经影响了中国后来的书信体小说创作,但是它作为中文书信体小说的开端,帮助中国的读者适应、接受书信体小说,在中文小说形式发展上的意义仍然是值得我们重视,并且应当给予高度评价的。

《诚崇拜类函》是一部运用浅近文言叙述的小说,小说的开头仍然沿用了章回小说以诗开头的方式,但是它又综合了文言小说和白话小说,形成了一个独特的开头:

李太白曰,世道日交丧、浇风散淳源、不采芳桂枝、反栖恶木根、所以桃李树、吐花竟不言、大运有兴没、群动争飞奔、归来广成子、去入无穷门。

　　尝闻神天之命、深微秘密矣。人再次世间、不可不知之、虽四海承天命、惟君子可尽之、小人茫然渎神主之命、不敬畏万物之主宰、或兴或废、或幸或殃、不顺不恭、恃本势而亡。

　　且说十有四年前、有一个人家、居福州府、姓刘、名当安、因贸易伶俐办事、还不上十年、积财多矣。娶妇陈氏、生子八人、真可谓万福咸臻、此人原是全州府籍、惟两亲迁居福州、住了几年、与福州人交接不安、就归本乡、寓在海边獭窟港口、十有余年之后、众子皆生长、在台湾做生理、每年往来三回、载米糖等货、且说其长子名叫做幸命、当时之时厦门大船往南实力甲刺巴等埠头、幸命甚欲看外地方、故此载货往新埠头、(下略)

　　这里的圈点保持原样。可以看到,这部小说虚构了一位出洋在外的华人,信奉了基督教,写信给他的亲戚朋友,诉说他在海外看到的地理民俗,以及对基督教教义的理解。这也符合后来梁启超对"新小说"的设想——"借阐圣教"和"旁及彝情"[①]。而郭士立是想通过这种小说写法,来传播基督教教义。因为这种方法富于生活气息,容易打动人的心理,便于人们接受基督教的教义。我们从这个开头可以看到,这部小说与《常活之道传》也有相似之处:不仅小说的叙述格式是模仿古代章回小说,运用以诗开头的叙述方式;就是小说的叙述语言,也是古代章回小说所运用的白话。但是小说又采用了西方小说的叙述分段方式,这是现代汉语和现代文学才有的标记。联系前文所述马礼逊、米怜等人的尝试,我们或许可以这么说,最早尝试在汉语小说表述中运用现代分段方式的,是西方传教士,是他们将西方文学的形式运用到中国文学的创作中来。后来中文普遍采用分段的叙述方式,就是西方传教士这一做法的延续。

　　然而,当小说一旦进入"书信体"的叙述结构,它的叙述形式和叙述语言

---

① 见梁启超《变法通议》,载《时务报》第16—19册,1897年。

第四章　西方传教士带来的汉语文学变革

都发生了改变。我们试看其中的《寄母亲书》：

> 自叩别以来、几更裘葛、荏苒流光、几易春秋矣。倘知爱母近祉禧和、福履亨加、曷胜雀跃、不肖抛离家园、生涯异境、碌碌奔驰、无一善状、不知何日得谋回旋、甚使儿赧无地矣。恨不能奋飞左右、时承爱母教训之为怅也、虽然如此、不肖在外常与君子等多次集会、暨论之紧要之道理、儿不敢藏之、故勉励说其详、为那先生之言、朴而弥挚、卓然可传以人传。
>
> 自开辟以来、此世间人弃至上帝、经营利路之间、只图此生事业、倘获财溢、万福咸臻、百几虚费、觅利甚微、形身失措、蹉跎之间、终不望神天至上帝、不胜其愚矣。但观四时太和、万物迭起、万物训生、一盛一衰、文武伦景、一清一浊、以不幸之事为命、浩叹顷悼、难禁滂沱、呼泣昊天皆徒然、独留心此世间之事而已、罪孽深重、追悔不及、勉强神天上帝之宠佑、祸灾之节、神天上帝莫不慰其渴怀、却其俗人独赖世事、毕竟无奈何、虽血泪盈襟、哀伤肺腑、还拿繁华世界、转眼成空、临死之间失恃、肺肝俱碎、且儿甚思此事情、已知胜者悲哀、又闻图利极难、兴思及此、不禁潸潸泪溢胸膛也。①

在书信中，作者采用的是文言文，而且并不都是一般比较容易的浅近文言，而是出现了一些在典雅文言文中才出现的词汇，如"几更裘葛、荏苒流光"、"近祉禧和、福履亨加"等等。不过这些词语的运用，只是装点了一些"典雅"的门面，整个书信写得并不能算"典雅"。而且作者所用的圈点很乱，应该是句点的地方仍是逗点，如"且儿甚思此事情"之前，明显应该是句点，结果却仍然用了逗点，说明作者（或者是他的中国合作者）的文言文基础并不算好，只是沿用了前文所述瓦罗《华语官话语法》的做法，加入一些能够显示典雅的词汇来作为典雅的包装。进入"书信体"以后，小说的写法也不再类似于小说的叙述，也不像古代人写信的"尺牍"写法，古代人写的"尺牍"一般都比较短，一般不会详细描写自己的所见所闻，像写游记那样，或者描写

---

① 郭士立《诚崇拜类函》，道光甲午年新镌，藏英国伦敦大英图书馆。

自己的心理活动。古代写得比较长的尺牍，大都是说明一个想法，或者讨论某一问题。郭士立用尺牍来系统说明基督教的道理，循循善诱，是把西方的书信和中国的尺牍相结合，用西方书信体的内容，加上中国尺牍的包装，用以传播基督教的基本知识。这个做法在当时的尺牍运用中，对于中国人还是很新鲜的。中国古代似乎也缺乏系统的用一组书信来说明某一道理的做法。因此，也可以说郭士立的做法是对中国书信体的一种创造，扩大了汉语"书信体"的表现能力。西方传教士郭士立的书信体小说，尽管几乎没有对后来中国自己的书信体小说创作产生多大影响，但是它毕竟是中文第一部完全用书信构成的书信体小说，在中文小说形式上是一个重大的突破，在中国文学史上应该占有它的地位。

西方传教士创作了不少"准章回体"的白话小说，就像上面所说的小说那样，他们选择了"章回体"形式，但是又偷工减料，不符合中国传统的"章回体"标准，所以我们把它们称为"准章回体"小说。这些白话小说有的也是改写了原来的西方小说，把它们变成"章回体"。这些"章回体"小说基本上都与传播基督教有关，它们有点类似后来的"新小说"，写小说不是目的，目的在于宣传某种理念；在"章回体"的大框架内，传播基督教的信仰和教理，显示了在传统小说和"新文学"之间的过渡环节。这样，它们的"欧化"程度，便不及翻译的小说。

在欧化白话文的小说中，《天路历程》是一部重要的作品，它上承西方传教士的创作《张远两友相论》、《诚崇拜类函》而来，但是《张远两友相论》和《诚崇拜类函》都是在论述为什么要信基督教的道理，它们只是披着"小说"的躯壳，其实都是在借人物之口直接把道理讲出来，看不到人物的性格，实际上都是论著，只是披着小说的外衣，所以不像小说。而《天路历程》则是一部真正的小说，它虽然也是在讲信仰基督教的道理，但是它源自西方流浪汉小说的传统，人物在不断的活动，人物的性格虽然有点类型化，但也算得上鲜明，与完全在讲道理的《张远两友相论》和《诚崇拜类函》相异。更重要的是：它与中国古代的传统小说路子不同，更接近后来问世的五四新文学，虽然从文学的角度说，它对于中国当时的文学是超前的，人们在当时只把它看做是传教的宣传品，很少有人意识到它在文学上的意义。《天路历程》是英国作家班扬在17世纪创作的,这是一部宣扬基督教信仰的小说,在全世界具有广泛的影响,迄今为止,在"世界各地已有多达二百余种译本,是除了《圣经》之外流传最广、翻译的文字最多、种类最多的书籍"①。

《天路历程》有正续两部,第一部描写主人公基督徒寻找得救途径的过程,第二部描写基督徒的妻子寻找得救途径的过程。第一部1853年由西方传教士宾威廉翻译成文言,在厦门出版。1865年,宾威廉又把它的第一部译成官话,在北京出版。其后,宾威廉又译出了它的第二部官话本,作为《天路历程》续编,1867年在北京出版。此外,《天路历程》还曾被译成广东方言等多种方言译本出版,在中国曾有过广泛的影响。

中国古代的白话小说从话本发展而来,话本是从古代城市瓦舍勾栏中的说书底本发展而来,城市的说书具有较强的娱乐性,这种娱乐性也就遗传到白话小说身上,因而使得中国古代的白话小说具有比文言小说更加强大的娱乐性。在中国古代白话小说中,只有迟至乾隆年间方才问世的《儒林外史》和《红楼梦》的娱乐性比较弱,表现人性的自觉意识和对社会的批判意识都比较强,它们也是在时间上比较接近近代、由文人创作的具有现代性的小说。从胡适、鲁迅、茅盾等人对古代白话小说的论述中,我们也可以看到这两部小说是在为人生意义上得到五四新文学家认同的古代小说。我们先来看《儒林外史》。首先,《儒林外史》描写的不是中国古代小说喜欢描写的英雄,或者是豪门巨族,而是社会下层的一批读书人。梁启超曾经说过:"英雄、男女、鬼神"这三类题材,"可以赅尽中国小说矣"②。《儒林外史》描写的既不是英雄、男女,也不是鬼神,而是普普通通的读书人,没有传奇色彩。这种做法本身其实是很有现代性的,从描写叱咤风云的英雄和传奇的才子佳人爱情,或者是志怪传奇的鬼神世界到描写普通人的平凡生活,这本身就适应了现代社会和现代都市对"人"的认识,对所有人重视的"人"的平等意识。它改变了中国古代白话小说娱乐性很强的"传奇"色彩。其次,《儒林外史》的写作目的之一是揭露黑暗现实对读书人的腐蚀,引起疗救的注意;这种写

---

① 王汉川译《天路历程》修订版曾繁仁序言,中国工人出版社,2007年,第Ⅴ页。
② 梁启超《小说丛话》,载《新小说》第三号。

作目的，也具有现代性。古代小说也有揭露黑暗，如描写明末宦官政治的《梼杌闲谈》等等，但是那些小说大都成书于事后，属于"古今多少事，尽付笑谈中"的看客消闲一类，仍不脱其娱乐性；而不是其创作宗旨在当时就要唤起读者良知，与丑恶作斗争，改变黑暗现实一类。《儒林外史》则是后者，这类小说对读者有独到的期望，这种期望源于作者对读者的信任，源于现代社会对普通人社会作用的重视，源于作者改变现实的焦虑和责任感。这种做法说明作者对小说功能的认识也不同于古代的"消闲"，它具有现代性。第三，《儒林外史》运用的是冷静客观的描写，追求一种真实刻画人物、再现现实生活的效果，与中国古代的"传奇"笔法大不相同，这种方法我们后来把它称作"现实主义"。在西方，"现实主义"的崛起本身是和现代科学的发展联系在一起的，它具有现代性。

我们再来看《红楼梦》。《红楼梦》虽然描写的是传统题材的"男女"，展示出一个大家庭的崩溃，同时也写出了贾宝玉对自由人生的追求；但正如鲁迅所指出的："其要点在敢于如实描写，并无讳饰；和从前的小说叙好人完全是好，坏人完全是坏的，大不相同，所以其中所叙的人物，都是真的人物。总之自有《红楼梦》出来以后，传统的思想和写法都打破了。——它那文章的旖旎和缠绵，倒是还在其次的事。"①说出了《红楼梦》中所体现出的现代性。鲁迅论述《红楼梦》的现代性体现的是五四新文学和中国古代传统旧小说之间的差异：五四新文学是"为人生的文学"，中国古代白话小说除《儒林外史》、《红楼梦》之外，缺乏"为人生"的自觉性。五四新文学强调文学的严肃性，希望用文学来改造社会，改造国民性；中国古代的白话小说娱乐性太强，缺乏严肃性，尤其是缺乏批判意识和对读者的期许，所以新文学家希望用文学来改变读者的不良性质。这就是鲁迅如此推崇《儒林外史》和《红楼梦》的原因，也是五四新文学家提倡新文学的原因。

正是在五四新文学家提倡新文学的意义上，我们发现班扬的《天路历程》在某种意义上体现了五四新文学的精神，它的出现为中文小说吹入了一股新风。下面，我们试把班扬的《天路历程》和中国古代的白话小说名著吴

---

① 鲁迅《中国小说的历史变迁》，《中国小说史略》，人民文学出版社，1973年，第306页。

第四章 西方传教士带来的汉语文学变革

承恩的《西游记》做一个比较。

班扬的《天路历程》和吴承恩的《西游记》都是描写主人公长途跋涉，战胜艰难险阻，努力"求道"的小说，一个在寻找基督教的上帝之道，一个则是到西天寻找拯救世界的大乘佛教，他们都是寻找真理，寻求摆脱世间困境的途径。他们在"求道"过程中，也都历经了千辛万苦，终于获得正果。虽说这两部小说都在叙述求道的艰难，但是《天路历程》是严肃的"为人生"的小说，《西游记》则是讲故事的娱乐小说。

为什么这么说呢？我们先看《西游记》。《西游记》描绘的是一支到西天取经的团队，这个团队到西天去取经的发起，是源自西天的如来佛祖和观世音菩萨，是他们决定了到东土大唐寻找取经的人选，由观音菩萨一手包办，组织了取经的队伍。在这支队伍中，只有唐僧一人是真心想到西天取经的，就连他原来也没有到西天取经的动机，仅仅因为他在讲经时观世音菩萨的化身对他说小乘佛教不行，不能普度众生，必须到西天取大乘佛教的经书，才可以普度众生，这才使他产生了到西天取经的动机。至于取经团队的其他成员，包括白龙马在内，都是犯了错误、正在受到处罚的天神。观世音菩萨向他们承诺，保护唐僧西天取经成功，就可以将功折罪，得到正果，他们才自愿加入取经的队伍。为了保证其中神通最为广大的齐天大圣孙悟空服从唐僧的指挥，观世音菩萨还设计给他专门套上了"紧箍咒"。这个"紧箍咒"又是佛祖送的。孙悟空在被套上"紧箍咒"之后，没有别的路可以走，只能全力以赴保护唐僧到西天取到真经。此外，取经队伍的另一重要成员，猪八戒也屡次想要离开取经的队伍，回到高老庄过农家生活，但最终都在孙悟空的压力下被迫打消了离开取经队伍的设想。这支取经队伍在取经路上遇到的磨难，又都是由佛祖一手操纵好的，佛祖规定了取经团队必须经过八十一难，才能让他们顺利取到经书。神仙们为了增加取经的难度，不断让自己的属下成为妖怪，以凑满八十一难，最后少了一难，还必须补足。所以取经路上的妖魔鬼怪，大多反倒是上界仙神的仆从、坐骑，这些妖魔鬼怪手中呼风唤雨，打败孙悟空的宝贝，大多也是上界仙神手中的宝器。取经团队大多是在与人为造成的磨难中奋斗前进的，而所有这一切的安排，都来自于佛祖，观世音菩萨则是具体的执行者，取经的团队和取经路上的许多妖魔鬼怪，不过是他手中的一颗颗棋子。孙悟空要度过劫难，只要驾着筋斗云跑到南海观世音菩萨那里，菩萨自会出来帮忙，降妖伏魔。如果观音菩萨自己也无法解决，自会出主意提供其他的解决办法。直至佛祖亲自出马，如对六耳猕猴和大鹏金翅鸟。这就意味着取经团队渡过劫难，并不需要依靠自己努力，依靠自己的力量，他们只要向观世音菩萨求告，至多到佛祖那里，一切劫难都可迎刃而解。这支取经团队历经的磨难，与他们的人生没有什么关系，它们并不是从人生经历中总结出来的劫难，因此也不存在借这些劫难批判人生的恶习，用以阐明人生的真理；而是为了娱乐，为了情节曲折而设想出来的。就是人物设计本身，从唐僧、孙悟空到白龙马，也是在长期的说书演变中形成的，其中还有民间故事的影子。阅读《西游记》，我们获得的是一种轻松、一种愉快、一种消遣。《西游记》的作者在写作时对读者并不抱有促其奋起、改变现实的期望，也不抱有改变读者思想的设想，他不需要那样的严肃。周作人在他著名的五四新文学论文《人的文学》一文中把《西游记》列为"非人的文学"，这虽然有点过分，但是在当时并没有引起新文学阵营其他作家的异议。我们若是明了当时新文学家对于文学"为人生"的渴望，对于用小说来启蒙大众、改造国民性的迫切需要，或许也就可以理解他们"恨铁不成钢"的心情了。

　　按照五四新文学的标准，《天路历程》就完全不同了，它可以算是一种"为人生的文学"。只要将它和《西游记》做个对比，就不难发现，它不是娱乐小说，而是一部严肃的小说。小说主人公"基督徒"是在获得一本书的启示之后：我们的这个城市将要葬于来自上天的火海，所有的人都将在火海中化为灰烬。由此产生"我该当怎样才能得救"的念头，产生"寻求人生的得救、解脱"的"求道"动机，这个"求道"动机，完全是他出于自己的生命需要产生的，与命运与别人无关。"求道"是他自己的生命需求，是他自己在人生道路上做出的选择。他曾经动员他周围的人同他一起去求道，当他发现他周围的人包括他妻子和家人在内，不能理解他的警告，反而把他看作病人时，他就抛弃家庭、家乡，自己出走，独自寻求解脱之道。在他的身上显示出一种一切从个人出发，以个人为本位而不是以家族为本位的强烈的自主性，显示出一种独立的主体性。而这个人物身上表现出来的主体性正是以个人为本位的现代社会的一大特点,也是五四时期的新文学家们追求的"个性主义"。正如胡适在《易卜生主义》中所引用的易卜生语:"我所最期望于你的是一种真实纯粹的为我主义。要使你有时觉得天下只有关于我的事最要紧,其余的都算不得什么。""你要想有益于社会,最好的法子莫如把你自己这块材料铸造成器。""有的时候我真觉得全世界都像海上撞沉了船,最要紧的还是救出自己。"①《天路历程》所显示的,正是这样的"易卜生主义"。它所体现的,是一种进入现代社会得以发扬光大的以个人为本位的意识形态。

《天路历程》是一部宣传基督教的小说,作者班扬自己就曾经发生过信仰危机,在他的自传中,曾经生动地描写过自己的内心挣扎和彻悟的过程。《天路历程》的创作有明确的目的,就是要宣扬基督教新教的教义,用小说启蒙,用小说来改变人们的思想。这是一部宣传基督教新教观念道理的小说,它是先有理论、先有观念,后有小说的创作,小说的创作是为了用人物形象图解要宣扬的基督教观念和理论。这种写法是中国古代白话小说创作所缺乏的,而这种写法又恰恰是中国从梁启超的《新中国未来记》以后的"新小说"、"新文学"创作的一大特点。《天路历程》的作者在写作时对读者充满一种期待、一种信任,他希望读者阅读他的小说之后,能够重新思考自己的人生选择,能够改变自己的人生态度,能够坚持不懈地成为上帝的选民。这种对读者的期望,这种由小说改变读者思想的希望,也体现了中国白话小说出现了一种现代意识,它们也正是后来从梁启超"新小说"到五四"新文学"所追求的以小说改变读者思想、改造社会的写作宗旨。《天路历程》可以说是第一部翻译的图解观念理论的中文小说,其意义自然不应该低估。正因为这样,《天路历程》缺乏娱乐性,整部小说都是在讲道理,非常严肃。这也成为后来"新小说"、"新文学"的特点,这种一味出于教化目的,缺乏艺术性、娱乐性的做法,在当时也曾经受到过吴趼人、徐念慈、朱自清等人的批评。

与《西游记》不同,《天路历程》在基督徒的求道路上,没有描写妖魔鬼怪,而是用比喻、象征的笔法,描写人生的各种诱惑陷阱给求道带来的困境,

---

① 胡适《易卜生主义》,《中国新文学大系·建设理论集》,上海良友图书公司,1935年,第189页。

批判人类的恶习。如作品描写主人公基督徒决定离开家出去寻找得救的途径时，他的邻居顽固不肯跟他走，而另一位邻居柔顺则跟他一起走了，但是柔顺吃不起苦，中途回家，放弃了寻找得救途径的努力。甚至连主人公自己，在"俗人智"的影响下，也差一点就放弃了寻找得救途径的努力。在《天路历程》中，"传道"、"愚陋"、"懒惰"、"自恋"、"俗人智"、"循规蹈矩"、"温良"、"善意"、"晓谕"、"任性"、"耐性"、"警醒"、"敬虔"、"审慎"、"守信"、"扯臊"、"盲目"、"无赖"、"放荡"、"阴暗"等各种人类情感、人生态度、习惯等特性成为各种各样的人名，"纵欲城"、"浮华镇"、"德行镇"、"富丽宫"、"毁灭城"则成为各种各样的地名。这些人名、地名常常直接暗示了作者要表达的思想意图，同时它们都有象征意义，显示了作者对社会、对人性恶习的批判。基督徒在寻找得救过程中的经历和遇到的困难，也确实是人生道路上常常会遇到的困难。他在与社会、与自身的斗争中不断向前。因此，《天路历程》的"求道"过程虽然也描写了一系列作者想象的世界，但是他不是为了娱乐而描写这些场景，编撰一系列离奇的故事。作者始终是扣住一个虔诚的基督徒为完善内心的修养，寻找人生得救途径的目的来写的。作者急于用小说宣扬他领悟的基督教道理，不惜以形象图解基督教的理论。所以阅读《天路历程》，我们获得的是一种思想、一种对人生意义的寻求、一种不断探索的意志、一种在宗教中找到归宿的慰藉；同时我们也获得一种沉重感、一种要完成人生使命的煎熬、一种在迷途中不断寻求光明的困惑、一种对人生艰难的领悟、一种对坚持不懈的赞美。它的娱乐快感要比阅读《西游记》所带来的愉悦感差很多，这也是《天路历程》的严肃性造成的。这种严肃性为小说带来了新的意义，将小说与"人生"紧密联系在一起，赋予小说改变人生、改造社会的使命，提升了小说作为文体的价值档次，促使小说真正成为文学之最上乘；同时也为小说带来了图解理论的弊病，在相当长的一段时间内，它们也正是"新小说"、"新文学"的弊病。这也是因为"新小说"、"新文学"具有与《天路历程》一样的"启蒙"要求，以小说来改变读者的思想，以小说改造"国民性"的目的所造成的。

班扬创作《天路历程》的目的，在宣传基督教教义，向普通老百姓做启蒙。因此，《天路历程》用的是平民化的语言。在此之前，教会传教或者神学家写作心目中的读者大多是文化程度较高的贵族绅士,因此他们的文风大多是文采飞扬,辞藻华丽,用句典雅,用以博得读者的倾服欣赏。《天路历程》则完全不同,作者善于运用比喻和民间的口语等平民化、大众化的表达方式,通过主人公"求道"的经历来形象地阐述《圣经》中的道理,从而以通俗易懂的方式来展示《圣经》中深奥的内涵,求得文化水平较低的读者理解信服。《天路历程》成功地打动了无数读者,也因此受到教会的重视,被作为教会仅次于《圣经》的传教重要书籍,在全世界各地广泛传播。《天路历程》在1853年被翻成文言,1865年又被翻成白话,白话本《天路历程》更加特显出它的平民化、大众化的风采。白话本《天路历程》这种平民化、大众化的风格,与后来五四新文学建立白话文学、国语文学,在理论上追求的建立"平易的抒情的国民文学","明了的通俗的社会文学"①是一致的,可以说是它们的先驱。鲁迅曾经指出:"新文学是在外国文学潮流的推动下发生的,从中国古代文学方面,几乎一点遗产也没有摄取。"②这个结论当然有些绝对,但是我们如果把它理解为新文学取法的基本方向,是学习外国文学潮流,那就没有问题了。所以笔者认为:《天路历程》的白话译本是中国最早的新文学形态的小说雏形,尽管它还依然保留了章回小说"有诗为证"的某些形态。它是"外国文学潮流"对中国白话小说最早的推动力之一。

当然,要说明《天路历程》是最早的新文学形态的小说雏形,不能光看它的思想,它的平民化、大众化写作目的,还必须指出它与中国古代白话小说在语言形式上的不同。在《天路历程》的白话译本问世之前,中国的白话长篇小说都是"章回体",就笔者眼界所及,除了传教士创作的小说,好像还没有看到过不是"章回体"的白话长篇小说。"章回体"是从说书人的话本发展而来的"拟话本",仍然保留了许多"说书"的痕迹。例如它的开篇还有"话说"等说书人的套语,每回结尾也有"欲知后事如何,且听下回分解"的结束语,模仿说书场上的说书人,在故事的关节处结束,用故事悬念吊起观众胃口,吸引他们听下去、看下去。"章回体"是从唐代"变文"发展而来,往往是

---

① 见陈独秀《文学革命论》,《文学运动史料选》第一册,上海教育出版社,1979年,第22页。
② 《鲁迅全集》第八卷,人民文学出版社,1981年,第399页。

散文同韵文的结合体，在"章回体"小说的散文叙述中，常常会夹杂韵文，如叙述过程中常常会"有诗为证"，回末也常常有一首绝句作为结尾。成熟的章回小说回目往往是由一句对子组合而成，这一句对子往往对仗工整，并说明这回小说所发生的两件事，一句对子说明一件事。这也使得中国的章回小说在叙述事件时，必须考虑到回目所要求的每回叙述两件事，会增加一些不必要的枝蔓，以满足叙述两件事的要求，结果也就难以做到浓墨重彩地集中笔墨描绘一件事。然而，在宾威廉翻译的白话长篇小说《天路历程》中，我们可以看到中国古代的章回体形式基本上被打破了，连小说的叙述语句也发生了变化。

我们先看它的开头一段：

世间好比旷野、我在那里行走、遇着一个地方有个坑、我在坑里睡着、做了一个梦、梦见一个人、身上的衣服、十分褴褛、站在一处、脸儿背着他的屋子、手里拿着一本书、脊梁上背着重任、又瞧见他打开书来、看了这书、身上发抖、眼中流泪、自己拦挡不住、就大放悲声喊道、我该当怎么样才好、他的光景、这么愁苦、回到家中、勉强挣扎着、不教老婆孩子瞧破、但是他的愁苦、渐渐儿的加添、忍不住了、就对他家里的人、叹了一口气说、我的妻、我的子呵、你们和我顶亲爱的、现因重任压在我身上、我将死了、而且我的确知道我们所住的本城、将来必被天火焚毁、碰着这个灾殃、我和你们都免不了灭亡、若非预先找一条活路、就不能躲避、但不晓得有这活路没有、他的老婆孩子听了这话、诧异得狠、害怕得狠、不是把他的话当做真的、是怕他要疯、那时天将晚了、指望他一睡、或者可以心定、就急忙催他去睡、无奈他夜里如同白日一样、心里不安、总睡不着、整夜长吁短叹、不住的流泪、到了天亮、他们来问他、见好没有、他说越久越觉得苦、又把昨儿那些话、说了一番、他们忽略不肯听、心里想好好的待他不行、不如恶恶的待他、他的病或者可以好、所以要讥笑就讥笑、要怒骂就怒骂、有时全不理他、他遇见这个、走到自己屋里、一半悲痛自己的苦楚、一般可怜家里的人、痴迷不悟、替他们祈祷、又常独自走到田中、忽然看书、忽然祈祷、过了几天、都是这样、有个时候、我瞧见他在田中行走、仍旧看书、心里忧愁的了不得、看书的时候、

第四章 西方传教士带来的汉语文学变革

照旧发大声喊道、我应该做什么才可以得救、又见他东瞧西看、像要跑的样儿、到底还是在那儿站着、看他的意思、不知道从那条路去才是、那时候我见一个人、名叫传道、走到跟前、向他问道、你为什么放声大哭、答道、尊驾呵、我看手里这本书、知道我必死、死后必受审判、问我的心、实在不愿意死、因为有罪、当不起审判、传道就对他说、活着有好些苦楚、你为何不愿意死、答道、我脊梁上有这重任、恐怕被他压下去、不但到坟墓里、并且坠下地狱、尊驾呀、我受监押、尚且难当、何况遭这审判、拉到法场去呢、我想这事情、就不觉放声大哭、传道就说、你这等光景、为什么站在这儿不走呢、答道、不晓得从何处去才好、传道就把一卷儿书给他、内写着当逃避将来的刑罚、他看这话、就定睛看着传道说、我当逃避哪儿呢、传道用手指着郊外说、那窄门你瞧见没有、答道、瞧不见、又说、那光亮你见没有、答道、仿佛瞧见、传道说、你当把眼睛注定那光、一直往前、就可以瞧见窄门、你敲这门、必有人告诉你、该当怎么行、有诗为证、诗曰、

  斯人悔悟切哀呼　欲保灵魂脱罪辜
  幸得圣徒传福道　指明离死入生途①

这是《天路历程》白话译本的第一段，我们来看看它的语言形式与中国传统白话小说有何不同。首先我们可以看到，翻译者已经不再运用古白话长篇小说的套语，也不再运用白话小说的回目，而用卷一、卷二的形式将全书分为五卷，卷首不列题目，类似于现代小说的分章。章的中间和结尾虽然还有"以诗为证"，有若干韵文和散文相结合，这是原著所没有的改写，是译者为了迎合中国读者的欣赏习惯，自己添加上去的；但是白话译本《天路历程》已经没有章回小说惯用的"欲知后事如何，且听下回分解"的套语。更重要的是：它为了保持原作的完整性，改变了"章回体"每回必须叙述两件事的叙述结构，将原作集中笔墨、浓墨重彩地描述基督徒的求道经历，淋漓尽致地表现出来。白话《天路历程》是翻译，为了忠实于英文原著，译者运用白话翻译时必须保持原著的特点，忠实于原著的意思，这样的翻译也就把西方小

---

① 约翰·班扬著、宾威廉译《天路历程》，同治四年（1865）刻本。

说的形式搬到了中国,坚持了原著套叠的限制视角叙述。中国古代的白话小说缺乏运用第一人称叙述的限制视角叙述小说,因为"章回体"从话本而来,话本的说故事方式只要全知全能的叙述就可以了,不需要第一人称的限制叙述。但是古代文言小说存在第一人称的限制视角叙述。如唐代传奇《游仙窟》、明代色情小说《痴婆子传》、清代笔记小说《浮生六记》,都是运用第一人称叙述。然而中国古代的第一人称叙述的大多是事件的直接参与者,很少有像《天路历程》这样的旁观者用第一人称叙述,在旁观者用第一人称叙述之后,被叙述的人物再用第一人称抒发自己的感受,形成一种套叠式的第一人称叙述。以笔者的孤陋寡闻,《天路历程》很可能是中文第一部运用套叠式第一人称叙述的白话小说,只是它是翻译的,中国作家自己运用这种叙述方式创作小说要到20世纪初的《二十年目睹之怪现状》,从《二十年目睹之怪现状》问世之后,这种套叠式第一人称叙述才在中国白话小说创作中频繁出现,而《二十年目睹之怪现状》仍然运用章回体小说形式。《天路历程》白话译本则保持了西方小说的叙述特点,从而改造了中国原有的白话文学。

宾威廉的白话译本有了欧化的语法,如"我将死了"、"天将晚了"。汉语中表示未来时,很少用"将"。即便是在旧白话中,也是"将来"、"将要",单独用"将"表示未来是欧化的结果①。"一个地方"(a certain place)、"一个梦"(a dream)、"一个人"(a man)、"一本书"(a book),这些都是翻译英语不定冠词 a 或 an 而来。"一个"的用法虽然是汉语原有的,但因为近代以来汉语与英语的语言接触,使用的频率增加了②。增加了"但是"(but)、"而且"(moreover)、"若非"(except)、"但"(yet)、"或者"(might)这些联词,丰富了句子的层次③。

"官话"本《天路历程》的语言同时也保留了"北京官话"的特色,如儿化

---

① 吕叔湘《中国文法要略》,商务印书馆,1982年,第227页。
② 王力《五四以后新兴的句法》,见《王力文集》第九卷,山东教育出版社,1988年,第536—548页。
③ 本文所引《天路历程》英文原文部分来自 John Bunyan, *The Pilgrim's Progress*, The Continental Book Company AB Stockholm, 1946; London, pp.13-14。

("脸儿"、"渐渐儿"),北京官话词汇("瞧见"、"瞧破"、"老婆"、"诧异")。但其中还有部分表达,是延续了旧白话的特征,最明显的是人称代词的省略:

"〔我〕梦见一个人……〔他的〕脸儿背着他的屋子,〔他〕手里拿着一本书,〔他的〕脊梁上背着重任。"(I dreamed, and behold, I saw a man … with his face from his own house, a book in his hand, and a great burden upon his back.)

"〔他〕回到家中,勉强挣扎着,不教〔他的〕老婆孩子瞧破〔他〕。"(He went home, and restrained himself as long as he could, that his wife and children should not perceive his distress.)

如今的译本(以上海译文出版社2004年版西海翻译的《天路历程》为例)比起宾威廉的翻译,从使用的词汇、句法上看,差别并不大。细究起来,就是增加了几个新词,括号内是宾威廉的译法:"保持缄默"——"silent long"(拦挡不住)、"神经错乱"——"frenzy distemper"(要疯)、"神经镇静"——"settle his brains"(心定)。

语法上更加欧化一些:新标点代替了原来的圈点;人称代词使用频繁,如:"我梦见一个衣衫褴褛的人站在那儿,背后就是他自己的房子。他手里拿着一本书,背上背着一件看来很重的东西。""他转身回家去了。他强自压制着,以免他的妻子和儿女们发觉他的悲痛。"

宾威廉的"北京官话"《天路历程》是以通行口语为基础,采用了欧化的语法,完全摒弃了说书人的口吻。较此书晚几年出版的《教会祷文》(1872年),由英国传教士包尔腾和美国传教士施约瑟共同翻译,凡例即申明:"翻译是书专用官话者一则像教中定例祈祷须用众人熟悉之言语译成官话使人易解,一则缘至尊之文在天主前固不宜之乎者也等字常在口端也。"① 其中使用的文字已与现代白话文区别甚微:

现在你们当知天主必赦免宽宥一切诚心悔改真信福音的人。因此我们须靠我主耶稣基督求天主赐我们真悔罪的心、又赐圣灵、使我们现

---

① 包尔腾、施约瑟《教会祷文》,京都美华书馆,同治十一年(1872)岁次壬申印刷。

在作事、合主的圣意、洁净行善、末后可以享永远的安乐、阿们。①

人称代词的频繁使用"你们"、"我们",使用了复杂的定语"一切诚心悔改真信福音",中心动词的出现"当知"、"靠"。这是现代白话文表达的特点。《天路历程》白话译本所出现的这些汉语语言变化,预兆了后来现代汉语的出现,也显示出它受到的外文的影响。因此在笔者看来,白话译本《天路历程》是第一本"新文学"形态的长篇小说,它在中国小说史和中国文学史上的意义自然非比寻常。

在西方传教士的翻译小说中,还应该提到的一部作品是《百年一觉》。《百年一觉》是美国作家贝拉米创作的"乌托邦小说"《回顾》,20世纪80年代被列为商务印书馆汉译名著丛书重新翻译出版。早在19世纪,1891年底至1892年4月,上海《万国公报》连载了传教士李提摩太翻译的《回头看纪略》,它就是美国贝拉米于1888年刚刚出版的乌托邦小说《回顾》的节译本。1894年广学会又出版了《回头看纪略》的单行本,易名为《百年一觉》。《回头看纪略》和《百年一觉》都是用浅近文言翻译的,不是用白话,但是它成为"理想小说"的模板和榜样,对于当时中国社会,尤其是先进士大夫,产生了重要影响。对于这方面的影响,我们想放到最后的影响部分再具体论述,这里先说明一下它给中国的白话小说创作造成了巨大的影响,促使晚清形成一支"乌托邦小说"。

在中国古代白话小说中,并不是没有描写类似乌托邦的小说,如《镜花缘》。但是《镜花缘》仍然是中国白话小说传统的产物,有着较强的娱乐性,书中虽然也有讽刺当时社会的许多地方,但是作者缺乏自己的政治理想,也没有用小说来改造社会的企图,描写的海外世界有大量的游戏消遣成分,缺乏一个运用浓墨重彩、深入描绘的真正的乌托邦理想世界。而《百年一觉》则完全不同,它是一部有着作者自己政治理想的小说,作者也试图通过小说描绘理想社会,来改造现实的社会。在小说形态上也与传统的章回小说完全不同。随着中国在全球化过程中面临建立"民族国家"的历史需要,《百年一觉》自然成为中国最早的汉语现代"乌托邦小说",从而带动了一批中国人

---

① 《教会祷文》卷一《赦罪文》,京都美华书馆,同治十一年(1872)岁次壬申印刷。

自己创作的汉语(其中极大多数是白话的)"乌托邦小说"。说它们是"现代的",是因为作者们都有自己的政治理想,而且希望用自己的"理想小说"来改造社会,建立"民族国家"。因此,《百年一觉》也是一部开新小说、新文学先河的翻译小说。

第五节 新剧和新型儿童文学的问世

小说之外,本想再找一些戏剧剧本作为例证,因为来自西方的话剧和歌剧与中国传统的戏曲差别还是很大的。别的不说,光是舞台的布景、灯光、道具,西方的话剧歌剧就要比中国戏曲仅靠几块幕布要丰富得多。但是很遗憾,没有找到这时西方传教士翻译创作的剧本,这样的剧本当时应该存在的,最早的话剧歌剧演出是在上海的教会学校,它比春柳社的话剧演出要早很多了——在上海的外国人也需要娱乐,他们需要看戏——不过演出的是外语的话剧歌剧,而且大多是现成的外语剧本。不排除当时有过创作的中文的话剧歌剧剧本,不过只是演出的本子,没有发表。但是有一点想来是没有疑问的:从中国古代的戏曲转向现代的话剧歌剧,就是一个向西方戏剧学习的过程。近代外国话剧歌剧"声光化电"的舞台、背景、道具、音响效果,对中国传统戏剧的演出都产生了巨大的影响,也由此推动了中国传统戏曲的改良。同时中国人也开始模仿外国话剧歌剧,创作中国自己的话剧歌剧。我们在下面将会看到:近代来华的外国人,在中国引进外国戏剧上充当了领头羊,是可以肯定的。

中国古代的戏曲是唱的,它主要不是依靠说话和表演。所以老北京人喜欢把"看戏"称作"听戏",这当然不是说传统戏曲没有表演,只需要听不需要看,而是说传统戏曲更加重视的是唱腔。也因此,传统戏曲的舞台布景道具都比较简单,戏台上只要两块幕布,没有布景就可以演出了。

上海开埠之后,外国人进入上海,侨民日益增多。侨民需要娱乐,他们把西方的歌剧和话剧带到了上海。清同治五年(1866),在上海出现了外国人组织的业余剧团。不过这类演出都是由外国人排练外文戏剧,外国人表演,只供外国人观看。也许有个别外文较好的买办家庭或者翻译家庭会成为观众，但是这类演出一般没有中国人的参与，也没有中文剧本。当时的中国人很少具备参与演出外文西方现代剧的条件。一直到西方传教士创办的教会学校具有一定的规模，教会学校的中国学生都是把外语作为主要语言进行基本训练的，接受的是外国学校的基本教育，他们在推行学生的娱乐活动时，也排练西方的外文戏剧演出，这些演出也会有中国人去看。极少数的中国知识分子，如民初的新剧家汪优游、郑正秋、徐半梅等就是在清末时，从外国人的演出中第一次看到了西方的演剧方式。教会学校的学生们在用英语、法语演出西洋戏剧的时候，在西方话剧的影响下，也会尝试用中文编一些小型时事剧在舞台上演出，这就是最早的"文明戏"——中国现代话剧的原始形态。外国话剧歌剧的布景、灯光、道具、舞台调度都给中国观众留下深刻的印象，这就是所谓"声光化电"的现代戏剧演出格局；它不仅推动了中文现代戏剧的问世，也推动了传统戏曲的改良。

清光绪二十五年（1899），上海教会学校圣约翰书院的学生庆祝"圣诞节"，排演了两出戏剧：一出是英语剧，按照英语剧本排演；一出是学生自己编的中文剧《官场丑史》。《官场丑史》是受到外国话剧影响的戏剧，与中国传统的戏曲不同：它没有唱工，没有做工，依靠说话和舞台调度推演剧情，演员也穿着时装在台上演出。这很可能是最早的"新剧"演出，当时也被称作"文明新戏"，后来统称为"文明戏"。1899年是李伯元的《官场现形记》尚未问世的年头，教会学校的学生已经在响应梁启超的批判"宦途丑态"的号召[①]，利用戏剧表达对清朝政府的不满，编出《官场丑史》谴责官场的丑态，揭露官场的黑暗。我们在这里也可以看到，教会学校与清末启蒙运动有着一致之处。清末的小说界革命是到1902年才正式开始的，戏剧革命被包含在小说界革命之内，当时梁启超自己主编的小说杂志《新小说》在发表小说的同时，也发表他自己创作的剧本《新罗马传奇》。圣约翰书院的演出在某种程度上也可以说是"小说界革命"的前奏，它对于《官场现形记》之类谴责小说的问世，应当说是起了推动作用的。该剧写一个目不识丁的土财主，到城中缙绅家去拜寿，看见人家排场阔绰，弄得手足无措，闹了许多笑话。回家

---

① 见梁启超《变法通议》，载《时务报》第16—19册，1897年。

后成为官迷,听从一个"箴骗"的劝告,纳粟捐官,做了个知县。但是他对于官场礼节一窍不通,便由那个"箴骗"指教演习。做了知县,遇到一件老少换妻的奇案,他无法判断,官司打到上司那里,结果他的官职被革掉,原形毕露。这个戏在情节和噱头上还受到传统戏曲的影响,如土财主在祝寿时窘态百出,是沿袭了传统戏曲《送亲演礼》;土财主演习官场礼仪则是从昆曲《人兽关》中的"演官"脱化而来。但是它已经摆脱了传统戏曲的歌舞形式,而更接近于语言、动作生活化的表演。所以中国早期话剧活动家汪优游看了演出后发现:"这种穿时装的话剧,既无唱工,又无做工,不必下工夫练习,就能上台去表演,自信无论何等角色都能扮演",从而"对新剧大感兴趣"①,发现了戏剧舞台的新天地。

这次演出在中国戏剧史上具有重要意义。中国著名戏剧史家张庚把1899年上海圣约翰书院的这次《官场丑史》的演出,视为"中国有演剧之始"②。因为这次演出不仅打动了当时还在民立中学读书的汪优游,促使他成为新剧运动的干将;更重要的是,它推动了一系列的时事新剧演出,如南洋公学在光绪二十七年(1901)演出的《六君子》、《义和拳》、《经国美谈》,光绪二十九年(1903)育才学堂演出的《张汶祥刺马》、《英兵掳去叶名琛》、《张廷标被难》、《监生一班》等。汪优游联合民立中学和其他学校,组成了第一个新剧演剧团体"文友会",于1906年的元宵节在上海一处私人宅院"举行了一次在话剧史上具有历史意义的演出,剧目有反映封建统治者内部争权夺利的《捉拿安德海》,反映了与西洋传教士矛盾的《江西教案》,和一出即兴编演的时装闹剧。演出引起社会注目。剧的内容取材于现实生活,形式上以道白为主,仍较多的接受改良戏曲的影响"。"文友会的成立被认为是'实开今日各剧社之先声'。"③从这些例子中,我们可以看到:中国的现代话剧运动最初是在外国人在上海演出外国话剧的启发下诞生的,教会学校的学生演出的时间早于在日本的中国留学生发起"春柳社"的话剧活动,他们开启了中国现代"新剧"的第一页。在他们演出之后,才有了留日学生的新剧运

---

① 汪优游《我的俳优生活》,载《社会月报》第1—5期,1934年。
② 张庚《五十年来剧运大事编年》,《人民戏剧》新1卷第1期,1948年。
③ 《上海话剧志》,百家出版社,2002年,第90页。

动,中国现代话剧得到进一步的发展。

中国古代缺少专门的儿童文学作品,更不要说专门的儿童文学杂志了。因为这个时代的人们还没有具备现代"人"的意识,也没有意识到从儿童自身特点出发对儿童的教育和培养的重要性。五四时期经历了"人"的发现,也经历了"儿童"的发现:成人体认到了儿童独特丰富的内心世界,写作出能满足儿童精神需求和阅读需求的崭新作品,形成了与古代不同的专门的"儿童文学"。所以,专门的儿童文学也是"新文学"。新的理念和作品不是五四作家灵光一现,而有着外国儿童文学的影响。在中国,五四时期的儿童文学,也不是现代最早的儿童文学,早在五四之前近半个世纪,已经有着现代的儿童文学和登载这些现代儿童文学作品的杂志问世,这就是《小孩月报》。《小孩月报》(*The Child's Paper*)今天可见的版本都是由西方传教士范约翰所在的清心书院出版。该报1875年5月由广州嘉约翰创刊,1876年迁至上海,主编由范约翰接手,1881年5月中文名改成《月报》,但英文名仍是"*The Child's Paper*",1914年1月改名《开风报》,后与福建《少年友》合并。

中国古代虽然没有现代意义上的"儿童文学",但还是有一批供儿童阅读的读物,只是在传教士看来,无论是可读性还是在创作目的性上,它们都是有缺陷的,表现在以下几点:(1)类型少,内容生硬。据卫三畏《中国总论》介绍,当时中国的启蒙教材只有《三字经》、《百家姓》、《千字文》、《孝经》、《幼学诗帖》、《小学》六种,他曾作出如下评价:《三字经》宁可说是事项举要,而不像供研读的书,不适于作为有吸引力的精神食粮,诱导孩子去做功课,无数孩子会背这本书,但是没有闲暇学更多的东西;《千字文》尽管有许多有才华的故事,却缺少对这一主题的阐释和美化;《孝经》被称为无聊的初级读物,不能和九种经典一样得到信任,但其文字简洁,主题重要,才被教师作为最佳读物传授给学生①。(2)教育方法枯燥单一。学习以上经典的主要方法就是记忆,"记忆这些无意义的读音十分单调乏味……对于初学者来说,想要懂得其中那么多意义是很不平凡的,任意选取生字加以识别的劳作太艰巨烦人"。但这还不是最严重的后果,长期的诵读记忆,必然使孩童的幼稚

---

① 卫三畏《中国总论》,上海古籍出版社,2005年,第367—372页。

心灵没有得到正确知识的滋养而发展,在脑力功能中灌输奴隶式的顺从的金科玉律,这种违反自然的栽培法只能长出不像样的果实。卫三畏所谓"不像样的果实",就是成人能够掌握引经据典的能力,却盲目排斥新鲜事物,民族不思进取而故步自封。(3)不重视知识传授,过于强调伦理灌输。执著于训练心灵和纯洁情感必然使儿童对于自然社会的认识显得不足,更何况即使是儿童的伦理灌输,也很少考虑到他们的心理,不过是将成人书籍压缩篇幅,再用浅显的语言表达出来。最后,从教育目的看,钻研这些读物的目的也不是了解世界,发展心智[1],而"在于希望获得官职和荣誉"[2]。可惜经过这样的学习,很难造就头脑清醒的人才,传统官员虽然能充分理解最高当局的政策,巩固国家政权,但却丧失了进取和思考的雄心。

因此,中国传统知识不但不能满足时代需求,反而是前进的绊脚石。对此传教士的策略是批评和重塑:批评原有的教学方法,重新考虑儿童的情况,用他们的儿童观念对待儿童。19世纪中后期大量教会学堂的创办都有这个因素的作用。以《小孩月报》为例,出现过延续时间较长的专栏就有寓言、地球说略、游历笔记、圣歌、问答,每期均有类似逸闻轶事的故事,偶尔还有颇具趣味的漫画、戏法、数学题,从这些栏目的安排,也能感受到它与传统儿童文学和一般传教士报刊的不同。虽然西方传教士对本土儿童读物的认识存在一定偏颇,他们的纠正措施也有很大的局限性,但他们的确引入了西方的儿童观念和崭新的文学形式,启发了近代中国儿童文学的作家们。

不过,在接受传教士批评、承认启蒙意义的时候,我们也要认识到,儿童文学和教育的问题之所以引起传教士的重视,有其深刻的传教考虑:首先,传统的教育方式非常适合铸造绝对服从政府、绝对尊重儒教的性格,却也阻碍了开眼看世界的欲望和独立思考的智力,在传统教育体系下生长的中国人,只会尊重中国传统,怎能轻易接受基督教思想?其次,在中国办教育,引入新科学、新技术、新的文学理念,也就引入了整个西方文化,植根于西方文化的基督教就获得了传播基础;更何况,相比单一传教,传教士的教育和报

---

[1] 卫三畏《中国总论》第367—372页。
[2] 费正清编《剑桥中国晚清史》(上),中国社会科学出版社,1985年,第561页。

刊实践受到的阻力小，赞誉多，故很多人也将传教士的教育报刊活动称作侵略的幌子。综合以上因素，在新教传教士第一次大会（1877年）上，美国长老会狄考文认为教会学校的成败在相当程度上取决于是否拥有好的和能使用的书籍，恳求传教士在教育方面负起更大的责任。《小孩月报》就是这一要求的体现。

理想中的儿童文学必须适合儿童阅读的，这就要求文学作品具有形象性和通俗性。从《小孩月报志异序》可见范约翰认识到了这一点：

> 其书颜曰月报，自清和之月，每发一编，报曰小孩，知少长之年，易培百行，然而华章由旧，转惹厌憎，花样翻新，易滋欣慕，固又名曰月报志异，俾童稚见之，灵机日辟，眼界时新，其理浅而明，其词粗而俚，且佐以谚词，俾童稚心领神会，标以图画，令小子触目感怀。

从《小孩月报》的1876年（光绪二年）19号以前的内容来看，编纂者为适合儿童阅读做出了以下努力：

（一）"花样翻新，易滋欣慕"。这主要体现在《小孩月报》丰富的内容上，每期的十一至十三篇文章中，囊括了以下体裁：(1)"教会近闻"、"问答"、"小孩月历"。其中问答很适合家长和孩童互动，似乎是借鉴《天主实义》所做。(2)"圣歌"——带有曲谱的简单诗歌。(3)为"推广见闻"而刊载的文章：一类是介绍西方科学地理的，如福州摩嘉立的《天文易知论地球》、《天文易知论地球运动》、《天文易知论日》、《天文易知论月》，以课程的形式介绍天文知识；第二类是介绍西方技术的，突出新技术的先进性，如《马拉船》、《火轮车路》、《闸灞图解》等；第三类是介绍动物、文具、各类型的人、各种日常行为等在内的文章，如《鸵鸟》、《笔墨纸砚》、《耕织图》。(4)人物故事。按其题材分，包括虚构性的人物故事和带有新闻纪实色彩的人物故事；按其来源分，有翻译的和自己撰写的。(5)寓言。《小孩月报》每期均有一则寓言，通过动物的故事说明宗教道理，深入浅出的解读方式非常适合孩童阅读。值得注意的是，传教士也积极采用中国本土寓言。人物故事和寓言的情节性都很强，虽然很多时候它们还脱不开宗教教义和中国传统道德，但和《三字经》、《孝经》相比却更胜一筹。(6)以上五种，均为每期刊载，此外还曾间断出现过趣味性的小魔术、漫画、游历笔记、宗教劝言等。从总体来看,《小孩月报》的内容十分丰富,且各个板块穿插进行,避免儿童在阅读时的枯燥情绪。

(二)"其理浅而明,其词粗而俚"。在范约翰续办《小孩月报》时,曾收到朋友建议:"兹奉诸友来信,嘱余删去润饰,倘能译成官语更佳,以便小孩诵读,余亦深然之,后浅文叙事,辞达而已。"为了达到浅显的效果,《小孩月报》很多文章的语言是不加润饰的口语,这不仅在当时颇为独特,而且在很长一段时期内都属先锋。兹举两例佐证:(1)《中文报刊目录》记录了1815—1890年出版的七十六种中文报刊,类型囊括了宗教和世俗。但在所有这些报刊中,单用白话的只有《民报》,既采用白话、也采用文言的只有《小孩月报》、《画图新报》和九江的"*The Church Advocate*",其余报刊均为文言[①]。(2)1897年创刊的《蒙学报》同样是晚清重要的儿童报刊,虽然时间晚于《小孩月报》近二十年,但该报宗旨仍是局限于按长者的标准来教育小孩,语言偏于文言。

(三)生动直白的寓言。《小孩月报》中有大量的寓言,它们大多采自《伊索寓言》、《拉封丹寓言》、《莱辛寓言》,如十三号刊载的《狮熊争食》、十九号刊载的《龟求鹰》;还有一部分为传教士自己所作,如十六号的《蚕蛾寓言》,讲的是蚕原来不相信自己可以飞,以为吃吃玩玩地过活就行了,后来看到老蚕咬破茧子飞出来,身形比从前还大两倍,才信服了。寓意则是:天下的事未曾看见、未曾听见的极多,但以为未曾见过、想过的东西也可能存在,"现在听耶稣道理的人,不要为了道理里头有许多我想不到的,就当没有凭据,假的,岂非大差了吗?"且不论逻辑是否严密,文笔是否精彩,但就适合儿童阅读来说,无疑比同时代的传统读物要好。

至于寓言这种形式,在中国早已有之,《庄子》就是一个好例,但《庄子》是由哲学家所著,语言华丽却艰深,寓意深刻而相对隐晦,原版的中国寓言并不适合做儿童文学;而《小孩月报》的寓言却是西方式的寓言,没有那么深

---

① 周振鹤《新闻史上未被发现和利用的一份重要资料——评介范约翰的〈中文报刊目录〉》,《周振鹤自选集》,广西师范大学出版社,1999年,第304页。

的哲学思辨色彩，创作者依孩子的程度而作，打造了一个由狮子、狼、猫狗、老鼠组成的动物世界，色彩欢快，在可读性和趣味性上更胜一筹，受到孩童欢迎，因此《小孩月报》每期固定设有一篇寓言。抛开其宗教寓意，它为中国儿童提供了新的阅读文体。直到20世纪初期，林纾和严培南、严璩合作翻译的《希腊名士伊索寓言》才被认为首次将《伊索寓言》作为儿童读物引进到中国[1]。从这里也可看出《小孩月报》的先锋性。

（四）除寓言外的其他翻译文学。除了译自《伊索寓言》、《拉封丹寓言》、《莱辛寓言》的寓言，《小孩月报》也刊载诸如《一块金钱》、《旅宿被惊》等翻译文学（从文章署名为"某某译"可确定为翻译文学）。但《小孩月报》在译介这些作品时，大多采用了译述或述作的方式。一方面，他们需要通过本土化来迎合中国读者的阅读和审美习惯，使从未接触过西方文学的读者易于接受；另一方面，由于译介的作品有些并不属于儿童读物，还需要针对儿童这一特定的读者进行改动增删（比如《旅宿被惊》情节上看就属于惊悚故事），通过传教士的二次加工，这些翻译文学不仅语言浅显，也更符合孩童心理和阅读习惯了。

（五）"标以图画"。《小孩月报》图画均以精细的黄杨木雕刻成版，用上好洋纸精印，编者对图也十分重视，甚至在英文版目录下标了每篇文章的插图数目。图画的频繁使用自然是为了适应妇孺的阅读需求。虽然阿英曾说："《小孩画报》，实系一种文字刊物，附加插图，目之为画报，是不大适当的。"但按之实际，《小孩月报》中图与文却呈现出多种多样的关系，包括图补充文、图解释文、图画装饰文字、图主文辅，绝不止于精美的插图。图画在该刊中承担着传播知识、提高阅读兴趣、完善叙事手段的功能，由于图补充文的就是传统意义上的插图，这里主要介绍后面三种。

第一种，图解释文。一般来说，在介绍西方科学、技术和中国没有的动植物时，一定需要借助图来辅助说明，新式的图片给孩童了解异国提供感官途径，开阔了眼界。《小孩月报》的特别之处在于所介绍之物虽然是中国常见的物事，但也会增设插图（如《风筝图》、《玫瑰图》），其目的就不仅仅是展

---

[1] 胡从经《晚清儿童文学钩沉》，上海少年儿童出版社，1982年，第180页。

示异国风物了，而是为了增强直观性，便于幼童理解，吸引阅读兴趣，这是他们充分考虑孩童阅读心理后的举措。

第二种，图装饰文。《小孩月报》十分重视图画的装饰作用。比如会在文章周围纹上繁复的花边，放大首字并在其周围裱花。重视装饰可能出于宗教原因，因为宗教书籍向来以其精美装潢打动世人。利玛窦时期，宗教书籍的精美就已经让中国人惊叹，19世纪当传教士力图传播宗教时，他们自然会想到利用这个优势。南京艺术学院周丹丹的硕士论文《民国时期儿童刊物装帧设计之研究》就从刊物的装帧角度谈到这些插图。

第三种，图主文辅。《小孩月报》不像《点石斋画报》具有新闻性并且采用新兴石印技术，但在关于小孩教育的报刊中，以图为主、以文为辅的创作风格彰显了编者对图画的表达力度和对读图读者的充分重视，图像已经不是解说科学与常识的工具，也不单是漂亮的装潢，而是以图像为中心展开的新的叙事手段，从而消解了汉字所承载的传统。通俗性和直观性更强的图传达着全新的信息，呼唤着新的信息阅读方式，以下两图能更好说明这一观点。

图1是介绍笔墨砚书、盂水、笔筒等文具，图占主要篇幅，文字不过数十。它与第二类中《玫瑰图》、《风筝图》的不同，在于图画占据绝对篇幅，文字为辅，目的是为了让孩童了解到这类文具的形象，很有点像现在说的"识字卡片"。因为"识字卡片"首先注重形，其次才是意，考虑到了视觉在学习中的重要性。传教士显然意识到传统教育中死记硬背、学习模式单一、缺乏趣味的弊端，而要改变它们，只能引入新的阅读方式。可见，《小孩月报》的教育的目的不只是要服从宗教信条，也遵从着范约翰所说的"推广见闻"的宗旨。

图2则是九幅有情节的连环画。它在《小孩月报》第一次出现时，仅有图无文字，颇似猜谜或者漫画，编者向社会征稿，请读者为这九副连图配文字，"以上九图内有深意　足可儆醒孩童　未经道破　请阅报之人猜详　如能解释图中的意　做成一论或每图下作七绝一首寄下登报　以公同好　企予望之"（原文无标点），如果说连环画本身为《小孩月报》增添了趣味性，征稿的举动则体现出编者和读者的互动性。果然，下一期即有人投了九首七绝，编者也将配有七绝的漫画刊登。在这里，图像已经先于文字，成为人们

接触知识的第一媒介,是强调直观和想象的全新叙事方法。如果我们想到在光绪二十五年(1899)出版的第一部石印连环图画《三国志》,还受到"事实上连环性还是不够的,也并不通俗"的诟病①,就能看到《小孩月报》在连环图画史上的先驱意义了。

图1

图2

现代儿童文学的另一个特点是编者创作的自觉性和目的性,写作或改编的目的就是为了儿童教育。由于立场不同,有的重游戏重趣味,将儿童文学的教育功能寓于游戏中,培养天性;有的则本着社会理想和教育理想,力图通过儿童文学建设新国民、新儿童,担负起儿童文学的社会责任。我们在此不打算论述这两种观点的是非曲直,它们将共同成为衡量《小孩月报》启蒙性的标杆。我们在此仅从三个维度(趣味性、认识功能、教育功能)探讨《小孩月报》在创作自觉性上的突破。

《小孩月报志异序》曾说:

> 报之为类多矣,或关于国家,或关于商贾,或凭街谈巷议为奇闻,或据怪状奇形为创见,或著诗辞为规劝,或借文藻为铺张,而要之皆无补于童年初基也……予以童年初基,首在器识,文艺次之,故以二者兼而行之,曰《小孩月报志异》,俾童子观之,一可渐悟天道,二可推广见闻,三可辟其灵机,四可长其文学。

---

① 阿英《中国连环图画史话》,山东画报出版社,2009年,第227页。

范约翰提到出版《小孩月报》的四个目的:"渐悟天道"、"推广见闻"、"辟其灵机"、"长其文学",结合《小孩月报》的具体内容,范约翰的确是在意识到"少长之年,易培百行"后有意识地创作为儿童的文学。

从认识功能来看,《小孩月报》以推广中西见闻为目的,突破了传统的教育模式。

传统的中国教育从内容来看,是一种单纯的人文通才教育,教育内容不外经史子集等儒家经典。从教育目标看,旨在培养政治和文学人才,教学偏重伦理道德说教,入仕为官几乎是受教育者唯一的出路和祈求[①]。因此在西方传教士眼中,中国教育"不大在乎学习知识,而在于训练心灵,纯洁情感","他们尽其所能地反复灌输(纯洁、孝心、学问、真理),使之对人们起决定性的作用"[②]。为了改变重伦理、轻知识的情况,《小孩月报》增添了认识自然、了解社会的内容:首先是介绍西方科学的,如连续刊载了福州摩嘉立的《天文易知论地球》、《天文易知论地球运动》、《天文易知论日》、《天文易知论月》,以课程的形式详细介绍了天文知识。还有介绍地理知识的,比如从十二号起就刊登"游历笔记",笔记作者"走遍"北京、烟台、吴淞、上海、南京、日本、夏威夷、旧金山乃至欧洲,也用笔带领读者一起遨游;初次之外,也多次宣传西方技术的,而且多以中西比较的眼光,突出西方技术的先进性,号召中国人使用,如《马拉船》、《火轮车路》、《闸灞图解》等。

不过,介绍西方科学、地理、技术的文章早在1815年的《察世俗每月统记传》中已经出现,其读者群是面向全社会的,并非专为教育孩童。《小孩月报》另一类文章是介绍各国动植物、文具、日常行为等的,如《犀牛图》、《象》、《鸵鸟》、《笔墨纸砚》、《搁臂》、《书案》、《冰山》、《耕织图》等,既包括中国物事,也包括西方的,并不以奇异或先进为特色。在我们看来,这批文章才能真正体现出对该刊对儿童的价值,因为能够选取常见的、不具有科学上先进性的物事来介绍,正说明他们意识到了读者的水平和要求——小孩子真正接触的不正是这些平实有趣、不深奥的事物吗?另外,为与题材适应,语言

[①] 张海林《近代中外文化交流史》,南京大学出版社,2003年,第179页。
[②] 卫三畏《中国总论》第362—363页。

也更加直白生动。以《羊》为例:

> 羊有二种,就是绵羊和山羊,他们的性子都是柔弱的,但绵羊比山羊更加柔弱,他的肉可以吃,毛可以织呢,或绒,角可以做琉璃灯,小羊是顶可为宝贝的,因为古时候的圣人,用小羊比救主,救主也常用羊比圣徒,然而为了他的性子柔弱,所以大都侮慢他,一日一只羊刚在那里喝水,有个猴子看见他,要想骑在他身上,羊对他说道,你但会欺侮那善的,你若遇见了狗,你也敢骑他么,猴子道,你若是个狗,我也早不骑你了。

《羊》还是图辅文主的篇次,在那些图主文辅的文章中,认识功能更为明显,从形式来看,有的甚至连题目都改成了《××图》,颇类似于现在的识字卡片,十分适合幼儿看读。编纂者以简明形象的图画,表现现实生活中的日常用品、风土人情,无疑是希望以直观的形式"推广见闻",扩大眼界。而从他们刊登的内容和体裁来看,他们意识到了谁是主要读者。

其次,从趣味性来看,《小孩月报》有一批符合儿童心灵、以"辟其灵机"为目的的文章,即使在今天看来,也颇有兴趣。

首先是人物故事。《小孩月报》中有很多带有故事情节的文章,它们组成了期刊的大部分篇幅。应该说,大部分文章的宗教色彩比较浓厚,情节单调,但也有一些文章,虽然作者强行赋予宗教意义,但情节曲折,人物形象鲜明,较传统童蒙读物中简略的描写有很大进步。有的时候,传教士直接翻译西方文学,由于底子好,文学性和趣味性更加浓厚。

如十六号的《马达加斯加比喻》,说的是有个教师去马达加斯加传教,当地人告诉他一个民间故事。故事讲一个基督徒和一个无神论者一起去游历,无神论者处处骄傲,陷害基督徒,但基督徒总能冥冥之中得到上天的帮助,最终安然回家。阅读时,看到众人如何奚落基督徒,基督徒又如何每每化险为夷,一波三折,惊喜频出,读之饶有趣味。

其次是寓言。《小孩月报》最多短小精悍的寓言,原作者为伊索、拉封丹、莱辛等欧西名家,基本上每期都有刊登,如《狮熊争食》《鼠蛙相争》《蚕蛾寓言》《农夫救蛇》《蛇龟较胜》《狐鹤赴宴》。如前所说,寓言不仅简单明白,"适合性"强,而且主人公都是动植物,却拥有各自的性格情感,形式活泼、道理易懂,趣味性和文学性都浓厚,很适合作为儿童文学。

以上两种都是每期必定出现的。另外,还有一些不是每期出现的形式,显示出独特的趣味性和益智性,受到儿童欢迎:一例就是前面提到的九图漫画,一例是解释首身分离魔术的文章,一例是涉及几何拼贴的趣味数学题,还有一例是利用警匪故事解释如何打活扣的文章。现摘录最后一则《小戏法》,以便更好说明其趣味性:

> 从前有一个犯人,锁在牢狱里,像上面的图样,两脚有铁圈箍牢。用长铁链,一头扣在左脚的圈里,一头从右脚的圈里穿过来,锁牢在一根柱子上,后来也不断铁链,也不坏铁锁,竟逃走了,他怎么能逃走呢,可以拿一把剪刀试试看,譬如拿剪刀比人的两只脚,那剪刀柄比脚上的铁圈,用一条绳,一头扣在这个柄里,一头从那个柄里穿过去,缚在柱子上,像左边的图一样,请诸人试试看,可以套出来么,能套出来的人,什么法子,可以写信来上在月报上,给许多人看。(原文附有两图)

这篇文章是数学知识和生活常识的结合,颇类似今天小学生的应用题,没有任何说教内容,只为娱人育人,有可能是为与清心书院自己教授的数学课程互补。其结果是开发了一种新的儿童文学形式,不但鼓励孩童去探究问题,而且能提高动手能力,舒畅学习的心情,是优秀的课外读物。

《小孩月报》在适合性和创作自觉性上的突破,证明了《小孩月报》无愧为"中国启蒙第一报",在"推广见闻"和趣味性上开近代儿童文学之先河。但同时也要看到,它和成熟时期的儿童启蒙教育仍有格格不入之处。其原因,主要是《小孩月报》在教学目的上十分强调宗教灌输。随着本土启蒙思想的成熟和反教运动的兴起,与中国实际越走越远。

教育目的的宗教化使得《小孩月报》的很多文章仅将孩童当作宗教教育的白纸,虽然有了趣味性和适合性,但最终并不是为儿童自身服务。比如《小孩月报》里有北京顾师母写的《贪财亡命》一文,讲的是京都一个操演鸟枪的所在,每逢操演期,鸟枪一放,孩子们就争先捡枪子卖钱,当年二月,十三岁孩童金八儿捡枪子时误中流弹,头破命亡。这本是值得哀伤的事,但传教士却说:"按姓金的,贪图些微利,就遇着不善终,很觉得可惜,世上有比金少更贪财的,见这个也可以忽然察觉啊。"实际是用《圣经》弃绝尘世财物、厌恶贪婪者的思想强行解读事件。孩童本爱玩耍,传教士却时刻不忘宗教,得出的结论和孩童心性不符,很难想象会引起共鸣。

对于科普文章也是如此。连载文《地球说略》本来是非常简明的科普文章,但作者强行将宗教和科学拉在一起,在略述了地球形状、大小、转动方式后接着问:这么大地球是谁造的呢?答曰"是无所不能的神造的",这种把科学当作神之侍女的做法能传播知识,却不能培养科学思维。正如前文所说,传统中国死记硬背式的教育方式只适合铸造绝对服从政府、绝对尊重儒教的性格,而传教士那些传播新知的文章虽能培养开眼看世界的欲望和独立思考的智力,但他们这么做的最终目的也是为了宗教灌输。本土教育启蒙家在接受这些新知时,还必须择善而从。

有趣的是,传教士为了适应本土读者,曾尝试将中国传统文学和西方宗教相糅合,用宗教解读中国传统文学,反而显得不伦不类。例如《小孩月报》曾引申《庄子》"涸辙之鲋"的故事,末尾将鱼比作未受教的群众,得出"好比讲道的人,遇人喜欢道理,就该快快接受他,若迟了,等死的时候,是来不及了"的道理。对熟悉涸辙之鲋真实含义的国人来说,就很难接受。

其次,《小孩月报》的启蒙意义还受到中国传统思想的羁绊。在传统中国,教育已成为一种结构化的、权力化的文化传递工具。先人的话被奉为神圣经典,很难超越。其传道授业的传统观念,在封建制度的强大历史惯性下,呈现出超稳定性和坚决的排异性。过渡时期的蒙学读物必须把稳定传递儒家思想的要求与儿童报刊用新信息撞击儿童固有思维结合起来,其保守性与鼓励创新、创造的目的形成一种悖论①。《小孩月报》同样有这一问题,由于面向的毕竟是本土读者,它希望能有更多的中国读者接受,故而在传播新知、启蒙心灵的同时必须与传统思想调和,偏离了纯正的西学。最明显的便是很多文章对中国传统伦理道德尤其是"孝"的无条件遵从——不论是在新闻稿件还是虚构的故事中,对兄长、父母、主上无怀疑的敬重和服从

---

① 傅宁《中国近代儿童报刊的历史考察》,《新闻与传播研究》2006年第1期,第2页。

成了多数作品正面主人公的品格,那些有不孝不敬行为的人,很快就遭受谴责。有一则《小孩忘父》讲的是:孤苦无依的小孩边亚明被某长工发现,收留了他,边亚明很勤勉,得到众人喜欢,但后来发现他是逃开父亲来的,且不愿意回去,长工一家就劝他回去,作者并没有考虑边亚明离家的原因,就得出结论:"按边亚明被长工收留,他服事长工,虽然尽心竭力,也算是忠心的,但不顺从他亲生的父亲,还算个好人吗?譬如我们单晓得尽人伦的事,不知道归服天父,岂不同边亚明一样?"这样的主旨与五四后批判封建家庭关系、强调自由民主的氛围南辕北辙,自然不会得到儿童文学研究者的接受。

值得注意的是,他们对"孝"的强调甚至超过后来的本土启蒙刊物。究其原因,一方面是因为《小孩月报》的很多编纂者为接受传统教育的女性传教士,"凭着对基督教家庭观的宗教信仰,一些美国传教士们根本无法理解学生们为什么要反对家庭束缚和包办婚姻"[①]。但更重要的是,为了中国人接受基督教,《小孩月报》的编纂者积极谋求儒家道德和基督教思想的融合,而"纯洁、孝心"不仅是中国最重要的道德律令,也在基督教体系中占有重要地位,某些传教士甚至认为"孝"在基督教中有"比中国哲人所说的有更高的含义"[②]。急于传播宗教的他们当然不会抨击中西思想体系中的共同点。

因此,《小孩月报》在创作自觉性上的突破主要体现在认识功能和趣味性上,但在教育功能上,却由于宗教宣传目的过于明显,以及和旧道德千丝万缕的联系而黯然失色。《小孩月报》编纂者的教育目的与五四启蒙思想家的教育目的,显示出了巨大差异,也是其在很长一段时间被湮没的原因之一。

综上所述,范约翰主编的《小孩月报》以丰富的内容、显浅的表述、图文结合的言说方式博得了本土读者的欢迎,与旧式儿童文学相比,它重视认识功能和趣味性,较多地考虑到妇孺的阅读习惯和阅读需求,在中国教育大变局之前,它的出现,为现代儿童文学的发展提供了借鉴意义。但由于创办者系西方传教士,不可避免地带有宗教倾向,而且为传教成功,极

---

① 齐小新《口述历史分析——中国近代史上的美国传教士》,北京大学出版社,2003年,第80页。

② 卫三畏《中国总论》第363页。

大地受到旧道德的羁绊,在某些方面不符合中国现代儿童教育的发展方向,因此造成了《小孩月报》长期被湮没的情况。但无论如何说来,对这本刊物的进一步发掘和定位,对中西文化交流的研究和近代儿童教育的研究都有一定意义。

第五章　西方传教士欧化白话文的影响

第一节　晚清文字改革与白话文运动

近代以来中国与西方文化接触越来越广泛，西方现代科技的发展、教育的普及、国家竞争观念的兴起等都在刺激着中国的上层官僚和下层民众，中国人也加入到对现代文明的追逐中。出国的士大夫在看到西方"其井市道路所通行文字，即是语言，故孩提、奚竖、乞丐皆能识字"①的景象时，不禁大为吃惊，相比之下中文显出劣势——"文字语言离为二物"②，"知书者少"。清朝末年，中国人识字人口比例低，文明不能普及，与文言文难学脱不了干系——这被看作是中国语言文字自身的弱势，几乎成为士子们的共识。而摆脱落后的面貌，恢复中国昔日荣光的责任同样落在这些士子身上。他们基于实用的角度，将文字看成是传播知识、普及教育的工具，在言文一致的基础上使用拼音文字以普及文化的方案层出不穷——改革语言就这样成了无法回避的潮流。

在言与文的关系上，中国的文化是以文为中心的。自古以来士子们就牢记"言之无文，行之不远"的教训，十分重视文字在制度和文化传承中的根本地位。到了文化风气开放的晚明，重"文"的观念才受到了挑战。出于理解古代典籍中文物制度的需要，古人的"言"日渐受到重视，音韵学由此发达。雍正以来"正音书院"的建立，又从政治层面开展了语言教育。无论重"言"的动力在于其认为只有口语中才能真正保留古音，还是文言深奥难学

---

① 刘锡鸿《英轺日记》，引自郭嵩焘等《使西记六种》，生活·读书·新知三联书店，1998年，第384页。

② 《蒙学课本初编编辑大意》，见舒新城编《近代中国教育史料》，中国人民大学出版社，2012年，第327页。

影响了文化普及,总之,重"言"的文化背景,某种程度上成为晚清文字改革派提倡言文一致的根基。

鸦片战争后,特别是经过甲午一战,士大夫们愈加清楚地认识到中国与欧洲、日本相比,全面落后的事实。开始不断有人反省中国的落后在教育不能普及,而教育不能普及的根源又在于文言与口语相脱离,文言难学。为了改变汉语在普及教育上的障碍,晚清的中国士子们开始了旨在言文一致、统一国音的文字改革的尝试。

最早亲身感受到西方现代化景象,并提及文字改革的群体,是清廷派出的出外考察人员。在他们提交的观察报告中,欧洲、日本的进步或多或少地被归之于识字人口在总人口中的占比远远高于中国。而这又是因为西洋实行的拼音文字利于教育普及。文化上向来追随中国的日本,在明治维新时期,仿照西洋改革了本国文字,创造了新的言文一致的"国语",使得国家迅速进步。这些观察使得外出考察群体开始把语言文字问题与教育、宗教、文化乃至国家的命运联系在一起。

刘锡鸿乃清廷第一位驻外使节郭嵩焘的副手,其《使西日记》中说:

> 西士博学者,皆通十数国文字,而能识埃及字者甚稀。其习中文者,仅能译公牍而已。据埃及文、犹太音与中文同列,则知埃及、犹太时,文字与语言为二。知书者少变而从音,语言与文字为一,令人易晓,故举国知书,其端甚微,而变动甚大。其教之遍传国土,深中人心,实由于此,不可不察。①

刘锡鸿从言文一致、易于学习的角度,解释基督教在西方民众中普及的原因。他意识到语言是传播思想的利器。当时,中国语言学者的主要精力花在对字源、字音、字形、字义等语言文字内部问题的探究上。刘锡鸿在此提醒统治者重视西方由于语言易学而能普及现代化之观念的现象。刘锡鸿还注意到了全球商业时代的来临对语言的巨大冲击,他说:"环球大势,以某国商业盛,即通行某国文,为便用而易谋利。中文难而无功,洋文易而有

---

① 郭嵩焘等《使西记六种》第373页。

第五章　西方传教士欧化白话文的影响

利。"在他看来,"试士之文,既肤廓而无实,不足取重于时。儒官仅存,已成寒乞"①。他认为中国语言文字的分离不改变,文言难学的局面不改变,势必危害儒教的正统地位。他担心当时势力日益庞大的来华传教士群体,以"平等"为号召的基督教会撼动儒教的"伦常"观念。刘锡鸿说:"二十年后,无人习汉文,而周孔之书废,彝伦之教裂。传教者乘机煽诱,以称天平等,如发蒙振落,士不能自存,必且附其教,以助扬其波。故广兴功利,诚可转贫弱为富强,然不力护本源,势必沦中夏为夷狄。"②

"易姓改号"仅为当朝统治者所顾虑,而到了"论中夏为夷狄"时,就不仅是"之国"而是顾炎武所说的"之天下"了,这是让所有中国人都感到最为恐惧的情况。在刘锡鸿看来,语言的改革不再是语言问题,也不止是一个文化事件,而是上升到国家存亡和文明绝续的高度。

刘锡鸿于1876至1878年出使西方。1905年,科举被废除,1920年,教育部训令全国"自本年秋季起,凡国民学校一二年级,先改国文为语体文,以期收言文一致之效"③。刘锡鸿的担忧一一得到了证实。唯一值得安慰的是,代替文言文的并不是刘锡鸿所担心的"夷狄"的文字,而是中国已有的、在他使西时代还不登大雅之堂的白话文。

这一切,多少要感谢他的同时代人所作的努力。晚清文字改革派、晚清白话文运动的参与和附和者,他们推行语言改革的方式和取得的实际成果,都大大超出语言自身的层面。

大体上说,汉字是表意的符号,如"火"字是火苗的象形,"上""下"是方位的指示。正因为汉语汉字是音义分离的,使得这两个系统内部可以相对独立的发展。汉字重在象形表意,为了方便学习读音,古人发明了"反切"的方式标注字的读音。反切是用两个汉字注一个字的音,第一个字注子音和阴阳,第二个字注元音和声调,用作反切的字有五千多个,古人使用"切音"时还要借助其他音韵书籍或辞书才行。因此"反切"这种拼读方式,一直是

---

① 郭嵩焘等《使西记六种》第375—376页。
② 郭嵩焘等《使西记六种》第375—376页。
③ 《教育杂志》1920年第12卷第2期。

中国治文字学的专门方法,无助于初学者学习文字。用拼音符号标注汉字,用于启蒙学习,是自明朝利玛窦来华起,外国传教士在学习汉语的过程中最早尝试的。

美国传教士丁韪良就详细记载了他在宁波首创拼音识字的过程:

> 由于没有任何刻本或词汇表来指引我的学习——当时在宁波的传教士团还没有任何此类出版物——我只好自己创建一套拼音系统。我把德语中的,或者说是欧洲语言中的元音作为基础,加上其他一些变音符号,很快就编出了一套标音,使我能够复制从老师嘴唇里说出来的话语。……在请人用单独的角质材料刻了一副罗马字母活字以后,我教会了一位年轻人用它们在识字课本的每一页上盖印。这种识字刻本是以中国的方式刻板印刷的,虽然字迹粗糙,但应被视为是新学问的萌芽,因为当时虽然它只限于在宁波地区的传教使团内部使用,但也发挥了很大的作用。当地的中国人看到自己的孩子只学了几天就能够阅读,都感到十分惊奇,因为他们学汉语,往往要经过数年的悬梁苦读才能做到这一点。70岁的老婆婆和不识字的仆人与劳工在皈依基督教时,都发现这种拼音的方法能使自己张开眼睛,用生来就会的母语阅读上帝的圣经。①

传教士的成功很快启发了一批中国读书人。从厦门人卢戆章开始,到福建人蔡锡勇、力捷三,江苏人沈学,天津人王照,浙江人劳乃宣等,各自发明了自己的记音符号系统,并用于普及教育的尝试。这些音标的书写形式各不相同,有的是汉字的笔画,有的是罗马字母,有的是汉字的简笔字(即一个字的一两笔)。他们掀起了一场后来被称为"清末文字改革"的文字变革运动。

之所以有这个文字改革的运动,实在与甲午战争的冲击有关,晚清思想界弥漫的是一种变法、唤醒民众的急迫要求,这个要求实现的途径有这么几种:一是平民识字、受教育;二是知识普及运动;三是借助通俗文学传播救亡

---

① 丁韪良《花甲忆记——一位美国传教士眼中的晚清帝国》,沈弘、恽文捷、郝田虎译,广西师范大学出版社,2004年,第27—30页。

第五章　西方传教士欧化白话文的影响　　　　　　　　　　　　　　305

意识①。这些途径在晚清最先得到实施的就是文字改革运动。

晚清文字改革第一人，当推福建同安人卢戆章。卢戆章字雪樵，生于咸丰四年(1854)，卒于民国十七年(1928)。他十八岁时应试不中，三年后去新加坡学习英文。二十五岁返回厦门，任英国传教士麦嘉湖（John MacGowan）的助手，帮助其编著《英华字典》。正如胡适所说："最早创造中国拼音字母的人大多是沿海各省和西洋传教士接触最早的人。"②中英两种语言两相对比，卢戆章感叹道：

　　欧美文明之国、虽穷乡僻壤之男女、十岁以上、无不读书、据客岁西报云、德全国、每百人中、不读书者、一人而已、瑞士二人、施哥兰二十一、澳大利亚则三十、何为其然也、以其以切音为字、字话一律、字画简易故也、③

当时闽南的传教士，结合拉丁字母和韵书《十五韵》，创造出了"话音字"用来翻译《圣经》。卢戆章自述，在翻译《英华字典》"间隙之时、欲自著华英十五音、然恐漳泉刻本之十五音字母不全、于是苦心考究、至悟久源源本本、则以汉字、话音字、与英话、横列对排、然页地有限、恒嫌话音字、数字母合切为一字、长短参差、甚占篇幅、忽一日、偶触心机字母与韵脚、两字合切即成音、自此之后、尽弃外务、朝夕于斯"④。终于，卢戆章在"话音字"基础上创造出五十五个罗马字式的字母，起名为"中国第一快切音新字"，并在1892编写出了教授这种新字的课本——《一目了然初阶》(中国切音新字厦腔)，这是中国拼音文字的第一个方案，是以拉丁字母和它的变体为拼音符号。此课本在福建传播广泛，以致"都察院"上奏清廷，认为读此书"只须半载，便能持笔抒写其所欲言"⑤。但清廷认为，其"声母不完全"、"韵母无入声"、"写

---

① 对此的专门研究见王尔敏《近代文化生态及其变迁》，百花洲文艺出版社，2002年，其中《中国近代知识普及化之自觉及国语运动》与《中国近代知识普及运动与通俗文学之兴起》两篇都有详细论述。
② 胡适《中国新文学运动小史》，台湾伟文图书公司，1978年，第9页。
③ 卢戆章《一目了然初阶》，文字改革出版社，1956年，第4页。
④ 卢戆章《一目了然初阶》第1页。
⑤ 林辂存《请用切音字以便学问》，见力捷三《闽腔快字》，文字改革出版社，1956年，第2页。

法乖谬","自难用为定本。通行各省"①,最终并没有推行这种新字。

自卢戆章之后,北方的王照和南方的劳乃宣进一步推动了这场文字变革。王照字小航,河北宁河人。生于咸丰九年(1859),卒于民国二十二年(1933),是戊戌变法的领袖之一,变法失败后亡命日本,庚子之乱后回国。他是晚清文字改革运动中最有影响力的人物。王照认为"朝廷所应注意而急图者"在"齐氓"而不在少数"英俊",所以文字应该"便民用"、"当语言之符契"②。在白话文运动中,王照的努力不仅得到了胡适等人的注意,其成就也被胡适等人所推举③。

1900年,王照在天津出版了《官话合声字母》,模仿日本"片假名",采用汉字的一部分作字母,以京音为准,拟定音母(即声母)五十个,喉音(即韵母)十二个,音调分阴平、阳平、上、去"四声"。此书一出,在士子中间就备受推崇,连翰林院编修严修也要求全家主仆都学习《官话合声字母》。

稍晚于王照,在南方还有一个同样为推行官话字母而奔走的人,他就是劳乃宣。劳乃宣字季瑄,号玉初,浙江桐乡人。生于道光二十三年(1843),卒于民国十年(1921)。劳乃宣曾任京师大学堂(北京大学前身)总监督,兼署学部副大臣及代理大臣。劳乃宣是著名的等韵学者,1883年出版《等韵一得》,被公认为清代等韵代表作。1905年,劳乃宣在王照发明的《官话合声字母》基础上增加了六个声母、三个韵母和一个入声符号,发明了"宁音谱",这样就可以拼写下江官话了。后来劳乃宣又增加了声母、韵母和浊音符号,拼写吴音、闽广音("吴音谱"、"闽广音谱")。在中国拼音运动史上,他是解决方言与共同语关系问题的第一人,其方案对后来注音字母方案的研制具有很大的影响。

一旦认识到语言与教育普及、与文明进步息息相关,中国方言林立、文言与口语不统一的事实,看起来就尤其刺眼,"言为言、文为文"的局面必须

---

① 译学馆文典处批文,见文字改革出版社编《清末文字改革文集》,文字改革出版社,1958年,第70—71页。

② 王照《官话合声字母·原序》,见王照《官话合声字母》,文字改革出版社,1957年出版。

③ 胡适在1924年写作的《中国新文学运动小史》中说王照的主张"有许多地方和后来主张白话文学的人相同",认为这些主张的"逻辑的结论当然是提倡白话文学"。

第五章 西方传教士欧化白话文的影响

改变。

按照基督教圣经公会(Bible Societies)的指示,在尚未出现书面文字的地方,传教士们应该使用拼音文字记录下当地流行的口语译经。虽然中国并不符合没有书面文字的前提,圣经公会还是支持了传教士使用方言翻译《圣经》的活动,因此来华传教士花了很多精力用方言翻译《圣经》。《上海方言译本圣经》(1847年)、《福州方言译本圣经》(1854年)就是这样产生的。这与两地通行口语与"官话"相距甚远有关。丁韪良于1850年到了宁波传教,开创用拼音拼写宁波方言的先例,并用这种拼音文字撰写了赞美诗等基督教读物。但当时这种方法只在传教群体中流行,一般的中国民众是没有机会接触到这种拼音的。丁韪良觉得,宁波话毕竟是方言,如此易学的拼音文字应该推广到"官话"学习上。他说:"这套拼音系统应该在官话上实验一下,因为中国近一半的地方都说官话,虽然官话已经有了汉字记载,因此没有迫切的原因要寻求另外一种载体。"[①]

到了19世纪末,有汉字记载的"官话"却面临一种"迫切的原因","要寻求另外一种载体"了。这个原因就是比文言易掌握的"官话"更适合普及教育,而拼音文字比汉字更简便。

清末最后一个提出拼音文字方案的郑东湖,在其1910年出版的《切音字说明书》中说:

> 欧美诸国文言一致、凡学者、学其语言、便可通其文字、习其文字、亦即通其语言、故文字与语言不必歧而为二也、若吾国与日本则不然、言语与文字各殊、相差远甚、故学者须先通其语言、而后可习其文字[②]

可见,改革者们清楚,文言一致的前提是统一语音。"国语统一"、"言文一致"这两个方向的努力,在实际操作中都落实在了寻找到标准的"话"上,中国十九个省中方言林立,哪种方言有资格定为标准的"话"呢?

前文已经论述,到晚清,统一语音应该以官话为基础,这一点已经是改革者的共识。

[①] 丁韪良《花甲忆记——一位美国传教士眼中的晚清帝国》第27—30页。
[②] 郑东湖《切音字说明书》,文字改革出版社,1957年,第1—2页。

卢戆章在其1892年的第一套方案中说：

> 十九省之中、除广福而外、共余十六省、大概属官话、而官话之最通行者、莫如南腔、若以南京话、为通行之正字、为各省之正音、则十九省语言文字、既从一律、文话皆相通、中华虽大、犹为一家。①

不但要统一读音，同时也把口语与书面语统一了。1906年，卢戆章在他的第二套方案《北京切音教科书》中，提出"十条办法"，把统一语音的标准由"南京话"调整为"京音"，这个方案有二十一个"声音"（声母），四十二个"字母"（韵母）。卢戆章说：

> 颁定京音官话。以统一天下之语言也。凡乡谈与通都市镇言语可以相通者。饬该地方百姓、无论男女蒙小学堂。在地方居民。务必全国男女老幼。均能习诵本土通都市镇之切音字书。本土切音已成。次及京音切音字书。……各种学堂。以及文武官员。兵丁皂隶。凡国家所用之人。全国一律。学习京音官话之切音字书。全国公文、契据、文件、通信、均认京音官话。为通行国语。以统一天下之语言也。②

两相比较，统一语音在"官话"系统内，由"南京音"变成了"北京音"。需要注意的是，一旦"官话"通过书面来学习时，"南京音"、"北京音"就不仅仅是发音问题了，而是在用词③、习语以及语法结构上都有差别。从卢戆章两个方案同选的一篇课文中，我们可以看到南北方"官话"的差异：

> 吴猛八九岁　就能晓得有孝　因为家内丧穷　所以眠床无蚊罩　至夏天之时　蚊嘎嘎吼　伊就醒醒卧的　由在蚊咬　是惊了蚊饥　去咬伊之娘母④
>
> 吴猛八九岁　就晓得孝顺爹妈　因为家里很穷苦　所以床上没有帐子　至热天的时候　蚊子声儿哄哄响　他躺在床上　任从蚊子螯

---

① 卢戆章《一目了然初阶》第6页。
② 卢戆章《北京切音教科书》（首集、二集），文字改革出版社，1957年，第3页。
③ 其中值得注意的是："您"字的使用，在《一目了然初阶》中这个字并没有敬称的意思，只是普通的第二人称代词，到了《北京切音教科书》一书，"您"字只被用作第二人称敬称。
④ 卢戆章《一目了然初阶》第25页。

第五章　西方传教士欧化白话文的影响　　　　　　　　　　　　　　309

　　是恐怕那些个　肚子饿的慌　去螫了他的爹妈①

这是元代郭居敬编录的《二十四孝》中的第十七个故事"恣蚊饱血",《二十四孝》是宣扬儒家传统道德的通俗读物,也是少儿启蒙读物之一,"恣蚊饱血"原文如下:

　　晋吴猛年八岁,事亲至孝。家贫,榻无帷帐,每夏夜,蚊多攒肤。恣渠膏血之饱,虽多,不驱之,恐去己而噬其亲也。

　　夏夜无帷帐,蚊多不敢挥。恣渠膏血饱,免使入亲帏。②

卢戆章将这个故事用白话重写,且在很短的时间内由南方话为基础改为了以北方话为基础,其方式主要是在词汇的选择,括号内为北京音本的词——丧穷(很穷苦)、眠床(床上)、无(没有)、蚊罩(帐子)、时(时候)、蚊(蚊子)、嘎嘎吼(声儿哄哄响)、伊(他)、由在(任从)、咬(螫了)、伊之(他的)、娘母(爹妈),"南京话"本中使用的词汇更古老,保留了许多单音字,在句子结构上,南京话本近文言,语法成分不完整,"北京话"本主谓宾相对完整。

卢戆章用南京音写就的《一目了然》里,使用的材料均为极短的寓言故事,而在《北京切音教科书》中用"北京官话"写了几则寓言故事、几段《圣谕广训》的内容、几篇家庭通信以及官府告示。此前,通信、官府告示一般都是文言写就,卢戆章虽没有提出用书面体"北京官话"代替文言,实际上已经是做此尝试了。

1901年,王照也在自己的书中明确主张以"京语"来统一全国的语言,他说统一的语言"宜取京话":"因北至黑龙江西逾太行宛洛南距扬子江东传于海纵横数千里百余兆人皆解京话外此诸省之语则各不相通是京话推广最便故曰官话。官者公也官话者公用之话自宜择其占幅员人数多者"③。

劳乃宣也主张要用"京音"统一。他认为"先各习本地方音.以期易解.次通习京音.以期统一"④。在劳乃宣看来,王照的官话字母以京音为准,在

---

① 卢戆章《北京切音教科书》(首集、二集)第45—46页。
② 转引自王雪梅编注《蒙学:启蒙的课本》,中央民族大学出版社,1996年,第366页。
③ 王照《官话合声字母·新增例言》,见王照《官话合声字母》第9页。
④ 劳乃宣《进呈〈简字谱录〉折》,见文字改革出版社编《清末文字改革文集》第80页。

北方容易推行，在南方却不易推广。为此，劳乃宣修订了官话字母，制成"宁音谱"，他在京音五十个字母之外，加了六个字母，在十二个喉音之外又加了三韵，根据南方音还添了入声符号。又在"宁音谱"基础上制成"吴音谱"，增加的是七个声母、三个韵母、一个浊音符号。南方的"简字学堂"用的就是劳乃宣的课本《简字全谱》。《简字全谱》于光绪三十三年（1907年）刻于南京，是用汉字笔画记音的，记载的语言是北京话，例如《劝人自强说》一篇：

  列位啊 咱们各人都要点儿强罢 瞧瞧咱们中国成什么样儿啦 早些年的事 不用提 就打甲午那年说起 不是咱们跟日本打勒一仗吗

  劳乃宣是南方人，但在他的学堂里，那些学得好的南方学员"口操京音，几跟北京人无异，并且动辄用简字写成洋洋千言的大文章"①。

  看到劳乃宣的方案如此通行，两江总督周馥便采用"宁字谱"作为他办的"简字学堂"课本，其后任总督端方更是令江宁四十所处等学堂都附设简字科目。后来劳乃宣还制定了"闽广音谱"。但无论宁音、吴音还是闽广音各谱，其中都把京音谱包罗在内，以期达到"通习京音以期统一"的最终目的。

  尽管改革者们分布在中国南北，但他们在编写的教科书中却一直把语音的标准定为"官话"或曰"官音"。如浙江瑞安人陈虬的方案，是以瓯文（即温州话）为教授拼音文字的起步，使得没有受过教育的人初步通晓，然后用"官韵正方音"，使得学习者最终能掌握"官音"②。刘孟扬在光绪二十四年（1898）写成《中国音标字书》，用二十六个拉丁字母注"官话"，他的目的在于"一则易于识字一则各地读法亦可画一并可为统一全国语言之导线"③。

  这样，大家的主张基本明确为"北京官话"，它不是"文言"，而是一种活生生存在于人们口头的语言。问题接踵而来，这种"北京官话"必须能从口头到书面，一方面方便教学，一方面才能真正落实"言文一致"，而此前虽然

---

 ① 方师铎《五十年来中国国语运动史》，国语日报社，1969年，第13页。
 ② 陈虬《新字瓯文七音铎例言》，见《新字瓯文七音铎》，文字改革出版社，1958年，第3—4页。
 ③ 刘孟扬《中国音标字书》，文字改革出版社，1957年，第2页。

第五章 西方传教士欧化白话文的影响

有十九省较为通行的语言存在,国人却从没有将其记录下来。这样一来,从口头到书面的工作就落在了提倡者身上,他们需要自创规章并推行它。

如今保留下来的晚清文字改革者编写的各种"官话"教材里,虽然记录"官话"的符号不同,但每个字的读音基本一致,这对于统一口音十分有利。但在用词、语法结构上,记录下来的"官话"却有着差异。这是因为他们的主张大多是在各自的省内或者邻近的几个省内实施,如卢戆章的方案在福建一带流行,王照的方案在津京一带流行,在清廷没有统一"官话"教科书的要求以前,不同语言区的人并没有机会同时使用同一种"官话"拼音书。并且卢戆章、王照、劳乃宣等人的"官话"教育对象一般是士大夫之外的底层人,能让他们使用拼音文字写信、看懂书报就达到目的了,并不涉及更高一级的文学创作。所以,晚清文字改革者们不可能提出"官话"标准化以及"官话书面化"问题。

确定标准的"官话"的历史在1902年出现了转机。这一年,吴汝纶受清廷委派出游日本,在东京见到了日本著名学者伊泽修二,伊泽修二向他介绍了日本的"国语",并且告诉他日本培养国民、增强国势的手段正是通过教授"国语"而完成的。吴汝纶回国后记下了与伊泽修二的这次谈话。

> 伊泽氏又曰:欲养成国民爱国心.须有以统一之.统一为何.语言是也.语言之不一.公用之不便.团体之多碍.种种为害.不可悉数.察贵国今日之时势.统一语言尤其亟亟者.
>
> 答:统一语言.诚哉其急.然学堂中科目已嫌其多.复增一科.其如之何.
>
> 伊泽氏曰:宁弃他科而增国语(着重号为引者所加).前世纪人不知国语之为重.知其为重者.犹今世纪之新发明.为其足以助团体之凝结.增长爱国心也.就欧罗巴各国而论.今日爱国心之最强者.莫若德意志.本分多少小国.语言自不相同.斯时也.彼自彼.我自我.团体之不结.国势之零落.历史中犹历历如绘也.既而德王维廉起.知欲振国势.非统一联邦不足以跻于盛壮.欲统一联邦非先一语言则不足以鼓其同气.方针既定.语言一致.国势亦日臻强盛.欧罗巴各国中爱国心之薄弱殆如墺大利匈牙利之共同国.全国国种不一.自然语言不齐.莫知改良之方.政

治风俗.在在见参互错综之状.甚至陆军不受政府之驾驭.骚乱之举.曷其有极.旁观者时切杞忧.谓墺匈之恐不国也.此皆语言不统一之国.一则由不统一以致统一.其强盛有如德国.一则本不统一而不知改为统一.其紊乱有如墺匈.合国成绩攸兮,似足为贵邦前车之鉴矣.

答:语言之急宜统一.诚深切著明矣.敝国知之者少.尚视不急之务.尤恐习之者大费时日也.

伊泽氏曰:苟使朝廷剀切诰诫.以示语言统一之急.著为法令.谁不遵从。尊意大费时日一节.正不必虑。即如仆信州人.此阿多者(时席上有此人)萨摩人.卅年前对面不能通姓名.殆如贵国福建广东人之间北京人也.然今日仆与阿多君语言已无少差异.敝国语言之最相悬殊者推萨摩.初建师范学校时.募萨摩人入学.俾其归而改良语言.今年春.仆曾游萨摩.见学生之设立普通语研究会者.到处皆是.所谓普通语者.即东京语也(着重号为引者所加).故现在萨摩人殆无不晓东京语者.以本国人而学本国语.究不十分为难.况乎今日学理之发明.哑者尚能教之以操语言.况非哑者.惟不试行之为患耳.苟其行之假以岁月.其效果显著于齐鲁闽粤之间.可操券决也.①

明治维新初期,日本就发生了言文一致运动。伊泽氏的这番启发,触动了吴汝纶,回国后,吴汝纶便开始推行王照以北京音为基础的"官话"字母,目标是使目不识丁的妇孺花费几个月的时间,不仅能识字,还能写信。吴汝纶于1902年上书清廷的管学大臣张百熙说道:

中国书文渊懿.幼童不能通晓.不似外国言文一致.若小学尽教国人.似宜为求捷速途径.今天津有省笔字书.自编修严范孙家传出.其法用支微鱼虞等字为母.益以喉音字十五.字母四十九.皆损笔写之略.如日本之假名字.妇孺学之.兼旬即能自拼字画.彼此通书.此音尽是京城声口.犹可使天下语音一律.今教育名家.率谓一国之民.不可使语言参差不通.此为国民团体最要义.日本学校.必有国语读本.吾若效之.

---

① 吴汝纶《东游丛录》,见文字改革出版社编《清末文字改革文集》第27—28页.

第五章　西方传教士欧化白话文的影响

则省笔字不可不仿办矣.①

"天津有省笔字书.自编修严范孙家传出",说的就是王照的《官话合声字母》,"此音尽是京城口声.尤可使天下语音一律",与伊泽氏"所谓普通语者.即东京语也"的论调几乎一致,吴汝纶要拿它作为"国语课本"②。伊泽氏说"语言之不一,公用之不便,团体之多碍"。有趣的是,"团体"一词这里被吴汝纶大胆借用,这个词是被当时传统士大夫明确作诗嘲笑过的③。

吴汝纶上书的第二年,朝廷颁布了《奏定学堂章程》,其中的《学务纲要》第二十四条为:"各国言语全国皆归一致,故同国之人,其情易洽,实由小学堂教字母拼音始。……兹以官音统一天下之语言,故自师范以及高等小学堂,均于国文一科内,附入官话一门。"④这也就是为什么黎锦熙认定"国语统一"最早是由"桐城派"古文家吴汝纶提倡的⑤。

随着晚清文字改革口号的提出和命令的颁布,社会各界开始学习"官话",使用拼音书写"官话"。

对于推行者来说,最重要的事情是办学堂、教学生。虽然《奏定学部章程》有"自师范以及高等小学堂,均于国文一科内附入官话一门"⑥的规定,但并没有规定采用何种书做教本。改革者们各自实施自己的主张,从编写课本到办学校,无不亲力亲为。这其中影响最大的是王照办的"官话字母义塾"。

---

① 吴汝纶《上张管学书》,见文字改革出版社编《清末文字改革文集》第 29 页。
② 据郑国民考证,第一本以"国语"命名的汉语教科书,是 1906 年 8 月出版、林万里等人编辑、专门供初等小学后二年使用的《国语教科书》,"这套国语教科书是选当时的文言课文作底本把它们翻译过来"。此书发行者商务印书馆在 1910 的《教育杂志》上介绍此书:"取材于学部审定之各种教科书,演为通行官话……以国语为统一国众之基,又注意于语法,并准全国南北之音而折衷之。全编大致由浅入深,虽异文言,却非俚语。"
③ 诗文如下:"处处皆团体,人人有脑筋。保全真目的,思想好精神。势力圈诚大,中心点最深,出门呼以太,何处定方针。"(见李宝嘉《南亭四话》之《新名词诗》)
④ 转引自舒新城编《近代中国教育史料》,第 199 页。
⑤ 倪海署认为"国语"这个概念的最早使用者为王照的《官话合声字母·凡例》中(重刊本)。王照说:"苏人每借口曰:京话亦杂土音,不足以当国语之用。殊不知京中市井小有土语,与京中通用之官话自有不同,不得借彼黜此也。"王照此番话是为了明确"官话"的定义,并且把它跟北京土话区别开来。
⑥ 转引自舒新城编《近代中国教育史料》,第 199 页。

1903年1月，王照的学生王璞上书张百熙，呈请推广《官话字母》，他的理由是用俗话字母传讲《圣谕广训》，可以做到家喻户晓，他说：

> 《官话字母》，拼合自然，无音不备，至为简当。若以之译《圣谕广训》，饬州县遣生贡之无事者，布之民间，虽目不识丁之人，教字母十余日，自能读解……由此而得作书信记簿之能，且有他日读书、读示谕等类之益，则转相传授，增添之速，不可思议。①

王照于1903年在北京东城裱褙胡同创设了"官话字母义熟"，令门人王璞为之教授。光绪二十九年（1903年）十一月十一日，直隶大学堂学生上书直隶总督袁世凯，提出"以语言带文字"，"颁行官话字母设普通国语学科以开民智而救大局"，使得向来被摒弃于教育之外的"亿万众妇女与贫苦下等之人"能言即能文②。

1905年底，河北省大名县知事严以盛向袁世凯报告，要求创办"官话拼音学堂"，呈文中说：

> 窃维地方教育普及之法．先贵人人识字．卑邑士民．有力读书能通文义者．十人中不过一二．农工商贾中人．识字绝少．今欲强素未读书之人教以识字．势必畏难而退．卑职购阅官话拼音书报．喜其教法简易．口授旬日即能读拼音之书．适有候选县丞李洒庚．谙习拼音．兼通笔算．愿尽义务授教于人．卑职遂就阅报公所内设立官话拼音学堂．兼教浅近笔算．业于十月二十五日开学．因来学者流品不同．分班演教．学堂为．头班．巡警为二班．第一期共三十五人．十一月初十日毕业．第二期报名人数较多．风气渐开．卑职今又寄购拼音书报多本．由李教员散给来学之人．冀令转相传习．愚浅妇孺．皆可通晓．是亦推广教育．开通民智之一助也．卑职愚见．拼音学堂之设．经费无多．开华最易．北京保定天津等处均已盛行．可否通饬所属．一律照办．③

---

① 转引自倪海曙《语文杂谈》，新知识出版社，1957年，第215页。
② 倪海曙《清末汉语拼音运动编年史》，上海人民出版社，1959年，第100页。
③ 严以盛《上直隶总督袁世凯书》，见文字改革出版社编《清末文字改革文集》第45页。

上书者指出"官话字母"在统一语言、兴女学、训军士、兴学堂十分有益。直隶学务处接到严以盛禀报后，很快做了回应：

> 禀悉．官话拼音学堂之设．意在使目不识丁之人．咸能读书观报．此实普及教育之基础．该学堂分班教授．已有卒业之人．即令彼等传播乡里．庶几人人通晓．该县丞克充义务讲员．洵堪嘉许．仰即随时督查．以期逐渐推广．至通饬各属照办之处，仍候督宪批示．①

随后，袁世凯亲自批示并通饬各属曰：

> 光绪三十一年十二月十四日．奉宫保批．据大名县禀报．设立官话拼音学堂．开摺呈请查核由．奉批，禀摺均悉．仰学务处查照饬遵．并核明通饬各属．一体照办缴等因．奉此．查此案前据该县禀报到处．当经批示在案．奉批前因．除札饬外．札到即便遵照办理．此札．②

王照说他办义塾是因为"吾国有力读书以通汉文者．不过千人之一．朝野如两世界．实心任事者皆知行政困难之故矣"③，这是想通过启发民众普及教育，推动国家的进步。他的办法是"仿国书之制．取京音为准．以俗言代文字"④，这里明确提出了以"言"为基础。他的教授对象"原为教贫贱妇稚不能读汉文者"⑤，是被文言教育排除在外的"贫贱妇稚"，王照并没有以"官话"代替"文言"的雄心。

最初，义塾印了二百本教材施送，其篇目为"圣谕广训第一条"、"大舜耕田小说第一回"、"劝不裹脚说"、"家政学总论"，算是试读本，随后正式出版了五千本书，篇目调整为"圣谕广训第一条"、"劝不裹脚说"、"地理一"、"家政学总论"、"算学引起"⑥。这是东西方、新旧文化杂糅在一起的一本书，从

---

① 《学务处批》，见文字改革出版社编《清末文字改革文集》第45页。
② 袁世凯《直隶学务处通饬各属札文》，见文字改革出版社编《清末文字改革文集》第46页。
③ 王照《〈字母书〉序》，见文字改革出版社编《清末文字改革文集》第32页。
④ 王照《字母书》序，见文字改革出版社编《清末文字改革文集》第32页。
⑤ 王照《〈字母书〉序》，见文字改革出版社编《清末文字改革文集》第33页。
⑥ 王照《〈字母书〉序》，见文字改革出版社编《清末文字改革文集》第32页。

语言面貌上说,是白话与浅文言①交织在一起的。可见,在实际操作上王照重在拼音识字,而不是在汉字基础上创造一种与口语接近的书面表达。教授的对象是文化程度底的民众,所以他的课本绕开了传统文言。

袁世凯批示下达后,各地省城开始建立"简字学堂",专门学习"官话字母",有人统计"简字学堂"有好几十处,官话字母传到十三个省,好几十万人认识这种字母②。

对于袁世凯及直隶学务处的大力支持,王照十分感激,认为"袁世凯提倡官话字母,间接助余之处甚多"③。

1904年,袁世凯还命保定蒙养学堂、半日学堂、驻保定各军营学习官话字母,王照为此在保定办起了"拼音官话书报社",并编了教材《对兵说话》。王照在书中说:

> 自从光绪二十八年腊月,袁宫保就商量教各军营里的人学习这官话字母。如今商量定了教咱们军营的人,无论官长头目兵丁,都得学习。④

1905年,在袁世凯领导下,北洋巡警学堂⑤编订《警察课本》(共三编),其序提到"编辑简明课本以为速成之计大要以欧美日本为模范而去其不能行者以国体民情为权衡而取其易行者以现势现情为基础"⑥,课本中出现了大量新名词;如"积极的职务"⑦、"消极的职务"⑧等。新的句式:如"警察有

---

① 如《家政学总论》,所用文字便是浅文言,《家政学》原为日本华族女学校学监下田歌子所作,由钱玄同的大嫂钱单士厘译述,1902年出版。其"总论"说道:"凡人生在世。走东西。集南北。昕夕所劳者。大抵为衣食住一家经营之计耳。而文明之民。富于进取。所求于衣食住之程度必愈高。所求既高。自不复如未开之世。其不安于目前小康。而期于永远大成之气象者。情也。"这是加入了一些新词的浅文言。
② 方师铎《五十年来中国国语运动史》,国语日报社,1969年,第12页。
③ 王照《书摘录官话字母原书各篇后》,转引自倪海曙《清末汉语拼音运动编年史》,第104页。
④ 转引自倪海曙《清末汉语拼音运动编年史》,第112页。
⑤ 1902年袁世凯在天津创办了"天津警务学堂",培养年轻的警官力量,第二年更名为"北洋巡警学堂",这是中国第一个警察学校。
⑥ 《警察课本诸言》,北洋巡警学堂编《警察课本》,1905年。
⑦ 北洋巡警学堂编《警察课本》第1页。
⑧ 北洋巡警学堂编《警察课本》第2页。

第五章　西方传教士欧化白话文的影响　　　　　　　　　　　　　　317

行政司法之别";"警察有服从法律命令之义务";"警察有强制执行之权"等①。

在一个占人口总数比例极小的精英阶层统治的帝国里,书写和教育都被视为特权,文言的正统地位因此有了政治的内涵。只是在某些特定的情况下,为了统治的便利,文言的正统地位也不得不为现实需要让路。这种情况早已有之。明代早在《皇明诏令》中就有对武官的白话敕②。到了清代,为了向民众宣讲圣谕,各地出现了多种白话的宣讲本,为了将皇帝的道德教诲传达给无知无识的百姓,白话才开始悄悄侵入了文言的领域。

总的来说,卢戆章、王照等文字改革派们重视的是统一语音,及推行拼音文字,而使得汉语比起西方拼音文字来,在普及教育上不相上下。在他们看来,自己的使命是使得下层民众也能受教育。至于士大夫阶层,在他们看来还是要读文言经典。晚清文字改革派们,大多出身于那个熟练掌握文言文的特权阶层,他们并没有用"官话"替代文言文的主观愿望。不管是为了在内交外困的局面下缓解帝国治理的危机,还是为国家的现代化准备一个

---

①　北洋巡警学堂编《警察课本》第1页。
②　《皇明诏令》是明人付凤翔于嘉靖十八年(1539)辑成刊行。诏令文字有文言有白话,白话部分多见于"敕",尤其是对文化程度相对不高的武臣的敕,如《谕天下武臣敕》:"(永乐七年正月初一日)自古国家设立军马的意思,只为要看守地方,保安百姓,征剿那做歹勾当不顺的人。虽是天下十分太平,不曾撇了军马不整理。如今恁军官每是自己立功劳出来的,有是祖父立功劳承袭出来的,都承受朝廷付托,或掌着方面,或管着边塞,或镇守地方,都要十分与国尽心尽力。"武将是维护皇朝根基稳定的保障,一般文化程度较文官要低。为了保证皇帝的言论能被他们领会,制敕的文字就不能是文官中通行的文言,而要采用浅显接近口语的白话。此事说明文言不利于上情下达,为了保证政令在帝国范围内得到正确的理解和执行,在语言上必须采取变通的策略。这种变通做法是可以理解的,但这种发自统治阶层的训令也只是在《皇明诏令》中得以保留,到了修订成正史的《太祖实录》里,就看不到这样的白话了。在《皇明诏令》中白话写的敕在《太祖实录》中变成了文言体。如《谕武臣恤军敕》:"(洪武二十一年六月制谕)管军官人每知道,前辈老官人每到处里厮杀,但寻见一两个好汉留在跟前,十分用心抚恤,着似那般积渐聚得多少,或一百、二百、三百、五百。将这等人,便似自家兄弟、儿子一般看待,因此上这等军士,但遇着厮杀,便在管人前面杀得赢口。人都道官人好厮杀,谁知道是他抚恤人好。自家纵然会厮杀,对得几个?"(见刘海年、杨一凡总主编,杨一凡、田禾点校《中国珍稀法律典籍集成 乙编 第三册 皇明诏令》,北京科学出版社,1994年,第67—68页)这条敕,在《太祖实录》中是这样的:"尔今居位食禄者,岂尔之能哉!皆由尔祖父能抚恤军士,流庆于尔也。朕观国诸老成为官初起兵时,手抚士卒,或一二十人,或一百人,二百人至四五百人,必以恩抚之,亲如兄弟,爱如骨肉。故攻战之际,诸士卒争先效力,奋身不顾,以此所向克捷。人皆称其善战,而不知其善抚士卒,故能如此。"(《太祖实录》卷一九一,洪武二十一年六月壬申条)

文化普及的国民基础,他们对西方国家的情形的描述和借鉴,大多不出"师夷长技以制夷"的范畴,但以现有"官话"为基础,推行拼音文字,不能不对文言形成巨大的冲击。对此局面,他们并不是不知道。

王照《官话合声字母·凡例》中对"官话"可能带给文言的冲击做了预测:

> 汉文俗话互有长短,不特吾国旧书终古不能废,以后翻译西书,用汉文俗语并行,互相补助,为益更多。若令人厌故喜新,非我同人之志。①

但他在感情上仍然眷恋着那个文言构成的传统:"有力读书、有暇读书者,仍以十年读汉文为佳。"②可见传统文化的影响不是那么容易放下的。

1905年,王照在保定创办了拼音官话书报社,1906年迁往北京,除了定期出版物《拼音官话报》外,王照还大量编印了拼音官话书。王照的各种拼音官话书销量达到六万多部,流传到河北、河南、山东、山西、江西、江苏等十三个省。

第二节　从"官话"到"国语运动"

出于帝国治理以及强化文化认同的需要,清帝国自雍正一朝开始大力推行"官话"。迭经19世纪中期以来的种种动荡:两次鸦片战争、太平天国战争、甲午战争、庚子之乱和八国联军入侵,特别是1900年代的立宪运动,推行"官话"的动力渐渐发生了转移:从皇帝提倡变成社会提倡,推行对象从南方的士子变成了全国各地的底层民众,其目的,不在于维持对帝国的统治,而是要提升民众的素质,从而使民族国家得以在世界上生存立足和发展。

关于"国语"一词的由来,黎锦熙从语言学上有个解释:

---

① 王照《官话合声字母·凡例》。
② 王照《官话合声字母·凡例》。

第五章 西方传教士欧化白话文的影响

"国语"在上古是一部书名,意思是"列国的故事";中古倒成了统治者的"外国语"的高贵称呼,如辽的契丹语、金的女真语、元的蒙古语,当时都叫"国语",清的满洲语叫"国书",实际上统治阶级都用的是汉文汉语了。但是中国人从来不把汉语叫做"国语"的,这并不是表示谦虚,是恰好表现了"半统一"(指书面语——引者注)"半分化"(指口语——引者注)特殊过程中"统治阶级放弃口头语"这个观点,而另一观点就是抓紧书面语(汉字——引者注),一直在宣扬"天下同文一统"的。"国语"到清末才是指着汉语的标准语说的,其实也就是套用日本造的汉字名词,又幸亏当时清代的满洲语叫"国书"不叫"国语",所以不相冲突,毋庸避免。①

作为汉语的标准语,"国语"在语言学上的特征,与"北京官话"并无差别。实际上,早在19世纪中期,"北京官话"已经确立了作为通行的标准语的地位。然而,从"官话"到"国语",并不仅是一个名词的变化。相反,其中包含了无数政治、经济和社会变迁的内容,以及文化和情感上的变化。正如刘复(半农)多年后回顾这段历史时所说:

我的理想中的国语,并不是件何等神秘的东西,只是个普及的,进步的蓝青官话。所谓普及,是说从前说官话的,只是少数人,现在却要把这官话教育,普及于最多数。所谓进步,是说从前的官话,并没有固定的目标,现在却要造出一个目标来。②

这个目标也即一个民族国家自信图强的未来。早在1907年,就有人在报纸上撰文,大谈统一语言与振兴国家的重要关联,指出联络各行省的统一语言——"国语"在将来"风气打开"时必然"胜行":

外人诮我中国无国语。非铁道通行以联络之。万无振兴之理。何则。华人彼此隔别。语言殊异。虽有二十行省。宛若二十邦国。以一邦自分数十国。望其振兴难矣哉。吾国深蒙此耻。有志之士。不忍旁

---

① 黎锦熙《汉语发展过程和汉语规范化》,江苏人民出版社,1957年,第23—24页。
② 刘复《国语问题中的一个大争点》,载《国语月刊》1922年第1卷第6期。

观。现将内地外埠学堂。倡教国语。①

和"官话"不同,"国语"一开始就是与"外人"、"中国"、"振兴"、"深蒙此耻"等联系在一起的。而且毫无疑问,很快就引入了一种注重平等的现代观念。宣统二年(1910)则有资政院议员江谦正式建议,用"国语"之称替代"官话",原因为"官话之称,名义无当,话属之官,则农工商兵,非所宜习,非所以示普及之意"②。

江谦还指出国语教育在接下来几年内该做的事情,这些事情都是围绕着编辑"官话"课本、设立"官话"传习所、中小学堂兼学"官话"、中学及师范学校加考"官话"等展开。

民国建立后,借助着政治力量,统一国音的问题被再次提及。民国元年(1912)八月七日,教育部决定采用"注音字母"方案,统一读音是前提。

民国二年(1913)二月十五日,"教育部读音统一会"正式开会,吴敬恒为议长、王照为副议长。会议拟定了七条"国音推行方法":(一)请教育部通咨各省行政长官,饬教育司从速设立"国音字母传习所"令各县派人学习,毕业回县,再由县立传习所,招人学习,以期推广;(二)请教育部将公定字母从速核定公布;(三)请教育部速备"国音留声机",以便传播于各省而免错误;(四)请教育部将初等小学"国文"一科改作"国语",或另添"国语"一门;(五)中学师范国文教员及小学教员,比以"国音"教授;(六)"国音汇编"即"国音字典"颁布后,小学校课本应一律于汉字旁添注国音;(七)"国音汇编"颁布后,凡公布通告等件,一律于汉字旁添注国音。

此后,"注音字母传习所"设立,王璞任所长,传习所附设"注音书报社",出版了一些注音读物,其中最有代表性的出版物是民国五年(1916)定期出版的《官话注音字母报》,此报为半月刊,每期有四十页,分论说、中外故事、注音讲字、实业浅说、国民须知、格言、杂俎、浅近物理、选录、小说十项。到了民国九年、十年间,《官话注音字母报》才变更为《国语注音字母报》③。

---

① 《通问报》1907年第241回时评《耶稣教家庭新闻》(The Chinese Christian Intelligencer)。
② 江谦《对学部分年筹办国语教育事项提出质问说贴》,转引自倪海曙《清末汉语拼音运动编年史》,第215页。
③ 方师铎《五十年来中国国语运动史》第29—30页。

第五章　西方传教士欧化白话文的影响

"国语"即"官话",这一点并无异议。民国九年(1920)十二月二十四日,教育部颁布了第五七八号训令①,正式公布《国音字典》,并提出定北京音为国音:

> 读音统一会审定字典,本以普通音为根据。普通音即旧日所谓官音,此种"官音",即数百年来全国共同遵用之读书正音,亦即官话所用之音,实具有该案所称通行全国之资格,取作标准允为合宜。北京音中所含官音比较最多。故北京音在国音中适占极重要之地位;《国音字典》中所注之音,什九以上与北京音不期而暗合者,即以此故。(原文如此)惟北京亦有若干土音,不特与普通音不合,且与北京人读书之正音不合,此类土音,当然舍弃,自不待言。②

具体到《国音字典》的编纂准则:

> 本会此次修订《国音字典》,凡遇原来注音有生僻不习者,已各照普通音改注;北京音之合于普通音者,当然在采取之列。至北京一隅之土音,无论行于何地,均为不便者,则断难曲从。该会所欲定为国音之北京音,当即指北京之官音而言,决非强全国人人共奉北京之土音为国音也。《国音字典》中对于北京官音,既已尽采用,是该会所请求者,实际上业已办到,似可无庸赘议。至于声调问题,公布注音字母之部令中,仅列阴平阳平上去入五声,并未指定应以何地之五声为标准。诚以五声读法,因各地风土之异,与语词语气之别,而千差万殊,绝难强令一致。入声为全国多数区域所具有,未便因北京等处偶然缺乏,遂尔取消,正犹阳平亦为全国多数区域所具有,未便因浙江等处偶然缺乏,遂尔取消也。盖语音统一,要在使人人咸能发此公共之国音,但求其能通词达意彼此共喻而已(原文如此)……③

---

① 民国八年,吴敬恒根据"读音统一会"审定之后编出的《国音字典》出版,教育部"审音委员会"推举钱玄同、汪怡、黎锦晖三人对此字典进行审校,他们审校的文章《修正国音字典之说明及字音校勘记》送呈教育部,由此教育部颁布了这个训令。
② 转引自倪海曙《国语运动史纲》,商务印书馆,1934年,第99页。
③ 转引自倪海曙《国语运动史纲》第99—100页。

"国语运动"中关于"国音"的讨论,几乎是晚清对标准"官话"讨论的翻版。为了便于民众理解,训令特意点出现在所谓的"普通音"即"读音统一会"审定的国语标准音,是除去了北京音中土音的"官话"音。1921年6月,修订后的《国音字典》由商务印书馆发行,一直流行到民国1932年"国音常用字汇"公布。

最早研究"北京官话"的传教士对国语运动自然不会毫无反应。上海时兆报馆1919年出版了施列民(A. C. Selmon)编纂的《国语指南》,其英文名为 *Simple Discourses In The Mandarin Language*。传教士深知,"国语"和"官话",皆 mandarin 也,并没有实质差别。"官话"上升为"国语",实际上是借助国家的力量,把语言改革纳入一个范围更广的社会和政治运动当中。

近百年后,西方研究者在解释中国语言的变革时,仍旧将这两者看成一回事。他们说:

> Mandarin, by then called baihua-"pure language"(= vernacular or guoyu), was sanctioned as a literary language, and classical Chinese was increasingly seen as archaic and no longer appropriate for modern times.①

即文学革命后中国的书面语就是"官话"(mandarin),你也以叫它"白话"(baihua),也可以叫它"国语"(guoyu),它们都是对一种语言的不同称呼。

至于口语和书面语(又被称为"俗语"与"汉文")的关系,早在晚清文字改革运动中,已经得到了重视。王照就认为"汉文俗话互有长短","以后翻译西书,用汉文俗语并行,互相补助",但他绝不敢提拼音可以取代汉字,因此又说自己根据"俗语"制定的"官话字母","非敢用之于读书临文"②。

尽管出现了"时务体"、"新民体"这种过渡文体,但在中国人的写作当中,文言文仍然是书面语的正统——即使考虑到当时大量发行的"官话"和

---

① *Bible in modern China: the literary and intellectual impact*, edited by Irene Eber, Sze-kar Wan, Knut Walf; in collaboration with Roman Malek, 1999, p.76.

② 转引自倪海曙《清末汉语拼音运动编年史》第72页。

第五章 西方传教士欧化白话文的影响

白话报纸上,文言文已经不再是首选的文体,但若不是文字改革派推行拼音文字,以及随之而来的国语运动和新文化运动,文言文的式微可能需要更长的时间。

尽管富有洞察的观察者如狄考文早已经得出结论,以为"丰富的、正确的、高雅的官话终将会成为中国口头和书面语"①,但书面语的主流从文言转变为"官话",有赖写作上的实践和更为强有力的推行者。包括黄遵宪、梁启超和裘廷梁等人,他们都将新文体与政治上的改良联系在一起,给书面语的变迁更强有力的支持。

光绪十三年(1887),黄遵宪在《日本国志·学术志》中提出"语言与文字离,则通文者少;语言与文字合,则通文者多",如今的文体应"适用于今通行于俗"。光绪二十三年(1897),梁启超在《蒙学报演义报合叙》中,指出"日本之变法,赖俚歌与小说之力"。这些呼声可以说是晚清废文言的先声。

1898年,裘廷梁在《无锡白话报》上发表了《论白话为维新之本》。这篇两千多字的论文,被公认为是晚清白话文运动的第一声呼号,裘廷梁就此成为晚清白话文运动第一人。

裘廷梁,字葆良,别字可桴,江苏无锡人,生于咸丰七年(1857),卒于民国三十二年(1943)。裘廷梁在此文中说:"耶氏之传教也,不用希语,而用阿拉密克之盖拉里土白。以希语古雅,非文学士不晓也。后世传耶教者,皆深明此意,所至则以其地俗语,译《旧约》、《新约》。"②

裘廷梁以传教士用俗语译《圣经》为例证,说明传播思想时古雅的语言反而不如俗语。针对中国语言文字的实际而言,文言太耗费精神,占据了太多时间,使得人们无暇学习其他更为实用的知识,他说:

> 二千年来,海内重望,耗精敝神,穷岁月为之不知止,自今视之,廑

---

① Rev. C. Mateer, D. D., LL. D, *A course of Mandarin Lesson*, *Based on idiom*, Revised 1906, Shanghai: American Presbyterian mission press, 1909, p. xxix. 原文:"These is little doubt that ultimately mandarin, enriched, corrected and dignified, will come to be the written, as well as the spoken, language of China."

② 裘廷梁《论白话为维新之本》,转引自郭绍虞主编《中国历代文论选》第4册,上海古籍出版社,1980年,第171页。

廑足自娱,益天下盖寡。呜呼！使古之君天下者,崇白话而废文言,则吾黄人聪明才力无他途以夺之,必且务为有用之学,何至暗汶如斯矣？①

……愚天下之具,莫文言若；智天下之具,莫白话若……一言以蔽之曰：文言兴而后实学废,白话行而后实学兴；实学不兴,是谓无民。②

裘廷梁所谓的"实学",就是西方传来的天文、地理、数学、物理、化学等与现代化进程息息相关的实用学问。可以说,裘廷梁废文言的论调是站在一个非常实用的角度提出的。他说白话有"八益"——"省日力"、"除骄气"、"免枉读"、"保圣教"、"便幼学"、"练心力"、"少弃才"、"便贫民",他要求"学堂功课书,皆用白话编辑",这样"积三四年之力,必能通中外古今及环球各种文学之崖",还有给乡僻童子看的"农书商书工艺书,用白话编辑",这样"受读一二年,终生受用不尽"③。白话文有如此多的好处,更何况还有日本"以区区数小岛之民,皆有雄视全球之志。则日本用白话之效"④,这是最能刺激中国人的实例。

裘廷梁提倡白话文的呼吁并未像新文化运动时期那样,遭到文言文拥护者的警惕和抵制。这既是时势不同使然,也与他的策略有关。他以伸张白话文为终极目标,却并不以消灭文言为第一要务,只说白话文便于下层民众学习；另外,他一再强调白话文有利于实学传播,符合了当时国人追求国富民强的心态(士大夫群体更是如此)。

裘廷梁与其侄女裘毓芳于1898年5月在无锡创办《无锡白话报》,从第5期(1898年6月)更名为《中国官音白话报》,前后历时四个多月。这是一份与百日维新相始终的报纸。该报创办目的很明确,就是为了宣传维新变法。裘廷梁声明："无古今中外,变法必自空谈起,故今日中国将变未变之际,以扩张报务为第一义。"⑤

---

① 郭绍虞主编《中国历代文论选》第4册,第169页。
② 郭绍虞主编《中国历代文论选》第4册,第172页。
③ 郭绍虞主编《中国历代文论选》第4册,第170页。
④ 郭绍虞主编《中国历代文论选》第4册,第172页。
⑤ 裘廷梁《无锡白话报序》,转引自人民大学新闻系编《中国近代报刊史参考资料》上册,中国人民大学出版社,1982年,第286页。

第五章　西方传教士欧化白话文的影响

在变法风气影响下,《中国官音白话报》第7—10期上连载政治小说《百年一觉》。此书最早由李提摩太用文言文译自美国人爱德华·贝拉米于1888年出版的乌托邦小说 Looking Backward 2000-1887,连载于《万国公报》,1894年由广学会改名为《百年一觉》出版。裘廷梁的译文并非直接译自英文原文,而是对李提摩太的文言译本做了改写,秉承他崇白话而废文言的主张,译文采用了白话文。

《百年一觉》在《中国官音白话报》中只连载了一千多字就戛然而止了,原因未得知。将其译文与李提摩太的译文做一个对比,可以看出裘廷梁提倡的白话的形态:

> 美俗人分四等曰贫富智愚但富者致富之法或卖股份或作生意既富之后终身不自操作而安享其富且自视尊重如神而使贫者出力勤劳一如牲畜以为世事贫富之分势所宜尔而智愚之判亦恍若天渊矣岂知上帝生人本为一体贫者富者皆胞与也何至富者自高位置而于贫者毫无顾惜岂所谓大同之世哉(李提摩太译)

> 有一种风气把这一国当中的人分成四种一种是有钱的一种是穷的一种是聪明的一种是笨的其实也只两种聪明的就会赚钱不会赚钱的就算他笨当时候弄钱的法子或者买股份或者做生意及到有了钱就把自己的身份看得极尊重凡是那用气力的事就一点也不动手一天到晚只在家里享福所有一切事情都雇了穷人去替他做他把穷人就看得如猪狗一样呼来喝去全没些儿爱惜瓜肠反觉得世上穷富的位分是应该这样的不知老天生出人来都是一般样儿看待穷的富的有什么分别呢(裘廷梁改写)

李提摩太的译本是文言文,用词典雅,不乏典故。裘廷梁的译本是白话文,用词偏俗,也不用典,非常口语化,并有意消除了基督教义方面的说教。裘廷梁之后,如陈荣衮等人纷纷开创了各种白话报、白话读物,进一步推行了裘廷梁之后的主张和实践。

陈荣衮,字子褒,号耐庵,广东新会县外海乡人。生于同治元年(1862),卒于民国十一年(1922)。陈是戊戌变法的领袖,也是近代小学教科书创始人。光绪二十五年(1899),陈荣衮在澳门《知新报》发表了《论报章宜改用浅说》：

> 今夫文言之祸亡中国，其一端矣。中国四万万人之中，试问能文言者几何？大约能文言者，不过五万人中得百人耳。以百分之一人，遂举四万九千九百分之人置于不议不论，而惟曰演其文言以为美观，一国中若农、若工、若商、若妇人、若孺子，徒任其废聪塞明，哑口瞪目，遂养成不痛不痒之世界，彼为文言者曾亦静思之否耶？①

陈荣衮认为，文言是教育的障碍，使得下层民众闭目塞听，导致国家缺乏活力。他主张报章文体应该改为浅说，其中刊载的一切体裁的文字，不拘政论、诗词、小说，都应该弃用文言文，甚至连报纸名称也应该更改。如《湘报》应该改为《湖南报》。特别有趣的是，他认为"君主"应作"猪仔头"。所谓的"猪仔头"，是近代以来在厦门、广州、澳门等地建立的专门从事"苦力贸易"（如今使用的"苦力"正是来coolie"奴隶"的音译）的洋行中，被雇佣担任"招工"工作的人。这是他本身对"君主"一词的理解有误，还是别有用心的讽刺，还需要另作考证。

总的来说，陈主张"浅说"，其实是一种由文言向白话过渡的半文半白的文字。此后白话文进一步深入到文学创作中，与当时的文坛领袖人物的提倡是分不开的。在《人境庐诗草》中，黄遵宪说要用"流俗语"写"我之诗"，"我手写我口，古今岂拘牵"。1902年，梁启超发表《论小说与群治之关系》，强调"欲改良群治，则自小说界革命始，欲新民必自新小说始"。梁启超的朋友狄葆贤（楚卿）则明确提出，小说的语言应该主张文言一致，退一步也要像古代白话文那样文言参半：

> 中国文字衍形不衍声故言文分离此俗语文体进一障碍而即社会进步之一障碍也为今之计能造出最适之新字使言文一致者上也即未能亦必言文参半焉此类之文舍小说外无有也②

改良的风气和著名人物的提倡，带来了一股创办白话报纸和出版白话

---

① 陈荣衮《论报章宜改用浅说》，转引自郭绍虞主编《中国历代文论选》第4册，第177页。
② 楚卿《论文学上小说之位置》，载《新小说》1903年第7期。

第五章 西方传教士欧化白话文的影响

书籍的风潮。据戈公振统计，戊戌变法前后，很多省市都有白话报，如《演绎白话报》、《无锡白话报》、《杭州白话报》、《苏州白话报》、《宁波白话报》、《国民白话报》、《上海新中国白话报》、《安徽白话报》、《长沙演说通俗报》、《江西新白话报》、《潮州白话报》、《北京京话报》、《北京主流爱国报》，甚至远至新疆、蒙古都有《伊犁白话报》、《蒙古白话报》①。

晚清白话文运动中所谓的"白话"，从言文参半到古白话乃至书面官话，提倡者的看法并不统一。裘廷梁发表的作品显然是一种书面官话，而林白水也提倡书面官话作为书面语。在《中国白话报》发刊词中，曾任《杭州白话报》第一任主笔的林白水说，各省方言不一，"大家都道没有别的法子只好做白话报罢内中用那刮刮叫的官话一句一句说出来明明白白要好玩些又要叫人容易懂些"②。这种主张与传教士的主张和实践，分别甚小。

值得一提的是，五四新文学运动的发起者陈独秀与胡适，都是白话报纸活跃的参与者。陈独秀在芜湖接替谷平人编《芜湖白话报》。胡适在1904年来到上海，后求学于中国公学，在《国民白话报》、《安徽白话报》和《竞业旬报》上发表白话文作品，如《地理学》(1905)、《真如岛》(小说，1905)、《中国第一伟人杨斯盛传》(小说，1908)、《中国爱国女杰王昭君传》(小说，1908)等，其中尤以《竞业旬报》上刊登的白话小说最多。

胡适在《竞业旬报》上发表的白话小说，有浓重的旧章回小说的痕迹，甚至大量保留了说书人的口吻。文中有大量"看官"、"列位"等说法，语言也并不成熟。但对胡适来说，这段经历是很珍贵的，因为它"不但给了我一个发表思想和整理思想的机会，还给了我一年多作白话文的训练……白话文从此成了我的一种工具"③。这正是对晚清白话文运动的一种恰当的评价。

晚清文字改革派倡议以"北京官话"以基准，"统一国音"，提倡拼音文字，晚清白话文运动的改革家则提倡白话文，那么，晚清白话文运动与新文化运动提倡白话文有何不同？

两者的区别在于以哪种文体作为中国书面语的主流。诚如朱自清

---

① 戈公振《中国报学史》，生活·读书·新知三联书店，1955年，第17页。
② 白话道人(林白水)《〈中国白话报〉发刊词》，载《中国白话报》1903年第1期。
③ 胡适《四十自述》，见欧阳哲主编《胡适文集》第1卷，人民文学出版社，1998年，第85页。

所言：

> 文体通俗化运动起于清朝末年。那时维新的士人急于开通民智……原来这种白话只是给那些识得字的人预备的，士人们自己是不屑用的。他们还在用他们的"雅言"，就是古文，最低限度也得用"新文体"；俗话的白话只是一种慈善文体罢了。①

晚清白话文运动兴起后没几年，"文学革命"兴起，胡适和陈独秀在《新青年》上著文提倡白话文，应者云集，借着钱玄同自导自演的一幕双簧，以及与林琴南、严复等人的若干笔战，"文学革命家"笔锋所至，白话文已经潮流所向，文言的衰落，似乎竟是一夜之间的事情。

1917年，在蔡元培的召集下，北京国语研究会的学者们与北大文学革命论者相聚。针对国语运动者们要"建立标准国语"以"统一国语"的宏愿，胡适发言道："凡标准国语必须是'文学的国语'，就是那有文学价值的国语。国语的标准是伟大的文学家定出来的。国语有了文学的价值……然后可以用来做教育的工具，然后可以用来做统一全国语言的工具。"②这番谈话在胡适的"建设的文学革命论"中，就凝炼成十个字"国语的文学，文学的国语"。在这篇文章发表后，"国语统一"与"文学革命"两股潮流就合二为一了。

"文学革命"中的作家自然地成了"统一国语"的中坚力量。他们不独创作，还要做历史的爬梳和理论上的总结，在中国历史文化的深处寻找国语的源头，这在好新而崇古的中国，原是意料中之事。刘半农总结这种观点说：

> 我要请大家不要看轻了中国国语已有的好根基。这根基便是我们现在笔下所写的白话文……我并不说目下白话文，已经全国一致；但离开一致，也就并不甚远……这个好现象，并不是偶然构成的，也并不是近数年来提倡了白话文学用急火煮成的。从远处说，他是数千年来文言统一的副产物。从近处说，他至少也是宋元以来一切语体文字的向

---

① 朱自清《论通俗化》，见《朱自清文集》，上海开明书店，1953年，第612页。

② 胡适《中国新文学大系·建设理论集·导言》，见赵家璧主编《中国新文学大系·建设理论集》，上海良友图书公司，1935年，第22页。

第五章 西方传教士欧化白话文的影响

心力的结晶。①

这也是胡适在《白话文学史》中的观点。1921年,胡适在教育部办的第三届国语讲习所里讲授国语文学,《白话文学史》乃是此中讲义整理而成,试图论证"白话文学史就是中国文学史的中心部分"②。他与黎锦熙,一个从文学史,一个从语言学史上都把"白话"的历史推到了一千多年前,立论的关键,都在于"言文一致"。而目的,是"要大家知道白话文学不是这三四年来几个人凭空捏造出来的","要人人都知道国语文学乃是一千几百年历史进化的产儿"③。

黎锦熙和胡适都是从中国语言文字的历史出发,揭示了口语与书面语的互动关系。但事实是否正如胡适说的那样,现代白话文仅仅是"一千几百年历史"自然演化的产物?我们如何看待18世纪以来——尤其是19世纪中期以来——中国社会及语言发生的重大、快速而特殊的变化,以及这种变化对现代白话文形成的影响?须知,在这段历史中,"北京官话"日渐普及和流行,最终成为中国通行的标准语,书面语言不断吸纳这种通行的标准口语的成分,使得20世纪初的"言文一致"与《水浒传》时代的"言文一致"已经有很大的区别(更不用说《史记》乃至《诗经》时代的"言文一致"了)。而传教士开创的"官话"翻译传统,导致中国白话书面语急剧欧化,更是用中国白话文学史的自然演化无法解释的。

1920年春,国民政府教育部下令,从当年秋季学期开始,学校一二年级的国文教科书改用白话。此后商务印书馆出版了第一部小学国语教科书《新体国语教科书》(八册)和第一部中学国语教科书《白话文范》(四册)。这是从制度上摆脱了千年来的文言教育,但要在使用上推广新的"国语",光有几段教科书式的范文和文学创作,是远远不够的。一种语言必须被规范,才便于传播和学习,这就得借助语法书的编写。随着"国语运动"的展开,语法书的编写工作也得以开展,这个工作是文学家与语言学家共同开启的。

---

① 刘复《国语问题中的一个大争点》,载《国语月刊》1922年第1卷第6期。
② 胡适《白话文学史·自序》,见《白话文学史》,岳麓书社,1986年,第12页。
③ 胡适《白话文学史·引子》,见《白话文学史》第1页。

1897年，朱树人在其编的南洋公学《蒙学课本初编编辑大意》中谈到："泰西文规学家之言曰：以语言学文规，非以文规学语言。言之规出于语言，必先学语言而后学文规也。中国文语两歧，学文规者，必以文字求之，尤难之难矣。"①西方人可以从语言学文规，中国人则必须掌握了汉字才能学文规，这给教学带来了麻烦。为了言文一致而提倡的"国语"，其语法的建立就要摈弃以往为文言文建立文法的方式，要借鉴言文一致的拼音文字的文法成果。

晚清科举制取消后，新的蒙学书开始大量编纂，当时就有编纂者第一次试着在蒙学阶段为学生编纂文法书。其中"实学社"发行的《汉文教授法》可以说是最早的一本，"实学社"在其书预告中说："新出蒙学各书已有数十种然有读本而无文法因读本尚易编辑而文法非通中西文法者无所折衷。"②

胡适说直到马建忠的《马氏文通》面世（1898年），方才有中国文法学。中国文法学发生很迟，其原因在于：

> 第一，中国的文法本来很容易，故人不觉得文法学的必要，聪明的人自能"神而明之"！笨拙的人也只消用"读书千遍，其意自现"的笨法，也不想有文法学的捷径。第二，中国的教育本限于很少数的人，故无人注意大多数的不便利，故没有研究文法学的需要。第三，中国语言文字孤立几千年，不曾有和他种高等语言文字相比较的机会。……这三个原因之中，第三原因更为重要。欧洲自古至今，两千多年之中，随时总有几种平等的语言文字互相比较，文法的条例因此有比较，遂更容易明白。我们的语言文字向来没有比较参证的材料，故虽有王念孙、王引之那样高深的学问，那样精密的方法，终不能创造文法学。到了马建忠，便不同了。马建忠得力之处全在他懂得西洋的古今文字，用西洋的文法作比较参证的材料。③

胡适在此把语言接触看作是中国文法学诞生的关键，即没有历史上确

---

① 转引自舒新城编《近代中国教育史料》第327页。
② 《实学社发行各书》，见《绝岛漂流记》附录，上海开明书店，1902年。
③ 胡适《国语文法概论》，见《胡适文存》第1集卷3，第325—326页。

第五章 西方传教士欧化白话文的影响

实发生的中西语言接触就不会有日后的中国文法学。国语运动时期文法书的编写者,都受《马氏文通》乃至日人所著《支那文典》的影响,并借鉴了西方语法学成果。

1920年出版的尔粿编的《国语文法讲义》,是作者根据在嵊县国语讲习所的讲稿改编的。作者说:"我自己实在还没充分研究,坊间又无适当的书,仓卒之间,也无暇构思;因想到这'新文化的骄子'在幼稚园的保姆,如胡适之刘半农黎劭西诸先生,他们对于他的性质动静,曾有很忠实的报告;我就抚拾他们议论,参以己见,编成这本《国语文法讲义》。"①此书使用拉丁法,语言材料大都来自古代白话小说,如《水浒》、《石头记》、《儒林外史》,为说明中西语言接触给中国文法学带来的突破,又从《马氏文通》中转引了少数《论语》、《诗经》、《孟子》句子,以说明拉丁文法的特点和马建忠的贡献。

1926年出版的邹炽昌编、方毅校的《国语文法概要》,源自1924年广州国语讲习所里的讲稿。作者说"这讲本和外国文法沟通的地方甚多,读者留心玩索,将来读外国文当然容易些"②。此书采用的仍然是拉丁语法,但"这书所举例,泰半是从前人底笔记、杂著、词曲、小说里找出来,近人底文章小说——自著的或翻译的——也有采用,但比较少些"③。偶有"北京官话"教科书及时人作品收入,例如:

> 所以两千多年前的孔子孟子便主张民权。(见第11页,《孙中山三民主义》)
>
> 那也是这里风俗。(见第21页,《北京事情》)
>
> 雨后的宇宙,好像泪洗过的良心。(见第25页,《星空》)

但在南通人易作霖1924年出版的《国语文法四讲》的自序中,作者指出,获得标准的语言以研究国语文法,必须借助新文学语言:

> 我们知道国语文法是从标准的语言中得来。所谓标准的语言,自然要出自活人的嘴里,但我们用什么方法把这些语言尽行搜罗了来呢?

---

① 尔粿编《国语文法讲义》,中华书局,1921年,第2页。
② 邹炽昌编、方毅校《国语文法概要》,商务印书馆,1924年,第1页。
③ 邹炽昌编、方毅校《国语文法概要》第2页。

那只得把近人底几部小说,剧本,以及其他的著作做一个根据。但是这些著作,常带有文言和欧语的色彩。有许多繁密精深的思想,的确不是现行的语言所达得出的,自然不能不求助于文言和欧语,形成一种较通用的语言。但是文言和欧语的分子太多了,一时还不能实用在谈话和演说里。著作底流行久了,试用的人多了,才会和现行的语言融成一片。①

编撰国语语法与新文学的关系,从这里可以得到最好的证明。而国语文法书中还有一类是专教如何用国语写作的,如黎锦熙、周法均合著的《作文及文学教学法》。告诉读者作文只有两个原则:"一个是作文必须以语言为背景,一个是作文的背景要用统一的标准语;换句话说,一个就是言文一致,一个就是国语统一。"②这是把国语运动的两个口号完全等于"作文"的方法,也是"国语运动"与"文学运动"可以沟通的关键。

到此时,现代白话文的流行,就已成必然之势了。

第三节　否定西方传教士影响的辨别

我们以往的近代白话文运动研究几乎无人注意到,早在近代白话文运动发生之前,已经有西方传教士根据西方俗语《圣经》译本的流行历程,根据《圣经》白话文本在中国的传播情况,判断中国的文学界即将产生白话文运动的潮流,预见到统治中国书面语言的文言文将被浅近文言然后又被白话文所取代:

> 中国文言文学即将终结,"传统的"形式将被更为通俗易懂的浅近文言所取代,但是浅近文言也将被更通俗易懂的官话或方言所取代。中国的白话文学就像欧洲一样,在任何的可能性里,会和《圣经》的流通紧密地连结在一起。《圣经》在中国无疑将像在英国、美国和德国那样,成为一股重要的文学、道德和宗教力量,值得感恩的是《圣经》的中文版

---

① 易作霖《国语文法四讲》,中华书局,1924年。
② 黎锦熙、周法均《作文及文学教学法》,商务印书馆,1925年,第16页。

第五章　西方传教士欧化白话文的影响　　333

在中国已经广泛印刷和流通了。白话《圣经》的发行量要远远超过文言和浅近文言版的发行量，其他方言的版本也有很多成果。

去年三个圣经协会（Bible Society）的出版情况如下：

1894年的《圣经》出版			
	圣经	圣约书 （Testaments）	部分	总量
白话		15 900	539 000	554 900
浅近文言		5 100	191 600	196 700
文言	2 700	9 120	173 000	184 820
方言 (character vernacular)	3 875	275	42 450	46 600
罗马字方言 (Romanized vernacular)			6 700	6 700

介绍具体发行情况（略）

现在虽然没有所有《圣经》出版物的数据，但是有一份用各种方言出版的文学作品目录一定会让我们的汉学家惊喜。教育类作品、宗教书籍和小册子一直以来都用方言来出版，现在有了能够被文化层次不高的读者所喜闻乐见的周报，而文言是永远不可能像这样影响到这些人的生活和心灵的。如果智人想要接近并影响到最广大中国人的话，不是通过文言文，而是通过白话，甚至是通过一些方言。①

这是一篇英文文章，它是西方传教士向教会所作的报告，发表在1895年，与黄遵宪提倡学习日本国语运动的《日本国志》几乎同时问世。这不是如同黄遵宪那样根据日本的语言文学变革提倡中国要现代化应该步日本语言文学变革的后尘，那只是精英们根据外国已经发生的语言变革预测中国的语言文学未来应该如何；而是在借鉴西方《圣经》俗语翻译基础上，根据中

---

① Rev. J. A. Silsby《白话文学的传播》，《教务杂志》1895年，第508页。

国民间对《圣经》的文言白话译本的需求消长预测它们的未来,推测中国的书面语言转变就要降临。这也是一种很实际、很牢靠的预测,建立在中国社会自身变化的基础上,它很可能是最早根据中国自身社会动向意识到中国的语言文字实际上将由文言转换为白话的预测。它告诉我们:晚清先进知识分子提倡的白话文运动实际是有读者的社会需求的变化作为基础的。历史的发展证明了传教士的预测,我们试看下面的时间表:

1895年,傅兰雅在《万国公报》刊载了《求著时新小说》启事。

1896年,梁启超在《时务报》刊载的《变法通议》一文中,提出了"新小说"的概念和他的最初设想。

1897年,章伯初、章仲和兄弟创办了《演义白话报》,在该报连载白话小说《通商原委演义》。康有为在该年出版的《日本书目志》识语中也提出了用小说"开民智"的设想。

1898年,梁启超翻译了日本政治小说《佳人奇遇》,提倡"新小说"学习日本的"政治小说"。裘廷梁也创办了《无锡白话报》,宣传变法维新。发表了《论白话为维新之本》,吹响了晚清白话文运动的号角。

一直到1902年梁启超在日本创办《新小说》杂志,各类小说杂志、白话报纸如雨后春笋般问世,晚清白话文运动也就全面开展起来。在此之前,晚清的报刊基本上是浅近文言统治的天下,除了极个别的白话报刊。根据这一时间表,我们不难发现:传教士对于中国的语言即将由文言转向白话的预测是准确的。这也是我们所看到的最早的建立在社会调查基础上对中国近代即将发生语言转向的预测。

这一预测可以证明:《圣经》白话译本的传播,它的读者是形成晚清白话文运动的基础,它直接推动了中国白话文运动的发展。

我们以往的近代文学研究大都把晚清的语言文学的变革看做是晚清维新运动的一部分,这样它们的问世就是晚清维新运动的领导者振臂一呼的结果,笔者自己原来也是这么看的;但是,这样的看法显然有点英雄史观,夸大了梁启超的号召力,多少有点片面,它忽视了西方传教士营造社会接受白话文基础的努力,这种努力已经持续了几十年,相比几个人号召学习西方、日本的俗语运动,要显得更加脚踏实地,更加扎实,更能衬托出书面语言转

第五章 西方传教士欧化白话文的影响

换的社会艰巨性。其实,语言的变化不大可能完全是突变的,它一定要经历一个社会逐渐接受的过程,只有在量变达到一定的程度,才可能形成突变。

就在中国的晚清白话文运动尚在酝酿阶段,已经有西方传教士从建立民族国家的需要,看到推行白话文的意义:

> 一个国家的文学包括它的国民的语言和散文诗歌等文艺作品。一个国家国民的特征和癖好都能通过其文艺作品来了解,没有一个传教士可以小看它。
>
> 第一,我们对语言,或者对中国语言的态度应该怎样?
>
> 如果中国有一种像欧洲国家和美国那样全国通用的口语和书面语,那就不需要提出这个问题了,除非现有的语言不足以传达具体的思想,需要被替代。但是并不是这样,我们在同一个国家里找到两种语言,传统的书面语——大部分在使用上是任意的(arbitary),还有口语——官话和数不清的方言。这两种语言也许可以合二为一,这样的话它们的分界就不会如此明显,结果就会变成一种浅近(low)文言和高度(high)白话。但是传统教育下培养的中国文人不会自觉地去做这件事,当然也不是依照外国人的口味,变得"非鱼非禽"。他们选择有分歧的计划,书面语采用深文言,而口语则用惨不忍睹的打油诗(miserable doggerel),很少有人能够说一口好的白话。在我们的教育机构中,这两种办法都不是值得赞扬的。第一种看上去像妥协,会很快再次变成更高领域中的古典知识,第二种则会让口语发展得不充分。另外,没有一个国家需要两种语言。一种全国性的书面语和口语语言的发展是极其需要的。而且这只有通过贬损文言,提高白话的地位才能够达到。希望没有人会把这个当做是一种卑劣的态度。用母语交谈,不仅是正确的,而且是丰富而美丽的,这不是一项容易实现的成就。能够做这件事的人会比那些能够用一种未知的语言写作的人的成就和影响力大得多。
>
> 口语文化很可惜地被忽视了,我们还不能依靠文人来进行改变,原因在我们引导他们用白话写作的时候就明显了。并不是因为他们有那么鄙视白话,而是他们不会用白话写作。写作的时候古典用语悄悄地

爬进了文中,给他们的句子带上标题的色彩(titled coloring),使他们的作品失去了大部分的读者。

一种全国性语言的文化有很多好处:可以解决当下分裂的状况,创造一门顺畅、丰富、会话型的语言,但是它也将造就雄辩者。伟大雄辩家的力量是每个人都可以证明的。为什么中国的雄辩家这样少,是很明显的。"熔岩从来不会从金管中流动"(lava never pours through golden pipes),"如果我们徒然无功,那么要责备的是文化而不是土地"(if vain our toil, we ought to blame the culture, not the soil)。在中国传统的语言中,思想不能够自由、无畏、热情地流动。花言巧语的繁盛不算在内。火焰一般的雄辩不可能产生在一种死亡的口语中。那些在学校里接受古代既成知识教育的人是不可能成为公众演说家和独立思想家的。传教士如果用单调的方式来上经文课,那么即使他读的是最感人的章节,听众也不会感动的。如果连白话文也不能用热情来阅读它,用雄辩来演讲它,那么我们的义务就很明显了。耕耘它,完全掌握它,那么它就会像德摩斯蒂尼(Demosthenes)①时代的希腊语和古罗马广场上激动人心的拉丁语一样,变得适合于热情的雄辩。

谁来实现?如果学校里的教育者和作家们不联合起来,那就不可能进步。中国人没有这种改变的意愿,那么每一个基督教工作者的心中都应该有一个燃烧的愿望:为所有长着耳朵的人培养这样一种语言。让所有的教科书、杂志、教会报纸和小册子都用白话文来写吧;在所有的教育机构中都设立辩论会;说方言的地方也应该聘用普通话老师,那么两代人之间的变化就会很显著了。普通话在未来可以广泛地运用于十八个省,这样我们就能更好地获得成功。

第二,我们对中国已有文学的态度应该是怎样的呢?

中国承担着作为异教的古代文学的重负。但是我们并不是要说哪些是我们喜欢的,哪些不是。有一条基本的规则:不管是古典还是现代文学,只要是让人信神的,都会受到歧视,并把它们排除在学校教育体

---

① 古希腊雄辩家——译者注。

第五章 西方传教士欧化白话文的影响　　　　　　　　　　　337

系之外。在一个基督教还未立足的土地上,最危险的文学是所谓的高水平文学(High standard literature),它自以为神圣,其实一丁点儿创造性的力量都没有,作家还被奉为神明。那些教授这些的基督教学校很快就会形成折中主义的思想。基督就会被当做是神明中的一位。我们的思想会被用来填补儒家思想的不足。基督教就会变成异教的调和品。事实上,基督除了最关键的部分,所有的东西都会被借用。

这一威胁到中国教会未来的危险并不是凭空想象出来的,这是自然结果的推论。在我们的基督教史上从来都没有遇到过如此真实的危险,许多的命名都在互相竞争以产生统计学(while so many denominations are vying with each other to produce statistics)。在另一方面,我们也可以说,教会也从来没有遇到过这样好的机遇让我们来挑战不妥协的情况。……不错,中国是有许多与基督教观相悖的纯伦理的文学,但是这些知识并不足以影响基督教人格的发展。因此我们对于这种文学可以持有一种中立的态度,让人们随意地去读,只要不至于形成错误的宗教观就可以。但是这种文学对那些浸淫其中的人产生了什么样的影响呢?我们的观察发现这会使他们挑出任何与儒学相悖的因素,会认为儒学比基督教重要。正是这一观察才使我作出了以上的结论。任何对中国教会未来感兴趣的人,任何对这一问题进行过严肃思考的人,都会在情况还没有变得很严重之前进行考虑。①

这也是一篇英文的文章,发表于1897年。这是紧接在黄遵宪之后对"国语运动"的提倡,虽然它没有明确提出这一口号。梁启超后来曾经描述自己用白话翻译外国文学比用文言翻译更加困难,这种状况西方传教士已经充分估计到了,并且看到了中西文化冲突和带来的折中,这也成为传教的歧途。文言文更能抵制外来的宗教文化,坚持原有的文化传统,白话的弹性比较大,可塑性强,更能适应全球化的需要。但是科举考试下培养的士大夫很难成为白话文的作家,这个矛盾后来被清政府用废科举、办学堂的举措解决了。这些英语文章和中国的早期启蒙主义者推行白话的文章几乎同时问

---

① Rev. C. F. Kupfer 博士《我们对中国文学的态度》,《教务杂志》1897年,第284页。

世,这也证明了这一点:白话文运动已经"水到渠成",它们的社会需要和社会基础已经形成了。

然而,今天要研究西方传教士的欧化白话文对当时社会的影响,仍然是一个相当困难的工作,困难的原因首先在于时过境迁,当时的社会资料已经大量散佚,无法再做精确的统计,例如对当时欧化白话文作品具体销量的精确统计,对当时读者所属的社会阶层的统计,对当时读者阅读这些欧化白话文作品后的反应的统计等等。

幸好1901年到1920年这二十年的新教传教情况,还保存在《中华归主》这本文献资料之中,这是一本基督教新教1901年到1920年在华传教事业的统计资料,它在1987年经过翻译修订之后,又以《1901—1920年中国基督教调查资料》的名字重新出版。但是在这本资料中,仅仅保存了1911年到1920年的美国圣经会、大英圣经公会、苏格兰圣经会发行的圣经总额:1911年新旧约的合订本为25 962册,新约132 435册,各种宣教资料和书刊的单行本为4 611 157册;到1920年新旧约合订本为41 199册,新约为95 822册,各种宣教资料和书刊单行本为5 877 836册。我们从这个数字中可以看到教会出版物在十年中的迅速发展。这个数字中包含官话译本、文言文本和各种方言文本以及少数民族语言、外语文本,但是根据教会的统计,这时(1920年)一年内销售的新旧约合订本的文言文本为7 687册,浅近文言文本为1 794册,白话文本为45 985册;新约的文言文本为13 285册,浅近文言文本为1 478册,白话文本为86 230册;各种宣教资料和书刊单行本的文言文本为508 578册,浅近文言文本为11 533册,白话文本为5 659 832册。这个白话文本包括了方言文本和少数民族语言及外语,不过各种方言和外语文本的销售数据都在教会的统计资料之中,减去各种方言外语文本的销售数据之后,应该就是官话文本的销售数据。经计算:新旧约合订本的官话文本为36 079册,新约的官话文本为64 070册,各种宣教资料和书刊单行本的官话文本为5 482 359册①。这仅仅是1920年一年的出版数字!

---

① 以上数据俱见《1901—1920年中国基督教调查资料》,中国社会科学出版社,1987年,第1242—1243页。

第五章　西方传教士欧化白话文的影响　　339

它也是一些非常惊人的数字！令人惊讶的是：这些数字竟然以前被五四白话文运动的历史叙述完全遮蔽了。这十年正是中国的现代白话文运动从酝酿到全面展开的阶段，我们只要想一想郭沫若等人编辑的《创造季刊》问世时一期只有1 500份，一年也就是6 000份，出版社已经叫好①，它在现代文学史上的作用已经被广泛弘扬；就可以推想一年出版几百万本的教会官话白话文本会拥有多大的读者群，它们的欧化白话会在社会上造成怎样广泛的影响，以及它对于五四白话文运动的促动。即使这些读者与新文化运动的参与者完全处于不同的社会阶层，但是他们在阅读新文化运动的作品时，显然不大可能再产生我们在前言所指出的像张恨水在20世纪40年代指出的那种隔膜，更不会产生像袁寒云在20年代那样的反感。他们会成为新文学的读者，更可能成为整个新文化运动的社会基础。

以上我们看到的是教会出版物在数量上的影响，下面我们再从内容上、质量上看看教会出版物的具体影响。

然而，当我们具体寻找西方传教士的欧化白话文对中国近现代作家的影响时，就发现非常困难，因为当时的当事者往往会有意回避他们所接受的西方传教士的影响，这就造成了我们后人在确定这个结论时的巨大难度。

必须指出：这种当事者努力回避自己已经接受外来影响的做法在中国思想史上是有传统的。我们知道，佛教的输入在中国思想史上是一件大事，它对于六朝、唐宋的儒家思想和理论体系的变化曾经起过巨大的推动作用，但是，接受佛教影响的中国古代思想家们很少有人愿意承认他们的思想和理论体系是受到了佛教的启发。例如，宋代理学家建立理学体系，是在佛教体系传入之后，当时的理学家都阅读了佛教经典，但是无论是程颢、程颐还是朱熹，都不同意佛教的理论，都把佛教作为自己批判的对象，因此他们都不说自己创建理学思想体系是受到佛教理论体系的影响。相反，他们都努力批判佛教，力图将理学与佛教划清界限。但是中国思想史研究者一般都认为宋代理学思想体系的建立是受到佛教的影响，由于佛教理论体系的存在，启发了那些理学思想家，帮助他们建立了理学思想体系；尽管这些理学

---

① 见郭沫若回忆录《创造十年》，人民文学出版社，1981年。

体系的建立者们并不在自己的著作中说明自己是受到佛教思想体系的启发。

举出这个思想史上的例证只是为了说明我们在分析欧化白话文在近代的影响时,会遇到类似的情况。因为在讨论欧化白话文在近代的影响时,我们发现当事者存在回避甚至坚决否认接受外来影响的做法,它突出地表现在梁启超和胡适这样的重要人物身上,他们都不是基督徒,也不同意基督教的思想。众所周知,梁启超是晚清文学改良运动的领袖人物,他是晚清"新小说"运动的倡导者,但是他发起的"新小说"运动,所受到最初的启发,其实是与曾经做过传教士的傅兰雅对"时新小说"的倡导有关。

中国小说有悠久的历史,但小说的数量一直不太多。小说在晚清有一个突发性的急剧膨胀,短短几年,晚清小说的数量几倍、几十倍地增长。晚清小说的急剧发展与把小说作为开启民智、改变民众思想、教育民众的工具这一指导思想有关,这一转变促使大批士大夫和市民阅读小说,大大增加了小说的读者群,扩大了小说的市场[1]。而这一指导思想受到的直接启发,则可以上推到西方传教士傅兰雅[2]的"求著时新小说"征文启事。1895年6月,傅兰雅在《万国公报》登出启事,"求著时新小说",提出"窃以感动人心,变易风俗,莫如小说,推行广速,传之不久,辄能家喻户晓,气习不难为之一变。今中华积弊最重大者计有三端,一鸦片,一时文,一缠足。若不设法更改,终非富强之兆"[3]。他希望中国文人能撰写小说,显示这三大积弊的害处,批判这些恶俗。这是中国近代最早明确提出以小说来革除旧弊、除旧布新、开启民智、感化民众的设想。傅兰雅虽然这时已经不是传教士,但是他能够写出这一启事,其实也是建立在西方传教士运用小说传播基督教的长期实践的基础上。虽然傅兰雅的启事没有立即产生晚清的"新小说"运动,在应征的一百六十二卷小说中,没有一卷符合傅兰雅的要求,傅兰雅抱着

---

[1] 可参阅袁进《中国文学的近代变革》有关论述,广西师范大学出版社,2006年。
[2] 傅兰雅是以传教士的身份到中国来传教的,但是后来他与教会产生矛盾,不再是传教士了,不过他的立场、文化活动仍然与教会有联系。
[3] 载《万国公报》第77册,1895年6月出版。

第五章 西方传教士欧化白话文的影响

"若过吹求,殊拂雅教"①的想法,勉强发了奖,这些应征的小说在当时却没有发表印行。但是傅兰雅的倡导,却在士大夫中产生了影响,肖詹熙于1895年创作小说《花柳深情传》,便自认是受了傅兰雅的促进②。

康有为后来说起,他在上海书肆购书时听说小说卖得最多,便已有了用小说教育民众的念头,尽管他把这个念头表达出来,已经是在傅兰雅发布"时新小说"征文启事之后③。这就是说他提倡小说不是受西方传教士的启发。但是康有为以前曾经购买了大量广学会出版的书刊,其中也包括大量传教士写作的小说;晚清的改良主义者都要看西方传教士主办的《万国公报》,康有为和他的弟子更不用说了,他们肯定都看到过傅兰雅的启事。在晚清"新小说"最主要的倡导者梁启超身上,我们可以看到西方传教士"求著时新小说"启事非常明显的影响。傅兰雅提倡"时新小说",发布征文启事是在1895年,1896年征文宣告结束。梁启超最早提倡"新小说"是在1896年下半年开始撰写的《变法通议》一文中,紧接傅兰雅"求著时新小说"征文活动之后。梁启超在文章中提出:

> 今宜专用俚语,广著群书,上之可以借阐圣教,下之可以杂述史事,近之可以激发国耻,远之可以旁及彝情,乃至宦途丑态,试场恶趣,鸦片顽癖,缠足虐刑,皆可穷形极相,振厉末俗。④

梁启超所说"专用俚语","穷形极相,振厉末俗",都是傅兰雅提倡"时新小说"的愿望,而"试场恶趣,鸦片顽癖,缠足虐刑",就是傅兰雅在"时新小说"征文启事中指出的三大积弊,希望它们成为"时新小说"的题材,用"时新小说"来帮助读者意识到它们的弊病毒害,来帮助他们革除这些弊病。"借阐圣教"、"杂述史事"、"旁及彝情"都是传教士的小说已经在做的事情,我们在上文已经做了介绍,梁启超应该已经看过这些小说;只不过在梁启超的意识中,"圣教"、"史事"的内涵有了变化,不再是宣扬基督教的内涵。"杂述史

---

① 傅兰雅《时新小说出案》,载《万国公报》第86册,1896年3月出版。
② 肖詹熙《花柳深情传序》,北京师范大学出版社,1996年。
③ 康有为《闻菽园居士欲为政变说部诗以速之》,《南海先生诗集》卷五《大庇阁诗集》。
④ 梁启超《变法通议·论幼学》,载《时务报》第18册。

事"也是中国古代小说已有的传统,它们在梁启超的心目中,都应该用到宣传维新变法的政治主张上去。梁启超在傅兰雅的"时新小说"主张和传教士的创作实践上进一步发展,再加上他自己根据宣传改良维新的需要,进一步设想把"激发国耻"、揭露批判"宦途丑态"等改良政治的内容,作为"新小说"的题材,这些就成为梁启超提倡"新小说"运动的最初设想。从中显然可以看到他与傅兰雅之间明显的传承关系,看到傅兰雅的"时新小说"征文启事对梁启超提倡"新小说"主张的影响。因此,我们有充分的理由认为:梁启超后来提倡"新小说"运动,发动"小说界革命"的最初设想,是受西方传教士提倡"时新小说"的启发。梁启超把傅兰雅的"时新小说"概念,变为"新小说"概念,从字面上说,"时新"两个字的意思是差不多的,完全可以省略一个,不影响它原来的意义。而"新"字单独运用之后,还具有动词的意义,包含了改造旧小说的含义,可以更加全面地表达梁启超改造中国传统小说、用新小说推动政治改革的设想。但是梁启超无论是在《变法通议》还是在他后来提倡"新小说"的一系列论著中,从来不提傅兰雅刊载《万国公报》的"时新小说"征文启事和他所受到的启发,仿佛这些启事和论述以及征文活动都没有存在过,对中国小说的近代变革没有影响,对于他也毫无影响,提倡"新小说"的一切都是从他开始的。

以往学术界都认为:梁启超的"新小说"是以日本的政治小说为摹本的,这是对的,但是不够全面。事实上,梁启超一直到"戊戌变法"失败,在逃往日本的船上,才第一次看到日本的政治小说《佳人奇遇》,在此之前,他对日本的政治小说并不了解。而他在1896年的《变法通议》之中,已经开始提倡"新小说",这时的"新小说"概念,主要受到的就是西方传教士的影响。

从晚清的某些论述中,我们可以看到:晚清的白话文运动是受到西方传教士影响的。在晚清白话文运动的发难之作裘廷梁《论白话为维新之本》中,裘廷梁列举世界上对白话之重视时指出:"耶氏之传教也,不用希语,而用阿拉密克之盖立里土白。以希语古雅,非文学士不晓也。后世传耶教者,皆深明此义,所至辄以此地俗语,译《旧约》、《新约》。""然则文言之光力,不如白话之普照也,昭昭然矣。泰西人士,顿悟斯意,始用埃及象形字,一变为罗马新字,再变为各国方言,尽译希腊、罗马之古籍,立于学官,列于科目。

而新书新报之日出不穷者,无愚智皆读之。是以人才之盛,横绝地球。则泰西用白话之效。"①裘廷梁对基督教传教运用俗语的历史论述并不准确,但是他显然是受到了近代西方传教士用白话传教的启发,用他想象的西方传教历史作为推动晚清白话文运动的例证。

与传统小说相比,"新小说"的一个重大变化就是出现了宣扬政治主张的"政治小说"。西方传教士为晚清"新小说"提供了"政治小说"的模本。以往我们近代小说的研究往往只重视日本"政治小说"的影响,而忽视了西方传教士的影响,其实后者的影响更早、更直接。1891年底至1892年4月,上海《万国公报》连载了传教士李提摩太翻译的《回头看纪略》,它是美国贝拉米于1888年刚刚出版的乌托邦小说《回顾》的节译本。1894年广学会又出版了《回头看纪略》的单行本,易名为《百年一觉》。它立即在中国先进士大夫中引起震动。康有为在万木草堂讲学时便提出"美国人所著《百年一觉》书是大同影子"②,他在写作《人类公理》时就参考过《百年一觉》。光绪皇帝1898年订购一百二十九部西书,其中就有《百年一觉》。谭嗣同在《仁学》中特别提到:"若西方《百年一觉》者,殆仿佛《礼运》大同之象焉。"梁启超曾经做过李提摩太的秘书,也将《百年一觉》列入《西学书目表》作了介绍。孙宝瑄在日记中曾五次提到《百年一觉》,为之激动不已③。徐维则更明确点出:《百年一觉》"言美国百年以后事,亦说部之属。泰西人亦有此种书,甚可观。惜此本未全耳"④,从小说角度肯定了该书。梁启超后来撰写政治小说《新中国未来记》,其构思便与《百年一觉》有相似的地方,也是计划描写未来的理想社会。因此,《百年一觉》实际上为"小说界革命"的倡导者提供了"政治小说"最早的模本。但是梁启超自己并没有具体说到《百年一觉》在小说观念和小说创作上对他的影响。

在这里还必须提到问答体对话在中国小说中的影响。在中国古代小说中,没有问答体对话构成的小说文体;但是在晚清,梁启超的《新中国未来

---

① 裘廷梁《论白话为维新之本》,《中国古代文论选》第四册,第171页。
② 康有为《长兴学记、桂学答问、万木草堂口说》,中华书局,1988年,第133页。
③ 见《忘山庐日记》,上海古籍出版社,1984年。
④ 徐维则《东西学书录》下册,《近代译书目》,北京图书馆出版社,2003年,第290页。

记》、刘鹗的《老残游记》、吴趼人的《上海游骖录》、钱锡宝的《杌萃编》、彭俞的《闺中剑》、壮者的《扫迷帚》等作品在小说中都运用了问答体对话,梁启超甚至用了整整一章。而在中文小说中最早运用问答体对话形式的是西方传教士米怜创作的《张远两友相论》。这部小说从它问世之后数十年间,再版达数十次之多,传教士对它的修改就有好多次,是在当时流行最广、影响最大的西方传教士创作的中文小说。然而,我们并没有找到证据能够直接证明梁启超等人承认他们的问答体对话小说是受到《张远两友相论》的直接影响,尽管我们几乎可以肯定梁启超看过这部小说。而《新中国未来记》在《新小说》杂志连载时,评点者特地指出:小说这样运用问答体对话,与《盐铁论》相似;尽管纪实的对话体《盐铁论》早在古代小说行世前就已问世,而虚构的问答体对话构成小说的主要章节在《张远两友相论》之前从未出现于中国小说,这或许可以证明《盐铁论》并没有对中国所产生的问答体对话小说造成影响。而评点者狄葆贤把《盐铁论》托出来作为《新中国未来记》问答体对话的模板,在我们看来,正是为了回避梁启超所受到的《张远两友相论》作为小说问答体对话的影响。

在文学观念上,西方传教士的论述对于"文学救国"、"文学改造社会"的文学观念的形成也产生了重要的影响。中国古代虽然重视文学,主张"文以载道",也有人主张文学"经世致用",但是却从未有人把文学作为"救国"的工具。即使是在六朝、南宋这些汉族政权只占半壁江山、时时面临亡国危机之时,都没有产生"文学救国"的思潮。中国近代文学思潮的一个重要变化就是"文学救国论"的兴起,此后它一直影响着中国20世纪文学。仔细推溯"文学救国论"思潮在中国的兴起,我们又可以找到西方传教士的影响。1896年,广学会出版了传教士林乐知翻译的《文学兴国策》,这是一本日文著作,它编辑了日本驻美公使森有礼19世纪70年代征求到的美国名流对日本改革的意见,书中的"文学"实际上谈的是文化教育问题,主要是谈教育。但是《文学兴国策》用"文学"来涵盖文化教育,类似于中国古代把所有文字著述都当作"文"的大文学概念。这是日本的特点,一直到现在,日本政府的"文部省"还是把文化和教育统合在一起管理的。《文学兴国策》是19世纪晚期日本大使在美国征求各所大学学者和议员及"一切著名文学之人"

推动日本富强、以"文学"兴国的意见,表明它代表了西方当时对"文学"的看法。该书主张:"文学为教化必需之端。""故国非人不立,人非学不成,欲得人以治国者,必先讲求造就人才之方也,造就人才之方无他,振兴文学而已矣,夫文学固尽人所当自修者也。"如果说《文学兴国策》的主张与中国古代传统重视文学教化的主张并无不同,那么,在"教化"的内容上则有了重要的区别:"夫文学之有益于大众者,能使人勤求家国之富耳。""文学"需要面对的是"大众",需要对"大众"有益,它不再只是面向士大夫,为士大夫所垄断。新教伦理的"勤求家国之富"被视为"文学"的目标,所以作者论证:"文学有益于商务","能扩充人之智识,能磨炼人之心思,使天下之商,皆晓然于各国之物产,市面之消长,运货有至贱至捷之法,造船有至稳至快之式,而且设关收税,亦有至善之规。""文学"要表现、说明的是这些内容,它是商业通讯和各种各样的"说明书"。为了说明文学能够"兴国",作者认为:"文学既兴,而士农工商四民之职业,各得其益,且可交资其益矣。"为了进一步印证这一结论,作者又用夸张的语气提出欧洲国家历史上正反两方面的例子:"有教化者国必兴,无文学者国必败,斯理昭然也。即如三百年前之西班牙,实为欧洲最富之国,嗣因文学不修,空守其自然之利益,致退处于各国之后,而不能振兴,此外各国,亦多有然。"另一方面:"普鲁士为欧洲至小之一邦,国人振兴文学,鸿儒辈出,卓越他邦,曾不几时,成为今之德意志联邦,与欧洲诸大国相同。"文学不修"可以使强国变弱",振兴文学"可以使弱国变强,小国变大",文学的"救国"功能由此可见一斑。

以往研究中国近代文学的海内外学者,似乎无人注意到林乐知翻译的这本《文学兴国策》。这也并不奇怪,因为该书所谈并非严格意义上的"文学",而是"文化教育",它与今天意义上的"文学"并无多大关系,它所用的"文学"包括所有的文字著述,这或许是人们忽略它的理由。但如果从"文学救国论"这一观念的兴起来考察,《文学兴国策》在中国近代便起了特殊的作用,它于1896年问世,其时正是《马关条约》签订的第二年,中国知识分子纷纷转向西方寻找真理,中国学习西方由原来的学习科学技术正在转向学习政治思想、文化教育。西方传教士在鸦片战争后不断介绍的"西学"已经在中国确立了它们的威信,出版该书的"广学会"是当时教会在中国办的最权威的出版机构,晚清影响最大的期刊《万国公报》当时就由它出版。翻译《文学兴国策》的林乐知曾经主持过包括《万国公报》在内的许多报刊和出版机构,翻译过大量西方著作,是当时中国著名的西方学者,所以该书具有无可争议的权威性。此外,甲午战争打败中国的是日本,最令中国士大夫震惊的是一个原来被中国看不起的小小岛国,竟然一下子具有如此巨大的力量。《文学兴国策》似乎送来了日本富强的秘诀,不仅是日本的,也是欧洲列强和美国富强的秘诀,那就是加强文化教育,将文学变成各种各样的教科书,教育国民。它对当时中国士大夫的吸引力,自不待言。

中国士大夫几乎是立即接受了《文学兴国策》,梁启超在《西学书目表》中将它列为"最佳者"之一,《文学兴国策》几乎进入当时所有的"西学书目表"。谭嗣同在1895年还在后悔以前将时间花在钻研桐城古文和魏晋文章上,"处中外虎争文无所用之日,丁盛衰互纽膂力方刚之年,行并其所悔者悔矣,由是自名壮飞"①,主张"文学无用"论;但是到了1897年,他已经撰写了《报章文体说》,为"报章文学"大唱赞歌了。《文学兴国策》在中国造成最重要的影响是"文学救国论"的兴起和把文学当作教科书。

中国古代虽然有"文以载道"与"以文治国"之说,此二者与"文学救国"已经比较接近了,它们是中国人接受"文学救国论"的土壤,但是并没有直接产生出"文学救国论"。以往有一种看法,认为晚清的"文学救国论"是中国面临亡国危机、民族矛盾空前尖锐的产物。这一结论其实似是而非。亡国危机、民族矛盾尖锐只是产生"文学救国论"的土壤,并不能直接生成"文学救国论"。在中国历史上,面临亡国危机、民族矛盾尖锐的时期多得很:六朝时期,以汉族为主的南朝与以游牧为主的少数民族对峙长达数百年之久,经常处在亡国危机、民族矛盾尖锐的状态下,这时并没有产生"文学救国论";南宋时期,宋金对峙也达一百多年,金兵南下,宋高宗甚至逃到海上,士大夫慷慨悲歌,志在匡复故土,却没有产生"文学救国论";明清之际,士大夫痛心疾首,反清复明的活动长达数十年之久,虽然有先进士大夫号召"天下兴亡,匹夫有责",鼓动老百姓起来反抗清朝统治,也没有形成具体的"文学救国

---

① 谭嗣同《三十自纪》,《谭嗣同全集》,中华书局,1981年,第55页。

论"。中国的文化传统与亡国危机的紧迫形势只能是近代"文学救国论"产生的土壤,它们并不能直接产生"文学救国论";而产生"文学救国论"直接的种子,则是西方传教士编的《文学兴国策》。中国古代的文学观念"文以载道"、"以文治国"主张文学与政治、文学与教化连在一起,所谓"文之外无道,文之外无治","文之外无学,文之外无教"①。但是中国古代主张文可以帮助治理国家、帮助教化百姓,却并没有用文学改造社会、改造国民性,以之"救国"一说;因为中国古代的儒家理想是回到他们想象的上古的"尧舜"、"三代"去,他们并不认为社会需要改造、国民性需要改造,因为当时并没有国家社会的对比,因此也就没有产生"改造"的需要。中国出现改造社会、改造国民性的意识,是需要在"他者"的引进之后,在"他者"的对比之下,才能看到改造社会、改造国民性的必要。在中国社会还处在封闭状态之下,来自外国的西方传教士出于传教的需要,首先看到处于"西方中心主义"的标准,改造中国社会、改变中国人的信仰的需要,是很自然的。所以这时从"文学兴国"到"文学救国"实际上已经把改造社会、改造国民性作为"救国"的具体内涵,它与古代的文学观念"文以载道"、"以文治国"的内涵已经不同,不应视为它们的直接延续,而是在新的历史时期下出现的接受外来影响所发生的新变化。

要"文学救国"就要教育民众,就要有教育民众的"教科书"。中国古代并不是没有文学教科书,《三字经》、《百家姓》是教科书,韩愈文、杜甫诗也常常被人作为学文学的教科书。但是中国古代写《三字经》、《百家姓》等教科书的作者不会把自己的作品作为文学创作。而韩愈、杜甫在创作自己的诗文时也从来没有将自己的创作作为"教科书"来写。教科书的写作与文学创作的界限是分得很清楚的。这种区分一直到晚清都很明确:曾国藩为了使湘军士兵明确自己的责任,写作了不少供湘军唱的歌辞,这些歌辞类似于后来的"三大纪律、八项注意歌",用来教育湘军士兵。这些歌辞曾国藩从不将它们作为自己的文学创作。但在《文学兴国策》问世之后便不同了,教科书被作为文学的重要功能。康有为就提出"仅识字之人,有不读'经',无有不

---

① 《魏源集》,中华书局,1976年,第8页。

读小说者。故'六经'不能教,当以小说教之;正史不能入,当以小说入之;语录不能喻,当以小说喻之;律例不能治,当以小说治之"①。梁启超推崇小说为"文学之最上乘"②,因为小说能做"教科书"。在"康、梁"的提倡之下,当时的维新派认为:不仅"学堂宜推广以小说作教科书"③,而且"欲扩张政法,必先扩张小说;欲提倡教育,必先提倡小说;欲振兴实业,必先振兴小说;欲组织军事,必先组织小说;欲改良风俗,必先改良小说"④。当时理论家提倡各种各样的小说,希望它们能够成为教育民众的"教科书"。最有意思的是不仅理论家提倡把小说作为"教科书",连小说家自己也把小说当作"教科书"来创作,甚至明明创作的小说不是"教科书",也把它当作"教科书"。李伯元创作的《官场现形记》明明不是"教科书",他偏要说自己创作的小说是一本"教科书",只是烧了下半部⑤。可见当时作家,确实有不少人把写"教科书"作为自己创作的使命,甚至以把小说当作教科书来写引以为荣。晚清许多小说家和小说理论家把创作小说视为创作"教科书",与西方传教士的影响是分不开的。

然而,梁启超并没有说到《文学兴国策》对自己在文学观念上的影响,其他的启蒙思想家如谭嗣同等人也没有具体说到《文学兴国策》的影响,那些提倡以小说作为"教科书"和把小说作为"教科书"来创作的作家更没有说到《文学兴国策》的影响。这种回避自己受到具体影响的历史原因的分析,放到下面再说;但是这种现象是值得我们注意的。事实上,根据日本学者的考证,梁启超在日本写的一些文章是受到日本启蒙学家如福泽谕吉等人的影响,有的文章甚至大段抄录福泽谕吉等人的文章,是翻译而不是创作;但是梁启超并不愿作具体说明,一直到他晚年自己编订《饮冰室文集》,还把这些文章不加说明地全部收入《饮冰室文集》之中,作为自己的创作。晚清的中国刚刚开始推行著作权和版权,人们还缺乏著作权和版权的意识,加上中国

---

① 康有为《日本书目志》识语,上海大同书局,1897年。
② 梁启超《论小说与群治之关系》,《新小说》第1号,1902年出版。
③ 老棣《学堂宜推广以小说作教书》,《中外小说林》第一年第18期。
④ 陶佑曾《论小说之势力及其影响》,《游戏世界》第十期,1907年出版。
⑤ 李伯元《官场现形记》,人民文学出版社,1956年,第六十回。

第五章　西方传教士欧化白话文的影响

人原来就有回避说明外来影响的传统,不能用今人的眼光来要求那时的人们。但是到梁启超编《饮冰室文集》的20世纪20年代前后,应当说情况已经发生了巨大的变化,翻译和创作的界限已经明确,著作权法和版权法已经成为中国的法律。如果说1898年康有为还曾经对一个记者说,他主张变法,应该归功于李提摩太和林乐知的著作①,那么越到晚年,梁启超却越不愿承认西方传教士的影响。他在总结清代思想的名著《清代学术概论》中,却是这样评价晚清以来的西方传教士的启蒙活动:"各派教会在国内的事业颇多,尤注意教育,然皆笃旧,反精神。对于数次新思想之运动,毫未参加,而间接反有阻力焉。基督教之在清代,可谓无咎无誉,今后不改此度,则亦归于淘汰而已。"②如此贬低晚清基督教传教士的影响,对照他上述的实际活动和受到传教士影响的事实,不能不令人怀疑他是出于当时的政治功利或者是维护自己的利益,有意贬低、努力回避他实际受到过的西方传教士的影响。对于当事者这种回避的历史动机,可以见仁见智,从各种不同的方向去理解评价;但是我们研究文学史的工作者需要爬梳剔抉,实事求是地揭示历史真相,不要被当事者的回避话语蒙蔽了,把它们当成历史事实。

晚清的"小说界革命"是一场非常重要的小说运动,也是五四新文学运动的一次准备,正是在这个意义上,钱玄同在五四新文化运动时把梁启超看成是新文化运动的祖师爷。学术界以前通常把这场小说运动看成是梁启超振臂一呼的结果,这多少是有点夸大了梁启超的作用。我们如果仔细考察西方传教士在中国创作、翻译的小说,不难发现,"小说界革命"时期大量的"新小说",其对传统小说的突破性形态在西方传教士创作、翻译的中文小说中已经出现,且不说我们在上文已经讨论过的梁启超等人在小说中运用过的"问答体对话"最早是在中文小说《张远两友相论》中出现的;在这场小说运动中,出现了许多以阐释自己政治主张为目的的"政治小说",用人物图解作者思想的理想小说、乌托邦小说,这些小说最早也是在传教士翻译、创作的小说中问世的。从谱系上说,中国近代这场小说运动对中国传统小说的

---

① 可参阅费正清编《剑桥中国晚清史》,中国社会科学出版社,1983年,第632页。
② 梁启超《清代学术概论》第三十,复旦大学出版社,1985年。

主题、内容、形式、语言的解构和扩展,其实是从西方传教士的中文小说创作和翻译开始的。如果说小说界革命改变了中国传统小说的语言和形式,那么,西方传教士的中文小说创作与翻译就是更早地改变了中国传统小说的语言和形式。我们虽然不能找到更多直接的证据证明作者承认两者的继承关系,但是仅仅凭借常理推断,大量出版的西方传教士的宣教小说,其中有不少作品对中国传统的章回小说进行了解构,这些解构不可能不对小说界革命的小说作家们产生影响,也不可能不对当时的读者产生影响,帮助他们接受对中国小说传统模式的突破。《张远两友相论》是一个例子,《花柳深情传》则是另一个例子,作者自己也愿意承认传教士对他确定小说主题的影响。

如果说我们对梁启超受到过西方传教士欧化白话文的影响有着比较确凿的证据,那么,对五四新文学作家所受到的近代欧化白话文的影响就比较模糊了。胡适曾经在信中明确回答海恩波的提问:"《官话圣经》在预备白话文为现代的文字媒介的事情上,没有丝毫的功绩。在新文学运动初期的所有辩论文章里面,从没有提过这些译本。那被提倡来做文字媒介的白话是伟大小说中的白话。这小说的白话也是圣经译者为他们的《白话圣经》取来做文字媒介的来源。"①胡适所说的也是事实,在新文学运动初期的所有辩论文章里边,确实没有人提到过《白话圣经》译本的作用,也没有人提到过西方传教士其他的欧化白话文对他们的影响。在新文学作家中,有一些是基督徒,有一些是教会学校毕业,他们应该都看到过西方传教士的欧化白话文,但是他们在创作白话文时,绝大多数都没有提到《白话圣经》或其他欧化白话文对他们的影响。

那么,这种影响是否就不存在呢?恐怕也不能得出这样的结论。如果说五四新文化运动依靠这么几个人,办了这么几个杂志,花了这么几年工夫,就改变了中国的书面语似乎是一个神话;那么,加上西方传教士长期以来每年数量惊人的白话出版物,改变中国书面语就未必再是一个神话。西

---

① 转引自海恩波《道在神州——圣经在中国的翻译与流传》,汉语圣经协会,2000年,第13页。

第五章　西方传教士欧化白话文的影响

方传教士的欧化白话文文本俱在,它们在当时的销售数据也保存下来,没有任何证据可以证明当时的基督徒、教会学校的学生以及靠拢教会的平民没有受到教会欧化白话文的影响。在五四新文学作家中,周作人或许是最坚决地承认西方传教士影响的作家,这是因为他早就接受过西方传教士的影响。1901年他在南京江南水师学堂做学生时,受到胡诗庐指点,有时到三一书院旁听《路加福音》讲义,觉得"《圣经》是好文学"①。那时周作人看到的《圣经》是文言译本,他对此文言不甚满意,甚至打算重新翻译,他"想将四福音书重译一遍,不但改正钦定本的错处,还要使文章古雅,可以和佛经抗衡"。

据周作人晚年的回忆自述,他最初在日本学习希腊语的动力是想改译《新约》,至少也要把《四福音书》改译为古文,要使改译后的文字可以和汉译佛经相媲美。可是等他回国后已经时过境迁,白话文运动正在兴起,翻译古文的《圣经》已经显得没有必要,他又觉得现有的《圣经》官话译本已经够好了,因此放弃了改译的计划②。作为大散文家兼大翻译家,周作人对于语言风格有异常敏锐的分辨力,他夸赞《圣经》官话译本已经足够好了,应该是比较中肯的评价。至于为什么周作人在日本时认为《圣经》译本不够好而想改译,最大可能是当时周作人正和鲁迅师从国学大师章太炎,正是鲁迅所谓"古"了起来的时期,周氏兄弟当时都受到章太炎先生的影响,是雅文言的崇拜者,而我们在上文已经指出:《圣经》的文言译本都不够典雅,就连委办译本也不能说完全符合典雅的文言标准,周作人不满意是很正常的。回国后周作人的语言观摆脱章太炎的复古倾向后,倾向于推广白话文,便开始欣赏《圣经》官话译本的语言,认为可以用不着重新翻译了。事实上,我们从下面周作人的论述中就可以知道,这时新文学的欧化白话文的翻译创作还刚刚起步,他们还要从教会的欧化白话文实践中获取营养。

但是,这个在语言上达到相当水准的《圣经》官话译本,其语言的现代程度则显然又不及《天路历程》宾威廉译本。试以周作人最欣赏的、并曾在其

---

① 见周作人《〈希腊拟曲〉序》,周作人《希腊拟曲》,商务印书馆,1934年。
② 《周作人回忆录》(即《知堂回想录》),湖南人民出版社,1980年,第672页。

散文名篇中称引的《旧约·传道书》为例①：

> 传道者说：虚空的虚空，虚空的虚空，凡事都是虚空。人一切的劳碌，就是他在日光之下的劳碌，有甚么益处呢？一代过去，一代又来，地却永远长存。日头出来，日头落下，急归所出之地。风往南刮，又往北转，不住地旋转，而且返回转行原道。江河都往海里流，海却不满；江河从何处流，仍归还何处。万事令人厌烦，人不能说尽。眼看，看不饱；耳听，听不足。已有的事后必再有；已行的事后必再行。日光之下并无新事。岂有一件事人能指着说这是新的？哪知，在我们以前的世代早已有了。已过的世代，无人记念；将来的世代，后来的人也不记念。

这段文字中，周作人为之沉吟再三、拍案叫绝的是："已有的事后必再有；已行的事后必再行。日光之下并无新事。"对照英文本："What has been is what will be, and what has been done is what will be done; there is nothing new under the sun."即使到今天，我们依然不能不佩服翻译者的翻译技巧，不仅译文的语意十分忠实原文，还把原文借助英文时态变化表现的韵律感和对称性非常巧妙、圆满地保留了下来。但这样的白话，其文言气息比《天路历程》宾威廉译本要浓重得多，欧化程度则又淡薄不少。所以，一方面，能够赢得对语言品位比较挑剔的文人欣赏的基督教译本的语言不够欧化、不够现代；另一方面，在语言上表现出强烈现代汉语因素的欧化白话的基督教译本，却因为在语言表现力和艺术感上尚欠火候，而不入中上层文人士大夫的法眼。这也许可以部分解释早在1870年代便已借助基督教汉译本而在全国范围广泛流布的颇具现代书面汉语雏形的欧化白话，没有受到当时和后几代知识分子重视而终于被历史叙述湮没的现象。

其实，在五四新文化运动提倡白话文时期，并不是没有人发现五四白话文与西方传教士白话文存在相似之处，周作人在1920年就曾经提到："我记得从前有人反对新文学，说这些文章并不能算新，因为都是从《马太福音》出来的；当时觉得他的话很是可笑，现在想起来反要佩服他的先觉：《马太福

---

① 参看周作人《看云集·伟大的捕风》，岳麓书社，1988年，第51页。

第五章 西方传教士欧化白话文的影响

音》的确是中国最早的欧化的文学的国语,我又预计他与中国新文学的前途有极大极深的关系。"①可见,早在1920年前,新文学创作初起之际,就有人发现新文学创作与西方传教士所用的翻译白话之间在语言和文体方面的联系,指出新文学所用的语言就是以前西方传教士翻译《圣经》所用的欧化白话。只是当时的新文学家不愿承认。这一发现其实非常重要,这说明当时有读者是因为先看到了西方传教士的《圣经》欧化白话文译本,在这个基础上才接受或者反对新文学的,而对这些读者来说,新文学的欧化白话已经不是新鲜事,他们很容易就能够辨别新文学与古白话不同的欧化语言。换句话说,西方传教士的欧化白话文是五四新文学的语言文学先驱。这一看法后来也得到周作人的认可,周作人也愿意承认西方传教士的中文白话翻译《圣经》是新文学的先驱:

> 有人主张"文学的国语",或主张欧化的白话,所说都很有道理;只是这种理想的言语不是急切能够造成的,须经过多少研究与实验,才能约略成就一个基础;求"三年之艾"去救"五年之病",本来也还算不得晚,不过我们总还想他好得快点。这个疗法,我近来在圣书译本里寻到,因为他真是经过多少研究与实验的欧化的文学的国语,可以供我们的参考与取法。
>
> 圣书在中国,时地及位置都与欧洲不同,当然不能有完全一致的结果,但在中国国语及文学的改造上,也必然可以得到许多帮助与便利,这是我所深信不疑的;这个动因当是文学的,又是有意的。两三年来文学革命的主张在社会上已经占了优势,破坏之后应该建设了;但是这一方面成绩几乎没有;这是什么原故呢?思想未成熟,固然是一个原因,没有适当的言词可以表现思想,也是一个重大的障碍。前代虽有几种语录说部杂剧流传到今,也可以备参考,但想用了来表现稍微优美精密的思想,还是不足。②

周作人能够看到"《马太福音》的确是中国最早的欧化的文学的国语,我

---

① 周作人《圣书与中国文学》,《艺术与生活》,岳麓书社,1989年,第45页。
② 周作人《圣书与中国文学》。

又预计他与中国新文学的前途有极大极深的关系",看到古白话与欧化白话之间的差别,与他自己研究过圣书,想翻译圣书的这段亲身经历是分不开的。周作人尤其称赞《圣经》欧化白话译本可以作为"表现稍微优美精密的思想"的借鉴,说明他肯定了"欧化白话"对"古白话"的改造,是白话文发展的方向。因此他明确提出了《圣经》翻译的"欧化白话",可以作为新文学创作和表现新思想的借鉴。

郭沫若也曾经提到《圣经》的翻译:

> 翻译的文体对于一国的国语或文学的铸造也绝不是无足轻重的因素。让我们想到佛经的翻译对于隋唐以来的我们中国的语言文学上的影响吧,更让我们想到《新旧约全书》和近代西方文学作品的翻译对于现行的中国的语言文学上的影响吧。①

> 今译一法,基督教徒运用得最为敏活,一部《新旧约全书》不知道有多少译本。单是我们中国所有的便有文言,有官话,有甬白,有苏白,更有注音字母的。他们广事翻译,惟恐其不普及,惟恐一般人难于接近。基督教所以能传播于全世界,这种通俗化的办法实在是最有力的因素。②

他注意到了《圣经》翻译的通俗化,但是他没有提到这种通俗化对五四建立新的语言文学的影响,特别是对于他自己创作的影响。郭沫若没有详细讨论自己提出的类比和推断,但是沈从文倒是提供了一个汉译《圣经》对中国新文学作家直接影响的例证。

沈从文来自于偏远的湘西乡下,由一个行伍少年变为著名作家,主要靠自学。1957年,在编纂《沈从文小说选集》时,沈从文提到他学习写作时最重要的两本书是《史记》与《圣经》,那是在20年代初,他说:"对这两部作品反复阅读中,我得到极多有益的启发,学会了叙事抒情的基本知识。"③他把自己抒情文学的启蒙教育归功于《圣经》,"我并不迷信宗教,却喜欢那个接

---

① 郭沫若《浮士德简论》,见罗新璋《翻译论集》,商务印书馆,1984年,第335页。
② 郭沫若《沫若文集》第10卷,人民文学出版社,1957年,第56页。
③ 沈从文《〈沈从文小说选集〉题记》,见《沈从文小说选集》,人民文学出版社,1982年。

近口语的译文,和部分充满抒情的篇章。从这两部作品反复阅读中,我得到极多有益的启发,学会了叙事抒情的基本知识"①。从时间上推断,我们基本可以确定沈从文阅读的《圣经》白话译本是"和合本"。我们可以看到,有一些新文学作家还是愿意承认《圣经》的白话译本对他们从事新文学写作所具有的开拓性指导意义的。周作人的论述和沈从文的例子也可以证明:五四新文学初起之时,《圣经》的欧化白话文曾经发挥过重要作用,曾经被作为欧化白话文的模板,推动了新文学的发展。

沈从文并不是教徒,他显然只把汉译《圣经》作为文学作品乃至语法书。在小说《冬的空间里》,他就借 A 先生之口说:"我是把圣经当文法书看得,这东西不坏。"由于对"文法"本身的认识来自于"欧化",《圣经》的白话译本当然是非常注意符合文法要求的欧化白话。因此,沈从文的作品中的确常常可见《圣经》的影响。小说《龙朱》中,他称龙朱为"我的主,我的神",描写他说:

> 族长的儿子龙朱年十七岁,为美男子中的美男子。这个人,美丽强壮象狮子,温和谦驯如小羊。是人中模型。是权威。是力。是光。

大量运用系词的描写是欧化白话的腔调。

这一段很可能也是借用了《圣经》"雅歌"中描写所罗门王的一段文字:

> 我的佳偶,你甚美丽,你甚美丽。你的眼在帕子内好像鸽子眼。你的头发如同山羊群卧在基列山旁。(4:1)
>
> 你是园中的泉,活水的井,从利巴嫩流下来的溪水。(4:15)
>
> 我的佳偶阿,你美丽如得撒,秀美如耶路撒冷,威武如展开旌旗的军队。(6:4)

沈从文还模仿《雅歌》的体例作诗。《呈少莎》中有一段悼词,就是对《雅歌》的模仿:

> 凡赞美日头的,适见其话语的拙劣;

---

① 沈从文《〈沈从文小说选集〉题记》。

>若是唱着雅歌来赞美你!
>那你的情人反太傻了。
>你是一切生命的源,
>光明跟随在你身边;
>对你的人都将哑着,
>同对神样虔诚——
>负着十字架在你身后的人,
>将默默的让十字架木头霉腐。

朱自清也曾经提到《圣经》翻译在语言文体创作上的贡献:"近世基督《圣经》的官话翻译,也增富了我们的语言,如五四后有人所指出的,《旧约》的《雅歌》尤其是美妙的诗。"①指出了《圣经》翻译与五四新文学之间的联系。

从巴金、老舍、冰心、庐隐、张资平等著名现代作家的小说中,也能轻而易举地找出与"官话"和合本《圣经》中的文字非常接近的段落,有人已经做了这方面的研究②,这里就不再赘述。这些都是汉译《圣经》对中国现代文学的影响的证据。

其实,周作人、朱自清、沈从文的看法表明了五四新文学家与胡适不同的另一种看法,他们都承认西方传教士的欧化白话文对新文学的影响。它虽然没有成为五四新文学家的共识,但在中国基督教会的学术界,却已经成为常识。有学者指出:"当时在《圣经》翻译的问题上,有许多困难问题,大都由西人主任,而聘华人执笔,为欲求文字的美化,不免要失去原文的意义,为欲符合原文的意义,在文字上不能美化。文言文不能普遍于普通教友,于是有官话土白,而官话土白又为当时外界所诟病。却不料这种官话土白,竟成了中国文学革命的先锋。"③还有的学者直接就把白话《圣经》的翻译看作是新文学运动的先驱:"那些圣书的翻译者,特别是那些翻译国语《圣经》的人,助长了中国近代文艺的振兴。这些人具有先见之明,相信在外国所经历过

---

① 《朱自清全集》第二卷,江苏教育出版社,1988年,第372页。
② 参见陈伟华《基督教文化与中国小说叙事新质》,中国社会科学出版社,2007年,第54—64页。
③ 王治心《中国基督教史纲》,上海古籍出版社,2004年,第254页。

文学的改革,在中国也必会有相同的情形,就是人民所日用的语言可为通用的文字,并且这也是最能清楚表达一个人的思想与意见。那早日将《圣经》翻译国语的人遭受许多的嘲笑与揶揄,但是他们却作了一个伟大运动的先驱,而这运动在我们今日已结了美好的果实。"①1940年代,出生于基督教家庭而毕业于金陵神学院的朱维之指出,传教士翻译"官话"和合本《圣经》是"中国新文学运动底先驱","是最初的'国语的文学';并且给新时代青年以新的文学作风,新的文学实质"②。而其语言成就之所以没有得到应有的评价,是因为"那时一般青年对于基督教还没有认识,没有好感;纵使心里明白这本国语的圣经本是白话文学底先驱,也不肯直接承认"③。他们都把新文学看成是西方传教士欧化白话文的继承者,朱维之并且指出了那时青年不愿承认西方传教士欧化白话影响的原因。

第四节 为什么新文学家会否定西方传教士的影响

尽管有周作人等作家愿意承认《圣经》对他们的影响,我们仍然必须提出这样的问题:为什么会有那么一群新文学家看不到西方传教士所用的欧化白话文呢?为什么胡适等人要回避否认西方传教士的影响呢?这是一个颇为复杂的问题。首先,新文学家大都出生于士大夫家庭,例如鲁迅、胡适,中国的士大夫对于西方传教士的传教,往往有着抵触情绪,近代的先进士大夫如康有为、梁启超等人,阅读了大量西方传教士翻译的科学、政治之类的著作,他们其实也读过西方传教士的其他著作,包括传教的著作;但是,他们从来不提这些著作,就像没有读过一样。出于中国传统文化意识对西方传教的抵制,是一个原因。其次,除了陈独秀、鲁迅等极少数作家外,新文学家大都成长于民国建立前后,那时对于中国社会来说,西方传教士的启蒙作用在很大程度上已经被中国自己留学生的启蒙所取代,从日本来的西学,在中国取代了西方传教士介绍西学的主要地位。因此,确实有这种可能性,许多

---

① 贾立言、冯雪冰《汉文圣经译本小史》,广学会,1934年,第96页。
② 朱维之《中国文学底宗教背景——一个鸟瞰》,载《金陵神学志》1940年12月。
③ 朱维之《基督教与文学》,上海青年协会书局,民国三十七年(1948),第70—71页。

新文学家没有接触过近代西方传教士的欧化白话文。

但是,在新文学作家中,也有一些是教会学校培养的学生或者是基督徒,他们怎么也没有提到西方传教士的欧化白话文呢?冰心是教会学校培养的学生,她是最早写诗的新诗人之一,她不可能没有读过白话《圣经》和白话赞美诗;但是她没有提到欧化白话对她创作的影响。早期新文学家中基督徒其实极少,许地山是基督徒,但是他是在1916年才受洗的,第二年就爆发了文学革命。老舍也曾经是基督徒,但是他是在五四文学革命爆发之后才受洗的,他们成为基督徒太晚了,没有接触过西方传教士的欧化白话文是有可能的,因为西方传教士的白话文作品主要是给孩子和文化水平不高的普通老百姓看的。不过,林语堂也是基督徒,而且是从小受洗的,他出生于牧师家庭,不可能没有阅读过白话《圣经》,他在自己的自传中说,他的母亲是学会了西方传教士的汉语注音字母,才能够阅读福建方言的注音字母《圣经》译本的,从这样的家庭成长起来,林语堂接受过欧化白话文的影响是显而易见的,但是他并未提到白话《圣经》对他的影响。这是很有意思的一个现象。如何解释这个现象,我们想放到下文分析,这里只想指出:林语堂其实对于新文学白话文的如何欧化早有设想,当他还是清华大学学生的时候,早在1918年的《新青年》上就发表文章,提出要学习西方作家"用字的适当,段落的妥密,逐层进论的有序,分辨意义的精细,正面反面的兼顾,引事证实的细慎"。"要为白话文学设一个像西方论理细慎精深,长段推究,高格的标准。人家读过一次这种的文字,要叫他不要崇拜新文学也做不到了。这才是我们改革新国文的义务。"这些想法已经十分成熟。他甚至有颇为过分、显得极端的说法:"我读他们(指西方)随便拿一个大学教员所做的书,觉得在学问价值上,胜过我们的诸子万万。"[①]显然,他的理想就是参照英语等西方语言,来改造汉语,使汉语向西方语言靠拢,加强汉语表达的逻辑性、严密性,帮助汉语表达新的思想。林语堂是最早明确提出用西方语言改造汉语的中国学者之一,他的这个主张与他的传教士家庭背景应当说有很大的关系。从林语堂身上我们可以看到,正因为新文学家也是接受外语和外国小

[①] 林玉堂《论汉字索引制及西洋文学》,《新青年》第四卷4号。

说的影响,用外国语言文学的资源来改造中国语言文学,所以他们创作的作品所用欧化白话与西方传教士可谓是殊途同归,由于有了西方传教士以前打下的基础,他们的步子可以比西方传教士跨得更大。

这也意味着:退一万步说,即使西方传教士的欧化白话文作品就像胡适所说的那样:完全没有对五四新文学家产生影响,它们与五四新文学作品都是平行发展,但是这些数量众多的欧化白话文作品的问世早于五四新文学,所起的社会作用也是促使汉语的白话语言文学作品向西方语言文学靠拢,改变中国原有白话文学的语言文学形态,使得古白话在"欧化"的加强下成为可以广泛运用于各种文体书写的书面语言,不再局限于章回小说,增加它的细密化、逻辑化,成为可以取代文言文能够普遍运用的书面语言,帮助中国文学走向世界化、全球化。它们培养的读者群,对于五四白话文运动的扩展无疑是一个重要的促进,扩大了中国白话文运动的社会基础。它们的存在、发展与五四新文学至少可以说是殊途同归,这也是它们存在的历史意义。我们在此并不准备夸大西方传教士的欧化白话文的意义,从规模和力度来说,五四新文化运动及其后果远远超过近代西方传教士的欧化白话文活动;这里只想指出:近代西方传教士的欧化白话文活动,是五四新文学运动的前奏。

然而,在笔者看来,新文学家确实是有意回避近代西方传教士欧化白话文的存在。如果说在新文学家酝酿文学革命的成长期有可能没有接触过西方传教士的欧化白话文;那么,在别人已经告诉你,你们的白话文并不新鲜,它与西方传教士的白话文有相似之处,新文学家的反应不是去验证这种说法是否准确,或者是已经验证之后把验证结果埋藏心底;而是首先断然否认这种相似,"觉得他的话很可笑"[①]。不顾事实根据,用"可笑"二字轻率地否定西方传教士的欧化白话文的存在,这种心态本身就是很有意思的。就连周作人在面向教会成员演讲"圣书与中国文学"时,虽然承认《马太福音》的确是中国最早的欧化的文学的国语,我又预计他与中国新文学的前途有极大极深的关系",但是他并没有说自己已经去验证过这一说法,后来也没有

---

① 周作人《圣书与中国文学》,《艺术与生活》第45页。

兴趣再去验证发挥。在他做了这样的演讲之后，后来这一演讲也被收入他的文集，但是我们依然没有看到有新文学家去验证这一说法，去发挥周作人的演讲。虽说周作人当时作为新文学的领袖人物，在许多地方都曾经领导评论学术的潮流，可以说是振臂一呼，应者云集；但是在这一发现上，他却是少数派，发表的只是个人见解，较少得到其他人的呼应。那些基督教的学者们虽然谈到传教士的欧化白话文是新文学的先驱，但是大多数新文学家们自己并不起来赞成这一说法，或者如胡适那样坚决反对这一说法，而是抱着视而不见的态度，采取鸵鸟政策，从来不去验证追问，寻找它们之间的发展脉络；依然大谈是五四文学革命确立现代白话文运动，仿佛近代的欧化白话文从来不曾存在过。这不是有意回避又是什么？正因为大多数新文学家普遍存在着这种对近代欧化白话文有意回避的态度，林语堂回避近代欧化白话文的存在，不谈近代欧化白话文对他的影响也就可以理解了，作为新文学家的一员，在这种潮流面前，他要是强调近代西方传教士欧化白话文的存在与影响，那才是不合时宜的。

如果我们再进一步追问：为什么近现代接受西方传教士影响的改革者会否定西方传教士的影响？要回答这个问题，我们还必须面对基督教和中国价值观的核心儒家思想之间的文化冲突。儒家重视"孝"，纲常名教由"孝"派生出来，清代就标榜以"孝"治天下。但是对基督教来说，对于家族父母的"孝"必须被淹没在对上帝的崇敬之中。中国的宗法制社会讲究辈分，这是维系宗法制社会的规则；但是对于基督教来说，在上帝面前人人平等，父子祖孙在上帝面前都是兄弟。这就蕴含了对中国礼教的颠覆。所以西方在中国的传教，一定会遭到中国传统文化的抵制。明末清初天主教在华传教，当时的大儒黄宗羲、全祖望都有攻击基督教的诗文。黄宗羲的《海外恸哭记》大量叙述了日本的反抗基督教事件，《咏龙尾砚》诗也表达了他反基督教的思想。全祖望也有诗讽刺汤若望："何物邪酥老教长，西行夸大传天心。"①此后士大夫中反对基督教的呼声一直十分厉害。鸦片战争后，基督教

---

① 可参阅方豪《明末清初旅华西人与士大夫之晋接》和《清代禁仰天主教所受日本之影响》，载《中国天主教史论丛》甲集，上海商务印书馆，民国三十六年(1947)。

第五章　西方传教士欧化白话文的影响

在华传教得以全面铺开,但是这种铺开是与西方殖民主义对中国的侵略同步进行的,它也导致了中国人尤其是士大夫对西方传教的反感。在西方传教士中,也确实有郭士立这样的传教士存在,他们成为殖民主义者的帮凶,因而遭到中国学者的警惕。王韬的父亲是为西方传教士工作的,王韬在父亲去世后在上海墨海书馆为西方传教士工作,与传教士一起合作翻译《圣经》,即使有着这样的背景,因为文化上的差异,他内心仍然十分痛苦,并且怀疑传教士别有用心[①]。中国士大夫对基督教的传教一直保持着高度的警惕,咸丰、同治年间,士大夫和官员反对基督教的言论很多,"反教者攻教的主要论据,或出自反外的心理,认外国教士的活动具有侵略中国的阴谋,或认基督教是一种邪教,教内有邪僻鄙劣不堪告人的行为;或认基督教的传布,是系其发动叛乱的开端,将危害中国社会的安宁;或自儒家道统的观点立论,驳斥基督教的义理,辟其为异端邪说"[②]。王韬后来在成为基督徒之后很久,才改变了他原来的看法。梁启超曾经做过传教士李提摩太的助手,但是他是儒家的信徒,也研究佛学,对佛学评价极高,始终不是基督徒。胡适在美国留学时,曾一度对基督教产生兴趣,但最终没有成为基督徒。胡适这时已经是科学的信徒,在他看来,科学与基督教是矛盾的,基督教是一种迷信,他已经不可能成为基督教的信徒。胡适发起的"新文化运动"标榜"民主"与"科学",虽然它们与近代来华基督教在传教过程中宣传的"民主"与"科学"有相同之处,但是也有很大不同,那就是新文化运动宣传的"科学",是建立在唯物主义的基础上,宗教被看做是迷信,所以当时蔡元培有"以美育代宗教"的设想;基督教宣传的"科学",是建立在客观唯心主义的基础上,"科学"是处在"上帝"笼罩之下的,是上帝的婢女;两者体现了不同的世界观,因此它们在性质和程度上,还是有很大的不同。

随着新文化运动的深入发展,1922年在北京曾经发生过一场反对基督教的学生运动。1922年3月9日,北京非基督教学生首次发表"非基督教学生同盟宣言",接着在3月17日,又发表"非宗教大同盟宣言",宣扬"我们自

[①] 可参阅《王韬日记》,中华书局,1987年。
[②] 见李恩涵《同治年间反基督教的言论》,见刘小枫编《道与言》,上海三联书店,1995年,第217页。

誓为人类社会扫除宗教的毒害,我们深恶痛绝宗教之流毒于人类社会,十百千倍于洪水猛兽。有宗教可无人类,有人类应无宗教,宗教与人类不能两立",明确提出了出自唯物主义的反宗教宗旨。在"非基督教学生同盟宣言"中,更是提出了比较系统的反对基督教看法:

> 封建时代基督教列在特权阶级。一入资产时代,资产阶级扑灭当时特权阶级,本亦攻击基督教;其所以得存余喘者,乃因资产阶级自身已成为特权阶级,遂转而保留基督教,利用基督教。第一是用他麻醉本国的工人阶级,使其相信社会贫富是出于神意,不应以阶级之争,破坏现在社会制度,致达神意。第二是用他麻醉被征服的殖民地半殖民地之民众,使其相信他们的兵舰军队,是为了赠送上帝的福音而来,是为了赠送教育及一切文化而来,不是为了抢劫金钱而来;使被征服的民众,对他们永远感恩戴德,不思反抗。资本帝国主义者保留基督教,这第二个作用,正是我们中国人不得不特殊反对基督教之最大理由;神父牧师头里走,军舰兵队后面跟。圣经每页上都写着"送枪炮来,送银子去"。八十年来这种传教通商的现象,我们怎能够忘记。①

这是受到马克思主义影响的对基督教的看法,1949年以后这种看法基本统治了中国的思想界、学术界。但是在1922年,这场反基督教的运动还很难说就是共产党领导的,当时"宣言一出,全国学生界纷纷响应,函电纷驰,对于教会无不加以仇视攻击"②。共产党当时刚刚成立,似乎还没有这么大的力量。就连当时共产党的主要领导人陈独秀在批判基督教的时候,仍然认为基督教的博爱精神和牺牲精神是值得肯定的,并不赞同反基督教运动全面否定基督教的偏激态度。当时其他一些先进知识分子,反倒大多对这场激进主义运动持保留态度,胡适就"规劝同道容忍基督教,试图多认识而不是一味盲目去反对"③。但是,这种反对基督教的民间情绪在中国已经酝酿了相当长的时间,它是由中国传统文化与基督教的文化冲突和近现代

---

① 《非基督教学生同盟宣言》,见刘小枫编《道与言》第129页。
② 林治平《基督教在中国之传播及其贡献》,见刘小枫编《道与言》第109页。
③ 邵玉铭《二十世纪初中国知识分子对基督教的态度》,见刘小枫编《道与言》第277页。

第五章　西方传教士欧化白话文的影响

以来对抗西方国家对中国的殖民主义政策和侵略欺侮共同构成的民间心态,在这种民族主义和民间情绪遍布全国的形势下,领导学术界的知识分子要肯定西方传教士所做的贡献,面临着巨大的社会压力,他们不能不持十分谨慎的态度。这是我们应该理解的。

颇有意思的是,胡适在1925年反思基督教在中国传播的主要障碍,他认为:"第一,国人要求撤消不平等条约,对外国帝国主义有了新的警觉。第二,理性主义抬头,西方科学思想传入中国,复苏国人固有哲学思想,例如宋明的道家思想和理学。第三,教会之腐败。"①陈独秀则认为"基督教在中国无法传开,错处大多在中国人:'吃教'的基督徒;中国文化的排外主义;中国人轻视初期耶稣门徒出身低微,某些中国人不满一些官员对宣教士怯弱的态度;基督教义与中国人的祭祖冲突,中译圣经粗劣,不及中国古书文体典丽;中国人因无知而散发许多教会的恶性谣言"。他也斥责外国传教士干涉中国政府的诉讼,外国政府利用宣教为侵略工具②。这两位无神论者和五四新文化运动的发起者,对于基督教传教的评论,还是比较客观的,不像那些激进的学生那么冲动,他们也力求全面公允地评价基督教的活动,也看到它们的积极意义。陈独秀有非常深厚的中国文学素养,他认为"中译圣经粗劣,不及中国古书文体典丽",因而成为基督教传教的障碍,指的是《圣经》文言译本,不符合文言文应该典雅的原则,这也符合晚清许多士大夫的看法,后来也被一些基督教学者所认同。

但是,陈独秀和胡适都没有提到《圣经》的白话文译本推动欧化白话流行的作用,尽管这些白话译本已经存在了几十年;他们回避了白话《圣经》文本的存在,也就回避了欧化白话文在五四前的存在。为什么这几位新文学运动的倡导者要回避西方传教士的欧化白话文的存在?要回答这个问题,我们不妨先思考一下福科对"现代性"的论述。福科认为,"现代性"常常表

---

① 胡适《今日教会教育的难关》,载《中华基督教教育季刊》第1卷第1期,1925年3月。本处转引自邵玉铭《二十世纪初中国知识分子对基督教的态度》,见刘小枫编《道与言》第277页。
② 陈独秀《基督教与基督教会》,载《新青年》第7卷第3期,1920年。转引自邵玉铭《二十世纪初中国知识分子对基督教的态度》,见刘小枫编《道与言》第280页。

现为一种对时间的英雄主义态度,他们喜欢切断历史,一切从我开始①。五四新文学家以提倡现代性自居,身上正体现了这种"英雄主义"的"现代性"态度。五四新文学把提倡白话文作为自己最重要的成就,胡适一直认为:新文学白话文运动是从他开始提倡的,即使白话文古已有之,新文学欧化的白话文却是从他们开始的,他们当然不希望在自己之前已经存在了一个"欧化白话文"。他们听到新文学所用的语言和《马太福音》相似,"觉得很可笑",正是出于这样的心态。即使他们不得不正视在五四之前的晚清已经存在一个"白话文运动",他们却坚持认为:晚清的白话文运动的作者是先用文言想好了,再写成白话。当时的白话只是给老百姓看的,读书人还是用文言②。他们说的这种状况在晚清当然存在,如梁启超的白话翻译,就是先用文言想好了,再翻成白话;但是用它来全面概括晚清的白话文运动,不免是以偏概全③,贬低了晚清白话文运动的成就。新文学家不愿充分肯定晚清白话文运动的成就,不愿说五四白话文运动是晚清白话文运动的继续发展,其原因就在于充分肯定晚清的白话文运动,就会影响到对五四白话文运动的评价,影响到他们"一切从我开始"的自我感觉,影响到他们的"现代性"态度。周作人肯定《马太福音》是新文学的先驱,已经很不错了,要他再去查证新文学的白话就是从《马太福音》来的,那就真的是与胡适过不去了,甚至是与五四新文学运动过不去了。同样如此,其他人回避近代西方传教士的"欧化白话文"的存在,不愿去验证追问探究,像林语堂等人也从不提起,在某种程度上也是出于这个原因。

新文学家回避近代欧化白话文的存在,基督教历史学家虽然肯定欧化白话文是新文学的前驱,但是他们对当时的大学中文系影响不大,新中国成立后又受到整肃,在学术上基本上丧失了话语权。1949年以后,新文学的地位受到充分肯定,中央政府要特别突出五四的划时代的作用,并且将它作为中国共产党成立的背景,与中国共产党的成立紧密联系在一起。它成为一种意识形态,20世纪50年代撰写新文学史的学者必须是中国共产党党

---

① 福科《何为启蒙》,《福科集》,上海远东出版社,1998年,第528页。
② 周作人《新文学的源流》,岳麓书社,1985年。
③ 参考袁进《中国文学的近代变革》,广西师范大学出版社,2006年。

员,教授新文学史的教师必须经过政治上的审查,确定可靠,最好是中国共产党党员,还要经中宣部的培训。当时的意识形态把基督教的传教作为一种文化侵略,这就不可能客观地评价基督教传教在历史上曾经做出的贡献,尤其是在开创新文学方面的贡献。于是,后来的文学史家基本上是按照五四新文学家的叙述来撰写现代文学史,一代一代地蔓延开去,传承下来,近代"欧化白话文"的存在就这样被历史遗忘了。

结　　论

　　综前所述，我们可以看到：欧化白话文在中国的发生是与整个世界的"全球化"联系在一起的。西方国家在地理大发现之后，殖民化活动急剧发展，从16世纪以来，形成了"全球化"的发展趋势，逐步构成了今天的世界格局。以西方为中心的"全球化"、"世界化"、"现代化"形成的强大趋势，是汉语"欧化"的原因，它也成为一种强大的历史趋势，促使汉语不得不"欧化"，以适应"全球化"的历史潮流。

　　然而，"全球化"是一个艰难的过程，古代国家不是没有人想征服世界，有的国君甚至已经建立了横跨欧亚的大国，如古希腊时代的马其顿国王亚历山大、中古时代的蒙古国王成吉思汗等等，但是他们都没有成功。西方国家能够做到"全球化"，拥有强大的文化是其中的一个重要因素。西方文化的强大主要表现在"科学"上，西方文化发明出一种人类独特的"理性思维"：运用数学和逻辑归纳出范畴、定理、定律，再运用它们来提出假设，通过计算、推理、求证和可重复实验来证明假设为真或假、可行或不可行，从而加强人类对客观世界的了解，形成一种严密的西方理性思维。它们也因此进入了西方的语言系统和思维系统。这一套严密的思维方法和操作程序使得西方国家逐步形成系统的科学研究体系、语言思维体系和相应的教育体系，组成新的知识结构，并且将其运用于实际的知识体系建构、工业生产、商品交易、社会管理，形成了与古代社会完全不同的大工业生产体系直至今日的电子信息体系，构成巨大的创造力和生产力，促使人类率先进入了现代社会，从工业社会一直到今天的信息社会。这就是后来西方国家在"全球化"时能够成功做到"西方中心主义"的全球化，而且这样的"全球化"类似于"现代化"的原因，这也是从"全球化"发生以来，西方国家能够始终领导世界潮流、一直延续到现在的原因。中国古代不是没有科学技术，也曾经取得过巨大

结　论

的成就,中国古代的经济也曾经占据世界第一的位置,但是始终未能形成像西方那样一套理性思维方法,那么严密,那么系统,那么能够应用和传承,构成强大的社会生产力。所以中国古代的科学技术失传的很多,也难以形成工业社会体系,最终在与西方的科学技术较量中败下阵来,不得不学习西方的科学技术,以适应"全球化"、"现代化"的需要。当然,在殖民主义和帝国主义的国家"全球化"过程中,"现代化"的意义对于殖民国家和被殖民国家,还是很不相同的。

明确了这一点,我们就可以讨论:古代白话文作为一种书面语言,如果从宋元话本算起,它至少也有一千年的历史,如果从寒山、拾得的诗歌算起则更早。尽管它也产生了《红楼梦》那样伟大的作品,但是它一直只能在有限制的地方运用,始终没有成为汉语的主要书面语言,尤其是在正式场合运用,以取代文言文。为什么欧化白话文问世的时间并不早,问世之后不久就能够兴起"白话文运动",最终在中国书面语言的运用上取代了文言文呢?它的力量何在?这是我们必须面对和回答的问题。

这是因为不同的语言形式有着不同的语言社会场域,对于一个以农耕文明为主的农业社会而言,文言文作为主要的书面语言,符合中国古代社会"士农工商"的社会结构。对于统治社会与文化的士大夫阶层来说,文言文作为书面语言,符合农业社会等级制的需要,符合士大夫的社会身份和统治需要,也适合他们的知识结构。在这样的社会里,尽管白话文易学易懂,士大夫平时也用白话交流,但是管理社会的士大夫阶层仍然没有必要运用白话文来取代文言文作为社会的主要书面语言。因为在这样的社会结构中,"易学易懂"的语言并不符合传统农业社会等级制的需要,"典雅"的语言才更加具有"十年寒窗"苦读出来的士大夫身份认同的价值。这样的文言文,可以让士大夫钻研一辈子也难以穷尽。只要这样的社会结构不发生变化,白话文便很难取代文言文成为汉语的主要书面语言。中国近现代的情况便不同了,凭借强大的西方文化的西方殖民主义冲击暴露了中国积贫积弱的格局,亡国的危机逼迫中国不得不适应"全球化"的需要,引进科学,摆脱落后的农耕社会,建立自己的工业体系,建立资本主义的商品交易网络和相应的体制,建立"民族国家",实现"现代化"。要改变传统的古代国家,建立现代化的"民族国家",就必须改变中国传统"士农工商"的农业社会格局,面向社会全体成员普及教育。这个时候,"贫穷者"和"工作者",还有女性受教育、儿童教育的问题就突显出来。这时的教育,就必须符合现代化的需要,全面学习科学知识,学习外语,培养适合新时代的"新国民",以适应现代工业社会、信息社会对社会成员的培养需要。19世纪后半期从洋务运动之后不断产生的改革需要,最后逼迫清朝统治者下定决心改革教育,"废除科举",变私塾为学堂,学习科学,学习外语,从此断绝产生士大夫的社会基础。这时,中国"士农工商"的传统社会结构发生了重大变化,士大夫阶层趋于消解,典雅的文言文不再符合建立民族国家、普及教育、教育国民的需要,普通老百姓也不可能再像古代士大夫那样"十年寒窗",花十年的学习时间,仅仅只学一样文言文;他们需要把更多的受教育时间,投入到数学、物理、化学、生物、外语等新型课程的学习之中,学习科学,以适应现代社会的需要。这时的社会就需要一种易学、易懂、易用的汉语书面语言,来取代文言文,中国近现代的白话文取代文言文作为书面语言,其实就是中国社会适应"全球化"的需要,建立与古代国家不同的现代"民族国家"所产生的社会需要。这也是它在近代被提倡并一直与寻求"国家富强"联系在一起的原因。它并不是文学自身发展的结果,不是因为胡适所说"白话文是活文学,文言文是死文学","活文学"取代"死文学",文学自身自然淘汰的结果,而是社会变革所产生的社会需要带来的结果。在书面语言用白话文取代文言文的过程中,中国古代的白话无论是在语言还是在文体上,都有一些缺陷,白话文的欧化在某种程度上是弥补了它们的缺陷,它帮助白话文精细化、文法化、逻辑化、文体多样化、论证严密化,从而丰富了白话文的表达能力,更加准确地表达现代社会的事物。它也在文学体裁上促进了文学对人的性格心理、对人的意识情绪等多方面的情感表达和深入发掘,扩展了文学理解人和表现人的能力。这也是欧化白话文的实力所在,它能够战胜古代白话文、取代文言文成为汉语的主要书面语言,而且越来越欧化,一直统治到现在的原因就在这里。

这也是经历了一个时段过程的,我们不妨从"欧化"白话文在近代的发展来观照一下。

结　　论

　　西方传教士19世纪初来到南洋传教时,他们写出来的有些欧化白话议论文今天看来已经很标准,我们在上文举出的麦都斯所写的演说词可以证明这一点。但是这些从外文翻译过来的今天看来很成熟的白话论说文,在当时对中国作家的创作并没有产生很大的影响,即使到五口通商、开埠之后,新创作的白话论说文在当时仍然极其罕见,中文报纸这时流行的是浅近文言的论说文。19世纪60年代,宾威廉先后把《天路历程》和它的续集都翻译成白话,这是基本按照原著翻译的,很少经过译者的改写,就是在今天看来,这样的翻译与今天的白话译本差别也不大。而且它的文学形态,已经是后来问世的"新文学"。但是,这个白话译本尽管不断翻印,以笔者的孤陋寡闻,很少看到它对当时中国作家的小说创作产生影响。到19世纪70和80年代,西方传教士全部完成了《圣经》新旧约的白话翻译,赞美诗的白话翻译也达到了后来五四后新诗的高度,他们还创作和翻译了一些章回小说,但是就我们所见的资料,它同样对当时中国作家的创作很少产生影响。在我们看来,这是因为当时作家的创作,主要是士大夫群体,他们的创作语言是文言,偶尔会运用白话,西方传教士运用的欧化白话文语言,这时还没有进入他们的视野。尽管五口通商、开埠以来,西方传教士的传教范围不断扩大,教徒不断增多,欧化白话文的出版物也不断增加,但是当时的中国社会仍然处在以"士农工商"为结构的传统农业社会阶段,还不需要白话作为主要书面语言来改革社会,因此欧化白话文这时还不为社会所重。

　　在我们最初研究欧化白话文的时候,想象之中,太平天国应该在其中起过重要的作用。这个受到基督教影响的"拜上帝会"组织,面向农民,组织成农民起义的队伍,他们应该需要欧化白话文,在欧化白话文发展方面发挥重要作用。

　　然而,当我们阅读了"中国近代史资料丛刊"中《太平天国》的相关资料和罗尔纲编注的《太平天国文选》之后,我们的看法发生改变。太平天国在白话文欧化过程中,并没有发挥重要作用。在太平天国的文献中,主要运用的书面语言是浅近文言,白话作品很少,《天父下凡诏书》是白话的对话体,欧化色彩并不明显,主要表现在内容和词汇上。太平诏书《原道救世歌》和太平天国的《天父诗》、《醒世文》、《十救诗》、《赞美诗章》等太平天国诗歌一样,都是七言诗体,都是浅近文言接近白话,类似于早期西方传教士的赞美诗。它们除了在内容上和词汇上有一些欧化色彩外,在诗歌形式上缺乏欧化色彩,与传统的白话诗差别不大,不能算是一种新型的诗歌。太平天国的论说文如《原道醒世训》、《原道觉世训》、《论创世真经》等,虽然内容都是宣扬拜上帝教,但是语言都是浅近文言、接近白话的语言,而且用的都是传统的文体,它们在内容和词汇上有所欧化,但是在语言结构和文学形式上欧化色彩并不明显,远远不能与西方传教士的白话宣教文章相比。太平天国的"拜上帝教"也用《圣经》,他们所用的《圣经》中文译本,是郭士立翻译的译本,它是被西方教会作为"深文理"译本的;我们在上文已经说过,西方传教士翻译的《圣经》,除了"委办译本"勉强可以算作"深文理"译本外,其他的"深文理"译本从文言程度上说,只能算是"浅文理"译本。浅近文言也是太平天国流行的书面语言,他们对于提倡"欧化白话",并没有表现出热情。

  细细推究,寻找原因,我们发现:太平天国的文化掌控者与母语是西方语言的西方传教士毕竟不同,他们很少有人懂得外语,除了个别人在香港曾经接触过一点西方文化之外,也较少了解外国的社会、政治、法律、语言以及文学的状况。他们是当时社会的下层文人,是科举制度的参加者,他们身上有着科举制度留下的传统文言的烙印,他们建立的太平天国仍然要恢复科举制度,白话始终没有成为他们的主要书面语言,只是文言考试的内容有所变化。他们自身也缺少帮助白话文"欧化"的外语资源,他们并不喜欢欧化白话文,洪秀全就是他们的代表。太平天国的白话文受众以传统农民为主,他们之中识字的人就不多,欧化白话文对他们来说是比较陌生的,他们也未必能够接受"欧化白话文"。太平天国的拜上帝教虽然动摇了士大夫统治的传统,但是它一直处在战争状态下,《资政新编》等经济上的改良设想还只是纸上的蓝图。这时的中国社会,还没有产生迫切需要:用白话文取代文言文。正是在这样的社会条件下,太平天国没有成为欧化白话文的发展基地,尽管他们信仰源于基督教的"拜上帝教"。

  19世纪70年代,《申报》馆也曾创办过一份通俗报纸《民报》,每周二、四、六出版(一说每天出版),每份小铜钱五文。据记载,它主要登载新闻和一些不同类型的短文,每一句的末尾都空一格,人名和地名旁边已经尝试使用标点符号。根据这些可以推测这是一份有可能受到欧化白话文影响的报纸,可惜它延续的时间不长。这也很可能是晚清白话文运动之前非教会所办仅有的一份白话报纸,由此也可以看到它的市场不大,可见当时社会对于运用白话文作为媒体并不热衷。但是很可惜,我们没有找到这份报纸,无法具体论述,只好存疑了。这也说明了一个事实:由于资料的散佚,一些当年的欧化白话文资料已经很难寻找或者根本找不到了,我们希望有更多的学者来从事这项工作,发掘更多的资料,将这项工作推向深入。

一直要到晚清改良主义运动全面兴起,白话文的运用成为避免亡国、寻求国家富强的途径,社会改革的需要、教育改革的需要产生了欧化白话文的社会需求。这时西方传教士的尝试,就变成了中国社会改革语言文学的资源,我们在上文所说的梁启超提倡"新小说"就是一个例子。连慈禧太后和袁世凯这样的最高统治者都关心起汉语拼音运用的问题,可见解决这一问题对国家的迫切性。直到他们下定决心"废科举,改学堂",废除科举考试,改变了"士农工商"传统社会形态,白话文作为中国社会普遍的书面语言运用和它的"欧化"才逐步形成历史潮流,最终形成了五四新文化运动。也正是在这一过程中,我们可以看到西方传教士所坚持不懈的欧化白话文为后来的中国学者在提倡变革时带来了启发,特别是带来了接受变革的社会基础。

那么,欧化白话文能够统治汉语的书面语言,为什么汉语就不能像外文那样做到"拼音化"、"拉丁化"呢?无论是古代汉语还是经过转型之后"欧化"了的现代汉语,都没有做到西方语言的"言文一致",更没有做到把"文字中心主义"的汉语改换成"语音中心主义"的汉语。民国时期的注音字母和后来的汉语拼音的确立,大大加快了中国人认知汉字的速度,一百多年以来,它们成为海峡两岸的中国小学必须教授学生的内容,由此可见它们存在的价值。然而,就大陆来说,尽管1949年以后,大陆的"文字改革委员会"仍然继续五四时期"文字改革"的宣传:"汉语的出路在于拼音化",把"汉字拉丁化"作为"文字改革"的目标;然而,这一设想终究失败了,罗马字母的拼音终究没有取代汉字,直至这一宣传最终趋向沉寂。因为"文字中心主义"的汉语,是由单音节文字构成,与"语音中心主义"的外语多音节单词不同;它有大量的同音字，很难用拼音字母来取代汉字。著名语言学家赵元任曾经编了一段《施氏食狮史》作为例证，证明了汉字的这一特点：

> 石室诗士施氏，嗜狮，誓食十狮。施氏时时适市视狮。十时，适十狮适市。是时，适施氏适市。氏视是十狮，恃矢势，使是十狮逝世。氏拾是十狮尸，适石室。石室湿，氏使侍拭石室。石室拭，氏始试食是十狮。食时，始识是十狮，实十石狮尸。试释是事。

全文近百字，只用了一个读音，只用一个音节发音的上百字来叙述一件事，而且能够成文，除了中文，恐怕是再无其他语言能够做到了。如果光听读音，不要说外国人，就是中国人自己，也完全不知意思所在，只有看了文字，才能理解这段话的意思。所以，这段话充分证明了汉字的"文字中心主义"的特点：它与"语音中心主义"不同，不能完全做到听音就可以辨别意思，而是必须阅览，阅读它们的文字符号，才能完全了解意思。这是汉语的历史造成的，汉语"同音字"太多的问题无法解决，就不可能采用"语音中心主义"的方式，采用字母作为文字，除非汉语将同音字的读音全部重新改过，变汉语的单音节为外语的多音节。这也是从五四以来，"汉字拉丁化"叫了许多年，拼音也实践了许多年，拼音只能帮助中国人认字，最终无法用拼音取代汉字的原因。其实，"汉字拉丁化"、"汉语的出路在于拼音化"都是在外文"语音中心主义"启发下的产物。因为世界上的语言都是"语音中心主义"，"文字中心主义"的语言传到现在，绝大多数都已经死亡了。活着的"文字中心主义"的语言，当今世界上只有汉语一家。在外语的对照之下，汉语不够严密、不够精确的缺陷就暴露出来，而且在文字的书写为主变成打字为主之后，还有汉字的输入机械或电脑问题，它直接影响到中国科学的发展。近现代以来，中国学者除章太炎等少数学者之外，在面对西方语言的打字机快速输入面前，无法解决笔画繁复的汉字的机械输入速度问题，看到西方文字输入的机械化、数据化、现代化，改变汉字输入的落后面貌这种紧迫感就更加强烈。所以，历史上从维新派到革命派都很容易就把中国的贫弱归结到语言，试图从"语音中心主义"出发来改造汉语，他们把语言的改变看得太容易了，以为只要借鉴外语，就可以把汉语改造成外语。他们大都没有从汉语的"文字中心主义"出发去考虑问题。其实从"文字中心主义"也可以解决汉字的输入问题,后来的"五笔字型"就成功地用比汉语拼音输入更快的速度,甚至比大多数外语输入更快的速度,解决了汉字的电脑输入问题,从而也间接证明了"文字中心主义"的汉语并不是必须转换成"语音中心主义"的汉语才可以实现机械化、数据化、现代化的。从"语音中心主义"出发来改变"文字中心主义"的汉语,他们忽视汉语自身特点所走的弯路,值得我们今天借鉴。著名的法国思想家德里达从汉语的"文字中心主义"出发来思考西方语言"语音中心主义"带来的问题①,从另一个方面,令我们明白,从人类学的角度看,汉语的"文字中心主义"实在还有存在的必要。这也为我们提供了一个教训:人类的丰富性永远都是人类的瑰宝,不要轻易地否定它们、消除它们。

伴随着西方国家殖民化和全球化的过程,基督教在全世界的传播是一个重要方面。美国著名学者许倬云指出:"基督教是从犹太教衍生的信仰系统。然而基督教教义的普世意义,使这一宗教超越了族群神的信仰,逐渐由巴勒斯坦扩散到欧洲,最后遍布于全球。从基督教引申的若干价值观念,例如自由、平等及民主,均已成为人类社会共同持守的信念。同时,欧洲文化经此转折,发挥了空前的动能,遂使欧洲的印欧人种掌握了全球性的优势。"②马克斯·韦伯也论证了"新教伦理"与资本主义精神之间的密切关系,揭示了"现代性"与基督教之间的联系③。由于意识形态原因,1949年以后中国大陆在思想上一直把"自由"、"平等"、"民主"的思想看作是西方启蒙运动的思想产物,切割了它们与基督教的关系,忽视了基督教的某些教义其实正是这些思想形成的基础。只要想一下卢梭最著名的著作《论人类不平等的起源和基础》是应法国第戎科学院的征文而写的论文,并且因此还得了奖,就可见它与当时法国的天主教主流意识形态具有相吻合的一面。我们以前的学界,由于意识形态的干扰,把基督教和西方中世纪妖魔化了。理解了这一点,我们就会对西方传教士在传播基督教的同时,也积极传播西方的科学和科学精神,传播"自由"、"平等"、"民主"等现代普世价值观念不觉得

---

① 如德里达的《论文字学》等著作。
② 许倬云《历史大脉络》,广西师范大学出版社,2009年,第78页。
③ 可参阅马克斯·韦伯《新教伦理与资本主义精神》,上海人民出版社,2010年。

奇怪。其实,汉语在近代最早的概念如"自由"、"平等"、"民主"、"人民"等概念,最初都几乎来自于传教士的翻译和运用。

如果说五四新文化运动打出的两面旗帜就是"民主"和"科学",即所谓"德先生"和"赛先生",把它们作为"启蒙"的最重要内涵,那么,追根溯源,最早在近代中国宣传"民主"和"科学"的,其实是西方传教士,他们主办的报刊和他们翻译的西方书籍,具有大量的科学和民主的内容,在这方面已经有大量的学者做了发掘,本书也已举出许多例证,在这里无须再作细述。由于时代的不同、阻力的不同,西方传教士传播科学与民主的规模和力度虽然不能和五四新文化运动相比,但是他们其实是中国近代最早的启蒙者,五四新文化运动只是沿着这条启蒙之路继续走下来的。

对西方传教士的研究,在中国历史学界已经几乎成为显学,上个世纪80年代以来已经产生大量的成果。如果说历史学界对于西方传教士的研究,已经证明他们在中国近代思想史和学术史、政治史方面的作用;那么,本书试图证明的是:西方传教士在文学上也曾经起过重要的作用,推动了中国语言和文学的近代变革。西方传教士的《圣经》翻译和他们的传教活动,是晚期中世纪以来世界各国语言文学变革的重要动力,这已经为世界各国的历史和语言文学史所证明。但是,中国一直是一个例外,现有的中国文学史从来不承认西方传教士的贡献。本书只想说明:这是不公平的,历史的文献可以证明,在中国的西方传教士的《圣经》翻译和他们的传教活动创造了最早的欧化白话和新文学形态的作品,他们也推动了中国语言和文学的近代变革,成为白话文运动和新文学运动的先导。这并不奇怪,因为从本质上说,晚期中世纪开始的"全球化"、"殖民化"、"现代化"过程,都是以西方中心主义为核心的"西方化"。从文化上说,五四新文化运动不过是近代西方传教士推动的这一"全球化"、"现代化"、"西方化"趋势的继续。

晚清时期,梁启超确立了"新小说"的概念,五四时期,新文学家确立了"新文学"的概念。本书列举了许多例证,说明"新小说"、"新文学"形态的文学,无论是文学的内容还是文学的形式,其实在19世纪西方传教士的中文写作中,早就已经问世了,虽然我们还没有找到大量最直接的证据来证明它们和五四新文学的师承关系。但是我们如果以文学史研究最通常的做法,以作品出现的先后时间来确定它们在文学史上的先后次序和师承关系的话,西方传教士的中文创作和翻译是"新小说"、"新文学"形态的文学最先问世的作品,它们尽管还有着种种弊病,但是在中国近现代文学史上的开创意义不容低估。我们对于西方传教士在中国近代欧化白话文上的贡献的发掘并不是要否定五四新文学运动的作用,五四新文学运动在规模和力度以及作用上远远超过了西方传教士的活动,中国社会书面语言从文言文到白话文的转型,中国文学从旧文学转为新文学,都是经由五四的国语运动和新文学运动实现的,我们只是要说明五四带来的书面语言和文学的改变在中国其实已经经历了漫长的阶段,它的发端应该上推到西方传教士的活动。

西方传教士在文学上的改变最重要的是汉语诗歌的观念。从文学史的演变来看,从旧诗到新诗,沈德潜是怎么会变成郭沫若的?中国古代的诗歌是怎么会变成自由体诗的?中国人怎么会把那些既不押韵、也不讲汉语音调格律的文字组合作为诗歌,而不是作为散文的?我们在上文已经指出:如果离开了西方传教士的创作和翻译活动,就很难讲清楚汉语诗歌的这一转变,而这一转变也就使新诗脱离了汉语自身原有的音调格律等音乐性,它至今还是困扰新诗的巨大问题。

我们在上文已经指出,晚清的思想启蒙运动实际上受到西方传教士的影响,晚清先进士大夫在思想上几乎都受到西方传教士办的《万国公报》、《格致汇编》等启蒙杂志和墨海书馆、广学会、江南制造局翻译馆等机构出版的中文西书的浸染,晚清的同人启蒙报刊显然不同于《申报》这类市场化的报刊,而更像西方传教士办的启蒙报刊。晚清的白话文运动其实受到西方传教士的启发,是学习西方传教士的,在白话文运动的发难之作裘廷梁的《论白话为维新之本》中就提到:"耶氏之传教也,不用希语,而用阿拉密克之盖立里土白。以希语古雅,非文学士不晓也。后世传耶教者,皆深明此意,所至则以其地俗语,译《旧约》、《新约》。"①晚清白话文运动的许多白话作品,也具有欧化白话的倾向。晚清白话文运动也提出了汉字"拉丁化"的设想,吴稚晖、钱玄同等人甚至主张"汉字不灭,中国必亡"。从西方传教士到晚清

---

① 裘廷梁《论白话为维新之本》,《无锡白话报》第1号,1898年。

白话文运动,再到五四白话文运动,构成了一条欧化白话文在近代的发展线索。明乎此,我们就能够理解,为什么五四白话文运动可以做到几个人振臂一呼,就能够群山响应。接受欧化白话文的社会基础已经建设了几十年了。语言是文学的基础,文学是语言艺术的集中表现。我们寻找五四新文学的起源,应该看到西方传教士对此曾经做出的贡献。

西方传教士的白话文有的比五四作家写的白话文更像后来的白话文,那是因为它们是直接从外文翻译过来的,即使不是翻译而是创作,也是用外文先想好了,然后翻成汉语。这种汉语书写方式是非常独特的,只要对比一下今天文学的语言和形式,我们不难发现它们比五四时期的中国文学更加接近外语作品,这种接近实际上显示了现代汉语、现代文学的变革走向,以及它所受到的外来影响。

过去学术界往往喜欢把近现代以来以文学改造思想、改造社会的文学观念,与中国传统的"文以载道"思想联系在一起,把这一做法看作是中国传统文学观念的延续。我们过去也是这么看的。在经过认真思考之后,我们在这里特别要指出:近现代以来的以文学改造思想、改造社会的设想与中国传统的"文以载道"思想其实是有差异的。传统的"文以载道"只是要文学去表现这个"道",而这个"道"是原来就有的,是本土文化自身的产物,至多只是被遮蔽了,现在需要去恢复它。因此,"文以载道"有时也可以是"道"很自然地在文学中浮现,如同苏东坡所说:"道可致而不可求。"而近现代以来用文学改造思想、改造社会的设想则是先要引进一个"他者",以"他者"作为理想,然后去改造思想、改造社会,而这个"他者"又是"西方中心主义"的产物。所以它不同于中国传统的"文以载道",只能是近现代以来中国适应源于外来压力的"全球化"需要。我们如果反思一下近现代的历史,就能体会到这一点。而这个在中文中引进"他者"以文学改造思想、改造社会的做法最初是从西方传教士发端的。

综合本书前面的论述,我们可以看到,西方传教士在以下七个方面改变了中文传统的文学形态,从而引起文学观念的变化:

1. 文学内容——如改变传统的时间、空间观念,《天路历程》以个人为本位的人生追求,将文学与人生的改造紧密结合在一起,对社会恶习的批判等等。

2. 文学功能——如提出乌托邦的理想社会,然后创作小说描写它,再以之作为蓝本改造社会;劝人信教,试图用文学改变人的原有思想;以及"文学救国论"的产生等等。

3. 文学形式——如汉语诗歌韵律的改变,自由体诗的出现,小说形式的改变,白话散文的多样化和形式的改变,新剧的问世,儿童文学的出现等等。

4. 文学语言——如语言的表述出现"欧化",受到外语表述的影响,讲究"文法"和形式逻辑,大量新词汇的出现,诗歌中以双音词取代单音词,各种运用字母的汉语拼音方案问世等等。

5. 文学与现实的关系——如文学不再仅仅是反映现实、想象现实,更重要的是凭借他者构建的理想社会批判现实、改造现实,而且用它作为自己创作的目标,成为文学家的使命等等。

6. 文学的物质生产方式——以新型汉字排印,工业机器复制文学文本,产生新型媒体如报刊、平装书、精装书等等现代书刊形态,和相应的发行流通形态;它们大大降低了书刊的生产成本,扩大了文学的流通范围,也大大扩展了文学的读者群。

7. 文学的读者对象——改变了中国传统社会"士农工商"以士大夫为主要读者对象的文学形态;以"贫穷者"、"工作者"为读者对象,发挥文学的教育培训功能,以普通老百姓、所有国民为教育培训的对象,为他们着想,如汉字拼音化,还有对儿童文学的提倡等等。这些读者成为后来白话文运动的社会基础。

西方传教士的中文创作与翻译在这以上七个方面都开创了中国语言文学近代变革的先声,他们所提出的设想和具体的语言文学实践,后来大部分都汇成中国语言文学"现代化"的潮流,成为中国语言文学近代变革的主流,成为"现代汉语"区别于"古代汉语"、"新文学"区别于"旧文学"的重要标志。它的力量远远超出了目前学术界对它的估计。在某种意义上,我们甚至可以说:中国文学的近代变革,首先是由西方传教士推动的,他们首先在母语和本国文学的启发下,产生了我们今天称之为"现代汉语"和"现代文学"的实践;因此我们赞同周作人和基督教会学者们的说法,把它们作为五四新文学的先驱,他们的活动是五四新文学的源头之一。

西方传教士对于新文学的贡献,不仅在于提供了最早的欧化白话文的文本,更在于奠定了中国近代"国语运动"的基础。在汉语的语法、词汇、语音三方面,都推动了现代汉语的建立。外来新事物带来大量的新词汇,西方传教士最早翻译大量西方著作,汉语词汇受到外来影响的扩展是众所皆知的;由于这方面已有的研究成果很多,本书不再具体论述。用语法规范汉语的做法本身就是中国学者受到外来影响做出的,最早的语法学专著《马氏文通》就是在西方传教士的中国语法著作启示下成书的,陈寅恪指出:"往日法人取吾国语文约略摹仿印欧语系之规律,编为汉文典,以便欧人习读。马眉叔效之,遂有文通之作,于是中国号称始有文法。"①《马氏文通》正是在瓦罗等人的《华语官话语法》等西方传教士写作的用来帮助外国人学习汉语的中文语法书的启发下完成的,它所提出的语法规则,是在"语音中心主义"的语法规则指导下产生的。本书也已举出例证证明:现代汉语与古代白话的重要差别,就在于运用语法规范汉语的表达,加强了逻辑性。而这些现代汉语的语法规则,正是承继了《马氏文通》发展而来的。

其实,我们在上文已经指出:西方传教士在语音方面做出的探索尤为重要,它推动了中国汉语拼音系统的建立,而这是中国现代汉语确立的一个重要方面。汉字拼音化的方案还曾经受到政府的重视,劳乃宣的"简字全谱"引起慈禧太后的关注,王照的"官话合声字母"为袁世凯所重视。我们今天通行全国的汉语拼音字母系统,它的声母、韵母概念,它的音节划分,元音、辅音的认识等等一套认知系统,也是来自于西方对语音的鉴别。

本书在上文已经论述:西方传教士是外国人,他们在运用中文时会自然地产生与自己母语的对比,用"西方中心主义"对语言的理解、自己的母语和文学,来改变中国汉语和文学的形态。即使他们未必有这样明确的目的,他们的母语训练和文化底蕴,仍然会造成他们不自觉地帮助汉语文学欧化。

---

① 陈寅恪《与刘叔雅论国文试题书》,《金明馆丛稿二编》,上海古籍出版社,1980年,第223页。

我们在马礼逊、米怜、郭士立等西方传教士身上，都可以看到这一点。随着西方殖民主义的发展，"西方中心主义"成为"全球化"的历史趋势。处在积贫积弱状态下的中国，面临被瓜分和亡国的命运。中国的先进知识分子把"学习西方"作为适应"全球化"、建立富强中国的途径。从学习西方的武器器物、机器制造、科学技术，到学习西方的政治制度、哲学思想、文化艺术。正是在这个时候，西方传教士与中国先进知识分子"殊途同归"，在"全球化"、"现代化"的道路上走到一起来了。五四文学革命时，把自己提倡的欧化文学称之为"新文学"，把趋向改良的鸳鸯蝴蝶派和中国传统文学称之为"旧文学"。五四文学革命时，新文学家并不重视自己的中国传统文化底蕴，鲁迅说自己创作小说是得益于阅读了一百多部外国小说，郁达夫说自己的创作得益于阅读了一千多部外国小说。他们都曾经阅读了大量的中国小说，这些中国小说无疑在他们创作小说时也曾发生影响，如鲁迅对小说运用"白描"的推崇，那就是中国小说常用的方法；但是他们都认为阅读外国小说对小说创作来说才是最重要的，因为"新文学""新"就"新"在向西方小说学习。这也是当时新文学作家们的共识。中国文学必须摆脱传统文学的束缚，适应"现代化"、"全球化"的需要，跟上时代的潮流，与"世界文学"接轨。中国的语言文学因此走向全面"欧化"，不同于传统的古代汉语和古代文学，实现了巨大的转型。

然而，今天在我们已经实现了转型之后，也要看到中国近代语言与文学这一转型的另外一面：西方传教士推行的"全球化"、"现代化"是以"西方中心主义"为核心的，从西方传教士开始的欧化白话文改造了汉语，促使汉语精细化、明确化，增强了汉语的逻辑性，扩大了汉语的表现能力，推动了中国社会的现代化。但是语言是文化的表现，汉语欧化的结果，也失落了不少传统文化的内涵，促使汉语"平面化"，削减了汉语原有的厚度。我们的现代白话文仍然需要运用古汉语的"成语典故"就是一个例子。著名翻译家傅雷曾经说过：

> 白话文跟外国语文，在丰富、变化上面差得太远。文言在这一点上比白话就占便宜。周作人说过："倘用骈散错杂的文言译出，成绩可比较有把握；译文既顺眼，原文意义亦不距离过远"，这是极有见地的说

法。文言有它的规律,有它的体制,任何人不能胡来,词汇也丰富。白话文却是刚刚从民间搬来的,一无规则,二无体制,各人摸索各人的,结果就要乱搅。①

傅雷在这里引用的周作人的话,出自于周作人《谈翻译》一文,因该文收于1944年编的文集《苦口甘口》属周作人敌伪时期作品,因而不为人们注意。我们在这里引两段:

> 据我看来,翻译当然应该用白话文,但是用文言文却更容易讨好。自从严几道发表宣言以来,信达雅三者为译书不刊的典则,至今悬之国门无人能损益一字,其权威是已经确定了的了,但仔细加以分析,达雅重在本国文方面,信则是与外国文有密切关系的。必须先将原来的文字与意思把握住了,再找适合的本国话来传达出来,正当的翻译的分数似应这样的打法,即是信五分,达三分,雅二分。假如真是为书而翻译,则信达最为重要,自然最好用白话文,可以委屈也很辛苦的传达本来的意味,只是似乎总缺少点雅,虽然据我说来白话文也自有其雅,不过与世俗一般所说不大同,所以平常不把他当作雅看,而反以为是俗。若是要想为自己而翻译的话,那么雅便是特别要紧,而且这还是俗受的雅,唯有用文言才能达到目的,不,极容易的可以达到目的。

> 这种译文不能纯用八大家,最好是利用骈散夹杂的文体,伸缩比较自由,不至于为格调所拘牵,非增减句子不能成章,而且这种文体看去也有色泽,因近雅而似达,所以易于讨好。

周作人是从严复的翻译原则"信、达、雅"上发挥出来的,要以"雅"为标准,文言还是比白话容易。我们回到绪论讨论过的问题:"叶斯帕森认为:'能用最少的手段完成最多的任务这种技艺方面做得越好,这种语言的级别也越高。换句话说,也就是能用最简单的办法来表达最大量的意思的语言是最高级的语言。'"②假如按照这一标准,中国的文言文无疑要比白话文更

---

① 傅雷《致林以亮论翻译书》,《翻译研究论文集》,外语教学与研究出版社,1984年,第83页。
② 爱切生《语言的变化:进步还是退步》,语文出版社,1997年,第281页。

为高级，因为它的字数、表达方式都比白话简单，文言在相同字数内所包容的意义无疑要比白话大得多；这造成了文言的模糊性，但也造成了它的包容性。在欧化白话取代文言文突出了语言的精细性之后，文言文的包容性也就一起丧失了。在白话文取代文言文成为书面语言之后，陈寅恪坚持运用文言文来撰写他的学术论著，钱锺书坚持运用文言文来撰写他的代表作《谈艺录》和《管锥编》，在我们看来，除了用以证明文言文能够表现新思想、不是"死文学"之外，也是因为他们看中文言文的表达厚度，认为用文言文来表达他们的学术可以更加贴切、更为准确。

文言文的单音词转变为欧化白话的复音词是汉语精细化的一个重要转变，但是汉语的音节节奏原来是与单音节词联系在一起的，从西方传教士开始，中国的作家们做了大量的探索，创作了大量的诗篇，寻找新的汉语诗歌格律、音节节奏。但是新诗在音乐性上，似乎还是比不上旧诗。这其实也显示了周作人所说的"雅"的失落。一直到今天，文学界还没有创作出可以在音乐性方面与文言诗比美的欧化白话诗。这也许就是汉语语言转换所付出的代价。

还有一个问题更为重要：现代汉语语法体系是从《马氏文通》发展而来的，陈寅恪在20世纪30年代曾经批判《马氏文通》的做法："今日印欧语系化之文法，即《马氏文通》格义式之文法，既不宜施之于不同语系之中国语文，而与汉语同系之语言比较研究，又在草昧时期，中国语文真正文法，尚未能确立。"他认为一直到30年代，摆脱西方传教士"西方中心主义"影响的中国真正文法并没有建立。他担心汉语的欧化语法会导致中国文化的失落，他甚至警告当时的语言学家："从事比较语言之学，必具一历史观念，而具有历史观念者，必不能认贼作父，自乱其宗统也。"①30年代还曾经发生过十教授联名发表宣言，拒绝汉语的欧化，要求汉语恢复传统。就是在新文学内部，也曾经出现对欧化白话文的反思。瞿秋白认为：五四白话文"造成一种风气：完全不顾口头上的中国言语的习惯，而采用许多古文文法，欧洲文的文法，日本文的文法，写成一种读不出来的所谓白话，即使读得出来，也是听

---

① 陈寅恪《与刘叔雅论国文试题书》，《金明馆丛稿二编》第223页。

不惯的所谓白话"①。寒生(阳翰笙)也认为:"现在的白话文,已经欧化、日化、文言化,以至形成一种四不象的新式文言'中国洋话'去了。"②对于当时的白话受到欧化影响,他们的看法与陈寅恪、十教授倒是一致的。只是这些反对"西方中心主义"、抗拒欧化的努力,由于不是主流,后来被历史遮蔽了。

19世纪欧化白话文的发现,需要我们重新思考和调整目前的现代文学研究。

第一,现代文学研究的时段必须改变,原来的现代文学研究从1917年的新文化运动开始,后来上推到1915年,甚至上推到1898年,或者上推到黄遵宪《日本国志》出版的1895年。但是欧化白话文作为新文学先驱的存在,需要我们把研究时段延伸到西方传教士的中文传教活动时期。布罗代尔早就指出:长时段的对对象的审视,也许更能说明问题。如果说晚明的传教主要还是文言,传教士具有一定规模的白话文学翻译与创作,数量还很少,白话的《圣经》翻译并没有被刻印成书;那么,19世纪马礼逊创办《察世俗每月统记传》和郭士立创办《东西洋考每月统记传》就应当进入我们的研究视野。后来传教士的欧化白话文及其媒体与传播方式正是从他们发端的。

第二,我们以往的研究受到民族主义影响,把汉语书面语从文言到现代白话的转变看成是汉语内部的转变,很可能低估了近代"西化"、"全球化"的力量。我们忽视了西方传教士用中文创作、翻译的作品,他们改造汉语的努力,只在我们中国作家内部寻找变革的因果关系。西方传教士是外国人,他们的汉语文学活动便不能进入我们的文学史叙述,甚至不能进入我们的研究视野,这种狭隘的民族主义带来的作茧自缚遮蔽了我们的视野,也掩盖了中文从古代汉语转为现代汉语、从古代文学转为现代文学的某些历史真相。本书已经举出大量的例证,说明这些语言文学活动对于中文转型的历史意义。只是限于我们个人的阅读视野,遗漏了大量的材料,尤其是在欧化白话的潜移默化影响方面。希望有更多的学者投入到历史的发掘工作,进一步

---

① 宋阳《大众文艺的问题》,《文学月报》创刊号,1932年6月。
② 寒生《文艺大众化与大众文艺》,《北斗》第二卷3、4期合刊,1932年7月。

发掘出被遮蔽的历史真相。

第三,我们以往对现代汉语、现代文学的研究,是继承了胡适这批学者,以一种进化论的观念,来看待白话取代文言,把历史简化了。其实,这其中的关系要复杂得多。晚清的语言文学现代化过程,有着多种选择的可能性。看不到这种复杂性,我们就无法理解:为什么像王国维、陈寅恪这样从来就主张现代化、主张学习西方的学者,王国维会去自杀,而陈寅恪会认为他的自杀是殉文化,为什么陈寅恪这时会认为中国的文化已经凋零到需要有人来殉了。我们的学术界至今还无法回答这些问题。研究新文学成长必须把它与旧文学的衰亡结合在一起研究,才能更清楚地看出历史的演变脉络,更加全面地总结历史的教训。

第四,我们过去对"现代化"、"全球化"的研究,大都是在"西方中心主义"的指导下进行的。当下的世界正在反思"西方中心主义"对"全球化"的统治,因为它带来人类的"一体化",却丧失了人类的丰富性,阻碍了人类的"可持续发展"。今天,"现代化"给人类带来的弊病已经十分明显,"现代化"造成的人类资源匮乏已经使人类面临灭绝的危险,它需要我们重新作出新的思考。所以,当下的世界更加注意人与自然的和睦相处、发掘本民族的文化资源。五四时期的流行观点认为:中国传统文化是现代化、全球化的包袱。但在今天,全球化带来的人类一体化的弊病已经越来越明显,人类迫切需要复兴自己的民族传统,通过寻找人类各民族的多样化资源来抗拒人类一体化的趋势。如同章太炎当年所说,传统文化和现代化并不矛盾;如同严复、林纾当年所思考的:引进西学可以光大中学。今天看来,他们比五四那一代人,在思考上有着更全面、更合理的地方。当前基于复兴中国文化的需要,需要我们不能再停留在五四时代打倒孔家店的论述上,需要我们进一步在近代文学中发掘,如何用中国文化包容西方文化、弘扬光大中国文化。需要我们运用新的眼光,来重新审视现代化与中国文化之间的关系,多元化地看待中国文化的变异。因此,我们也需要总结那些"西方中心主义"带来的"一体化"所留下的教训,回到当年那些反对"西方中心主义"的见解和思维,在看到"全球化"力量的同时,在新的历史条件下重新发掘那些中国文化失落的优雅传统,寻找它们在今天的现实意义和发展的可能性,扩大人类可持续发展的推动力。

　　以上只是我们的一些粗浅的认识。对近代欧化白话文和西方传教士的影响研究是一个值得深究的课题,本书受到作者所见资料的限制,只是提出一些粗浅的想法,希望有更多的人来从事这方面的研究,发掘更多的史料,展示历史的真实面貌。

附录

新教传教士在华出版目录(1876年前)

伟烈亚力

APPENDIX

SACRED SCRIPTURES

1. 此嘉音由呀嘞所著 Mark's Gospel. — Lassar.（?）4to., 56 leaves. Xylog. Serampore，1811.
2. 耶穌基利士督我主救者新遺詔書 New Testament. — Morrison. 8 vols.,12mo, 513 leaves. Xylog. Canton，1813.
3. 聖經 The Holy Scriptures. — Marshman. 2 vols., 4to., 653 leaves. Type. Serampore，1822.
4. 路加傳福音書 Luke's Gospel. — 4to., 33 leaves. Type. Macao, 1845.
5. 路加傳福音書,使徒行傳 The Gospel of Luke and the Acts of the Apostles. Translated into Chinese by the late Rev. Dr. R. Morrison. — Revision by W. C. Milne. 12mo., 131 leaves. Type. English paper. London，1845.
6. 聖經舊遺詔創世傳 Genesis. — Goddard. 4to., 68 leaves. Xylog. Ningpo, 1850.
7. 聖經舊遺詔出麥西傳 Exodus. — Goddard. 4to., 54 leaves. Xylog. Ningpo, 1850.
8. 聖經新遺詔馬太福音傳 Matthew's Gospel. — Goddard. 4to., 32 leaves. Xylog. Ningpo，1851.
9. 舊遺詔聖書 Old Testament.— Genesis to II Samuel. — Gutzlaff. 4to., 261 leaves. Xylog.

10. 新約全書 The New Testament in Chinese. Delegates. 8vo., 146 leaves. Type. Shanghai，1852.

11. 聖經新遺詔全書 New Testament. — Goddard. 8vo., 252 leaves. Xylog. Ningpo，1853.

12. 聖經新遺詔路加福音傳 Luke and Acts. — Goddard. 4to., 68 leaves. Xylog. Ningpo，1854.

13. 新約全書 New Testament. — Delegates. 8vo., 244 leaves. Xylog. Shanghai, 1855.

14. 舊遺詔聖書 Old Testament. — Genesis to I Chronicles. — Gutzlaff. 2 vols., 4to., 372 leaves. Xylog. Hongkong, 1855.

15. 舊約全書,新約全書 Old and New Testaments. — London Mission and Delegates. 4 vols., 8vo., 649 leaves. type. Shanghai, 1855.

16. 新約全書 New Testament — Matthew to Acts. — Delegates. 8vo., 250 leaves. Large type. Shanghai, 1855.

17. 舊新約全書 Old and New Testaments. — Bridgman and Culbertson. 4 vols., 16mo., 871 leaves. Type. Shanghai, 1865.

18. 新約全書 New Testament — Romans to Revelations. — Bridgman and Culbertson. 4to., 121 leaves. Type. Ningpo, 1855.

19. 舊約全書,新約全書 Old and New Testaments. — London Mission and Delegates. 4 vols., 8vo., 650 leaves. Type. Shanghai, 1858.

20. 聖經舊遺詔創世記出埃及記合刊 Genesis and Exodus. — Goddard. 4to., 82 leaves. Xylog. Ningpo, 1860.

21. 耶穌基督救世主新約全書 New Testaments. — Bridgman and Culberson. 4to., 292 leaves. Type. Ningpo,1859.

22. 聖經舊遺詔諭利未記 Leviticus. — Goddard. 4to., 28 leaves. Xylog. Ningpo,1861.

23. 舊約詩篇 Psalms of David. — Bridg. and Culb. 4to., 113 leaves. Type. Shanghai，1861.

24. 新約全書 New Testament. — Delegates. 8vo., 202 leaves. Type. Shanghai,1863.

25. 新約全書 New Testament — Matthew to Acts. — Delegates. 8vo., 112 leaves. Type. Hongkong,1863.

26. 新舊約全書 Old and New Testaments. — Bridgman and Culbertson. 8 vols., 4to., 1,264 leaves. Type. Shanghai,1863-64.

27. 舊約全書 Old Testament. — Bridgman and Culbertson. 4 vols., 4to., 1,031 leaves. Type. Shanghai, 1861-3.
28. 舊約全書 Old Testament — Pentateuch. — Dean. 2 vols., 4to., 331 leaves. Type. Hongkong, 1866.
29. 舊約全書,新約全書 Old and New Testaments. — London Mission and Delegates. 4to., 809 leaves. Foreign binding. Type. Hongkong, 1866.
30. 新約全書 New Testament. — Delegates. 12mo., 194 leaves. English paper. Type. Hongkong, 1866.
31. 舊約全書,新約全書 Old and New Testaments. — London Mission and Delegates. 4to., 1,464 leaves. Foreign binding. Type. Hongkong, 1864-66.
32. 新約全書 New Testament. — Bridgman and Culbertson. 12mo., 187 leaves. Small type. Shanghai, 1866.
33. 舊約詩篇 Psalms of David. — London Mission. 12mo., 55 leaves. English paper. Type. Hongkong, 1867.
34. 新約全書 New Testament. — Delegates. 2 vols., 8vo., 378 leaves. Type. Foochow, 1868.
35. 新約全書 New Testament. — Delegates. 8vo., 144 leaves. Type. Hongkong, 1869.
36. 新約全書 New Testament. — Bridgman and Culbertson. 8vo., 146 leaves. Small type. Shanghai, 1869.
37. 新約聖書 New Testament. — Dean. 4to., 343 leaves. Type. Hongkong, 1870.
38. 馬太福音 Matthew's Gospel. — Delegates. 8vo., 55 leaves. Large type. Foochow, 1871.
39. 馬可福音 Mark's Gospel. — Delegates. 8vo., 34 leaves. Large type. Foochow, 1871.
40. 路加福音 Luke's Gospel. — Delegates. 8vo., 58 leaves. Large type. Foochow, 1871.
41. 約翰福音 John's Gospel. — Delegates. 8vo., 46 leaves. Large type. Foochow, 1873.
42. 使徒行傳 Acts of the Apostles. — Delegates. 8vo., 59 leaves. Large type. Foochow, 1873.
43. 新約全書 New Testament. — Delegates. 12mo., 193 leaves. Type. Foochow, 1873.
44. 新約全書 New Testament. — Delegates. 8vo., 190 leaves. Type. Shanghai, 1874.
45. 使徒行傳 Acts of the Apostles. — Bridg. and Culb. 12mo., 34 leaves. Type. Shanghai, 1864.
46. 馬太傳福音書 Matthew's Gospel. — Bridg. and Culb. 12mo., 31 leaves. Type.

Shanghai, 1871.

47. 馬可傳福音書 Mark's Gospel. — Bridg. and Culb. 12mo., 20 leaves. Type. Shanghai, 1871.

48. 路加傳福音書 Luke's Gospel. — Bridg. and Culb. 12mo., 32 leaves. Type. Shanghai, 1871.

49. 約翰傳福音書 John's Gospel. — Bridg. and Culb. 12mo., 28 leaves. Type. Shanghai, 1871.

COMMENTARIES, NOTES, & o.

50. 馬太傳福音書註釋 Matthew with Notes. — Dean. 4to., 171 leaves. Xylog. Hongkong, 1848.

51. 聖經舊遺詔創世傳 Genesis with Notes. 1st chapter. — Goddard. 16mo., 7 leaves. Xylog. Shanghai, 1849.

52. 創世歷代書 Genealogy from the Creation. Gen. ch. i-xi. — Medhurst. 8vo., 34 leaves. Lith.

53. 聖經舊遺詔創世傳 Genesis with Notes. ch. i-v. — Goddard. 16mo., 17 leaves. Type. Ningpo, 1850.

54. 創世傳註釋 Genesis with Notes. — Dean. 4to., 248 leaves. Xylog. Hongkong, 1851.

55. 出麥西傳註釋 Exodus with Notes. — Dean. 4to., 96 leaves. Type. Hongkong, 1851.

56. 使徒保羅寄以弗所聖會書註 Commentary on Ephesians. — Lord. 4to., 16 leaves. Xylog. Ningpo, 1855.

57. 使徒保羅寄加拉太諸會書註 Commentary on Galatians. — Lord. 4to., 21 leaves. Xylog. Ningpo, 1856.

58. 羅馬書註解 Commentary on the Epistle to the Romans. — Medhurst. 8vo., 58 leaves. Type. Shanghai, 1857.

59. 使徒保羅寄羅馬聖會書註 Commentary on Romans. — Lord. 4to., 97 leaves. Xylog. Ningpo, 1859.

60. 使徒保羅寄希伯來人書註 Commentary on Hebrews. — Lord. 4to., 61 leaves.

Xylog. Ningpo，1859.

61. 路加福音傳註釋 Notes on Luke. — I. J. Roberts. 8vo., 34 leaves. Xylog. Canton，1860.

62. 使徒行傳註釋 Notes on Acts. — Gaillard. 8vo., 35 leaves. Xylog. Canton，1860.

63. 使徒保羅寄哥林多聖會前書註 Commentary on First Corinthians. — Lord. 4to., 97 leaves. Xylog. Ningpo，1860.

64. 寄羅馬人書註釋 Notes on Romans. — Graves. 8vo., 20 leaves. Xylog. Canton，1860.

65. 馬可傳福音書略解 Commentary on Mark. — Nevius. 4to., 52 leaves. Type. Shanghai，1862.

66. 馬可傳福音書略解 Commentary on Mark. — Nevius. 4to., 49 leaves. Type. Shanghai，1866.

67. 以弗所書註釋 Commentary on Ephesians. — Stronach. 8vo., 74 leaves. Xylog. Amoy，1867.

68. 使徒行傳註解 Commentary on the Acts. — Nevius. 4to., 105 leaves. Type. Shanghai，1868.

69. 馬太福音註釋 Commentary on Matthew. — Legge. 2 vols. 4to., 128 leaves. Type. Hongkong，1868.

70. 馬可福音註釋 Commentary on Mark. — Legge. 4to., 49 leaves. Type. Hongkong，1868.

71. 哥林多書註釋 Commentary on First Corinthians. — Medhurst. 4to., 45 leaves. Type. Hongkong，1870.

72. 約翰書註釋 Commentary on John's Epistles. — Turner. 4to., 38 leaves. Type. Hongkong，1870.

73. 腓立比書註 Commentary on Philippians. — Stronach. 16mo., 26 leaves. Xyl. Amoy，1871.

74. 馬太福音註釋 Commentary on Matthew. — Happer. 4to., 114 leaves. Type. Shanghai，1874.

75. 馬可講義 Sermons on Mark. — Faber. 3 vols., 4to., 364 leaves. Xylog. Canton，1874.

76. 約翰聖經釋解 Commentary on John. — Muirhead. 4to., 49 leaves. Type. Shanghai，1874.

77. 詩篇註釋 Commentary on the Psalms, i-xxxix. — Macgowan. 4to., 82 leaves. Xylog. Amoy, 1875.

78. 哥羅西書註釋 Commentary on Colossians. — Muirhead. 4to., 22 leaves. Type. Shanghai, 1875.

79. 希伯來書註釋 Commentary on Hebrews. — Dodd. 4to., 46 leaves. Type. Shanghai, 1875.

80. 聖差言行 Acts of the Apostles, with References. — Dean. 4to., 72 leaves. Xylog. 1849.

81. 新約串珠 Reference New Testament. — O. Gibson. 8vo., 280 leaves. Type. Foochow, 1865.

82. 新約串珠 New Testament, with References. — Cribb. 4to., 166 leaves. Type. Foochow, 1869.

83. 新約全書 New Testament in Chinese, with References. — H. Jenkins. 8vo., Type. Shanghai, 1873.

THEOLOGY, NARRATIVE, & c.

84. 救世者言行真史記 Life of Christ. — W. Milne. 8vo., 71 leaves. Xylog. 1814.

85. 崇真實棄假謊略說 Sin of Lying, & c. — W. Milne. 8vo., 5 leaves. Xylog. Malacca, 1816.

86. 賭博明論略講 The Evils of Gambling. — W. Milne. 8vo., 13 leaves. Xylog. Malacca, 1819.

87. 受災學義論說 Duty of Men in times of Calamity. — W. Milne. 8vo., 13 leaves. Xyl. Malacca, 1819.

88. 三字經 Three Character Classic. — Medhurst. 8vo., 16 leaves. Xylog. Batavia, 1823.

89. 小子初讀易識之書課 Child's Primer. — Medhurst. 8vo., 17 leaves. Xylog. Batavia, 1824.

90. 零碎真珠 Fragmentary Pearls. — Medhurst. 8vo., 59 leaves. Xylog. Batavia, 1823-25.

91. 十條誡注 Exposition of the Moral Law. — Medhurst. 8vo., 90 leaves. Xylog. Batavia, 1826.

92. 小子讀課 Child's Primer. — Medhurst. 8vo., 6 leaves. Xylog.

93. 普度施食之論 Feasting the Ghosts. — Medhurst. 8vo., 7 leaves. Xylog. Batavia，1826.
94. 耶穌言行總論 Life of Christ in rhyme. — Collie. 8vo., 7 leaves. Xylog. Malacca，1826.
95. 天鏡明鑑 Celestial Mirror. — Collie. 8vo., 70 leaves. Xylog. Malacca，1826.
96. 熟學聖理略論 Perfect Acquaintance with Religion. — Leang Kung-fa. 8vo., 9 leaves. Xylog. Canton，1828.
97. 新纂聖經釋義 Help to the Scriptures. — Collie. 8vo., 27 leaves. Xylog. Singapore，1830.
98. 救世主坐山教訓 Sermon on the Mount. — 8vo., 10 leaves. Xylog.
99. 上帝生日之論 Birth-day of Heuen-tëen Shang-te. — Medhurst. 8vo., 4 leaves. Xylog. Singapore.
100. 鄉訓五十二則 Twelve Village Sermons. — W. Milne. 8vo., 62 leaves. Xylog. Singapore.
101. 勸世良言 Good Words exhorting the Age. — Leang Kung-fa. 8vo., 207 leaves. Xylog. Malacca，1832.
102. 崇眞闢邪論 Following the True and rejecting the False. — Leang Kung-fa. 8vo., 31 leaves. Xylog.
103. 神理總論 Discourse on Theology. — Medhurst. 4to., 105 leaves. Xylog. Malacca，1833.
104. 常活之道傳 The Doctrine of Eternal Life. — Gutzlaff. 8vo., 44 leaves. Xylog. 1834.
105. 鴉片速改文 Incentives to abandon Opium. — Tracy. 8vo., 6 leaves. Xylog. Singapore，1835.
106. 天皇上帝聖教公會門 Gate of the Church. — W. Milne. 8vo., 30 leaves. Xylog. Malacca，1835.
107. 新纂聖經釋義 Help to the Scriptures. — Collie. 4to., 27 leaves. Xylog. Singapore，1835.
108. 全人矩矱 The Perfect Man's Model. — Gutzlaff. 4to., 10 leaves. Xylog. Singapore，1836.
109. 耶穌之寶訓 Precious Teaching of Jesus. — Gutzlaff. 4to., 34 leaves. Xylog. Singapore，1836.

110. 福音之箴規 Gospel Precepts. — Gutzlaff. 4to., 18 leaves. Xylog. Singapore, 1836.
111. 救世主耶穌之聖訓 Teaching of the Saviour. — Gutzlaff. 8vo., 18 leaves. Xylog. Singapore, 1836.
112. 頌言讚語 Eulogy and Praise. — Gutzlaff. 8vo., 14 leaves. Xylog. Singapore, 1838.
113. 轉禍為福之法 To change Misery to Happiness. — Gutzlaff. 8vo., 5 leaves. Xylog. Singapore, 1838.
114. 誨謨訓道 Instructive Details. — Gutzlaff. 8vo., 18 leaves. Xylog. Singapore, 1838.
115. 世人救主 The Saviour of Mankind. — Gutzlaff. 8vo., 6 leaves. Xylog. Singapore, 1838.
116. 世人救主 The Saviour of Mankind. — Gutzlaff. 8vo., 6 leaves. Xylog.
117. 生命無限無疆 Endless Life. — Gutzlaff. 8vo., 5 leaves. Xylog. Singapore, 1838.
118. 慈惠博愛 Kindness and Universal Love. — Gutzlaff. 8vo., 5 leaves. Xylog. Singapore, 1839.
119. 上帝萬物之大主 God the Lord of all. — Gutzlaff. 8vo., 21 leaves. Xylog. Singapore.
120. 真道自證 Truth its own Evidence. — Gutzlaff. 8vo., 28 leaves. Xylog. Singapore.
121. 求福免禍要論 On seeking Happiness and avoiding Misery. — Leang Kung-fa. 4to., 82 leaves. Xylog. Singapore.
122. 清明掃墓之論 The Feast of the Tombs. — Medhurst. 8vo., 6 leaves. Xylog. Singapore.
123. 論語新纂 New version of the *Lún-yù*. — Medhurst. 8vo., 41 leaves. 2nd Part. Lith. Batavia, 1840.
124. 真理之教 The Religion of Truth. — I. J. Roberts. 8vo., 10 leaves. Xylog. Macao, 1840.
125. 上帝垂愛世人 God's Love to the World. — I. J. Roberts. 4to., 7 leaves. Xylog. Macao, 1840.
126. 真理 Truth. — Gutzlaff. 8vo., 2 leaves. Xylog.
127. 問答引道 Colloquial Introduction to Religion. — American Baptist Mission. 8vo., 9 leaves. Xylog. Singapore, 1841.
128. 論語新纂 New version of the *Lún-yù*. — Medhurst. 8vo., 82 leaves. Xylog. Singapore.
129. 不知天命總論 Our Ignorance of God's Decrees. — 8vo., 8 leaves. Xylog.

附录　新教传教士在华出版目录(1876年前)

Singapore.

130. 不知天命總論 Our Ignorance of God's Decrees. —— 8vo., 4 leaves. Lith.
131. 耶穌之要道 Important Doctrine of Jesus. —— Abeel. 12mo., 7 leaves. Xylog.
132. 進小門走窄路 The Strait Gate and the Narrow Way. —— W. Milne. 8vo., 8 leaves. Xylog. Singapore，1843.
133. 三字經 Trimetrical Classic. —— Medhurst. 8vo., 16 leaves. Stereo. Hongkong, 1843.
134. 救世耶穌受死全傳 Death of Jesus. —— Gutzlaff. 4to., 10 leaves. Xylog. 1843.
135. 天理要論 Essentials of Theology. —— Medhurst. 8vo., 96 leaves. Xylog. Shanghai，1844.
136. 顯著救主言行論 Life of the Saviour. —— 8vo., 24 leaves. Xylog. Singapore，1844.
137. 造天地略論 Brief Discourse on Creation. —— 4to., 4 leaves. Xylog. 1844.
138. 鄉訓五十二則 Twelve Village Sermons. —— W. Milne. 12mo., 63 leaves. Stereo. Hongkong.
139. 上帝聖教公會門 Gate of the Church. —— W. Milne. 8vo., 35 leaves. Type. Shanghai，1845.
140. 律法聖誡略論 The Commandments of the Law. —— Ball. 12mo., 7 leaves.
141. 新增三字經 Augmented Trimetrical Classic. —— Medhurst. 8vo., 16 leaves. Xylog.
142. 張遠兩友相論 Dialogue between Two Friends. —— W. Milne. 8vo., 41 leaves. Stereo. Hongkong，1844.
143. 朝廷准行正教錄 Edict in favour of Christianity. —— 8vo., 6 leaves. Type. Macao, 1845.
144. 十條戒著明 Exposition of the Moral Law. —— Medhurst. 8vo., 103 leaves. Type. Shanghai，1845.
145. 鴉片速改七戒文 Incentives to abandon Opium. —— Tracy. 8vo., 5 leaves. Xylog. Shanghai，1845.
146. 論勿拜偶像 Denunciation of Idolatry. —— Medhurst. 8vo., 8 leaves. Xylog. Shanghai，1846.
147. 論悔罪信耶穌 Repentance and Faith. —— Medhurst. 8vo., 9 leaves. Xylog. Shanghai，1846.
148. 三字經新增註解 Trimetrical Classic explained. —— McCartee. 4to., 43 leaves. Xylog. Ningpo，1846.

149. 善終誌傳 Peace in Death. — Stronach. 8vo., 9 leaves. Xylog. Amoy, 1846.
150. 誡犯指途 The way to avoid Transgression. — 12mo., 3 leaves. Xylog. Singapore, 1846.
151. 耶穌教略 Condensed view of Christianity. — Medhurst. 8vo., 36 leaves. Xylog. Shanghai, 1846.
152. 真理通道 Course of Sermons(incomplete). — Medhurst. 8vo., 148 leaves. Type. Shanghai, 1846.
153. 耶穌是天地萬物人類之宗 Jesus the Head of all Creatures. — Ball. 8vo., 3 leaves. Xylog.
154. 福音要言 Important Gospel Sayings. — Stronach. 12mo., 3 leaves. Type. Shanghai, 1847.
155. 真神十條誡迷註 Notes on the Decalogue. — Hudson. 8vo., 4 leaves. Xylog. Ningpo, 1847.
156. 瘂兒記 The Dumb boy. — 8vo., 6 leaves. Type. Hongkong, 1847.
157. 善終誌傳 Peace in Death. — Stronach. 12mo., 7 leaves. Type. Shanghai, 1848.
158. 十條誡論 Discourse on the Ten Commandments. — W. C. Milne. 8vo., 35 leaves. Type. Shanghai, 1848.
159. 指迷律論 Rules for directing the Ignorant. — 8vo., 10 leaves. Type. Hongkong, 1849.
160. 奉勸真假人物論 The True and the False. — Dean. 4to., 9 leaves. Xylog. 1849.
161. 論悔罪信耶穌 Repentance and Faith. — Medhurst. 8vo., 8 leaves. Type. Shanghai, 1849.
162. 聖書要說析義 Skeleton Sermons. — Legge. 8vo., 24 leaves. Type. Hongkong.
163. 貧人約瑟 Poor Joseph. — Piercy. 12mo., 3 leaves. Type. Hongkong.
164. 上帝創造 God created. — Gutzlaff. 4to., 5 leaves. Xylog.
165. 耶穌基督降世傳 Incarnation of Christ. — Hobson. 4to., 8 leaves. Xylog. Canton.
166. 福音廣訓 Village Sermons(incomplete). — W. C. Milne. 8vo., 11 leaves. Type. Shanghai, 1850.
167. 新纂靈魂篇大全 Treatise on the Soul. — McCartee. 12mo., 66 leaves. Type. Ningpo, 1850.
168. 奉勸真假人物論 Truth and Error. — Dean. 8vo., 12 leaves. Xylog. Ningpo, 1850.

附录　新教传教士在华出版目录(1876年前)

169. 天地人論 Heaven, Earth and Man. — Medhurst. 8vo., 8 leaves. Type. Shanghai, 1850.
170. 福音要言 Important Gospel Sayings. — Stronach. 4to., 8 leaves. Type. Shanghai, 1850.
171. 三字經 Three Character Classic. — Medhurst. 24mo., 16 leaves. Type. Shanghai, 1851.
172. 耶穌教要略 Summary of Jesus' Doctrine. — Lord. 12mo., 7 leaves. Xylog. Ningpo, 1851.
173. 長遠兩友相論 Chang and Yuen. — W. C. Milne. 16mo., 7 leaves. Type. Hongkong, 1851.
174. 耶穌登山教眾體註 Christ's Sermon on the Mount, with Notes. — Lord. 8vo., 15 leaves. Type. Ningpo, 1851.
175. 論悔罪信耶穌 Repentance and Faith. — Medhurst. 8vo., 7 leaves. Type. Shanghai, 1852.
176. 重脩禮拜堂仁濟醫館祈禱上帝祝文 Re-opening Service at Union Chapel. — Legge. 8vo., 6 leaves. Type. Hongkong, 1852.
177. 長遠兩友相論 Dialogue between Chang and Yuen. — W. C. Milne. 4to., 24 leaves. Type. Shanghai, 1852.
178. 上帝辨證 Theological Evidences. — Hobson. 4to., 9 leaves. Xylog. Canton. 1852.
179. 張遠兩友相論 Dialogue between Chang and Yuen. — Shuck. 8vo., 24 leaves. Xylog. Shanghai, 1853.
180. 福音要言 Important Gospel Sayings. — Stronach. 8vo., 9 leaves. Type. Shanghai, 1853.
181. 天地人論 Heaven, Earth and Man. — Medhurst. 8vo., 10 leaves. Type. Shanghai, 1853.
182. 亞大門臨死畏刑論 Death of Altamont. — Medhurst. 8vo., 4 leaves. Type. Shanghai, 1853.
183. 安息日正論 The true Doctrine of the Sabbath. — Carpenter. 8vo., 23 leaves. Xylog. Shanghai, 1853.
184. 福世津梁 Bridge to the World of Bliss. — Lobscheid. 4to., 19 leaves. Xylog. 1854.
185. 孝事天父論 Filial Devotion to the Heavenly Father. — Edkins. 8vo., 8 leaves. Xylog. Shanghai, 1854.
186. 耶穌山上垂訓 Sermon on the Mount. — Legge. 8vo., 25 leaves. Type.

Hongkong, 1854.

187. 誠妄行錄 Injunctions against depraved Conduct. — Lobscheid. 8vo., 6 leaves. Xylog.

188. 鄉訓十三則 Thirteen Village Sermons. — Doty. 8vo., 56 leaves. Xylog. Hongkong, 1855.

189. 善終誌傳 Peace in Death. — Stronach. 8vo., 6 leaves. Type. Shanghai, 1855.

190. 信德之解 Explanation of Faith. — Hobson. 8vo., 4 leaves. Xylog. Canton.

191. 耶穌信徒受苦總論 Christian Martyrs. — Hamberg. 4to., 44 leaves. Xylog. 1855.

192. 天地人論 Heaven, Earth and Man. — Medhurst. 8vo., 10 leaves. Type. Shanghai, 1855.

193. 耶穌教或問 Questions about Christianity. — Stronach. 8vo., 81 leaves. Type. Shanghai, 1855.

194. 教子有方 Method of instructing Children. — Bp. Boone. 4to., 4 leaves. Xylog. shanghai 1855.

195. 摘錄舊新約書 Excerpts from Old and New Testaments. — 4to., 17 leaves. Xylog.

196. 救靈先路 The Anxious Enquirer. — Muirhead. 16mo., 72 leaves. Type. Hongkong, 1856.

197. 天佛論衡 The Golden Balance. — Muirhead. 24mo., 9 leaves. Type. Shanghai, 1856.

198. 天理十三條 Thirteen Articles on Christian Doctrine. — Muirhead. 8vo., 8 leaves. Type. Shanghai, 1856.

199. 菩薩略論 Brief Discourse on Idols. — 8vo., 3 leaves. Xylog.

200. 三德論 The Three Christian Graces. — Edkins. 8vo., 17 leaves. Xylog. Shanghai, 1856.

201. 耶穌門徒金針 The Disciple's Guide. — Way. 8vo., 27 leaves. Type. Ningpo, 1856.

202. 古訓撮要 Important Extracts from Ancient Authors. — Hobson. 12mo., 14 leaves. Xylog. Canton. 1856.

203. 進窄門走狹路論 The Strait Gate. — W. C. Milne. 16mo., 6 leaves. Type. Shanghai, 1856.

204. 天人異同 Analogy of Natural and Revealed Religion. — Muirhead. 8vo., 6 leaves. Type. Hongkong, 1856.

205. 天教證略 Evidences of the Christian Religion. — Muirhead. 8vo., 11 leaves. Xylog. Shanghai, 1856.

206. 真理摘要 Important Selections of Truth. — Cobbold. 8vo., 18 leaves. Type. Shanghai, 1856.

207. 小學正宗 Correct views of Minor Questions. — Cobbold. 8vo., 30 leaves. Type. Shanghai, 1856.

208. 聖經類書 Scripture classified Selections. — McCartee. 4to., 75 leaves. Type. Ningpo, 1856.

209. 來就耶穌 Come to Jesus. — Muirhead. 8vo., 34 leaves. Xylog. Shanghai, 1856.

210. 麥氏三字經 Medhurst's Trimetrical Classic. — Medhurst. 8vo., 17 leaves. Xylog. Hongkong, 1856.

211. 三字經 Trimetrical Classic. — Medhurst. 24mo., 16 leaves. Type. Shanghai, 1856.

212. 救靈先路 The Anxious Enquirer. — Muirhead. 8 leaves. Shanghai, 1856.

213. 成聖之法 Rules for Holy Living. — Piercy. 16mo., 11 leaves. Type. Macao, 1857.

214. 張遠兩友相論 Dialogue between Chang and Yuen. — W. C. Milne. 8vo., 33 leaves. Type. Ningpo, 1857.

215. 新約舊約全書節錄 Barth's Bible Stories. — Stronach. 4to., 204 leaves. Xylog. Amoy, 1857.

216. 麥氏三字經 Medhurst's Trimetrical Classic. — Lobscheid. 8vo., 16 leaves. Type. Hongkong, 1857.

217. 釋教正謬 Correction of Buddhist Errors. — Edkins. 8vo., 31 leaves. Type. Shanghai, 1857.

218. 落靈魂以升天國論 Salvation of the Soul. — Medhurst. 8vo., 5 leaves. Type. Shanghai, 1857.

219. 行道信主以免後日之刑論 Avoiding Future Punishment by Faith in the Lord. — Medhurst. 8vo., 3 leaves. Type. Shanghai, 1857.

220. 人當自省以食晚餐論 Self-examination preparatory to the Lord's Supper. — Medhurst. 8vo., 3 leaves. Type. Shanghai, 1857.

221. 耶穌救例言 Customs of the Christian Faith. — McCartee. 12mo., 4 leaves. Type. Ningpo, 1858.

222. 三要錄 The Three Principles. — W. A. P. Martin. 8vo., 22 leaves. Type. Ningpo, 1858.

223. 至聖指南 True Indication of the Sage. — Muirhead. 8vo., 12 leaves. Type. Shanghai, 1858.

224. 甲乙二友論述 Story of the Two Friends. — Wylie. 8vo., 23 leaves. Type. Shanghai, 1858.

225. 天道溯源 Evidences of Christianity. — W. A. P. Martin. 4to., 91 leaves. Type. Ningpo, 1858.

226. 天道鏡要 Summary of Scripture Truth. — S. N. D. Martin. 4to., 96 leaves. Type. Ningpo, 1858.

227. 天主上帝總論 Discourse on God. — 12mo., 8 leaves. Type. Shanghai.

228. 真理三字經 Trimetrical Classic of Truth. — Bonney. 32mo., 12 leaves. Xylog. Canton, 1860.

229. 聖會準繩 Faith and Practice of the Christian Church. — Chalmers. 8vo., 29 leaves. Type. Hongkong, 1860.

230. 天道溯源 Evidences of Christianity. — Martin. 4to., 118 leaves. Type. Ningpo, 1860.

231. 夢島喻言 Parable of the Island. — Miss Fay. 16mo., 8 leaves. Type. Shanghai, 1861.

232. 信操三綱 Three Symbols of the Faith. — McCartee. 16mo., 23 leaves. Type. shanghai, 1861.

233. 耶穌教消罪集福真言 Forgiveness and Happiness. — Lord. 12mo., 6 leaves. Xylog. Ningpo, 1861.

234. 悔改信耶穌說略 Repentance and Faith. — McCartee. 12mo., 9 leaves. Type. Shanghai, 1861.

235. 甲乙二友論述 Story of the Two Friends. — Wylie. 8vo., 22 leaves. Type. Shanghai, 1861.

236. 救世箴言 Pointed Words about Salvation. — W. C. Milne. 8vo., 14 leaves. Type. Shanghai, 1861.

237. 耶穌登山教眾語錄註釋 Sermon on the Mount, with Notes. — Lord. 4to., 18 leaves. Xylog. Ningpo, 1861.

238. 天路指南 Guide to Heaven. — J. L. Nevius. 4to., 97 leaves. Type. Shanghai, 1861.

239. 聖教入門 Entrance to the Christian Religion. — Muirhead. 24mo., 22 leaves.

附录　新教传教士在华出版目录(1876年前)

Type. Shanghai.

240. 耶穌降世傳 Life of Christ. — Muirhead. 8vo., 88 leaves. Type. Shanghai, 1861.
241. 辟奉偶像解 Denouncement of Idolatry. — Condit. 12mo., 5 leaves. Type. Shanghai.
242. 聖經證據 Scripture Evidences. — Legge. 16mo., 9 leaves. Type. Hongkong, 1862.
243. 聖教舉隅 Essential Truths of Religion. — John. 8vo., 13 leaves. Type. Shanghai, 1862.
244. 天路指明 Clear Indication of the Heavenly Way. — John. 4to., 38 leaves. Xylog. Hankow, 1862.
245. 論復新之理 Discourse on Renovation. — 16mo., 8 leaves. Type. Shanghai, 1862.
246. 三要錄 The Three Principles. — W. A. P. Martin. 12mo., 28 leaves. Type. Shanghai, 1862.
247. 靈魂篇 Treatise on the Soul. — McCartee. 12mo., 36 leaves. Type. Shanghai, 1862.
248. 宣道指歸 Manual for Native Evangelists. — J. L. Nevius. 4to., 57 leaves. Type. Shanghai, 1862.
249. 麥氏三字經 Medhurst's Trimetrical Classic. — Lobscheid. 8vo., 16 leaves. Type. Hongkong, 1863.
250. 總論耶穌之榮 The Glory of Christ. — A. Stronach. 16mo., 31 leaves. Type. Hongkong, 1863.
251. 張遠兩友相論 Dialogue between Chang and Yuen. — Dr. Milne. 12mo., 40 leaves. Type. Shanghai, 1863.
252. 善終誌傳 Peace in Death. — J. Stronach. 8vo., 7 leaves. Type. Hongkong, 1863.
253. 正名要論 Essay on the Name for God. — Chalmers. 8vo., 16 leaves. Type. Hongkong, 1863.
254. 舊約四字經 Old Testament Four Character Classic. — Genähr. 8vo., 58 leaves. Type. Hongkong, 1863.
255. 新約四字經 New Testament Four Character Classic. — Genähr. 8vo., 57 leaves. Type. Hongkong, 1863.
256. 科幻首集 Exposure of Idolatry. — Chalmers. 8vo., 28 leaves. Type. Hongkong, 1863.
257. 耶穌門徒信經 The Apostles's Creed. — Legge. 8vo., 5 leaves. Type. Hongkong,

1863.

258. 耶穌教或問 Questions about Christianity. — J. Stronach. 8vo., 35 leaves. Type. Hongkong, 1863.

259. 聖經擇要詳論 Wesley's Sermons. — Piercy. 4to., 56 leaves. Xylog. Canton, 1863.

260. 真理三字經 Trimetrical Classic of Truth. — Bonney. 12mo., 16 leaves. Xylog. Canton, 1863.

261. 釋教正謬 Correction of Buddhist Errors. — Edkins. 8vo., 37 leaves. Xylog. Peking, 1863.

262. 野客問難記 Elucidation of Doubtful Questions. — Medhurst. 8vo., 16 leaves. Type. Shanghai, 1863.

263. 真神總論 Discourse on God. — 16mo., 7 leaves. Type. Shanghai, 1863.

264. 耶穌降生言行韻文 Life of Christ. — McCartee. 16mo., 9 leaves. Type. Shanghai, 1863.

265. 喻道傳 Religious Allegories. — W. A. P. Martin. 8vo., 48 leaves. Type. Shanghai, 1863.

266. 靈魂總論 Discourse on the Soul. — McCartee. 16mo., 5 leaves. Type. Shanghai, 1863.

267. 真道衡平 Balance of the True Doctrine. — Genähr. 4to., 53 leaves. Xylog. Hongkong, 1863.

268. 耶穌教略 Condensed Statement of Christianity. — Medhurst. 8vo., 19 leaves. Type. Hongkong, 1864.

269. 三字經 Three Character Classic. — Medhurst. 16mo., 17 leaves. Xylog. Peking, 1864.

270. 聖書安息日撮要 Selections from Scripture on the Sabbath. — C. F. Preston. 12mo., 12 leaves. Type. Shanghai, 1864.

271. 祝先辨謬 Errors of Ancestral Worship. — J. L. Nevius. 12mo., 11 leaves. Type. Shanghai, 1864.

272. 二友相論 Dialogue between Two Friends. — Hudson. 8vo., 30 leaves. Xylog. Ningpo, 1864.

273. 聖教或問 Some Questions about Religion. — Muirhead. 8vo., 12 leaves. Type. Shanghai, 1864.

274. 神道總論 Compendium of Theology. — J. L. Nevius. 3vols., 4to., 225 leaves.

附录　新教传教士在华出版目录(1876年前)　　　　　　　　　　　　　　401

Type. Shanghai, 1864.

275. 耶穌聖訓 Sacred Teachings of Jesus. — Muirhead. 8vo., 10 leaves. Type. Shanghai, 1864.

276. 城隍非神論 The City Guardian is no Spirit. — Chalmers. 8vo., 11 leaves. Xylog. Canton, 1865.

277. 真教論衡 Balance of the True Religion. — Muirhead. 8vo., 8 leaves. Type. Shanghai.

278. 堪與問答 Dialogue on Geomancy. — Genähr. 8vo., 4 leaves. Type. Hongkong, 1865.

279. 耶穌教例言 Customs of Christians. — McCartee. 12mo., 5 leaves. Type. Shanghai, 1865.

280. 長遠二友論述 Story of the Two Friends. — Muirhead. 8vo., 22 leaves. Type. Shanghai, 1865.

281. 真理訓蒙三字經 The Child's Trimetrical Classic. — John. 8vo., 18 leaves. Xylog. Woochang, 1865.

282. 雙千字文 The Two thousand Character Classic. — W. A. P. Martin. 8vo., 26 leaves. Xylog. Shanghai, 1865.

283. 聖會準繩 Faith and Practice of a Christian Church. — Chalmers. 8vo., 31 leaves. Type. Hongkong, 1866.

284. 來就耶穌 Come to Jesus. — Muirhead. 16mo., 29 leaves. Type. Shanghai, 1866.

285. 耶穌教要旨 Fundamental Truths of Religion. — McCartee. 12mo., 7 leaves. Type. Shanghai, 1866.

286. 聖書酒戒撮要 Selections from Scripture on Intemperance. — C. F. Preston. 12mo., 6 leaves. Type. Shanghai, 1866.

287. 天鏡衡人 Men tried by the Celestial Mirror. (An extract from T. A. Kempis' *Imitation Christ*.) — Chalmers. 8vo., 20 leaves. Type. Hongkong, 1866.

288. 聖書五倫撮要 Selections from Scripture on Relations of Society. — C. F. Preston. 12mo., 11 leaves. Type. Shanghai, 1866.

289. 聖書五常撮要 Selections from Scripture on the Cardinal Virtues. — C. F. Preston. 12mo., 19 leaves. Type. Shanghai, 1866.

290. 保羅垂訓 Paul's Discourse at Athens. — W. A. P. Martin. 12mo., 6 leaves. Type. Shanghai, 1866.

291. 聖書色戒撮要 Selections from Scripture on the Lust. — C. F. Preston. 12mo., 5 leaves. Type. Shanghai, 1866.

292. 信操三綱 Three Symbols of the Faith. — McCartee. 12mo., 13 leaves. Type. Shanghai, 1866.

293. 聖書氣戒撮要 Selections from Scripture on Anger. — C. F. Preston. 12mo., 7 leaves. Type. Shanghai, 1866.

294. 聖書安息日撮要 Selections from Scripture on the Sabbath. — C. F. Preston. 12mo., 6 leaves. Type. Shanghai, 1866.

295. 聖書財戒撮要 Selections from Scripture on Avarice. — C. F. Preston. 12mo., 10 leaves. Type. Shanghai, 1866.

296. 主神論 Discourse on God. — Hudson. 12mo., 10 leaves. Xylog. Ningpo, 1866.

297. 真教論衡 Balance of the True Religion. — Muirhead. 8vo., 7 leaves. Type. Shanghai.

298. 真教論衡 Balance of the True Religion. — Muirhead. 24mo., 7 leaves. Type. Shanghai.

299. 聖教啟蒙 Introduction to Religion. — Muirhead. 24mo., 3 leaves. Type. Shanghai.

300. 善終誌傳 Peace in Death. — J. Stronach. 12mo., 8 leaves. Xylog. Peking, 1866.

301. 耶穌聖道 The Holy Doctrine of Jesus. — Muirhead. 4to., 25 leaves. Xylog. Shanghai, 1866.

302. 聖經精義 Scripture History. — Burdon. 8vo., 52 leaves. Xylog. Peking.

303. 信道摘要書 Important Points of Faith. — 8vo., 44 leaves. Type. Shanghai, 1866.

304. 福音廣訓 Village Sermons. — W. C. Milne. 8vo., 28 leaves. Type. Hongkong, 1867.

305. 耶穌教略 Condensed Statement of Christianity. — Medhurst. 8vo., 19 leaves. Type. Hongkong, 1867.

306. 真道入門 First Steps in the True Doctrine. — Dean. 4to., 36 leaves. Type. Shanghai, 1867.

307. 聖經證據 Scripture Evidences. — Legge. 16mo., 9 leaves. Type. Hongkong, 1867.

308. 耶穌降世傳 Life of Christ. — Muirhead. 16mo., 62 leaves. Type. Shanghai, 1867.

309. 長遠兩友相論 Dialogue between Chang and Yuen. — W. C. Milne. 12mo., 32 leaves. Type. Hongkong, 1867.

310. 魂靈貴於身體論 The Worth of the Soul. — McCartee. 16mo., 4 leaves. Type.

Shanghai, 1867.

311. 靈魂總論 Brief Discourse on the Soul. — McCartee. 16mo., 3 leaves. Type. Shanghai, 1867.

312. 救世要論 Important Discourse on Salvation. — W. A. P. Martin. 16mo., 4 leaves. Type. Shanghai, 1867.

313. 耶穌教例言 Customs of the Christian Faith. — McCartee. 16mo., 6 leaves. Type. Shanghai, 1867.

314. 報應真編 Treatise on Rewards and Punishments. — Graves. 8vo., 8 leaves. Xylog.

315. 西士來意略論 Western Scholars' Reasons for coming to China. — McCartee. 16mo., 7 leaves. Type. Shanghai, 1867.

316. 耶穌之言 The Words of Jesus. — Condit. 16mo., 6 leaves. Type. Shanghai, 1867.

317. 真理易知 Easy Introduction to Christian Doctrine. — McCartee. 16mo., 17 leaves. Type. Shanghai, 1867.

318. 論善惡人之死 Death of the Good and Bad. — Medhurst. 16mo., 5 leaves. Type. Shanghai, 1867.

319. 指南針 The Compass Needle. — Hudson. 12mo., 8 leaves. Xylog. Ningpo, 1867.

320. 耶穌教駁問 Enquiry into the Religion of Jesus. — Chalmers. 8vo., 5 leaves. Xylog. Canton.

321. 善惡有報記 Reward of Virtue and Retribution of Vice. — Hudson. 8vo., 9 leaves. Xylog. Ningpo, 1867.

322. 心覺論 Conviction. — Hudson. 8vo., 15 leaves. Xylog. Ningpo, 1867.

323. 太始傳 Narrative of Creation. — Hudson. 8vo., 15 leaves. Xylog. Ningpo, 1867.

324. 永福嘉音 Good News of Eternal Bliss. — Hudson. 8vo., 8 leaves. Xylog. Ningpo, 1867.

325. 救魂論 Discourse on the Salvation of the Soul. — Hudson. 8vo., 9 leaves. Xylog. Ningpo, 1867.

326. 清明掃墓論 Worshipping at the Tombs. — Hudson. 8vo., 10 leaves. Xylog. Ningpo, 1867.

327. 諸國異人論 Discourse on Idolatry. — Hudson. 8vo., 10 leaves. Xylog. Ningpo, 1867.

328. 贖罪文 Essay on Redemption. — Hudson. 8vo., 15 leaves. Xylog. Ningpo, 1867.
329. 主神十條誡 The Divine Decalogue. — Hudson. 8vo., 7 leaves. Xylog. Ningpo, 1867.
330. 邪性記 Depravity of Human Nature. — Hudson. 8vo., 11 leaves. Xylog. Ningpo, 1867.
331. 耶穌贖罪 Redemption by Jesus. — Graves. 8vo., 12 leaves. Xylog. Chaouking, 1867.
332. 耶穌聖教指要 Chief Points of Christianity. — Burdon. 8vo., 44 leaves. Xylog. Peking, 1867.
333. 聖徒勝死傳 The Saint's Victory over Death. — 4to., 24 leaves. Xylog. Shanghai, 1867.
334. 總論耶穌之榮 On the Glory of Christ. — A. Stronach. 12mo., 31 leaves. Type. Hongkong, 1868.
335. 張遠二友相論 Dialogue between Chang and Yuen. — Dr. Milne. 12mo., 34 leaves. Type. Shanghai, 1868.
336. 天牖二光 The Two Celestial Lights. — J. L. Nevius. 12mo., 22 leaves. Type. Shanghai, 1868.
337. 祀先辨謬 Errors of Ancestral Worship. — J. L. Nevius. 16mo., 11 leaves. Type. Shanghai, 1868.
338. 真神總論 Discourse on God. — Shuck. 16mo., 5 leaves. Type. Shanghai, 1868.
339. 真假人物論 True and False Men. — 16mo., 7 leaves. Type. Shanghai, 1868.
340. 耶穌降生言行韻文 Life of Christ. — McCartee. 16mo., 6 leaves. Type. Shanghai. 1868.
341. 福音之言 Gospel Words. — Condit. 16mo., 9 leaves. Type. Shanghai.
342. 性理略論 Brief Discourse on Human Nature. — Turner. 8vo., 20 leaves. Type. Hongkong, 1868.
343. 上帝總論 General Discourse on God. — Chalmers. 8vo., 2 leaves. Type. Hongkong, 1868.
344. 曉初訓道 Peep of Day. — Piercy. 12mo., 93 leaves. Xylog. Canton, 1868.
345. 天路歷程 The Pilgrim's Progress. — Burns. 8vo., 66 leaves. Type. Hongkong, 1868.
346. 靈魂篇 Treatise on the Soul. — McCartee. 16mo., 32 leaves. Type. Shanghai, 1868.
347. 悔改信耶穌說略 Repentance and Faith. — McCartee. 16mo., 9 leaves. Type.

Shanghai, 1868.

348. 耶穌言行網目 Skeleton Sermons. — Muirhead. 4to., 57 leaves. Type. Shanghai, 1868.

349. 耶穌受苦尋源 The Sufferings of Christ. — Winnes. 8vo., 18 leaves. Type. Hongkong, 1868.

350. 五倫八字 The Five Relations and Eight Characters. — Scarborough. 8vo., 6 leaves. Xylog. Hankow, 1868.

351. 聖經圖記 Illustrated Scripture Narratives. — Quarterman. 4to., 40 leaves. Type. Shanghai, 1868.

352. 耶穌山上垂訓 Sermon on the Mount. — Legge. 8vo., 25 leaves. Type. Hongkong, 1869.

353. 天地人論 Heaven, Earth and Man. — Medhurst. 8vo., 13 leaves. Type. Hongkong, 1869.

354. 福音大旨 Great Design of the Gospel. — Medhurst. 8vo., 2 leaves. Type. Hongkong, 1869.

355. 耶穌教或問 Questions about Christianity. — J. Stronach. 8vo., 37 leaves. Type. Hongkong, 1869.

356. 中西四書合恭 Chinese and Christian Scriptures compared. — J. Stronach. 8vo., 30 leaves. Xylog. Amoy, 1869.

357. 天道溯原 Evidences of Christianity. — W. A. P. Martin. 8vo., 56 leaves. Stereo. Shanghai, 1869.

358. 耶穌基督降世傳 Life of Jesus Christ. — Muirhead. 8vo., 9 leaves. Type. Shanghai.

359. 上帝愛世 God's Love to the World. — 8vo., 6 leaves. Type. Shanghai.

360. 辟奉偶像解 Denouncement of Idolatry. — Condit. 16mo., 5 leaves. Type. Shanghai.

361. 指迷編 Guide to a Wanderer. — Lobscheid. 8vo., 7 leaves. Type. Hongkong, 1869.

362. 傳教大旨 The Great Theme of Preaching. — John. 4to., 6 leaves. Xylog. Hankow, 1869.

363. 新約四字經 New Testament Four Character Classic. — Genähr. 8vo., 57 leaves. Type. Hongkong, 1869.

364. 聖書氣戒撮要 Selections from Scripture against Anger. — C. F. Preston. 8vo., 3

leaves. Stereo. Shanghai, 1869.
365. 聖書安息日撮要 Selections from Scripture on the Sabbath. — C. F. Preston. 8vo., 4 leaves. Stereo. Shanghai, 1869.
366. 聖書財戒撮要 Selections from Scripture against Avarice. — C. F. Preston. 8vo., 3 leaves. Stereo. Shanghai, 1869.
367. 聖書色戒撮要 Selections from Scripture against Lust. — C. F. Preston. 8vo., 3 leaves. Stereo. Shanghai, 1869.
368. 聖書酒戒撮要 Selections from Scripture against Intemperance. — C. F. Preston. 8vo., 2 leaves. Stereo. Shanghai, 1869.
369. 聖書五常撮要 Selections from Scripture on the Five Virtues. — C. F. Preston. 8vo., 6 leaves. Stereo. Shanghai, 1869.
370. 聖書五倫撮要 Selections from Scripture on the Five Relations. — C. F. Preston. 8vo., 7 leaves. Stereo. Shanghai, 1869.
371. 耶穌之言 Sayings of Jesus. — Condit. 8vo., 2 leaves. Stereo. Shanghai, 1869.
372. 張遠兩友相論 Dialogue between Chang and Yuen. — Dr. Milne. 8vo., 12 leaves. Stereo. Shanghai, 1869.
373. 聖經擇要 Scripture Quotations. — Lechler. 8vo., 67 leaves. Xylog. 1869.
374. 辟奉偶像解 Denouncement of Idolatry. — Condit. 8vo., 2 leaves. Stereo. Shanghai, 1869.
375. 野客問難記 Treatise against Ancestral Worship. — Medhurst. 8vo., 7 leaves. Type. Hongkong, 1870.
376. 天道溯原直解 Evidences of Christianity. — W. A. P. Martin. 4to., 71 leaves. Type. Shanghai, 1870.
377. 聖書論略 Introduction to the Study of the Bible. — Aitchison. 4to., 20 leaves. Xylog. Peking, 1870.
378. 耶穌降世傳 Life of Christ. — Muirhead. 4to., 60 leaves. Type. Shanghai, 1870.
379. 廟祝問答 Dialogues with a Temple-keeper. — Genähr. 8vo., 9 leaves. Type. Hongkong, 1871.
380. 耶穌基督降世傳 Life of Christ. — Muirhead. 8vo., 4 leaves. Type. Hongkong, 1871.
381. 耶穌門徒信經 The Apostles' Creed. — Legge. 8vo., 5 leaves. Type. Hongkong, 1871.

382. 往金山要訣 Advice to Emigrants. — Legge. 8vo., 18 leaves. Type. Hongkong, 1871.
383. 長遠兩友相論 Dialogue between Chang and Yuen. — W. C. Milne. 12mo., 32 leaves. Type. Hongkong, 1871.
384. 五字經註解 Five Character Classic, with Commentary. — C. Hartwell. 12mo., 18 leaves. Type. Foochow, 1871.
385. 術數辨謬 Exposure of Magic Arts. — C. Hartwell. 12mo., 8 leaves. Type. Foochow, 1871.
386. 科幻首集 Exposure of Idolatry. — Chalmers. 8vo., 31 leaves. Type. Hongkong, 1871.
387. 耶穌門徒金針 The Disciple's Guide. — Way. 12mo., 19 leaves. Type. Shanghai, 1871.
388. 天良明鏡 Mirror of the Conscience. — 8vo., 11 leaves. Xylog.
389. 耶穌是誰論 Who is Jesus? — Seay She-gan. Prize Essay. 12mo., 8 leaves. Type. Foochow, 1872.
390. 救主耶穌之言 Words of the Lord Jesus. — John. 8vo., 42 leaves. Xylog. Hankow, 1872.
391. 信德統論 Discourse on Faith. — Heu Po-mei. 8vo., 19 leaves. Type. Foochow, 1872.
392. 麥牧師途次來函 Letter from Dr. Maclay. — Maclay. 16mo., 6 leaves. Type. Foochow, 1872.
393. 天道溯原 Evidences of Christianity. — W. A. P. Martin. 4to., 126 leaves. Type. Shanghai, 1872.
394. 神道總論 Compendium of Theology. — J. L. Nevius. 3 vols., 4to., 224 leaves. Type. Shanghai, 1872.
395. 勸解鴉片論 Exhortation to abandon Opium. — McCartee. 16mo., 8 leaves. Type. Shanghai, 1872.
396. 論複新之理 The Doctrine of Regeneration. — McCartee. 16mo., 5 leaves. Type. Shanghai, 1872.
397. 耶穌教略 General Treatise on Christianity. — Medhurst. 12mo., 27 leaves. Type. Shanghai, 1872.
398. 真理三字經 Trimetrical Classic of Truth. — Bonney. 12mo., 12 leaves. Xylog.
399. 天儒總論 Discourse on Christianity and Confucianism. — Muirhead. 4to., 20

leaves. Type. Shanghai, 1873.

400. 辨孝論 Discussion on Filial Piety. — C. Hartwell. 16mo., 8 leaves. Type. Foochow, 1873.

401. 來就耶穌 Come to Jesus. — Muirhead. 16mo., 29 leaves. Type. Shanghai, 1873.

402. 祀先辨謬 Errors of Ancestral Worship. — C. Hartwell. 12mo., 14 leaves. Type. Foochow, 1873.

403. 耶穌言行錄要 Main Points in the Life of Jesus. — Miss Oxlad. 8vo., 32 leaves. Type. Foochow, 1873.

404. 天路歷程 The Pilgrim's Progress. — Burns. 8vo., 66 leaves. Type. Hongkong, 1873.

405. 聖經圖說啟蒙 Children's Bible Picture-book. — Heu Po-mei. 12mo., 85 leaves. Type. Hongkong, 1873.

406. 來就耶穌 Come to Jesus. — Muirhead. 12mo., 27 leaves. Type. Hongkong, 1873.

407. 聖經闡詳 Eadie's Bible Dictionary. — J. Macgowan. 4to., 202 leaves. Xylog. Amoy, 1873.

408. 聖經提綱 Analysis of the Sacred Scriptures. — Lörcher. 4to., 24 leaves. Type. Hongkong, 1873.

409. 批信連新聞 Pastoral Letter and News. — Maclay. 12mo., 10 leaves. Type. Foochow, 1873.

410. 勸鄉人十則 Ten Village Sermons. — C. Hartwell. 12mo., 28 leaves. Type. Foochow, 1874.

411. 真道衡平 Christianity and Confucianism. — Genähr. 12mo., 49 leaves. Type. Foochow, 1874.

412. 正道啓蒙 Peep of Day. — Burns. 12mo., 42 leaves. Type. Foochow, 1874.

413. 耶穌教要旨 Fundamental Truths of Christianity. — C. Hartwell. 12mo., 5 leaves. Type. Foochow, 1874.

414. 天路指南 Guide to Heaven. — J. L. Nevius. 4to., 96 leaves. Type. Shanghai, 1874.

415. 美以美會年會單 Report of Methodist Episcopal Mission Annual Meeting. — 12mo., 5 leaves. Type. Foochow, 1874.

416. 真理易知 Easy Truths. — C. Hartwell. 12mo., 5 leaves. Type. Foochow, 1874.

417. 上帝總論 Discourse on God. — C. Hartwell. 12mo., 2 leaves. Type. Foochow, 1874.

附录 新教传教士在华出版目录(1876年前)

418. 救靈十要 Ten Essentials of Salvation. — Seay Shih-gan. 8vo., 23 leaves. Type. Foochow, 1874.

419. 耶穌言行節錄 Outline of the Life of Christ. — Miss Oxlad. 4to., 89 leaves. Xylog. 1874.

420. 信操三網 Creed, Lord's Prayer and Decalogue. — McCartee. 12mo., 13 leaves. Type. Shanghai, 1874.

421. 鄉訓五十二則 Twelve Village Sermons. — Dr. Milne. 8vo., 36 leaves. Type. Shanghai, 1874.

422. 喻道傳 Religious Allegories. — W. A. P. Martin. 12mo., 35 leaves. Type. Shanghai, 1874.

423. 三要錄 The Three Principles. — W. A. P. Martin. 12mo., 30 leaves. Type. Shanghai, 1874.

424. 救世要論 Important Discourse on Salvation. — W. A. P. Martin. 12mo., 4 leaves. Type. Shanghai, 1874.

425. 耶穌教例言 Customs of the Christian Faith. — McCartee. 12mo., 6 leaves. Type. Shanghai, 1874.

426. 耶穌教要旨 Fundamental principles of Christianity. — McCartee. 12mo., 8 leaves. Type. Shanghai, 1874.

427. 悔改信耶穌說畧 Repentance and Faith. — McCartee. 16mo., 9 leaves. Type. Shanghai, 1874.

428. 靈魂貴於身體論 Worth of the Soul. — McCartee. 12mo., 4 leaves. Type. Shanghai, 1874.

429. 真假人物論 True and False Men. — Dean. 12mo., 6 leaves. Type. Shanghai, 1874.

430. 論善惡人之死 Death of Good and Bad Men. — Medhurst. 16mo., 6 leaves. Type. Shanghai, 1874.

431. 聖書衍義 Bible Dictionary. — Happer. 4to., 49 leaves. Type. Shanghai, 1874.

432. 保羅垂訓 Paul's Discourse at Athens. — W. A. P. Martin. 16mo., 7 leaves. Type. Shanghai, 1875.

433. 經學指南 Table for reading the Scriptures. — J. Preston. 4to., 27 leaves. Xylog. Canton, 1875.

434. 聖會錄要 Essentials of the Church. — Hutchinson. 8vo., 7 leaves. Xylog. Hongkong, 1875.

435. 聖會錄要 Athanasian Creed. — Hutchinson. 8vo., 4 leaves. Xylog. Hongkong, 1875.

436. 天道明徵 Evidences of Christianity. — Prize Essay. 8vo., 19 leaves. Xylog. Shanghai, 1875.

437. 信徒格言 Utterances of a Believer. — A. E. Moule. 4to., 29 leaves. Xylog. Ningpo, 1875.

SACRED BIOGRAPHY

438. 但耶利言行全傳 History of Daniel. — Gutzlaff. 8vo., 23 leaves. Xylog. Singapore, 1837.

439. 約翰言行錄 Life of John. — Gutzlaff. 8vo., 25 leaves. Xylog. Singapore, 1837.

440. 保羅言行錄 Life of Paul. — Gutzlaff. 8vo., 55 leaves. Xylog. Singapore, 1837.

441. 以來者言行紀略 Story of Elijah. — Mrs. Dean. 8vo., 13 leaves. Xylog. Singapore, 1841.

442. 以利亞言行傳 Life of Elijah. — Culbertson. 4to., 20 leaves. Type. Shanghai, 1861.

443. 約瑟言行全傳 Life of Joseph. — Culbertson. 4to., 27 leaves. Type. Shanghai, 1861.

444. 以利亞紀略 Memoir of Elijah. — Piercy. 8vo., 18 leaves. Xylog. Canton, 1863.

445. 約瑟紀略 Brief History of Joseph. — Legge. 12mo., 30 leaves. Type. Hongkong, 1870.

CATECHISMS

446. 幼學淺解問答 A Catechism for Youth. — Dr. Milne. 4to., 30 leaves. Xylog. Malacca, 1816.

447. 問答明解 Catechism with Prayers and Hymns. — Dean. 4to., 20 leaves. MS. Xylog. Bangkok, 1844.(Printed copy not procurable).

448. 聖教要理 Important Principles of Religion. — Medhurst. 8vo., 13 leaves. Type. Shanghai, 1844.

449. 幼學淺解問答 A Catechism for Youth. — Dr. Milne. 8vo., 52 leaves. Type. Shanghai, 1845.

450. 幼學淺解問答 A Catechism for Youth. — Dr. Milne. 12mo., 26 leaves. Type. Shanghai, 1848.

451. 耶穌教要理問答 The Shorter Catechism. — Presbyterian Mission. 8vo., 24 leaves. Type. Ningpo, 1849.

452. 聖會要理問答 Catechism of Essentials. — Carpenter. 16mo., 16 leaves. Xylog. Shanghai, 1850.

453. 課幼百問 A Hundred Questions for the Young. — Goddard. 8vo., 27 leaves. Xylog. Ningpo, 1850.

454. 真道入門 Introduction to the True Doctrine. — W. C. Milne. 4to., 17 leaves. Type. Shanghai, 1851.

455. 真道入門 Introduction to the True Doctrine. — W. C. Milne. 12mo., 18 leaves. Type. Hongkong, 1851.

456. 舊約史記條問 Questions on Old Testament History. — Happer. 8vo., 83 leaves. Type. Ningpo, 1852.

457. 馬太福音書問答 Catechism of Matthew's Gospel. — Happer. 12mo., 176 leaves. Type. Ningpo, 1853.

458. 聖書問答 Catechism of Scripture Doctrine and Practice. — Quarterman. 4to., 38 leaves. Type. Ningpo, 1853.

459. 真道問答 Catechism of the True Doctrine. — Goddard. 12mo., 19 leaves. Xylog. Ningpo, 1854.

460. 真道問答 Catechism of the True Doctrine. — Goddard. 8vo., 26 leaves. Xylog. Ningpo, 1855.

461. 真道問答 Catechism of the True Doctrine. — Goddard. 4to., 19 leaves. Xylog. Ningpo, 1855.

462. 教會問答 The Assembly's Shorter Catechism. — Muirhead. 8vo., 17 leaves. Xylog. Shanghai, 1855.

463. 問答良言 Catechism of Christian Principles. — Hobson. 8vo., 11 leaves. Xylog. Shanghai, 1857.

464. 天道入門 Catechism of Christian Doctrine. — Muirhead. 8vo., 5 leaves. Xylog. Shanghai, 1859.

465. 課幼百問 A Hundred Questions for the Young. — Goddard. 8vo., 20 leaves. Xylog. Ningpo, 1859.

466. 耶穌問答 Christian Catechism. — Muirhead. 8vo., 9 leaves. Type. Shanghai, 1861.
467. 福音道問答合講 Assembly's Catechism. — Culbertson. 4to., 14 leaves. Type. Shanghai, 1861.
468. 初學問答 Wesleyan Methodist Catechism. — Piercy. 8vo., 54 leaves. Type. Hongkong.
469. 聖教問答 Christian Catechism. — Edkins. 8vo., 9 leaves. Xylog. Peking, 1862.
470. 聖教問答 Catechism of Christian Doctrine. — Muirhead. 8vo., 7 leaves. Xylog. Shanghai, 1862.
471. 福音道問答簡略 The Assembly's Catechism. — Culbertson. 4to., 19 leaves. Shanghai, 1862.
472. 聖教問答 Catechism of Christian Doctrine. — Muirhead. 8vo., 9 leaves. Type. Shanghai.
473. 訓子問答 The Child's Catechism. — John. 8vo., 21 leaves. Type. Shanghai, 1864.
474. 耶穌門徒問答 The Disciple's Catechism. — Muirhead. 16mo., 10 leaves. Type. Shanghai.
475. 聖會幼學問答 Luther's Small Catechism. — Winnes. 8vo., 18 leaves. Xylog. 1864.
476. 聖教問答 Catechism of Christian Doctrine. — Muirhead. 8vo., 9 leaves. Xylog. Shanghai, 1864.
477. 聖教問答 Catechism of Christian Doctrine. — Muirhead. 8vo., 5 leaves. Xylog. Shanghai, 1865.
478. 依經問答新編 Revised Scriptural Catechism. — Maclay. 8vo., 41 leaves. Type. Foochow, 1865.
479. 聖教問答 Catechism of Christian Doctrine. — Muirhead. 16mo., 6 leaves. Type. Shanghai, 1865.
480. 耶穌教要理問答 Assembly's Catechism. — Happer. 8vo., 20 leaves. Type. Shanghai, 1866.
481. 耶穌教要理大問答 Assembly's Larger Catechism. — Happer. 8vo., 61 leaves. Type. Shanghai, 1866.
482. 耶穌聖會問答 Church Mission Catechism. — Warren. 8vo., 54 leaves. Type. Hongkong, 1867.
483. 依經問答新編 Revised Scriptural Catechism. — Maclay. 8vo., 41 leaves. Type. Foochow, 1867.

484. 聖書大道 Catechism of Bible Doctrines. — Muirhead. 8vo., 57 leaves. Xylog. Shanghai.
485. 經錄問答 Scripture Catechism. — Hudson. 8vo., 57 leaves. Xylog. Ningpo, 1868.
486. 真道問答 Catechism of the True Doctrine. — Goddard. 8vo., 25 leaves. Xylog. Ningpo, 1868.
487. 耶穌聖教問答 Catechism of the Christian Church. — John. 4to., 8 leaves. Xylog. Woochang, 1869.
488. 論稱義大道 Catechism of the Doctrine of Justification. — Muirhead. 8vo., 10 leaves. Xylog. Shanghai.
489. 真道入門 Introduction to the True Doctrine. — W. C. Milne. 4to., 19 leaves. Type. Shanghai, 1870.
490. 依經問答 Scriptural Catechism. — Maclay. 8vo., 25 leaves. Type. Foochow, 1872.
491. 訓子問答 The Child's Catechism. — John. 8vo., 30 leaves. Type. Hongkong, 1872.
492. 初學問答 Easy Questions for Beginners. — Hu Sing-mi. 8vo., 56 leaves. English and Chinese. Type. Foochow, 1873.
493. 真道入門 Introduction to the True Doctrine. — W. C. Milne. 12mo., 19 leaves. Type. Hongkong, 1873.
494. 天道入門 Catechism of Christian Doctrine. — Muirhead. 16mo., 16 leaves. Type. Shanghai.
495. 聖書大道 Catechism of Bible Doctrines. — Muirhead. 4to., 39 leaves. Type. Shanghai.
496. 真理尋繹 Investigation of Truth. — Muirhead. 4to., 44 leaves. Type. Shanghai, 1873.
497. 馬太福音書問答 Questions and Answers on Matthew. — Happer. 8vo., 59 leaves. Type. Shanghai, 1874.
498. 聖教問答 Catechism of Christian Doctrine. — Muirhead. 16mo., 7 leaves. Type. Shanghai, 1874.
499. 新約史記條問 Questions on New Testament History. — Happer. 4to., 17 leaves. Type. Shanghai, 1874.
500. 舊約史記問答 Catechism of Old Testament History. — Mrs. Happer. 8vo., 64 leaves. Type. Shanghai, 1875.
501. 舊約史記條問 Questions on Old Testament History. — Happer. 4to., 57 leaves.

Type. Shanghai, 1875.

PRAYER BOOKS

502. 祈禱真法註解 True Method of Prayer. — Medhurst. 8vo., 32 leaves. Type. Shanghai, 1846.
503. 祈禱文全書 Prayer Book. — Piercy. 4to., 12 leaves. Xylog. Canton, 1859.
504. 祈禱文全書 Prayer Book. — Cox. 8vo., 18 leaves. Xylog. Hankow, 1865.
505. 家人祈禱文 Family Prayer Book. — Warren. 8vo., 53 leaves. Xylog. Hongkong, 1867.
506. 總禱文 The Litany. — Cox. 8vo., 5 leaves. Xylog. Hankow, 1868.
507. 祈禱入門要訣 Introduction to Prayer. — McCartee. 8vo., 29 leaves. Type. Shanghai.

HYMN BOOKS

508. 續纂省身神詩 Self-examination Hymns. — 8vo., 19 leaves. Xylog. Malacca, 1835.
509. 讚神樂章 Hymns and Tunes. — Lord. 8vo., 26 leaves. Xylog. Ningpo, 1856.
510. 聖山諸歌 Zion's Melodies, set to Music. — Inslee. 12mo., 45 leaves. Type. Ningpo, 1858.
511. 宗主詩章 Hymn Book with Music. — Chalmers. 8vo., 60 leaves. Xylog. Canton, 1860.
512. 宗主詩章 Hymn Book. — John. 8vo., 30 leaves. Xylog. Hankow, 1861.
513. 救世聖歌 Salvation Hymns. — Muirhead. 16mo., 39 leaves. Type. Shanghai, 1861.
514. 歌頌詩章 Church and School Song. — Piercy. 8vo., 20 leaves. Xylog. Canton, 1863.
515. 頌主聖詩 Hymn Book. — Burns. 8vo., 42 leaves. Xylog. Peking, 1864.
516. 宗主詩章 Hymn Book. — Legge. 8vo., 35 leaves. Type. Hongkong, 1867.
517. 頌揚主詩 Hymn Book. — Cox. 8vo., 51 leaves. Xylog. Hankow, 1867.
518. 養心讚神詩 Hymns of Praise. — Dean. 8vo., 23 leaves. Type. Hongkong, 1869.
519. 養心神詩 Hymn Book. — Lechler. 8vo., 115 leaves. Xylog. Hongkong, 1870.
520. 聖詩百篇 A Hundred Hymns. — John. 8vo., 65 leaves. Xylog. Woochang, 1870.
521. 頌主詩章 Hymns of Praise. — Miss Oxlad. 8vo., 76 leaves. Type. Hongkong, 1872.

522. 頌主詩歌 Collection of Christian Hymns. — Piton. 4to., 113 leaves. Xylog. Canton，1872.
523. 頌主聖詩 Psalms and Hymns. — 4to., 50 leaves. Xylog.
524. 頌揚主詩 Laudation Hymns. — Scarborough. 8vo., 100 leaves. Xylog. Hankow，1875.
525. 頌主聖篇 Hymns of Adoration. — Muirhead. 16mo., 12 leaves. Type. Shanghai，1875.
526. 頌主聖詩 Sacred Songs(from Sankey). — Lees. 4to., 9 leaves. Type. Shanghai, 1875.
527. 頌主聖篇 Hymns of Adoration. — Muirhead. 12mo., 104 leaves. Type. Shanghai, 1876.

CHURCH RULES AND DISCIPLINE

528. 真神堂事條 Chapel Regulations. — Goddard. 16mo., 7 leaves. Xylog. Ningpo, 1853.
529. 教會政治 Presbyterian Church Government. — Ningpo Presbytery. 8vo., 7 leaves. Type. Ningpo, 1860.
530. 教會規約 Church Rules. — Hudson. 8vo., 14 leaves. Xylog. Ningpo，1867.
531. 美會年錄 Annual Report of the Methodist Church. — 8vo., 22 leaves. Type. Foochow，1868.
532. 美會例文 Methodist Episcopal Church Discipline. — Maclay and Baldwin. 12mo., 74 leaves. Type. Foochow，1869.
533. 會例指南 Church Directory. — Graves. 8vo., 40 leaves. Type. Hongkong, 1869.
534. 本堂要法 Rules of the Wesleyan Methodist Church. — Scarborough. 8vo., 10 leaves. Xylog. Hankow，1870.
535. 教會準繩 Church Mannual. — C. Hartwell. 12mo., 25 leaves. Type. Foochow，1872.
536. 美會例文 Methodist Episcopal Church Discipline. — 12mo., 6 leaves. Type. Foochow，1872.
537. 公會歷日 Church Calendar. — Valentine. 4to., 15 leaves. Type. Shanghai, 1874.
538. 巴色聖會規條 Rules of the Basel Mission. — 8vo., 46 leaves. Xylog. Canton，1874.
539. 聚會部 Wesleyan Methodist Class Book. — Hill. 8vo., 5 leaves. Xylog. Hankow, 1875.

LITERATURE, & c.

540. 字部輯解 Explanation of the Radical Characters. — I. J. Roberts. 8vo., 20 leaves. Xylog. Macao, 1840.
541. 智環啓蒙塾課 Graduated Reading. — Legge. 8vo., 51 leaves. Xylog. Canton, 1860.
542. 英話正音 Vocabulary of the English Language. — J. Macgowan. 4to., 125 leaves. Xylog. Shanghai, 1862.
543. 英字源流 Spelling Book of the English Language. — J. Macgowan. 8vo., 61 leaves. Xylog. Shanghai, 1863.
544. 科場事款 Regulations of the Triennial Examination. — Kerr. 8vo., 8 leaves. Xylog. Canton, 1866.
545. 售書清單 Book Price List. — 8vo., 2 leaves. Type. Foochow, 1867.
546. 教會新報啓 Announcement of the Church News. — Allen. 12mo., 4 leaves. Type. Shanghai, 1868.
547. 字部三字經 Radical Trimetrical Classic. — Lowrie. 8vo., 14 leaves. Xylog. Shanghai, 1868.
548. 鉛字拼法集全 Lists of Chinese Characters. — J. L. Mateer. 4to., 80 leaves. Type. Shanghai, 1873.
549. 大德國學校論略 Western Schools. — Faber. 4to., 68 leaves. Xylog. Canton, 1873.
550. 啓蒙幼學初階 Primer for Schools. — Piton. 8vo., 32 leaves. Type. Hongkong. 1874.
551. 大學考義 Examination of the Great Study. — Miss Fay. 8vo., 29 leaves. Type. Shanghai, 1874.
552. 中庸考義 Examination of the Invariable Middle. — Miss Fay. 8vo., 49 leaves. Type. Shanghai, 1874.
553. 字部樣 Radical Copy Book. — Farnham. 8vo., 7 leaves. Xylog. Shanghai.

HISTORY

554. 聖經史記 Sacred History. — Medhurst. 8vo., 35 leaves. Type. Shanghai, 1846.
555. 聖經史記 Sacred History. — Medhurst. 12mo., 84 leaves. Type. Ningpo, 1847.
556. 聖經之史 Scripture History. — Genähr. 4to., 77 leaves. Xylog. Hongkong, 1850.
557. 大英國志 History of England. — Muirhead. 2 vols, 4to., 322 leaves. Xylog.

附录　新教传教士在华出版目录(1876年前)　　　　　　　　　　　　　417

Shanghai, 1856.

558. 聖教鑑略 Church History. — Inslee. 8vo., 38 leaves. Xylog. Ningpo, 1860.
559. 耶穌公會史鑑 History of the Church. — Green. 4to., 65 leaves. Type. Shanghai, 1870.
560. 金監督誌略 Memoir of Bishop Kingsley. — Mrs. Sites. 16mo., 20 leaves. Type. Foochow, 1871.
561. 美會始立略說 Sketch of Early Methodism. — Sites. 16mo., 12 leaves. Type. Foochow, 1872.
562. 四裔編年表 Thesaurus of Dates. — Allen. 4to., 229 leaves. Xylog. Shanghai, 1874.

GEOGRAPHY

563. 地理便童略傳 Geographical Catechism. — Medhurst. 8vo., 21 leaves. Xylog. Malacca, 1819.
564. 咬吧總論 History of Java. — Medhurst. 8vo., 82 leaves. Xylog. Batavia, 1824.
565. 大英國人事略說 English Affairs. — R. Morrison. 4to., 6 leaves. Xylog. Malacca, 1832.
566. 亞美理駕合衆國志略 Geographical History of the United States. — E. C. Bridgman. 4to., 75 leaves. Xylog. Canton, 1846.
567. 地理全誌 Universal Geography. — Muirhead. 8vo., 189 leaves. Type. Shanghai, 1853.
568. 地理新誌 New Treatise on Geography. — Lobscheid. 4to., 20 leaves. Xylog. 1855.
569. 地理略論 Digest of Geography. — Piercy. 4to., 33 leaves. Xylog. Canton, 1859.
570. 聯邦志略 Geographical History of the United States. — E. C. Bridgman. Fol., 107 leaves. Type. Shanghai, 1861.
571. 地理問答條略 Catechism of Geography. — Condit. Fol., 51 leaves. Xylog. Canton, 1865.
572. 地球說略 Illustrated Geography. — Way. 4to., 128 leaves. Type. Shanghai, 1871.
573. 繪地法原 Geographical Projections. — Kryer. Fol., 64 leaves. Type. Shanghai.

POLITICAL ECONOMY, & c.

574. 制國之用大畧 Political Economy. — Gutzlaff. 4to., 22 leaves. Xylog.
575. 貿易通志 Treatise on Commerce. — Gutzlaff. 4to., 63 leaves. Xylog. 1840.
576. 萬國公法 Wheaton's International Law. — W. A. P. Martin. 4 vols., Fol., 255 leaves. Xylog. Peking, 1864.

NATURAL HISTORY AND PHILOSOPHY

577. 格物窮理問答 Catechism of Nature. — Muirhead. 4to., 10 leaves. Type. Shanghai, 1851.
578. 博物新編 Natural Philosophy. — B. Hobson. 4to., 132 leaves. Xylog. Shanghai, 1855.
579. 格物入門 Introduction to the Sciences. — W. A. P. Martin. 7 vols., Fol., 515 leaves. Xylog. Peking, 1868.

MATHEMATICS

580. 算法全書 Treatise on Arithmetic. — Moncrieff. 4to., 38 leaves. Type. Hongkong, 1852.
581. 數學啟蒙 Compendium of Arithmetic. — Wylie. 8vo., 127 leaves. Type. Shanghai, 1853.
582. 設數求真 Arithmetical Questions. — Chalmers. 8vo., 6 leaves. Type. Hongkong, 1856.
583. 代數學 De Morgan's Algebra. — Wylie. 8vo., 208 leaves. Type. Shanghai, 1859.
584. 代微積拾級 Loomis' Algebraic Geometry, Differential and Integral Calculus. — Wylie. 3vol., 4to., 298 leaves. Xylog. Shanghai, 1859.
585. 西國算學 European Arithmetic. — O. Gibson. 8vo., 44 leaves. Type. Foochow, 1866.
586. 心算啟蒙 Mental Arithmetic. — Noyes. 8vo., 60 leaves. Type. Shanghai, 1871.
587. 西國算學 European Arithmetic. — O. Gibson. 8vo., 37 leaves. Type.

Foochow, 1873.

588. 微積溯原 Treatise on the Differential and Integral Calculus. — Fryer. 6 vols., Fol., 365 leaves. Xylog. Shanghai, 1875.

589. 幾何原本,續幾何原本 Euclid's Elements of Geometry. — 8 vols. B. 1-6 by Ricci and 7-15 by Wylie. — 4to., 668 leaves. Xylog. Nanking. 1865.

590. 運規約指 Treatise on Practical Geometry. — Fryer. Fol., 78 leaves. Xylog. Shanghai, 1871.

591. 代數術 The Rules of Algebra. — Fryer. 6 vols., Fol., 405 leaves. Xylog. Shanghai, 1872.

ASTRONOMY

592. 談天 Herschel's Outlines of Astronomy. — Wylie. 5 vol., Fol., 361 leaves. Type. Shanghai, 1859.

593. 天文淺說 Elementary Astronomy. — Sites. 8vo., 106 leaves. Type. Foochow, 1869.

594. 天文淺說 Elementary Astronomy. — Sites. 8vo., 106 leaves. Type. Foochow, 1874.

595. 談天 Herschel's Outlines of Astronomy. — Wylie. 3 vols., 4to., 343 leaves. Type. Shanghai, 1874.

MECHANICS

596. 重學淺說 Popular Treatise on Mechanics. — Wylie. 8vo., 14 leaves. Type. Shanghai, 1858.

597. 重學 Whewell's Elementary Treatise on Mechanics. — Edkins. 4to., 240 leaves. Type. Shanghai, 1867.

598. 汽機發軔 Main and Brown on the Marine Steam Engine. — Wylie. 4 vols., Fol., 316 leaves. Xylog. Shanghai, 1871.

599. 汽機必以 Bourne's Catechism of the Steam Engine. — Fryer. 5 vols., Fol., 403 leaves. Xylog. Shanghai, 1871.

600. 汽機新制 Burgh's Practical Rules for the Steam Engine. — Fryer. 2 vols., Fol., 158 leaves. Xylog. Shanghai, 1873.

601. 開煤要法 Smyth and Daddow on Coal and Coal Mining. — Fryer. 2 vols., Fol., 124 leaves. Xylog. Shanghai, 1871.

602. 冶金錄 Overman's, Moulder's and Founder's Guide. — Fryer. 2 vols., Fol., 128 leaves. Xylog. Shanghai, 1873.

603. 制火藥法 Richardson and Watts' Manufacture of Gunpowder. — Fryer. Fol., 85 leaves. Xylog. Shanghai, 1871.

604. 海塘輯要 Wiggins on Embankments. — Fryer. 2 vols., Fol., 151 leaves. Xylog. Shanghai, 1873.

605. 器象顯真 The Practical Draughtsman. — Fryer. 2 vols., Fol., 134 leaves. Xylog. Shanghai, 1872.

606. 西藝知新 Treatise on Turning. — Fryer. 2 vols., Fol., 113 leaves. Shanghai, 1876.

NAVIGATION, GUNNERY, & c.

607. 海道圖說 Navigation. — Kryer. 10 vols., Fol., 761 leaves. Xylog. Shanghai.

608. 航海簡法 Ready Rules for Navigation. — Fryer. 2 vols., Fol., 153 leaves. Xylog. Shanghai.

609. 航海金針 The Law of Storms. — D. J. McGowan. Fol., 36 leaves. Xylog. Ningpo, 1853.

610. 御風要術 Important Rules for Cyclone Sailing. — Kryer. 2 vols., Fol., 127 leaves. Xylog. Shanghai.

611. 輪船布陣 Steam-ship Tactics. — Fryer. 2 vols., Fol., 158 leaves. Xylog. Shanghai, 1873.

612. 攻守礟法 Fortification Gunnery. — Kryer. Fol., 99 leaves. Xylog. Shanghai.

613. 水師操練 Gunnery Instruction. — Fryer. 3 vols., Fol., 204 leaves. Xylog. Shanghai, 1872.

614. 行軍測繪 Military Surveying. — Fryer. 2 vols., Fol., 146 leaves. Xylog. Shanghai, 1873.

615. 克虜伯礟準心法 Theory of Krupp's Gun Practice. — Kryer. 2 vols., Fol., 95 leaves. Xylog. Shanghai.

616. 克虜伯礟說 Practical Remarks on Krupp's Guns. — Kryer. 2 vols., Fol., 144 leaves. Xylog. Shanghai.

617. 克虜伯礟彈造法 Manufacture of Krupp Shot. — Kryer. 3 vols., Fol., 162 leaves.

附录　新教传教士在华出版目录(1876年前)　　　　　　　　　　　　　　421

Xylog. Shanghai.

618. 防海新論 Von Scheiler on Coast Defence. — Fryer. 6 vols., Fol., 349 leaves. Xylog. Shanghai, 1872.

GEOLOGY. & c.

619. 地學淺釋 Elements of Geology. — D. J. McGowan. 8 vols., Fol, 533 leaves. Xylog. Shanghai.

620. 金石識別 Treatise on Mineralogy. — D. J. McGowan. 6vols., Fol., 453 leaves. Xylog. Shanghai.

BOTANY

621. 植物學 Treatise on Botany. — A. Williamson. 4to., 101 leaves. Xylog. Shanghai, 1857.

MUSIC, & c.

622. 樂法啟蒙 Exerciese in Tonic Sol-fa Music. — Douglas. 12mo., 27 leaves. Xylog. Amoy, 1869.

623. 樂理頗晰 Introduction to Sol-fa Music. — Douglas. 12mo., 60 leaves. Xylog. Amoy, 1870.

624. 聲學 Tindall's Treatise on Sound. — Fryer. 2 vols., Fol., 179 leaves. Xylog. Shanghai, 1874.

CHEMISTRY

625. 化學初階 First Steps in Chemistry. — Kerr. 4 vols., 4to., 288 leaves. Xylog. Canton, 1870.

626. 化學分原 Introduction to Practical Chemistry. — Fryer. 2 vols., Fol., 172 leaves. Xylog. Shanghai, 1871.

627. 化學鑑原 Wells' Inorganic Chemistry. — Fryer. 4 vols., Fol., 295 leaves. Xylog. Shanghai, 1872.

628. 化學鑑原續編 Practical Chemistry. — Fryer. 6 vols., Fol., 362 leaves. Xylog. Shanghai, 1875.

MEDICINE

629. 新種痘奇法 New Art of Vaccination. — Staunton. 8vo., 4 leaves. Xylog.
630. 治病良言 Hospital Prospectus. — 8vo., 6 leaves. Type. Hongkong, 1849.
631. 全體新論 Treatise on Physiology. — B. Hobson. 4to., 98 leaves. Xylog. Shanghai, 1851.
632. 西醫略論 First Lines of Practical Surgery in the West. — B. Hobson. 4to., 194 leaves. Xylog. Shanghai, 1857.
633. 婦嬰新說 Treatise on Midwifery and Diseases of Children. — B. Hobson. 4to., 73 leaves. Xylog. Shanghai, 1858.
634. 內科新說 Practice of Medicine and Materia Medica. — B. Hobson. 4to., 122 leaves. Xylog. Shanghai, 1858.
635. 咭唎國新出種痘奇書 Vaccination. — Lobscheid. 8vo., 7 leaves. Type. Hongkong.
636. 種痘捷法 On the Practice of Vaccination. — Kerr. 12mo., 4 leaves. Xylog. Canton, 1859.
637. 論發冷小腹疝兩症 Fever and Hernia. — Kerr. 12mo., 6 leaves. Xylog. Canton, 1859.
638. 奇症略述 Report of the Medical Missionary Society at Canton. — Kerr. 4to., 21 leaves. Xylog. Canton, 1866.
639. 醫院錄要 Report of the Hankow Hospital for 1866-67. — F. P. Smith. 8vo., 12 leaves. Xylog. Hankow, 1867.
640. 保免攔除 Hygienics. — F. P. Smith. 8vo., 17 leaves. Xylog. Hankow, 1867.
641. 奇症略述 Report of the Medical Missionary Society at Canton. — Kerr. 4to., 45 leaves. Xylog. Canton, 1868.
642. 醫院錄要 Report of the Hankow Hospital for 1869. — F. P. Smith. 8vo., 12 leaves. Xylog. Hankow, 1869.
643. 施醫信錄 Report of the London Mission Hospital at Peking. — Dudgeon. 8vo.,

附录　新教传教士在华出版目录(1876年前)

15 leaves. Type. Peking, 1870.

644. 西藥略釋 Manual of Materia Medica. — Kerr. 4to., 95 leaves. Xylog. Canton, 1871.

645. 醫館略述 Foochow Hospital Report for 1870. — Osgood. 8vo., 18 leaves. Type. Foochow.

646. 西醫新法 Treatise on Bandaging. — Kerr. 4to., 22 leaves. Litho. Canton, 1872.

647. 內科闡微 Treatise on Symptomatology. — Kerr. 4to., 39 leaves. Xylog. Canton, 1873.

648. 醫館略述二書 Second Report of the Foochow Missionary Hospital. — Osgood. 8vo., 644 leaves. Type. Foochow, 1873.

649. 醫館略述三書 Third Report of the Foochow Missionary Hospital. — Osgood. 8vo., 20 leaves. Type. Foochow, 1874.

650. 皮膚新編 Manual of Skin Diseases. — Kerr. 4to., 58 leaves. Xylog. Canton, 1874.

651. 腎囊醫訣 Diseases of the Testes. — Manson. 3 vols., 4to., 258 leaves. Xylog. Amoy.

652. 醫院錄要 Report of the Swatow Hospital. — Gauld. 8vo., 11 leaves. Type. Hongkong.

653. 儒門醫學 Dr. Headland's Medical Handbook. — Fryer. Fol., 250 leaves. Shanghai.

654. 西醫舉隅 Miscellaneous Essays on Western Medicine. — Dudgeon. 4to., 92 leaves. Peking, 1875.

ALMANACS

655. 華番和合通書 Chinese and Foreign Almanac. — Ball. 4to., 69 leaves. Xylog. Hongkong.

656. 和合通書 Concord Almanac for 1856. — French. 4to., 22 leaves. Xylog. 1856.

657. 和合通書 Concord Almanac for 1860. — Ball. 4to., 22 leaves. Xylog. 1860.

658. 和合通書 Concord Almanac for 1865. — Vrooman. 4to., 31 leaves. Xylog. Canton, 1865.

659. 平安通書 Peace Almanac for 1850. — McCartee. 12mo., 45 leaves. Type. Ningpo, 1850.

660. 平安通書 Peace Almanac for 1851. — McCartee. 4to., 45 leaves. Type. Ningpo, 1851.

661. 平安通書 Peace Almanac for 1852. — McCartee. 4to., 43 leaves. Type. Ningpo, 1852.

662. 博物通書 Philosophical Almanac. — D. J. McGowan. 4to., 40 leaves. Xylog. Ningpo.

663. 華洋和合通書 Chinese and Foreign Almanac. — Edkins. 8vo., 27 leaves. Type. Shanghai, 1852.

664. 中西通書 Chinese and Western Almanac. — Edkins. 6 Nos., 8vo., 249 leaves. Type. — is Xylog. Shanghai, 1853-8.

665. 中西通書 Chinese and Western Almanac. — Wylie. 2Nos., 8vo., 64 leaves. Type. Shanghai, 1859-60.

666. 中西通書 Chinese and Western Almanac for 1861. — Edkins. 8vo., 27 leaves. Type. Shanghai, 1861.

667. 中西通書 Chinese and Western Almanac for 1863. — Edkins. 4to., 17 leaves. Tientsin, 1863.

668. 中西通書 Chinese and Western Almanac for 1866. — Edkins. 4to., 20 leaves. Peking, 1866.

SERIALS

669. 特選撮要 Monthly Magazine. — Medhurst. 8vo., 271 leaves. Xylog. Batavia, 1823-6.

670. 東西洋考每月統記傳 Eastern Western Monthly Magazine. — Gutzlaff. 14 Nos., 4to., 245 leaves. Xylog. 1834-8.

671. 遐邇貫珍 Chinese Serial. — W. H. Medhurst, Jun., Hillier and Legge. 2 vols., 8vo., 624 leaves. Type. Hongkong, 1853-6.

672. 中外新報 Chinese and Forein Gazette. — D. J. McGowan. 26 Nos., 4to., 105 leaves. Xylog. Ningpo, 1856-8.

673. 六合叢談 Shanghai Serial. — Wylie. 14 Nos., 8vo., 253 leaves. Type. Shanghai, 1857-8.

674. 中外雜誌 Shanghai Miscellany, Nos. 1, 6. — J. Macgowan. 2 Nos., 8vo., 31

leaves. Xylog. Shanghai, 1862.

675. 中西見聞錄 Peking Magazine. — Edkins and W. A. P. Martin. 6 vols., 4to., 1,064 leaves. Xylog. Peking, 1872-5.

676. 郇山使者 Zion's Herald, Nos. 3, 10. — S. L. Baldwin. 8vo., 16 leaves. Type. Foochow, 1875.

677. 小孩月報 The Child's Monthly Messenger. — Kerr. 5 Nos., 8vo., 19 leaves. Xyl. Canton, 1874.

678. 小孩月報 The Child's Paper. — Farnham. 8 Nos., 8vo., 48 leaves. Type. Shanghai, 1875.

679. 教會新報 The Christian Intelligencer. — Allen. 6 vols., 4to., 1,684 leaves. Type. Shanghai, 1868-74.

680. 萬國公報 The Globe Magazine. — Allen. 3 vols., 4to. Type. Shanghai, 1874-5.

681. 中外新報七日錄 The Chinese and Foreign Weekly News. — Chalmers. 119 Nos., 4to., 119 leaves. Xylog. Canton, 1865-7.

682. 廣州新報 The Canton News. — Kerr. 48 Nos., 4to., 48 leaves. Xylog. Canton, 1871.

683. 上海新報 The Shanghai Gazette. — Allen. 3 vols., Fol., 704 leaves. Type. Shanghai, 1868-71.

684. 飛龍報篇 The Flying Dragon Reporter. — Summers. Fol., 115 leaves. Type. London, 1866-9.

685. 格致彙編 The Chinese Scientific Magazine, No. 1. — Fryer. 16 leaves. Type. Shanghai, 1876.

686. 上海格致書院第一次記錄 First Report of the Shanghai Polytechnic Institution and Reading Rooms. — Fryer. 7 leaves. Type. Shanghai, 1876.

SHEET TRACTS

687. 耶穌稱為救主何也 Why is Jesus called the Saviour? — Galpin. Fol., Xylog. Ningpo, 1870.

688. 聖教便覽五字經 Pentameter Summary of the Christian Religion. — C. Hartwell. Fol., Type. Foochow, 1871.

689. 十誡信經主禱文 The Decalogue, Apostle's Creed and Lord's Prayer. —

Culbertson. Fol., Type. Shanghai, 1871.

690. 救世要訣 The Plan of Salvation. — Houston. 4to., Type. Shanghai, 1871.

691. 耶穌稱為救世主說略 Jesus the Saviour. — Galpin. Fol. Type. Shanghai, 1872.

692. 求雨虛耗五古 The Folly of Praying for Rain. — Galpin. 4to., Xylog. Ningpo, 1873.

693. 大主宰上帝十條誡律 The Decalogue. — Talmage. Fol. Type. Hongkong, 1872.

694. 耶穌教禱告摘要 Jesus' Instructions to Pray. — A. E. Moule. 8vo. Xylog. Ningpo.

695. 生命樹葉 Leaves from the Tree of Life. — G. Smith. Fol. Xylog. Chaouchow, 1873.

696. 救溺水法 Method for restoring the Drowning. — Kerr. Fol. Litho. Canton, 1873.

697. 真宰論 Discourse on the True Lord. — McIlvaine. 4to., Type. Shanghai, 1873.

698. 論真上帝 Remarks on the True God. — G. Smith. Fol. Xylog. Chaouchow, 1873.

699. 警世論 An awakening Discourse. — McIlvaine. 4to., Type. Shanghai, 1873.

700. 論仁愛 Discourse on Love. — G. Smith. Fol. Xylog. Chaouchow, 1873.

701. 論悔改歸上帝 Repentance and Return to God. — G. Smith. Fol. Xylog. Chaouchow, 1873.

702. 論罪人得稱義 Discourse on Justification. — G. Smith. Fol. Xylog. Chaouchow, 1873.

703. 論上帝普救之法 God's Way of Salvation. — G. Smith. Fol. Xylog. Chaouchow, 1873.

704. 論清潔之法 Discourse on Sanctification. — G. Smith. Fol. Xylog. Chaouchow, 1873.

705. 基督降生 The Incarnation of Christ. — G. Smith. 4to., Xylog. Chaouchow, 1873.

706. 勸信耶穌 Exhortation to believe in Jesus. — G. Smith. 4to., Xylog. Chaouchow, 1873.

707. 律法大意 Summary of the Law. — G. Smith. 4to., Xylog. Chaouchow, 1873.

708. 祈禱文 The Lord's Prayer. — G. Smith. 4to., Xylog. Chaouchow, 1873.

709. 來就耶穌 Come to Jesus. — G. Smith. 4to., Xylog. Chaouchow, 1873.

710. 求聖神 Prayer for the Holy Spirit. — G. Smith. 4to., Xylog. Chaouchow, 1873.

711. 認耶穌 Confessing Jesus. — G. Smith. Fol. Xylog. Chaouchow, 1873.

712. 福音勝三教 The Gospel superior to Confucianism, Buddhism and Taouism. — G. Smith. Xylog. Chaouchow, 1873.

713. 禱雨真詮 True Remedy for Drought. — A. E. Moule. 4to., Xylog. Ningpo, 1873.

714. 耶穌正教禮拜日期 Sabbath Calendar and Notes. — Talmage. Fol. Type. Hongkong.

715. 耶穌正教禮拜日期 Sabbath Calendar and Notes. — Talmage. Fol. Type. Hongkong.

附录　新教传教士在华出版目录(1876年前)　　　　　　　　　　　　　427

716. 耶穌論 Discourse on Jesus. — McIlvaine. 4to., Type. Shanghai, 1874.

717. 耶穌正教禮拜日期 Sabbath Calendar and Notes. — Talmage. Fol. Type. Hongkong, 1875.

718. 快信救主 Haste! believe in the Saviour. — Lyon. Fol. Type. Shanghai, 1874.

719. 安息日期 Sabbath Calendar. — G. Smith. Fol. Xylog. Chaouchow, 1875.

720. 大主宰上帝十條誡律 The Decalogue. — Mackenzie. Fol. Xylog. Chaouchow, 1875.

721. 主日單 Lord's Day Calendar. — Valentine. 4to., Xylog. Shaouhing, 1875.

722. 西人在中華傳耶穌聖教 Why Missionaries come to China. — 4to., Xylog.

723. 天垂十誡 Decalogue with Comments and Prayer. — Crombie. Fol. Xylog. Ningpo.

724. 上帝真道 The True Divine Doctrine. — Muirhead. 4to., Type. Shanghai, 1875.

725. 耶穌真道 The True Doctrine of Jesus. — Muirhead. 4to., Type. Shanghai, 1875.

726. 罪人得救 The Sinner Saved. — Muirhead. 4to., Type. Shanghai, 1875.

727. 耶穌教要旨十二條 Twelve Points of Christianity. — Faber. 4to., Type. Hongkong.

728. 天主宰上帝十條誡律 The Decalogue with Notes. — Talmage. 4to. Type. Hongkong.

729. 釋疑論 Resolution of Doubts. — Faber. 8vo. Type. Hongkong.

730. 致富良策 Good Use of Wealth. — Faber. 4to. Type. Hongkong.

731. 聖教要言 Important Words about Religion. — Faber. 4to. Type. Hongkong.

732. 益壽奇方 Rare Receipt for Lengthening Life. — Faber. 4to. Type. Hongkong.

733. 黜偽崇真 Depreciating the False and Honouring the True. — Faber. 4to. Type. Hongkong.

734. 耶穌教例 Cardinal Points of the Christian Religion. — Dean. 4to. Type. Shanghai.

735. 是非無中立說 There is no Place between Truth and Error. — Faber. 8vo. Type. Hongkong.

736. 聖教要言 Important Words about Religion. — Faber. 8vo. Type. Hongkong.

737. 真道不可磨滅論 Truth cannot be Crushed. — Faber. 8vo. Type. Hongkong.

738. 罪人得救之法 Method of Saving Sinners. — McCartee. 8vo. Type. Shanghai.

739. 救主耶穌 Jesus the Saviour. — McCartee. 8vo. Type. Shanghai.

740. 祈禱文 An Easy Prayer. — McCartee. 8vo. Type. Shanghai.

741. 棄假崇真轉禍為福 Exchanging Misery for Happiness, by abandoning the false and honouring truth. — J. L. Nevius. Fol. Type. Shanghai.

742. 來就耶穌 Scholars come to Jesus. — Muirhead. Fol. Type. Shanghai.

743. 詩章六首 Six Hymns. — Muirhead. 8vo. Type. Shanghai.

COLLOQUIAL DIALECTS

MANDARIN DIALECT

SACRED SCRIPTURES

744. 馬太傳福音書 Matthew's Gospel. — Medhurst. 8vo., 50 leaves. Xylog. Shanghai, 1854.

745. 新約全書 New Testament. — Medhurst. 8vo., 232 leaves. Type. Shanghai, 1860.

746. 馬太傳福音書官話 Matthew's Gospel. — Peking Committee. 8vo., 73 leaves. Xylog. Peking, 1865.

747. 路加傳福音書官話 Luke's Gospel. — Peking Committee. 8vo., 80 leaves. Xylog. Peking, 1865.

748. 創世紀官話 Genesis. — Schereschewsky. 4to., 39 leaves. Type. Shanghai, 1866.

749. 舊約詩篇官話 Psalms of David. — Burns. 8vo., 127 leaves. Xylog. Peking, 1867.

750. 馬太福音書 Matthew's Gospel. — A. Williamson. 12mo., 48 leaves. Type. Shanghai, 1867.

751. 馬可福音書 Mark's Gospel. — Peking Committee. 12mo., 31 leaves. Type. Shanghai, 1867.

752. 路加福音書 Luke's Gospel. — A. Williamson. 12mo., 52 leaves. Type. Shanghai, 1867.

753. 使徒行傳 Acts of the Apostles. — Peking Committee. 12mo., 50 leaves. Type. Shanghai, 1868.

754. 馬可福音書 Mark's Gospel. — Peking Committee. 12mo., 31 leaves. Type. Shanghai, 1869.

755. 新約全書 New Testament. — Medhurst. 8vo., 283 leaves. Type. Hongkong, 1869.

756. 新約全書中卷 New Testament, Romans to Philippians. — Peking Committee. 4to., 132 leaves. Xylog. Peking, 1869.

757. 新約全書下卷 New Testamant, Romans to Revelations. — Peking Committee. 16mo., 170 leaves. Type. Shanghai, 1870.

758. 新約全書 New Testamant, Romans to Revelations. — Peking Committee. 4to., 213 leaves. Xylog. Peking, 1870.

759. 創世紀官話 Genesis. — Schereschewsky. 8vo., 58 leaves. Type. Shanghai, 1871.

760. 新約全書 New Testament. — Peking Committee. 8vo., 307 leaves. Type. Shanghai, 1872.

761. 馬太福音 Matthew's Gospel. — Peking Committee. 4to., 72 leaves. Type. Foochow, 1872.

762. 馬可福音 Mark's Gospel. — Peking Committee. 4to., 46 leaves. Type. Foochow, 1872.

763. 路加福音 Luke's Gospel. — Peking Committee. 4to., 78 leaves. Type. Foochow, 1872.

764. 約翰福音 John's Gospel. — Peking Committee. 4to., 62 leaves. Type. Foochow, 1872.

765. 使徒行傳 Acts of the Apostles. — Peking Committee. 4to., 76 leaves. Type. Foochow, 1873.

766. 舊約聖詩 Psalms of David. — Shereschewsky. 4to., 40 leaves. Type. Peking, 1874.

767. 新約聖書 New Testament. — Medhurst. 8vo., 283 leaves. Type. Shanghai, 1874.

768. 新約全書 New Testament. — Peking Committee. 12mo., 295 leaves. Type. Foochow, 1874.

769. 路加傳福音書 Luke's Gospel. — Peking Committee. 12mo., 42 leaves. Type. Shanghai, 1874.

770. 約翰傳福音書 John's Gospel. — Peking Committee. 12mo., 34 leaves. Type. Shanghai, 1874.

771. 使徒行傳 Acts of the Apostles. — Peking Committee. 12mo., 42 leaves. Type. Shanghai, 1874.

772. 摩西五經 The Pentateuch. — Schereschewsky. 4to., 102 leaves. Type. Shanghai, 1875.

773. 馬太傳福音書 Matthew's Gospel. — Peking Committee. 8vo., 40 leaves. Type.

Shanghai, 1875.

774. 馬可傳福音書 Mark's Gospel. — Peking Committee. 8vo., 26 leaves. Type. Shanghai, 1875.

775. 舊約全書 The Old Testament in the Mandarin dialect. — Schereschewsky. 4to., 524 leaves. Type. Peking, 1875.

THEOLOGY, & c.

776. 天帝宗旨論 Discourse on the Divine Perfections. — W. C. Milne. 12mo., 22 leaves. Type. Shanghai, 1848.

777. 天帝宗旨論 Discourse on the Divine Perfections. — W. C. Milne. 8vo., 18 leaves. Type. Shanghai, 1849.

778. 人所當求之福 True Happiness. — Medhurst. 24mo., 6 leaves. Type. Shanghai, 1856.

779. 失羊歸牧 The Lost Sheep found. — Medhurst. 24mo., 4 leaves. Type. Shanghai, 1856.

780. 君子終日為善 A Well-Spent Day. — Medhurst. 24mo., 7 leaves. Type. Shanghai, 1856.

781. 歲終自察行為 Discourse for the New Year. — Medhurst. 24mo., 4 leaves. Type. Shanghai, 1856.

782. 張遠相論 Dialogue between Chang and Yuen. — Yates. 4to., 27 leaves. Xylog. Shanghai, 1857.

783. 三字經 Three Character Classic. — Blodget. 8vo., 9 leaves. Xylog. Tientsin, 1863.

784. 正道啓蒙 Peep of Day. — Burns. 8vo., 71 leaves. Xylog. Peking, 1864.

785. 桑榆再生記 Conversion in Old Age. — Edkins. — 16mo., 8 leaves. Xylog. Peking, 1865.

786. 天路歷程官話 The Pilgrim's Progress. — Burns. 8vo., 152 leaves. Xylog. Peking, 1865.

787. 續天路歷程官話 The Pilgrim's Progress, Part II. — Burns. 8vo., 113 leaves. Xylog. Peking, 1866.

788. 兩人謊言 The Two Liars. — Stanley. 12mo., 8 leaves. Xylog. Tientsin, 1866.

789. 醒世良言 Rousing Words. — A. Williamson. 8vo., 2 leaves. Type. Shanghai, 1866.

790. 亨利實錄 Henry and his Bearer. — Blodget. 8vo., 28 leaves. Type. Shanghai, 1867.

附录　新教传教士在华出版目录(1876年前)　　　　　　　　　　　　　　431

791. 訓兒真言 Peep of Day. — Mrs. Holmes. 8vo., 62 leaves. Type. Shanghai, 1867.

792. 張遠兩友相論 Dialogue between Two Friends. — Corbett. 12mo., 60 leaves. Type. Shanghai, 1868.

793. 舊約節錄啓蒙 Old Testament History made easy. — McCartee. 4to., 98 leaves. Type. Shanghai, 1868.

794. 天路歷程 The Pilgrim's Progress. — Burns(modified). 8vo., 75 leaves. Stereo. Shanghai, 1869.

795. 續天歷路程 The Pilgrim's Progress, Part II. — Burns(modified). 8vo., 48 leaves. Stereo. Shanghai, 1869.

796. 亨利實錄 Henry and his Bearer. — Blodget. 8vo., 11 leaves. Stereo. Shanghai, 1869.

797. 正道啓蒙 Peep of Day. — Burns. 8vo., 42 leaves. Stereo. Shanghai, 1869.

798. 訓兒真言 Peep of Day. — Mrs. Holmes. 8vo., 29 leaves. Stereo. Shanghai, 1869.

799. 孩子受洗禮論 Discourse on Infant Baptism. — C. W. Mateer. 8vo., 23 leaves. Type. Shanghai, 1871.

800. 三個閨女 Three Little Daughters. — Mrs. Crawford. 12mo., 28 leaves. Type. Shanghai, 1872.

801. 天路歷程 The Pilgrim's Progress. — Burns. 4to., 98 leaves. Type. Shanghai, 1872.

802. 瑞四國孩童故事 The Swiss Boy. — Mrs. Nevius. 12mo., 31 leaves. Type. Shanghai, 1873.

803. 訓兒真言 Peep of Day. — Mrs. Holmes. 4to., 62 leaves. Type. Shanghai, 1874.

804. 新約撮要 Important Selections from the New Testament. — Foster. 8vo., 26 leaves. Xylog. Woochang, 1875.

CATECHISMS

805. 進教要理問答 The Convert's Catechism, I — Bishop Boone. 24mo., 73 leaves. Xylog. Shanghai, 1846.

806. 信經問答 Catechism of the Creed. — Bishop Boone. 16mo., 23 leaves. Xylog. Shanghai, 1847.

807. 進教要理問答 The Convert's Catechism, II — Bishop Boone. 16mo., 26 leaves. Xylog. Shanghai, 1847.

808. 進教要理問答 The Convert's Catechism, III — Bishop Boone. 16mo., 24 leaves.

Xylog. Shanghai, 1847.

809. 安息通書 Sabbath Calendar Catechism. — Carpenter. 8vo., 29 leaves. Xylog. Shanghai, 1857.

810. 耶穌教官話問答 Christian Catechism. — Mrs. Nevius. 12mo., 21 leaves. Type. Shanghai, 1863.

811. 耶穌聖教問答 Catechism of the Christian Religion. — Muirhead. 8vo., 6 leaves. Xylog. Shanghai.

812. 進教問答 The Neophyte's Catechism. — Muirhead. 4to., 7 leaves. Type. Shanghai.

813. 進教問答 The Neophyte's Catechism. — Muirhead. 12mo., 6 leaves. Type. Shanghai.

814. 耶穌教官話問啓 Christian Catechism. — Mrs. Nevius. 12mo., 20 leaves. Type. Shanghai, 1868.

815. 聖經問啓 Scripture Catechism. — W. H. Collins. 4to., 15 leaves. Xylog. Peking, 1868.

816. 初學問答 First Catechism. — Scarborough. 8vo., 17 leaves. Xylog. Hankow, 1869.

817. 耶穌教官話問答 Christian Catechism. — Mrs. Nevius. 12mo., 18 leaves. Type. Shanghai, 1874.

818. 小問答 The Child's Catechism. — Crawford. 8vo., 6 leaves. Type. Shanghai, 1874.

819. 耶穌出身傳問答 Catechism of Christ's Life. — Scarborough. 12mo., 84 leaves. Xylog. Hankow, 1874.

820. 耶穌教問答 Christian Catechism. — Mrs. Nevius. — 4to., 22 leaves. Type. Shanghai, 1874.

821. 創世紀問答 Catechism of Genesis. — C. W. Mateer. 4to., 191 leaves. Type. Shanghai, 1875.

HYMNS

822. 頌主聖詩 Hymn Book. — Burns. 8vo., 38 leaves. Xylog. Peking, 1862.

823. 讚美詩 Sacred Hymns. — Crawford. 4to., 31 leaves. Type. Shanghai, 1870.

824. 頌揚真神歌 Songs of Praise. — J. L. Nevius. 12mo., 118 leaves. Type. Shanghai, 1871.

RITUALS, & c.

825. 略論襖集 Christian Ritual. — Crawford. 4to., 18 leaves. Type. Shanghai, 1870.
826. 婚喪公禮 Marriage and Burial Ritual. — Shantung Missionaries. 8vo., 13 leaves. Type. Shanghai, 1871.
827. 文學書官話 Mandarin Grammar. — Crawford. 8vo., 56 leaves. Type. Shanghai, 1869.
828. 配音書 Phonetic System of Writing Mandarin. — Crawford. 8vo., 7 leaves. Xylog. Tǎngchow, 1872.
829. 古國鑑略 Epitome of Ancient History. — Crawford. 4to., 86 leaves. Type. Shanghai, 1873.
830. 西國樂法啟蒙 Principles of Vocal Music. — Mrs. Mateer. 4to., 124 leaves. Type. Shanghai, 1872.
831. 造洋飯書 Foreign Cookery. — Mrs. Crawford. 4to., 29 leaves. Type. Shanghai, 1860.

SHEET TRACTS

832. 善惡到頭終有報 Good and Evil requited. — Corbett. 8vo. Type. Shanghai.
833. 耶穌為誰 Who is Jesus? — C. W. Mateer. 8vo. Type. Shanghai, 1870.
834. 條十誡 The Ten Commandments. — C. W. Mateer. 4to. Type. Shanghai, 1871.
835. 耶穌教略說 Outline of Christisn Doctrine. — McIlvaine. 4to. Type. Shanghai, 1871.
836. 信經十誡主禱文 The Apostles' Creed, Decalogue and Lord's Prayer. — McClatchie. 4to. Xylog. Shanghai, 1872.
837. 求救禱告文 Prayer for Salvation. — C. W. Mateer. Fol. Type. Shanghai, 1873.
838. 官話淺白禱告文 Simple Prayer. — J. L. Nevius. Fol. Xylog.
839. 圖說張 Pictorial Sheet. — Fol. Type. Shanghai.
840. 種麥畫圖 Plate of the Sower. — Hill. Fol. Litho. London, 1873.

SHANGHAI DIALECT

SACRED SCRIPTURES

841. 路加傳好新聞 Luke's Gospel. — McClatchie. 8vo., 61 leaves. Type. Ningpo, 1848.

842. 馬太傳福音書 Matthew's Gospel. — Bishop Boone, Syle and Spalding. 8vo., 80 leaves. Xylog. Shanghai, 1856.

843. 使徒行傳 Acts of the Apostles. — Keith. 8vo., 60 leaves. Xylog. Shanghai, 1856.

844. 𢰅𠯁𢯭伓知什 Luke's Gospel(Phonetic character). — Crawford. 8vo., 106 leaves. Xylog. Shanghai, 1859.

845. 約翰傳福音書 John's Gospel. — Bishop Boone. 8vo., 64 leaves. Xylog. Shanghai, 1861.

846. 使徒保羅達羅馬人書,使徒保羅寄哥林多人前書,使徒保羅寄哥林多人後書 Paul's Epistles to the Romans and Corinthians. — E. H. Thomson and J. S. Roberta. 4to., 58 leaves. Type. Shanghai, 1864.

847. 新約全書 New Testament(Galatians to Revelations). — Farnham. 12mo., 122 leaves. Type. Shanghai, 1870

848. *Sing iak long Ka-la-t'á c'e-du taú Muk-z'-lok ding*. New Testament(Galatians to Revelations). (Roman character). — Farnham. 8vo., 113 leaves. Type. Shanghai, 1870.

849. 馬太傳福音書 Matthew's Gospel. — Bishop Boone. 12mo., 57 leaves. Type. Shanghai, 1871.

850. 馬可傳福音書 Mark's Gospel. — Bishop Boone. 12mo., 34 leaves. Type. Shanghai, 1871.

851. 路加傳福音書 Luke's Gospel. — Bishop Boone. 12mo., 59 leaves. Type. Shanghai, 1871.

852. 約翰傳福音書 John's Gospel. — Bishop Boone. 12mo., 47 leaves. Type. Shanghai, 1871.

853. *Sing iak Ma-t'à taú Muk-z'-lok*. New Testament (Roman character). — Farnham. 8vo., 408 leaves. Type. Shanghai, 1872.

854. The Gospel of Saint John in the Chinese Language according to the dialect of Shanghai (Roman character). — Summers. 12mo., 51 leaves. Type. London, 1853.

THEOLOGY, & o.

855. 講頭一個祖宗你惡 Sin of our First Parents. — Medhurst. 12mo., 6 leaves. Type.

Shanghai, 1847.

856. 中外辨理 Discussion of Chinese and Foreign Doctrines. — McClatchie. 8vo., 16 leaves. Xylog. Shanghai, 1849.

857. 耶穌拉山上教眾人 Sermon on the Mount. — 12mo., 10 leaves. Type. Ningpo, 1849.

858. 證據守安息日 Evidence for observing the Sabbath. — Carpenter. 12mo., 13 leaves. Xylog. Shanghai, 1850.

859. 耶穌來歷傳 Harmony of the Gospels. — C. Taylar. 4to., 164 leaves. Type. Ningpo, 1854.

860. [characters] Sources of Good and Evil(Phonetic character). — Cabaniss. 12mo., 75 leaves. Xylog. Shanghai, 1856.

861. 亨利實錄 Henry and his Bearer. — Mrs. Keith. 8vo., 35 leaves. Xylog. Shanghai, 1856.

862. [characters] Line upon Line(Phonetic character). — Crawford. 2 vols., 12mo., 176 leaves. Xylog. Shanghai, 1857.

863. 蒙童訓 Line upon Line. — Mrs. Keith. 8vo., 87 leaves. Xylog. Shanghai, 1857.

864. *Kiaú ts lok*. Galandet's Child's Book of the Soul(Roman character). — Mrs. Keith. 8vo., 62 leaves. Type. Shanghai, 1861.

865. 喜讀聖書小姐 The Girl who loved to read the Bible. — Farnham. 24mo., 3 leaves. Litho. Shanghai, 1868.

866. 審判日腳 The Judgment Day. — Farnham. 24mo., 3 leaves. Litho. Shanghai, 1868.

867. 趁早預備 Too late. — Farnham. 24mo., 7 leaves. Litho. Shanghai, 1868.

868. 日腳長拉裏 Life is long. — Farnham. 24mo., 6 leaves. Litho. Shanghai, 1868.

869. 剛担丟士 Constantine. — Farnham. 24mo., 7 leaves. Litho. Shanghai, 1868.

870. 撒庇傳 Story of Sah-pe. — Farnham. 24mo., 24 leaves. Litho. Shanghai, 1868.

871. *'Hie dōk sung'-sū-kuk siaú-'tsia*. The Girl who liked to read the Bible (Roman character). — Farnham. 16mo., 3 leaves. Type. Shanghai, 1868.

872. *'Sung-p'œn'niih kiak*. The Judgment Day (Roman character). — Farnham. 16mo., 3 leaves. Type. Shanghai, 1868.

873. *Ss'ung'-'tsau yû-bé*. Too Late(Roman character). — Farnham. 16mo., 7 leaves. Type. Shanghai, 1868.

874. "*Niih-kiak dzang-lá-le.*" Life is long(Roman character). — Farnham. 24mo., 6

leaves. Type. Shanghai, 1868.

875. *Kong-ta'tiu-z*. Constantine (Roman character). — Farnham. 16mo., 7 leaves. Type. Shanghai, 1868.

876. *Sah-pé kié*. Story of Sah-pe (Roman character). — Farnham. 16mo., 23 leaves. Type. Shanghai, 1868.

CATECHISMS

877. 信經問答 The Creed Catechism. — Bishop Boone. 16mo., 26 leaves. Xylog. Shanghai.

878. 十誡問答 Catechism of the Decalogue. — Bishop Boone. 16mo., 31 leaves. Xylog. Shanghai, 1855.

879. 進教要理問答 The Convert's Catechism. — Bishop Boone. 16mo., 27 leaves. Xylog. Shanghai, 1855.

880. 舊約問答 Old Testament Catechism. — Miss Fay. 8vo., 61 leaves. Xylog. Shanghai, 1867.

881. 出埃記問答 Catechism of Exodus. — Miss Fay. 8vo., 29 leaves. Xylog. Shanghai, 1867.

882. 創世紀問答 Catechism of Genesis. — Miss Fay. 8vo., 25 leaves. Xylog. Shanghai, 1868.

883. 民數記申命記約書亞士師記問答 Catechism of Numbers, Deuteronomy, Joshua and Judges. — Miss Fay. 8vo. 25 leaves. Xylog. Shanghai, 1868.

884. 舊約問答 Catechism of the Old Testament. — Miss Fay. 8vo., 36 leaves. Xylog. Shanghai, 1873.

885. 聖教問答 Catechism of the Christian Religion. — Muirhead. 8vo., 11 leaves. Xylog. Shanghai.

886. 真道問答 Catechism of the True Doctrine. — Farnham. 4to., 12 leaves. Type. Shanghai.

HYMNS

887. 怀伱们 Hymn Book (Phonetic character). — Cabaniss. 8vo., 26 leaves. Xylog. Shanghai, 1859.

888. 讚神詩 Hymn Book. — Cabaniss. 12mo., 25 leaves. Xylog. Shanghai, 1860.
889. 讚美詩 Hymn Book with Supplement. — Farnham. 12mo., 83 leaves. Type. Shanghai, 1864.
890. 曲譜讚美詩 Hymn and Tune Book. — Farnham. 8vo., 72 leaves. Type. Shanghai, 1868.
891. *Tsán mœs, laú c'oh-poo zong'-'hœ 't'oo-bak*. Hymn and Tune Book (Roman character). — Farnham. 8vo., 66 leaves. Type. Shanghai, 1868.

PRAYER BOOKS

892. 祈禱式文 Forms of Prayer. — Medhurst. 8vo., 31 leaves. Litho. Shanghai, 1844.
893. 禱告文 Selections from the Book of Common Prayer. — McClatchie. 8vo., 11 leaves. Xylog. Shanghai.

EDUCATIONAL

894. 上海土音字寫法 Phonetic System for Shanghai Dialect. — Crawford. 12mo., 22 leaves. Xylog. Shanghai, 1855.
895. ㄘ ㄔ ㄕ ㄒ ㄗ ㄘ Esop's Fables (Phonetic character). — Cabaniss. 12mo., 78 leaves. Xylog. Shanghai, 1857.
896. *Zong'-'hœ t'oo-bak*. Primer of the Shanghai Dialect (Roman character). — Keith. 39 leaves. Type. Shanghai, 1860.
897. 花夜記 The First Reader. — Farnham. 8vo., 32 leaves. Type. Shanghai, 1875.
898. Dialect of Shanghai, Phonetic Characters and Roman Equivalents. — B. Jenkins. 4 leaves. Type. Shanghai.
899. Chinese, Roman and Phonetics for the Dialect of Shanghai (Large sheet). — B. Jenkins. Type. Shanghai.

GEOGRAPHY

900. *De-'le-ts vung-tœh*. Catechism of Geography (Roman character). — Mrs. Keith. 4to., 61 leaves. Xylog. Shanghai.
901. *Dé-'le-ts' vung-tœh*. Catechism of Geography (Roman character). — Mrs. Keith. 8vo., 68 leaves. Type. Shanghai, 1861.

PERIODICALS

902. 聖書新報 The Bible News. — Farnham. 9 Nos., 4to., 9 leaves. Type. Shanghai, 1871.

903. 福音新報 The Gospel News. — Mrs. Fitch. 1No.,4to., 2 leaves. Type. Shanghai. 1871.

NINGPO DIALECT

SACRED SCRIPTURES

904. *Ah-lah kyiu-cü yiœ-su kyi-toh-go-sing-iah shü.* New Testament (Roman character). — Gough and J. H. Taylor. 8vo., 198 leaves. Type. London, 1868.

905. *Yi-s'œ-üô.* Book of Isaiah (Roman character). — Lord. 12mo., 95 leaves. Type. Shanghai, 1870.

906. *Gyiu-yi tsiao-shü.* — *Ts'ong-shü kyi.* Genesis. — *C'ih yiœ-gyih kyi.* Exodus (Roman character). — Rankin. 4to., 82 leaves. Type. Shanghai, 1871.

907. *Ah-lah kyiu-cü yiœ-su kyi-toh-go sing iah shü.* The New Testament (Roman character). — Lord. 8vo., 206 leaves. Type. Shanghai, 1874.

THEOLOGY, & o.

908. *Hyüing iu yüing-veng.* Old Testament History in Rhyme (Roman character). — S. N. D. Martin. 12mo., 64 leaves. Type. Ningpo, 1858.

909. *Ju-dong ts'u-hyiao.* Peep of Day (Roman character). — Mrs. Nevius. 4to., 92 leaves. Type. Ningpo, 1859.

910. 旅人入勝 The Pilgrim's Progress. (Roman character). — Cobbold. 4to., 75 leaves. Type. Shanghai, 1864.

911. *Liang-t'ah-go siao-nying. Kwu-œ-ts p'ong-djoh beng-yiu. & c.* The Lighthouse-keeper's Daughter, & c. (Roman character). — Mrs. A. E. Moule. 12mo., 12 leaves. Type. London, 1866.

912. *Yü-be vœn-ts'œn zi-dzo-ts'ah zi.* Preparation for the Holy Communion (Roman character). — Mrs. A. E. Moule. 8vo., 19 leaves. Type. Ningpo, 1866.

913. *Gyüong-nying iah-seh*. Poor Joseph (Roman character). — Crombie. 24mo., 9 leaves. Type. Hangchow, 1868.

914. *Siao Hyin-li teng gyi-go ti-'ô nying Bu-zi*. Henry and his Bearer. (Roman character). — Mrs. McCartee. 8vo., 18 leaves. Type. Shanghai, 1868.

915. *Tin-lu ts-nen*. Guide to Heaven. (Roman character). — J. L. Nevius. 8vo., 42 leaves. Type. Shanghai, 1868.

916. *Jih tsih yüih le*. Line upon Line (Roman character). — Cobbold. 2 vols., 8vo., 268 leaves. Type. Shanghai, 1868.

917. *Lu Hyiao-ts vu-ts sön-tsiang. Ih-pe tsiu. Se-lah teng Hœn-nah*. Frank Lucas, and others. (Roman character). — McCartee. 16mo., 24 leaves. Type. Shanghai, 1869.

918. *Jih tsih yüih le pu-tsoh*. Supplement to Line upon Line (Roman character). — Miss Lawrence. 8vo., 100 leaves. Type. Shanghai, 1875.

919. *Siao-yiang tseo ts'ô-lu*. The Lost Lamb (Roman character). — Mrs. Gough. 8vo., 9 leaves. Type. Shanghai, 1875.

CATECHISMS

920. *Foh-ing dao-li ling-kying veng-teh*. The Assembly's Shorter Catechism. (Roman character). — W. A. P. Martin. 12mo., 19 leaves. Type. Shanghai, 1870.

921. *Yiœ-su kyiao veng-teh*. Christian Catechism (Roman character). — Miss Lawrence. 12mo., 13 leaves. Type. Shanghai, 1872.

HYMN BOOKS

922. *Tsœn-me s*. Hymn Book (Roman character). — S. N. D. Martin and Rankin. 4to., 78 leaves. Type. Shanghai, 1863.

923. *Nying-po t'u wô tsœn me s*. Ningpo Hymn Book, 3rd Edition (Roman character). — S. N. D. Martin and Rankin. 8vo., 78 leaves. Type. Shanghai, 1868.

924. *Nying-po kyiao-we sô yüong-go t'u-wô tsœn me s*. Ningpo Hymn Book, 4th Edition (Roman character). — S. N. D. Martin and Rankin. 8vo., 137 leaves. Type. Shanghai, 1874.

925. 讚美詩 Hymn Book. — Leyenberger and Butler. 8vo., 241 leaves. Type. Shanghai.

PRAYER BOOK

926. 眾禱告文 Book of Common Prayer. — Gough and G. E. Moule. 8vo., 97 leaves. Xylog. Ningpo, 1864.

EDUCATIONAL

927. 寧波土話初學 The Ningpo Primer (Roman character). — Rankin. 12mo., 40 leaves. Type. Shanghai, 1871.

GEOGRAPHY

928. *Di-gyiu du ng da-tsiu di-bu peng-koh peng-sang peng-fu Scen-foh di-du*, & c. Geographical Catechism and Atlas (Roman character). — W. A. P. Martin. Fol., 15 leaves. Type. Ningpo, 1853.

929. *Ts'u 'ôh di-li veng-teh*. Catechism of the Elements of Geography (Roman character). — Leyenberger. 8vo., 65 leaves. Type. Shanghai, 1873.

930. *Di-li veng-teh*. Catechism of Geography (Roman character). — Gough. 8vo., 56 leaves. Type. Shanghai, 1875.

MATHEMATICS

931. *Sōn-fah k'œ-t'ong*. Arithmetic (Roman character). — W. A. P. Martin. 4to., 32 leaves. Type. Ningpo, 1854.

FOOCHOW DIALECT

SACRED SCRIPTURES

932. 馬太傳福音書 Matthew's Gospel. — C. Hartwell. 8vo., 43 leaves. Xylog. Foochow.

933. 新約聖經 The Four Gospels and Acts. — Maclay. 8vo., 118 leaves. Xylog. Foochow.

934. 聖經新約全書 New Testament. — Peet. 8vo., 377 leaves. Xylog. Foochow, 1863.

935. 馬可傳福音書 Mark's Gospel. — 8vo., 52 leaves. Type. Foochow, 1865.

936. 路加傳福音書 Luke's Gospel. — 8vo., 90 leaves. Type. Foochow, 1865.

937. 約伯記略 The Book of Job. — Maclay. 8vo., 62 leaves. Type. Foochow, 1866.

938. 約翰傳福音書 John's Gospel. — 8vo., 105 leaves. Type. Foochow, 1866.

939. 使徒行傳書 Acts of the Apostles. — 8vo., 87 leaves. Type. Foochow, 1866.

940. 羅馬人書 The Epistle to the Romans. — 8vo., 37 leaves. Type. Foochow, 1866.

941. 新約五經,新約全書 New Testament. — Maclay, O. Gibson, C. C. Baldwin and C. Hartwell. 4 vols. 8vo., 675 leaves. Type. Foochow, 1866.

942. 詩篇全書 Psalms of David. — Peet and Woodin. 4to., 134 leaves. Type. Foochow, 1868.

943. 箴言全書 Proverbs of Solomon. — S. L. Baldwin. 4to., 39 leaves. Type. Foochow, 1868.

944. 新約全書 New Testament. — Maclay, O. Gibson, C. C. Baldwin and C. Hartwell. 12mo., 248 leaves. Type. Foochow, 1869.

945. 約書亞記 Book of Joshua. — J. R. Wolfe. 4to., 48 leaves. Type. Foochow, 1874.

946. 路得記,撒母耳前書 Ruth and I Samuel. — Woodin. 4to., 73 leaves. Type. Foochow, 1875.

947. 創世紀 Book of Genesis. — C. C. Baldwin. 4to., 96 leaves. Type. Foochow, 1875.

THEOLOGY, & o.

948. 基督徒日用神糧書 Daily Spiritual Food. — Woodin. 12mo., 33 leaves. Type. Foochow, 1869.

949. 教會信錄 Church Creed and Covenant. — C. Hartwell. 12mo., 6 leaves. Type. Foochow, 1871.

950. 甲乙二友論述 Story of the Two Friends. — C. Hartwell. 12mo., 28 leaves. Type. Foochow, 1871.

951. 聖經圖說啓蒙 Bible Picture Book. — Mrs. Sites. 12mo., 166 leaves. Type. Foochow, 1873.

952. 童子拓胸歌 Rhymes for Youth. — C. Hartwell. 12mo., 14 leaves. Type. Foochow, 1873.

953. 小學四字經 Elementary Four Character Classic. — C. Hartwell. 16mo., 34

leaves. Type. Foochow, 1874.

954. 正道啟蒙 Peep of Day. — C. Hartwell. 12mo., 42 leaves. Type. Foochow, 1874.

955. 童子拓胸歌 Rhymes for Youth. — C. Hartwell. 16mo., 17 leaves. Type. Foochow, 1874.

956. 十駁五辯歌 Local Superstitions Exposed. — C. Hartwell. 16mo., 8 leaves. Type. Foochow, 1874.

957. 真理三字經 Trimetrical Classic of Truth. — C. Hartwell. 16mo., 26 leaves. Type. Foochow, 1875.

CATECHISM

958. 聖學問答 Catechism of Sacred Learning. — C. C. Baldwin. 8vo., 49 leaves. Xyl. Foochow, 1863.

HYMNS

959. 宗主詩章 Hymns for Divine Service. — C. Hartwell. 8vo., 59 leaves. Type. Foochow, 1871.

960. 榕腔神詩 Hymns in the Foochow Dialects. — Burns, Maclay and C. Hartwell. 8vo., 71 leaves. Type. Foochow, 1875.

PRAYER BOOK

961. 祈禱式文 Formulary of Prayer. — Osgood. 12mo., 14 leaves. Type. Foochow, 1874.

MATHEMATICS, & o.

962. 西算啟蒙 Western Arithmetic for Beginners. — Woodin. 8vo., 60 leaves. Type. Foochow, 1874.

963. 天文問答 Catechism for Astronomy. — Doolittle and C. Hartwell. 12mo., 24 leaves. Type. Foochow, 1873.

PERIODICAL

964. 福音新報 The Gospel News. — Misses Woolston and Payson. 5 Nos., 4to., 10 leaves. Type. Foochow, 1874-5.

SHEET TRACT

965. 上帝聖誡繙譯榕腔 The Decalogue. — C. Hartwell. Fol. Type. Foochow, 1872.

AMOY DIALECT

SACRED SCRIPTURES

966. *Lō-tek ê chheh*. The Book of Ruth (Roman character). — Talmage. 8vo., 10 leaves. Xylog. Amoy, 1853.

967. 使徒行傳 Acts of the Apostles (Roman character). — J. Stronach. 8vo., 76 leaves. Type. Amoy, 1867.

968. 路加福音傳 Luke's Gospel (Roman character). — Talmage. 8vo., 75 leaves. Type. Amoy, 1868.

969. *Sù-tô iok-hān ê sam-su*. Three Epistles of John (Roman character). — Talmage. 8vo., 12 leaves. Type. Amoy, 1870.

970. 約翰福音傳 John's Gospel (Roman character). — J. Stronach. 8vo., 33 leaves. Type. Amoy, 1871.

971. *Sù-tô po-lô kia ho ka-liàp-thai chiah-ê kàu-hōe ê phoe*. Galatians to Collossians (Roman character). — Talmage. 8vo., 23 leaves. Type. Amoy, 1871.

972. 馬太福音傳 Matthew's Gospel (Roman character). — Talmage. 8vo., 54 leaves. Type. Amoy, 1872.

973. 詩篇 Psalms of David (Roman character). — J. Stronach. 8vo. 92 leaves. Type. Amoy, 1873.

974. *Pi-tek chiân su*. — *Pi-tek hō-su*. First and Second Epistles of Peter (Roman character) — J. Stronach. 8vo., 8 leaves. Type. Glasgow, 1873.

975. *Thoân-tō iok-han bek-si-liók*. Revelations of John (Roman character). — J. Stronach. 8vo., 20 leaves. Type. Glasgow, 1873.

976. *Lán ê kiù-tsú iâ-so ki-tok ê sin iok*. New Testament (Roman character). — Macgregor, Swanson, Cowie, Maxwell, & c. 8vo., 203 leaves. Type. Glasgow, 1873.

977. 使徒行傳 Acts of the Apostles (Roman character). — 8vo., 76 leaves. Type.

Amoy, 1867.

THEOLOGY, & o.

978. 天路歷程 The Pilgrim's Progress (Roman character). — Talmage and J. Macgowan. 8vo., 155 leaves. Xylog and type. Amoy, 1853.

979. *Khui gin-á ê sim-hoe ê chheh*. A Delightful Book for Children (Roman character). — W. Young. 8vo., 9 leaves. Xylog. Amoy, 1853.

CATECHISMS

980. *Sèng-chheh ê būn-tap*. Catechism of Old Testament History (Roman character). — Cowie. 8vo., 48 leaves. Type. Amoy, 1869.

981. *Sèng chheh ê būm-tap sin-iok*. Catechisn of New Testament History (Roman character). — Cowie. 8vo., 51 leaves. Type. Amoy, 1871.

HYMNS

982. 養心神詩新編 New Hymn Book. — J. Stronach 8vo., 59 leaves. Xylog. Amoy, 1857.

983. 厦腔神詩 Hymns in the Amoy Dialect. — Burns. 8vo., 20 leaves. Xylog. Amoy, 1862.

984. 養心神詩 Hymns. — Burns and Douglas. 8vo., 42 leaves. Type. Foochow, 1872.

985. *Ióng sim sin si*. Hymn Book' (Roman character). — Burns and Douglas. 8vo., 24 leaves. Type. Glasgow, 1873.

986. 養心神詩 Hymn Book. — Burns and Douglas. 12mo., 17 leaves. Type. Foochow, 1875.

EDUCATIONAL

987. *Tng ōe hoan jī chho hàk*. Primer of the Amoy Dialect (Roman character). — Talmage. 8vo., 15 leaves. Xylog. Amoy, 1852.

988. Small Primer of Amoy Colloquial (Roman character). — Talmage. 8vo., 2 leaves. Type. Amoy, 1853.

MATHEMATICS

989. *Sng siàu ê chho-hàk*. Sequel to Small Arithmetic (Roman character). — Van Doren. 8vo., 10 leaves. Type. Amoy, 1873.

SWATOW DIALECT

SACRED SCRIPTURES

990. 路得氏記 The Look of Ruth. — Partridge. 12mo., 10 leaves. Xyog. Swatow, 1875.

HARMONY OF THE GOSPELS

991. 福音四書合串 Compendium of the Gospels. — Ashmore. 4to., 202 leaves. Type. Foochow, 1874.

HYMNS

992. 潮音神詩 Hymns in the Swatow Dialect. — Burns. 8vo., 81 leaves. Type. Hongkong, 1873.

993. 潮音神詩 Hymns in the Swatow Dialect. — Burns. 12mo., 65 leaves. Type. Hongkong, 1873.

CANTON DIALECT

SACRED SCRIPTURES

994. 約翰傳福音書 John's Gospel. — C. F. Preston. 4to., 38 leaves. Xylog. Canton.

995. *Das Evangelium des Lucas im volksdialekte der Punti Chinesen*. Luke's Gospel (Roman character). — Rhenish Mission. 8vo., 56 leaves. Type. Hongkong, 1867.

996. 馬可福音傳 Mark's Gospel. Piercy. — 8vo., 21 leaves. Type. Hongkong, 1872.

997. 使徒行傳 Acts of the Apostles. — C. F. Preston. 8vo., 33 leaves. Type. Hongkong.

998. 保羅達會小書 Paul's Epistles, Galatians to Philemon. — Piercy. 4to., 55 leaves. Canton, 1872.

999. 舊約創世記 The Book of Genesis. — Piercy. 8vo., 48 leaves. Type. Hongkong.

THEOLOGY, & o.

1000. 浪子悔改 The Repentant Prodigal. — Legge. 16mo., 6 leaves. Type. Hongkong.

1001. 落爐不燒 Unscathed in the Furnace. — Legge. 16mo., 6 leaves. Type. Hongkong.

1002. 曉初訓道 Peep of Day. — Piercy. 16mo., 95 leaves. Xylog. Canton, 1862.

1003. 耶穌言行撮要俗話 Life of Jesus. — C. F. Preston. 4to., 108 leaves. Xylog. 1863.

1004. 述史淺譯 Scripture History. — Mrs. French. 5 vols., 8vo., 748 leaves. Xylog. Canton.

1005. 續天路歷程土話 The Pilgrim's Progress, Part II. — Piercy. 4to., 114 leaves. Canton, 1870.

1006. 天路歷程土話 The Pilgrim's Progress. — Piercy. 4to., 134 leaves. Xylog. Canton.

1007. 聖會錄要 Essentials of Faith. — Hutchinson. 8vo., 3 leaves. Type. Hongkong.

CATECHISM

1008. 真道啟蒙 Catechism for little Children. — Miss Whilden. 8vo., 26 leaves. Xylog. Canton, 1875.

HYMNS

1009. 啟蒙詩歌 Simple Hymns. — Piercy. 4to., 53 leaves. Xylog. Canton, 1863.

PRAYER BOOK

1010. 聖會禱文 Book of Common Prayer. — Piper. 8vo., 111 leaves. Type. Hongkong, 1872.

EDUCATIONAL

1011. 初學粵音切要 A Chinese Phonetic Vocabulary. — Chalmers. 8vo., 32 leaves.

Type. Hongkong, 1855.

HAKKA DIALECT

SACRED SCRIPTURE

1012. *Das Evangelium des Lucas im volkesdialekte der Hakka Chinesen*. Luke's Gospel (Italic character). — Basel Mission. 8vo., 54 leaves. Type. Hongkong, 1865.
1013. The New Testament in the Colloquial of the Hakka Dialect. The Gospel of Matthew (Roman character). — Lechler. 8vo., 55 leaves. Type. Basel, 1866.
1014. The New Testament in the Colloquial of the Hakka Dialect. The Gospel of Mark (Roman character). — Lörcher. 8vo., 53 leaves. Type. Basel, 1874.
1015. The Gospel of Luke (Roman character). — Eitel. 8vo., 58 leaves. Type. Basel, 1866.

THEOLOGY, & o.

1016. *Sin'kin, tsi, sz' tshok wun, Hak-ka, syuk-wà*. Biblical Histories (Roman character). — Bender. 8vo., 44 leaves. Type. Basel, 1868.

CATECHISM

1017. *Ya, sz, kaù fui´ yù hok*. Short Catechism of the Christian Religion (Roman character). — Piton. 12mo., 10 leaves. Type. Basel, 1871.

HYMNS

1018. *Sin'fui´ khyon, thyaù. Melodienbuch zum Gesangbuch, & c.* Hymns with Tunes (Roman character). — Reusch. 8vo., 40 leaves. Type. Basel, 1868.

EDUCATIONAL

1019. *Hak, ka, syuk, wà phò hok*. First Lessons in Reading and Writing the Hakka. — 12mo., 30 leaves. Copperplate. Basel, 1869.
1020. Syllabary of the Hakka Dialect (Italic character). — Faber. 8vo., 2 leaves. Type. Hongkong.

MATHEMATICS

1021. *Ka , tshu , 'sin'fun , tsho , hok* . The four first Rules of Arithmetic (Roman character). — 12mo., 6 leaves. Type. Basel, 1868.

KINHWA DIALECT

SACRED SCRIPTURES

1022. ' *A-da kyiu-cü yœ-su-geh sin-yi kyiao shü. Iah-'œn djüa foh-ing shü* . John's Gospel (Roman character). — H. Jenkins. 8vo., 59 leaves. Type. Shanghai, 1866.

HANGCHOW DIALECT

HYMNS

1023. 讚美詩 Hymns of Praise. — G. E. Moule. 8vo., 57 leaves. Xylog. Hangchow, 1871.

1024. ' *Ang-tse t'u-yin tsan-me-s* . Hymns in the Hangchow Dialect (Romam character). — G. E. Moule. 8vo., 34 leaves. Type. Shanghai, 1872.

PRAYER BOOK

1025. 公禱書 Book of Common Prayer. — G. E. Moule. 8vo., 57 leaves. Xylog. Hangchow.

SOOCHOW DIALECT

THEOLOGY, & o.

1026. 蒙童訓 Line upon Line. — Miss Safford. 8vo., 41 leaves. Type. Shanghai, 1875.

CATECHISMS

1027. 福音真理問答 Catechism of Gospel Truth. —— Miss Safford. 8vo., 18 leaves. Type. Shanghai, 1874.

1028. 小問答 Small Catechism. —— Miss Safford. 8vo., 35 leaves. Type. Shanghai, 1875.

SHEET TRACTS

1029. 耶穌教要理 Important Doctrines of Jesus. —— Miss Safford. 4to. Type. Shanghai.

1030. 禱告文 Form of Prayer. —— Miss Safford. 4to. Type. Shanghai.

MANCHU LANGUAGE.

SACRED SCRIPTURES.

1031. [Manchu script] 馬太傳福音書 Matthew's Gospel (Manchu and Chinese). —— Wylie. Fol., 70 leaves. Type. Shanghai, 1859.

1032. [Manchu script] 馬可傳福音書 Mark's Gospel (Manchu and Chinese). —— Wylie. Fol., 43 leaves. Type. Shanghai, 1859.

MONGOLIAN LANGUAGE

SACRED SCRIPTURES

1033. [Mongolian script] Matthew's Gospel. —— Edkins and Schereschewsky. 4to., 142 leaves. Xylog. Peking, 1872.

CATECHISM

1034. [Mongolian script] Christian Catechism. — 8vo., 26 leaves. Xylog. Peking, 1866.

MALAY LANGUAGE

SACRED SCRIPTURES

1035. 約翰傳福音書 *Indjil jang tersoerat oleh Johannes*. John's Gospel (Chinese and Malay) — W. Young. 4to., 118 leaves. Litho. Batavia.

JAPANESE LANGUAGE

SACRED SCRIPTURES

1036. 新約聖書馬可傳 Mark's Gospel. — Hepburn, & c. 4to., 70 leaves. Xylog. Yokohama.

1037. 新約聖書約翰傳 John's Gospel. — Hepburn, & c. 4to., 88 leaves. Xylog. Yokohama.

1038. 新約聖書路加傳 Luke's Gospel. — Yokohama Committee. 8vo., 100 leaves. Yokohama, 1875.

1039. *Shin yaku sei-sho yohanne no fuku-in*. The Gospel according to St. John (Roman charcters) (English and Japanese). — Hepburn. 16mo., 100 leaves. Type. New York, 1873.

THEOLOGY

1040. 真理易知 Easy Introduction to Christianity. — Hepburn. 8vo., 39 leaves, Xylog. Shanghai, 1868.

1041. Elements of Scripture Truth. — Warren. 16mo., 3 leaves. Xylog. Osaca. 1875.

MAPS AND PLANS

1042. 行星圖 Plan of the Solar System. — Presbyterian Mission Students. MS.

Takow. 1875.

1043. 地球全圖 Map of the World, in two Hemispheres. — Edkins. Xylog. Peking. 1864.

1044. 地球全圖 Map of the World in two Hemispheres. — Woodin. Xylog. Foochow, 1861.

1045. 東半地球 Map of the Eastern Hemisphere. — Presbyterian Mission Students. MS. Takow, 1875.

1046. 西半地球 Map of the Western Hemisphere. — Presbyterian Mission Students. MS. Takow, 1875.

1047. 使徒保羅出外播揚道理所行到之地圖 Map of Paul's Journeys. — J. Macgowan. Xylog. Amoy, 1872.

1048. 行傳地圖 Map to illustrate The Acts. 猶太地圖 Map of Judea. — Kip. Xylog. Amoy.

1049. 迦南地圖 Map of Canaan. — Talmage. Xylog. Amoy, 1861.

1050. 猶太地圖 Map of Judea. — Talmage. Xylog. Amoy, 1861.

1051. 猶太圖 Map of Judea. — Presbyterian Mission Students. MS. Takow, 1875.

1052. 猶太地圖 Judea in the time of David. 猶太地圖 Judea in the time of Christ. 使徒行教地圖 Countries in which the Apostles laboured. — J. L. Nevius. Litho. United States.

1053. 春秋地圖 Map of China in the period B. C. 722-484. — Chalmers. Xylog. Canton.

1054. China in the Age of the Ch'un-ts'ew (Roman character). — Chalmers. Xylog. Canton.

1055. Swatow Missionary Map embracing those parts of the Canton Province, & c. (Roman character). — G. Smith. Litho. Edinburgh, 1875.

1056. Missionary Map of Amoy and the neighbouring Country (Roman character). — Douglas. Litho. Edinburgh, 1873.

1057. 臺灣圖 Map of Formosa. — Presbyterian Mission Students. MS. Takow, 1875.

1058. Map of the City and entire Suburbs of Canton (Chinese and Roman). — Vrooman. Xylog. Canton, 1860.

1059. A Map of the City and Suburbs of Foochow, China, including the Foreign Settlement (Roman character). — Wentworth. Xylog. Foochow.

1060. Road Map from Peking to Kiachta by the Great Camel Route (Roman character). — Edkins. 6 Parts. Xylog. Peking, 1858.

BOOKS IN THE ENGLISH LANGUAGE

DICTIONARIES

1. 五車韻府 A Dictionary of the Chinese Language, by the Rev. R. Morrison, D. D. 2 vols., Shanghai, 1865-(Reprint).
2. Chinese and English Dictionary. — W. H. Medhurst. 2nd vols., 8vo. Batavia, 1843.
3. English and Chinese Dictionary — W. H. Medhurst. 2 vols., 8vo. Shanghai, 1847.
4. 英華萃林韻府 Vocabulary and Hand-book of the Chinese Language. — J. Doolittle. 2 vols. 4to., Foochow and Shanghai, 1872.
5. A Syllabic Dictionary of the Chinese Language. — S. Wells Williams. 4to. Shanghai, 1874.
6. An Alphabetic Dictionary of the Chinese Language in the Foochow Dialect. — R. S. Maclay. D and C. C. Baldwin, A. M. 8vo. Foochow, 1870.
7. Dictionary of the Vernacular or spoken Language of Amoy. — C. Douglas, LLD. 4to. London, 1873.
8. 英粵字典 An English and Cantonese Pocket Dictionary. — J. Chalmers, M. A. 12mo Hongkong, 1873.
9. Dictionary of the Favorlang Dialect of the Formosan Language. — W. H. Medhurst. 16mo., Batavia, 1840.
10. A Japanese and English Dictionary. — J. C. Hepburn. 4to. Shanghai, 1867.
11. Hand-book for the Student of Chinese Buddhism. — Eitel. 8vo. London, 1870.

GRAMMARS

12. 1. Notices on Chinese Grammar. Part I. Orthography and Etymology. — (Gutzlaff) Philosinensis. 8vo. Batavia, 1842.
    2. Easy Lessons in Chinese. — S. W. Williams. 8vo. Macao, 1842.
    3. Chinese Dialogues, Questions, and Familiar Sentences. — W. H. Medhurst.

8vo. Shanghai, 1844.

13. 1. The Notitia Lingue Sinicæ of Premare translated into English. — J. G. Bridgman 8vo. Canton, 1847.

   2. *Ying Hwá Yun-fú Lih-kiái*. An English and Chinese Vocabulary. — S. W. Williams. 8vo. Macao, 1844.

14. A Hand-book of the Chinese Language. Parts I. and II. Grammar, & c. — J. Summers. 8vo. Oxford, 1863.

15. Grammar of the Chinese Language. — W. Lobscheid. 8vo. Hongkong, 1864.

16. 英話文法小引 Chinese-English Grammar. — W. Lobscheid. 8vo. Hongkong, 1864.

17. A Grammar of the Chinese Colloquial Language, commonly called the Mandarin. Dialect — J. Edkins. 4to. Shanghai, 1864.

18. 1. A Grammar of Colloquial Chinese, as exhibited in the Shanghai Dialect. — J. Edkins. 8vo. Shanghai, 1853.

    2. Chinese Conversations: translated from Native Authors. — J. Edkins. 8vo. Shanghai, 1852.

19. Translation of the *Ts'ing wan k'e mung*. A Chinese Grammar of Manchu Language. — A. Wylie. 8vo. Shanghai, 1855.

DIALOGUES, VOCABULARIES, & o.

20. Dialogues and detached Sentences in the Chinese Language. — (Morrison) Anonymous. 8vo. Macao, 1816.

21. 1. The Analytical Reader. A short Method for learning to read and write Chinese. — W. A. P. Martin. 4to. Shanghai, 1863.

    2. 常字雙千釋義 A Vocabulary of Two thousand frequent Characters. — W. A. P. Martin. 4to. Shanghai, 1863.

22. 英華行篋便覽 The Tourist's Guide and Merchant's Manual. — W. Lobscheid. 4to. Hongkong, 1864.

23. The Rudiments of the Chinese Language, with Dialogues, & c. J. Summers. 16mo. London, 1864.

24. Progressive Lessons in the Chinese Spoken Language. — J. Edkins. 8vo. Shanghai, 1869.

25. A Collection of Phrases in the Shanghai Dialect. — J. Macgowan. 4to. Shanghai, 1862.
26. A Vocabulary of the Shanghai Dialect. — J. Edkins. 8vo. Shanghai, 1869.
27. A Manual of the Foochow Dialect. — C. C. Baldwin. 8vo. Foochow, 1871.
28. Anglo-Chinese Manual with romanized Colloquial in the Amoy Dialect. — E. Doty. 8vo. Canton, 1853.
29. A Manual of the Amoy Colloquial. — J. Macgowan. 4to. Hongkong, 1869.
30. 1. 廣東省土話字彙 Vocabulary of the Canton Dialect. — R. Morrison. 4to. Macao, 1828.

    2. 英國文語凡例傳 A Grammar of the English Language. — R. Morrison. 4to. Macao.

    3. Lessons in the Chinese Language. — W. H. Medhurst. 8vo. Shanghai, 1846.
31. The Beginner's First Book, or Vocabulary of the Canton Dialect. — W. Lobscheid. 8vo. Hongkong, 1858.
32. Translation of a Comparative Vocabulary of the Chinese, Corean, and Japanese Languages. — (W. H. Medhurst) Philosinensis. 8vo. Batavia, 1835.
33. An English and Japanese and Japanese and English Vocabulary. — W. H. Medhurst. 8vo. Batavia, 1830.
34. Familiar Phrases in English and romanized Japanese. — J. Liggins. 8vo. Shanghai, 1860.
35. Colloquial Japanese, or Conversational Sentences and Dialogues. — S. R. Brown. 8vo. Shanghai, 1863.
36. Prendergast's Mastery System, adapted to the Study of Japanese. — S. R. Brown. 8vo. 1875.
37. 英漢字句 The Household Companion and Student's First Assistant. — W. Lobscheid. 8vo. Hongkong, 1867.

LITERATURE, & o.

38. Chinese Miscellany; consisting of Original Extracts, & c. — R. Morrison. Fol. London.
39. Notes on Chinese Literature; with Introductory Remarks. — A. Wylie. 4to.

Shanghai.

40. The Chinese Commercial Guide, containing Treaties, & c. — S. W. Williams. 8vo. 1863.
41. A Vocabulary of Proper Names, in Chinese and English. — F. P. Smith. 4to. Shanghai.
42. Contributions towards, the Materia Medica and Natural History of China. — F. P. Smith. Shanghai, 1871.
43. China's place in Philology: an Attempt to show that the Languages, & c. — J. Edkins. London, 1871.
44. 諺語叢話 A Collection of Chinese Proverbs translated and arranged by W. Scarborough. 12mo. Shanghai, 1875.
45. A Chinese Chrestomathy in the Canton Dialect. — E. C. Bridgman. 4to. Macao.
46. Memorials of Protestant Missionaries to the Chinese. — 8vo. Shanghai, 1867.

TRANSLATIONS

47. The Chinese Classical work commonly called the Four Books. — D. Collie. 8vo. 1828.
48. Ancient China. 書經 The Shoo-king, or the Historical Classic. — W. H. Medhurst. Shanghai, 1846.
49. The Chinese Classics: with a Translation, Critical and Exegetical Notes, Prolegomena copious Indexes. — J. Legge. 8vol., 4to. Hongkong, 1861-72.
50. Confucius and the Chinese Classics: or Readings in Chinese, & c. — A. W. Loomis. 12 mo., Francisco, 1867.
51. The Speculations on Metaphysics, Polity, and Morality of Lau-tsze "The Old Philosophers." — J. Chalmers. 12mo. London, 1868.
52. The Chinese Classics: translated into English, with Preliminary Essays, & c. — J. Legge. London, 1869.
53. The Sacred Edict, containing Sixteen Maxims of the Emperor Kang-hi. — W. Milne Shanghai, 1870.
54. Confucian Cosmogony. A Translation of Section Forty-nine of the "Complete the Philosopher Choo-Foo-Tze." — T. McClatchie. 8vo. Shanghai, 1874.

THEOLOGY

55. Lectures on the Sayings of Jesus. — R. Morrison. 8vo. Malacca, 1832.

56. The Missionary Convention at Jerusalem. — D. Abeel. 12mo. New York, 1838.

57. Discourses to a Christian Congregation in a Heathen Land. — J. Hobson. 8vo. London, 1858.

58. The Seaman's Compass and Chart; for Daily use, Afloat or Ashore. — S. W. Bonney. 16mo. New York.

59. Learn to say No; or the City Apprentice. — A. W. Loomis. 12mo. Philadelphia, 1856.

BIOGRAPHY

60. The Pioneer of American Missions in China. The Life and Labours of E. C. Bridgman. — E. J. G. Bridgman. 12mo. New York, 1864.

61. Memorials of James Henderson, M. D., Medical Missionary to China. — (Mrs. Henderson). Anonymous. 8vo. London, 1869.

DESCRIPTIVE

62. Notices concerning China and the Port of Canton, & c. — R. Morrison. 4to. Malacca, 1823.

63. A Sketch of Chinese History, Ancient and Modern. — C. Gutzlaff. 2 vols., 8vo. London, 1834.

64. Journal of Three Voyages along the Coast of China in 1831, 1832 and 1833. — C. Gutzlaff. 12mo. London, 1834.

65. 1. Reizen langs de kusten van China, en bezoek op Corea on de Loo-choo. — K. Gutzlaff. 8vo. Rotterdam, 1835.

   2. Gützlaff, de Apostel der Chinezen, in zijn leven en zijne werkzaamheid. — 8vo. Rotterdam, 1850.

66. Journal of a Residence in China and the neighbouring Countries. — D. Abeel. 8vo. New York, 1836.

67. China; its State and Prospects. — W. H. Medhurst. 8vo. London, 1838.

68. China, or Illustrations of the Symbols, Philosophy, Antiquities, Customs, & c. — S.

Kidd. 8vo. London, 1841.

69. A Narrative of an Exploratory Visit to each of the Consular Cities of China. — G. Smith. 8vo. London, 1847.

70. The Land of Sinim; or an Exposition of Isaiah, xlix. 12. — W. M. Lowrie. 16mo. Philadelphia, 1850.

71. The Life of Taou-kwang, late Emperor of China. — C. Gutzlaff. 8vo. London, 1852.

72. Lewchew and the Lewchewans; being a Narrative of a Visit to Lewchew. — G. Smith. 8vo. London, 1853.

73. Daughters of China; or Sketches of Domestic Life in the Celestial Empire. — E. J. G. Bridgman. 16mo. Glasgow, 1853.

74. The Middle Kingdom; a Survey of the Geogrephy, Government, & c. — S. W. Williams. 8vo. New York. 1857.

75. Scenes in Chusan; or Missionary Labours by the Way. — A. W. Loomis. 12mo. Philadelphia.

76. Darkness in the Flowery Land; or Religious Notions and Popular Superstitions in China. — M. S. Culbertson. 12mo. New York. 1857.

77. Life in China. — W. C. Milne. 8vo. London, 1858.

78. The Religious Condition of the Chinese. — J. Edkins. 8vo. London, 1859.

79. The China Mission, embracing a History of the various Missions. — W. Dean. 8vo. New York. 1859.

80. Five years in China, with some account of the Great Rebellion. — C. Taylor. 8vo. New York. 1860.

81. The Medical Missionary in China; a Narrative of Twenty Years Experience. — W. Lockhart 8vo. London, 1861.

82. Life among the Chinese. with characteristic Sketches, & c. — R. S. Maclay. 8vo. New York.

83. Chinese Scenes and People, with Notices of Christian Missions. & c. — J. R. Edkins. 8vo. London, 1863.

84. Ten Weeks in Japan. — G. Smith. 8vo. London, 1861.

85. The Chinese Bride. A Story of Real Life. — M. T. Crawford. 16mo. Philadelphia.

86. Social Life of the Chinese, with some account of their Religion, & c. — J. Doolittle. 2vols., London, 1866.

87. San-poh, or North of the Hills. A Narrative of Missionary Work. — J. L. Nevius. Philadelphia, 1869.
88. Our Life in China. — H. S. C. Nevius. 8vo. New York. 1869.
89. China and the Chinese; a General Description of the Country. & c. — J. L. Nevius. 8vo. New York. 1869.
90. China and the Gospel. — W. Muirhead. 8vo. London, 1870.
91. Journeys in North China, Manchuria, and Eastern Mongolia, & c. — A. Williamson. 2vols., London, 1870.
92. Four Hundred Millions. Chapters on China and the Chinese. — A. E. Moule. 16mo. London.
93. The Foreign Missionary; his Field and his Work. — M. J. Knowlton. 12mo. Philadelphia.

SERIALS

94. The Indo-Chinese Gleaner (incomplete). — Dr. Milne. 8vo. Malacca, 1818-22.
95. The Chinese Repository. — Bridgman and Williams. 20 vols., 8vo. Canton. 1832-51.
96. The Chinese Recorder and Missionary Journal. — Wheeler, Baldwin, & c. 7 vols. Foochow and Shanghai, 1867-75.
97. The Chinese Miscellany; designed to illustrate the Government, & c. — W. H. Medhurst. 4Nos in 1 vol, 8vo. Shanghai, 1849-50.
98. The Phœnix, a Monthly Magazine for China, Japan and Eastern Asia. — Summers. 3 vols one, 4to. London, 1870-72.
99. The Anglo-Chinese Kalendar. — J. Morrison and S. W. Williams. 8vo. Canton, 1835-55.
100. The Chinese and Japanese Repository of Facts and Events. — Summers. 3 vols. in 1, 4 to. London, 1863-65.

REPORTS, & c.

101. Medical Missionary Society's Reports. — P. Parker, & c. 34 pieces, 8vo. Canton, 1836-75.

附录　新教传教士在华出版目录（1876 年前）　　　　　　　　　　　　　　459

102. Shanghai Hospital Reports. — Lockhart, & c. 2 vols., 8vo. Shanghai, 1848-75.
103. Peking Hospital Reports. — Lockhart and Dudgeon. 8vo. Shanghai, 1862-75.
104. China Hospital Reports. — Hobson, & c. 30 pieces, 8vo. Canton, & c., 1850-75.
105. Reports of Anglo-Chinese College, & c. — Kidd, Hughes, & c. 32 pieces, 8vo. Malacca, & c., 1825-75.
106. Pamphlets by China Missionaries. — Tomlin, & c. 32 pieces, 8vo. Malacca, & c., 1832-70.
107. Pamphlets by China Missionaries. — Medhurst, & c. 22 pieces, 8vo. Shanghai, & c., 1849-73.
108. China Missionary Pamphlets. — Baldwin, & c. 8 pieces, 16mo. Foochow, & c., 1865-74.
109. Contributions to Societies. — Wylie. 11 pieces, 8vo. Hongkong, & c., 1855-70.

PHOTOGRAPHS

110. Baptist Mission at Tǎngchow. Boys' Boarding School under Rev. T. P. Crawford.
111. Baptist Mission at Tǎngchow. Boys' Day School under Miss E. Moon.
112. Baptist Mission at Tǎngchow. Girls' School under Mrs. Holmes.

主要参考书目

中文文献

阿英《晚清小说史》,东方出版中心,1996年。
阿英《中国连环图画史话》,山东画报出版社,2009年。
[英]艾莉莎·马礼逊《马礼逊回忆录》,大象出版社,2008年。
[美]爱切生《语言的变化:进步还是退步》,语文出版社,1997年。
[德]安保罗《论语本义官话》,上海美华书馆,1910年。

[美]鲍康宁《司布真记》,中国基督教书会印行,1904年。
北京大学中国传统文化研究中心编《文化的馈赠:汉学研究国际会议论文集》,北京大学出版社,2000年。
北京大学宗教研究所编《明末清初耶稣会思想文献汇编》第22册,北京大学宗教研究所,2000年。
北京师范学院中文系汉语教研组编《五四以来汉语书面语言的变迁和发展》,商务印书馆,1959年。
北洋巡警学堂编《警察课本》,1905年。
[英]彼得·伯克《语言的文化史:近代早期欧洲的语言和共同体》,李霄汉、李鲁、杨豫译,北京大学出版社,2007年。
[日]柄谷行人《日本现代文学的起源》,生活·读书·新知三联书店,2003年。
[法]伯希和、[日]高田时雄编《梵蒂冈图书馆所藏汉译》,郭可译,中华书局,2006年。

蔡锡勇《传音快字》,文字改革出版社,1956 年。
曹立前《晚清山东新式学堂》,山东文艺出版社,2004 年。
常瀛生《北京土话中的满语》,燕山出版社,1993 年。
陈伯海《近 400 年中国文学思潮史》,东方出版中心,1997 年。
陈福康《中国译学理论史稿》,上海外语教育出版社,1992 年。
陈建明《激扬文字、传播福音:近代基督教在华文字事工》,台湾宇宙光全人关怀机构,2006 年。
陈平原、夏晓虹编《二十世纪中国小说理论资料》第 1 卷,北京大学出版社,1989 年。
陈虬《新字瓯文七音铎》,文字改革出版社,1958 年。
陈万雄《五四新文化的源流》,生活·读书·新知三联书店,1997 年。
陈伟华《基督教文化与中国小说叙事新质》,中国社会科学出版社,2007 年。
陈学恂《中国近代教育史教学参考资料》中册,人民教育出版社,1986 年。
陈学恂《中国近代教育史教学参考资料》下册,人民教育出版社,1987 年。
陈引弛编《自述与印象:梁启超》,上海三联书店,1997 年。
陈子展《中国近代文学之变迁》,中华书局,1929 年。
春风文艺出版社编《明清小说论丛》第 3 辑,春风文艺出版社,1985 年。

[日]大庭修《江户时代中日秘话》,徐世虹译,中华书局,1997 年。
[日]大庭修《江户时代中国典籍流播日本之研究》,戚印平、王勇、王宝平译,杭州大学出版社,1998 年。
[美]丹尼尔·W·费舍《狄考文——一位在中国山东生活了四十五年的传教士》,关志远、苗凤波、关志英译,广西师范大学出版社,2009 年。
[美]蒂利希《基督教思想史:从其犹太和希腊发端到存在主义》,尹大贻译,东方出版中心,2008 年。
刁晏斌《现代汉语史》,福建人民出版社,2006 年。
[美]邓恩《从利玛窦到汤若望:晚明的耶稣会传教士》,余三乐、石蓉译,上海古籍出版社,2003 年。
丁声树、吕叔湘《现代汉语语法讲话》,商务印书馆,1979 年。

[美]丁韪良《花甲忆记——一位美国传教士眼中的晚清帝国》,沈弘、恽文提、郝日虎译,广西师范大学出版社,2004年。

丁文江、赵丰田编《梁任公先生年谱长编》,中华书局,2010年。

[法]杜赫德《耶稣会士中国书简——中国回忆录》,郑德弟、朱静译,大象出版社,2001年。

杜春和、韩荣芳、耿来金编《胡适演讲录》,河北人民出版社,1999年。

段怀清、周伶俐《〈中国评论〉与晚清中英文学交流》,广东人民出版社,2006年。

段怀清《传教士与晚清口岸文人》,广东人民出版社,2007年。

尔棙编《国语文法讲义》,中华书局,1934年。

方汉奇主编《中国新闻事业通史》第1卷,中国人民大学出版社,1992年。

方豪《中国天主教史论论丛》甲集,商务印书馆,1947年。

方豪《中外文化交通史论丛》,上海书店出版社,1992年。

方豪《中国天主教人物传》,宗教文化出版社,2007年。

方师铎《五十年来中国国语运动史》,国语日报社,1969年。

[美]费正清主编、中国社会科学院历史研究所编译室译《剑桥中国晚清史》上卷,中国社会科学出版社,1983年。

[法]费赖之《在华耶稣会士列传及书目》,冯承钧译,中华书局,1995年。

冯天瑜《新语探源——中西日文化互动与近代汉字术语生成》,中华书局,2004年。

[法]福柯著、顾嘉琛译、杜小真编《福柯集》,上海远东出版社,1998年。

傅敬民《〈圣经〉汉译的文化资本解读》,复旦大学出版社,2009年。

傅角今、郑励俭编著《琉球地理志略》,商务印书馆,1948年。

[西]弗朗西斯科·瓦罗《华语官话语法》,马又清、姚小平译,外语教学与研究出版社,2003年。

[瑞]高本汉《中国语与中国文》,张世禄译,商务印书馆,1933年。

高名凯、刘正琰《现代汉语外来词研究》,文字改革出版社,1958年。
戈公振《中国报学史》,生活·读书·新知三联书店,1955年。
耿振生《明清音韵学通论》,语文出版社,1992年。
耿振生《近代官话语音研究》,语文出版社,2007年。
［日］宫岛大八编《续急就篇》,(日本)善邻书院,1942年。
龚自珍《龚自珍全集》,上海人民出版社,1975年版。
顾长声《传教士与近代中国》,上海人民出版社,1981年。
顾长声《从马礼逊到司徒雷登》,上海人民出版社,1985年。
顾长声《马礼逊评传》,上海书店出版社,2006年。
顾卫民《基督教与近代中国社会》,上海人民出版社,1996年。
郭沫若《创造十年》,人民文学出版社,1981年。
郭沫若《沫若文集》(第10卷),人民文学出版社,1957年。
郭绍虞主编《中国历代文论选》第4册,上海古籍出版社,1980年。
郭绍虞《汉语语法修辞新探》(上、下),商务印书馆,1979年。
郭绍虞《照隅室语言文字论集》,上海古籍出版社,1985年。
郭嵩焘《养知书屋文集》,光绪刻本。
郭嵩焘等《使西记六种》,生活·读书·新知三联书店,1998年。
郭延礼《中国近代文学发展史》,山东教育出版社,1995年。

黄正广《国语作文法》,中华书局,1924年。
黄新宪《基督教教育与中国社会变迁》,福建教育出版社,1996年。
〔明〕何良俊《四友斋丛说》,中华书局,1959年。
［英］海恩波《圣经与中华》,陈翼经译,(香港)宣道出版社,1951年。
［英］海恩波《道在神州——圣经在中国的翻译与流传》,汉语圣经协会,2000年。
［英］赫德森《社会语言学》,卢德平译,华夏出版社,1989年。
［英］赫胥黎《天演论》,严复译,商务印书馆,1939年。
［美］何凯立《基督教在华出版事业(1912—1949)》,陈建明,王再兴译,四川大学出版社,2004年。

何容《中国文论法》,商务印书馆,1985年。

何少斌《越界与想象:晚清新教传教士译介史论》,上海三联书店,2008年。

［德］洪堡特《论人类语言结构的差异及其对人类精神发展的影响》,姚小平译,商务印书馆,1999年。

［德］洪堡特《洪堡特语言哲学文集》,姚小平译,湖南教育出版社,2001年。

胡从经《晚清儿童文学钩沉》,上海少年儿童出版社,1982年。

胡明扬《现代汉语讲座》,知识出版社,1983年。

胡文彬《红楼梦与北京》,陕西人民出版社,2008年。

胡适《胡适文集》,北京大学出版社,1999年。

胡裕树《现代汉语》,上海教育出版社,1995年。

［德］花之安《自西徂东》,上海书店出版社,2001年。

黄克武《自由的所以然:严复对约翰弥尔自由思想的认识与批判》,上海书店出版社,2000年。

［英］贾立言、冯雪冰《汉文圣经译本小史》,广学会,1934年。

江蓝生《近代汉语探源》,商务印书馆,2000年。

江蓝生《近代汉语研究新论》,商务印书馆,2008年。

蒋绍愚《近代汉语研究概况》,北京大学出版社,1994年。

蒋绍愚《近代汉语研究概要》,北京大学出版社,2005年。

蒋绍愚《近代汉语语法史研究综述》,北京大学出版社,2005年。

金国璞《北京官话今古奇观》,文求堂印行,1933年。

［意］柯毅霖《晚明基督论》,四川人民出版社,1999年。

［德］康德《历史理性批判文集》,商务印书馆,1986年。

康有为《长兴学记　桂学答问　万木草堂口说》,中华书局,1988年。

［日］濑户口律子《琉球官话课本研究》,香港吴多泰中国语文研究中心,1994年。

蓝开祥、胡大浚《先秦寓言选》,人民文学出版社,1983年。

主要参考书目

[法]老尼克《开放的中华:一个番鬼在大清国》,钱林森、蔡宏宁译,山东画报出版社,2004年。

老志钧《鲁迅的欧化文字》,(台湾)师大书苑,2005年。

[英]雷蒙·道森《中国变色龙》,常绍明、明毅译,时事出版社、海南出版社,1999年。

力捷三《闽腔快字》,文字改革出版社,1956年。

黎锦熙、周法均《作文及文学教学法》,商务印书馆,1925年。

黎锦熙《国语运动》,商务印书馆,1933年。

黎锦熙《汉语发展过程和汉语规范化》,江苏人民出版社,1957年。

[意]利玛窦、[比]金尼阁《利玛窦中国札记》,何高济译,广西师范大学出版社,2001。

[意]利玛窦《利玛窦中国札记》,中华书局,1983年。

黎难秋《中国科学翻译史料》,中国科技大学出版社,1996年。

李奭学《中国晚明与欧洲文学》,台湾中研院、联经出版公司,2005年。

[英]李提摩太《亲历晚清四十五年——李提摩太在华回忆录》,李宪堂、侯林莉译,天津人民出版社,2005年。

李孝悌《清末的下层社会启蒙运动:1901—1911》,河北教育出版社,2001年。

梁工等《圣经视阈中的东西方文学》,中华书局,2007年。

梁启超《饮冰室合集》,中华书局,1936年。

梁启超《梁启超论清学史二种:清代学术概论 中国近三百年学术史》,朱维铮校注,复旦大学出版社,1985年。

梁绍壬《两般秋雨庵随笔》,上海古籍出版社,1986年。

列岛《鸦片战争史论文集》,生活·读书·新知三联书店,1958年。

林纾《畏庐续集》,商务印书馆,1916年。

林语堂《从异教徒到基督徒——林语堂自传》,陕西师范大学出版社,2007年。

凌远征《新语文建设史话》,河南大学出版社,1995年。

刘复《中国文法通论》,中华书局,1939年。

刘海年、杨一凡总主编,杨一凡、田禾点校《中国珍稀法律典籍集成 乙编 第三册 皇明诏令》,北京科学出版社,1994年。

刘禾《跨文化研究的语言问题》,中央编译社,2000年。

刘禾《跨语际实践》,生活·读书·新知三联书店,2002年。

刘禾《帝国的话语政治》,生活·读书·新知三联书店,2009年。

刘坚编著《近代汉语读本》,上海教育出版社,1985年。

刘进才《语言运动与中国现代文学》,中华书局,2007年。

刘丽霞《中国基督教文学的历史存在》,社会科学出版社,2006年。

刘孟扬《中国音标字书》,文字改革出版社,1957年。

刘勰《文心雕龙》,人民文学出版社,1958年。

刘树森编《基督教在中国:比较研究视角下的近现代中西文化交流》,上海人民出版社,2010年。

刘小枫编《道与言》,上海三联书店,1995年。

刘毓崧《古谣谚》,咸丰刻本。

刘运峰《鲁迅佚文全集》,群言出版社,2001年。

[日]六角恒广《日本中国语教育史研究》,王顺洪译,北京语言学院出版社,1992年。

[日]六角恒广《日本中国语教学书志》,王顺洪译,北京语言文化大学出版社,2000年。

[日]六角恒广《日本近代汉语名师传》,王顺洪编译,北京大学出版社,2002年。

[丹]龙伯格《清代来华传教士马若瑟研究》,李真、骆沽译,大象出版社,2009年。

卢戆章《一目了然初阶》,文字改革出版社,1956年。

卢戆章《北京切音教科书》(首集、二集),文字改革出版社,1957年。

卢惠惠《古代白话小说句式运用》,学林出版社,2007年。

《鲁迅全集》,人民文学出版社,1981年。

吕叔湘《汉语语法分析问题》,商务印书馆,1979年。

吕叔湘《中国文法要略》,商务印书馆,1982年。

[英]路易斯·罗宾逊《两刃之剑：基督教与二十世纪中国小说》，傅光明、梁刚译，(台湾)业强出版社，1992年。

罗新璋编《翻译论集》，商务印书馆，1984年。

栾梅健《二十世纪中国文学发生论》，广西师范大学出版社，2006年。

马佳《基督宗教文化和中国现代文学：十字架下的徘徊》，学林出版社，1995年。

马建忠《马氏文通》，商务印书馆，1983年。

马建忠《适可斋记言》，中华书局，1960。

[意]马可·波罗《马可·波罗游记》，梁生智译，中国文史出版社，1998年。

《马克思恩格斯全集》第二卷，人民出版社，1972年。

马克斯·韦伯《新教伦理与资本主义精神》，彭强、黄晓京译，陕西师范大学出版社，2002年。

[意]马西尼《现代汉语词汇的形成——19世纪汉语外来词的形成》，黄河清译，汉语大词典出版社，1997年。

茅盾《我走过的道路》，人民文学出版社，1981年。

[英]麦都思《福建方言字典》，(台湾)武陵出版有限公司，1993年。

[美]孟德卫《奇异的国度：耶稣会适应政策及汉学的起源》，陈怡译，大象出版社，2010年。

摩尔登《圣经之文学研究》，贾立言等译，广学会，1941年。

[英]米怜《新教在华传教前十年回顾》，大象出版社，2008年。

南怀仁《教要序论》，该书原出于康熙九年，现据救世堂1848年重刻本录。

倪海曙《国语运动史纲》，商务印书馆，1934年。

倪海曙《语文杂谈》，新知识出版社，1957年。

倪海曙《清末汉语拼音运动编年史》，上海人民出版社，1959年。

倪墨炎《鲁迅署名宣言与函电辑考》，书目文献出版社，1985年。

宁忌浮《洪武正韵研究》，上海辞书出版社，2003年。

[日]牛岛德次《日本汉语语法研究史》，甄岳刚编译，北京语言学院出版社，

1993年。

[美]P·韩南《中国白话小说史》,尹慧珉译,浙江古籍出版社,1989年。
彭文祖《盲人瞎马之新名词》,秀光社,1915年。

齐小新《口述历史分析——中国近代史上的美国传教士》,北京大学出版社,
　　2003年。
[法]祁雅理《二十世纪法国思潮》,中国社会科学出版社,1990年。
钱基博《现代中国文学史》,岳麓书社,1986年。
钱理群、温儒敏、吴福辉《中国现代文学三十年》,北京大学出版社,1998年。
《钱玄同文集》(第一卷),中国人民大学出版社,1999年。
全国文字改革会议秘书处编《全国文字改革会议文件汇编》,科学出版社,
　　1956年。

人民大学新闻系编《中国近代报刊史参考资料》上册,中国人民大学出版社,
　　1982年。
任重编《文言　白话　大众话论战集》,民众读物出版社、民众教育书局,
　　1934年。
任东升《圣经汉译文化研究》,湖北教育出版社,2007年。
[法]荣振华《在华耶稣会士列传及书目补编》,中华书局,1995年。
容闳《西学东渐记》,岳麓书社,1985年。
日本关西大学亚洲文化交流研究中心编《亚洲语言文化交流研究》,上海辞
　　书出版社,2009年。

《上海话剧志》,百家出版社,2002年。
沈从文《沈从文小说选集》,人民文学出版社,1982年。
沈云龙主编《近代中国史料丛刊续编》第48辑,(台湾)文海出版社,
　　1977年。
沈国威编著《六合丛谈:附解题·索引》,上海辞书出版社,2006年。

沈国威《近代中日词汇交流研究：汉字新词的创制、容受与共享》，中华书局，2010年。

申小龙《中国句型文化》，东北师范大学出版社，1988年。

申小龙《中国语言的结构与人文精神：申小龙论文集》，光明日报出版社，1988年。

申小龙《人文精神，还是科学主义？：20世纪中国语言学思辨录》，学林出版社，1989年。

申小龙《汉语与中国文化》（修订本），复旦大学出版社，2008年。

［日］市川勘、小松岚《百年华语》，上海教育出版社，2008年。

［英］施美夫《五口通商城市游记》，温时幸译，北京图书馆出版社，2007年。

史静寰、王立新《基督教教育与中国知识分子》，福建教育出版社，1998年。

［法］史式徽《江南传教史》，上海译文出版社，1983年。

［日］实藤惠秀《中国人留学日本史》，谭汝谦、林启彦译，生活·读书·新知三联书店，1983年。

石毓智《现代汉语语法系统的建立》，北京语言大学出版社，2003年。

时兆报馆《安息日辩谬：官话》，时兆报馆，1921年。

施蛰存《中国近代文学大系·翻译文学集》，《中国近代文学大系（1840—1919）》第26卷，上海书店出版社，1990年。

舒新城编《中国近代教育史资料》（上、中、下），人民教育出版社，1981年。

舒新城编《近代中国教育史料》，中国人民大学出版社，2012年。

［英］斯当东《英使谒见乾隆纪实》，叶笃义译，上海书店出版社，2005年。

［日］松浦章、［日］内田庆市、沈国威编著《遐迩贯珍》（附解题·索引），上海辞书出版社，2005年。

宋莉华《明清时期的小说传播》，中国社会科学出版社，2004年。

苏舆编《翼教丛编》，上海书店出版社，2002年。

孙宝瑄《忘山庐日记》，上海古籍出版社，1984年。

孙尚扬、钟鸣旦《一八四〇年前的中国基督教》，学苑出版社，2004年。

孙毓修《伊索寓言演义》，商务印书馆，1915年。

［瑞］索绪尔《普通语言学教程》，商务印书馆1980年。

［日］太田辰夫《汉语史通考》，江蓝生、白维国译，重庆出版社，1991年。
谭彼岸《晚清的白话文运动》，湖北人民出版社，1956年。
谭翮同《谭嗣同全集》，中华书局，1981年。
唐小林《看不见的签名：现代汉语诗学与基督教》，中国社会科学出版社、华龄出版社，2004年。
［英］汤森《马礼逊——在华传教士的先驱》，王振华译，大象出版社，2002年。
铁玉钦主编《清实录教育科学文化史料辑要》，辽沈书社，1991年。

［西］瓦罗《华语官话语法》，外语教学与研究出版社，2003年。
王本朝《20世纪中国文学与基督教文化》，安徽教育出版社，2000年。
［英］王尔德等《域外小说集》，周作人译，中华书局，1936年。
王尔敏《近代文化生态及其变迁》，百花洲文艺出版社，2002年。
王尔敏《晚清政治思想史论》，广西师范大学出版社，2005年。
王尔敏《明清社会文化生态》，广西师范大学出版社，2009年。
王辑五《中国日本交通史》，商务印书馆，1998年。
王季重《王季重小品》，文化艺术出版社，1996年。
王力《汉语语法史》，商务印书馆，2005年。
王力《王力文集》，山东教育出版社，1985年。
王力《中国现代语法》，商务印书馆，1985年。
王利器编《元明清三代禁毁小说戏曲史料》，上海古籍出版社，1981年。
王立新《美国传教士与晚清中国现代化》（修订本），天津人民出版社，2008年。
王列耀《基督教与中国现代文学》，暨南大学出版社，1998年。
王列耀《基督教文化与中国现代戏剧的悲剧意识》，上海三联书店，2002年。
王美秀《基督教史》，江苏人民出版社，2006年。
王顺洪《日本人汉语学习研究》，北京大学出版社，2008年。
王韬《王韬日记》，中华书局，1987年。

王韬、顾燮光等编《近代译书目》,北京图书馆出版社,2003年。

王晓平《近代中日文学交流史稿》,湖南文艺出版社,1987年。

王雪梅《蒙学:启蒙的课本》,中央民族大学出版社,1996年。

王照《官话合声字母》,文字改革出版社,1957年。

汪荣宝、叶澜《新尔雅》,国学社,1903年。

汪向荣《日本教习》,生活·读书·新知三联书店,1988年。

王治心《中国基督教史纲》,上海古籍出版社,2004年。

[英]伟烈亚力《1867年以前来华基督教传教士列传及著作目录》,广西师范大学出版社,2011年。

[英]威妥玛《语言自迩集——19世纪中期的北京话》,张卫东译,北京大学出版社,2002年。

魏源《魏源集》,中华书局,1976年。

《文艺大众化问题讨论资料》,上海文艺出版社,1987年。

文字改革出版社编《清末文字改革文集》,文字改革出版社,1958年。

翁绍军《汉语景教文典诠释》,生活·读书·新知三联书店,1996年。

吴晓峰《国语运动与文学革命》,中央编译出版社,2008年。

吴义雄《在宗教与世俗之间——基督教新教传教士在华南沿海的早期活动研究》,广东教育出版社,2000年。

吴梓明《基督宗教与中国大学教育》,中国社会科学出版社,2003年。

夏济安《夏济安选集》,(台湾)志文出版社,1971年。

夏晓虹、王风《文学语言与文章体式》,安徽教育出版社,2006年。

[日]小栗栖香顶《北京纪事 北京纪游》,陈继东、陈力卫整理,中华书局,2008年。

[日]香坂顺一《白话语汇研究》,江蓝生、白维国译,中华书局,1997年。

向熹《简明汉语史》(修订本),商务印书馆,2010年。

肖詹熙《花柳深情传》,北京师范大学出版社,1996年。

[法]谢和耐《中华文化与基督教的冲撞》,于硕等译,辽宁人民出版社,1989年。

谢遐龄《康德对本体论的扬弃》，湖南教育出版社，1987年。
熊月之《西学东渐与晚清社会》，上海人民出版社，1994年。
徐时仪《古白话词汇研究论稿》，上海教育出版社，2000年。
徐时仪《汉语白话发展史》，北京大学出版社，2007年。
许正林《中国现代文学与基督教》，上海大学出版社，2003年。
徐宗泽《明清耶稣会士译著提要》，上海书店出版社，2006年。
许倬云《历史大脉络》，广西师范大学出版社，2009年。

杨剑龙《旷野的呼声——中国现代作家与基督教文化》，上海教育出版社，1998年。
姚小平《〈马氏文通〉与中国语言学史——首届中国语言学史研讨会文集》，外语教学与研究出版社，2003年。
叶宝奎《明清官话音系》，厦门大学出版社，1999年。
一粟编《红楼梦资料汇编》，中华书局，1964年。
易作霖《国语文法四讲》，中华书局，1924年。
叶再生《中国近代现代出版通史》，华文出版社，2002年。
〔日〕宫岛吉敏《官话北京事情》，文求堂书店，1906年。
〔德〕尤思德《和合本与中文圣经翻译》，蔡锦图译，国际圣经协会，2002年。
〔清〕俞正燮《俞正燮全集》，黄山书社，2005年。
袁进《中国文学的近代变革》，广西师范大学出版社，2006年。
袁进《中国小说的近代变革》，广西师范大学出版社，2009年。
〔清〕袁枚《随园诗话》，乾隆刻本。
〔清〕袁枚《小仓山房诗文集》，上海古籍出版社，1988年。
袁钟瑞《话说推普》，语文出版社，2004年。

〔明〕张岱《琅嬛文集》，岳麓书社，1985年。
张海林编著《近代中外文化交流史》，南京大学出版社，2003年。
张君劢、丁文江《科学与人生观》，亚东图书馆，1923年。
张妙娟《开启心眼：〈台湾府城教会报〉与长老教会的基督徒教育》，（台湾）人光出版社,2005年。

〔清〕张南庄《何典》,人民文学出版社,1981年。

张朋园《梁启超与清季革命》,吉林出版集团,2007年。

张向东《语言变革与现代文学的发生》,人民文学出版社,2010年。

张星烺《欧化东渐史》,商务印书馆,1934年出版,2000年重版。

张延俊、钱道静《〈文学书官话〉语法体系比较研究》,崇文书局,2007年。

张中行《文言和白话》,黑龙江人民出版社,1995年。

章太炎《国故论衡》,上海古籍出版社,2003年。

赵尔巽等《清史稿》,中华书局,1976年。

张世方《北京官话语音研究》,北京语言大学出版社,2010年。

赵家璧、胡适主编《中国新文学大系·建设理论集》,上海良友图书公司,1935年。

赵家璧、郑振铎主编《中国新文学大系·文学论争集》,上海良友图书公司,1935年。

赵维本《译经溯源——现代五大中文圣经翻译史》,中国神学研究院,1993年。

赵元任《赵元任语言学论文选》,叶蜚声译,中国社会科学出版社,1985年。

郑东湖《切音字说明书》,文字改革出版社,1957年。

中国翻译工作者协会《翻译通讯》编辑部编《翻译研究论文集》,外语教学与研究出版社,1984年。

《中国天主教史论丛》甲集,上海商务印书馆,1947年。

中华续行委办会调查特委会编《1901—1920年中国基督教调查资料》(上、下),中国社会科学出版社,1987年。

《中西初识》,中国中外关系史学会编,大象出版社,1999年。

钟鸣旦、杜鼎克《耶稣会罗马档案馆明清天主教文献》,(台湾)利氏学社,2009年。

周有光《21世纪的华语和华文 周有光耄耋文存》,生活·读书·新知三联书店,2002年。

周有光《汉语拼音 文化津梁》,生活·读书·新知三联书店,2007年。

周振鹤、顾美华《圣谕广训：集解与研究》，上海书店出版社，2006年。
周振鹤、游汝杰《方言与中国文化》（第2版），上海人民出版社，2006年。
周振鹤《逸言殊语》（增订版），上海人民出版社，2008年。
周振鹤《周振鹤自选集》，广西师范大学出版社，1999年。
周作人《圣书与中国文学》，商务印书馆，1925年。
周作人《希腊拟曲》，商务印书馆，1934年。
周作人《中国新文学的源流》，人文书店，1932年。
周作人《周作人回忆录》（即《知堂回想录》），湖南人民出版社，1980年。
周作人《看云集》，岳麓书社，1988年。
周作人《艺术与生活》，岳麓书社，1989年。
朱麟公《国语问题讨论集》，中华书局，1921年。
朱谦之《中国景教》，人民出版社，1993年。
朱维铮《利玛窦中文著译集》，复旦大学出版社，2001年。
朱维之《基督教与文学》，青年协会书局，1948年。
朱自清《朱自清全集》，江苏教育出版社，1988年。
曾朴《孽海花》，人民文学出版社，2006年。
邹炽昌《国语文法概要》，方毅校，商务印书馆，1926年。
邹嘉彦、游汝杰编《语言接触论集》，上海教育出版社，2004年。

英　文　文　献

Baller, F. W., *An Analytical Chinese-English Dictionary*, 1900.

Eber, Irene et al., eds. *Bible in modern China：The literary and intellectual impact*, Sankt Augustin：Institute Monumenta Serica, 1999.

Hemeling K. *English-Chinese Dictionary of the Standard Chinese Spoken Language*（官话）*and Handbook for Translators, including Scientific, Technical, Modern, and Documentary Terms*, Shanghai：Statistical Department of the Inspectorate General of Customs, 1916.

Herbert A. Giles, *A Chinese-English Dictionary*, Shanghai: Kelly and Walsh Ltd., 1912.

IRev. C. Mateer, D. D., LL. D, *A course of Mandarin Lesson, Based on idiom*, Shanghai: American Presbyterian mission press, 1909.

John Bunyan, *The Pilgrim's Progress*, London: The Continental Book Company AB Stockholm, 1946.

Marshall Broomhall, *The Chinese Empire: A General & Missionary Survey*, London: Marshall, Morgan & Scott and CIM, 1907.

Milne William, *The sacred edict : Containing sixteen maxims of the Emperor Kang-Hi, amplified by his son, the Emperor Yoong-Ching*, Shanghai: American Presbyterian Mission Press, 1870.

Walter Hillier, *An English-Chinese Dictionary of Peking Colloquial*, London: Routledge & Kegan Paul Ltd., 1953.

The British and Foreign Bible Society Report, London, 1815.

The British and Foreign Bible Society Report, London, 1855.

The British and Foreign Bible Society Report, London, 1859

The British and Foreign Bible Society Report, London, 1854

The British and Foreign Bible Society Report, London, 1861

W. H. Medhurst, J. Stronach, W. Milne, letter to LMS. March 13th, 1851. Central China, incoming, box1, folder 3. Council for World Mission Archives. London: School of Oriental and African Studies.

William Muirhead, letter to BFBS. Jan 19th, 1866. BSA/E3/1/4/4. Archives of the BFBS, Cambridge University Library, Cambridge.

Jonathan Lees, "Letter to a Friend on Wen-li vs. Vernacular", Chinese Recorder, 1892.

J. A. Silsby, "The Spread of Vernacular Literature", Chinese Recorder, 1895.

C. F. Kupfer, "Our Attitude to the Literature of China", Chinese Recorder, 1897.

后　　记

　　我从20世纪80年代做近代文学研究开始,就已经涉猎到西方传教士对近代文学的影响;这些最初的论述包容在我主编的《上海近代文学史》里,该书于1993年出版。但是我一直没有意识到可以从重新审视新文学的起源来观照西方传教士的翻译和创作,因为我当时看到的西方传教士资料还太少,特别是还没有看过西方传教士翻译的白话《圣经》和《天路历程》。2002年我在加州大学洛杉矶分校担任客座教授,暑假时趁便在美国旅游,在波士顿哈佛大学拜见了韩南(Patrick Hanan)教授,他对近代西方传教士翻译《圣经》的介绍,引起了我的兴趣。回国后我寻找了一些《圣经》译本,当看到《圣经》白话译本时,我从直觉上觉得它就像现代文学。当时我还不敢就此下判断,直到我看到《天路历程》的官话译本,才坚定了原来的想法:这就是最早的新文学,或者说这就是最早的新文学形态的白话文学。于是我写了论文《重新审视新文学的起源》,并将这一论文在哈佛大学2006年召开的中国近现代文学研讨会上宣读。会上没有人对我的观点提出反对意见,这对我是一个很大的鼓励,它进一步促使我把这一观点系统地写成一本论著,这就是我写作《新文学的先驱——欧化白话文在近代的发生、演变和影响》的缘起。

　　在写作本书时,我得到国家社会科学基金的赞助。我调入复旦大学后,在指导我的博士生和硕士生时,有意让她们参加这一项目的写作,她们都以极其认真的态度,非常努力地从事研究。她们好学不倦的精神,有时令我十分感动,她们因此成为本书的作者。本书章节的具体写作分工如下:

　　前言:袁进、刘云。绪论:袁进、刘云。第一章:袁进。第二章第一节:刘云,第二、三节:狄霞晨。第三章第一、二、三、四节:武春野;第五节:袁进。第四章第一、二、三、四节:袁进;第五节:严维巍、袁进。第五章第一、二节；武春野、袁进；第三、四节：袁进。结论：袁进。后记：袁进。全书由袁进统稿。

  本书的写作得到许多人的帮助。哈佛大学的韩南教授将西方传教士伟烈亚力所写的《新教传教士在华出版目录（1876年前）》复印给我，为我的研究提供了门径。现在我把它作为本书的附录，希望有更多学者对之感兴趣，从而进入这一研究领域。在研究过程中，我碰到的最大的困难，就是资料难找。因为众所周知的原因，西方传教士在中国近代的活动一直被视为文化侵略，他们的历史资料被以往的历次政治运动破坏得很厉害，需要到处寻找。例如《天路历程》的官话译本，我在上海图书馆就没有找到，还是在华东神学院的图书馆发现的。正在这时，我遇到了剑桥大学的苏珊（Susan Daruvala）教授和伦敦大学亚非学院的贺麦晓（Michel Hockx）教授，他们很支持我要做的课题。近代西方传教士用的是英美教会的经费，他们出版的书刊和其他文化活动，都作为他们工作的业绩向提供他们经费的教会做了汇报，因此在派出他们的教会里倒是保存了这些档案。这些档案后来又被教会捐赠给剑桥大学、牛津大学、伦敦大学亚非学院图书馆和大英图书馆。我很想到这些地方去查阅资料。在苏珊教授和贺麦晓教授的帮助下，我得到英国相关基金的赞助和剑桥大学、牛津大学、伦敦大学亚非学院和大英图书馆的帮助，得以在这些学校和图书馆查阅西方传教士的资料，顺利完成了这一课题。本书主要查阅的资料为基督教新教的资料，极少涉及当时的天主教，这是一个遗憾，希望以后有机会补救。

  在研究课题过程时，我还得到了加州大学洛杉矶分校胡志德（Theodore Huters）教授的帮助，我们曾经多次讨论这一课题，许多地方见解一致。他的看法也启发了我，我曾经想与他合作，一起来写这本书，我把收集来的资料都交给他，他也为我提供了一些英文资料；但是他太忙了，无法投入这项工作。因此我把他作为本书的顾问。我还应该感谢剑桥大学图书馆的Charles Arlmer 先生，牛津大学图书馆的 David Helliwell 先生，牛津大学的 Christopher Hancock 先生、Chloe Starr 女士，伦敦大学亚非学院图书馆的 Susannah Ragner 女士，大英图书馆的 Frances Wood 女士，他们的帮助都是我能够顺利完成这个课题的重要保证。此外，台湾中研院文哲所的李奭学先生、上海图书馆的王世伟先生、基督教三自办公室的田文载先生都为本书提供过资料和帮助。

本书从酝酿到写作和出版，始终得到复旦大学出版社的坚决支持，尤其是得到本书责任编辑宋文涛的鼎力支持，他一直对本书充满信心。他的信心也感动了我，使我一直把他作为我的坚强后盾。

对所有这些帮助过我的人们，我在此表示最衷心的感谢！

当然，我更应该感谢我的妻子叶朱，没有她在生活上的鼎力支持，我就不可能顺利完成本书的写作。

胡适曾经说过：历史有时就像任人打扮的小姑娘。我在寻找近代西方传教士在中国的活动轨迹时，想到过去中国近代史对他们的叙述，不免常常想到胡适的这句名言。但是有一个信念一直支撑着我，这就是：历史毕竟不是任人打扮的小姑娘。我希望这本书没有辜负我的这一信念。我也希望这本书不过是一个开始，提供了思考文学史、语言史演变的另外一条思路，后继者会在更广阔和更深入的程度上，揭示欧化白话文在中国近代的演变和发展，反思它们的意义和带来的历史经验教训。

当我写完这部书稿，想休息一下，特意到印度旅游了十多天。我对这个神秘的国家一直很有兴趣，这次旅游引起了我思想上的震动：在中国近代，印度一直被中国先进知识分子作为亡国的惨痛教训向老百姓宣传，呼唤百姓面临中国的亡国危机时，不要重蹈印度的覆辙，想到"天下兴亡，匹夫有责"，起来拯救这个国家，保卫祖国的国土，捍卫祖国的文化。我们的人民听从号召起来了，我们没有亡国，没有成为殖民地，我们在今天甚至已经在国民收入总量上排名世界第二，实现了近代的强国梦。然而当我充满自豪地在印度旅游时，我却发现：曾经成为英国殖民地的印度，她所保存的传统文化，远远超过中国。英国的殖民者并没有为了印度的现代化而努力改变印度文化。印度大量的城堡和城墙都保存着，成为它们重要的旅游资源。印度的社会，也大量保持了它们的传统形态。现代化和传统，并不是非常对立的，它们也可以和睦相处。就像"文字中心主义"的汉语，并不一定非要灭亡，它们也可以实现汉语现代化的。在激进主义的"二元对立"的观念笼罩下，中国的新文化运动自己把传统看成是现代化的包袱，看成是必须破除的对象。北京的城墙首先被拆除了,然后是全国各地的城墙和大量的古建筑,那是比印度更美的城墙,如果能够保存至今,将是多好的旅游资源。我们曾一度认为:旧城墙只是一个象征,象征着旧世界、旧事物;它们应该被破除消灭,一张白纸好画最新最美的图画。结果,外国殖民者没有能够破坏我们的文化,我们的文化反倒是在自己手里被破坏了。破坏的时候,只是一刹那,今天,我们要重新寻找传统文化资源,修复它们的时候,我们要付出多么巨大的代价。

愿我们的民族能够吸取历史教训!

图书在版编目(CIP)数据

新文学的先驱——欧化白话文在近代的发生、演变和影响/袁进主编.
—上海:复旦大学出版社,2014.11
ISBN 978-7-309-10560-5

Ⅰ.新… Ⅱ.袁… Ⅲ.白话文-汉语史-研究-近代 Ⅳ.H1-09

中国版本图书馆 CIP 数据核字(2014)第 072806 号

新文学的先驱——欧化白话文在近代的发生、演变和影响
袁　进　主编
责任编辑/宋文涛
复旦大学出版社有限公司出版发行
上海市国权路 579 号　邮编:200433
网址:fupnet@fudanpress.com　http://www.fudanpress.com
门市零售:86-21-65642857　　团体订购:86-21-65118853
外埠邮购:86-21-65109143
常熟市华顺印刷有限公司

开本 787×960　1/16　印张 31　字数 437 千
2014 年 11 月第 1 版第 1 次印刷

ISBN 978-7-309-10560-5/H·2319
定价:65.00 元

如有印装质量问题,请向复旦大学出版社有限公司发行部调换。
版权所有　侵权必究